Public Administration and

Public Management Classics

CLASSIC TEXTBOOK SERIES

CLASSIC TEXTBOOK SERIES

经典教材系列

公共行政与公共管理经典译丛

Public Administration and Public Management Classics

公共政策分析
理论与实践（第四版）

[美] 戴维·L·韦默（David L.Weimer） 著

[加] 艾丹·R·瓦伊宁（Aidan R.Vining）

刘 伟 译校

Policy Analysis
Concepts and Practice
(Fourth Edition)

中国人民大学出版社
·北京·

《公共行政与公共管理经典译丛》
总　　序

　　在当今社会，政府行政体系与市场体系成为控制社会、影响社会的最大的两股力量。理论研究和实践经验表明，政府公共行政与公共管理体系在创造和提升国家竞争优势方面具有不可替代的作用。一个民主的、负责任的、有能力的、高效率的、透明的政府行政管理体系，无论是对经济的发展还是对整个社会的可持续发展都是不可缺少的。

　　公共行政与公共管理作为一门学科，诞生于20世纪初发达的资本主义国家，现已有上百年的历史。在中国，公共行政与公共管理仍是一个正在发展中的新兴学科。公共行政和公共管理的教育也处在探索和发展阶段。因此，广大教师、学生、公务员急需贴近实践、具有实际操作性、能系统培养学生思考和解决实际问题能力的教材。我国公共行政与公共管理科学研究和教育的发展与繁荣，固然取决于多方面的努力，但一个重要的方面在于我们要以开放的态度，了解、研究、学习和借鉴国外发达国家研究和实践的成果；另一方面，我国正在进行大规模的政府行政改革，致力于建立与社会主义市场经济相适应的公共行政与公共管理体制，这同样需要了解、学习和借鉴发达国家在公共行政与公共管理方面的经验和教训。因此无论从我国公共行政与公共管理的教育发展和学科建设的需要，还是从我国政府改革的实践层面，全面系统地引进公共行政与公共管理经典著作都是时代赋予我们的职责。

　　出于上述几方面的考虑，我们组织翻译出版了这套《公共行政与公共管理经典译丛》。为了较为全面、系统地反映当代公共行政与公共管理理论与实践的发展，本套丛书分为六个系列：（1）经典教材系列。引进这一系列图书的主要目的是适应国内公共行政与公共管理教育对教学参考及资料的需求。这个系列所选教材，内容全面系统、简明通俗，涵盖了公共行政与公共管理的主要知识领域，涉及公共行政与公共管理的一般理论、公共组织理论与管理、公共政策、公共财政与预算、公共部门人力资源管理、公共行政的伦理学等。这些教材都是国外大学通用的公共行政与公共管理教科书，多次再版，其作者皆为该领域最著名的教授，他们在自己的研究领域多次获奖，享有极高的声誉。（2）公共管理实务系列。这一系列图书主要是针对实践中的公共管理者，目的是使公共管理者了解国外公共管理的知识、技术、方法，提高管理的能力和水平，内容涉及如何成为一个有效的公共管理者、如何开发管理技能、政府全面质量管理、政府标杆管理、绩效管理等。（3）政府治理与改革系列。自20世纪80年代以来，世界各国均开展了大规模的政府再造运动，政府再造或改革成为公共行政与公共管理的热点和核心问题。这一系列选择了在这一领域极具影响的专家的著作，这些著作分析了政府再造的战略，向人们展示了政府治理的前景。（4）学术前沿系列。这一系列选择了当代公共行政与公共管理领域有影响的学术流派，如

2

新公共行政、批判主义的行政学、后现代行政学、公共行政的民主理论学派等的著作，以期国内公共行政与公共管理专业领域的学者和学生了解公共行政理论研究的最新发展。（5）案例系列。这一系列精心选择了公共管理各领域，如公共部门人力资源管理、组织发展、非营利组织管理等领域的案例教材，旨在为国内公共管理学科的案例教学提供参考。（6）学术经典系列。这一系列所选图书包括伍德罗·威尔逊、弗兰克·约翰逊·古德诺、伦纳德·怀特、赫伯特·A·西蒙、查尔斯·E·林德布洛姆等人的代表作，这些著作在公共行政学的发展历程中有着极其重要的影响，可以称得上是公共行政学发展的风向标。

总的来看，这套译丛体现了以下特点：（1）系统性。基本上涵盖了公共行政与公共管理的主要领域。（2）权威性。所选著作均是国外公共行政与公共管理的大师，或极具影响力的作者的著作。（3）前沿性。反映了公共行政与公共管理研究领域最新的理论和学术主张。

在半个多世纪以前，公共行政大师罗伯特·达尔（Robert Dahl）在《行政学的三个问题》中曾这样讲道："从某一个国家的行政环境归纳出来的概论，不能够立刻予以普遍化，或被应用到另一个不同环境的行政管理上去。一个理论是否适用于另一个不同的场合，必须先把那个特殊场合加以研究之后才可以判定"。的确，在公共行政与公共管理领域，事实上并不存在放之四海而皆准的行政准则。按照建设有中国特色的社会主义的要求，立足于对中国特殊行政生态的了解，以开放的思想对待国际的经验，通过比较、鉴别、有选择的吸收，发展中国自己的公共行政与公共管理理论，并积极致力于实践，探索具有中国特色的公共行政体制及公共管理模式，是中国公共行政与公共管理发展的现实选择。

本套译丛于1999年底由中国人民大学出版社开始策划和组织出版工作，并成立了由该领域很多专家、学者组成的编辑委员会。中国人民大学政府管理与改革研究中心、国务院发展研究中心东方公共管理综合研究所给予了大力的支持和帮助。我国的一些留美学者和国内外有关方面的专家教授参与了原著的推荐工作。中国人民大学、北京大学、清华大学、厦门大学等许多该领域的中青年专家学者参与了本套译丛的翻译工作。在此，谨向他们表示敬意和衷心的感谢。

《公共行政与公共管理经典译丛》编辑委员会

译者前言

公共政策学科的发展在我国起步较晚。20世纪90年代以来，随着公共管理学科在我国的恢复，公共政策学科也开始成为学者们的关注点。随着公共管理一级学科的发展，北京大学政府管理学院自主创立了二级学科"公共政策和发展管理"，成为第一家正式在公共政策领域开始教学的科研单位。我有幸在当时入读北京大学，成为我国较早的公共政策学子之一。之后的十余年，我国公共政策实践的民主化和科学化要求不断提高，公共管理学科不断壮大发展，公共政策也逐步成为了"显学"。2004年教育部调整本科专业目录时，"公共政策学"正式成为了公共管理类专业下的二级学科。中国人民大学公共政策研究院、北京师范大学社会发展与公共政策学院、中央财经大学中国公共财政与政策研究院等一批教学研究机构纷纷设立。2012年首届公共政策年会在北京召开，进一步推动了公共政策学科在我国的建设与发展。

公共政策学科是以一般性的公共政策为研究对象的综合学科，从学科内容上看有三个特点：第一，公共政策学科按照横向的政策周期划分学科内容，包括问题识别、政策制定、政策执行、政策评估等多个环节。公共政策学科并不单纯以方面性政策为关注重点。第二，公共政策是一个跨领域的学科，涉及政治学、经济学、社会学、心理学、组织行为学等多个学科的内容。第三，公共政策是一门与现实紧密联系的学科。若脱离了实证经验，公共政策则会成为无源之水、无本之木。

谈及这本我刚刚翻译完成的由美国学者韦默和加拿大学者瓦伊宁所著的《公共政策分析：理论与实践》，它也呈现出三个特点，与公共政策整个学科相对应。第一，在公共政策的多个周期中，本书主要谈及的是政策的制定。从最通俗的意义上说，政策制定就是出主意、想办法、解决问题。本书采用的是标准的理性主义的分析框架：确认问题、收集信息、确定目标、设计备选方案、比较分析、采纳方案。本书谈及了有关政策的执行方面的一些内容，而这些内容也是政策制定的引申。换言之，这是从政策制定的角度考察政策执行。第二，本书的内容较多的涉及经济学与公共选择理论。在我国，公共管理是从政治学分化而来的，因而一直以来，我们的公共管理与公共政策教学都强调政治学基础，而对经济学的基本原理强调不足。本书弥补了这个缺陷，系统并浅显地介绍了宏观经济学和公共选择理论的内容，并将政策分析建立于经济学的学科基础之上。这一点也是对我国公共政策学科传统的较大突破。第三，本书实务性强，注重操作。以案例开篇，并以案例结尾，本书将读者带入政策分析的实际中，考虑各个利益相关者的影响，分析各种备选方案的优劣。这些实际的案例不仅能使读者较快地上手进行政策分析的实务工作，也在一定程度上成为了政策分析的样本。

本书理论与实务并重，内容全面系统。本书的读者对象首先是那些从事公共政策和公共管理学习的本科生、研究生以及相关的教学科研人员，特别是那些希望从理论上和能力上有较大提升的公共管理硕士（MPA）。同时，相信本书对政府、企业以及社会各界从事政策分析的人们也会有较大的帮助。

在本书的译校过程中，参考了上海译文出版社2003年的版本。在此对该书的译者致以诚挚的谢意。没有前人的工作，本书的进展不会如此顺利。感谢中国人民大学公共管理学院的同事谢明教授、毛寿龙教授和李文钊副教授，我们一同教授"公共政策分析"这门课程，与他们的交流使我获益良多。感谢中国人民大学公共管理学院2010级的公共管理硕士研究生们和2010级公共政策硕士专业的同学们在翻译过程中的协助与建议。感谢吴秋丽、林秀丽、陈雅微同学的研究助理工作。感谢中国人民大学出版社编辑朱海燕女士和李慧平女士不辞劳苦细致的工作。最终的谢意献给两位作者：戴维·L·韦默和艾丹·R·瓦伊宁，"做得更好与做好的事情"也鞭策着我们一直前行。

刘伟

2012年6月

于中国人民大学青年公寓

前　言

当我们在加利福尼亚大学伯克利分校的公共政策研究生院（Graduate School of Public Policy）即今天的戈德曼学院开始学习政策分析时，这还是一个全新的领域，以至于我们必须不断地向旁人解释我们到底在做什么。毫无疑问，在那时，没有任何教科书能向我们提供一些有关政策分析基础的知识或内容。12年过去后的今天，当我们开始讲授"公共政策分析"这门研究生课程的时候，我们发现仍旧没有一本介绍性的教科书能提供基础而全面的知识，以供教学之用。在政策分析领域，我们曾经是学生，也曾经是实践者和教师。这些经验告诉我们，一本好的介绍性的教科书应该至少拥有三个特点：第一，它应该具有很强的概念性，对公共政策的定理，以及这些定理的局限性给予最基本的说明。第二，它应该提供实际的例子，告诉读者如何进行政策分析。第三，它应该能够说明一些高级分析技巧的应用，而非仅仅抽象地描述它们。由此，我们写下了这本教科书，以期其拥有上述三个特点。

本书分为六个部分。第一部分以一个政策分析的实例开篇，强调了作为一种职业行为的政策分析是以客户为导向的，并提出了这种导向之下的职业道德。第二部分全面地讲解了公共政策的原理（广义地来看，即市场失灵），同时我们提出了有效公共政策的限制（即政府失灵）。在第三部分，我们提出了解决公共政策问题的概念性框架，包括一套一般性政策的解决方案，这套一般性政策可以成为具体政策分析解决方案的起点。我们也提供了一些设计政策备选方案并有助于备选方案的采纳与成功实施的忠告，同时我们提出了在政府生产与外包之间进行选择的问题。第四部分给出了进行具体政策分析的建议：识别问题、寻找解决方案、收集信息并测量成本与收益。第五部分提供了几个扩散的案例分析，详细说明政策分析人员是如何分析拆解政策问题，并如何处理预期与现实的差别。第六部分是一个简单的总结，对"做得更好与做好的事情"给出了实际的建议。

我们期望本书的读者在阅读本书之前（或同时）已经掌握了一些有关经济学的初步知识。但是，没有经济学背景的学生也可以读懂此书中的一般性讲解内容和大部分技术点。在老师的辅导之下，所有的内容应该都是明确易懂的。

我们相信这本书有几个潜在的用处。首先，这本书最主要的用途在于向公共政策、行政管理以及工商管理专业的研究生提供政策分析的教科书。同时，本书对基础性概念的着重分析与强调使政治学和经济学专业的研究生也能从中受益。本书有关市场失灵、政府失灵、一般性政策和成本—收益分析的章节也可以作为本科生有关课程的补充教材。对某些相关性较高的专业（如财政学），这部分内容也可以直接在本科教学中使用。

致谢

本书第一版的一名审稿者曾说过：我们解释了一种在他看来"公共政策研究生院分析公共政策"的方法。他的提法使我们吃惊。我们并未有意识地把我们对这个世界的看法归结于某种特定的来源。但通过反省，我们才意识到我们的研究生院老师为我们的书贡献了很多。尽管他们并不会对我们的任何作品负直接责任，但我们对我们的老师们心存深深的谢意，尤其是 Eugene Bardach，Robert Libber，Lee Friedman，C. B. McGuire，Arnold Meltsner，William Niskamen，Philip Selznick，以及后来的 Aaron Wildavsky。

我们也向罗切斯特、不列颠哥伦比亚省、温哥华的同事们致以衷心的感谢，他们曾经对本书第一版的手稿进行了阅读并提出了有价值的意见，他们是：Gregg Ames，David Austen-Smith，Judith Baggs，Eugene Bardach，Larry Bartels，William T. Bluhm，Gideon Doron，Richard Fenno，Eric Hanushek，Richard Himmelfarb，Bruce Jacobs，Hank Jenkins-Smith，Mark Kleiman，David Long，Peter May，Charles Phelps，Paul Quirk，Peter Regenstreif，William Riker，Russell Roberts，Joel Schwartz，Fred Thompson，Scott Ward，Michael Wolkoff，Glenn Woroch 和 Stephen Wright。特别的谢意给予 Stanley Engerman，George Horwich 和 John Richards，他们对本书的每一章都提出了有建设性的意见，虽然这并不在他们的职责之内。也感谢我们的研究助理：Eric Irvine，Murry McLoughlin，Katherine Metcalfe 和 Donna Zielinski。同样感谢 Betty Chung，Mary Heinmiller，Jean Last，Dana Loud，Karen Mason 和 Helaine McMenomy 在本书第一版出版时所做的后勤与行政工作。

下列同仁对本书第二、三、四版的修改与补充提出了建议与意见，我们一并感谢：Theodore Anagnoson，Eugene Bardach，William T. Bluhm，Wayne Dunham，Stanley Engerman，Richard C. Feiock，David Greenberg，Catherine Hansen，Eric Hanushek，Robert Haveman，Bruce Jacobs，Renee J. Johnson，Kristen Layman，Marv Mandell，William H. Riker，Ulrike Radermacher，Richard Schwindt，Danny Shapiro 和 Itai Sened。也感谢后期研究助理 Shih-Hui Chen，Christen Gross，Ga-der Sun 和 Ruth Krasner 的帮助。最后，感谢我们在罗切斯特大学（University of Rochester）、西蒙弗雷泽大学（Simon Fraser University）、岭南学院（Lingnan College）和威斯康星大学公共事务学院（the Robert M. Lafollette School of Public Affairs at the University of Wisconsin）的学生们，在我们的教学互动中，他们提出了许多有益的建议。

戴维·L·韦默（David L. Weimer）
麦迪逊，威斯康星
艾丹·R·瓦伊宁（Aidan R. Vining）
温哥华，不列颠哥伦比亚省

目　录

第1篇　引论

第3篇　解决方案分析的概念性基础

第5篇　政策分析的案例研究

第6篇　结论

第1篇

引论

第 1 章

加拿大鲑鱼渔业

政策分析的产物是政策建议，特别是告知一些关于公共决策的意见。政策建议形式各异，但是为了使读者了解如何给出政策建议，我们先举一个例子。这个例子说明了在本书中你可能会遇到的有关组织政策分析的概念与途径。它的主要目的是向你展示一个完整的政策分析过程，包括问题描述、问题分析、具体的政策选项（政策选项/备选方案拟订）、政策选项的评估以及政策建议。

假设加拿大渔业与海洋部（DFO）的新部长邀请你主持一项关于不列颠哥伦比亚省的商业性小型船只鲑鱼捕捞业政策的评估。现行的加拿大联邦政府的渔业政策是否提高了渔业的管理效率？部长希望你提供一份对现行政策的评估，即将现行的政策与其他可能的政策选项进行对比。

之所以使用"小型船只渔业"（small-boat fishery）这一概念，是为了与商业化鲑鱼养殖业（commercial aquaculture salmon fishery）区分开来，后者受省政府的管辖，而非联邦政府。部长希望你只考虑小型船只鲑鱼业对商业渔业产生直接影响的部分（另一项分析主要是对商业渔业与小型船只渔业进行权衡）。部长还要求你忽略与美国正在进行的两国之间关于鲑鱼储备量分配的谈判（再次申明，这项分析是部分授权的）。部长要求你要将现有的鲑鱼食品渔业法当成既定前提，但并不阻止你对其他的政策选择进行考虑，这些政策也许会将这一传统的产业变得更具商业价值。

因为部长希望在他的任期内尽快地推出新的政策，所以只给你一个月的时间来得出你的政策分析结论。尽管对你来说这个行业非常陌生，你没有有关渔业的任何背景，但是你所接受的有关政策分析的训练应该能让你从现有的研究中尽快地收集相关信息，有效地组织它们，并最终为部长的疑问提供答案。接下来就举这样的一个例子。

1.1　提高加拿大鲑鱼渔业的社会价值

提交

渔业与海洋部部长

2003 年 4 月

摘要

不列颠哥伦比亚省的鲑鱼业面临着重大的挑战。现有证据表明，该渔业导致了加拿大人的财产净流失。尽管有 1995 年到 2001 年之间的改革，这种情况在可以预见的未来还将持续。鲑鱼渔业问题的根源纵然可归因为市场失灵（market failures），但更大的原因还是政府失效或者适得其反的政府干预。虽然现行的体制并没有对大多数鲑鱼鱼群的生存产生威胁，但是它确实对一些小型的鱼群（如银大马哈鱼）造成了威胁。经分析，使用基于对某些特定河流中鲑鱼独占性捕捞权（exclusive ownership of salmon fishing rights）的新政策来替代现有政策是较为合理的。

这项分析对四个政策选项进行了分析：（1）现行政策；（2）特许权税（harvesting royalties）以及许可证/执照（license）的拍卖；（3）特定河流的独占性捕捞权（如对弗雷泽河实行合作化的拥有权）；（4）个人可转让配额（individual transferable quotas）。这四个政策选项都是根据它们能否满足以下的四个目标来进行评估的：效率（主要是减少租金的浪费、不必要的资源开支来确保渔获）；生物多样性的保护（biodiversity preservation）（主要是使河流中可捕捞的鱼群的数量最大化）；收获的经济价值的公平分配（针对现有的许可证获得者、捕鱼者和纳税人）；政治可行性（political feasibility）。分析的结果显示，部长应采纳特定河流的独占性捕捞权（river-specific exclusive ownership rights）这项政策。个人可转让配额（ITQs）同样具有显著地提高效率和渔业的公平性的潜能。尽管它没有前者那样有效，但是它可能具有更大的政治可行性，因为对不列颠哥伦比亚省的其他渔业实行过该项政策。

特定河流的独占性捕捞权将通过使用成本最低的渔业科技来确保资源的有效使用。它同样会消除大多数的公共成本（public costs）。从设计理念上看，这项政策应该能确保生物多样性得以保护。现任者支付费用以补偿其捕捞行为。这项政策对于大多数的相关人员来讲应该是公平的。

过去十年里其他国家的经验表明，以船只为基础的"个人可转让捕捞配额"可以在很大程度上减少租金的浪费（尽管它不是捕捞鲑鱼的成本最低的方法），也会保护鱼群的种类。但如何对配额进行有效的实施与管理可能是最大的挑战。然而，一项对于其他国家（特别是新西兰和冰岛）经验的研究表明个人可转让捕捞配额可以通过能够更大幅度的提高效率的方式来实施，并且它对于相关群体是公平的。

引言

一份关于世界范围内商业性渔业的回顾得出了这样一个结论："世界范围内的渔业都面临着渔业资源萎缩、过度开发、司法管辖权的纠纷的危机。"[1]在加拿大东岸大西洋鳕鱼业的崩盘戏剧性地暗示了管理不善的风险：加拿大经济的损失，渔业和相关产业从业人员的处境艰难，政府财政支出调整所产生的不利影响。现行政策是否提供了对不列颠哥伦比亚省的鲑鱼业进行有效管理的基础？是否还有其他的政策会提供更好的管理？为了说明这些问题，这项分析借鉴了大量关于不列颠哥伦比亚省鲑鱼渔业的以前的分析，还有世界范围内有关鲑鱼渔业和其他渔业的理论与实证分析。

不列颠哥伦比亚省的鲑鱼渔业

西海岸的鲑鱼产业是加拿大重要的工业之一，对不列颠哥伦比亚省来说尤为重要。在最近 20 年里，鲑鱼业的平均价值接近 26 亿美元，但是在近五年内却急剧下滑。[2]如果管理得当，渔业产生的利润可以超过成本。但是，如果管理不善就会耗散一部分甚至全部的租金，因为管理不善会鼓励过度捕捞。有证据表明，渔业租金的耗散在世界范围内普遍存在。[3]的确，管理不善再加上其他误导性的政策可能使社会成本超过经济租金。[4]不列颠哥伦比亚省的鲑鱼渔业的潜在租金在多大程度上被浪费了？

渔业经济学：开放使用的案例

将鲑鱼业现状与如果对其没有管制的情况进行对比是非常有用的。在无管制的渔业里，我们假设无法将个体渔民在非捕捞季排除出去，除非某条鱼已经被别人占有了——换句话说，也就是竞争性的"无准入限制"（open access）和"捕获者占有法则"（law of capture）。这种无准入限制的鲑鱼渔业可以当做一个公共物品（public goods）问题来进行理解和分析——该物品在消费上是竞争性的（如果一个人捕获了一条鲑鱼，这条鱼对于其他人来说就是不可用的），但是排他性在经济上又是不可行的。对一般性的无准入限制的资源，尤其是对渔业资源大量的理论和实证研究描述了无准入限制的后果：最重要的是，从社会角度来看，资源被过度使用了。[5]渔民们会因其个人私利而捕鱼，直到他们发现多捕一条鱼的成本（边际成本，marginal cost）正好和鱼的价格（边际收益，marginal benefit）相等。然而，由于可供捕捞的渔业资源数量的建设，渔民们的个人努力实际上提高了其他渔民的边际成本。

在欧洲人到来之前，上文所描述的鲑鱼渔业的"无准入限制"不是一个经济问题，因为鲑鱼在零价位（zero price）基础上供给大于需求。我们可以断定在遥远的从前，原始渔业中的鲑鱼基本上是"免费品"（free goods），因此个人捕捞不会增加其他捕捞者的边际成本。在这样的条件下，西北海岸的土著人是可以自由开发鲑鱼业的，而没有任何经济意义上的资源消散（resource depleting）。[6]

然而，有历史证据表明，在欧洲人到来之前，对鱼类的大量需求的增长使得维持渔业免费物品的特色逐渐退去。为了不让"无准入限制"局面出现，本地人开发出了一种私人和公共财产产权（property ownership）体系。[7]西北海岸的原始鲑鱼业总体上都可以利用有效率的方式进行捕捞。[8]最重要的是，渔业在短期内是有效率的；本地人既有动机也有组织让渔业休养生息，持续发展。[9]

大量欧洲人涌入之后，他们不受本地人财产权的限制，创立了"无准入限制"政策，成为一种开放使用的制度。这些新来者在河口的渔业中非但没有被排除掉，他们还引入了可以在开放的海域而不仅仅是原始渔业的捕鱼区捕捞的技术。[10]这种扩张创造了一个开放式的环境并引进了一种低成本的捕鱼方式。据估算，在20世纪30年代，相邻的华盛顿州的获益比小型船只渔业高出2/3，并且如果没有小型船只渔民对鱼群的拦截，收益还可以超出5/6。[11]渔业的管制历史表明利用新科技进行扩张的动机一直很强。

政府的渔业管制政策的简明历史

鲑鱼渔业的发展史记录良好。[12]对于这项分析来说，应回顾政策发展的四个阶段：早期渔业、辛克莱尔报告/戴维斯计划时期、皮尔斯委员会时期和1996年的米弗林计划以及随后直到2001年的回购政策（buy-backs）。

早期历史：放开准入

在19世纪80年代，在不列颠哥伦比亚省特别是在弗雷泽（Fraser）河，已经出现了过度捕捞的情况。过度捕捞的问题也出现在哥伦比亚（columbia）河和萨克拉门托（Sacramento）河。[13]放开准入似乎导致了洄游鱼量（returning stocks）的减少。许可证制度的引入，与其说是为了提高捕鱼业的准入门槛，不如说出于潜在收益（protential revenue）的考虑。1887年，首个限制进入（restrict entry）的正式尝试宣告失败。限制进入的第一次实施是在1908年，但是新的许可证制度是在1914年开始执行的，而关于许可证的限制的补充规定于1917年完全终止。直到20世纪60年代末，有效的限制进入政策才重又开始实施。

从一战结束后到20世纪50年代期间，渔业资源的压力不断增大，压力一方面是由于新渔民的进入，另一方面来自于新老渔民不断加大的资本和劳动投资。事实上，过度投资（overcapitalization）的问题一直在人们的注意范围之内。不列颠哥伦比亚省渔业委员会在 1917 年发布的报告中指出，"看起来鼓励或允许使用资金和劳动力的过度投入无益于问题的解决……如果产出的成本过大，那么作为消费者的公众所期望的利益将统统消失"[14]。

辛克莱尔报告/戴维斯计划

随着渔业资源压力的持续加大，联邦政府委托经济学家辛克莱尔提交了一份关于渔业的详细报告，并作出提高渔业管理状况的政策建议。辛克莱尔提供了三种政策备选方案：通过垄断创造具有排他性的资源产权、利用税收来控制过度投资和关闭准入（closing entry）。[15]尽管有这些政策建议，联邦政府不愿意停止准入："公民的渔业参与权是一项自然的权力，限制准入的政策将违背这一公共意识。"[16]相比直接地挑战这一公共意识，政府选择逐步加大对捕捞的限制，尤其是通过限制捕捞时间和地点的方式："资源租金的耗散与过去一样，但鱼群储量自然耗竭的危险降低了。"[17]其他的政策选项就更加得不到政治上的支持，因为它们会损害现有的捕鱼者的利益——这是组织化程度最高和最具发言权的团体。1968 年，在戴维斯计划下，许可证限制被引进并遭到了很少的反对："现有船主总体上来说都同意这项计划……权力的回收并没有引起舆论哗然……受到影响的利益团体是分散的、无组织的，并且肯定没有能力去计算损失的。"[18]

戴维斯计划还首次通过自愿回购来减少船队规模。但是计划在这一方面却陷入了"恶性循环"（vicious circle）之中，它反过来又影响了后期的自愿回购的实施：回购提高了现有的许可证的市场价格（预期减少的捕鱼量与剩余许可证之间产生了资本转化），这反过来又提高了回购的成本，并且很快地耗尽了回购的预算。很明显，甚至在回购后，船队的数量还是会高出令租金最大化的数量。[19]戴维斯计划的最后一个重要的影响是它将渔船的类型限制在了拖拉大围网、刺网、曳绳上，它们的性能与效率各不相同。

除了未能减少过剩的船只量，戴维斯计划的一个软肋在于没能遏制与"进入"无关的过度投资。相反，它使问题更加严重。现有竞争者的数量是相对固定的，因此他们必须为了租金而相互竞争。为了做到这一点，他们就用新船代替旧的，并购买各种辅助技术。这是世界范围内的渔业实施准入限制后经常出现的问题。[20]回购政策在 20 世纪 70 年代时在一定程度上是有效的，那时鲑鱼价格上涨，但是在 1978 年至 1983 年间，它的效果开始下降。鲑鱼捕鱼业的新进入者们发现他们正面临着一场财政危机（而许多在戴维斯计划刚刚实施时就持证进入的老渔民已经赚得足够多而可以安享晚年了）。这些状况导致了 1982 年皮尔斯委员会的出现。

皮尔斯委员会

在进行了广泛的听证后，皮尔斯委员会意识到渔业所存在的严重问题："商业性渔业的经济环境格外萧条……而且关于鱼储量的担忧也在逐渐上升。"[21]尽管如此，经济学家皮尔斯仍旧指出最主要的问题不在于捕捞规模的大小（无论按鱼的数量还是重量来进行衡量），捕捞规模在将近 50 年内一直保持相对稳定。限制准入、限制船只、河流保护和鲑鱼保护等政策的综合实施从总体上保护了鲑鱼的保有量。而且，皮尔斯认为现有的捕获量仍然低于潜在的可持续产量。之所以出现这种情况，部分原因在于省级管辖权控制的林业及其他开发，导致了鱼类栖息地的退化。

皮尔斯委员会断言：早先为限制渔船的长度和吨位所做的努力并没有有效地限制资本投入："如果捕鱼过程中一项或者多项投入受到限制，船队可以通过增加其他未受限制的投入来扩大规模，继续提高渔船的捕鱼能力。"[22] 因为管制者可以采取多种管制措施，把投入限定在某一项某一尺寸之下，"这些管制措施覆盖范围很广并且类别复杂（涉及船队规模、功率、船员、捕鱼时间、探查捕捞和保鲜装备等），从而使得这些管制在执行上难以落实"[23]。

皮尔斯委员会的政策建议是全面并且复杂的。其中最重要的一项政策建议就是对鲑鱼捕捞特许权进行征税（royalty taxes）："应该从商业性渔业所获得的实际收益中拿出一部分，使之与过剩的捕获能力相分离，而直接把超额的量转移为对公众损失的补偿，从而控制不断膨胀的船队数量并且保护资源。"[24] 值得注意的是，尽管在这项政策中着重强调的是税收的分配功能（distributional consequences），但这样的税收同样可以提高效率，因为这项将流向政府的收入之前一直代表着经济浪费。因此，这样的税收既可以看做对租金的保护，也可以看成租金的转移。皮尔斯建议特许权税的税率应占捕捞总值的 5%～10%，向特许权购买者（主要是水产加工者）征收。皮尔斯并没有讨论这项政策的影响范围，但是后期的分析表明，这项政策可能会波及国外消费者、国内消费者、中介商和渔民。[25]

皮尔斯还提议通过回购许可证和拍卖十年期的许可证，将船队的捕鱼能力削减50%。现有的所有许可证在十年后到期。他所提出的拍卖制度的最大的特色是：第一年，代表船队目标能力10%的十年期许可证将会被完整地拍卖。在接下来的九年里，另外的10%将被拍卖。在第一个十年期内，只有既有的许可证的持有人可以进行出价。竞价（bids）将被密封在信封内，并从高到低依次排列。可以接受的最低竞价将成为所有成功的申请者最终需支付的价钱。每个许可证都因为船只的设备、捕鱼能力和捕鱼地带而有所不同。竞标价格的表达方式为每吨船只最大能力为几美元。如果任何个人和公司所持有的许可证超过许可证总量的5%，那么他们就不能获得新的许可证。最终，在最初的十年时间内，现有的捕鱼者可以将他们的许可证以市场价格（market value）卖给官方的回收机构。

皮尔斯承认将捕捞能力降低50%会大于明显的过量捕捞部分。但是他指出"很多人低估了因时间、地点和装备限制而尚未发挥出来的船队的潜在捕捞能力"[26]。

皮尔斯委员会所提出的关于鲑鱼渔业的政策建议，大部分都没有得到实施。

1996—2001 年：米弗林计划和跟进措施

在 1995 年年末，船队的规模同 1982 年差不多。在 1982 年，共有 4 470 份鲑鱼许可证，在 1995 年，这个数字变成了 4 367。[27] 但是，在这期间，由于资本的不断填充（capital-stuffing），捕鱼能力也随之大幅提升。1995 年 3 月，当时的渔业部部长用很简洁的语言概括了这一问题："鲑鱼渔业管理难度增加的一个基本原因就是船队的规模没变，但是捕鱼能力却显著提升了。"[28] 船队的捕鱼能力意味着，渔业开放时期可用于保护鱼群储量的主要机制是强硬的限制手段。尽管这个方法大体上能保证鱼群的生存，但对于许多洄游鱼群来说，在巨大的可调用的捕捞能力面前，允许误差的回旋余地就变得很小。反过来，这又加大了渔业与海洋部生物学家的压力，因为要他们更准确地推测出特定鱼群的洄游量就变得更加困难。许多海洋生物学家担心一种甚至多种洄游鱼群变得更加脆弱："如果我们不采取有力的长远措施去重建并保护它们的话，我们如今的渔业……在今后十几年内可能会走大西洋加拿大鳕鱼业的老路。"[29]

1996 年 3 月，当时的渔业与海洋部部长退位后，联邦政府开始实施太平洋鲑鱼振兴战略（Pacific Salmon Revitalization Strategy），即米弗林计划。这个计划提出要通过两种方式减少船队数量。首先，投资 8 000 万美元用于自愿的许可证回购计划。在这项政策的作用下，船只的总规模缩减至 1 173 艘，几乎是既有船只数目的 27%。其次，提出了"区域许可证"（area licensing）制度，包括两个拖拉大围网型（seine vessels）捕鱼区以及三个刺网型和曳绳型（gillnet and troll vessels）渔船捕鱼区。现有的许可证持有者必须选择在两个备选区域中选择一个。然而，他们可以从其他许可证持有者那里购买许可证，从而积攒更多的许可证。米弗林计划并没有涉及过度投资问题的其他方面。例如，由于技术的进步，拖拉大围网型渔船在过去一天只能来回进行四次作业，然而现在却可以一天超过 25 次。[30] 区域许可证是减少拥挤的外部性的一个进一步的尝试，但是因为在每个海域中有着大量的船只，这种制度的作用是微弱的，持续时间也不是很长。

在接下来的几年中，人们还是普遍认为：船队的规模太大了。1998—1999 年，联邦政府又向渔业追加投资了 4 亿美元，其中近一半投入到了回购项目中。[31] 直到 2002 年，船队的船只数量下降到了 1 881 艘船，几乎将近原来的 57%。[32] 米弗林计划及其后续措施代表了现有鲑鱼业的政策。报告接下来的部分总结了渔业现状，并且预测了这些措施在未来可能会产生的影响。

渔业现状及其预期状态

1996—2001 年船队的缩减是否会消除或进一步减少租金的分散问题？它们是否能够充分地保护鲑鱼储量？回购制度导致了短期内捕鱼能力的减少。但是历史经验表明，保留下来的渔民还是会寻求资本累计。为了评估渔业的现状，有必要回答这样的问题：现有水平之下租金耗散的经济成本是什么？回购或其他的成本缩减计划怎样才能减缓租金的耗散？

事实上，一项关于不列颠哥伦比亚省省鲑鱼渔业的成本—收益分析（cost-benefit analysis）报告已近完成，可以作为回答以上问题的一个基础，尽管这项报告的调研时间先于回购政策的开始时间。分析者对几个关键渔业要素的年均成本和收益进行了估算，这些要素包括：捕捞价值，该产业参与者的捕捞成本，政府在管理、促进和执行上的花费以及失业保险金（unemployment insurance，UI）。[33] 他们还在一定的假设条件下，使用 20 年的时间范围和 5% 的（实际）贴现率（discount rate）估算了净现值（net present value，NPV），NPV 是扣除物价因素后渔业净效益的测量工具。

分析家们假定该渔业正在接近其可能的最大可持续产量（maximum sustainable yield）。他们假定米弗林计划并不存在，并对渔业净现值进行了首次评估。在一种假设下失业保险金被当做一项渔业成本，但是在另一种假设之下，UI 又被当做不相关的变量。[34] 在任何一种假设中，NPV 都是负的，这也意味着社会净亏损（net social losses）。据估计，渔业的 NPV 是 −783.6 百万美元（不包括失业保险）或者 −1 572.9 百万美元（包括失业保险）。这样的话，米弗林计划以前的制度都导致了加拿大经济的净损失。

米弗林计划的影响究竟是什么呢？它首先是一个回购计划，但同时它还加强了区域控制。一种乐观的估计表示：所减少的小型船只的数量将"直达底线"并保持下去；换句话说，小型船只的减少意味着资本将永久地从鲑鱼渔业中撤走。分析家们进行了进一步的成本—收益分析，替代性地估算了米弗林计划可能对私人和公共成本所产生的影响。据他们估计，如果私人成本减少 27%（与米弗林计划实施后所减少的船只的百分比大致相等），当公共成本保持不变时，净现值的损失为 101 百万美元。[35] 这与米弗林计划执行前的情况相比，净现值损失数量大幅减少，无疑是一种效益的显著提高。但是即使如此，还是有相当一部分数量的租金被耗散了。

为了估算被耗散的租金的价值，米弗林计划实施后的渔业净利润要同一个"有效组织的渔业"（efficient salmon fishery）的潜在净利润（potential benefit）相比较。而要实现这一点，我们必须对"有效组织的鲑鱼渔业"做出一系列相关的假设。

施温特（Schwindt）、瓦伊宁和格鲁伯曼（Globerman）认为，渔业如果能组织成一种"后米弗林计划的小型船只"模式，那么哪怕渔业资源只有现存的一半，也能够使之得以完全开发。这个估算是基于更有效的阿拉斯加鲑鱼渔业做出的，阿拉斯加鲑鱼渔业所使用的船只成本更为低廉。如果渔业能够以这种方式组织起来，同时公共成本保持不变，那么渔业的 NPV 将增加至 1 140 百万美元。[36]

2003 年，施温特、瓦伊宁和韦默在衡量随后的回购对于个人成本的影响时提出 NPV 这一概念。运用所有的施温特、瓦伊宁和格鲁伯曼的假设，他们得出结论：如果"私人成本减少了（准确地说，是减少值与通过回购制度所减少的船队数量的百分比等同），而公共成本还是保持不变……则渔场的净现值为 1 258 百万美元"[37]。虽然相比 1 140 百万美元，1 258 百万美元意味着一些进步，但进步不是很大，因为船队回购增加的收益被一些新的且不太乐观的价格预测抵消了。

施温特、瓦伊宁和韦默认为这样的净现值也是一个比较乐观的结果，这样的结论是出于两个方面的考虑。第一，仍然存在着私人租金，并且私人租金的期望值在不断增加（由于船队的减少）。其结果是，对于大多数参与者来说，整个产业仍然具有吸引力。而现任者倾向于投入新一轮的资本运作中。这就预示着 2002 年更高的执照要价，其已经在上一轮的回购中增加了价码。第二，即使没有资本运作，最有说服力的预期是，未来的捕捞量将仅仅达到 1995—2001 年捕捞量的 75%，但价格将仍然停留在现今的（相对低的）水平。考虑到这些假设（但仍然假设私人开销出现 60％的减少），分析人士估计净现值的亏损为 951 万美元，这对于加拿大经济来讲着实是一个打击。

在考虑政策选择时，追溯一下租金耗散的渊源对其是很有帮助的。基于 1982 年捕捞量的分析暗示着船队的构成可能是租金耗散的根源，第二因素是过多的船只，而大量其他的输入是第三因素。[38]目前的回购并没有直接针对这些问题，即使相比于高效的围网渔船（就捕捞量来说），更多的巨型刺网船退出舞台。这就暗示了设备的变革并不会改变或减少，船只的大小并不能确保最大的潜在租金收益（potential rent gains）。

即使引入地区执照，目前的政策仍然不能确保脆弱的捕捞能够正确地进行（尤其是存在新资本运作的时候）。在特殊地区仍然存在巨大的生产能力。鲑鱼的数量可以年年变化，各地也不相同，种类也不相同——有时可达 20 倍或 30 倍。在这些情况下，渔业与海洋部对于体积和遗漏的错误估计对于捕捞的可持续进行来说是一种灾难。

政策目标

应该用什么样的政策来规范和管理不列颠哥伦比亚省的鲑鱼渔业呢？对于这个问题的回答要求我们明确政策目标，而特定目标的存在正提供了一个把目前政策与其他可能的备选政策相对比的基础。下面进行的对于根植于情境中的问题的讨论立刻给我们呈现了一些重要的政策目标：

第一，尽管鲑鱼渔业是一种具有潜在价值的资源，但由于租金浪费，它现在对于不列颠哥伦比亚省和加拿大人民来说是一种财产的净流失（net drain）。因此，一个首要的政策目标应该是对渔业的利用更加具有**经济效益**。此目标的衡量指标为**租金流失的程度**（extent of rent dissipation）。需要注意的是，大体上达成一个正的净现值并不意味着消除了租金的流失。此外，我们对已实现的租金很感兴趣。因此，政策实施的可行性是测量政策效用的一个重要维度。用以衡量政策实施可行性的两个方面是：1. **政策能否容易被执行**；2. 政策的**弹性程度**（degree of flexibility）能否使其与鲑鱼储量周期性的自然属性相契合。

第二，现行政策对于鲑鱼繁衍的保护构成了威胁。出于多种用途和为其后代的考虑，大多数加拿大人都非常重视对于渔场的保护。[39]因此，**保护鲑鱼渔业**应该作为一个政策目标（虽然其可以作为效用的一个维度，但我们还是把它当做一个独立的目标）。围绕这个目标，衡量成果的一个基本标准即**实际洄游鱼群的数量**。

第三，渔业的收益和成本应该在重要股东之间进行公平合理的分配。**公平分配**应该作为一个政策目标。公平要求现有许可证的持有者都能得到明确的补偿，因为他们针对现行政策还将继续执行的预期，已经做出了投资的决定。作为一个执照持有者，他可能并不是直接去捕鱼的渔民，但他们十分关心政策的变化，同时会极力反对那些威胁到他们自身利益的政策。事实上，这种对于自身利益的考量成为政策可行性的基础，这具有一种超越公平本身的工具性的价值。在鲑鱼渔业的利用方面，土著人民拥有传统的、经济的和受到法律保护的权利。任何政策改变都至少应该保护他们的权利。而很多备选的政策涉及了政府的收益和支出，所以对加拿大纳税人的公平也应该得到考虑（因此，在这个分析中，我们把对于政府税收的影响作为一个公平的议题，即使它本身也应该作为一个政策目标来对待）。虽然联邦政府刚刚调整了其财政机构（fiscal house），但其仍然面临一个巨大的累积债务（accumulated debt），使加拿大成为工业化国家中负债最高的国家之一。因此，降低纳税人对渔业的补贴（subsidy），或者甚至把一部分渔业收益转移到国库中去是值得的。这些考量表明，评估一项政策的公平性分配时，我们要考虑对三个集团的影响：**对现有执照持有者的公平；对土著渔民的公平；对纳税人的公平。**

第四，政策可行性总是某种程度上的。相比于渐进性的改变（incremental change），激进型政策（radical policy）在政治上更加独到，可行性更低。激进型政策的后果也更加难以确定，尤其是在分配方面。

需要注意的是，这些政策目标之间往往会产生冲突。比如，允许捕捞小的鲑鱼洄游种群可能与经济效益的目标相吻合，但会与保护渔业的目标相冲突。因此，在进行政策选择时，应对这些目标之间的权衡和讨价还价进行考量。

一些组织鲑鱼渔业的新途径

以下的分析是将现行政策与下面三个政策备选方案进行比较。

皮尔斯委员会的计划：收取特许权税和执照拍卖

这个备选方案再一次引用了皮尔斯委员会的建议。具体地说，它包括了上文所提到的10%的特许权税、10年期的许可证拍卖以及上文提到的50%的回购。皮尔斯委员会还提议对土著渔民实行财政补贴以使他们有能力购买执照（5年2亿美元），并颁布禁令禁止他们将执照出卖给非本地人。如上所述，执照回购实行了（虽然不是以皮尔斯建议的方式），尽管尚未经过实施，很多渔业专家表明，皮尔斯委员会的建议值得推广。

特定河流独占性捕捞权（弗雷泽河的合作所有权）

这项政策与由施温特、瓦伊宁和韦默提出的建议类似。[40]根据这项建议，在每个流域内捕捞鲑鱼的权力在25年内归一个所有者专属［"单独"所有权（single ownership）可以包括合作所有权（cooperative ownership）或非营利所有权（nonprofit ownership）］。在最后5年期间，渔民被准许捕捞相当于其占有期最初5年的捕捞平均量的鱼。小型船只渔业将会被买断并解散。竞拍成功者几乎肯定会采用渔网和拦鱼栏等最廉价的方式进行鲑鱼捕捞。[41]现任小型船只渔业的经营者将从政府那里得到撤回许可证的赔偿，其金额相当于许可证的市场价格，外交50%的补偿。也有建议将这种补偿的支付方式改为15年的按揭支付，并按照市场利率支付利息。

补偿不可避免地带有某些武断的成分。赔偿水平高于许可证市场价值的原因是：市场价格会给予边际渔民（marginal fishers）充分的补偿（这些渔民可以离开，也可以继续留在捕鱼业），而不是那些按照市场价格出售许可证的渔民（不管他们这么做是出于更高的技能、从捕鱼业的生活方式中得到的效用，还是别的理由）。鱼类孵卵的河流会被包括到拍卖价格的确定中，购买者有权继续使用或者关闭它们。

在不列颠哥伦比亚省的河流流域中，唯一不能将捕捞权给予单一经营者独占的是弗雷泽河。弗雷泽河拥有超过 50％的红大马哈鱼、细鳞大马哈鱼和发源于加拿大太平洋的银大马哈鱼。[42]红大马哈鱼（总量的 30％）和细鳞大马哈鱼（总量的 48％）是商业捕捞中最重要的品种。虽然在其他一些重要流域中也拥有特殊物种（比如斯基纳河拥有 12％的太平洋红马哈鱼），但其他的流域在将所有权出售给私人后都没有出现"单一所有者"问题。在弗雷泽，可以通过联邦政府组织建立合作体系。[43]合作是非常重要的，因为可以消除外部性问题（open-effort problem）。基于参与经营者的数量和弗雷泽渔场的其他特征，一个理性有效的鲑鱼渔业体制是可以建立的。[44]

个人可转让配额

个人可转让配额（ITQs）是目前在渔业治理中广为推崇的一种治理方式。目前，个人可转让配额在新西兰、冰岛、澳大利亚、南非、美国和加拿大都得到了广泛采用。[45]特别值得一提的是，它已经成功地被用于不列颠哥伦比亚省的大比目鱼渔场（halibut fishery）[46]和裸盖鱼渔场（sablefish fishery）[47]。为了改进不列颠哥伦比亚省的鲑鱼渔业治理，弗雷泽学会近期出版了一本书，认为个人可转让配额是能够推动渔业发展的几种可行的备选方案之一。[48]同时，在过去十几年中，我们也从那些鱼群储量较大的国家如新西兰和冰岛学习了成功实施个人可转让配额的经验。[49]

个人可转让配额制度是将鲑鱼的年度总允许捕捞量按照百分比进行分配。同时，在政府部门供职的生物学教会对允许捕捞量进行持续的观测，并有权在整个捕捞季节中对其进行调整。固定配额（fixed quotas）的确定性无疑是更为强烈的，因此也向渔民提供了更大的价值，但是，按照配额而非按照鱼的数量或重量进行分配，也使得渔民在鲑鱼收获季节承担比较大的短期波动风险。[50]小型船只渔业的模式将继续存在。但是配额一旦进行分配，就可以转让到其他现有渔民或者未来的新渔民手上。定额基于之前的平均捕捞量分配给现任所有者。[51]政府按照分配总额对每个配额拥有者征税，而不是按照捕捞总量征税。建议的税收额是年度允许捕捞总量价值的 5％。在此我们并不能对这项措施做详细的介绍，但它的执行情况与新西兰的现行政策十分相似，这在其他文献中有详细介绍。[52]

备选方案比较

以下讨论将基于四个政策目标（经济效益、对渔场的保护、平均分配和政策可行性），对现行政策（status quo）、收取特许权税和执照拍卖、特定流域所有权专属私有化和个人可转让配额三种政策加以比较。

现状：米弗林计划和随后的重组

效率： 现行政策在效率方面表现极糟，尤其从长期来看。随着时间的推移，增长的资本填充将抵消任何捕捞能力削减的短期效果。在未来的 5—10 年，捕捞能力与 1996—2001 年间回购的捕捞能力相比不会有太大变化。在最好的情况下，其捕捞能力会有 10% 的下降。与其他小型船只的替代品相比，现行政策并不鼓励花费最低廉的捕捞技术。它是一项并不灵活的监管制度。在某种程度上，它的经验可以帮助其处理一些固有的问题。因此，以净现值计算，此现行政策与米弗林计划实施前的情形相比并没有太大的改观。

保护： 保护渔业资源大概是现行政策最难以预测的后果。它在很大程度上取决于生物学家们的具体决定。其结果会在"糟糕"（小型、多样的鱼群储量仍然受到威胁）和"合理"（物种受到保护）之间徘徊。然而，在现行政策下我们难以乐观，主要是由于一直控制着每条开放性河流的巨大捕捞能力和对"捕鱼竞赛"（race to fish）的不断鼓动。DFO 的任何一个错误估算，无论是出于生物学家还是出于迫于政治压力的高级官员，或者出于政策的执行困难，都将导致小型洄游鱼群的灭绝。[53] 因此，哪怕是从最乐观的角度来说，目前的政策对"保护鱼群"这一政策目标的达成也仅为中等水平。

公平： 在某种意义上，现行政策可以被认为对现任的渔民十分慷慨：几乎以名义价格（nominal prices）赋予了他们事实上的财产所有权。但在另一方面，如果租金被耗散了，这并不像表面上显得那样合算。然而，这种现有体制对纳税人是不公平的：正如前面所分析的那样，与收取资源租金（resource rent）相反，最终纳税人向渔民支付了高额净补贴（net subsidy）。

政策可行性： 加拿大最高法院对于捕捞权进行了强制性的重新分配，使现行的规管制度具有政策可行性。

皮尔斯委员会的建议：捕捞特许权和捕捞执照拍卖

效率： 从效率这个政策目标考察，此方案优于现行政策的地方正在于：它可以保留更多的潜在租金。它建议的执照回购可以在很大程度上降低过度捕捞能力。尽管在近 20 年之后，皮尔斯当初设想的所削减的百分比才最终得以实施。然而在接下来的 20 年里，随着科技的进步，我们很难预测皮尔斯认为的合理的削减值应为多少。同样需要注意的是，这项政策会抵消投入新资本以取代退化的生产力的积极性（通过特许权使用费和执照拍卖的方式）。由于皮尔斯委员会方案保留了小型船只捕捞，因此它只可能将捕捞费用减少到其最低水平的一半〔即花费小于一个有效组织的终端渔场（terminal fishery）的费用〕。而究竟能保留多少租金，最终将取决于从租金中能抽取多少特许权使用费加上执照拍卖费。若特许权使用费为 5%，那么就从租金中抽取了大部分，最终租金所剩无几。[54] 相比于 1982 年的皮尔斯委员会时期，对于公开拍卖的实际问题我们了解得更加详细。[55] 这项政策可能会促进执照逐渐转移到能够更加有效地开发渔业资源的人手里。这项政策建议在效率方面的一个明显的弱势在于：它将小型船只捕鱼作为前提，以至于捕捞成本无法降至最低（同样的参见上文关于现行政策的讨论和下面关于个人可转让配额的讨论）。

由于寻找"高等级"鱼类利益驱使（在捕捞界限内忽视那些低价值的鱼类而寻求具有高价值的鱼类，此为个人理性，但对整个社会而言造成了浪费）和"破坏定额"（quota-busting）（走私），因此对所有渔船的监督将更加困难，导致相比于现行政策而言，此项政策的执行更加复杂。对于上述行为，吊销其执照应是一个主要的处置办法。[56]但是，相对于现行政策而言，对于更多监督的需求使此项政策的执行更加的困难。

保护：该方案的缺点之一是它可能危及特殊鱼群的储量；换句话说，它在资源保护这个政策目标的实现上仍有欠缺。特许权税在保护渔业资源这个目标上的作用也不尽如人意。究其原因，特许权税从本质上看是一种价格机制（price mechanism），而非数量（限制性）机制（quantity mechanism）。当鱼群储量的不确定性与错误估计成本的可能性很高时，运用价格机制会导致某些鱼群灭绝的风险。[57]数量机制，如定量配额、约束解禁（opening restrictions）等，降低了过度捕捞的风险。当然，设计一个结合开放（即数量）限制的中间性政策是可能的。但是这会增加用于渔场的（公共）花销。这样的提议在此不多予以讨论。

公平：在皮尔斯的建议中，对于渔民的最主要的优惠措施即对执照的回购。这就能使那些准备离开这个产业的人避免了资本的流失，减少了其经济上的损失。剩余渔民过度投资的动机将被弱化，因为政府将会以部分特许税的形式、部分执照拍卖的形式（其中执照拍卖为主要形式），从渔业中提取租金。然而，如果执照拍卖的形式是合理公开的竞争，那么所有预期的租金都会被转移到政府手中。经济租金的损失最终将由剩下的渔民负担。但有一点公平的是，这些渔民也恰恰是从实际捕捞中能得到实际效益的人。

皮尔斯建议在五年的时间内，对土著居民进行财政补贴，以使其能够支付执照的费用（见上文）。自1982年以来，关于"什么对土著居民是公平的"的争论有了很大改变，而如今人们会认为皮尔斯委员会对于土著居民的补贴是非常低的。加拿大最高法院可能会听取这种声音。从另一方面来说，相比于现行政策，此政策仍然将土著居民放在了一个相对好的位置上。

这项政策能够给政府带来更多（新）的收入（可能更多地通过拍卖而不是通过特许权使用税），并且在某种程度上减少了政府开销。因为降低了捕捞能力，因此降低了监督的成本。总之，纳税人的地位将有很大改善。然而，估计收益的准确值是困难的，因为无法预测执照的接受者。

政策可行性：租金的缺失将调动现有渔民尽快进入计划中的角色。

特定流域的独占性捕捞权

效率：该备选方案的优势在于它是渔业捕捞制度中成本最低的，从而可能使之成为效率最高的选择——捕鱼成本至少比小型船只渔业低50%。所有者拥有长期财产权，所以他们具有对渔业资源的保护意识。同时有必要强调一下，"独占"是仅指对单个河流系统的垄断，并不意味着会产生通常因垄断某种物品而导致的低效社会（inefficiencies society）。这种垄断形式会增加效率，因为大多与小型船只渔业有关的开放性经营将被禁止，因此无须建立任何有效的市场力量。考虑到鲑鱼将被运往一个竞争性的全球市场进行销售，因此即使某一个经营者垄断了整个不列颠哥伦比亚省的捕捞权，他也不能完全垄断鲑鱼的价格（当然，这个场景发生的前提是政府允许鲑鱼自由贸易）。

从效率的角度来讲，此项政策的一个主要问题是，它可能在弗雷泽河上产生多个垄断者（monopoly owner）。重要的是这项针对弗雷泽河的政策消除了资本积累和其他形式的努力。为了确保上述努力，我们建议可以有一些固定的少数的执照持有者。[58]

保护：这项政策可能在资源保护方面做得比较好，这主要出于以下两个原因：第一，垄断所有者拥有强烈的不含糊的动力最大化其渔业存储量的净现值。第二，回避和特殊化鱼类保护之间的关系信息是十分清晰的。这可能在弗雷泽情境中比较困难，这里可能更加需要政府宏观远视视角的角色。

公平：在这项政策下，小船渔业退出舞台；而这种情况对于现在的渔民并不是十分有利。然而，由于这项政策是如此有效率，有收入大量租金的潜力，作为有效组织的小船渔业的最好情景能获得超过 2 亿美元的净现值。一些租金可以被用来补偿渔民——或者通过直接支付的方式，或者提供给他们想要的投标权（bidding rights）（比如，允许他们以 50％的补贴进行投标）。

这项政策分配给本国固定的垄断百分比，因此，和现行政策一样对于本国居民是公平的。这项政策还会极大地增加政府税收收入，尤其在小船渔业执照持有者得到补偿后。总之，它可能给纳税人带来最大的好处。原因是由于能提供一个低花费的捕鱼区域，分散的小流域将成为极其珍贵的资源。因此，执照将可能以更高的价格拍卖。从所有河流拍卖中取得的收入与皮尔斯建议的对小型船只收取费用取得的收入相比要高得多。

政策可行性：这项政策是最与现行制度大相径庭的。它可能会对整个产业进行限制，加之其过于超前，会使其在政治上很难得到执行。

个人可转让配额（包括弗雷泽合作性共有权）

效率：假设渔民非常确定他们能以现行的投入水平来确定他们的配额，个人可转让配额就应该削减增加的过度投资动机，尽管在某些特定河流的开放区域不存在拥挤的外部性（externalities）。虽然目前还没有关于个人可转让配额实际运营成本与收益的评估，但我们对新西兰和冰岛的个人可转让配额实践可以有一个比较详细的回顾。安纳拉（Annala）总结说效果和影响是十分显著的，"整个产业的经济效益得到了很大提升"[59]。阿纳森（Arnason）同样调查了个人可转让配额在冰岛的实施情况。总体上，他发现总体的捕捞量得到提升，而资本投资有所减少，结果是极大地提高了"单位作业捕捞量"（catch per unit effort）。[60] 鉴于小型船只渔业仍将保留以及我们在此讨论的其他因素，这项政策会降低但不是最小化资金消耗，因为它毕竟不能转型到最低花费的技术。

当然还有很多反对的声音，认为个人可转让配额行政花费过多。伴随个人可转让配额还将破坏定额与选择性开采的动机。[61] 然而，基于新西兰的经验，安纳拉认为个人可转让配额带给我们最大的一个作用是"最小化政府政策产出"（minimal government intervention）。[62] 格瑞夫顿（Grafton）基于对多个国家经验的回顾认为"个人可转让配额取得成功最重要的原因是正确的监督和执行"[63]。权衡看来，其他国家的经历表明，这些问题可以在鲑鱼渔场中得到解决，并且不会增加大量的公共支出。

保护：在很多案例中，个人可转让配额在保护和增大渔业资源方面是很成功的。当总体允许的捕捞量设定过高时就会导致资源保护的缺失，但这是一个普遍性的问题，与个人可转让配额并无太大联系。在这些情境下，生物多样性保护（与恢复）仍然是个问题。[64] 在这方面，相比于大多数其他有效利用个人可转让配额的渔场，鲑鱼渔场表现得更加脆弱〔即使一些渔场，比如冰岛毛鳞鱼渔场（Icelandic capelin），拥有大量的鱼种存储〕。个人可转让配额可以在鲑鱼渔场中产生的一个优势是新场域中的 TAC 与现有捕捞不会有太大差别。在许多其他的渔场，个人可转让配额被运用于开放的系统中或其他资源处于极度危急的情况下时，资源保护TACs 就会被设定为低于现有捕捞量。[65]

公平：因为这项建议的政策以较低的租金将个人可转让配额分配给现有经营者，因此对于目前正在进行经营的人来说是非常慷慨的。由于遏制了资金耗费，租金将很大程度归于现任所有者，那么其收入将会大幅提高。这是冰岛个人可转让配额系统在冰岛最大的诟病，定额费只是占了评估到的捕捞量的 0.5%："为什么捕鱼小公司和它们的所有者要将极其宝贵的财产所有权或多或少地交到冰岛的渔场手中？"[66] 这项建议对于冰岛政府来说是一项巨大的改进，因为它引入了 5% 的定额税。

这项建议除了带给土著居民一个商业捕鱼执照外，再没有其他任何东西。此外，其给纳税人带来的收益也并不多，只是将租金转换成了 5% 的定额费。我们还不清楚政府的现有花费能否减少，因为其中隐藏着巨大的行政开销。

政策可行性：这项建议对于现任经营者的慷慨，加之最精心的股东集团，使这项建议成为最具有政策可行性的选择。

评估及建议

关于这份报告总结的问题已经详尽地展示在表 1—1 中，其中一个维度为政策选择，另一个维度为政策目标。应该指出的是，我们应在扩展调查的基础上了解每项政策对于政策目标的实现程度。当首选方案取决于部长如何衡量这些目标与标准，但由于部长要求我们提出建议，我们将基于以下比较做出选择。

表 1—1 对前文所提及的各项备选方案的影响以及后果进行了摘要。不管按照哪种目标来衡量，三种备选方案都明显优于现有制度。按照保护租金和减少租金

（效益）耗费的标准来看，特定河流独占性捕捞权拍卖制度是最好的备选方案，因为它消除了小型船只渔业并利用了成本最低的捕鱼技术。皮尔斯委员会的建议和个人可转让配额制度在效益方面的表现同样出色，由于它们都保留了小型船只渔业，因此在减少租金耗散方面只提供了中度的收益。它们都促进了捕捞许可证的使用，从而最有效地保护和开发了渔业资源。

这三个方案各有千秋。我们的建议是部长实施特定河流独占性捕捞权制度，同时配合弗雷泽河的合作捕捞权。无论如何这是对现行制度的一个重大修正，实施起来可能有一定的困难。个人可转让配额是次优选择，需要重视的是：由于鲑鱼储量的周期性变化，鲑鱼渔业必须采用份额配额，而不是以鱼群数量或者重量来衡量的。ITQ 方案唯一的缺陷是它对于纳税人不够公平——租金不高，且有限的租金进一步因为监管和执行的成本而降低。但不管怎样，个人可转让配额是政治上最具可行性的方案。

表1—1 按政策目标评价政策备选方案

目标	类别	政策备选方案			
		现有政策：继续执行米弗林计划	捕捞特许权和许可证拍卖（皮尔斯计划）	特定河流独占性捕捞权	个人可转让配额
经济效益	对租金耗散的影响	差——巨大的负净现值	好——相对于现状有很大进步	很好——相对于现状有极大进步，技术成本最低	好——相对于现状有较大进步
	执行难易度	中等——内在的困难为大量的经验所抵消	低	高，除了弗雷泽河	中等，但需要设计激励制度
	灵活性	低	中等——良好的产品价格弹性	中等——良好的产品价格弹性	中等，伴随着"配额"体系
对渔业资源的保护	对实际洄游鱼群数量的影响	差——高风险	差——脆弱的洄游鱼群受到持续威胁	好——除了弗雷泽河，其他都很好	好（如果配额实施的话）
公平分配	对现任经营者	名义上公平，但由于存在租金耗散，实践上不公平	好——对现有渔民慷慨，但对剩余渔民较差	很好	极好
	对土著居民的公平性	名义上公平，但由于存在租金耗散，实践上不公平	好	好	对土著居民极好
	对纳税人的公平性	差，巨额净支出	极好	极好	可以接受，比现状有所改观
政策可行性	实施成功的概率	高——已经实施	低——并非现有渔民偏好的备选方案	中等——较大的潜在收益，但对现状改变巨大	高——对现有的经营者有很大的吸引力

1.2 承上启下

接下来的章节将向你提供进行政策分析的理论和工具。并非所有的政策分析都要采用这种方式：它可非正式地用于在回廊上向政策制定者提出口头建议，也可以正式地用于对需要立法的制度进行影响分析。但是任何一个好的政策分析必然包含本报告所表达的思路。所以请接着读，或是欣赏、或是忍耐地读下去。

复习思考题

1. 请回想你在本科阶段学习时所完成的一篇学术论文。与本章节的政治分析例子相比较，你的论文在内容和结构上与我们的例子有何异同？

2. 现在请回想你曾经读过的学术杂志上的文章。与公开发表的学术论文比较，我们的政策分析例子在内容和结构上有哪些异同？

注释

1. R. Quentin, Dale Squires, and James Kirkley, "Private Property Rights and Crises in World Fisheries: Turning and Tide?" *Contemporary Economic Policy* 14 (4) 1996, 90-99, at p. 90.

2. Richard Schwindt, Aidan Vining, and David Weimer, "A Policy Analysis of the BC Salmon Fishery," *Canadian Public Policy* 29 (1) 2003, 1-22, Figure 1, at p. 2.

3. Jeffery Sachs and Andrew Warner, "The Curse of National Resources," *European Economic Review* 45 (4-6) 2001. 827-39.

4. Robert Deacon, "Incomplete Ownership, Rent Dissipation, and the Return to Related Investments," *Economic Inquiry* 32 (4) 1994, 655-83; Richard Schwindt, Aldan Vining, and Steven Globerman, "Net loss: A cost-benefit Analysis of the Canadian Pacific Salmon Fishery," *Journal of Policy Analysis and Management* 19 (1) 2000, 23-45.

5. See H. Scott Gordon, "The Economic Theory of a Common-Property Resources: the Fishery," *Journal of Politic Economy* 62, 1954, 124-42, and Anthony Scott, "The Fishery: the Objectives of Sole Ownership," *Journal of Political Economy* 63 (2) 1995. 116-24.

6. Robert Huggs, "Legally Induced Technical Regress in the Washington Salmon Fishery," 247-79, in Lee Alston, Thrainn Eggertsson, and Douglass North, eds, *Empirical Studies in Institution Change* (New York: Cambridge University Press, 1996).

7. Anthony Netboy, *Salmon of the Pacific Northwest: Fish vs. Dams* (Portland, OR: Binfords and Mort, 1958); Russel Barsh, *The Washington Fishing Rights Controversy: An Economic Critique* (Seattle: University of Washington Graduate School of Business Administration, 1977).

8. Richard Schwindt, "The Case for an Expanded Indian Fishery: Efficiency, Fairness, and Histo-

ry," in Helmaar Drost, Brain Lee Crowley, and Richard Schwindt, eds, *Market Solutions for Native Poverty* (Toroto: C. D. Howe Institute, 1995); Higgs, "Legally Induced Technical Regress in the Washington Salmon Fishery".

9. Higgs, " Legally Induced Technical Regress in the Washington Salmon Fishery. "

10. Fay Cohen, Treaties on Trail: The Continuing Controversy over Northwest Indian Fishing Rights (Seattle: Univercity of Washington Press, 1986).

11. Higgs, "Legally Induced Technical Regress in the Washington Salmon Fishery. " pp. 273-74.

12. These sources include Sol Sinclair, *License Limination—British Columbia : A Method of Economic Fisheries Management* (Ottawa: Department of Fisheris, 1960); Alex Fraser, *Licence Limitation in the British Columbia Salmon Fishery*, Technical Report Series No. PAC/T-77-13 (Vancouver: Department of the Environment, Fisheries and Marine Services, 1977); Daniel Boxberger, *To Fish in Common: The Ethnohistory of Lummi Indian Salmon Fishing* (Lincoln: University of Nebraska Press, 1989); Schwindt, "The case for an Expanded Indian Fishery"; Higgs, "Legally Induced Technical Regress in the Washington Salmon Fishery", Schwindt, Vining, and Weimer, "A Policy Analysis of the BC Salmon Fishery. "

13. Fraser, *Licence Limitation in the British Columbia Salmon Fishery*.

14. Ibid. , p. 5.

15. Sinclair, *License Lamination—British Columbia : A Method of Economic Fisheries Management*, pp. 101-106.

16. Don DeVoretz and Richard Schwindt, " Havesting Canadian Fish and Rents: A Partial Review of the Report of the Commission on Canadian Pacific Fisheries Policy," *Marine Resources Economics* 1 (4) 1985, 5-23. at p. 130.

17. Ibid. , p. 13.

18. Schwindt, " The Case for an Expanded Indian fishery," p. 106.

19. See Peter H. Pearse, Turning the Tide; See also Diane Dupont, "Rent Dissipation in Restricted Access Fisheries," *Journal of Environmental Economics and Management* 19 (1) 1990, 26-44.

20. Ralph Townsend, " Entry Restriction in the Fishery: A Suevey of the Evidence. " *Land Economics* 66 (4) 1990, 359-78.

21. Pearse, Turning the Tide, p. vii.

22. Ibid. , 83; see also R, Rettig, "License Limitation in the United States and Canada: An Assessment," *North American Journal of Fisheries Management* 4 (3) 1984, 231-48.

23. Pearse, *Turning the Tide*, p. 83.

24. Ibid. , p. 93.

25. DeVoretz and Schwindt, "Harvesting Canadian Fish and Rents. "

26. Pearse, *Turning the Tide*, p. 111.

27. Schwindt, Vining, and Globerman, "Net loss. "

28. Brian Tobin, "Statement in Response to the Report of the Fraser River Sockeye Public Review Board," Montreal, March 7, 1995.

29. Carl Walters, *Fish on the Line* (Vancouver: David Suzuki Foudation, 1995), at p. 4.

30. R. Quentin Grafton and Harry Nelson, " Fisher's Individual Salmon Harvesting Rights: An Operation for Canada's Pacific Fisheries," *Canadian Journal of Fisheries and Aquatic Sciences* 54 (2). 1997, 472-82.

31. See Schwindt, Vining, and Weimer, "A Policy Analysis of the BC Salmon Fishery," Table 1, p. 5.

32. Ibid. , p. 6, and Table 2.

33. Schwindt, Vining, and Globerman, "Net Loss."

34. Ibid. , Table 8, p. 37.

35. Ibid. , Table 9.

36. Schwindt, Vining, and Globerman, "Net Loss," Table9, p. 38.

37. Schwindt, Vining, and Weimer, "A Policy Analysis of the BC Salmon Fishery," p. 7.

38. Dupont, "Rent Dissipation in Restricted Access Fisheries."

39. This is known as existence value. See Aidan Vining and David Weimer, "Passive Use Benefits: Existence, option, and quasi-option value," 319−45, in Fred Thompon and Mark Green, eds. , Handbook of Public Finance (New York: Marcel Dekker, 1998).

40. Schwindt, Vining and Weimer, "A Policy Analysis of the BC Salmon Fishery", pp. 10−20.

41. Some analysts have argued that in-river fish are inherently of lower quality that those caught out to sea, but this is unlikely to be an issue with modern technology (schiwind, "The Case for an Expanded Indian Fishery").

42. Pearse, *Turning the Tide*, Appendix D.

43. Schwindt, Vining and Weimer, "A Policy Analysis of the BC Salmon Fishery", pp. 11−12, describe how such a cooperative could be organized.

44. See Elinor Ostrom, *Governing the Commons: The Evolution of Institutions for Collective Action* (Cambridge: Cambridge University Press, 1990).

45. Grafton, Squires and Kirkley, "Private Property Rights and Crise in World Fisheries"; see also R. Quentin Grafton "Individual Transferable Quotas: Theory and Practice", *Reviews in Fish Biology and Fisheries* 6 (1) 1996, 5−20.

46. Keith Casey, Christopher Dewees, Bruce Turris, and James Wilen, "The effects of Individual Vessel Quotas in the British Columbia Halibut Fishery," *Marine Resource Economics* 10 (3) 1995, 211−30.

47. Grafton, "Individual Transferable Quotas."

48. Laura Jones and Michael Walker, eds, *Fish or Cut Bait* (Vancouver: The Fraser Institute, 1997).

49. See John Anala, "New Zealand's ITQ System: Have the First Eight Years Been a Success or Failure?" *Reviews in Fish Biology and Fisheries* 6 (1) 1996 43−62, and Ragnar Arnason "On the ITQ Fisheries Management System in Iceland," *Reviews in Fish Biology and Fisheries* 6 (1) 1996, 63−90.

50. For a discussion of the trade-offs between shares and fixed quota under ITQs, see Carl Walters and Peter Pearse, "Stock Information Requirements for Quota Management Systems in Commercial Fisheries," *Reviews in Fish Biology and Fisheries* 6 (1) 1996, 21−42.

51. For example, see Arnason, "On the ITQ Fisheries Management System in Iceland," p. 73.

52. For an analysis of the New Zealand model, see Annala, "New Zealand's ITQ system"; and Laura Jones, "A Pilot Project for Individual Quotas in the Salmon Fishery," in Jones and Walker, Fish or Cut Baitl. pp. 115−24.

53. On these problems in the Atlantic fishery, see A. Bruce Arai, "Policy and practice in the Atlantic Fisheries: Problems of Regulatory Enforcement," *Canadian Public Policy* 40 (4) 1994, 353−64.

54. De Voretz and Schwindt, "Harvesting Canadian Fish and Rents."

55. R. Preston McAfee and John McMillan, "Analyzing the Airways Auction," *Journal of Economic Perspective*, 10 (1) 1996, 159−75.

56. Rick Boyd and Christopher Dewees, "Putting Theory into Practice: Individual Transferable Quotas in New Zealand's Fisheries," Society and Natural Resource 5 (2) 1992, 179−98; Annala, "New Zealand's ITQ System."

57. See Wallace Oates and Paul Portney, "Economic Incentives and the Containment of Global Warming," *Eastern Economic Journal* 18 (1) 1992, 85−98.

58. See Ostrom, *Governing the Commons*; and Elinor Ostrom and Roy Gardner, "Coping with Asymmetries in the Commons: Self-Governing Irrigation Systems Can Work," *Journal of Economic Perspectives* 7 (4) 1993, 93−112.

59. Annala, "New Zealand's ITQ System."

60. Arnason, "On the ITQ Fisheries Management System in Iceland," pp. 77−80, 83−84.

61. Lee Anderson, "Highgrading in ITQ Fisheries," *Marine Resource Economics*, 9 (3) 1994, 209−26.

62. Annala, "New Zealand's ITQ System," p. 46.

63. Grafton, "Individual Transferable Quotas," p. 18.

64. Annala, "New Zealand's ITQ System"; Arnason, "On the ITQ Fisheries Management System in Iceland," comments on the Icelandic cod TAC: "The catches have simply been excessive compared with the reproductive capacity of the fish stocks… [because] …the TACs have been set too high" (p. 83).

65. R. Francis, D. Gilbert, and J. Annala, "Rejoinder—Fishery Management by Individual Quotas: Theory and Practice," *Marine Policy* 17 (1) 1993, 64−66.

66. Annala, "New Zealand's ITQ System," p. 88.

第 2 章

什么是政策分析

政策分析的产物可以是建议，它可以简单到是一条有关行动方案及其结果的陈述：议案 A 的通过将导致结果 X 的出现。它也可以呈现更为宽泛和复杂的过程：立法策略 S 最有可能使议案 A 获得通过，而议案 A 的实施将导致社会总成本 C 和社会总收益 B（aggregate social cost and benefit），但第一组的成本不均衡（disproportionate），第二组的收益不均衡。不论影响的深度与广度如何，政策分析都试图去告知一些决定，或者包括简单的（A 将导致 X），也或者包括复杂的（支持 A 是因为它将导致 X，而这个 X 对你、你的选民或你的国家是有益处的）。

显然，并不是所有的建议都是政策分析，因而我们需要给政策分析一个更为精确的定义。我们首先要求那些建议与公众决定相关并且反映社会价值。这并不意味着政策分析不能在私人机构里运行。商业公司以及交易机构经常寻找那些影响它们私人利益的建议性法规或规定——当它们的雇员或顾问在给出这种建议时考虑到全面的社会影响，他们就是在进行政策分析。当然，大部分政策分析是由政府或非营利组织（NGO）做出的，因为这些机构的日常运转从本质上就包含着公众的决议，也包括那些服务于公共和私人组织的咨询机构。由于我们的注意力在于将政策分析看做一项专业行为，我们的定义必须做到：无论是在公共情境下还是私人情境下，它们的客户都能够参与公共决策的制定。基于以上的考虑，我们试图给出简单的定义：政策分析是关于公共决策的、以客户为导向（client-oriented）的活动，并反映了社会价值。

关于政策分析的定义数不胜数。[1]为什么还要在此多介绍一种呢？其中的一个原因是这个定义能够帮助我们将注意力集中到这本书所要表达的意思上：提供实践方法和理论基础，使读者能够有效地进行政策分析并能有效利用政策分析的成果。我们强调专业思维集合的发展而非技术技能的掌握。如果我们保持向顾客提供有用建议的中心思想，那么我们就自然而然地可以意识到学习各种政策分析技巧和了解政治程序的重要性。

另外一个原因在于，这个定义同样强调了在政策分析过程中社会价值的重要性。哪怕是一个纯粹预测性的建议，其中也包含重要的社会价值。通过观察政策对于受众影响的结果，分析者含蓄地将一些福利价值附加到另外一部分人身上。优秀的政策分析常常对结果和社会价值持一种复杂的视角。正如接下来的章节将要详细介绍的，我们相信，经济效率值得被视为一种社会价值，不仅因为经济效率要靠财富总量（aggregate welfare）去衡量，更重要的是它试图在政治系统中能够有一个独立的衡量。

我们研究的适当的出发点是对政策分析职业进行总揽。政策分析是如何与之前相关的学术领域区分开的？哪里可以找到政策分析，并且他们都在做什么？哪些技能对于政策分析的成功最重要？

2.1　政策分析以及相关专业

如果你是公共政策分析课程中的一名学生，那么你也许对政策分析是什么有一个良好的感知——通过你的教育背景所选择的专业获得。但是你也许有志于其他的专业，比如公共管理、工商管理、城市规划、法律，或者公共健康；然而，你从始至终被要求在政策分析中扮演一个角色。或许你是作为一名政治科学、经济学或政治经济学专业的学生阅读这本书。我们希望通过与你所熟知的相关专业或活动的对比，引入政策分析的视角。

表2—1是政策分析与其他五种范式的对比：社会科学学术研究（academic social science research）、政策研究（policy research）、经典规划（classical planning）、"旧式"公共行政和新闻工作。我们将研究的侧重点放在诸如主要目标、"顾客"、常用方式、时间限制和主要缺点等特征方面，分析它们的不同与相似之处。与每一项的对比都有不同的侧重点。然而，正如我们所讨论的，规划与公共行政在这些年与政策分析日趋接近。

表2—1　　　　　　　　　　　　　　　政策分析概要

范式	主要目标	"顾客"	常见类型	时间限制	大致缺陷
社会科学学术研究	构建理论以更好地了解社会	由各专业定义的"真理"；其他学者	构建和检测理论的严谨方法；通常是回顾	很少有外部时间限制	通常与决策制定者需要的信息无关

续前表

范式	主要目标	"顾客"	常见类型	时间限制	大致缺陷
政策研究	预测能够被公共政策改变的变量变动产生的影响	政治学相关专业	运用正规方法分析政策相关问题；结果预测	有时有最后期限的压力，也许会由于问题重复发生而减轻	困难在于难以将研究的成果转化为政府的行动
经典规划	界定和实现社会理想的未来状态	正如专业的定义"公共兴趣"	建立规定和专业规范；目标与任务的规范	由于处理的都是对未来的长远预测，很少有时间限制	计划过于理想，从而忽视了现实的政治情况
"旧式"公共行政	有效地执行通过政治程序制定的项目	根植于指令性纲领的"公共利益"	管理和法律	时间压力与常规决策制定有关	排除了计划之外的替代方案
新闻工作	将公众的注意力引导至社会问题上来	大众化	描述的	强烈的时间压力——当问题是专题的时候更明显	缺乏系统的深度与权衡
政策分析	对有利于社会问题解决的备选方案进行系统的比较与评估	制定政策的特殊人群和机构	综合现有的研究成果与理论，预测备选政策方案的结果	强烈的时间压力——完成的分析通常针对具体的决策	由于顾客导向和时间压力变得缺乏远见

学术研究

　　高等教育的普及使我们对社会科学的学术研究并不陌生。它的主要目标是从理论的角度加深我们对于社会的了解。因为它的研究对象是"真理"，至少如其他学者所认为的那样，社会科学理论企图发展沿革的方法，以从逻辑上说明理论、从经验上检验由此而产生的假设。社会科学的持续进步源于研究者的孜孜不倦，也源于更为广泛的社会需求。不管一个新的理论或是创新的假设检验方式是否与公共政策直接相关，它们都可以赢得社会科学工作者的尊重与重视。然而，随着经验的累积以及相关竞争理论的兴盛或衰败，最终导致政策制定者的"世界观"与学术协会大相径庭。[2] 对于任何特殊政策问题的讨论，虽然学术研究仅仅偶然起一定的作用，但是社会科学知识的发展奠定了更大可能性相关的特殊研究的基础。

政策研究

　　这项研究经常直接使用社会科学学科的方法，因而被描述为"政策研究"。[3]学术研究的目的在于描述大量变量之间的关系，而政策研究则关注反映社会问题的变量和那些能够被公共政策改变的变量之间的关系。理想的政策研究的产物是或多或少已证实的某种形式的假说，例如：如果政府做了事件 X，那么将导致 Y 的发生。关于犯罪原因的学术研究认为来自家庭的道德教育是一个重要的因素。因为我们的政治系统将很多的家庭生活置于公众法律制裁之外；然而，政府对在家庭环境中进行的培养道德的教育几乎无能为力。因此，政策制定者也许会偏好于把道德教育作为一个给定值，而转向关注那些可以由政府来控制的变量，如对犯罪者进行明确、快速和严厉的惩罚。政策制定者也许乐于做一个预测，说，如果对一个犯罪事实拘捕的可能性每增加10％，那么这种犯罪的发生率将会下降5％。

政策研究与政策分析通常是分开而论的。不同的顾客导向经常将它们分别开来。政策研究者往往很少与政策制定者相联系。虽然有时一个或更多的决策者对他们的工作感兴趣，政策分析者通常将他们看做自己学科研究的一分子。他们做政策研究的主要动机往往是获得个人利益，或者将他们手中能够影响政策的权力当做一种刺激；也许在更多的情况下，他们进行政策研究是为了使他们的研究计划获得更多的资金和关注。因为他们认为本学科其他研究者的尊敬具有至高无上的重要性，所以政策分析者通常不但关注决策者运用其工作成果的情况，更关注它在专业的学术期刊上的发表状况。

以学科为导向在政策研究领域导致了一个常见的弱点，因为将研究成果转化成政策并能够直接实施需要抛开学术的兴趣而更多关注实际应用。返回我们的例子，政策研究人员的预测——拘捕的可能性的增加将会降低犯罪率，这在发展或评估一项政策的时候只是迈出了第一步。拘捕率如何才能够增加？这将会产生多大的花费？其他可能发生的潜在的后果和影响是什么？如果对于犯罪率减少的预测真正成为事实，如何做决定？这些貌似邪恶问题的答案正如同对于一个确切自然的信息，通常引不起别人太多的兴趣。因此，政策研究人员通常将此类型的问题留给政策分析家，政策分析家们才是那些为决策者制定备选方案的人。

经典规划

一个截然不同的范例是经典规划，这是对私人市场行为（private market behavior）和多元政府（pluralistic government）导致的无序和缺乏远见的一种反应。对于规划，通常的方法是首先明确导致美好社会的目标，其次，确定达到它们的方法。有效计划的必要条件是为执行和创作计划而设立的集权或权威。

正如一个极端的例子，东欧的中央集权计划经济政策（centrally planned economies）的不良表现正好表明了这种计划范式的固有弱点。其中的一个弱点在于很难确立明确的目标。五年计划也许可以明确指出将要生产什么，但是这并不意味着这些产品符合顾客的需求量。另外一个弱点是认识上的大量问题，这个问题是由收集和加工全方位信息以及对众多经济活动者进行监管的困难所引起的。[4]虽然中央计划经济在美国这样的情境下不可能行得通，但是这种计划的范式在一些狭义的应用当中起到了十分重要的作用。

城市规划（urban planning）在英国和美国是由这样的信念发展而来的：控制土地利用是一个改善城市艺术感和效率的有效工具。复杂的主要规划体现了关于土地使用的合理方式的专业形式，它说明了规则的目的和导向。分区制（zoning）和土地利用条件可以作为控制规划的机制。

然而，城市规划的影响是有限的。其主要原因在于自治的地方政府不能完全专业地接受具体的目标和任务，而且地方经济的发展动态常常在意料之外，同时片面地强调物质结构可能会忽视范围更为广泛的社会行为问题。许多规划专家意识到传统规范范式与民主政治（democratic politics）现实的不相容，于是鼓励他们的同行在政策制定领域成为更加活跃的干预者。[5]因此，许多城市与社区规划学院根据需要设立了政策分析的课程。

规划范式中一种相对较新的表现形式是系统分析（systems analysis）。它运用运筹学的方法，试图超出狭隘的应用的领域。系统分析的基本方法包括建构定量模型（quantitative models），定量模型可以明确在社会或经济系统中大量的利益变量（variables of interests）的相关性。分析的目标是通过改变由政府控制的变量，将某些代表目标的变量最大化，至少也要使之达到一定的水平。系统分析专家们希望通过鉴别许多变量之间可能发生的相互作用来避免日益增长的政策制定中的某些缺乏远见的行为。

但是系统分析已经变得既野心勃勃，又头脑简单。[6]目前几乎没有合适的理论或者数据来建立一个可靠的综合模型（comprehensive models）。进一步说，并不是所有的重要变量都能够加以量化。尤其是那些反映公共问题的多重目标所占的分量通常并不明显。另外，量化的奥秘在于，能够使那些过于简单的模型收到超过其价值的更多的关注。例如，公众对于罗马俱乐部《增长的极限》（on the limits to the word growth）的关注。[7]这篇报告的模型与现实世界的经验几乎无关。[8]这个模型看起来严谨而科学，声称持续的经济增长是符合现实的，它将导致全球性的生活水平的下降。尽管罗马俱乐部的报告中存在大量随意且值得怀疑的假设，却被某些人推崇备至。这些人认为持续的经济增长和不可避免的环境衰退密切相关。该报告以科学模型的形式展示，从而分散了人们对它那些含糊不清的假设的关注与质疑。

一种更为集中的系统分析应用是设计、规划和预算系统（PPBS），它与政策分析具有某些相通之处。PPBS的基本方法是鉴别所有目标一致的规则，并能够根据这些规则实现的目标来衡量各个规则所分得的预算。与政策分析相同的是：PPBS指向预算过程中有影响的具体决策。不同的是：它试图在更广泛的规划范围内实行综合和定量的比较。当它在国防部获得明显的成功之后，林登·约翰逊总统于1965年下令将它广泛地应用于联邦政府的决策中。但是，1971年尼克松政府期间，美国管理与预算办公室（OMB）终止了该方法的使用。即使是这种悠闲的计划形式也对可获得的知识和分析资源有着紧迫的需求压力。[9]

公共行政

"旧式"公共行政的目标比规划的目标更为保守些：它是对政治程序授权的计划进行有效管理。它的追随者试图把公共行政的职能从腐败的政治职能中分离出来。伍德罗·威尔逊（Woodrow Wilson）对于"旧式"公共行政的基础性前提有一个明确的阐释："……管理游离于政治的适当领域之外，公共行政领域的问题并非政治问题。虽然政治常为公共行政分配布置任务，它无权操纵管理职能。"[10] 理想状态是有一支技术熟练、忠诚的公务员队伍并且不受政治的干扰，这支公务员队伍致力于实施并有效管理在管理原则指引下颁布的政治项目。换句话说，管理科学应当与政治艺术分开而论。

"旧式"公共行政和政策分析都试图把更有力的专业意见与公共的努力结合起来。一旦建立起计划的组织结构，公共行政者就会把注意力转移到有关人事、预算和日常操作程序等常规决定上去，使之有利于这个计划与既定目标相一致。虽然政策分析家们必须关心组织设计和政治可行性等问题，他们还是要通过政治程序对计划进行选择。一方面他们会注意已经入选的计划是否在良好地运作，另一个方面也要考虑未来还需要做什么。

公共行政正逐步开始把政策分析纳入职业活动中。一个原因是：庞大的政府机构（bureaus）和模糊的立法委任权（legislative mandates）与扩展的社会公共职责（public role）相联系，这要求管理者在备选方案中进行选择——本部门政策分析的自给自足。另一个原因在于政治与管理之间明确分界线的缺失，尽管威尔逊早就做出了有关的论述。管理者必须能够在政策程序下保护资源并维护决策的执行。政策分析家可以帮助他们完成这些工作。

"新式"的公共行政明确地不再持有"政治与行政相分离"的观点。[11] 它的实践者寻求不仅影响某一政策是否被采用，也要影响政策的实施。因此，职业培训的内容必须包括某些方法，这些方法有助于我们预测备选方案的结果，并做出明智的选择。还需要包括有效参与政治过程的方法，以便使得备选方案得以实现。如此一来，虽然公共行政的重点仍在于决策的管理与操作，但公共行政方面的培训也有经常布置政策分析的课程。

关于公共行政最近的提法被誉为"公共管理"（public management）。[12] 它采取了几种形式，其中包括通过从执行经理人的角度观察，对于发现最佳实践的强调。然而，最近在关于治理的研究领域，这个观点被框架化了，"……法律制度、规定、司法裁决都对公共提供的商品与服务进行了有关的实践、限制与规定"[13]。虽然这种更宽阔的角度包括管理实践，它明确地处理组织形式的选择，而这种选择是一个由政策分析提出来的方案。

新闻工作

把政策分析与新闻工作相比较，粗看上去很奇怪。新闻从业人员的职业特点是关注近期事件；人们很少要求他们对未来的情况作出预测。当他们撰写有关公共政策的报道时，出于吸引广大读者的目的，通常会把注意力集中在某些与众不同或者耸人听闻的事件上，而忽略日常的小事。讲述受害人、英雄和歹徒的故事能更有效地吸引读者的注意力，而讲述相互竞争中社会价值间的微妙差别则难以引发同样的关注。因此，新闻从业人员对政治过程的贡献在于将政治问题引向公共舆论，而不是对备选方案进行系统的比较。尽管政策分析家与新闻从业人员在某些目标和局限上呈现了相似的状态。

大多数新闻从业人员非常讲求时效。由于新闻转眼就会成为陈年旧事，他们必须不断地发掘新的新闻，否则文章就难以得到发表。同样地，无论政策分析家的建议是多么的完善与合理，若是在客户们投票、颁布条例或者做出决策之后再拿出来，也就一文不值了。"晚做总比不做好"在这里是行不通的。

紧迫的截止日期使得新闻从业人员和政策分析家们收集信息的策略非常相似。有关背景的文件以及那些对情况了如指掌的人员网络都是极有价值的信息资源。他们能让新闻从业人员迅速地弄清整个事件的来龙去脉。这些资源对政策分析家也有类似的作用，同时，在没有时间进行系统、全面的调查时，它们能提供大量的关于备选方案在技术、政治和行政可行性方面的有用信息。[14]如新闻报道一样，政策分析正在努力培养它们的信息来源。

最后，沟通是最为重要的。记者也许能够将他们的故事加工成文字以吸引并保持其读者的兴趣，政策分析人员必须为他们的顾客做同样的事情。有效的沟通需要清晰的文字记录——分析必须用顾客能够理解的语言去解释一些技术工作。同样地，由于顾客的注意力和时间都是稀缺资源，写作就变成最为简洁并且最有效、最可信的途径了。

总而言之，我们通过将政策分析与相关学科做比较，而获得了一个视角。如同政策研究，政策分析人员使用社会科学理论以及预测各种政策结果的经验方法。如同新闻工作一样，政策分析也需要收集信息和沟通的技能。政策分析既不像传统的公共行政具有狭隘的视角，也不像经典规划那样视角宽广。但是在政治过程当中，规划和公共行政都时常向不同的政治家提供建议，因此规划和公共行政扮演着政策分析的角色。

2.2 作为职业的政策分析

直到 20 世纪 80 年代，那些真正从事政策分析的人很少有人意识到自己正是政策分析专业领域的一员，甚至更少的人乐意对外宣称自己是"政策分析家"。大部分从事政策分析的人员曾经认为并且现在依旧认为，自己是经济学家、规划家、项目评估者（programe evaluators）、预算分析师（budget analysts）、操作研究员（operations researchers）或者统计学家。然而，近年来，政策分析专业开始作为一个逐渐完善的学科显现在众人面前。[15]政策分析师这一职位在政府机构中变得越来越普遍，并且这些职位常常由在政策分析领域受到良好教育的人员担任。许多从事政策分析的人受到不同学科的培养，他们共同组成了一个专业组织，即"公共政策分析与管理协会"（Association for Public Policy Analysis and Management）。[16]然而，这个专业依旧十分不成熟，并且那些认为自己是政策分析人员的人仅仅代表真正从事政策分析工作人员的一小部分。

政策分析家们在不同的组织情境下从事政策分析工作，包括联邦的、州的和地方的机构和立法机关（legislature），咨询公司（consulting firms），研究机构（research institute），交易联盟（trade association）以及代表其他利益的组织，商业以及非营利组织。我们在这里强调的是在美国的情境下，但是政策分析在所有主要的工业化国家当中都可以找到相类似的情境。[17]分析人员如何实践政策分析在很大程度上受制于他们与顾客之间的关系，同时受到在政治过程当中他们的顾客扮演怎样角色的影响。因为这些关系和角色跨组织的差别很大，我们期望看到广泛的分析类型。我们将在本书的第3章详细介绍不同的分析类型以及它们的伦理道德意义。现在，让我们看几个政策分析应用的组织情境的例子。

首先，考虑美国联邦政府。我们在哪里能够找到政策分析家呢？我们应该将白宫作为寻找对象，首先是行政部门（executive branch），在国家安全委员会（National Security Council）和负责国内政策的职员中，有一个小规模的但是影响力巨大的政策分析家群体。由于这些政治敏感部门是由总统任命的，他们的管理哲学和目标往往都十分接近。他们的建议关乎政治，也同样关乎于经济和社会。他们经常将政策分析工作与行政部门的其他部分一起进行调试。

管理与预算办公室和经济顾问委员会（Council of Economic Advisers）在联邦政府中也扮演着协调者的角色，但是后者的作用较弱。公共预算与管理办公室的分析家们负责预测联邦政府改变策略的成本。他们还参与特别计划的评估工作。在管理预算的准备工作中，公共预算与管理办公室扮演的主要角色是赋予政策分析家们更大的影响力；它还常常使得政策分析家对预算成本的强调超出了对社会成本和效率的关注。[18]经济顾问委员会的政策分析家在预算过程中并没有直接扮演角色，因此他们留有更大程度的自由去关注社会开支与福利的更广泛的视角。然而，没有与其他机构的直接利益冲突，他们的影响很大程度上派生于这样的感觉：其建议以经济学科技术专长为基础。[19]

政策分析工作贯穿于所有的联邦机构当中。除了个人身份的雇员之外，机构领导者通常拥有分析办公室直接向他们报告。[20]这些办公室的名称各式各样，通常包含下列字眼：政策、计划、管理、评估、经济和预算等。[21]例如，在不同的时间，能源部（Department of Energy）的中心分析办公室先后被命名为"政策与评估助理秘书办公室"（Office of the Assistant Secretary for Policy）与"政策、规划与分析办公室"（Policy，Planning，and Analysis Office）。一般来说，机构分支部门的负责人也有分析职员向他们提供与其实质性职责相关的建议和专家意见。在后面，我们会简单谈及卫生与人类服务部的政策分析，从而可以弄清楚政策分析家们在联邦机构中的多种作用。

也有很多政策分析家在立法机构工作。整个国会以及每一个单个的议员都是政策分析的客户。政策分析家在美国审计总署（General Accounting Office）[22]、国会预算办公室（CBO）、国会研究处（CRS）和新近被撤销的技术评估办公室（OTA）[23]等部门。这些部门的分析议程（analytical agendas）主要是由国会领导小组（congressional leadership）来决定的，但有时候，国会议员也会以个人的名义请求他们进行分析。当然，议员都有各自的私人雇员，其中也包括立法方面的政策分析家。然后，大多数关于立法的分析和表述还是由委员会雇员做出的，他们向委员会主席以及主要的高级官员汇报。[24]委员会雇员通过竞选或者从国会成员的私人关系中招募，为了保持自己的职位和影响力，他们必须在政治上具有高度的敏感性。介入立法的国会雇员因此在某种程度上与政策分析家所做的工作是一致的。虽然成千上万的国会雇员都被当做律师来培训。[25]

国会里的政策分析在政策信息和政策选择中是怎样产生影响的呢？基于在健康和交通领域的四个政策议题所进行的详细沟通方面的研究，惠特曼总结道："这个结果明显表明政策分析确实经过了国会的沟通网络。在四个问题中有三个分析的信息在国会审议中扮演了十分重要的角色。"[26]许多沟通在国会职员与政府办公室的分析员和智囊团（think tanks）之间的讨论中产生，而不是一个正式的书面报告。

对于州政府，我们发现了一个类似的模式。州长和代理机构的领导通常有做政策分析的顾问。许多州有预算办公室，它们的功能在联邦层级中就相当于公共预算与管理办公室。[27]私人雇员和委员会志愿在州立法机构中提供政策分析。在一些州，譬如加利福尼亚州，立法机关拥有的办公室（类似于国会预算办公室）会来分析立法机构的影响。

县级和市级的地方立法机关很少雇用政策分析家。行政机构，包括预算与规划办公室，却通常会有一些主要负责政策分析的人员。但是，除了某些人口非常稠密的区域，大多数分析还是由那些职业的或者承担管理责任的人做出的。因此，面对技术上的复杂局面，他们往往缺少指导政策分析的时间、专门的技术和资源。但是由于他们能经常与决策者进行面对面的接触，同时由于他们可以观察到自己所提供建议的结果，因此尽管面临着资源有限的问题，地方一级的政策分析家还是认为这是一份令人满意的工作。

如果公共机构自己的职员不能做出一份预期的或符合要求的分析报告，那他们该怎么做呢？如果有多余的资金，这些机构可以花钱请顾问来分析。地方和州立法机构通常会向顾问征求特殊问题的意见，如新机构的设置或重要的改组整编措施，或者是为了满足政府间赠款计划必要的评估需要。联邦机构不仅雇用顾问做专业研究，而且将他们作为其员工自愿的常规补充来源。在一些极端的情况下，咨询公司也可以作为政府办公室的职业介绍中介，向他们直接提供因为行政事务或者其他方面的限制而不能直接雇用的政策分析家的服务。[28]

客户与分析家之间的关系对顾问有着十分显著的重要性。通常，顾问会有偿产生一些具体的结论。如果他们希望将来能够重新得到雇用，他们必须自己得出让客户觉得有用的分析。顾问迎合了他们的顾客的偏见，而这么做的成本是付出了诚信的代价，人们通常把他们叫做"枪手"（hired guns）。最好的顾问能抵御迎合客户偏见的内在诱惑，这样的顾问才能提供非常专业化的意见，并在政策分析中有很好的声誉，他们不会因任何客户的退出而损失太多，如果需要他们能够找到替代性的交易。

在学术领域的研究员、智囊团和政策研究机构都提供了咨询服务。虽然他们的工作通常不是直接与具体的政策决策相联系的，研究者们像兰德公司（Rand Corporation）、布鲁克林研究所（Brookings Institution）、美国企业公共政策研究所（American Enterprise Institute for Public Policy Research）、城市学会（Urban Institute）、未来资源组织（Resource for the Future）、国防分析学会（Institute for the Defense Analyses）和公共政策研究会（Institute for Research on Public Policy）（加拿大）等机构有时候会为具体的客户做细致的利益分析。这些研究人员究竟是适合做政策分析，还是适合上文中所提到的政策研究工作，实际上很难确定。近年来思想库团队的数量迅速增长。[29]思想库具有很强的意识形态属性，它们对那些经常妨碍分析的职业合法性的特殊政策具有特殊偏好。

最后，有很多政策分析家既不为政府工作，也不想为政府提供有偿服务。他们通常就职于产业领域受到政府严格调控的营利性公司、与特殊立法领域有关的贸易协会和国内的工会，还有一部分是承担公共使命的非营利组织。例如，考虑制定一种由雇主支付的、对雇员来说是一项应缴税收入的健康保险金政策。私营公司、行业协会和工会做出分析，以决定提议模式的变化产生的影响和雇员利益成本。美国医药协会（American Medical Association）就会对医生服务需求的影响做出分析。健康保险提供方，如蓝十字（Blue Cross）、蓝盾会（Blue Shield）、商业性保险协会（commercial insurers）和健康促进组织（health maintenance organizations）等出于自己的规划和医疗健康成本，也希望预测这种改变产生的影响。这些利益团体还会询问它们的分析家，当议案提交后，如何提出对应的支持、对抗或修正议案的提议。

在上面的分析中，有一点非常明显，政策分析家就职于各类组织之中，分析的问题范围极广，从城市垃圾收集到国防，面面俱到。但是，分析家在他们所处的组织中的功能到底是什么呢？

2.3　近观分析的功能

在这一章的开篇，我们指出政策分析包括宽泛的内容。在接下来的内容中，我们会对整体政策分析提供一个框架——一个独立的分析家在处理一个结构性的政策分析并评估问题时该怎么办？这是一种我们所能教授的最合适的方法，因为它包含了分析家们一般所履行的职能范围。掌握了这种方法，分析家不仅能为履行自己的职责做好准备，还能获得一个有用的框架，用以判断自己所做的东西未来前景如何。

与其抽象地描述这些内在功能，不如简单地看看卫生与人类服务部（Department of Health and Human Services，DHHS）所确定的一些政策分析职责。选择卫生与人类服务部出于两个原因。第一，这是一个相当大的联邦机构，其职责需要全面的分析。第二，卫生与人类服务部已经将它认为是政策分析重要功能的内容明确了下来。

无论以怎样的标准衡量，卫生与人类服务部都是非常庞大的。它监督许多专业机构，比如说食品与药品管理局（Food and Drug Administration）、国家卫生研究所（National Institutes of Health）、健康医疗财政管理局（the Health Care Financing Administration）和疾病防控中心（Centers for Disease Control）等。到 2002 财政年度，它所管理的支出超过 460 亿美元，拨款数额超过其他任何一个联邦机构。该系统在全国范围内雇用了超过 65 000 人。这样的一个机构，是世界上最大且最复杂的机构之一。卫生与人类服务部的规模和范围极大，仅秘书办公室（Office of Secretary）和卫生与公共事业核心协调办公室（central coordinating office）的雇员就有大概 2 400 人。秘书办公室的职责包括为计划问题提供独立的建议和分析、分析计划间的折中方案、产生跨机构的共同政策。秘书办公室所从事的大部分是管理与监督工作，而这与政策分析的任务大同小异。

尽管卫生与人类服务部的很多部门都在做政策分析的工作，我们还是需要关注一下计划与评估副部长办公室（Office of the Assistant Secretary, Planning and Evaluation, ASPE），因为它被最明确、最直接地授权做政策分析。[30] 尽管管理和预算副部长办公室（Office of the Assistant Secretary, Management and Budget）所承担的职责与政策分析也有密切的关系，但它更强调预算和成本问题；这两个办公室经常合作进行政策分析。

ASPE 的一份指导文件向新入职的政策分析家专门提出了四种他们所要履行的主要职责。[31]

第一，分析家履行"办公桌官员"（desk officer）型的职责，包括协调具体的规划领域的政策，并和那些卫生与人类服务部中在这些领域也有类似职责的机构联络。例如，一名文职人员可能负责生物医学研究问题，他的工作与国家卫生研究所的分析家和其他职员密切相关。文职人员充当了本部门的"眼睛和耳朵"，"走出办公室到那些机构中，在那里的职员做出决策之前与他们交流这些问题以及问题的备选方案，了解哪些问题正在发生变化，哪些没有"[32]。文职人员还被要求走出卫生与人类服务部，去了解学术界和该领域的政策执行人员所关注的热点以及他们的想法。由于总是处在问题的前沿，这些文职人员能够对其领域内所涉及的政策变化做出迅速的反应与评价。

第二，政策分析家履行提出政策建议的职责。这对卫生与人类服务部来说至关重要，因为计划与评估副部长办公室的资源"组成了这个部很少的弹性分析资源中的一些"。[33] 政策的提出常常涉及卫生与人类服务部的特别主动权，但通过任务也能够实现使其他部门的成员卷入。这些主动权一般将产生政策选择文件或者特别立法提案。

第三，分析家履行政策研究与监管的职责。"计划与评估副部长办公室每年在政策研究和评估这项核心职责上的资金花费大约为 2 000 万美元。"[34] 需要强调的是，卫生与人类服务部和许多政府机构一样，将大量的相关政策分析以合同的形式外包给其他机构，因此计划与评估副部长办公室的分析家既是政策研究和分析的客户，又是他们的实施者。计划与评估副部长办公室的分析家还参与评价其他机构的研究计划，帮助制定和调整分配评估基金的规则，并成立专门调查小组来对合同和拨款进行裁决。

第四，分析家履行"消防员"的职责。"火"可能来自白宫对社会保障改革成果做出评论的要求……为国会职员准备一份简报，因为某个关键委员会准备提出一份预算案……帮助……部长办公室准备明天同某个重要团体的一个会议中的任何事物。[35]"消防员救火"的提法传达了任务的紧迫性——分析家有时要停下手中的一切工作，直至"火"被扑灭！

这四种职责说明了分析家要履行的各种各样的任务：有的任务从不中断，有的是间断性的，有的截止日期很短，有的耗时很长；有的是分析家所在组织的内部任务；有的要求分析家与组织外部类似岗位的分析家或者决策者交流沟通；有的涉及的课题是分析家所熟知的，有的问题他们则十分陌生。那么有什么基本技能可以帮助分析家为这些多样的任务做好准备呢？

2.4 政策分析的基本准备

政策分析既是一门科学，也是一门艺术。[36]就像一位成功的肖像画家必须能用审美的眼光来应用绘画技巧一样，成功的政策分析家也必须在政府的社会角色中应用自己的基本技能，这种事业必须连贯而现实。为了有效地把政策分析的艺术和技巧结合起来，五个方面的准备是必要的。

第一，分析家必须知道如何在截止日期临近而且有关人群受到限制的情况下仍能完成收集、组织、沟通信息的任务。他们必须能够制定策略，能够迅速地了解政策问题的本质以及可能解决方法的大致内容。他们也要能够鉴别，至少是定性地鉴别备选方案可能的成本与收益，并把这些评价传达给他们的客户。第13章和第14章将讲述这些基本信息技能的开发。

第二，分析家需要把认识到的社会问题放到其背景中进行观察。政府何时能合法地介入私人事务？在美国，这个问题的标准答案通常是以市场失灵理论为基础的——在市场失灵的情况下，追求私人利益不能使社会资源得到最有效的使用，或者不能使社会物品得到公平的配置。但是市场失灵，或者寻求效率之外其他得到广泛认同的社会目标，例如分配经济和政治资源时更大的公平性，应该被当做政府适当采取干预行动的唯一之必要条件。充分条件是干预的方式不会引起社会成本大于社会收益。了解集体行动可能失灵的方式，有助于干预成本的鉴定。换句话说，分析家要考虑除了市场失灵之外还存在着政府失灵。第2篇和第3篇的章节就是从这样的角度展开论述的。第4、5、6、7章分析了不同形式的市场失灵和一些被确认的定理；第8章讨论了使政府干预产生不良社会后果的系统方式；第9章讨论了政府失灵和市场失灵相结合的情况；第10、11、12章是概念性基础，提出了纠正市场和政府失灵的概念与方法。这些章节提供了一种"思想储备"，帮助我们认识和理解社会问题，并提出备选方案去解决这些问题。

第三，分析家需要专门技能，以便能更好地对未来进行预测，更令人信服地对备选方案进行评价。经济学和统计学的规律是这些技能的主要来源。我们在接下来的各章中引入了一些微观经济学、公共财政学和统计学的重要理论。那些想从事政策分析工作的读者最好还是去学习这些学科的专业课程。[37]但是，即使是政策分析导论也应该包括成本—收益分析和相关技术的应用。这是第16章的内容。第17章和第18章阐述了成本—收益分析的方法。

第四，分析家必须了解政治和组织行为，从而能够预测并在可能时影响政策的采用和成功实施的因素。同样地，了解客户和潜在对手的世界观能让分析家更有效地整理证据和观点。我们假定读者基本了解民主政治体系。因此，政治和组织行为理论的实际应用贯穿于全书，其中最重要的几个部分在于思考政策被采纳与被实施的政治环境（第11章）、政府失灵（第8章）和一些案例分析（第17章）。

第五，分析家应该有道德框架，应明确考虑到与客户的关系。当客户的个人偏好和利益与他们自己对公共利益的理解产生实质性分歧时，分析家可能会进退两难。培养政策分析的职业道德是下一章的主题。

复习思考题

1. 加利福尼亚州立法机构的立法分析办公室（the Legislative Analyst's Office）始建于1941年，是整个立法机构的"眼睛和耳朵"。它是仿照国会预算办公室的模式建立的。访问它的网站（www. lao. ca. gov），查阅该机构的历史及其产品案例。与加利福尼亚州的行政机构相比，你认为立法分析办公室所进行的政策分析能否做到政治上中立？

2. 各个思想库均不相同，其差异表现在关注的领域、推动具体政策方案的程度等。浏览下列思想库的网站，并对它们的特征进行概括：卡图研究所（www. cato. org）、弗雷泽研究所（www. fraserinstitute. ca）、进步政策研究所（www. ppion. org）、兰德公司（www. rand. org）、未来资源组织（www. rff. org）。

注释

1. Some examples："policy analysis is a means of synthesizing information including research result to produce a format for policy decisions (the laying out alternative choices) and of determining future needs for policy relevant information." Walter Williams, *Social Policy Research and Analysis* (New York: American Elsevier, 1971), xi; and "Public police is an applied social science discipline which uses multiple methods of inquiry and argument to produce and transform policy-relevant information that may be utilized in political settings to resolve policy problems." William N. Dunn, *Public Policy Analysis* (Englewood Cliffs, NJ: Prentice Hall, 1981), ix. There definitions, as do most, lack the client orientation that distinguishes

policy analysis as a professional activity. Description of policy analysis closest to our definition are given by Arnold J. Meltsner, *Policy Analysis in the Bureaucracy* (Berkeley: University of California Press, 1976); and Norman Beckman, "Policy Analysis in Government: Alternatives to Muddling Through", *Public Administration Review* 37 (3) 1997, 221-22. For an extended discussion of the policy sciences, a broader conception of policy analysis, see Garry D. Brewer and Peter deleon, *The Foundations of Policy Analysis* (Homewood, IL: Dorsey Press, 1983), 6-17.

2. Within disciplines, acceptance of new theories that better explain empirical anomalies often occurs only after repeated failures of the older theories over an extended period. See Thomas S. Kuhn, *The Structure of Scientific Revolution* (Chicago: University of Chicago Press, 1970). For a discussion of a paradigm shift in political context, see Peter A. Hall, "Policy Paradigms, Experts, and the States: The Case of Macroeconomic Policy-Making in Britain," in Stephen Book and Alain-C. Gagnon, eds., *Social Scientists, Policy, and the State* (New York: Praeger, 1990), 53-78.

3. For a discussion of policy research, see James S. Coleman, *Policy Research in the Social Sciences* (New York: General Learning Press, 1972). Policy research, expanded ti include the study of the policy process, is sometimes referred to as policy science. Harold D. Lasswell, "The Emerging Conception of the Policy Sciences," *Policy Sciences* 1 (1) 1970, 3-30.

4. For a discussion of the paradoxes inherent in planning, see Aaron Wildavsky, "If Planning Is Everything, Maybe It's Nothing," *Policy Sciences* 4 (2) 1973, 127-53.

5. For example, see Jerome L. Kaufman, "The Planner as Interventionist in Public Policy Issues," in Robert W. Burchell and George Sternlieb, eds., *Planning Theory in the 1980s: A Search for Future Directions* (New Brunswick, NJ: Center for Urban Policy Research, 1978), 179-200.

6. For critiques of systems analysis, see Ida R. Hoobs, *Systems Analysis in Public Policy: A Critique* (Berkeley: University of California Press, 1972); and Aaron Wildacsky, "The Political Economy of Efficiency: Cost-Benefit Analysis, Systems Analysis, and Program Budgeting," Public Administration Review 26 (4) 1966, 292-310. For a comparison of systems analysis and policy analysis, see Yehezkel Dror, "Policy Analysts: A New Professional Role in Government Service," *Public Administration Review* 27 (3) 1967, 197-203.

7. Donella H. Meadows, Dennis L. Meadows, Jorgen Randers, and William W. Behrens Ⅲ, The Limits to Growth: *A Report for the Club of Rome's Project on the Predicament of Mankind* (New York: Universe Books, 1974).

8. For critiques of the Club of Rome approach, see William D. Nordau's, "World Dynamics: Measurement without Data," *Economic Journal* 83 (332) 1973, 1156-83; Chi-Yuen Wu, "Growth Models and Limits-to-Growth Models as a Base for Public Policymaking in Economic Development," *Policy Sciences* 5 (2) 1974, 191-211; and Julian L. Simon and Herman Kahn, eds., *The Resourceful Earth: A Response to Global* 2000 (New York: Basil Blackwell, 1984).

9. Consider the following assessment: "Although it may fail for many other reasons, such as lack of political support or trained personnel, it always fails for lack of knowledge, when and if it is allowed to get that far," in Aaron Wildacsky, Budgeting: *A Comparative Theory of Budgetary Processes* (Boston: Little, Brown, 1975), 354. Also see Allen Schick, "A Death in the Bureaucracy: The Demise of Federal PPB," Public *Administration Review* 33 (2) 1973, 146-56.

10. Woodrow Wilson, "The Study of Administration," *Political Science Quarterly* 2 (1) 1887, 197-222.

11. Consider the following: "New Public Administration seek not only to carry out legislative mandates as efficiently and economically as possible, but to both influence and execute policies which more generally improve the quality of life for all." H. George Frederickson, "Toward a New Public Administration," in Frank Marini, eds., *Toward a New Public Administration* (Scranton, PA: Chandler, 1971), 314.

12. See Donald F. Kettl and H. Brinton Milwood, eds., *The State of Public Management* (Baltimore: Johns Hopkins University Press, 1996).

13. Laurence E. Lynn, Jr., Carolyn J. Heinrich, and Carolyn J. Hill, *Improving Governance: A New Logic for Empirical Research* (Washington, DC: Georgetown University Press, 2001), 7.

14. On the value of accumulated studies, see Martha Feldman, *Order by Design* (Palo Alto, CA: Stanford University Press, 1989).

15. For an excellent overview, see Beryl A. Radin, *Beyond Machiavelli: Policy Analysis Comes of Age* (Washington, DC: Georgetown University Press, 2000).

16. Association for Public Policy Analysis and Management, Box 18766, Washington, DC 20036-8766. Information about membership and annual conferences can be obtained at the following World Wide Web address: www. appam. org

17. For international comparisons see Willian Platen, ed., *Advising the Rulers* (New York: Basil Blackwell, 1987).

18. For a discussion of the institutional role of OMB, see Hugh Heclo, "OMB and the Presidency: The Problem of Neutral Competence," *Public Interest* 38, 1975, 80-98. For a history of OMB, see Larry Berman, *The Office of Management and Budget and the Presidency 1921-1979* (Princeton, NJ: Princeton University Press, 1979).

19. Herbert Stein, "A Successful Accident: Recollections and Speculations about the CEA," *Journal of Economic Perspectives*, 10 (3) 1996, 3-21.

20. For example, on the role of analysis at the State Department, see Lucian Pugliaresi and Diane T. Berliner, "Policy Analysis at the Department of State: The Policy Planning Staff," *Journal of Policy Analysis and Management* 8 (3) 1989, 379-94. See also Robert H. Nelson, "The Office of Policy Analysis in the Department of the Interior," 395-410, in the same issue.

21. As recently as the mid-1970s, only a small fraction of the offices responsible for doing policy analysis actually had "policy" or "policy analysis" in their names. Arnold J. Meltsner, *Policy Analysts in the Bureaucracy* (Berkeley: University of California Press, 1976), 173-77.

22. The General Accounting Office and the Bureau of the Budget, the forerunner of OMB, were established in 1921 with the creation of an executive budget system. During much of its history, GAO devoted its efforts primarily to auditing government activities. In the late 1960s, however, GAO became a major producer of policy analysis in the form of program evaluations with recommendations for future actions. Because GAO must serve both parties and both legislative houses, and because its reports are generally public, it faces stronger incentives to produce politically neutral analyses than OMB. For a comparative history of these "twins", see Frederick C. Mosher, *A tale of Two Agencies: A Comparative Analysis of the General Accounting Office and the Office of Management and Budget* (Baton Rouge: Louisiana State University Press, 1984).

23. For an account of the elimination of the OTA and a comparison with the larger congressional support agencies hat survived, see Bruce Bimber, *The Politics of Expertise in Congress: The Rise and Fall of the Office of Technology Assessment* (Albany: State University of New York Press, 1996).

24. See Carol H. Weiss, "Congressional Committees as Users of Analysis," *Journal of Policy Analysis and Management* 8 (3) 1989, 411-31. See also Nancy Shulock, "The Paradox of Policy Analysis: If It Is Not Used, Why Do We Produce So Much of It?" *Journal of Policy Analysis and Management* 18 (2) 1999, 226-44.

25. Michael J. Malbin, *Unelected Representatives* (New York: Basic Books, 1980), 252-56.

26. David Whiteman, *Communication in Congress: Members, Staff, and the Search for Information* (Lawrence: University of Kansas Press, 1995), 181.

27. For a survey, see Robert D. Lee Jr., and Raymond J. Staffeldt, "Executive and Legislative Use of Policy Analysis in the State Budgetary Process: Survey Results," *Policy Analysis* 3 (3) 1977, 395-405.

28. For a study of the use of consultants by the federal government, see James D. Marver, *Consultants Can Help* (Lexington, MA: Lexington Books, 1979).

29. For instance *The Capital Source* (Washington, DC: The National Journal, Fall 1997) lists 114 think tanks in the Washington area (pp. 73-75), from the Alan Guttmacher Institute, which focuses on population issues, to the Worldwatch Institute, which focuses on environmental issues.

30. For a long-term view of analysis at ASPE, see George D. Greenberg, "Policy Analysis at the Department of Health and Human Services," *Journal of Policy Analysis and Management* 22 (2) 2003, 304-07.

31. Assistant Secretary, Policy and Evaluation, "All about APSE: A Guide for APSE staff," no date.

32. Ibid., E-1.

33. Ibid., E-2.

34. Ibid.

35. Ibid.

36. For a strong statement of this viewpoint, see Aaron Wildavsky, *Speaking Truth to Power: The Art and Craft of Policy Analysis* (Boston: Little, Brown, 1979), 385-406.

37. There are three reasons why a solid gronding in economics and statistics is important for the professional policy analyst: (1) the techniques of these disciplines are often directly applicable to policy problems; (2) researchers who use economic models and statistical techniques are important sources of policy research—the ability to interpret their work is, therefore, valuable; and (3) analytical opponents may use or abuse these techniques—self-protection requires a basic awareness of the strengths and limitations of the techniques.

第 3 章

走近职业道德

　　拥有一位哲学王作为客户的政策分析家，在很多方面都将是一种幸运。正因为如此，分析家才能够将知识运用于准备建议，这种知识的价值由一位英明的领导者深思熟虑地做出，在这位领导者的眼中，国家的福利远远高于私人或派别的利益。好的建议将被采纳，而且不需要诉诸复杂的政治或组织策略，单凭国王的一句话就能得到实施。在这种情况下，只要国王真的英明仁慈且强有力，分析家就能期望在建议和操作之间会出现理由充分并合乎道理的不同意见。换句话说，分析家不必担心促进公共利益的职业理想与为客户服务的实际需要之间产生冲突。

　　尽管在我们讨论政策分析时，总是把客户都当成哲学家之王，现实却并不总尽如人意。历史上有很多暴君的例子，而一贯仁慈的独裁者的例子却鲜有。代议制政府寻求通过提供更换暴君的机会，而不用诉诸革命，来减少这些暴君可能带来的伤害。西方的民主体制中，烹调政策这锅肉汤的厨子可不少。宪法或传统将权力分配给当选的官员、官僚、立法者和地方长官，这确保了他们在权威中的一席之地。民主参与的普遍规范确保他们能通过投票箱，直接或间接地从其所要负责的公民那里获得各种建议和要求。总统和首相比其他参与者更占优势；但是，除非在世界性的和非常特殊的情况下，即使是他们也无权下达有关政策选择和实施的简单命令。[1] 即使是在那些主要行政官员的权威接近独裁的政治系统中，无法避免的时间和注意力上的限制使得许多日常决策不得不授权给其他官员。

　　因此，分析家必须预料到，客户是政治游戏的玩家，这些玩家不仅对什么是良好社会有着自己的概念，而且必须经常考虑其选区的狭隘利益以免出局。课堂之外，政策分析家不能处于政治之外的事实在实践上和道德上都具有重要含义。忽略客户利益的分析本身就会受到忽略；忽略其他主要玩家利益的建议则不大可能被采纳或得到成功实施。极端地讲，如果效能是唯一的职业价值，那"好"的分析家会是那些能帮助客户在政治游戏中玩得更好的人。但是其他那些一直未得到明确阐述的价值则引起更广泛的道德考虑。分析家不仅应该关心是否影响政治，同样还要关心如何改善政治。

　　道德和公共政策领域的大量新增文献都涉及我们在试图挑选更佳政策时应该考虑的价值标准。[2]这种情况提醒分析家，没有任何单一的价值标准可以提供全面的公共决策基础，比如经济效率。在这里，我们重点关注职业道德（professional ethics），而不是比较实际政策的价值。在下文中，我们的目标在于构建出一个职业分析家的道德责任框架。为此，我们必须关注分析家和客户间关系的性质，以及这种关系演进的多样背景。[3]即使我们未能制定出明确的被普遍接受的道德指导方针，至少我们也将熟悉最普通的分析环境以及它们时常给分析家带来的困难。

3.1　分析的角色

　　就像生活本身一样，政策分析迫使我们面临相互竞争的价值冲突。通常情况下，这些冲突产生于人们正在考虑的现实问题。例如：一项政策产生的社会总效益会远远超过社会总成本，即使这项政策给小部分人带来严重损失，也应该选择它吗？我们的答案依赖于我们赋予效率（从可用资源得到的最大总利益）与公平（利益分配方式的公平）的相对权重。这些价值和其他的价值一起，比如保护人的生命和尊严、促进个人选择和责任，为评估具体的政策建议提供标准。

　　与其从特定政策问题的独特角度考虑价值问题，在这里我们不如考虑一般问题的价值标准，比如作为专业建议提供者的分析家应该怎样行为。三大价值最为重要：分析的完整性、对客户负责和坚持个人关于良好社会的概念。这些价值间的冲突为分析家带来了重大的道德问题。

　　为了更好地理解这些价值的本质和使它们变得重要的背景，我们构想了三种关于合格分析家角色的概念。[4]每一角色优先考虑三种价值之一，将余下的两种价值置于次要地位。因此，我们可以预料，没有一种角色能以其纯粹形式提供适用于所有情境的正确道德标准。我们的任务在于寻求适当平衡。

　　客观技术员（objective technicians）将分析的完整性（analytical integrity）作为基本价值。他们把分析技能视为自身合法性的来源。在他们看来，分析家的恰当角色是就提议的政策后果提出客观建议。在按照公认的好的操作标准运用技能时，客观技术员的感觉最为舒适。因此，他们通常倾向于采用经济学、统计学和运筹学等学科中的工具，这些学科都具备完善的方法。他们意识到，自己必须常在严格的时间和数据限制下工作。不过，他们愿意相信，在这种情况下那些学科的研究者会认可他们的工作在方法上有其合理性。

如表 3—1 所述，客观技术员将客户视为必要的恶。客户提供资源，这允许了客观技术员从事感兴趣的问题。作为回报，客户获得了最确切的预测。客户的政治命运排在分析的准备、交流和运用的分析完整性之后，居于次要地位。分析家应该试图远离客户的个人利益，以避免干涉。一般而言，他们应该挑选公共机构客户，因为这种客户更可能提供更大的机会，让分析者可以准备和传播客观分析。例如，为国会预算局工作面临的对分析整体性的干涉要比直接为某个国会成员工作少，因为前者对国会整体负责，而后者必须为了两年一次的改选而奔波。

表 3—1　　　　　　　　　　　对政策分析家的适合角色的三种观点

	基本价值		
	分析的完整性	对客户负责	坚持个人关于良好社会的概念
客观技术员	让分析为自己说话。主要焦点应是预测备选方案的结果。	客户是必要的恶；他们的政治命运应该次要考虑。同客户保持距离；尽可能地选择公共机构客户。	相关价值标准应被界定，但价值间的权衡应该留给客户。长远看来，客观的建议可促进社会良性发展。
客户拥护者	分析很少得出确定结论。利用不确定性提高客户地位。	客户为分析家提供合法性。由于分析家有权使用特许信息和接近政治程序，作为报答，应对客户忠诚。	以一致的价值体系选择客户；利用与客户的长期关系来改变客户关于良好社会的概念。
问题拥护者	分析很少得出确定结论。当分析不支持个人偏好时，强调不确定性和排他的价值标准。	客户提供鼓吹的机会。机会主义地选择客户；改变客户以促进个人的政策议程。	分析应该是迈向分析者所构想的良好社会的一种工具。

客观技术员认为，与政策选择相关的价值应该被识别出来。然而，在考虑了所有相关价值后，没有一种政策是较为优越的，相互竞争的价值之间的权衡应该交由客户自身，而不是由分析家隐式地强加。至少从长远看来，分析家有助于建立良好社会，因为他们不断地提供无偏见的建议，即使该建议没有引向选择个人所偏好的政策。

客户拥护者（the client's advocate）主要强调对客户负责。他们认为，分析家作为公共政策制定的参与者的合法性源于他们的客户。客户掌控着被选举出的或任命的办公室，或者代表组织的政治利益。作为对提供机会的报答，客户应该得到包括忠诚和保密在内的职业服务。分析家应该像医生一样"无害"于他们的客户；像律师一样大力促进客户利益。

在一定程度上，客户拥护者看待分析的完整性，就像律师在对抗性的体系中看待自己的职责一样。分析家有一项首要职责，即永远不通过错误的陈述或有目的的遗漏去误导客户。然而，一旦客户已经完全了解情况，分析家就可以公开地为客户阐明他们的分析。由于分析很少能给出确定的结论，因而分析家可以强调可能性而不是最可能，这种做法有利于他们的客户。客户拥护者认为分析的完整性不允许说谎，但既不需要信息的完全公开，也不需要对客户的错误叙述进行公开改正。

一旦向客户承诺，客户拥护者就必须将他们自己的政策偏好降到次要位置。因此，他们对客户的选择关系重大。当分析家和客户享有相似的世界观时，分析家所推进的政策与其良好社会概念不符的情形就不大会出现。一旦发现客户持有非常不同的世界观，分析家如果相信通过长期服务能使客户的观点更接近自己的想法，就可能继续维持这种关系。实际上，在转换到新客户之前，他们可能认为自己负有改变客户信念的责任。

问题拥护者（issue advocates）认为，分析应该成为迈向他们构想的良好社会的一种工具。他们关注政策结果的内在价值，而不是和实际分析行为有关的价值，比如分析的完整性和对客户负责。他们把自己当做政治过程中完全合法的玩家。同样地，他们还可能把自己当做某些团体或利益的捍卫者，如环境、穷人或犯罪受害者等，他们认为政治进程中这些人的利益没有被充分代表。

问题拥护者机会主义地选择客户。那些不能或不愿推行拥护者的个人政策议程的客户应被放弃，而能够且愿意的客户应被选择。分析家对客户只应负有确定两者关系的合同中详细说明的责任；忠于自己关于良好社会的概念要优先于对任何具体客户的忠诚。

就像客户拥护者一样，问题拥护者认为可以利用分析的不确定性。当分析不支持个人的政策偏好（policy preferences）时，问题拥护者就会质疑那些处理复杂问题时不可避免的简化假设，或挑战备选方案（alternatives）的评估标准（evaluating criteria）（当分析家不认同结论时，后者往往成为一种可能的策略）。虽然问题拥护者渴望得到其他分析家的尊敬，尤其当尊敬有助于分析效果时，但他们可能愿意为获得重要的政策结果而牺牲尊敬。

3.2　价值冲突

可以想象，在特定情境下，这些极端角色中的每一个在道德上都是可接受的。例如，白宫职员中的分析家享有接近信息和政治的特权。毫无疑问的是，他们选择的一个重要因素是对总统的忠诚。一旦接受这些职位，他们即使不是明确地也会内在地使自己保持对机密事务的高度谨慎。除了在最极端的案例中，错误的行为会相当确定地导致明显违反对人权或宪法的忠诚，否则，像客户拥护者那样的行动在道德上看来是站不住脚的。相比而言，一名受雇于核管理委员会（Nuclear Regulatory Commission）、分析关于核废料处置（nuclear waste disposal）的备选政策风险的顾问，可能会像客观技术员一样，将分析的完整性置于委员会的政治利益之上。有人甚至会指出，如果该委员会为了获得一种以其他方式所产生的截然不同的政治上的结果，而不像该项研究所表明的那样，这名顾问就有公开表达的道德责任。

然而总的说来，分析者不需要采用三种角色极端形式中的任何一种。分析家与其因为形势需要选择三种基本价值中的一种优势标准而牺牲另外两种，还不如尝试同时考虑三种标准。这样，道德问题就转变为当冲突产生时决定每一种价值应牺牲多少。

　　在任何情况下，道德行为的范围都将由分析家对每一价值所持有的最小责任所限。无论集体的还是个人的，职业道德的发展都可以被视为一种发现这种最小责任的尝试。在接下来的讨论中，我们将考虑某些产生价值冲突和必须决定最小责任的通常情形。我们以一系列的可供分析者应对严重价值冲突的行为作为开端。

对价值冲突的反应：发言、退出和不忠

　　对于政策分析者而言，最严重的道德冲突通常是对客户负责任与其他价值相对抗。多种多样的因素使道德判断变得复杂：政策问题的持续接近、当前和未来的职业地位、客户的个人信用以及分析家的声誉。其中有些因素所蕴涵的意义远远超出了我们可以考虑的具体道德问题。例如，失业直接会影响到分析家和其家庭的经济条件和心理状态，手头上的问题的建议类型也同样如此。它还将作用于在类似问题上分析家组织给出建议的类型。这是利益攸关的事，因此，我们必须超越特殊问题的框架仔细寻找结果。

　　截至目前，我们好像总是把分析家当成客户的直接雇员来谈论。一些分析家，比如直接向工程管理者报告的顾问或行政官员和立法委员通过政治程序任命的个人雇员，具有明确界定的个人客户。分析家通常有直接的监督者，他们一般也被当作客户。然而，这些监督人员往往工作在不同的组织层级中，因此常常拥有他们自己的客户，这些人可能也是分析家建议的消费者。把客户限定为直接监督人员很不合理，这将免除分析家们对其产品的最终使用应负的责任。同时，我们不想分析家应对完全超出其控制范围的分析误用负责。出于我们的目的，我们将客户认作接收分析家所作预测、评估或建议的级别最高的领导。这样，一名就职于政府机构的分析家可能在不同时间有不同的个人成为客户。有时，客户将是直接监督者；其他时候，客户则是政府机构的较高级官员。

　　请注意，我们故意采用了一种狭义的、工具性的客户概念。寻求一位终极客户颇具诱惑：分析家自身属于道德人，社会契约（social contract）植根于宪法，或公共利益在国家法律中得到反映。[5] 然而，这样做可能逾越了分析家职业角色的实质。我们宁愿把个人道德、宪法和法律作为其他经常与"对客户负责"发生冲突的价值来源。[6]

　　当客户要求与分析者自身对分析的完整性的信念或良好社会的概念发生冲突时，分析者可能采取的行动是什么呢？借助思考阿尔伯特·O·西瑞斯曼（Albert O. Hirschman）提出的"发言"（voice）和"退出"（exit）概念，我们可以开始回答这个问题。在其名为《退出、发言和忠诚》的著作中，西瑞斯曼探讨了当人们不满意自己参加的组织时会有怎样的反应。[7] 他们可能在内部用改变组织的方式来发

言，或是简单地退出，离开这个组织另谋高就。例如，对当地学区所提供教育的质量不满的家长可能通过出席学校董事会、甚至通过参选董事会来表达意见。或者，他们可能把孩子送入私立学校或搬入另一个有较好学校的社区中去。在西瑞斯曼的框架下，忠诚有助于决定在选择退出之前，人们会做出多少发言的努力。例如，对社区的依恋和对公共教育（public education）的信任将影响父母在发言和退出间做选择。

我们发现西瑞斯曼的"发言"和"退出"概念十分有用，并添加了第三个概念——不忠。不忠即一种削弱客户的政治地位或政策偏好的行为。请注意，这样我们就弃用了西瑞斯曼的"忠诚"概念。我们将忠诚作为另一种行为的维度，而不是在发言和退出间进行选择的作用因素。

当面临价值冲突时，分析家能将发言、退出和不忠进行各种组合。图3—1展示出了逻辑上的各种可能，其中发言、退出和不忠用圆表示。圆的交叉部分代表涉及多于一个维度的行动。例如，我们把单纯的发言称为"抗议"；抗议与不忠相结合便是"泄露"（leak）。为了便于讨论，我们指定了七种不同的行为。

考虑下面的情形：你在一家政府机构作政策分析家。你刚好被指派为一项你认为很糟糕的政策制定执行策略。深思熟虑之后，你认为此项政策实在是太糟糕，简单的服从命令将是不道德的。在怎样的情况下，你会感到选择图3—1所列的各项行为是合乎道德的呢？

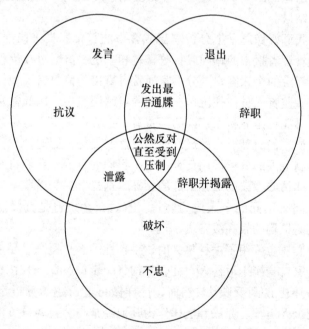

图3—1　价值标准冲突的备选反应

在政府机构中，你可以尝试通过抗议去改变政策。你很可能以同你的主管非正式地谈谈你对政策的反对意见作为开端。如果主管不愿或无权改变政策，那么下次你可以正式向你的主管、主管的主管等递交备忘录，提出你的反对意见，直至联系到一位至少有权改变政策的官员。同时，只要你有机会，你可能在员工大会上表达自己对政策的反对。你也可能要求将这项任务派给他人，不仅是因为如果别人来做你会感到道德上的开脱，还因为这种要求有助于突出你反对的强度。然而在某些时候，你会用尽所有的在机构中被认为合法的抗议的途径。

尽管你对机构保持忠诚，你的抗议很可能涉及个人代价（personal cost）：表达意见所需的时间和精力，个人对主管的冒犯，政策争议（policy in dispute）中影响力的损失，今后对其他问题影响力的潜在损失。如果你成功地改变了该项政策，那么至少你能够因解决了道德问题而感到安慰。如果没能成功，那你就必须进一步评估你能取得的两种价值，一是对机构保持忠诚所获得的价值，一是通过参与执行糟糕的政策而放弃的价值。

一种很不寻常的方式是当被命令去准备执行策略时提出辞职。[8]你断定帮助执行该政策实在是不太道德，从而证明离开机构是合理的。你的个人成本很大程度上取决于你在该机构以外的就业机会。如果你技能高超而且声誉良好，那对你而言直接得到一个类似的职位是可能的。如果你技能稍逊而且在职业圈中默默无闻，那你可能会面临暂时的失业或半就业。

但是你的行为的道德含义是什么呢？只有你的技能对政策执行是必不可少的时候，辞职才会阻止这项糟糕的政策。如果这项政策继续得到实施，你辞职的道德价值就值得怀疑。尽管你曾经可以既保持对机构的忠诚又能避免直接帮助执行这项政策，但这样做你将在机构中失去对这项政策的全部影响力。同时，你还违背了雇佣合同中的条款以及与上级和同事之间的个人信任，而且你的退出可能危害到机构中其他有价值的方案。如果你真的认为某项政策很不好或者你原本满心期望能够推翻这个政策，那么辞职逃跑就显得不够顽强。

以发出最后通牒（issuing an ultimatum）的方式将发言和威胁退出相结合，这在道德上可能比简单的辞职更胜一筹。在机构中使用过多种途径的抗议之后，你告知你的上级，若是这项政策不加修改的话你就辞职。当然，你必须愿意实施这种威胁，同样还要承受比简单辞职面对的更多的个人敌意。你对政策的抗议将具有更大的优势，但是如果真的不得不执行曾做出的威胁，你就会失去将来决策的影响力。

在个人决定辞职之外，可能存在一个更大的利害攸关的社会问题。为什么你发现政策应被反对而其他人却支持它呢？答案可能是你具有更强的道德感和更强的原则性。从长远看来，像你这样离开重要的分析岗位的人多了的话，对社会有益处吗？[9]另一方面，意见不同的原因可能是你和你的上级各自所持的道德价值都无可非议却恰巧冲突。虽然我们可以对保持公共机构内部的多样性意见表示关注，但是道德观念的合理差异（legitimate difference）导致的选择性损耗（selective attrition）要小于权益和基本原则间的冲突造成的危险。

现在考虑涉及对客户不忠的行为。你可以将机构的计划泄露给记者、国会成员、利益团体（interest group）领导人或其他能够干涉他们的人。[10]你是在机构之外进行抗议，而且做得很隐蔽。即使你不是纯粹的康德主义者（Kantian），任何时候你都不公开坦诚，你还是应该仔细审视自己行为的道德性。进一步说，一个重要的道德信条是人必须为自身行为负责。[11]通过秘密行动，你希望制止这项坏政策而又不蒙受来自你对立面的任何不利的个人后果，但由于背弃客户的信任和不诚实的行动，你的所作所为对自己造成了道德伤害。

顺便提一下，你不应该把违反保密性（confidentiality）完全当成对个人信用（personal trust）的背叛。保密性往往有助于组织效能（organizational effectiveness）。对保密性的期望鼓励决策者在他们最亲密最信任的顾问以外寻求建议，并考虑通过公开讨论能吸引政治对手的潜在的理想方案。[12]你违反保密性的决定不仅暗示了你的客户，而且暗示了那些期望无论政策好坏都能享有保密性的人。

通过公开的发言，你至少能够避免不诚实。一种可能是你辞职并向潜在对手泄露前客户的计划。尽管你是诚实的并为自身行为负责，但是违背你对客户负有的保密义务的泄露行为仍是不忠。你还丧失了在机构中继续抗议的机会。另一种可能是，你公开谈论直至被压制。这种方式，通常被称为揭露内幕（whistle-blowing），至少让你能暂时留在机构中。你所在的机构也许很快就禁止你接触那些可能具有政治破坏性的附加信息。你一定想到最终会被解雇，或者如果你享有公务员保障，就会被发配去干一些无足轻重的事情，最后你自己也想辞职了。[13]因此，你的方法将发言、不忠和最终的退出结合在一起。

在何种情况下揭露内幕可能合乎道德呢？彼得·弗伦奇（Peter French）提出了四种必要条件：第一，必须在机构中用尽所有抗议途径之后，才能引起媒体、利益团体或其他政府单位对你的反对意见的关注。第二，你必须确定"程序、政策、道德或法定界限已经被破坏"。第三，你必须确信这种破坏将"对国家、政府或公民产生明显而直接的损害"。第四，你必须能以"确凿证据"（unequivocal evidence）支持具体的指控。[14]

弗伦奇条件把正当地揭露内幕限制在相当特殊的情况下。我们可能质疑这些条件是否都应该被看作必要的。例如，如果大的危害一触即发，即使提出的证据不够确凿，我们也应该把告密视为道德的。我们同样应该认识到，这些条件要求潜在告密者方面做出很大程度的判断，尤其要预测不这样做的有害影响，并且因此制定出最佳的全面方针。无论如何，仔细权衡所有价值的要求是合理的，包括忠诚。

再考虑一下泄露行为的恰当性。除了所有你认为的能证明告密合理性的那些条件，你还必须给隐蔽行事一个道德的理由。在某些极端的情况下，也许包括民主制度下对犯罪行为的举报或在极权主义国家（totalitarian states）对人权的支持，你会感到暗中行事是正当的，因为你的生命或你的家人的生命会由于公开抗议受到伤害。如果你确信留职能防止将来可能发生的严重损害，你也可以认为暗中行事是正当的。

最后，你可以考虑破坏（sabotage）——既不出声也不退出的不忠行为。在为你所讨厌的政策设计执行计划时，你能够钻点小空子迫使机构在一定程度上放弃实施。例如，你可以在一个有权势的国会成员选区选择一个试点，一旦这个政策出现就会引起他的强烈反对。但是这样的破坏在道德上是值得怀疑的，这不仅因为它涉及暗中行事，还因为它是通过阻碍而不是通过劝说达到目的。只有在最极端的条件下，包括证明泄露合理需要的所有条件，再加上不存在任何抗议的合理途径，才证明破坏是正当的。想象在民主制度中可以产生这些条件的境况是很难的。

一些价值冲突的例子

因为客户有着同自身政策偏好、所在机构使命或者个人升职相联系的政治利益，他们可能会拒绝接受分析家的真实报告。在一些情况下，客户可能向分析者施压，去"编造"不同的结论或建议。在另一些情况下，客户可能直截了当地篡改分析家的结果，提供给决策过程中的其他参与者。在这些情况下，分析家的底线职责（minimal duty）是什么呢？

要求捏造结果

大多数分析家的最低期望是选择当客观技术员。面对评估可选行动方针的任务，他们想要自由地做出合理假设、运用恰当技术、报告最佳评估结果并提出合理的建议。遗憾的是，顾客有时会持有强烈的信念，导致他们否认分析者的调查结果，不是以方法而只是以结论为基础。如果客户简单忽视了分析，那么分析家毫无疑问会感到失望，除此之外，通常不会遇上大的道德问题——分析家只是建议的一个来源而不是真理的最终仲裁者。当客户在政治冲突中感到需要分析结果的支持、要求分析家得出一个不同结论时，道德问题出现了。分析家应该同意"编造"分析结果以便更好地支持客户立场吗？

纯粹主义者（purist）会考虑到分析的完整性要求，从而拒绝对分析结果进行编造，并提出：如果仍旧需要编造，只好辞职。那么，不完全的拒绝是否合乎职业道德呢？

我们应该记住，很少有分析者对他们的结论有完全的把握，因为分析涉及预测。细心的分析家会检查结果对临界假设（critical assumptions）变化的敏感度，并把他们对所得结论的信心水平传达给客户。我们可以想象分析家扩大了可能的结果范围。例如，尽管分析家认为某项目成本可能接近 1 000 万美元，但是做出的最保守假设的估价可能是 1 500 万美元，而最乐观的估价可能是 500 万美元。在制定范围内并向客户给出明确评估之后，分析家准备只向公众发布最乐观假设的估价是道德的吗？

把自己当作客户拥护者的分析家们喜欢将乐观的分析结果公之于众；如果把自己当作问题拥护者的分析家们的政策偏好与客户相同，他们也会这样做。毕竟，分析只是政治资源中的一种，而且它很少涵盖所有相关的价值。然而对于那些自视为客观技术员的分析家们而言，问题就更麻烦了。仅限于积极假设的分析与他们的分析的完整性观念背道而驰：诚实的分析中，假设推出结果，而不是反之亦然。然而，如果客观技术员确信其客户的政治对手将注意这种倾向性假设，他们会感到这是正当合理的。[15] 当客观技术员认为提交到政治论坛上的总体分析应保持平衡时，这种认识显出他们在道德上欠严肃，而更加在乎其职业声誉。

的确，如果我们只关注结果，难道分析家就没有责任调整自己的分析以应对他人的倾向性分析（slanted analyses）吗？想象一下，最终决策者既缺乏时间又缺乏专业知识去评价提出分析的技术可靠性（technical validity）。作为替代，这位决策者为每一分析结果赋予相等的权重。在我们的例子中，最终决策会以不同分析家提出的成本估计的平均值为基础。如果一位分析家做出的是一份悲观评价，而另一位做出的是一份实际评价，那么最终决定将偏向悲观。如果第二位分析家做出的是乐观评价，那么最终决定可能较实际值偏差小一些。然而，在保持分析完整性的过程中把价值折中为较宽的结果，可能增加倾向性分析职业上的可接受性，这样会使分析家采用中立技术员角色的可能性减小。从职业政策分析者的社会角色视角出发，直接攻击倾向性分析的方法也许要比反向倾斜更好，即使前者解决现有问题不是很有效。

错误表达结果

当客户竭力把分析家逼到合理范围之外时，分析家几乎没有可控的道德空间了。为了保护分析的完整性，通常需要以辞职为底牌的抗议行为。然而，如果客户实际上没有竭力迫使分析家编造结果，而是错误表达了他们所做的事，分析家的困境就会变得更加复杂。

面对这种错误表达的分析者处于同刑事案件中的辩护律师相似的地位，在案件中客户坚持要求得到机会以目击者身份提供伪证。如果积极参与作伪证，律师就明显违背了作为一名法庭人员的责任。如果客户改变了律师、隐瞒了真相并作了伪证，就会产生一个更有趣的问题。一听到证词，律师便知道已经作了伪证，他必须告知法庭吗？一个利害攸关的价值标准是司法事实调查的完整性。另一个标准是被告与律师间沟通的保密性，这鼓励被告诚实使得律师能帮助他们进行最有力的辩护。尽管美国的法律界一致认为实际参与作伪证是不道德的，但是对于律师得知以前的客户违法作伪证之后应该负什么责任，似乎没有共识。[16]

比起分析家和客户之间的关系，保密性在辩护律师与被告之间的关系中可能扮演更为重要的社会角色。辩护律师与被告间的关系有助于建立一个公平体系，使之不至于对无辜者实行定罪或惩罚；分析家和客户间的关系有助于使公务员更加具有探究性和开放性。此外，公务员诚实的义务从公共信任和个人美德中产生，所以被其他基本价值证明为不正当的公共欺骗行为（public dishonesty）削弱了保密性的力量。因此，分析家的道德负担似乎超越了拒绝积极参与谎报分析结果。

尽管如此，在采取任何行动之前，分析家应该确定这种错误表达是有意的。它通常包括私下面对客户。听到分析家的担忧，客户就可能通过和相关政治参与者的私下交流或其他补救行动，自愿地改正失实的陈述。客户也可能说服分析家，还存在着其他的价值标准，如国家安全等，并以之证明了错误表达的合法性和正当性。然而，如果分析家确信错误表达既是有意的又是不合理的，那么下一步（根据告密的指导方针）就应该是确定如果错误表达未引起公众怀疑将会产生多少直接损害。如果几乎没有直接损害，那么仅是辞职在道德上可以被接受。如果直接伤害很严重，分析家则负有通知相关政治人物的责任。

3.3 道德规范或社会风尚

行业经常制定道德准则以引导其成员的行为。准则通常为处理最常见的从业者面临的道德困境提供指南。指南常常反映专业组织成员持有的一致的信念。[17]那些由同质成员组成的现有权威职业组织众望所归，能发展出广泛且详尽的道德规范。[18]尽管已存在着一个政策分析家的职业组织（公共政策分析与管理协会），但是它成立的时间尚短，规模相对较小，它试图为那些与其他更成型的职业有着紧密联系的非常分散的成员服务。毫不奇怪，它还没有尝试制定道德准则。即使当它变得更为成熟之时，其成员以及他们工作的机构背景的巨大差异将使制定一套适用于千差万别的环境的规范十分艰难。[19]

然而，政策科学学者已经提出了一些值得考虑的普遍规范。例如，叶赫兹扣·德罗（Yehezkel Dror）建议，政策科学家不应该为那些目的与民主和人权的基本价值相矛盾的客户工作，而且与其帮助这些客户实现那些自己根本不赞成的目标，还不如辞职。[20]显然，那些只选择与自己有相近世界观和价值体系的客户的分析家，他们遇到对客户负责的价值标准和坚持个人是非观之间的冲突，会比对客户不加选择的分析家少。遗憾的是，分析家往往处于无从选择的境地。所有的分析家都面临根据有限的信息来推断潜在客户的价值观和目标的难题；另外，受雇于政府机构的分析家可能发现自己的客户随官员任期变化而不断更新。我们已经讨论了辞职并非总是最道德的对分析家与客户间价值冲突的反应的原因。

德罗的其他建议看起来大多与政策分析有关。例如，他建议客户应该得到完全的诚实，包括阐明的假设和未审查的替代选择；分析家不应利用接近信息的机会和对客户的影响来促进私人利益。但是此类忠告要遵循我们中的大多数人作为个人能接受的道德体系。实际上，有些人会认为大多数职业中的道德责任与非职业道德责任没有很大的不同。[21]因此，对于政策分析家来说，一种建立职业道德的合理方法可能是把对客户的责任和分析的完整性作为分析的价值标准，这属于控制道德行为的一般层面的价值。

与其等待道德规范，不如像马克·里拉（Mark Lilla）所说，我们应该努力形成一种政策分析新职业的道德风尚。[22]作为政策分析的教师和实践者，我们应该明确地认识到自己有责任保护他人的基本权益、支持宪法规定的民主程序、并提高分析的完整性和个人信誉。[23]这些价值总体上应该在道德评价中支配我们对客户的责任。然而，我们应该对客户选择的解决价值冲突困难的方式表现出相当的宽容，我们还应该谦虚地看待自己分析的实际预测能力。

复习思考题

1. 假设你是一位州教育部门的预算分析家。你已经制定出自己认为相当准确的资金预算，这笔资金准备用于州范围内减少小学班容量的项目。你刚刚发现自己的领导正准备在州议会的一个委员会前作证说资金花费将会低于你所估算的一半。在决定采取的道德行动时，你会考虑哪些因素？

2. 假设你是一位公共机构的分析家。想出一个你感到要被迫辞职的情形。避免极端情形——仅是一个只会将你推向边缘的境遇。[Thanks to Philip Ryan, "Ethics and Resignation: a Classroom Exercise," *Journal of Policy Analysis and Management* 22 (2) 2003, 313-18.]

注释

1. Commenting on the U. S. executive, Richard E. Neustadt concludes, "Command is but a method of persuasion, not a substitute, and not a method suitable for everyday employment." Richard E. Neustadt, *Presidential Power* (New York: John Wiley, 1980), 25.

2. See. For example: Charles W. Anderson, "The Place of Principles in Policy Analysis," *American Political Science Review* 74 (3) 1979, 711-23; Robert E. Goodin, *Political Theory and Public Policy* (Chicago: University of Chicago Press, 1982); Peter G. Brown, "Ethics and Policy Research," *Policy Analysis* 2 (2) 1976, 325-40; Joel L. Fleishman and Bruce L. Payne, *Ethical Dilemmas and the Education of Policymakers* (New York: Hastings Center, 1980): Douglas J. Amy, "Why Policy Analysis and Ethics Are Incompatible," *Journal of Policy Analysis and Management* 3 (4) 1984, 573-91; and Daniel Callahan and Bruce Jennings, eds. *Ethics, the Social Sciences and Policy Analysis* (New York: Plenum, 1983).

3. For the contrast between a genuine discourse about values in a consensual environment and the potential manipulation of this discourse in adversarial processes, see Duncan MacRae, Jr., "Guidelines for Policy Discourse: Consensual versus Adversarial," in Frank Fischer and John Forester, eds. *The Argumentative Tum in Policy Analysis and Planning* (Durham, NC: Duke University Press, 1993), 291-318.

4. Our approach here benefits from Amold J. Meltsner, *Policy Analysts in the Bureaucracy* (Berkeley: University of California Press. 1976), 18-49, who developed a classification of styles to understand better how analysis is actually practiced; and from Hank Jenkins-smith, "Professional Roles for Policy Analysts: A Critical Assessment," *Journal of Policy Analysis and Management* 2 (1) 1982, 88-100. Who developed the three roles we use.

5. Many writers have chosen to approach professional ethics with the question: Who is the real client? See, for example, E. S. Quade, *Analysis for Public Decisions* (New York: American Elsevier, 1975), 273-75.

6. John A. Rohr argues that public officials have a responsibility to inform their actions by studying the constitutional aspects of their duties through relevant court opinions and the substantive aspects through legislative histories. John A. Rohr, "Ethics for the Senior Executive Service," *Administration and Society* 12 (2) 1980, 203-16; and *Ethics for Bureaucrats: An Essay on Law and Values* (New York: Marcel Dekker. 1978).

7. Albert O. Hirschman, *Exit, Voice, and Loyalty* (Cambridge, MA: Harvard University Press, 1970).

8. For an overview of the practical and ethical issues, see J. Patrick Dobel, "The Ethics of Resigning," *Journal of Policy Analysis and Management* 18 (2) 1999, 245-63.

9. For an elaboration of this point, see Dennis F. Thompson, "The Possibility of Administrative Eth-

ics," *Public Administration Review* 45 (5) 1985, 555-61.

10. In our discussion, *leaking* refers to the sharing confidential information with the intention of undermining the client's decision or political position. The sharing of confidential information can also be instrumental in good analysis and to furthering the client's interest in systems where information is decentralized. Analysts may be able to increase their efficacy by developing relationships with their counterparts in other organizations—the exchange of information serves as the instrumental basis of the relationships. For a discussion of the importance of these professional relationships in the U. S. federal government, see William A. Niskanen, "Economists and Politicians." *Journal of Policy Analysis and Management* 5 (2) 1986, 234-44. Even when the analyst believes that the revelation is instrumental to the client's interests, however, there remains the ethical issue of whether the analyst should take it upon himself or break to the confidence.

11. We might think of leaking as a form of civil disobedience, a type of protest often considered ethically justified. The classification fails, however, because most definitions of civil disobedience include the requirement that the acts be public. See Amy Gutmann and Dennis F. Thompson, eds. , *Ethics & Politics* (Chicago: Nelson-Hall, 1984), 79-80. For a thoughtful discussion of personal responsibility in the bureaucratic setting, see Dennis F. Thompson, "Moral Responsibility of Public Officials: The Problem of Man Hands," *American Political Science Review* 74 (4), 1980, 905-16.

12. For a discussion of this point and whistle-blowing, see Sissila Bok, *Secrets: On the Ethics of Concealment and Revelation* (New York: Pantheon. 1982), 175, 210-29.

13. Whistle-blowing is likely to be personally and professionally costly. Federal programs intended to provide financial compensation to whistle-blowers may not fully compensate these costs and, further, may induce socially undesirable behaviors in the organizations covered. See Peter L. Cruise, "Are There Virtues in Whistleblowing? Perspectives from Health Care Organizations," *Public Administration Quarterly* 25 (3/4) 2001/2002, 413-35.

14. Peter A. French, *Ethics in Government* (Englewood Cliffs. NJ: Prentice Hall, 1983), 134-37.

15. More generally, this example suggests that the appropriate role for the analyst will depend on the policy environment. In closed fora where the analysis is most likely to be decisive. The role of neutral technician seems most socially appropriate. In more open fora where all interests are analytically represented, advocacy may be the most socially appropriate role. For a development of this line of argument, see Hank C. Jenkins-Smith, *Democratic Politics and Policy Analysis* (Pacific Grove, CA. : Brooks/Cole, 1990), 92-121.

16. For general background, see Phillip E. Johnson, *Criminal Law* (St. Paul, MN. : West, 1980), 119-32.

17. For empirical assessments of the degree of consensus over what constitutes ethical behavior within two policy-related professions, see Elizabeth Howe and Jerome Kaufman, "The Ethics of Contemporary American Pianners," *Journal of the American Planning Association* 45 (3) 1979, 243-55; and James S. Bowman, "Ethics in Government: A National Survey of Public Administrators," *Public Administration Review* 50 (3) 1990, 345-53.

18. The American Society for Public Administration adopted a general set of moral principals that evolved into a code of ethics for members in 1984. The code, which was revised in 1994, can be found on the back cover of *Public Administration Review*. It provides specific admonitions relevant to policy analysts under five general headings: Serve the Public interest, Respect the Constitution and the Law, Demonstrate

52

Personal integrity, Promote Ethical Organizations, and Strive for Professional Excellence.

19. For a discussion of some of the problems of developing an ethical code, see Guy Benveniste, "On a Code of Ethics for Policy Experts," *Journal of Policy Analysis and Management* 3 (4) 1984, 561-72, which deals with the conduct of scientists and others who provide expert advice on policy questions.

20. Yehezkel Dror, *Designs of Policy Science* (New York: American Elsevier, 1971), 119.

21. See, for example, Alan H. Goldman, *The Moral Foundations of Professional Ethics* (Totowa, NJ: Rowman and Littlefield, 1980).

22. Mark T. Lilla, "Ethos, Ethics,' and Public Service," *Public interest* (63) 1981, 3-17.

23. See J. Patrick Dobel, "integrity in the Public Service," *Public Administration Review* 50 (3) 1990, 354-66, for a discussion of commitments to regime accountability, personal responsibility, and prudence as moral resources for exercising discretion.

第2篇

问题分析的概念性基础

第 4 章

效率与理想化竞争模型

社会依靠集体行动对各种各样的商品进行大批量的生产、分配和消费。多数集体行动源于人们彼此之间的自愿性协议（voluntary agreement）——在家庭中或私人组织中达成交换关系。但是，政策分析家要处理的是拥有政府合法性强制力的集体行动：以公共政策激励、控制、禁止或者规范个人行为。首先假定个人通常会以符合自身利益最大化的原则行事，政策分析家负责为政府干预私人选择提供理论依据。在任何分析中，哪怕这不是政策分析的第一步，至少也会是一项基本要素；它能够使人们一开始就看清复杂的局势。

要讲授政策分析的基本原理，要从完全竞争经济入手。现在经济学的基本主体之一认为：理想化的经济包括大量的追求效益最大化（profit-maximizing）的公司和追求个人效用最大化（utility-maximizing）的消费者。在某些假设前提下，这些经济行为实施者的自发行为导致了在某种特定意义上有效的生产和消费模式，让一部分人的情况变好而同时不使另一部分人的情况变差的模式是不可能出现的。

经济学家确定了几种产生私人选择的常见环境，如市场失灵。它违背了理想化竞争性经济（idealized competitive economy）的基本假设，因而干扰了生产和消费的效率。传统的市场失灵理论为政府提供物品以及调控市场的公共政策提供了被广泛接受的理论基础。这部分将在本书的第 5 章进行讨论。但是，直到今天，经济学家对有关消费者行为的一些基本假定的合理性仍然关注得很少。例如，经济模型工厂假定消费者的偏好是不变的。这种假设合理吗？当面对复杂的决策环境（如存在风险因素）时，消费者也总能做出正确的计算吗？对于这些问题，我们在第6章给出了否定的答案，这也为公共政策提供了理论基础。

当然，效率不是唯一的社会价值。人的尊严、分配的公平、经济机会和政治参与都是值得与效率相提并论的价值。在某些情况下，决策者和作为社会成员的我们愿意放弃一部分经济效率来保护人的生命、使物品的最终分配更为平均或是提高分配过程中的公平性。作为分析家，我们有责任清晰地阐述这些多元的价值以及它们之间潜在的矛盾。我们将在第7章讨论分配以及公共政策的其他传统价值。

4.1　效率基准：竞争性经济

假设在一个世界里，每个人都通过个人消费不同数量的商品来获得效用，商品包括物品、服务和闲暇。我们因此可以认为人人都有一个效用函数，它将所消费的物品数量清单转化为效用指标，指标越高就意味着福利越高。我们提出如下一些基本假设：第一，其他物品相同，个人拥有的某一物品越多，个人获得的效用也就越大（我们能把令人不满意的东西，如污染当成减小效用的物品，合并到这个框架中）。第二，同种物品的每一单位增量所获得的效用的增量趋于减少。用经济学家的话来表达，这就是边际效用递减（declining marginal utility）。

现在我们对物品的生产进行假设：公司通过购买要素投入（如劳动力、土地、资金和原材料等）来生产供出售的物品，公司的目的是收益最大化。公司可获得的技术也是一种要素，这种要素使公司的要素投入最终转变为了商品。换句话说，每多生产一个单位的商品，资源的消耗就越大。公司参与竞争是因为它们相信无法通过其个体行为来改变这些投入要素的价格，也无法改变产品的价格。

人们出卖自己的劳动力以及其他的要素投入如资金、土地，随之每个人都会产生一份相关的预算。人们使用他们的收入来购买能够使他们获得最大效用的产品组合，从而使整体的福利最大化。

在这样一个简单的社会里，产生了一组价格，它把要素投入分配给公司、把商品分配给个人，在这种价格体系中不可能找到一种再分配方法，使得某一个人的情况变好而不使其他人的情况变坏。[1]经济学家把这种分配所达到的状态叫做帕累托最优（Pareto efficient）。这一概念很大程度上诉诸直觉：如果能找到一种在不使他人情况变坏的条件下，使某个人的情况变好的分配方案，我们难道还会愿意接受现有的分配方案吗？虽然我们需要其他标准来对两种都达到帕累托最优的分配进行选择，只要我们不是心存恶意，我们应该总是要求进行帕累托改进（Pareto-improving），使无效分配变为有效分配。

图4—1通过1 000美元在两个人之间的分配，说明了帕累托最优这个概念。假设这两个人互相承认对方所得到的钱数，且总数不超过1 000美元。纵轴代表给第一个人的金额，横轴代表给第二个人的金额。纵轴上1 000美元的点表示把所有的

钱都给了第一个人；横轴上 1 000 美元的点则表示把钱都给了第二个人。我们把连接这两点的直线叫做潜在的帕累托边界，它代表了在两人之间 1 000 美元所有的分配可能。在这条直线上或者直线与两条坐标轴形成的三角形内部，任何一点都是技术上可以实现的分配方案，因为金额总数不超过 1 000 美元。

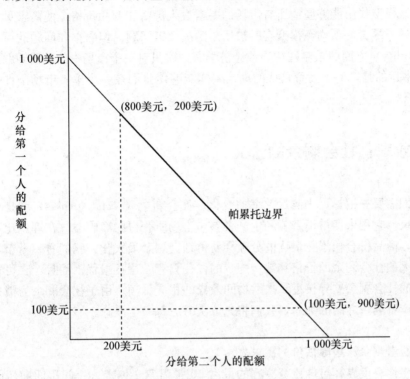

现状：点（100美元，200美元）
潜在帕累托边界：连接（1 000美元，0美元）和（0美元，1 000美元）两点的线段
帕累托边界：连接（800美元，200美元）和（100美元，900美元）两个点的线段

图 4—1　帕累托和潜在帕累托最优

　　潜在帕累托边界（potential Pareto frontier）指的是完全分配 1 000 美元时所有的可能性。没有用尽 1 000 美元的分配不符合帕累托最优，因为它可能使一个人得到剩余的钱款而情况更好，但同时这种情况也不会使另一个人的情况变坏。实际的帕累托边界是在两人尚未达成分配协议时所分得的配额。如果他们没有达成一致意见就谁都没有收获，则此时潜在的帕累托边界成为了实际的帕累托边界，因为它上面任何一点都有这种作用：使至少其中一个人的情况变得更好而同时不会使令一个人的情况变糟。

　　现在我们假定两个人没有达成分配协议，则第一个人得到了 100 美元，另一个人得到了 200 美元，点（100 美元，200 美元）可以被当成现状——它表示在缺失分配协议的情况下每个人得到的金额。现状点的引入把帕累托边界缩减为（100 美元，900 美元）和（800 美元，200 美元）两个点之间的线段。只要是沿线段向潜在帕累托边界移动，实际上都保证了每个人的情况不会比现状更糟。

　　要注意的是，潜在的帕累托边界上的某一点是否是实际帕累托最优点取决于构成现状的默认分配。更通俗地说，一个经济中的帕累托效率取决于最初赋予个人的资源数量。

　　理想化竞争性经济是一般均衡模型（general equilibrium model）的一个范例——该模型找出能够厘清所有市场的要素投入价格和商品价格，使需求量正好等于供给量。尽管一项均衡模型有时被用于解决政策问题，但数据和问题的可回溯性（tractability）方面的限制往往导致经济学家一次只对一个市场中的政策问题进行评价。[2]幸运的是，一个发育良好的理论主体能够使我们在一个单一市场条件下评估经济效率。

4.2　市场效率：社会剩余的含义

　　我们需要一把标尺来测量效率的变化。社会剩余（social surplus）就是一把合适的标尺，它用来衡量消费者和生产者参与市场所获得的净收益。在理想化竞争性经济中，商品符合帕累托最优的分配会使得社会剩余最大化。我们看一看市场，能给出最大的社会剩余的价格和数量配置的往往只有帕累托最优。而且，在可选市场配置间的社会剩余差异接近私人财物间差异的相应总额。由于社会剩余为消费者剩余和生产者剩余之间的加总，我们将先依次考虑每一个概念。

消费者剩余：边际估价的需求表
　　设想你有世界杯足球比赛决赛的最后10张门票。你走入一间房间向房间里的人宣布你拥有该赛事所有剩余的门票，接着你宣布，你将以如下的方式分配这些门票：首先最高价格为500美元，你将不断降价，直到有人愿意购买一对票。你将继续降价，直到五对票都被卖出［这种自动减价的拍卖方式叫做荷兰式拍卖（Dutch auction），不断抬价的拍卖叫做英式拍卖（English auction）］。房间里的每个人决定自己愿意为门票支付的最高价。如果必须支付这一价格，那么出价人对自己买或不买门票持中立态度。图4—2从左到右显示了人们递减的估价。虽然起始报价为500美元，但第一次可接受的价位为200美元。很明显，该购买者对足球票的评估价格至少为200美元。这个估价即在给定的预算和其他消费机会下这个人愿意支付的最高价格。现在你继续提出更低的降价的价格，直到第二个人接受第二高价180美元买到你的第二套票。你重复这个过程，接着以160美元、140美元、120美元分别卖出余下的三套票。

　　作为一个卖主，你很高兴使每个人都按照自己的估价购得了门票。改变一下方式，你可能会通过报价找到一个正好使五个人都愿意支付的价位（具体地讲，100美元），那么一些买主就会以比他们以前愿意支付的最高金额低得多的价格购得门票。例如，估价最高的那个人最早愿意支付200美元，但现在只需支付你的开价100美元。这个人对票的估价和他实际支付的票价之间的差额（200美元－100美元）

即消费者从交易中获得的剩余价值（surplus value）。同理，估价第二高的买主得到了 80 美元的剩余（180 美元－100 美元）。其余三位买主得到的剩余分别为 60 美元（160 美元－100 美元）、40 美元（140 美元－100 美元）和 20 美元（120 美元－100 美元）。在这个世界杯决赛门票的市场中，五位买主实现的剩余之和为 300 美元，即消费者剩余的总和。

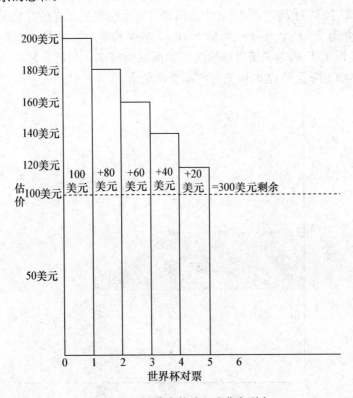

图 4—2　消费者估价和消费者剩余

图 4—2 中的阶梯图有时叫做边际估价表（marginal evaluation schedule），它表示消费者对市场中某种商品的连续单位的估价。如果我们不是看商品的连续单位的竞标价，而是定下各种价位并观察每一价位之下能够卖出多少单位的商品，那么我们就能够得到同样的阶梯，称之为需求表（demand schedule）。当然，通过让个人按不同定价购买超过一个单位的商品，我们也会得到一张需求表。如果我们能够以足够小的单位来衡量商品，或者商品的需求量很大，阶梯形状就会变成一条曲线。

我们如何以这一概念化的消费者剩余为起点，去衡量实际的市场呢？我们利用需求表，通过观察市场行为把它们估算出来。

图 4—3 中直线 D 代表了一个人对某种商品 X 的需求——接下来我们把这条直线作为所有的人进入这一市场的需求表来进行解释。请注意，这个消费者对所有单位的估价都低于导致放弃需求的放弃价（choke price）P_C。从 P_0 点延伸出的水平线表示该消费者在固定价位 P_0 购买他愿意购买的商品数量。当商品的价格为 P_0 时，消费者的购买数量为 Q_0，那么他发现减少购买量能使他的情况变得更好，因为他

感到节省下来的资金的价值大于将之用于消费所获得的价值。在给定的价格 P_0 上，Q_0 是均衡的，因为消费者不愿意改变成为另一个数值。在需求表之下与价格直线之上的阴影面积 P_caP_0，是消费者以 P_0 的价格购买 Q_0 数量的商品的消费者剩余。

消费者剩余的变化是检验备选政策相对效率的基础。例如，如果有一项政府政策把价格从 P_0 提高到 P_1，图 4—3 中的消费者剩余会发生怎样的变化呢？新的消费者剩余为三角形 P_cbP_1，小于三角形 P_caP_0，减少的量为区域内的梯形 P_1baP_0（阴影区域）。矩形 P_1bcP_0 为消费者继续购买该商品所需多支付的金额，三角形 abc 表示当消费量从 Q_0 降低至 Q_1 时所放弃的消费者剩余。

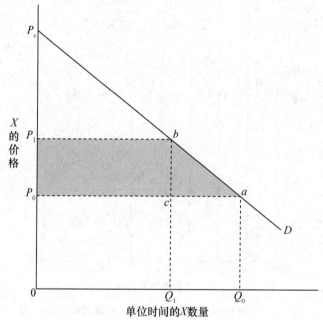

消费者剩余的损失: P_1baP_0
政府获得的收益: P_1bcP_0
重负损失: abc

图 4—3　消费者剩余的变化

举一个政府政策抬高价格的例子。假设政府对每一单位的商品征税，总额为 P_1 和 P_0 之差。那么矩形 P_1bcP_0 的面积等于因税收所增加的财政收入，可以假定，其税额正好抵消了消费者剩余损失的那部分。这位消费者仍然会遭遇面积为三角形 abc 的损失。由于没有收入或收益可以抵消消费者剩余的下降，经济学家把因消费减少而产生的剩余的损失定义为该税收的重负损失（deadweight loss）。重负损失意味着：在该税收下，价格和数量的均衡没有达到帕累托最优——如果可能，作为取消这种商品税和相关重负损失的交换条件，消费者只要向收税人一次性支付总额为 P_1baP_0 面积的税，就能使自己的情况变得更好。

图 4—3 所展示的消费者剩余的损失近似于对个人福利变化量最常用的理论测量：补偿差异（compensating variation）。价格变化的补偿差异是消费者为了保证

效用不会随着价格变化而改变的预算额。这样它就被作为福利变化的美元尺度或货币度量标准（money metric）。如图 4—3 所示，需求表可以通过观察消费者如何随价格函数改变购买习惯而获得，且效用保持在该消费者的初始水平之上——即恒定效用需求表（constant-utility demand schedule），那么消费者剩余的变化就会正好等于补偿差异。

图 4—4 说明了为何能把补偿差异理解为效用的一种货币度量。纵轴度量一个人在除了商品 X 以外的其他商品上的总支出额；横轴度量这个人消费了多少单位的 X 商品。一开始，假设他有预算 B，但不许购买 X，假定是因为 X 商品产于国外并且被禁止进口。因此该消费者会把所有的预算款 B 花费在其他商品上。无差异曲线（indifference curve）I_0 表示 X 和其他商品的所有支出组合，与全部花费在其他商品上而不消费 X 商品的效用相等。现在假设进口禁令撤销，他可以 P_x 的价格购买商品 X。横轴上的 B/P_x 点代表如果他不购买其他商品，他所能够获得的 X 商品的数量。现在他能够在连接 B 点和 B/P_x 点的直线上任何一点。一旦这一条新的预算线有效，他就会选择无差异曲线 I_1 上的一点，即购买 x_1 单位的商品 X 且在其他商品上的花费为 C，从而获得效用最大化。一旦 X 可以获得，他就可以通过缩减初始预算（减少的量为纵轴上 B 到 C 的距离）而回复到最初的效用水平上。这一减少量就是与 P_x 价格上 X 的可获得性有关的补偿变异总额。这是一种美元尺度或者货币度量标准，用来衡量能够消费商品 X 具有多大的价值。

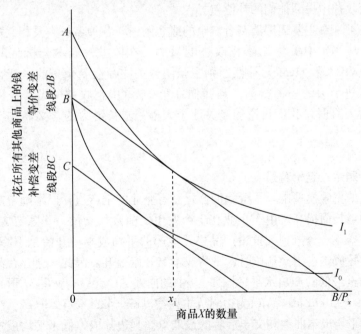

图 4—4 效用的货币度量

我们不需要问要拿走多少钱才能使这个人在商品 X 进口之后和从前一样富裕，我们可以问如果不能使用 X，那么要给这个人多少钱才能使他和允许商品进口后一样富裕。这一数额被称为等价差异（equivalent variation），即纵轴上 AB 两点之间的距离——如果他的预算从 B 增加到 A，那么不需要消费 X 就能达到无差异曲线 I_1 了。

在实践工作中，我们常用经验来估算保持消费者的收入（非效用）和其他所有的价格不变的需求表。这种恒定收入需求或者马歇尔需求表（Marshallian demand schedule）涉及随价格上升（同时总消费下降）的效用减少和随价格下跌（同时总消费上升）的效用增加。与效用保持在初始水平的需求表相比较，马歇尔需求表价格上升时较低而价格下降时较高。幸运的是，只要价格变化不大或者该商品的支出仅为消费者预算的小部分，这两张表就会十分接近，而且用马歇尔需求表对消费者剩余变化的估算接近补偿差异。[3]

现在我们从个人转向社会，考虑价格与所有消费者的需求量之间的关系。通过对每一价格下每个消费者的需求量的加总，我们得到了市场需求量。在图形上，这相当于将所有个人消费者的需求表按水平方向相加。我们用这条市场需求表估算的消费者剩余将正好等于所有个人消费者的消费者剩余之和。这样，我们就可以回答以下问题：在价格升高之后要恢复所有消费者的最初效用水平总共需要多少补偿？在价格下降之后，为了恢复消费者的最初效用水平，一共要从他们手中拿走多少钱？

这样，如果我们能够确认一种能产生社会剩余正的净增长的市场价格或数量变化，那么至少存在一定的帕累托改进的潜力。在每个人都得到补偿之后，仍然剩下一些东西能使情况变好。当然，这种变化仍不是真正的帕累托改进，除非每个人至少能从剩余收益中得到他们的补偿差异。

我们在下一章主要运用消费者剩余的概念阐述与各种市场失灵相关的情况。以此为目的，应当集中关注帕累托改进的潜力。在收益—成本分析范畴中，卡尔多-希克斯（Kaldor-Hicks）补偿原则主张同样关注社会剩余正的净变化，以此作为帕累托改进潜力的一种指标。当我们在第 16 章中把收益—成本分析作为评价政策的一种工具时，我们讨论的是关注个人福利增长潜力的含义而非实际的福利改善。

生产者剩余：定价背景

在理想的竞争模型中，一般我们假定私有企业的生产边际成本随着超出均衡水平的产量的增长而提高。由于企业在生产发生之前必须支付一些固定成本，所以，随着固定成本逐步分摊到大批量产品中，生产的平均成本一开始是下降的。之后，当增长的边际成本占主导地位时，平均成本又开始上升。因此，会存在某种使企业平均成本降至最低的产出水平。图 4—5 中的曲线 AC 代表企业的 U 形平均成本曲线（average cost curve），MC 为边际成本曲线（marginal cost curve）。注意，边际成本曲线与平均成本曲线相交于后者的最低点。当边际成本低于平均成本时，平均成本必然逐步减少。当边际成本高于平均成本时，平均成本必然在逐步上升。只有当两者相等时，平均成本才会保持不变。这比较容易理解，只要想一下你在各种考试中的平均成绩——只有新的分数高于现有的平均分时，你的平均成绩才会上升。

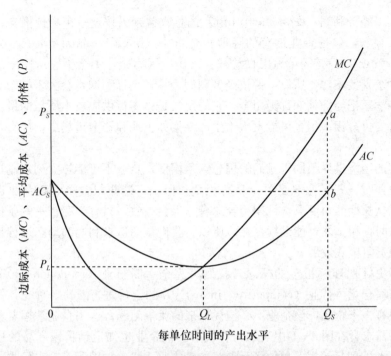

图 4—5　平均成本和边际成本曲线

我们可以通过两种方法计算某种产量 Q_S 下的生产总成本。第一，由于平均成本等于总成本除以产量，把直至该产量下的平均成本（图 4—5 中的 AC_S）与 Q_S 相乘，就得到了总成本，即矩形面积 $AC_S b Q_S 0$。第二，边际成本告诉我们，增加一个单位的产出需要多少成本，于是我们把从第一个单位直到 Q_S 的所有连续单位的生产边际成本加和，可以近似地得到总成本。我们度量的单位越小，相关的边际成本总和就越接近于产量为 Q_S 的总成本。在无限小单位的限制情况下，边际成本曲线（图 4—5 中的 MC）以下从 0 到 Q_S 的面积正好是总成本（熟悉微积分的人们会发现，边际成本是总成本的导数，因此对产量范围内的边际成本做积分处理可以得到总成本；这一积分等于边际成本曲线以下 0 与产量水平之间的面积）。

假设这家企业生产的这种商品的市场价格为 P_S。为了获得最大利润，企业将产量定位 Q_S，此时的边际成本与价格相等。由于平均成本低于产出水平为 Q_S 时的价格，企业享有的利润等于矩形 $P_S a b A C_S$ 的面积。利润等于总收益减去总成本（总收益等于价格 P_S 乘以产量 Q_S，或矩形 $P_S a Q_S 0$ 的面积；产出水平为 Q_S 时的总成本等于矩形 $AC_S b Q_S 0$ 的面积）。在竞争模型中，利润会按照个人所有权的初始份额分配。但是这些利润分配将提醒别人，通过简单复制这家企业的技术和投入利用就能创造利润。但是，当更多的企业进入这一行业后，该商品的总产量提高，价格则将下降。同时，这些新企业会抬高投入的价格，使得整个边际成本和平均成本曲线整体上移。最终，价格低至 P_L，在此水平下新的边际成本等于新的平均成本。在 P_L 价位之下，利润为零，消除了人们进入该行业的动机。

在生产每一种商品的同类企业数量没有被限制的情况下，理想化竞争模型中的帕累托最优均衡的特点是所有企业的利润为零。注意，我们指的是经济利润，不是会计利润。经济利润（economic profit）是总收益减去按竞争市场价格支付的所有生产要素金额，包括企业拥有的隐形租金价格（implicit rental price）。会计利润（account profit）只是简单地用收益减去支出，因为企业不会为它所使用的资本而向其他股东直接支付，所以，哪怕经济利润为零，会计利润也会大于零。为避免混淆，经济学家把经济利润称为租金，它的定义是：支付供应成本所需的最低金额以外的所有支付金额。租金可能发生于生产要素如土地和资金市场中，也有可能存在于产品市场中。

真实的经济世界不同于我们的理想竞争模型，企业不可能被立刻复制进来，所以，无论何时一些企业总是可以享有租金。但是，这些租金吸引新企业进入该行业，所以从长期的角度看，预期租金总有一天会失效。只有当存在一些条件阻碍新企业进入时，租金才可能继续存在。所以，我们预期追求利润的动态过程推动了经济朝理想竞争模式发展。

为了更好地理解租金的概念，我们将完全垄断行业（monopolistic industry）的定价与完全竞争行业（competitive industry）的定价进行对比。首先，假设某一行业内只有一家企业，该企业不必担忧未来的竞争问题。这一企业掌握着整个市场对产品的需求，在图4—6中表示为直线D。该企业也知道销售该产品的边际收入曲线（MR），即每销售一单位产品增加的销售收入量。如图所示，边际收入曲线位于市场需求表的下方，这是因为边际收入不可能大于产品的销售价格。例如，当我们将产品供应量由9提高至10时，单位产品价格会由100美元降至99美元，而销售收入增加了90美元（10×99美元减去9×100美元）。10个单位产品对应边际收入曲线上的点的高度是90美元，低于需求表上对应点99美元。只要边际收入高于边际成本（MC），增加生产就能增加收益。当边际收入与边际成本相等时（即MR与MC交叉时），此时的产量带来的收益最大。图4—6中，垄断企业收益最大化对应的产量为Q_m，对应的市场价格为P_m，收益等于P_mabAC_m区域的面积：总收入（P_m乘以Q_m）减去总成本（AC_m乘以Q_m）。

下面我们看一看与垄断性行业的对比下，在竞争性行业里企业是如何进行生产决策的。因为一个企业提供的产品仅占市场份额的一小部分，所以我们忽略其产品供应对市场价格的影响，取边际成本曲线和价格曲线的交叉点，得出价格为P_c，收益为P_ccdAC_c。垄断定价和完全竞争的定价所产生的收益差就是垄断租金（monopoly rent）。垄断地租是经济租金的一种形式。

不要忘了，企业的收益最终要分配给个人，我们应当将这些地租与经济效益挂钩来考虑。1美元消费者剩余相当于1美元的可分配经济收益（distributed economic profit）。如果我们取某个价格和产量使得消费者剩余和地租之和最大，那么就在市场上实现了价值最大化，也就达到了帕累托最优的前提条件。

当价格等于边际成本时，消费者剩余和地租之和达到最大。如图4—6，将竞争条件下的定价和垄断市场中的定价所产生的消费者剩余和地租之和做对比，即可阐明上述观点。在垄断市场中，当边际成本等于边际收入时，消费者剩余和地租的总和是产量从零到Q_m之间需求表和边际成本曲线间区域的面积。而竞争条件下，当

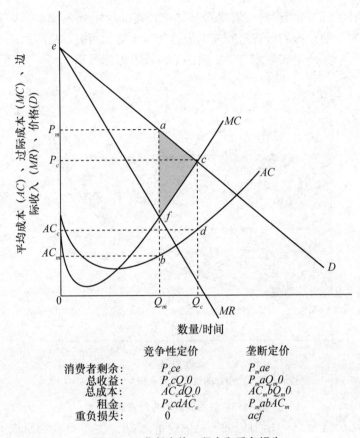

	竞争性定价	垄断定价
消费者剩余:	$P_c c e$	$P_m a e$
总收益:	$P_c c Q_c 0$	$P_m a Q_m 0$
总成本:	$AC_c d Q_c 0$	$AC_m b Q_m 0$
租金:	$P_c c d AC_c$	$P_m a b AC_m$
重负损失:	0	acf

图 4—6　垄断定价、租金和重负损失

边际成本等于价格时，消费者剩余和租金的总和等于产量从零到 Q_c 之间需求表和边际成本曲线间区域的面积。显然，竞争条件下的消费者剩余和地租的总和要大于垄断条件下的，多出的部分正好等于产量从 Q_m 到 Q_c 之间需求表和边际成本曲线之间的区域面积，即三角形 acf。acf 被称为"重负损失"，它是由垄断定价造成的。这也说明，当产量在 Q_m 与 Q_c 之间时，每多生产一个单位的产品，边际利润都大于边际成本。

生产者剩余：以供给曲线进行衡量

我们通常所说的市场里往往存在许多家企业，所以，我们需要某种方法将这些企业的租金进行加总。我们所使用的方法与估算补偿变量的方法相似。首先，我们先介绍供给曲线的概念。其次，我们再解释怎样利用供给曲线来得出市场中所有企业的租金的总和。

建立一条价格供给曲线，曲线上的点代表即定价格下所有企业供应的产品数量。如图 4—7 所示，企业的边际成本是递增的。当市场价格为 P_2 时，所有企业的总供应量为 Q_2。随着价格的上涨，企业会供应更多的产品，由此产生了一条平滑上行的供给曲线。供给曲线表现了企业边际成本的平行加总（见图4—5中的 MC 曲线）。供给曲线上的每个点对应着生产某一单位产品所需要的成本。如果我们将产品供给量从零开始对应的所有边际成本加总，即可得到所有产品的总成本。图4—7中，总成本等于零产量与既定产量之间供给曲线下方的面积。

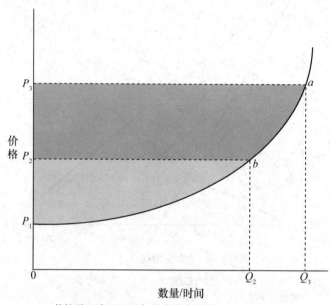

价格从P_3降至P_2引起的生产者剩余损失：P_3abP_2

图4—7　供给曲线和生产者剩余

　　假设市场价格为P_3，所对应的产品供应量为Q_3。生产Q_3所需总成本为图4—7中区域P_1aQ_30。所有企业的总收入之和等于价格乘以产品数量，对应图4—7中四边形P_3aQ_30。总收入与总成本之差即为所有企业租金的总和，即**生产者剩余**（producer surplus），对应图4—7中的灰色区域，即P_3aP_1。

　　生产者剩余不一定均分于所有企业。尽管所有企业在同一价格下出售产品，有些企业可能具备一定优势，从而用低一些的成本进行生产。例如，某个农民会比较幸运，拥有肥沃的土地，在市场价格下可以实现利润；而另一个农民的土地可能会比较贫瘠，在市场价格下，仅仅可以保证不亏本。因为肥沃土地的数量是有限的，所以两个农民会以市场价格等于边际成本来决定产量，而在此过程中，两人的边际成本是不断增加的。公认的观点是：特殊资源，如十分肥沃的土地、天资卓越的运动员和易于开采的矿产能够在竞争市场中赢得租金。为获得这些特殊资源而进行的额外支付通常被称为"稀缺租金"（scarcity rents）。与垄断地租不同的是，稀缺租金不一定意味着经济失效。

　　生产者剩余的变化意味着租金的变化。例如，如果我们想知道当价格从P_3降至P_2时租金的减少量，我们只需计算市场中生产者剩余的变化即可。图4—7中，租金的减少量等于深灰色的区域P_3abP_2，即生产者剩余的减少量。

　　社会剩余

　　我们已经得出了在特定市场上分析效率的基本工具。要想实现帕累托最优，必须满足一个必要条件，即通过任何对生产要素和最终产品的再分配都无法增加补偿变量和租金的总和。我们已经分析了如何通过消费者剩余的变化来衡量补偿变量的总和、如何通过生产者剩余的变化来衡量租金的变化。所有市场中消费者剩余和生产者剩余的总和被定义为**社会剩余**。因此，社会剩余的变化可以衡量补偿变量和租金的总和的变化。为了估算某一产品的细微价格或产量变化引起的效率变化，我们通常只分析该市场中社会剩余的变化。

图 4—8 再次向我们展示竞争市场里价格和产量偏离平衡点时，社会剩余出现损失，导致经济失效。我们知道，图 4—8 中，在有效竞争的平衡点上，价格为 P_0，产量为 Q_0，即供给曲线和需求表的交叉点。如果某一政策将价格提高至 P_1，社会剩余将会损失，损失的量为三角形 abc 的面积。在 Q_0 和 Q_1 之间，每提供一份产品，边际收入（需求表上对应点的高度）都大于边际成本（供给曲线上对应点的高度）。因此，这种情况下，降低价格，使供应量和需求量更加接近 Q_0，社会剩余将会增加。如果某种政策导致价格下降至 P_2，社会剩余也将损失，损失量等于三角形 ade 的面积。在 Q_0 和 Q_2 之间，每多提供一份产品，边际成本（供给曲线上对应点的高度）都大于边际收入（需求表上对应点的高度）。因此，这种情况下，提高价格使供应量和需求量接近 Q_0，社会剩余将增加。

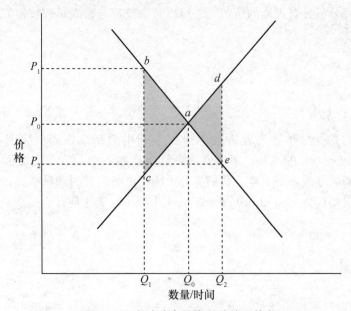

图 4—8　偏离竞争均衡导致的无效率

4.3　注意：模型与现实

一般均衡模型能帮助我们理解复杂的世界。但是，所有的模型都因于将现实简化，从而限制了其应用。下面我们来分析一般均衡模型的三个不足之处：

第一，一般均衡模型是静态的而非动态的。随着新产品的引进、技术的提高以及消费者品位的变化，现实经济也在不断地演变。价格机制的神奇之处就在于，它能够将这些变化的信息在分散的生产者和消费者中传递。海耶克（F. A. Hayek）将其称为"时间和空间事实"（particulars of time and place）。[4]竞争模型中的平衡给予我们的是现实世界的照片而非录像。通常情况下，照片是有帮助的，但也有其误导性。因此，政策分析者应当意识到导致社会福利大幅度提高的创新行为往往是无法提前预测的。政策分析者应避免将市场当做静态的。例如，市场准入壁垒为企业获得巨额的租金提供了保障，同时也有可能激发革新替代品的出现。下一章，在讨论各种市场失效的时候，我们将分析市场为减少福利损失所做出的某些反应。

第二，一般均衡模型不可能是完整的。原因很简单，模型建造者不可能掌握所有产品和服务的全部信息。如果他们能那样做的话，也就不用建立均衡模型来解决问题了。我们之所以将一般均衡模型转换为单个市场模型，主要是为了将模型更好地应用。大多数情况下，这是一种合理的方法，尽管有时产品之间存在很强的替代性，将它们拆开单独分析存在不合理之处。[5]

第三，在现实世界中，一般均衡模型的假设往往不成立。在接下来的两章中，我们将重点分析这些不成立的假设。我们将以具体市场为背景开展分析，所以应当注意的是，在更为广泛的经济体中，这样做可能会有其不足之处。[6]无论如何，我们认为，这种分析具有很高的价值——可以帮助政策分析人员理解他们所处的现实世界的复杂性。

4.4 结论

理想化的竞争性经济为分析效率提供了有用的概念框架。应用福利经济学（welfare economics）的工具、消费者剩余和生产者剩余，为我们提供了在特定市场中分析效率的方法。下一章，我们将分析传统市场失灵的四种情况，在这四种情况下，均衡市场行为（equilibrium market behavior）无法使社会剩余最大化。

复习思考题

1. 假设世界原油市场是竞争性的，有一条斜向上的供给曲线和一条斜向下的需求表。请画图并标出平衡价格和平衡产量。现在，假设一个主要原油出口国由于正经历国内革命而停止原油供应。画一条新的供给曲线，并在图中标出世界原油市场上损失的消费者剩余。在衡量消费者剩余的过程中，你将如何预测市场对原油需求的变化？

2. 假设美国是一个纯原油进口国。分析世界原油市场供给减少引起的价格上涨对美国市场社会剩余的影响。

注释

1. For an overview of the history of general equilibrium theory, see E. Roy Weintraub, "On the Existence of a Competitive Equilibrium: 1930–1954," *Journal of Economic Literature* 21 (1) 1983, 1–39.

2. For a review of the general equilibrium models used in policy analysis, see John B. Shoven and John Whalley, "Applied General-Equilibrium Models of Taxation and International Trade: An Introduction and Survey," *Journal of Economic Literature* 22 (3) 1984, 1007–51.

3. In any event, the consumer surplus change measured under the Marshallian demand curve will lie between compensating variation and equivalent variation. For a more detailed discussion of the use of consumer surplus change as a measure of changes in individual welfare, see Robert D. Willig, "Consumer Surplus without Apology," *American Economic Review* 66 (4) 1976, 589–97. For a more intuitive justification of the use of consumer surplus, see Arnold C. Harberger, "Three Basic Postulates for Applied Welfare Economics," *Journal of Economic Literature* 9 (3), 1971, 785–97.

4. F. A. Hayek, "The Use of Knowledge in Society", *American Economic Review* 35 (4) 1945, 519–30, at p. 522.

5. See Anthony E. Boardman, David H. Greenberg, Aidan R. Vining, and David L. Weimer, *Cost-Benefit Analysis: Concepts and Practice* (Upper Saddle River, NJ: Prentice Hall, 2001), Chapter 5.

6. R. G. Lipsey and Kelvin Lancaster, "General Theory of the Second Best," *Review of Economic Studies* 24 (1) 1956–57, 11–32.

公共政策原理：市场失灵

在理想的竞争模型中，产品以帕累托最优的方式分配，即通过"看不见的手"对产品进行分配，除非以损害他人利益为代价，否则每个人得到的是最大化的利益分配。帕累托最优是自我调节行为，不需要公共政策的干预。但是，现实经济往往与理想竞争模型中的假设不完全相符。接下来的几章，我们将讨论背离这些假设的情况。一旦某个假设不能成立，即称之为市场失灵，也就无法实现帕累托最优。传统的市场失灵指的是：当产品以其他方式进行分配时，可以获得更大的社会剩余。公共物品、外部性、自然垄断和信息不对称是四种公认的市场失灵，而它们就是传统经济中公共部门干预私有经济行为背后的原因。

5.1 公共物品

公共物品或集体物品（public/collective goods）这一专有名词频繁出现于政策分析和经济学相关资料中。虽然都称为公共物品，但是不同的公共物品在市场失灵情况下表现不同，相应的公共政策也会不同。首先，我们要提出一个研究任何市场失灵时都应当考虑的基本问题——为何市场没有实现对这种物品的有效配置？回答这一问题最简单的方式就是将公共物品和私人物品进行对比。

私人物品（private goods）具有两大基本特征：一是在消费

方面具有竞争性（rivalry），二是在所有权和使用方面具有排他性（excludability）。消费的竞争性指的是，被一个人消费的物品不能再被另一个人消费。完美的私人物品在消费方面是具有完全竞争性的。所有权的排他性指的是，某人对物品的使用具有控制权。完美的私人物品具有完全的排他性。例如，鞋属于私人物品：一个人穿着的鞋不可能同时被另一个人穿（消费的竞争性），而且鞋的所有者可以决定谁能够在什么时间穿这双鞋（所有权的排他性）。

相反，公共物品在消费方面具有不同程度的非竞争性（nonrivalrous），在使用方面具有不同程度的非排他性（nonexcludable），或者既具有非竞争性又具有非排他性。换句话说，如果某物品不是纯粹的私人物品，即可被认为是公共物品。假如不只一人可以在同一时间对某一物品进行消费而获益，那么这一物品就具有非竞争性。例如，国防是非竞争性的。因为国防在消费方面具有非竞争性，所有的公民都受到国防的保护，即使一个新的公民加入了，其他公民所享受的国防保护也不会减损（当然，每个人对同一水平的国防可能评价不一）。如果不是只有一人独有某一物品的使用权，这一物品就具有非排他性。例如，海洋中的鱼类通常被认为具有非排他性，它们可以在不同地区之间自由游动，没有谁能专享对它们的捕获权。

事实上，需求还有第三个特征——拥堵性（congestion/congestibility）。这一特征也被用于描述公共物品（有时也用"拥挤性"来表示）。对同一物品不同的需求水平通常决定了市场对公共物品的供应效率。如果某种物品的社会消费边际成本高于私人消费边际成本，那么这一物品是拥堵的。例如，有一批人能够同时在某一野外区域徒步旅行而互不影响（一个低需求的例子），这时，社会消费边际成本和私人消费边际成本相等。但是，如果大量的人同时在同一野外区域徒步旅行，彼此之间消遣的程度会被减弱（一个高需求的例子），这时，社会消费边际成本高于私人消费边际成本，即野外消遣具有了拥堵性。关键点在于，某些物品只有在一定的使用范围内具有非竞争性，如果使用超出某一范围，消费者使用此物品就以牺牲他人的利益为代价。接下来，我们会介绍边际社会成本和边际私人成本（MPC）的分歧，即排他性。

排他性和产权

排他性指的是，某些个人可以剥夺其他人对某物品的使用权。在发达国家的多数公共政策中，如果国家或其司法机构赋予了某人某种物品的产权，他就拥有了剥夺其他人使用该物品的权利。产权是在使用物品过程中人们之间的相互关系。[1] 产权拥有者可以对其他使用该物品的人收费。在政治体制下，制度安排使产权产生效力。但是，在无政府状态中，即没有法律法规约束的环境中，谁拥有武力，谁就拥有了排他的权利。

产权（property rights）的表现形式远不止我们认为的简单的拥有权这一种。[2] 例如，农民一年里只有几个月可以使用某条河里的水。但是，为了更好地讨论排他性，我们假定某人对具有排他性的物品具有完全控制权或使用权。有效产权的特征是：具有明确的、完整的支配权，付费使用者具有高程度的顺从性。这里，支配权指的是物品的使用权，而顺从性（compliance）仅仅指的是对排他性的接受。法定产权（de jure property rights），即国家授予的产权，尽管有时不完整，但一定是明确的。但是，法定产权可能会被违法行为（像非法侵占、强占、盗用等）减弱甚至废止，继而产生了实际产权的概念，即真正能从支付费用的那些人那里得到的顺从。由于科技演变和相对价格的变化会引发新产品的出现，而新产品不在现有分配环境内，因此有时法定产权会消失。例如，医药技术的进步使得胚胎组织很有价值，但是法律并没有明确胚胎组织该如何使用。注意，实际产权也可能没有排他性问题。但是，要保护其效力，必须采取保护措施，如警戒、隐蔽或报复等，这就意味着申请人需要付出很高的成本。然而如果这些成本过高，申请人会放弃该物品的排他性。如此一来，物品实际上就变得不具排他性了。

非竞争性物品

我们在讨论高效定价时得出一个结论，即当涉及竞争性消费的私有物品的价格和边际成本相等时（$P=MC$），其生产达到平衡点。在需求方面，消费者获得的边际收益必须等于价格才能达到平衡（$MB=P$），所以，边际收益等于边际成本（$MB=MC$）。这一原则也同样适用于非竞争性物品。因为所有的消费者都能通过购买更多的非竞争性物品而获得边际收益，当所有消费者的边际收益之和大于边际成本之和时，该产品才值得去生产。只有当产量增加到某一点，使得边际收益之和等于生产的边际成本之和时，该产量才是最有意义的。

要想得到任一产量的完全非竞争性公共物品（不管是排他性的还是非排他性的）的边际收益之和，只需将某一产量上边际收益曲线（需求表）上所有的点竖直加总即可。[3]用同样的方法还可以得出整个边际社会收益曲线。这一方法与获取某一私人物品边际社会收益曲线的方法不同——私人物品边际社会收益曲线（需求表）是通过水平加总获得的，因为每一单位的私人物品只能被一个人消费。

图5—1为我们展示了一些不同的方法。（a）组代表竞争性物品的需求，（b）组代表非竞争性物品的需求。两种情况下，消费者杰克和吉尔的需求表分别为 D_1 和 D_2。将某一价格下的个人需求 D_1 和 D_2 水平加总，即可得到该价格下竞争性物品的市场需求，图中表示为斜向下的黑色曲线。例如，当价格为 P_0 时，杰克的需求为 Q_1，吉尔的需求为 Q_2，总需求为 Q_0（等于 Q_1+Q_2）。因此，将每一价格水平下的所有个人需求水平加总即可得到整个市场需求的曲线。注意，当价格高于 Pc_1 时，杰克不再购买该物品，只有吉尔仍愿意购买。所以，从这一点开始，市场需求表和吉尔的需求表重合。如果市场里有更多的消费者，计算市场需求表时，还需要考虑他们在每一价格下的需求。

（b）组描述了非竞争性物品的需求情况，不过，我们无法计算公共物品的个人需求表（原因随后详述）。在这里，Q_0 对应的边际社会收益（MB_{0s} 对应 Q_0 正上方 Ds 上的点）等于杰克的边际收益（MB_{01} 对应 Q_0 正上方 D_1 上的点）与吉尔的边际收益（MB_{02} 对应 Q_0 正上方 D_2 上的点）之和。这一点上对应的边际社会价值等于

Q_0 产量下杰克和吉尔分别愿意为每一单位物品付出的价格之和。因此，在某一产量下，将杰克和吉尔分别为购买每一单位物品付出的价格加总即可得出整个社会的边际价值曲线（MB_S）。注意，当产量大于 Q_{c_1} 时，杰克不再购买该物品，这时，社会需求（即边际社会收益）曲线与吉尔的需求表重合。

要注意的是，在这个例子中供给曲线是斜向上的，表示更高的产量需要的边际成本更大（亮一点的路灯比暗一点的照明成本高）。只是消费边际成本是一样的，即对每个人来说都是零（人们在享受路灯照明时可以互不影响）。换句话说，边际社会消费成本为零，而每一产量下的边际生产成本大于零。

竞争性物品和非竞争性物品的一个重要区别在于，单个消费者的出价不能直接使我们知道非竞争性物品的需求量，只有通过所有消费者的出价总和，我们才能知道社会总需求量。换句话说，消费者是被迫进行消费的。因此，不同的消费者对这一选择的产出水平的不同估价是无法通过他们的购买行为来体现的，这与在市场中购买竞争性物品的情况不同。所以，非竞争性物品的价格与竞争性物品的价格不同，它既不是一种分配机制，也不能显示边际收益。

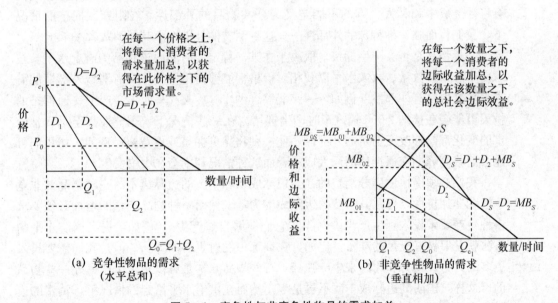

图 5—1　竞争性与非竞争性物品的需求加总

为什么个人提供的非竞争性物品的产出（此产出是指边际成本等于边际私人收益的总和的产出）不能像他们在市场上提供竞争性物品的产出一样呢？我们来看一下图 5—1 中的 b 图。在此图中，物品的供给曲线 S 表示生产不同数量该物品的边际社会成本。假定吉尔根据市场情况自己来做决定，如果他对非竞争物品的需求是 D_2，那么他将购买 Q_2，此时，他的边际私人收益与供给曲线相交，但是 Q_2 小于社会最佳供给量 Q_0，而 Q_0 才是边际社会成本等于边际社会收益的均衡点。假定杰克是市场上该物品的唯一需求者，如果他的需求是 D_1，他将购买 Q_1。但是如果杰克得知吉尔也会购买此物品，那么他将发现即使购买了此种非竞争性物品，自己也不能完全获益，因为边际收益曲线在下降，吉尔购买的数量将超过杰克原本想购买的数量。杰克将会有搭吉尔便车的冲动。由于物品的非竞争性，杰克得到了好处。也就是说，一旦吉尔购买了 Q_2，杰克就会发现购买多余数量的物品并不利于他的个人收益，因为与该物品的价格相比，他购买每一单位该物品的个人收益都相对较低。

如果所有个体都能诚实地揭示自己的边际价值，在市场中仍能达到非竞争性物品的最佳数量（我们要注意，市场的最大优点是，消费者能够根据自己对竞争性物品的购买量自动揭示边际价值）。但是，当消费者的边际价值不能排除对某一物品的消费时，他们往往没有揭示自己边际价值的冲动。

拥挤性：需求的作用

从经济学的角度来对公共物品进行分类，不应该仅仅把注意力放在它的物理特性上。在一些需求水平上，一个人对一种物品的消费可能会提高其他人在消费该物品时的边际成本，因此，消费的边际社会成本就会超过边际私人成本。稍后，我们会将社会成本和私人成本的不同定义为公共物品的外部性。在阻塞、拥挤的情况下，我们将面临一种特殊的外部性——这种消费的外部性由其他消费者来承担。

一种物品是否会产生拥挤，取决于在某一特定的时间内该物品的需求水平。技术变革、人口数量、收入水平以及相对价格都能够使得原本不具有消费外部性的需求水平变得具有外部性。例如，一座能够容纳 1 000 辆汽车而不会产生交通拥挤的桥梁可能会在接纳 2 000 辆汽车时产生拥堵。在一些情况下，季节性甚至是日常需求的变化都能够改变消费的外部性，使一种物品更拥挤或更宽裕。例如，司机们可能会面临高峰期交通拥堵的巨大成本，而这种情况却不会在中午发生。

我们必须谨慎地区分消费的社会边际成本和生产的边际成本。一种物品的非竞争性和非拥挤性，导致其消费的边际成本为零。然而一种物品产量的增加必须要求多种生产要素投入到生产当中（除非它们能够自然产生）。例如，提高国防水平的方法就是要做好充足的准备，比如，在训练中发射更多的弹药。但是我们需要投入更多的人力、物力和原料来生产弹药，有些物品原本是可以用来生产另外一些物品的。这样，国防的边际成本就不再是零，然而在供给水平给定的情况下，消费的边际成本依然是零。

我们应该将更多的思考投向拥挤的情况，尤其是无法强制增加小单位供给的情况。许多表现出消费非竞争性的物品在供给上同样会是固定不变的。例如，一个人不可能在已经建好的桥上再增加一单位的承载量。为了获得额外的空间，他也许会重新修建一座桥，或者是将它改造成两层的桥。没有别的方法能够获得额外的承载量。但是这种供给的固定性与拥挤的决定因素是无关的。我们所要重点考虑的是，消费的外部成本在可获得的供给水平下是否为正态的、积极的。

总体而言，三种特性决定了公共物品的特质（即从市场提供中产生这种无效率的本质）：消费的竞争性程度、排他性的程度或使用上的排他性，还有拥挤性。这些在需求变动中产生的非竞争性、非排他性和拥挤性将导致市场失灵，从而无法实现帕累托最优。无论是非竞争性还是非排他性，都是造成市场在提供公共物品时无效率的必要条件。

公共物品的分类

在图 5—2 中，竞争/非竞争两个纵向的维度和排他性/非排他性两个横向的维度将公共物品分为基本的四类。另外，每个象限内的对角线也将拥挤和不拥挤的部分区分开来。同时，需要注意的是，我们所定义的公共物品与政府提供的普遍意义上的公共物品是存在很大区别的。实际上，政府，包括市场，都提供以上分类中所描述的公共物品和私人物品。

图 5—2 物品的一种分类：私人的和公共的

竞争性、排他性：私人物品

左上角的象限中定义了私人物品，它具有消费的竞争性和使用的排他性，比如鞋子、书、面包等我们平常购买和拥有的东西。在没有拥挤和其他市场失灵的情况下，消费者的自利行为和厂商的生产都能有效地配置这些物品，以至于政府干预必须有除了经济效率以外的合理理由。

当私人物品出现拥挤的时候（也就是，它表现出了消费的外部性），市场提供就变得不再有效（在竞争性市场中，一种物品的边际社会成本不仅仅包括价格——生产的边际成本，还有价格之和与消费的边际社会成本）。与其将这些情况看成是公共物品提供的市场失灵现象，不如把它当成是一般市场失灵下外部性的表现，这种情况才更为普遍。

非竞争性、排他性：收费物品

右上角象限中所指的是那些具有消费的非竞争性和排他性的物品。这些物品往往被称为收费物品（toll goods）。典型的例子就是桥梁和道路，一旦建立起来，它们就会在毫不拥堵的情况下拥有相当的交通承载量。除此之外还有那些自然产生的物品，像草原和湖泊。因为实现这些物品的排他性在经济上是可行的，一个私人提供者可能会提供这些物品。例如，一个企业家可能会决定修建一座桥梁，并向过往的车辆收取过桥费，这将激发别人的投资热情，募集足够的桥梁建设费用——这样就是典型的收费物品。也就是说，这些情况中存在的问题不是供给本身，而是消费具有双重性的。第一，私人提供者不会为他所提供的设施进行有效的定价。第二，私人提供者不会提供合意的设施来实现社会剩余的最大化。

关于价格的问题，首先来考虑非竞争性和非拥挤（NE_1）的情况，在这部分当中，我们假定私人提供者不能有效地收费。在没有拥挤的情况下，消费的边际社会成本为零，因此任何收费都会导致这座桥梁的不合理使用。图 5—3（a）中阴影的三角形 abc 部分代表了定价在 P_1 和需求表 D 下的重负损失。通过图表我们可以看出，任何正的价格收费都会造成社会福利的损失。原因是如果进行收费，从社会的角度来看，原本想通过该桥的个人就不愿再从此处通过。为什么呢？因为只有那些边际收益大于或者等于消费的边际社会成本的人才会选择从桥上通过。由于消费的边际社会成本为零，个人只有在过桥时有正的收益才会从此桥通过。如果收费超过边际收益，人们就不会选择走这座桥。损失的部分看上去是非常模糊的——由于收费问题会造成消费者剩余的损失，那些过桥行为将不会发生——但是它却代表了资源配置的不均，也就是说，如果进行适当的调整，还有可能实现帕累托最优。

如果物品在一定需求的范围内表现出了拥挤（NE_2），那么上述分析会更加复杂。我们回到桥梁的例子当中。假设桥梁的承载量超过需求——这并不一定是事实。在一定的需求范围内，消费不会出现拥挤，但是在不断有人使用该物品的时候，消费的边际社会成本就是正的。像桥梁、道路、公园都会面临潜在的拥挤性，因为它们的承载量都是有限的。它们是否会出现拥挤取决于需求以及其承载量。图 5—3（b）显示了消费一种物品时的边际社会成本以及拥挤情况。在需求量较低的情况下（例如，D_L），消费的边际成本为 0（也就是说，并没有出现拥挤的状况），但是在需求量较高的情况下（例如，D_H），线段 of、fg、gh 代表了在不同的消费水平下的边际社会成本。我们要注意，这些成本都是由边际消费者所产生的，而不是由于物品本身。就像在桥梁的例子中，成本表现为所有使用者在通过桥梁时所花费的多余的时间。如果有其他消费者拥到这座桥上，边际成本就会变得非常大，"交通瘫痪"会阻碍每个人顺利通过此桥，除非有人选择退出。经济上有效率的价格是图 5—3（b）中的 Pc。

让我们来更加仔细地分析造成社会无效率拥挤的原因。假设这座桥上有 999 辆汽车，它们通过这座桥平均花费 10 分钟。那么你就会考虑你是否会选择成为这座桥上的第 1 000 辆车。很遗憾的是，由于桥梁的承载量是给定的，你的出现就会造成桥梁的拥堵——每个将要通过这座桥的人，包括你自己，都会被延迟 1 分钟。换句话说，每个桥梁的使用者平均过桥的时间会被提高 1 分钟到 11 分钟。如果你的边际收益超过边际成本的话（在这种情况下每个使用者新的平均消费成本为 11 分钟）你会选择继续通过。然而，如果你决定选择从这座桥上通过，你所做的决定的边际社会成本就是 1010 分钟（你所花费的 11 分钟加上你给其他使用者所造成的其他额外的 999 分钟）。这样，从社会角度来看，如果每个人都像你这样考虑的话，只有当你的收益超过这 1010 分钟的时间耽误的成本时，你才选择从这座桥上通过。

实际上，非竞争性的、排他性的公共物品都会表现出拥挤性和非常复杂的定价问题；然而，下述的基本原则都是基于上述讨论的。我们假定随着每天的时间变化或每年的季节变换，拥挤会在有规律的时间段出现（例如，高峰期的公路）。有效的分配要求向物品使用者所收取的价格等于在使用期间施加给其他消费者的边际成本。在非拥挤时期这种价格为 0（更普遍的说法是，在没有出现拥挤的情况下，价格应该等于生产的边际成本），在出现拥挤时，就应该收费（所谓的交通峰值负载价格）。

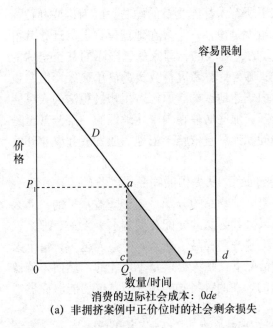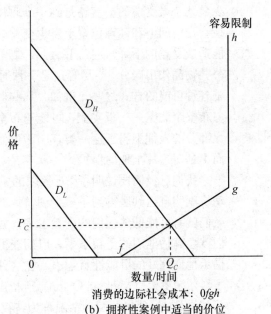

(a) 非拥挤案例中正价位时的社会剩余损失 消费的边际社会成本：0de

(b) 拥挤性案例中适当的价位 消费的边际社会成本：0fgh

图 5—3 收费物品

许多收费物品都是由私人厂商所生产的。厂商必须通过向消费者征收费用来为生产该物品的成本付费。也就是说，向消费者收取的费用必须要超过厂商生产和运营的成本。为了产生必要的收益，厂商对产品的销售定价通常高于消费的边际社会成本。的确，在面临既定的需求表时，为了获取利润最大化，厂商的收费要使租金最小化［图 5—3（a）中矩形 P_1aQ_10］。这样，市场失灵就会发生，因为它会将一些物品的使用者排除在外，只有当边际社会收益超过边际成本的时候他们才会选择购买该物品。放弃的净收益的大小决定了市场失灵的程度。

无效规模的问题产生于私人供给的情况中，因为追求利润最大化的厂商所预期的收费限制了需求水平，这些需求水平原本可以通过其他更小的设施来提供。其结果就是，这些设施的建设都远小于社会的有效需求。进一步说，设施的规模选择决定了需求水平，而这与能否产生拥挤密切相关。

非竞争性、非排他性：纯公共物品和环境公共物品

现在我们来讨论那些消费上具有非竞争性并且非排他性也不可能实现的物品——图 5—2 右下角的象限（SE）。当这些物品没有拥挤性的时候，它们是纯公共物品（pure public goods）。这类物品典型的例子就是国防和灯塔。现代社会最重要的一类公共物品就是在生产和消费中那些可获得的非常有价值的信息。除了个别的例外，下面我们也将会讲到，纯公共物品是不能够通过市场来提供的，因为私人提供者无法将那些没有为之付费的人排除在外。这与 NE 象限不同，在此象限中，由市场定价来提供物品就会造成重负损失。

那些能够从纯公共物品中获益的人可能会非常多，这取决于公共物品：从只有少数几个人受益的一盏路灯到一个政权下所有人都能受益的国防。因为这些利益往往会在空间上和地理位置上发生变化（也就是说，一个人在地理位置上的迁移就可能造成受益的下降），我们一般要对地方的、区域的、国家的、国际的甚至全球的公共物品作出区分。[4] 尽管这是一种通过确定受益者进行分类的简单途径，但它也是各种可能的方式之一。例如，那些对内华达地区的莽原区产生积极想法的人可能遍布整个北美——事实上，可能遍布全球。那些居住在内华达地区的一部分甚至是大部分的人都不属于这一类，因为他们的私人利益依赖于当地商业发展和农业开发而不是对这片土地的保护。

我们已经简要说明了 SE 象限的主要问题。从提供的物品中受益的人往往没有动机阐明自己到底得到了多少利益：如果公共物品的分配是基于受益水平的，那么人们就有可能低估他们的受益水平；如果公共物品的分配与受益水平无关，那么人们就会高估他们的受益水平，以期获得更多公共物品。通常，受益人越多，每个人揭示他们偏好的可能性就越小。在这种情况下，私人提供是不可能的。然而，就像曼科尔·奥森（Mancur Olson）所指出的，在两种特殊的情况下，市场能够提供纯公共物品。[5] 他将这两种情况称为特权群体和中间群体。

特权群体（privileged group）的情况体现在图 5—4 中，其中三名消费者根据他们的边际收益从物品中获得收益。例如，这三位可能是山谷中娱乐设置的拥有者，而物品可能是用来喷洒灭蚊的东西。第三个人的边际收益曲线相对于第一个人和第二个人的边际收益曲线来说是比较高的（边际效益相对较高的意思是，在任何产量下，第三个人对额外增加一单位物品的边际效用的评价都要高于其他两个人）。事实上，如果其他两个人不购买该物品，第三个人可能会愿意购买 Q_3 单位的物品，而这也是有效率的（第三个人的需求表与供给曲线相交于产量 Q_3 处）。当然，一旦第三个人选择购买 Q_3 的物品，那么无论是第一个人还是第二个人都不会再购买此类物品。实际上，他们两人就会在第三个人需求的基础上搭便车（free-ride）。（我们可以说，第三个人的边际收益曲线就是需求表，因为对她来说此类物品就是其私

人物品，不同的价格揭示了她不同的需求水平。）与社会有效水平 Q_0 相比，尽管有 Q_3 单位的公共物品，但是社会剩余小于三角形 abc 的面积。

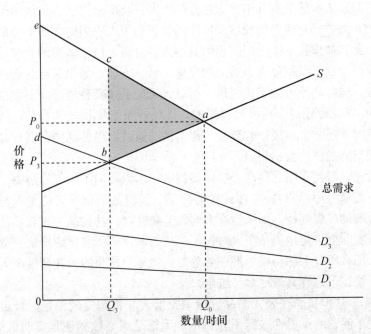

社会最佳的供应水平：Q_0
第三个人的私人供应：Q_3
供应不足的重负损失：abc

图 5—4 公共物品的私人供应：特权群体

在这种情况下，第三个人的需求 Q_3 构成了总需求的大部分，而它也是比较接近于有效水平 Q_0 的。从这个意义上讲，这三个就形成了一个特权群体。然而，即使没有一个人的需求能够大到形成一个特权群体，但是如果这个组足够小，成员之间就能够进行直接的协调来提供一些物品。我们将这样的组看成是特权和非特权组之间的中间群体（intermediate group），无论什么原因，两个或者更多成员会自愿加入该组来提供该物品，尽管通常情况下供应量会低于经济上的有效水平。这种中间群体一般会比较小，或者是较少成员的需求构成了总需求的绝大部分。

上述情况很像是一种正的外部性（在市场交易的过程中使第三方受益），接下来我们将进行仔细的讨论。非常明显，第一个人和第二个人不同意在有效水平 Q_0 下购买此类公共物品，因为他们可从第三个人购置的 Q_3 中获益。通过购买 Q_3 数量的物品，第三个人获得了 P_3bd 的个人消费剩余，然后把外部消费者剩余 $bced$ 转移给了其他组员。然而为了分析的便利，我们仍然坚持公共物品与正外部性之间存在区别。我们严格规定外部性是此种情况：一种物品的供给必须要求一种私人物品和一种公共物品的联合生产。我们认为公共物品是没有联合生产的。因此，灭蚊措施是一个关于公共物品的问题。但是在大规模生产过程中所产生的副产品化学废料是一个外部性问题。

在很多情况下，如果在对整个收益的分配上是公平的，那么大多数人将受益于公共物品的分配。大多数人搭便车的问题将报复性上涨。在此情况下，每个人的需求与总需求和总成本的关系并不大。理性的个人只会衡量比较自己的边际成本和边际收益。例如国防，它的逻辑应该是这样的：我们个人在国防方面上缴的税收是非常小的；因此，如果我不缴纳国防税而其他人都要缴，由于国防的非排他性，国防水平并不会因为我不缴税而有本质上的变化。另一方面，如果只有我自己缴国防税而别人不缴，国防就不可能正常提供。所以，无论上述哪种情况，不缴国防税对我都是有利的。（就像我们下面将要讨论的，即使让市场提供公共物品，搭便车的问题在其他情况下还是会出现；就算公共部门试图通过提供公共物品实现经济上的效率性，搭便车问题仍然会出现。）

综上所述，搭便车问题存在于群体案例中，因为我们不可能知道每个人对某一物的真正需求（边际收益），在此种情况下，我们甚至很难讨论个人需求，因为其不具有普遍的可观察性。如果所有人同意上缴针对公共物品的税收，使得他们的平均税收（实际上，是他们每个人对每一单位的该物品所支付的价格）等于他们的边际收益，那么所有人都将成为潜在受益者。但是，自利的人在衡量个人收益和个人成本后，往往不愿意真诚地参与进来。

"搭便车"这个概念在公共物品理论中扮演着非常重要的角色。最近，经济学界针对搭便车问题的重要性进行了大讨论。无论是观察数据还是实验证据都表明：搭便车的现象的确存在，但是其程度并不像理论上预测的那么严重。[6]约翰·莱迪亚（John Ledyard）在总结了有关实验资料后指出：（1）在一次尝试或在有限重复尝试的初期，实验对象所缴纳的费用通常在帕累托最优和搭便车之间。（2）在重复尝试的情况下，缴税率下降。（3）面对面的交流会提高缴税率。[7]另一项研究表明公共物品对边际私人资本的回报率越高，缴税率越高。[8]但是，与较小的团体相比，较大团体中搭便车的问题更加严重。在团体相对较小，且允许面对面交流的情况下，例如街坊会，会使人承受社会压力，让不缴税的人内心感到压力。[9]更普遍的是，我们希望有更多的志愿者组织，减少个人的匿名性，参与到解决搭便车的问题中来。同时，也有很多价格机制的理论促使人们揭示自己的真实偏好，尽管它们在实践中很少被用到。[10]

到目前为止，我们还没有讨论图5—2中SE部分的拥挤问题。有一些物品并不是简单地具有拥挤性，它们也可能落在SE部分的对角线的左侧。例如，灭蚊措施作为地方性的公共物品，具有消费的非排他性和非竞争性。不管有多少人来到这个地区，灭蚊的效果都是一样的。同样地，国防作为全国性或者跨国性的公共物品，一般不会产生拥挤。相反地，当徒步旅行者遍布莽原区时，自然爱好者的效用为负值。

我们将具有拥挤性、非竞争性和非排他性的物品称为具有消费外部性的环境公共物品（ambient public goods）。它们恰好处于SE_2。大自然提供的空气和大面积的水域是这类公共物品的典型。对这些物品的使用，都具有消费的非竞争性——就像污染物排放一样，不只一个人可以消费使用。[11]也就是说，对此类资源的消费往往不能达到帕累托最优，除非设置一些进入门槛或者规定环境承载力。在市场环境下，排他性不可能实现，就算能够实现，也要付出巨大的成本。因为人们可以通过很多渠道获取这些资源。例如，污染物可以通过各种渠道排放到空气中（甚至是在迎风的状态下）。

相比较而言，很少有物品处于 SE_2 中。原因主要是，当出现拥挤时，将使用者排除在外使得该物品处于 SE_2 中而非 NE_2 中更具经济上的合理性。我们再回到野外徒步旅行的例子上，如果徒步旅行的人数过多，那么私有者出于经济合意性的考虑，就会发放通行证，并通过抽查控制人数。在此种情况下，莽原区要成为环境公共物品，必须处于拥挤的峰值和通过发放通行证实现经济合意性之间。效率问题与处于 SE_2 中的物品相联系，这也可以被视为由于外部性而导致的市场失灵。所以，某一水域的承载力可以被视为过度消费的环境公共物品。也就是说，该域所受的污染可以被视为其他物品过度生产所造成的外部性。

竞争性、非排他性：开放进入、共同财产资源、免费物品

处于 SW 中的物品具有消费的竞争性，但是不具有排他性——也就是说，人人都可以获取该物品。需要强调的是在这个象限中，我们要面对的是具有消费竞争性的物品。树木、渔业、野牛、石油和牧场都具有消费上的竞争性。例如，如果我将一头野牛藏起来，你就不可能有机会再去藏那头野牛。开放使用意味着每个人都能获取此类物品并占为己用。我们一般都认为开放使用指的就是对新的使用者的进入不加限制。但是，开放使用也包括对既定数量的使用者不加限制。而在此类情况下，我们应该讨论一下所有权问题——既定数量的使用者可能对该物品享有集体产权。在这种产权下，他们有意愿，也可能采取措施造成过度消费。

在自然生成、供给大于需求并且免费的情况下，此类物品并不存在直接的市场失灵。任何人都可以获取这些物品，并且不会影响别人的使用，我们将其称为免费物品（SW_1）。因此，尽管从理论上讲它们具有消费的竞争性，但是从效率角度上讲，如果其供给大于需求，这种消费的竞争性就不复存在了。

如果不收费，并且该物品的需求超过供给，我们就将其称为开放性进入资源（open access resource）（SW_2）。如果设置准入机制来规定潜在的使用群体，并且使用者共同拥有，这就是集体产权（common property ownership）。开放使用和共同财产之间存在着细微的差别。在共同财产中，准入机制对人员的限制使得他们具有自主治理的可能，从而减少或排除非效率性。[12]但是，在开放使用中，新的进入者使自主治理不可能实现。即使是共同财产，既定成员的个人理性行为也会由于开放使用导致非效率性——在此种情况下，公共财产变成了公共财产资源问题。综上所述，尽管接下来的很多讨论都是在开放使用这一象限架内进行的，但是也与公共财产有紧密的联系。

当排他性"不可行"时，在开放使用的过程中就会产生市场失灵。为什么要用引号？因为我们发现，开放使用问题经常会出现在制度之中，而不是物品的内部本质使其具有非排他性。例如，在大多数国家中，石油并不开放使用，因为政府的法律规定，地下资源的产权属于政府自身。但是，在美国，由于"占领原则"（rule of capture），石油开采常常出现开放使用问题。这一法律原则规定，地面产权的所有者也享有地下产权。当不同的个人拥有同一块油田时，占领原则使得排他性成为不可能。如果拥有者不能在共同开发油田上达成协议，这个油田很快就会被抽干。

非排他性导致了竞争性物品无效率地过度消费。它同时也导致了在保护此类物品上的低投入和获取此类物品上的高支出。[13] 自然资源更容易产生开放性使用问题。能够使用此种自然资源的人意识到，如果他们不消费，其他人也会消费。因此，如果人们不能独享拥有权，那么每个人都会以最快的速度消费这些资源。例如，当人口要靠森林资源生火时，毁林行为就会出现。此外，使用低价格的木柴起不到激励使用者去投资进行生产消耗柴量较少的火炉的作用，而且这个人人可砍伐和收集木柴的现实阻碍了个人进行树木栽植和看护林木的做法。

图 5—5 表现了与开放性进入资源的过度消费有关的效率损失情况。边际社会效益表（MSB）表示所有的个人需求表在水平方向上的和（这里我们讨论的是竞争性物品）。当边际社会成本（MSC）等于边际社会效益（$MSC=MSB$）时，产生了消费量的经济有效水平 Q_0。但是，每个人只会考虑自己直接承担的成本，即边际私人成本。如果边际社会成本由每个消费者平摊，该边际私人成本其实就是所有需求者的平均成本（ASC）。如果每个人理智地把团体平均成本作为他们的边际成本，就会出现均衡消费量 Q_{0A}，它大于经济有效水平 Q_0。阴影部分三角形 abc 的面积等于过度消费导致的社会剩余损失。

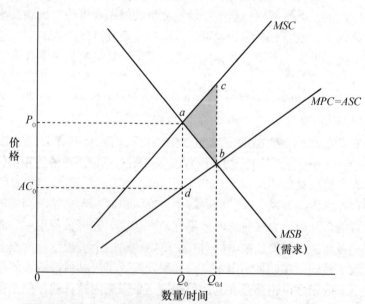

MPC=边际私人成本　MSC=边际社会成本　ASC=平均社会成本
消费的社会最佳水平：Q_0（$MSB=MSC$）
开放性进入资源的消费水平：Q_{0A}
过量消费的重负损失：abc

图 5—5　开放性进入资源的过度消费

　　一个简单的例子能帮助我们阐明在开放性进入和共有财产情况下，为什么个人会努力回应边际私人成本，而不是边际社会成本。假设，包括你在内一共 10 个人在一间餐厅用餐，人人都同意平摊饭钱。如果你自己付账，你就不会点价格 10 美元的花式甜点，除非你希望通过享用甜点得到至少 10 美元的价值。但是由于你花费在甜点上的实际成本仅为 1 美元（你和该团体中每一个人的账单的平均增量——10 个人平摊 10 美元），你会理性地（忽略热量、仍有胃口和社会压力）点这道甜点，只要它给你的价值超过 1 美元。你可能会继续点甜点，直到你认为它的价值从 1 美元多跌倒了 1 美元，即等于你的边际私人成本和团体平均成本。就是说，你对额外的甜点的实际支付成本是你账单的增量，即团体成员平均分摊的甜点成本。但是这种结果显然效率低下，因为你如果忍住，没有点最后那道甜点，代之以其他人付给你 1 美元（你的边际私人成本）和 9 美元（边际社会成本和你的边际私人成本之差）之间任何额度的钱，那么你和团体中每一个人的情况都会变好。请记住，这个问题之所以产生，是因为你能以低于实际社会成本的价格享用菜品。

　　这个例子有两点值得关注。第一，由于团体的人数限定为 10 人，这是一种存在于闭合团体成员关系中的共有产权现象。但是，我们对开放性进入的定义包括"已有使用权的非限制性使用"。如果任何人都能随意加入该团体并一起分摊账单，这就是纯开放性进入。随着团体规模的扩大，边际私人成本和边际团体（社会）成本之差也会增加，以至于过量点菜的现象频繁发生。第二，由于这个例子中参与者必须在餐桌上吃掉食物，使得过量点菜的动机更为强烈。自然资源开采者往往将所获得的资源用以销售，而非自己享用，因此他们和那些打包外带的人相似。

　　用两名潜在使用者之间的博弈来模拟共有产权，可以使我们从社会角度看清个人动机是如何导致资源的过度开发的。假定两名牧场主拥有同一片牧场的使用权，在不知道对方放牧量的情况下，每个人必须决定在这片牧场放牧的数量。为了简便起见，假定他们有两个选项：50 头牛或 100 头牛。在这场博弈中，这两个选择是牧场主可用的"策略"。图 5—6 说明了每一组策略情况下两名牧场主的不同利润（见图中牧场主 1 的利润和牧场主 2 的利润）。如果两个人都选择放牧 50 头牛，由于该牧场可容纳 100 头牛，那么每个人都可以分得 1 000 美元的利润。如果两个人都选择放牧 100 头牛，那么每个人仅仅能得到 700 美元的利润。因为总放牧量对该农场来说太大了，所以每头牛都长得比较瘦小。如果牧场主 1 放牧 100 头牛而牧场主 2 放牧 50 头牛，那么牧场主 1 获利 1 200 美元，牧场主 2 获利 600 美元。如果牧场主 1 放牧 50 头牛而牧场主 2 放牧 100 头牛，那么获利 1 200 美元的是牧场主 2。这些策略组合中的放牧规模对牧场来说还是太大了，但每头牛损失的重量不足以抵消那个更具有侵占心理的牧场主多放牧 50 头所获得的收益。

　　预测博弈中各方行动的重要基础是纳什均衡（Nash equilibrium）。在一场二人博弈中，如果在博弈对方的策略给定的情况下，双方都不想改变策略，这对策略就是一种纳什均衡。在上面的例子中，显然，每个牧场主都将其放牧规模限制在 50 头的策略不是纳什均衡——每个牧场主只要把放牧量变为 100，就可能使自己的利润从 1 000 美元提高到 1 200 美元。但如果只有一个人改变策略为 100 头，另一个

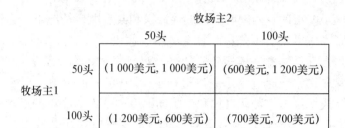

图 5—6　畜牧规模选择的囚徒困境

人就能将他的收益从 600 美元上升到 700 美元。只有在双方都选择了 100 头牛的情况下，才没有人想要把放牧量减回到 50 头牛。所以，这场博弈中唯一的纳什均衡是双方都选择放牧 100 头牛。显然，这种均衡不是帕累托最优——如果每个人都选择放牧 50 头牛，彼此的情况都会变得更好。

与此结构类似的博弈叫做囚徒困境（prisoner's dilemmas），这是一个被社会科学家广泛应用来解释合作问题的模型。[14] 它被称为非合作博弈（noncooperative games），因为我们假设博弈者在选择策略之前不可能做出具有约束力的承诺。如果可能做出具有约束力的承诺，那么就可以设想，放牧者在选定策略之前，通过同意把各自的放牧规模控制在 50 头以内达成合作。这种博弈只能进行一次，所以又叫做一次性博弈（single-play game）。事实上，我们可以想象牧场主每年都面临着同样的选择放牧规模的问题。重复博弈（repeated game）是由连续的一次性博弈或分段博弈组成的，用它来模拟农场主之间的互动也许是合理的。如果一个重复博弈由不限定或者不确定的重复次数组成，而且博弈者给予未来利润的重视程度和当前利润类似，就可能出现合作博弈，它涉及分段博弈中不均衡的每个重复选择的策略（我们将在第 11 章考虑合作的文化与领导力问题）。

自然资源（无论是可再生的还是不可再生的）都具有产生稀缺租金的潜力——超过生产成本的回报，而在开放性进入的案例中，这些租金可能被彻底浪费了。如图 5—5，经济有效水平 Q_0 的消费量会产生相当于矩形 P_0adAC_0 面积的租金。例如，鲑鱼的经济有效捕捞需要使捕捞限制在保证市场价格高于捕捞边际成本的位置上。但是，在不排他的情况下，这些租金可能会被彻底浪费。[15]（在图 5—5 的 Q_{0A} 上，租金不存在。）原因在于只要边际私人效益——即他们能获得的资金——大于边际私人成本，渔民就会继续进入该行业（已在该行业中的渔民加大了捕鱼量）。和饭馆的例子一样，每个渔民会忽视其行为强加给其他渔民的平均成本。如果每个渔民的效率相同，那么他的边际私人成本就等于整个渔民团体的平均成本。

怎样分配租金是公共政策中最具争议的问题之一。例如，鲑鱼的捕捞限额应该如何分配给商业性渔民、小型船只渔民和土著渔民？然而，从经济效率的角度来讲，这些稀缺租金应该至少被一些人分享而不应该被浪费。事实上，在我们第 1 章中讨论不列颠哥伦比亚省的渔业政策时，我们正是以"租金被浪费的数量的减少"来衡量政策备选方案的目标之一即效率的。

值得注意的是，一种资源的需求量可能非常低，以至于它在零价位时仍不拥挤。但是，需求量的增长可能促使资源从一种免费物品（SW_1）变为一种开放性进入物品（SW_2）。历史上，免费物品在北美曾经相当普遍，包括野牛、森林、地下水和牧场等。但是颇具代表性的是：当需求量上升、供给过剩的现象消失之后，开放性进入常常导致资源的迅速枯竭，甚至几乎毁灭。[16]例如，开放性进入造成了密歇根州、威斯康星州和明尼苏达州松林的毁灭。[17]非排他性仍然是美国西部用水的重要问题。[18]动物种群被当做一种开放性使用的资源，过度消费的最终结果很可能是物种灭绝；这些结果已经在某些鸟类和其他皮毛价格昂贵的动物身上得到了验证。

到目前为止我们还没有明确"可行性"的排他（feasible exclusion）的含义。许多我们用作例子的物品似乎并不具有天然的非排他性。诚然，历史上最著名的开放性资源实例之一——在中世纪英国牧场放牧——在不受政府明显干涉的情况下，已经被强制地"解决"了。它通过圈地运动保障了土地所有者的产权。近来类似的圈地行为出现在了非洲的某些地方，历史上这些土地也是开放性使用的。

区分结构与制度问题的一个关键因素是物品是否拥有空间稳定性（spatial stationarity）。树木在空间上是稳定的，鲑鱼不是，而水流本身可能是也可能不是。如果资源具有空间稳定性，则其所有权依附于土地所有权。土地所有者通常能有效地监控其产权的各个方面，最终确保了排他的使用。假定排他成立，公共产权资源就变为了私人资源，它可以按照经济有效的方式被加以利用。如果不具备空间稳定性，土地所有权就不是好的手段，不能以低监控成本可行地执行排他。我们不能由此断定开放性进入或者共有产权不能通过私有制的形式来解决。但是这的确暗示了明码标价的土地或谁拥有所有权仍不足以确保排他。在鱼类活动范围相当大的特定水域分配捕捞权，或者当油层在大片土地下延展时将石油的开采权与土地所有权联系提来，这些例子说明建立非稳定性资源的有效产权是困难的。

总之，稳定性物品（stationary good）可能具有公共产权特性，这也许仅仅因为它的所有权没有被很好地确定，也许是因为历史上一度存在着零价位时供给超过了需求的情况。非稳定性物品（nonstationary good）通常需要更复杂的政策干预以获得效率，因为产权与土地所有权（landownership）的结合不能有效地替代排他性自由的所有权。

对公共物品的小结

回到图 5—2，我们总结一下涉及公共物品的各类市场失灵的效率含义。重复一遍，收费物品（NE 象限——非竞争性、排他性）的主要问题在于：由经济无效定价引起的过低消费，而不是供给量本身的缺乏。拥挤性通过提出可变定价的要求来获得效率，从而往往使这些问题变得更为复杂。在纯公共物品和环境公共物品（pure and ambient public goods）（SE 象限——非竞争性、非排他性）的案例中，搭便车现象的普遍性一般会导致市场供给全无。然而在特定情况下（特权或中间群体，其中一个或者少数几个人占有了大部分需求），可能存在某种程度上的有效或近似有效的市场供给。在开放性进入资源（SW 象限——竞争性、非排他性）案例中，个人不会使边际社会成本等于边际效益，而是使边际私人成本与边际效益相等，从而产生了抵消的结果；因此，他们过度消费了开放性进入资源（并对消费能力进行过度投资），同时对资源保护的投资反而不足。

5.2 外部性

外部性是某一行为（无论它与生产还是消费相关）导致的价值影响（正的或者负的），它影响到一些通过参与自愿交易而不完全赞同它的人。竞争性市场中的价格变化与外部性无关，因为买卖双方都自愿参与交易。在讨论公共物品时，我们已经遇到了多种外部性——特权和中间群体对非竞争物品的私人供给（正外部性的一种）以及使用拥挤型资源的边际私人成本与边际社会成本的差异（负外部性的一种）。我们把"外部性问题"的标签给予这样一些情况：某种商品传达了某种价值，但实际上，并未消费这种商品的人也受到了影响。这实际上是生产或消费这种物品的副产品。

就如同开放性进入资源和环境公共物品的案例所展示的那样，外部性问题涉及被削弱的产权，这是因为或者是排他性使用的权益界定不完整，或者是权力实施的成本与效益相比过高。有保证的且可实施的产权通常允许私人交易，通过市场交易，消除外部性可能产生的经济无效率。确实，人们可以把外部性问题看做市场缺失，我们将在讨论几个实例之后再回到这一观点。

负外部性（negative externalities）的常见情况包括企业生产行为造成的空气污染和水污染，公共场所中不吸烟者不得不吸入的烟雾，以及位于整洁街区中的一幢破旧的有碍观瞻的建筑。受到这些外部性影响的人们对其评价各有不同。例如，我可能只是不喜欢烟味，但你可能对烟味过敏。我愿意支付很少的成本以避免与吸烟者邻座——比如为了能坐在餐厅的无烟区而多等 10 分钟，而你可能愿意为此支付巨大的成本——比如多等 30 分钟或者离开。请注意，我们能够用评估我们自愿消费物品的价值的方法去评估这些外部性的价值。

正外部性（positive externalities）的常见情况有：能够减少每个人感染疾病的风险的疫苗，某房主的花园和粉刷漂亮的住宅给邻居们带来的愉悦。通信网络产生了一项重要的外部性。将一台传真机添加到现有传真网络上，其产生的边际社会收益高于边际私人收益，因为该网络上的每一个人又多了一个潜在的通信方式。[19]这类外部性通常被称为网络外部性或者采用外部性。

外部性可能产生于生产过程或消费过程。生产外部性影响企业（生产者对生产者的外部性）或者消费者（生产者对消费者的外部性）；消费外部性也可能影响企业（消费者对生产者的外部性）或那些别的消费者（消费者对其他消费者的外部性）。在这种情况下，社会中的每个人都是作为外部性接受者的消费者。表5—1为每一类外部性提供了一个简单的例子（记住：有时同种行为可以对某些人构成正外部性，而对其他人构成负外部性）。对潜在的含有外部性的某种情况进行归类，常常是着手考虑其效率含义、分配影响以及最为重要的可能的补救手段的一种好方法。

表 5—1　　　　　　　　　　　　　　　　外部性的例子

	正	负
生产者对生产者	娱乐休闲设施，吸引周围商场的顾客	有毒化学污染，危害下游的渔业
生产者对消费者	私人用林，向自然爱好者提供景观	工厂的空气污染，危害附近居民的肺部健康
消费者对消费者	传染性疾病的疫苗接种，有助于减少他人感染的风险	一个人吸烟产生的烟雾，减少另一个人进餐的愉悦感
消费者对生产者	消费者未经征求而提供的信件，提供产品质量信息	狩猎者，干扰了农场驯养的动物

负外部性与正外部性的效率损失

图 5—7 说明了生产中生产的负外部性资源分配的效果。在有负外部性的情况下，企业会生产过多负外部性的私人物品。私人物品的市场供给表 MPC 表明，其边际成本直接由企业生产负担。例如，如果私人物品是电力，MPC 代笔企业必须支付的煤炭、劳动力和其他账目上显示的边际成本总额。但是 MPC 不反映煤炭燃烧造成的污染。如果我们能设法找出每个产量水平上，社会上每个人为避免污染而愿意支付的费用，那就能把这些费用与实际由企业负担的边际成本总量相加，从而得到一条反映边际社会总成本的供给曲线。我们把这张涵盖范围更广的供给曲线表示为 MSC。

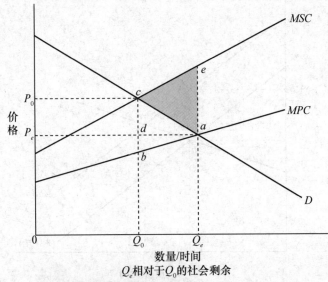

Q_e 相对于 Q_0 的社会剩余

私人物品的消费者剩余：增加了 P_0caP_e
生产私人物品的企业的生产者剩余：减少了（$P_0cdP_e - abd$）
负担外部性的第三方的损失：增加了 $abce$
社会剩余：减少了 ace

图 5—7　带有负外部性的过量生产

　　经济效率要求边际社会效益与边际社会成本在选定的产出水平上相等——这出现在边际社会成本和需求（D）相交时的产量 Q_0 上。但是由于企业不考虑其产出的外部成本，它们选择 MPC 和 D 相交时的产出水平 Q_e。相对于产出量 Q_0，生产出的私人物品是消费者获得的剩余等于面积 P_0caP_e（因为他们得到的是价格为 P_e 时的产量 Q_e，而不是价格为 P_0 时的产量 Q_0），而生产者损失的剩余等于面积 P_0cdP_e 减去面积 abd（第一个面积记录了较低价位的影响，第二个面积记录了较高产量的影响）。但是，那些负担了外部成本的人受到的损失为面积 $abce$（覆盖产出差别的市场供给和社会供给曲线之间的面积——记住，供给曲线间的垂直距离代表外部边际成本）。社会剩余的净损失等于三角形 ace 的面积，即私人物品的消费者、生产者以及外部性承担者的剩余差的代数和（净社会剩余损失恰好等于因为过量生产而引起的重负损失——从 Q_0 到 Q_e 的 MSC 和 D 之间的面积）。换句话说，帕累托最优要求，产量由市场均衡水平（Q_e）降至边际社会成本等于边际社会效益的水平（Q_0）。

　　再看正外部性，我们可以想象一些产生的效益不能被生产者获得的私人物品。例如，企业为了将来的收成而种的树，可以提供一种景观效益，但它无法获得补偿。在图 5—8 中，我们描述了私人物品（为了将来的收成而种的树）的需求表 D，它还给出了边际私人效益（MPB）。但是在每一种林区规模下，边际社会效益表要等于市场需求加上观景者愿意为增添一单位的林区所支付的费用总额。MSB 表示边际社会效益表，它包括边际私人效益与边际外部效益。市场均衡发生在产出水平为 Qe 时，即市场需求表与供给曲线相交的一点。但如果产量提高到 Q_0，消费者

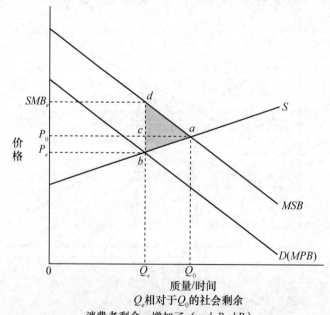

Q_e 相对于 Q_0 的社会剩余

消费者剩余：增加了（$acd-P_0cbP_e$）
生产者剩余：增加了 P_0abP_e
社会剩余：增加了 abd

图 5—8　带有正外部性的生产不足

剩余将增加 acd（由于 Q_e 到 Q_0 的消费量增加而导致）减去 P_0cbP_e（由于价格从 P_e 升至 P_0）的面积，而生产者剩余将增加面积 P_0abP_e。因此，社会剩余的净增量将等于面积 abd。我们再一次在一个外部性案例中看到，能够找到一种再分配方法，以提高社会剩余从而提供增加效率的可能。

对外部性的市场反应

当存在外部性时，市场是否总是不能提供有效的产出水平吗？正如纯粹的公共物品有时也能有效或近乎有效地供给一样，通过中间团体中私人之间达成的协议，私人行为也可以应对与外部性有关的低效。这类私人反应的有关原理最早是由罗纳德·科斯（Ronald Coase）在一篇外部性问题的研究文章中提出的。[20]他提出：当产权界定明细且实施交易成本为零时，参与者的零成本交易将导致外部影响的经济有效水平。当然，交易产生的成本和效益分配取决于谁拥有产权。

在进一步探讨这个问题之前，我们必须强调，科斯模型的假定是有局限性的，它限制了在一些实际外部性情况中的适用性。换句话说，科斯假定产权行使中的交易成本为零。[21]在许多真实世界的案例中，交易成本通常很高，因为制造和承担外部性的人数众多。在大量因素影响之下，不可能出现产生科斯所提到的协议，因为当存在搭便车的可能性时，协调的成本很高。

但是，科斯的理论是有价值的。他提出：在人数很少的时候（他假定一种外部性的来源以及一个接受者），独立的产权分配将导致某种经济有效的私人协商的出现。假定个人基于货币价值而不是外部影响的效用价值做出决定，无论一个完整的产权是给外部性生产者（对其外部性引起的损害不负责任）还是给外部性接受者（对其外部性引起的损害负全部责任），都会是有效的。在同等外部性水平下，任何一条规则都会导致一项交易；只是财富的分配将发生变化，这取决于执行了哪一条规则。但是，假设个人最大化的是其效用而不是财产，就会存在不同产权指定条件下配置也不同的可能。[22]

稍微思考一下就能明白为什么科斯的方案在面对人数较多的人群时会失效。人数多时，谈判不得不涉及许多方面，其中一些人有动机介入策略行为。比如，在制造污染者不对其损害负责的情况下，那些污染的真正承担者担心他人会搭便车。除此之外，企业也可能产生机会主义行为，它们威胁产生更多的污染，以使得被污染者不得不支持它们。在污染者要负全部责任的时候，个人会有夸大自己所受损害的动机。在其他条件相同的情况下，承担外部性的参与者越多，监管损害的成本也就越高。

但是，私人合作在某些情况下会显得比较有效。比如，有时社区协会能达成互相限制的协议，而个别居民之间有时确实会就如照明设施（处理建筑物投下的阴影的外部性问题）等事务签订契约。

除此之外，还有一种重要情形，能够出现类似的解决方案，甚至会涉及大量的参与方：（1）按照惯例，产权被不明确地建立起来；（2）（无论是正的还是负的）

外部性价值被价值捕获（用更加技术性的说法是"被资本化了"）；（3）经过了较长时间，以至于外部性的初始股权发生了"转移"；（4）外部性水平保持稳定。关于这些条件，可以用一个例子进行解释。假设一家工厂多年来污染了周边地区，而没有一个人对工厂主提出异议。污染可能将导致更低的不动产价值。[23]居民们在之前并没有预计到会有污染，因此，他们不得不以较低的价钱卖掉了他们的房产——这反映了污染的影响。但是，新的房主不愿意承担任何帕累托相关的外部性，因为污染的负面影响将被资本化，即这个影响最终会由房屋的价格来体现。房子的较低价格反映了市场对污染的负面评价。换句话说，通过房产价格可能近似地对污染的负效应做出货币评价。注意，如果现有产权的分配被改变，使得工厂必须根据污染的现有水平赔偿目前的房主，那么下一任房主（即得知污染且污染已经资本化为价格之后的购房者）会得到额外的补贴。当然，如果污染水平发生意外的变化（或出现污染损害影响的新信息——后面我们将有关于信息不对称的讨论），也会产生新的实际影响（或正或负）；在这种情况下，将出现很多争论，这些争论谈及谁拥有产权、谁该对这些变化负责等。

5.3　自然垄断

当平均成本在相应的需求范围内下降时，就会发生自然垄断（natural monopoly）。注意，这个定义同时涉及成本和需求。在自然垄断的情况下，单个企业能以低于包括竞争在内的其他所有市场安排更低的成本进行生产。

成本和需求条件确立了自然垄断情况的存在，而需求的价格弹性决定了自然垄断是否对公共政策具有重要的意义。需求的价格弹性衡量消费者如何对价格变化做出反应。准确地说，需求的价格弹性被定义为一个百分点的价格变动所引起的需求量变化的百分比。[24]如果需求价格弹性的绝对值小于1（价格变动一个百分点所引起的需求的减少量不到一个百分点），那么我们就说需求是缺乏价格弹性的，而且价格上升将增加总收益。一种物品如果存在虽不完全相同但很相近的替代产品时，其需求就不大可能缺乏弹性。在这种情况下，替代品的可获得性在很大程度上限制了与自然垄断有关的经济无效率。例如，尽管地方的有线电视市场具有成本与需求的自然垄断属性，但包括传统的无线电视、DVD机在内的许多产品，都可以阻碍有限电视公司在当地市场实现巨额垄断租金。

我们还应该记住，尽管陈述了静态条件下的自然垄断的基本含义，但真实世界中的市场是动态的。技术变化可能导致不同的成本特征，或者高价位可能导致出现更便宜甚至更好的替代品。结果也许是消除了自然垄断或用另一种自然垄断技术进行了替代。[25]例如，定位人造卫星是有线电视的一种直接替代品，可能使结果的分布更具竞争性。

自然垄断下的分配低效

图 5—9 表示导致自然垄断的成本构成。边际成本（MC）在其产出范围内为恒定值。图中没有显示固定成本（FC），它必须在能供给产出之前支付。因为存在固定成本，平均成本（AC）一开始要高于边际成本，此后随产出量提高而逐渐下降，接近边际成本（$AC=FC/Q+MC$，Q 为产量）。虽然图中的边际成本为常数，但同样的分析也适用于边际成本上升或下降的情况，只要它仍与固定成本有一定的相关性。

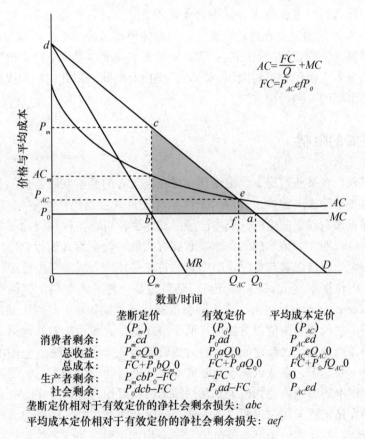

	垄断定价 （P_m）	有效定价 （P_0）	平均成本定价 （P_{AC}）
消费者剩余：	$P_m cd$	$P_0 ad$	$P_{AC} ed$
总收益：	$P_m cQ_m 0$	$P_0 aQ_0 0$	$P_{AC} eQ_{AC} 0$
总成本：	$FC+P_0 bQ_m 0$	$FC+P_0 aQ_0 0$	$FC+P_0 fQ_{AC} 0$
生产者剩余：	$P_m cbP_0 - FC$	$-FC$	0
社会剩余：	$P_0 dcb - FC$	$P_0 ad - FC$	$P_{AC} ed$

垄断定价相对于有效定价的净社会剩余损失：abc
平均成本定价相对于有效定价的净社会剩余损失：aef

图 5—9 自然垄断的社会剩余损失

图 5—9 显示了企业利润最大化行为与经济效率之间的分歧。我们先来考虑经济上有效的价格和产量。正如我们在上一章所讨论的，效率要求定价应该等于边际成本（$P=MC$）。因为边际成本低于平均成本，经济有效的产出量 Q_0 会导致企业遭受相当于 FC 的损失。显然，企业不会主动选择该产量水平。它将改为选择产量为 Q_m，使利润最大化，此时边际收益等于边际成本（$MR=MC$）。在产出量为 Q_m 时，市场价格为 P_m，产生的利润等于矩形 $P_m cbP_0$ 的面积——将产生 FC。相对于产出量 Q_0，消费者剩余减少了面积 $P_m caP_0$，但企业的利润增加了 $P_m cbP_0$。因生产不

足导致的社会剩余的净损失等于阴影部分三角形 abc 的面积，这是消费者的重负损失（如我们在图 4—5 中所讨论的那样，放弃的产量本来可以提供的边际效益大于边际成本——总损失等于边际效益曲线或需求表与边际成本曲线之间的面积，重复一遍，在图 5—9 中，这一损失等于三角形 abc 的面积）。

假定公共政策要求自然垄断者把价格定在经济有效的水平上（P_0），自然垄断者受到的损失将为 FC。最终，在无补贴抵消损失的情况下，自然垄断者将退出该行业。注意，自然垄断显现出一种两难局面：强迫自然垄断者有效地定价，将会迫使其退出该行业；允许自然垄断者按利润最大化定价，则导致重负损失。

简单思考一下如果企业因公共政策而必须按平均成本而不是按边际成本定价，那么将发生什么呢？也就是说，如果企业定价为 P_{AC}，且产量为 Q_{AC} 时，会发生什么？见图 5—9。很明显，在这种情况下，企业能够继续维持生产，因为这时它的成本刚好被覆盖（注意，FC 等于 $P_{AC}efP_0$）。尽管平均成本定价下的重负损失比垄断定价下的低很多（面积 aef 对面积 abc），但仍没有消除。因此，平均成本定价代表对自然垄断困境的一种折中方法。

当市场是竞争性时的限制

可以想象，在某些情况下，由于存在潜在进入者的竞争威胁，自然垄断者实际上可能被迫按平均成本定价。关键的条件是要使进入或退出该行业相对比较容易。企业是否拥有没有其他前途的、成本已经沉淀的到位资本，往往决定了它潜在的进入和退出的可行性。如果形成的自然垄断拥有大量不能卖给其他行业使用的生产性资本，别的企业就难以参与竞争，因为它们首先必须投入成本赶上已经建成企业的资本优势。到位资本（in-place capital）充当的是一种进入壁垒；这种资本的重置成本（replacement cost）越大，进入壁垒也就越高。例如，一旦两个城市间的石油管路搭建好，它的残余价值很可能远远低于潜在竞争者所面临的修建第二条管道的成本。这种差距越大，已经建成企业暂时用较低价位排斥别家进入企图的能力也就越强。但是不要忘记，企业以高于边际成本水平进行收费的能力，将受到可选运输方式的边际成本的影响，比如说卡车和铁路运输就可作为管道的替代物。

最近的大量经济学研究表明，进入壁垒低以及因潜在进入的威胁而平均成本逐渐降低的行业，被认为处于可竞争市场。[26] 我们期望可竞争市场的定价接近有效水平。文献中由可竞争市场框架引起的最重要的争论，集中在作为进入壁垒的到位资本的经验意义上。[27] 大多数自然垄断享有到位资本方面的巨大优势，这引发了一个问题，即它们是否能被视为处于可竞争市场中。

正如我们所见，垄断的"自然性"是由相应的产量范围内递减的平均成本决定的。在很多情况下，平均成本在相当大的产量范围内递减，但随后变为水平的。也就是说，初始规模经济随产量的增加而耗竭。如果需求向右引动（例如，当人口增多时），使需求表与平均成本曲线的水平部分相交，那会怎样？在这种情况下，可能的竞争空间非常大。图 5—10 显示了这种情况。如果需求仅为 D_1（"典型的"自然垄断），只有一家企业能在市场中生存。如果需求向外移动到 D_2 或 D_3，那么两家或更多的企业就有可能存活下来，因为在平均成本曲线的水平部分每个企业都能运作起来。

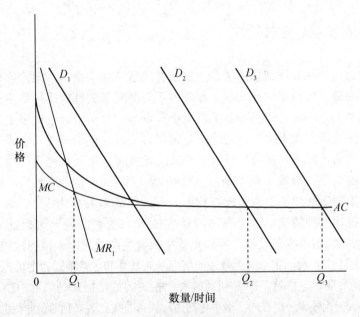

图 5—10 需求移动和联合公司存活

资料来源：William G. Sheperd，*The Economics of Industrial Organization* (Upper Saddle River，NJ：Prentice Hall，1979)，fig，3.4，p.59.

需求表在 D_3 时，有两家企业能够生存并不意味着随着需求量的增长就会有两家企业真正出现。如果原始的自然垄断企业随着需求量的增加而扩大规模，它可能预先阻止新进入者并独占整个市场。这再一次提醒我们摆脱静态视角的重要性。

如果从政策视角来考虑自然垄断者，我们会发现法律和调控的界定和自然垄断产品的界定并不一致。大部分产业议题的探讨倾向于按照产业部门的框架来划分，比如电力产业和通信产业。遗憾的是，自然垄断的经济分界并不和这些整齐的部门划分一致，但历史上的研究并没有意识到这个事实。另外，自然垄断者的生存和规模都会随着生产技术和需求量的变化而变化。

通信产业就能够说明这个问题。1982 年，美国司法部和美国电话电报公司达成了分裂其公司的协议，电话电报公司被分成了两部分：一个能够竞争性地经营，另一个带有很大的自然垄断因素。但这两个公司的长期服务和设备产品供应都已经很大程度上解除了管制，而当地的电话通信交易却被视作地区性自然垄断的。[28]然而，这个有关部门界定的问题在其他文献中却一直没有被很好地谈及。例如，电力生产和传送都被作为典型的电力设施自然垄断对待，尽管有证据显示只有电力传送在成本和需求特征上带有自然垄断的性质。[29]（同时运营多条覆盖乡村的电力传送线路是低效率的，由多个公司生产电力也是低效率的。）

关于如何界定自然垄断，不同于部门划分的另外一个维度是空间维度。自然垄

断者在何种空间内存在呢？几乎现行的所有自然垄断者都与城市、乡村、州和联邦
边界一致，但事实是自然垄断企业不会在意这些界限，它们只关注自己在经济上的
扩张。自然垄断者的空间界限也会随着技术的变化而变化。

有限竞争所导致的 X—无效率

　　到目前为止，我们详细描述了自然垄断者的潜在社会成本，无论它们的定价是
为了获取利润最大化还是弥补成本，都会由于资源配置的低效率导致重负损失。社
会损失可能更大，因为自然垄断者采取最小成本运营的动机远远比不上可竞争的企
业。竞争市场的最大优点之一就是迫使公司努力削减它们的成本——或者说，整个
平均成本曲线或边际成本曲线尽量低。而缺乏竞争时，企业可能不用通过成本最小
化就能够获得生存。哈维·莱本斯汀（Harvey Leibenstein）创造了"X—无效率"
这个短语来形容垄断者不努力实现在技术上可行的成本最小化。[30]（X—无效率也
并不能完全描述这种情况，因为产品转移和技术无效率也是导致配置无效率的原
因。）人们还常常用成本无效率、经营无效率或者生产无效率来描述这种现象。

　　在图 5—11 中，我们把 X—无效率的情形纳入基本的自然垄断者定价框架。首先暂
时忽略 X—无效率，与自然垄断者利润最大化相关的重负损失是黑色阴影三角形区域
abc，如果将 X—无效率考虑在内，最小化的边际成本曲线比观察到的企业行为低，真正的
重负损失就至少相当于更大的三角形 aeg——产出由 Q_m 到 Q_{mx} 造成的额外损失 $cbeg$。

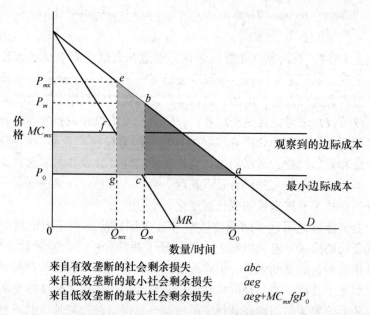

来自有效垄断的社会剩余损失	abc
来自低效垄断的最小社会剩余损失	aeg
来自低效垄断的最大社会剩余损失	$aeg + MC_{mx}fgP_0$

图 5—11　自然垄断下的 X—无效率

　　浅色区域 $MC_{mx}fgP_0$ 的部分或全部代表不必要成本，这部分应该包含在生产者
剩余或重负损失中。如果由于企业经营者用了过多的资源，比如雇用无所事事的工
人，使得边际成本高于最小化的成本，区域 $MC_{mx}fgP_0$ 就可以看做社会剩余损失

（social surplus loss）。另一方面，如果成本过高是由于经营者给他自己和工人们的工资超过了必要的水平，这个区域应该被作为租金对待——它表示不必要的报酬而不是资源滥用。[31]如果潜在的雇主和经营者花费时间和更多的资源去确保这些租金（经过持续的失业，开始去寻找一个报酬高的工作），这些租金有可能被浪费，然后转化为重负损失。

注意到没有规制的自然垄断者，除非在企业的所有者和管理者之间存在信息和利益上的分歧，X—无效率是不会出现的。在本书第 8 章关于政府失灵的探讨中，我们将会从代理理论的视角来讨论这个问题。

总而言之，市场供应不足的问题是自然垄断内在固有的。供应不足的程度取决于不同市场垄断和竞争程度下的特殊供求关系。由于缺乏竞争会允许企业持续采取高成本的生产，自然垄断会造成额外的社会剩余损失。

5.4　信息不对称

在这一部分我们没有使用"信息成本"和"不完美信息"的说法，理由是信息导致市场失灵有两个独特的途径。第一，信息本身具有公共物品的一些属性。信息的消费是非竞争性的，即一个人对信息的消费不会妨碍其他人，唯一不同的是分析结论。在有关公共物品的章节，我们会关注信息本身的生产和消费。第二，这也正是我们探讨的主题，对于交易产品的相关信息，不同的人获得的程度是不同的。例如，在一次市场交易中，卖主和买主对产品质量的信息是不同的。相似地，关于产品的外部性，生产者和受影响者获得的信息也是不一样的。比如，工人对工业化学物质造成的身体健康危险，可能就比不上雇主知道得多。注意到这一点，我们在本章节中不关注作为物品的信息，而是关注信息不对称的程度给各相关方带来的影响，即把作为物品的信息（公共物品情形）和存在于卖主和买主或者生产者和受影响者之间不同外部性的信息（信息不对称情形）相区分。

由信息不对称所造成的无效率

图 5—12 表明了信息不对称（information asymmetry）导致的社会剩余损失。[32] D_u 表示消费者在缺乏某一物品质量的完美信息时在不同价格上愿意购买的数量，这可以看作消费者不完全信息下的需求量。D_i 表示消费者完全信息下的需求量，即消费者获得产品质量的完全信息后在各种价格下愿意购买的数量。不完全信息下的实际购买量取决于 D_u 和供应曲线 S 的交点，这时的购买量 Q_u 比完全信息下的购买量 Q_i 大。阴影区域 abc 等于过度消费造成的消费者剩余的重负损失。（在 Q_i 以上的每一单位产品的购买，消费者都付出了比完全信息需求量边际价值高的价格）。这种过度消费同时造成了更高的均衡价格（P_u），从消费者向生产者的转移剩余等于区域 P_ubaP_i 的面积。图 5—12 表示出了信息不对称带来的损失，如果生产

者告诉消费者产品的真实质量信息，就会比消费者处于不完全信息下减少大量重负损失。一般而言，当生产者不能提供有关产品的足够信息时，信息不对称就会导致市场失灵和重负损失。

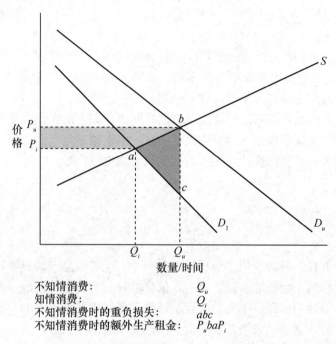

不知情消费：　　　　　　　　　　　　Q_u
知情消费：　　　　　　　　　　　　　Q_i
不知情消费时的重负损失：　　　　　　abc
不知情消费时的额外生产租金：　　　　$P_u b a P_i$

图 5—12　来自不知情需求的消费者剩余损失

当消费者低估产品的质量而不是高估时，理由同样可以适用。消费者会由于购买量小于 Q_i 而遭受重负损失。生产者愿意提供足够信息的动机在这两种情况下大有不同。当消费者高估产品质量时，提供足够信息会使产品价格降低，从消费者向生产者的转移剩余很小，生产者显然没有动机提供信息。当消费者低估物品质量时，提供信息会提高产品价格和生产者剩余，这会激励生产者提供足够的信息。正如后面将要讨论的，如果生产者不能使消费者将自己的产品与竞争者的产品有效区分，生产者提供信息的动机就会减弱。

诊断信息不对称

判断信息不对称何时会导致市场失灵的第一项任务是对商品进行有效分类。经济学家一般将商品分为两大类别：搜寻商品（search goods）和经验商品（experience goods）。[33]搜寻商品指的是消费者在购买之前就能够确定其特征的商品，例如一把椅子就是搜寻商品，因为消费者可以在购买之前通过外观的检查判断其质量。经验商品则是指消费者只能在购买之后才发现其特征的商品，例如食品、发型设计、音乐会、法律服务、手机。我们在此增加第三种类别——后经验商品（post-experience goods）——以此来描述那些即便在消费者购买之后仍然难以确定其质量的商品。例如，人们很难会将身体的不良反应同所服药品联系起来。经验商品和后经验商品的基本区别是消费者通过对商品的使用能够了解其质量的有效程度。经过一段时间的使用，经验商品的质量往往会变得明显；相比而言，后经验商品的持续使用并不会必然显示出其质量。[34]

在这三种分类之内，还有其他一些因素可以帮助判断信息不对称是否会导致严重的市场失灵。情报策略的有效性通常取决于商品的异质性和消费者的购买频率。消费者信息不对称的潜在成本则取决于他们对商品全价的认知程度，也包括对正负效用的估算成本。[35] 寻找替代品的成本和商品全价决定了消费者收集信息是否有价值和具有潜在收益。

搜寻商品

搜寻可以看做消费者投入一定的成本来检查商品的试验过程，假设消费者投入成本 c_s 来寻找价格和质量的特定组合。如果价格超过了消费者对商品的边际价值，消费者就不会购买，而且也不会再支付 c_s 的成本来检查其他商品价格和质量的结合，尝试就此停止。如果消费者的边际价值超过了价格，消费者会购买商品或者再次支付 c_s 来寻找边际价值超过价格的更佳组合。当试验成本 c_s 为零时，消费者会增大试验规模，去寻找价格和质量的全部可能组合，这样购买之前的信息不对称就会消失。c_s 增大，消费者就会减少试验规模，信息不对称就会持续。由于在既定质量下，价格的分布具有很大的自相关，c_s 在预期价格中所占比例越大，最佳的试验规模就越小。

价格和质量的组合越是不均匀的，消费者就越难以在既定的试验规模下找到更好的价格质量组合。相反，如果价格和质量的组合高度均匀，即便是很小的试验也会减少信息不对称。消费者一旦认识到在相同的价格下组合都是近乎相同的，最佳的试验规模就是一个。

摆脱静态观点、购买频率是判断信息不对称是否存在的重要方法。如果购买频率与价格质量组合潜在配置的变化比率具有高相关性，消费者对信息的积累就会减少信息不对称。反之，信息不对称可能会无法得以减少。频繁的购买会使消费者成为更有经验的搜寻者，如此，c_s 降低，更大的试验规模就成为有效率的。

如果搜寻成本和期望的购买价格低相关，或者价格和质量的组合分配均匀，又或者购买频率与价格质量组合变化比率高相关，信息不对称都不至于会造成重大的无效率。相反，搜寻成本与期望价格高相关，价格和质量的组合分配很不均匀，购买频率低，信息不对称可能会导致高度的无效率。但是，如果生产者能够将他们的商品通过商标与其他商品区分开来，他们就会有进行广告宣传的动机，这会减少消费者的搜寻成本。当商标难以建立，比如农业产品，零售商就会承担起代理的角色，向消费者宣传商品的价格和质量。由于这种广告能够使消费者很容易检查商品，零售商和企业也愿意通过提供好品牌的商品来维持自己良好的声誉，因此这些广告能够传递准确和有用的信息。声誉可能在电子市场交易中显得尤其重要，因为消费者在购买电子商品之前无法对其进行检查。例如，近期的一项研究发现，在网络商品拍卖中，卖家的声誉对成交价格具有统计显著和正面的影响。[36]

总而言之，对于搜寻商品，信息不对称很少导致重大或持续的无效率，唯一的无效率情形是，消费者放弃商品购买而去选择那些他们从来没有发现利用价值的商品。从公共政策的视角来看，对搜寻商品市场的调控往往很难被证明是有利于提高效率的。

经验商品：初级市场

消费者只有通过购买才能确定经验商品的质量，为了试验，消费者需要付出的成本包括搜寻成本 C_S、商品全价 P^*（购买的价格为质量损失和附加伤害之和）。[37]比如，在一家不熟悉的餐馆购买一顿用餐的商品全价，是购买价格（由菜单的定价决定）和缺陷食品可能对健康造成的损失（从消化不良到中毒）之和。当然，即便附加损失（collateral loss）为零，消费者对于食品的边际价值在购买之前也不能确定。

与搜寻成本恒定的搜寻商品相比，消费者对待昂贵搜寻商品的最佳选择是增加试验规模，但对待昂贵经验商品的最佳选择却应该是减少试验规模。事实上，除了非常昂贵的经验商品之外，我们多试验（等同于购买经验商品的频率）商品的耐用性。例如，试验寻找不好的餐馆比寻找好用的手机要容易。

和搜寻商品相同，经验商品质量的异质性越大，信息不对称造成的潜在无效率就越严重。经验商品的消费，不单单是简单地放弃更好商品的购买。一旦消费揭示了商品的质量，消费者可能会发现商品相比价格提供了更少的边际价值，进而后悔自己购买了该商品，而无论商品是否会带来其他可能的效用。如果消费给买主造成了伤害，商品的边际价值就是负面的。

对经验商品的认知，在有无效率方面存在差异。如果商品的质量是同质和稳定的，对商品的认知就完全是在第一次购买之后——消费者知道自己能从下一次购买中获得多少边际价值，包括商品质量损失和附加伤害。如果商品质量是异质和不稳定的，认知的过程就比较漫长。除非消费者能将商品划分到同质性更高的类别，例如按照商标或者卖家的声誉，这样可以对事后的边际价值更好地进行事前估算。当消费者能够将商品划分到稳定和同质性的类别中，重复试验能够帮助他们发现自己对商品质量不同特性的偏好。例如，具有标准化管理经验和良好声誉的全国汽车连锁店，可以比当地的独立旅店提供更少的服务差异性。

在何种情况下信息性的广告能够在减少信息不对称上发挥重要作用呢？通常来说，当消费者相信卖家为了良好的声誉愿意提供可靠信息时，广告就是有效率的。一个为了创立商标品牌而进行大量投资的卖家会比卖新产品的不知名企业或者卖房和二手手机的个人更有可能提供准确和有用的信息。

当消费者觉察到卖家并不是将维持良好声誉作为唯一的赌注，以及边际成本会随着质量的提高而增加，一个"青柠檬"般的问题（lemon's problem）就出现了：消费者是基于平均质量来认识一个商品的全价的，这使得只有低于平均质量的商品生产商才能赢得利润在市场上生存。[38]极端一点，生产商只能提供低质量的产品。[39]

稳定性是质量的一个重要因子，企业会提供一定的担保，承诺对消费者的重置成本和附加伤害进行补偿。担保为消费者提供了预防低质量的保险，高购买价格其实已经包含了隐藏的保险金，商品质量可能造成的潜在损失得以减少。质量担保可能本身就是不确定的，因为消费者不知道企业是否会遵守它们的诺言。另外，当需要花费很大成本去检测消费者对质量的关心程度时，企业会发现提供大范围的担保是不现实的。但无论如何，质量担保是减少经验商品中信息不对称的一个有效手段。

经验商品：次级市场的作用

生产者和消费者经常需要独立的第三方来纠正信息不对称的问题，为了回应这种需要，兴起的常见市场有鉴定服务、中介商、订阅服务以及质量损失保险等。

鉴定服务确保服务或商品的最低质量标准。专业的鉴定机构经常为它们的成员设定训练或者经历的最低准入标准，例如医药行业中的鉴定师证书（board-certified specialties）。也许更为人们所熟知的是，公平交易局（Better Business Bureau）要求员工不断接受公平商业实践的训练。保险公司的实验室（underwriters laboratories）在给予产品许可印章之前要检测产品的最低防火性能。[40]当这些鉴定服务机构建立起了自己的信用，它们就可以帮助生产者将它们的商品与那些不符合最低质量标准的商品区分开来。

中介商出售的商品往往是有关产品质量、价格和异质性的建议，它们将作为卖主和买主之间中介的实际经验和专业技术结合起来。例如，大部分人不经常买房，而房屋比较昂贵且在质量上具有很大的异质性。由于房屋所有者常常美化自己所居住的房屋，有见地的买主会请工程师或建筑师帮助评估房屋结构的质量。艺术和古董商、珠宝商和一般的承包人也提供类似的服务。

排除不合算交易的方法的多样性，限制了中介商提供同质性的商品——消费者之间也可以很容易地传播和中介商提供的相同的信息。便宜的商品不容易促使消费者产生购买中介建议服务的动机（商品全价也是相同的测量方法——一个人可能因为害怕受到健康损害而愿意去看医生）。对于购买频率很高的商品，中介服务具有较低的吸引力，因为消费者可以依靠自己的经验了解商品质量。

消费者经常依靠朋友或亲属的经历来收集有关品牌商品质量的信息，他们也可能愿意为获得这些商品的书面信息支付一定的价钱。但是这种订阅服务带有一定的公共物品属性，因为不购买书面信息的消费者可以通过询问或借阅他人的杂志搭便车，因此按照经济效率的要求，这类商品可能会出现供应不足的情形（一个典型的例子是，订阅服务商如《消费者报道》指出大量的消费者通过闲逛或使用图书馆来获得相关信息）。

保险商有时会为了减少它们的损失而向消费者提供信息。例如，提供医疗保险的保健组织经常印发小传单提醒会员们潜在的危险和营养产品、晒黑沙龙等不健康商品。急诊保险通过设置一笔资金来化解风险，就如同它们提供诊断信息一样。火灾保险根据设施类型设立资金，它们还经常检查商业资产以提醒业主潜在的火灾隐患。

经验商品：小结

经验商品固有的属性导致了较为严重的信息不对称，次级市场（secondary market）可以通过给消费者提供更多的权威信息来限制无效率的出现。然而，在两种情境下问题依然存在：第一，当商品的质量高度异质性，商标和中介商是无效率的；第二，当质量的分布不稳定，消费者和中介商都难以有效认知商品。在这些限制条件下，就需要公共部门的干预来弥补市场失灵。

后经验商品

消费并不能很好地揭示后经验商品的真实质量。[41]商品质量的不确定性是由于消费者难以确定商品使用和效果之间的因果关系。比如，消费者从来没有想过某种清洁剂可能会导致肝癌发病风险的增加，因为他们没有意料到这种产品还有这样的影响。有时，消费的影响被大大地延迟了，以至于消费者不能将它们与这个商品联系在一起。有一个极端的例子是 DES，这种药物的影响在于：如果一个女性在怀孕期间使用该药物，若此时孕育的是女儿，则该女儿在未来得癌症的可能性增大。另一些药物在它们发生作用之前都有一个延长的期限，比如，年轻的吸烟者，只有等到他们彻底上瘾之后才会迷恋上尼古丁的力量。除了药物，一些医疗服务设施也表现出"后经验"的特征，即病人常常不能清晰地将他们的健康状况与他们所接受的治疗联系起来。

在我们稍早进行的讨论中，后经验商品的消费者，即使是在重复消费之后，对他们所使用的商品也没有充足的了解以对它们的实际价格形成合理的估算。换句话说，相比于经验商品所涉及的风险（可知的偶然事件发生的可能性都是已知的），后经验商品所涉及的风险都是不确定的（意外事故的发生的可能性都是未知的）。同时，后经验商品的重复使用也并不意味着就能对它的风险做出准确的评估。

很明显，大量且持续的无效率的可能性是由于后经验商品比经验商品存在更多的信息不对称，而且，频繁地购买这种后经验商品并不能有效地消除这种信息不对称。相比于经验商品，信息不对称在后经验商品中能持续更长的时间，即便是对于同类的后经验商品也是如此。

谈到私人对于后经验商品主要市场的信息不对称的反应，我们期望的次级市场在提供后经验商品没有在提供经验商品时有效果。尽管如此，次级市场仍能发挥重要的作用。比如，那些由私人提供的关于药物的服务。《药品与医疗通讯》（*The Medical Letter on Drugs and Therapeutics*）是为数不多的靠发行而不是靠广告来负担成本的医疗期刊，它对食品与药品管理局批准的所有药品提供独立的评估。许多医院和保险公司，它们都有自己的处方委员会对药物进行审查。在 1929 年至 1955 年间，美国医疗界进行了一项准入计划，即使在《美国医学协会杂志》

（*The Journal of American Medical Association*）做广告的产品都接受委员会审查。国家处方集和美国药典试图使药品产品批准标准化。当然，其中信息都源自药剂师和医生，他们通常作为药品消费者的代理人。虽然他们的直接观察并不是十分有效，但是他们能决定药品在广告中的声称是否有科学依据。

信息不对称的总结

潜在的无效率主要是由买者和卖者在市场中的信息不对称造成的。有证据表明，互联网市场或者是电子商务市场在某些方面存在着信息不对称的倾向。比如说，消费者不能去触摸或是去感知商品，因此也就不能对它们的质量做出评价。[42] 这种潜在性很少对搜寻商品有用，但是对经验商品和后经验商品却十分有用。然而，这种潜在性被认知的程度很大一部分依赖于公共物品问题是否会阻碍次级市场机制的运行，并妨碍它提供正确的信息。因此，当初级市场的信息不对称伴随次级市场的公共物品问题一起发生时，最可能产生市场失灵问题。

5.5　结论

传统的市场失灵是由于"看不见的手"不能产生帕累托最优。它们表明要通过集体行动来提高市场产出效率是可能的。伴随着对分配价值的追求，它们构成了公共政策最普遍的高级的理论基础。但是，其他存在于竞争框架和真实世界之间的脱节，虽然不那么容易被我们的分析框架包含，也暗示了通过集体行为提高效率的可能。下一章我们要讲述这些分歧，给公共政策提供另一个理论基础。

复习思考题

1. 设想你和两个朋友要住在一间房子里，你们必须决定每个人是要分别买自己的食品然后各自做各自的饭，还是要共同购置食物一起做饭。哪些因素会使你选择集体行动？如果这个小组由三个人变成五个人你还会如此选择吗？

2. 在一个发展中国家中，最大港口城市与人口最多城市之间只有一条铁路，在什么情况下，这个铁路会有自然垄断的特征？

3. 在什么情况下疫苗市场对抑制疾病的传播是无效率的？

4. 假设某个消费者，他不知情时消费表处于他知情时的消费表的下方，说明此种情况下的社会损失。

注释

1. For a seminal discussion of property rights, see Eirik Furubotn and Svetozar Pejovich, "Property Rights an Economic Theory: A Survey of Recent Literature," *Journal of Economic Literature* 10 (4) 1972, 1137–62. For a review of property right issues, see David L. Weimer, ed. , *The Political Economy of Property Rights: Institutional Change and Credibility in the Reform of Centrally Planned Economies* (New York: Cambridge University Press, 1997), 1–19.

2. Yoram Barzel, *Economic Analysis of Property Rights* (New York: Cambridge University Press, 1989).

3. Paul. A. Samuelson, "Diagrammatic Exposition of a Theory of Public Expenditure," *Review of Economics and Statistics* 37 (4) 1955, 350–56.

4. For an interesting discussion and classification of global public goods in health, see Todd Sandler and Daniel G. Arce, "A Conceptual Framework for Understanding Global and Transnational Public Goods for Health," *Fiscal Studies* 23 (2) 2002, 195–222.

5. Mancure Olson, *The Logic of Collective Action* (Cambridge, MA: Harvard University Press, 1973), 43–52.

6. See, for example, Linda Goetz, T. F. Glover, and B. Biswas, "The Effects of Group Size and Income on Contributions to the Corporation for Public Broadcasting," *Public Choice* 77 (20) 1993, 407–14. For a review of the experimental evidence, see Robert C. Mitchell and Richard T. Carson, *Using Surveys to Value Public Goods: The Contingent Valuation Method* (Washington, DC: Resources for the Future, 1989), 133–49.

7. John Ledyard, "Public Goods: A Survey of Experimental Research," in John H. Kagel and Alvin E. Roth, eds. , *The Handbook of Experimental Economics* (Princeton, NJ: Princeton University Press, 1995), 111–94, at p. 121.

8. Douglas D. Davis and Charles A. Holt, *Experimental Economics* (Princeton, NJ: Princeton University Press, 1993), 332–33.

9. Thomas S. McCaleb and Richard E. Wagner, "The Experimental Search for Free Riders: Some Reflections and Observations," *Public Choice*, 47 (3) 1985, 479–90.

10. For an overview of Vickrey, Clarke-Groves, and other demand revelation mechanisms, see Dennis C. Mueller, *Public Choice II* (New York: Cambridge University Press, 1995), 124–34.

11. Other sorts of consumption may be rivalrous. For example, taking water from a river for irrigation is rivalrous—assuming congestion (positive marginal social costs of consumption), the water should be treated as a common property resource (SW2 in Figure 5. 2) rather than as an ambient public good. The same river, however, might be nonrivalrous with respect to its capacity to carry away wastes. See Robert H. Haveman, "Common Property, Congestion, and Environmental Pollution," *Quarterly Journal of Economics* 87 (2), 1973, 278–87.

12. Gary D. Libecap, *Contracting for Property Rights* (New York: Cambridge University Press, 1989); and Elinor Ostrom, *Governing the Commons: the Evolution of Institutions for Collective Action* (New York: Cambridge University Press, 1990).

13. See Michael B. Wallace, "Managing Resources That Are Common Property: From Kathmandu to

Capitol Hill," *Journal of Policy Analysis and Management* 2 (2) 1983, 220-37.

14. For introduction to game theory, see James D. Morrow, *Game Theory for Political Scientists* (Princeton, NJ: Princeton University Press, 1994); and Martin J. Osborne and Ariel Rubenstein, *A Course in Game Theory* (Cambridge, MA: MIT Press, 1994).

15. See, for example, L. G. Anderson, *The Economics of Fishery Management* (Baltimore: Johns Hopkins University Press, 1977).

16. In the case of the buffalo, the opening of the railroad facilitated the hunting and transportation of hides at much lower costs, so that what had previously been a free good became an open access resource. See John Hanner, "Government Response to the Buffalo Hide Trade, 1871—1883," *Journal of Law and Economics* 24 (2) 1981, 239-71.

17. Andrew Dana and John Baden, "The New Resource Economics: Toward an Ideological Synthesis," *Policy Studies Journal* 14 (2) 1985, 233-43.

18. B. Delworth Gardner, "Institutional Impediments to Efficient Water Allocation," *Policy Studies Review* 5 (2) 1985, 353-63; and William Blomquist and Elinor Ostrom, "Institutional Capacity and the Resolution of a Commons Dilemma," *Policy Studies Review* 5 (2) 1985, 283-93.

19. For an analysis of network externalities, see Hal R. Varian, *Intermediate Economics: A Modern Approach* (New York: W. W. Norton, 1999), 606-12.

20. Ronald Coase, "The Problem of Social Cost," *Journal of Law and Economics*, 3 (1) 1960, 1-44.

21. For a conceptual discussion of transaction costs that takes account of bargaining, see Douglas D. Heckathorn and Steven M. Maser, "Bargaining and the Sources of Transaction Costs: the Case of Government Regulation," *Journal of Law, Economics, and Organization* 3 (1) 1987, 69-98.

22. For a discussion of this pint and a general overview of Coase, see Thrainn Eggertsson, *Economic Behavior and Institutions* (New York: Cambridge University Press, 1990), 101-10.

23. Indeed, changes in perperty values provide a basis for empirically estimating the social costs of externalities. For example, with respect to air pollution, see V. Kerry Smith and Ju-Chin Huang, "Can Markets Value Air Quality? A Meta-Analysis of Hedonic Property Value Models," *Journal of Political Economy* 103 (1), 1995, 209-27.

24. Mathematically, if the demand schedule is continuous, the price elasticity of demand at some quantity equals the slope of the demand schedule at that quantity times the ratio of quantity to price. For example, with linear demand schedule, $Q=a-bP$, the slope of the demand schedule (the derivative dQ/dP) is $-b$. Therefore, the price elasticity of demand is $e=-bP/Q$. Note that the elasticity of a linear demand schedule varies with quantity.

25. For an example of a case study that finds that technological change significantly reduced economies of scale and eliminated natural monopoly, see Stephen M. Law and James F. Nolan, "Measuring the Impact of Regulation: A Study of Canadian Basic Cable Television," *Review of Industrial Organization* 21 (3) 2002, 231-49.

26. William J. Baumol, John C. Panzar, and Robert D. Willig, *Contestable Markets and the Theory of Industry Structure* (New York: Harcourt Brace Jovanovich, 1982); and William J. Baumol, "Contestable Markets: An Uprising in the Theory of Industry Structure," *American Economic Review* 72 (1) 1982, 1-15. For a discussion of imperfect contestability, see Steven A. Morrison and Clifford Winston, "Empirical Implications and Tests of the Contestability Hypothesis," *Journal of Law and Economics* 30 (1) 1987, 53-66.

27. For evidence that the U. S. Postal Service, for example, may have few natural monopoly characteristics, see Alan L. Sorkin, *The Economics of the Postal Service* (Lexington, MA: Lexington Books, 1980), chapter 4; and Leonard Waverman, "Pricing Principles: How Should Postal Rates Be Set?" in *Perspective on Postal Services Issues*, Roger Sherman, ed. (Washington, DC: American Enterprise Institute, 1980), 7-26.

28. Kenneth Robinson, "Maximizing the Public Benefits of the AT&T Breakup," *Journal of Policy Analysis and Management* 5 (3) 1986, 572-97. For discussion of technological change that eroded the natural monopoly characteristics of telephone series, see Irwin Manley, *Telecommunications America: Markets without Boundaries* (Westport, CT: Quorum, 1984).

29. For the case against treating any aspects of the electric industry as a natural monopoly, see Robert W. Poole, Jr. , *Unnatural Monopolies: The Case for Deregulating Public Utilities* (Lexington, MA: Lexington Books, 1985).

30. See Harvey J. Leibenstein, *Beyond Economic Man* (Cambridge, MA: Harvard University Press, 1976); and Roger S. Frantz, *X-Efficiency: Theory, Evidence and Applications* (Boston: Kluwer, 1988).

31. For evidence that unions are successful in capturing some of this rent in the presence of monopoly, see Thomas Karier, "Union and Monopoly Power," *Review of Economics and Statistics* 67 (1) 1985, 34-42.

32. The basic analysis was introduced by Sam Peltzman, "An Evaluation of Consumer Protection Legislation: the 1962 Drug Amendments," *Journal of Political Economy* 81 (5) 1973, 1049-91. For a discussion of the empirical problems in using this approach when some consumers overestimate and others underestimate the quality of some good, see Thomas McGuire, Richard Nelson, and Thomas Spavins, " 'An Evaluation of Consumer Protection Legislation: the 1962 Drug Amendments' : A Comment," *Journal of Political Economy* 83 (3) 1975, 655-61.

33. The distinction between search and experience goods was introduced by Philip Nelson, "Information and Consumer Behavior," *Journal of Political Economy* 78 (2) 1970, 311-29.

34. See Aidan R. Vining and David L. Weimer, "Information Asymmetry Favoring Sellers: A Policy Framework," *Policy Sciences* 21 (4) 1988, 281-303.

35. A formal specification of the concept of full price is provided by Walter Oi, "The Economics of Product Safety," *Bell Journal of Economics and Management Science* 4 (1) 1973, 3-28. He considers the situation in which a consumer buys X units of a good at price P per unit. If the probability that any one unit is defective is $1-q$, then, on average, the consumer expects $Z=qX$ good units. If each bad unit inflicts, on average, damage equal to W, then the expected total cost of purchase is $C=PX+W\ (X-Z)$, which implies a full price per good unit of $P^* =C/Z=P/q+W\ (1-q)/q$.

36. Mikhail I. Melnik and James Alm, "Does a Seller's Ecommerce Reputation Matter? Evidence from Ebay Auction," *Journal of Industrial Economics* 50 (3) 2002, 337-49.

37. In our discussion of information asymmetry, we assume that consumers cannot sue producers for damages (in other words, they do not enjoy a property right to safety.) As we discuss in chapter 10 under "framework regulation," tort and contract law often reduce the inefficiency of information asymmetry by deterring parties from withholding relevant information in market transaction.

38. The "lemons" argument originated with George Akerlof, "The Market for Lemons," *Quarterly Journal of Economics* 84 (3) 1970, 488-500.

39. Economists have recently considered the role of expenditures to establish reputation as a means for high-quality producers to distinguish themselves. See, for instance, Benjamin Klein and Keith B. Leffler, "The Role of Market Forces in Assuring Contractual Performance," *Journal of Political Economy* 89 (4) 1981, 615−41; and Paul Milgrom and John Roberts, "Price and Advertising signals of Product Quality," *Journal of Political Economy* 94 (4) 1986, 796−821.

40. For an overview of private organizations that set quality standards, see Ross E. Cheit, *Setting Safety Standards: Regulation in the Public and Private Sectors* (Berkeley: University of California Press, 1990).

41. Our category of post-experience goods shares characteristics with Arrow's "trust goods" and captures Darby and Kami's "credence qualities." Kenneth J. Arrow, "Uncertainty and the Welfare Economics of Medical Care," *American Economic Review* 53 (5) 1963, 941−73; and Michael R. Darby and Edi Kami, "Free Competition and the Optimal Amount of Fraud," *Journal of Law and Economics* 16 (1) 1973, 67−88.

42. For discussions of this issue, see Severin Borenstein and Garth Saloner, "Economics and Electronic Commerce," *Journal of Economic Perspectives* 15 (1) 2001, 3−12; and James V. Koch and Richard J. Cebula, "Price, Quality, and Service on the Internet: Sense and Nonsense," *Contemporary Economic Policy* 20 (1) 2002, 25−37.

第 6 章

公共政策原理：竞争体制的其他限制

尽管四种传统的市场失灵——公共物品、外部性、自然垄断和信息不对称——违背了理想的市场竞争模型，我们依然可以用生产者与消费者剩余这一基本理论来解释它们的效果。但是我们不能太过简单地运用微观经济学的标准工具分析对竞争性模型中的其他因素放宽假设之后的结果，而这绝不是贬低它们的重要性。它们经常被用作政策分析的基本理性原理，尽管有时效果并不怎么明显。

首先，我们来分析竞争性模型的两种最基本的假设——市场参与者的行为具有竞争性，以及视个人偏好为稳定的、外生的、完全理性的。然后我们放宽这一竞争性模型的基本假设，将它们扩展到一个不确定的、多周期的领域。接下来，我们考虑这样一种假设，它使得市场经济从一种均衡零成本地转向另一种均衡。最后，我们简要地阐述了宏观经济政策在管理经济活动中的作用。

6.1 稀薄市场：卖主稀少或买主稀少

当市场参与者的个人决定影响不了市场价格时，他们的市场行为就具有竞争性。换句话说，他们视价格为既定的。如果没有一个卖主在供给量中占有明显的份额，并且没有一个买主在需求量中占有明显的份额，那么我们就可以合理地假定市场行为具有竞争性，而当市场中有许多的买主和卖主时，情况往往就是如此。在稀薄市场（thin market）中，不是卖主稀少就是买主稀少，这种不完全竞争能导致价格偏离竞争性模式下的均衡价格，从而使得产品投入和商品配置的帕累托无效（Pareto-inefficient）。

前面我们已经谈到了非竞争性行为的一个重要例子——自然垄断。在自然垄断的情况下，相应需求范围内平均成本的降低将导致超过一家公司的供给变得无效。然而单就一家公司而言，如果允许它最大化其利润，它就会从经济效率的角度考虑，生产过少的产品。如果有家企业是市场上的唯一供给者，那么无论这家企业是否是自然垄断者，它都至少能暂时控制垄断租金。然而，这种垄断租金将吸引别的企业进入市场。[1]除非技术、成本或其他壁垒阻碍新企业进入市场，否则这种垄断最终将失去其定价与控制租金的能力。

非竞争性行为也可以出现在市场的需求方面。在完全的买方垄断中，唯一的买主面对的是供给者之间的充分竞争，因而能通过选择购买标准来影响价格。当供给方面不缺乏竞争力时，这个买方垄断者则可以得到一部分本可能会分给供给者的租金。然而，与无垄断力量作用的市场相比，上述情况的最终租金分配并不必然会显得更有效率。

寡头垄断（oligopoly）是介于完全竞争与垄断之间的情况。在某个寡头垄断产业中，两家或几家企业在产出量上占据了很大的部分（一个通用的经验法则是，当"四企业"集中比例——四家主要企业在该行业销售中所占的百分比——达到 40%时，这些企业便开始意识到相互间的依赖[2]）。人们认为寡头垄断往往会导致垄断定价，它们通过共谋的协议限制产出［组成卡特尔（cartelization）］或开展恶性竞争将其他企业逐出该产业以维持其实际垄断地位。而这一观点大大刺激了反托拉斯法（antitrust law）的制定。要全面评价反托拉斯政策，则需要我们具体地评论各种寡头垄断模型——而这项任务超出了本书涉及的范围。[3]就本书的写作目的而言，能认识到不完全竞争经常作为公共干预的原理基础就足够了。

6.2　偏好的来源及其可接受性

在基本竞争模型中，我们假定每个人都有固定的效用函数（utility function），它将他或她的消费可能性反映为某种快乐指数（index of happiness）。至于这种效用函数是如何产生的，我们不作任何假设，只是假定它仅仅取决于最终的商品消费数量。然而，效用函数所显示的偏好必定有源可循。要么人们天生就充分发展了各自的偏好，要么这些偏好是在社会参与过程中形成的。[3]在后一种情况中，偏好要么是在一种完全独立于一切经济交易的活动范围内产生的，要么就违背固定偏好这一假设，而这些取决于在经济领域内所发生的一切。

内生的偏好

一直以来，偏好可以发生变化这一看法都是公共政策的基础观点。这一具体理念通常包含这样的观点，即如果缺乏指导或纠正，某些人可能会习惯于作出给他人增加成本的行为。也就是说，有些偏好会产生负的外部性影响。例如全民教育政策是作为除家庭和社区外，培养人们价值观的一种补充。再如劳改政策（criminal rehabilitation），它试图转变一些罪犯想伤害他人的意愿。而这恰恰反映了偏好的外部性影响。虽然目前一些教育政策和劳改项目在其原定设想的基础上实现得并不尽如人意，然而无论如何，我们仍然坚信这些公共努力即便在实践上不见得总是有效，但在理论上还是站得住脚的。

关于商业广告的社会意义的辩论往往也涉及偏好的稳定性问题。广告是否真的能改变个人偏好？抑或说它只是提供了信息，以帮助人们将所获得的商品与自己的偏好更好地相匹配呢？如果广告真的改变了偏好，那么我们就可以想象到商业广告导致经济低效的情况。例如，在保持其他消费和收入恒定的情况下，如果广告使我确信自己现在还额外需要一台数码相机以维持快乐指数，那么事实上我的情况已经因这个广告变得更糟糕了。进一步说，数码相机制造商的收益不可能大到足以弥补因广告产生的损失，即使是得到了潜在的帕累托改进。

广告是否真的能改变偏好？经济学家一度认为，经验证据表明了广告主要是对不同品牌商品的市场份额产生影响，而不是需求总量。[5]然而最近的一些经验数据显示，广告的确对商品需求量产生了影响，比如烟酒行业，而这些与公共政策有着一定的联系。[6]然而，甚至在那些广告增加了市场需求的实例中，我们还是缺乏经验基础以清楚地区分行为是因获得更优的选择还是由偏好的变化所导致的。而只有后者才潜在地涉及经济低效。

偏好发生变化也可能是消费可上瘾商品的结果。例如，反复消费可卡因和烟草可能导致产生生理依赖性，从而提高了这些商品在效用函数中的相对重要性。那些没能完全意识到依赖后果的人们就可能过量消费，以至于对他们未来的幸福造成了破坏。在某种意义上，我们遇上了之前讨论过的信息不对称中的一种情况。可上瘾物品是一种后体验商品，或许带有不可逆的后果——换句话说，这种商品使得人的效用函数发生变化。[7]因此，公共干预至少可以带来帕累托改进的可能性。[8]

效用的相互依存：利他偏好

抛开偏好是如何产生的这一问题不谈，接下来我们需要面对的是放宽基本假设的影响，我们假设个人效用仅仅取决于自己的消费情况。我们将这种偏好称为利己主义（self-regarding）。但是除此之外，我们大多数人确实会关心至少一些人的消费，从某种意义上说，我们大部分人也是利他主义者（other-regarding）——我们把礼物送给认识的人或者向慈善机构捐赠以帮助那些不认识的人。这种利他行为在家庭范围内表现得最为明显。典型的例子是父母非常关心孩子们的消费物品。我们可以通过以家庭（而不是个人）作为消费单位把这种效用的相互依存运用在竞争性模型中。只要我们愿意将家庭视为一个具有能适当反映其成员偏好的效用函数的单位，那么竞争性均衡在经济上将会是有效的。然而遗憾的是，父母并不总是能够胜任他们的角色。例如，在儿童受虐待案例中，大多数人会同意公共干预是正当的，因为它确保了在物品分配中（尤其包括安全）儿童的效用得到充分的考虑。

当效用不但取决于个人所消费商品的绝对量，而且还取决于相对量时，相互依存性在概念上就引起了更大的困难。[9]在基本竞争性模型中，在不减少其他任何人可获商品数量的前提下，提高某一人可获商品数量是一种有效的帕累托再分配（Pareto-efficient redistribution）。然而，如果一些人考虑的是自己相对的消费份额，这种再分配有可能就不是帕累托改进了。打个比方，如果你的快乐在某种程度上取决于自己的收入比你姐夫高，那么当你姐夫得到加薪后的薪水超过你时，你会感觉自己的境况变糟糕了，即便你的消费潜力并没有改变。毫无疑问，许多人或多或少都在意自己在同事、朋友或其他参照团体中的相对地位，然而，这种相互依存性对竞争性经济的经济效益的影响至今仍是不清楚的。抛开其他因素的考虑，可以说，基于相对消费水平的偏好束缚了对帕累托原则简单直白的诠释。

感知公平：过程型偏好

人们的偏好在某些重要方面上可能是利他主义的，除此之外，他们也有可能偏好于过程。[10]经常情况下，人们不仅关心物资分配的结果，而且重视这种分配结果是如何产生的。例如，无论是等着接受器官移植的患者还是普通人，他们都可能偏好于器官配置的依据是按照医学标准而不是社会地位。包括博弈论在内的各种实验表明了注重过程型偏好（process-regarding preferences）的存在。[11]在博弈游戏中，一个游戏者负责分配一定数额的钱，另一个可以选择接受其分配建议或者拒绝。因为选择拒绝分配会导致建议者和拒绝者得到的都是零报酬的结果。所以，如果这两个游戏者都是利己主义者并且不愿意以后再有互动，那么要想达到预期的均衡，建议者应给对方提供尽可能小的乐观数额，然后另一个游戏者接受其分配建议。然而实际上，建议者往往会给对方提供仅比最小数额多一点的钱，而如果这数额是很小的份额，另一个会拒绝接受。遗憾的是，在这些试验中，尤其是对大学生的试验，所涉及的利益往往比较低。这就给公众留下了问题：当注重过程的偏好战胜不了自己的利己主义偏好时，情况会是如何。例如，当你从 10 美元中只能得到 1美元时，你可能宁愿拒绝这种分配结果；而当你可以从 10 000 美元中获得 1 000 美元时，你可能就不会选择拒绝了。

在公共政策的应用中，一些证据表明了有关过程型偏好的存在。例如，在关于瑞士居民对瑞士核废料库选址的态度研究项目中，调查发现，除了考虑经济影响和风险，调查对象对选址规则可接受性的看法影响了他们对核废料库选址在自己家乡附近的意愿。[12]因而，感知公平对接受性起了主要的决定性作用。

偏好的合法性

这一部分我们将讨论有关偏好的一个重要的常规问题：是否所有的偏好都同样具有合法性？[13] 在竞争性模型中，我们将所有的偏好都视为合法的、所有的消费者都是自主的。但是，站在社会这一视角来看，几乎所有的人都认为那些会产生直接伤害他人行为的偏好不应该是合法的。例如，刑法禁止我们对他人进行人身攻击以此发泄自己对他们的怨气。当然，我们完全可以把它当作禁止直接违背帕累托原则的强买强卖。

但是我们的法律和习俗同时也禁止其他一些偏好的行为，这些行为似乎并不会对他人造成直接伤害。例如，一些人乐于和动物发生性交，这种活动如果是私下里与自养的动物进行，那么它似乎并不会直接影响他人的效用。但是，为什么说禁止这种人兽性交行为不是帕累托无效呢？虽然理由可能并不怎么成立，但是在大多数社会中，舆论一致表示赞成这份禁令。有时我们还认可这份禁令的外部性影响，它们似乎证明了这份禁令的合理。例如，一些理论解释了限制卖淫的合理性，这些理论解释包括限制卖淫防止几种外部性影响的发生：家庭稳定性的破坏、皮条客对妓女的利用以及性疾病的传播。而性疾病的传播和家庭稳定性的破坏或许也和禁止人兽性交有一定的关联。然而这些禁令也许在很大程度上是依据人们对侵犯人类尊严的行为所达成的共识。当然，即便承认了这种行为是不合理的，关于公共限制或私人劝告哪个更为恰当这一问题仍然存在着。

偏好问题小结

在现实世界中，偏好并不像竞争性模型所假设的那样稳定和简单。另一方面，这种妨碍经济达到帕累托最优的偏离程度也并不明晰。此外，尽管我们已经认识到标准假设的局限，不过由于对偏好理解的相对有限，我们还需谨慎使用感性问题去证明公共政策的正当性。

6.3 不确定性问题

无须碰到很大的概念困难，我们就能将基本竞争模型扩展到多重周期和不确定性的整合范围。与假设人们的效用函数取决于特定时期内完全确定的物品消费不同，我们假定人们拥有所有时期所有商品的效用函数，并且覆盖了所有可能发生的意外。事实上，我们仅仅是根据消费时间、"自然状态"（state of nature）（或偶然性）以及物理特征来区分商品。例如，在一个两周期的时间内（今年和明年），可能发生两种可能情况（大雪和小雪），像可租用的越野雪橇这样的实物商品会以四种不同的形式参与消费者的效用函数衡量：今年雪小、今年雪大、明年雪小、明年雪大这四种情况下分别宜用的雪橇。一个重要假设是，所有这些商品在第一个时间周期开始时就存在有效市场（efficient market），在假设条件成立下，最终的商品均衡分配将达到帕累托最优。[14]

保险的可获得性

假设所有商品在覆盖一切意外的情况下存在有效市场，这意味着消费者必须有可能购买到精算公平的保险使得现实中无论发生怎样的自然状态，个人效用始终保持不变。当保险费恰恰和预期赔付相当时，这种保险是精算公平的。当然，为了得知预期赔付，人们必须了解每种意外事件的发生概率以及相应的赔偿金。用标准术语来讲，风险所涉及的是确定发生概率的意外事件，而不确定性（uncertainty）则是指未知概率的意外事件。

现实生活中是否存在有效且完备的保险市场呢？当然，为了支付管理成本，保险公司的例行要价不得不超过精算公平的价格。然而更重要的是，能够以近似于精算公平价（actuarially fair price）受保的意外事件范围受到了两组因素的限制：意外事件本身的特性和对可获得保险的行为反应。为了精确算出公平价格，保险公司必须知道所覆盖的各个意外事件的发生概率。最普通的意外事故保险类型针对的是那些频繁发生以至于凭经验就能可靠地估算出其发生概率的事件。例如，通过观察大量司机的事故记录，保险公司可以相当准确地估计出概率，即下一年满足某些特点的人（例如性别、年龄、开车环境等）可能发生交通事故。然而，在像大地震这样的发生概率低的意外事件中，这种经验式估算（experience rating）几乎是不可能的，或者说至少是不精确的。因此，保险公司也难以就这些罕见事件提供精确的公平保险价格。进一步说，保险公司提供的保险费用极有可能包括一项风险金，它是在估算的统计公平价格之上额外增加的数目，这反映出公司对意外事件的概率估算缺乏信心。

由于整合后存在一定的集体或社会风险，个人风险不再具有独立性，这就同样需要增加超出精算公平价的额外费用。[15]假设任何一位投保人发生事故的概率与其他也发生事故的投保人的概率没有联系，这种假设用在汽车事故中是合理的。那么，随着投保人数量的增加，即便总损失的方差增加，每位投保客户平均损失的方差却在下降，因而每位投保客户需要付的风险金就减少了。[16]人们通常所说的大数定律（law of large numbers），即观察到的事故发生频率与潜在概率一致，在个人概率并不相互独立的情况下是不成立的。当个人意外事故发生概率缺乏独立性时，保险公司为预防任一时期的损失大大超出了预期损失，会要求更高的保险费用。例如，假设所有的投保人都居住在同一河谷中，那么洪水引发个人损失的概率显然不是独立的——保险公司为防止连年洪涝造成破产就必须持有大量储备。然而为了建立这样庞大的储备，保险公司不得不将其保险费用提高到实际公平价格之上。

除极其特殊情况外，保险公司通常能够通过多种经营方式减轻社会风险。例如，保险公司也许可以将保险范围扩展到多个不同的涝原。当地理多样性不可行时，保险公司也可能将风险转移到再保险人身上，他们认为该风险损失与其他风险类型可互相抵消。如果该风险的损失可能性与其他持有的风险是负相关的，那么再保险人的总风险就会降低。然而一些社会风险，如核战争或因温室效应（greenhouse effect）导致的极地冰川融化，涉及相当大且广泛的负面影响，这使得保险公司的多元化经营并不可行。

不完善的保险市场：逆向选择、道德风险和投保不足

接下来我们转向讨论对可获得保险的行为反应这一话题，我们考虑了逆向选择、道德风险和对不可替代物品的投保不足这三种情况。

在讨论商品市场中信息不对称时，我们已经提到了（商品的）逆向选择（adverse selection）这一概念。在保险行业中，它与被保个人有关，当保险公司无法不费成本地按风险类型将潜在保险客户归类时，逆向选择往往就发生了——因此它涉及人们有时所称的隐藏信息（hidden information）。每一风险类型中，一些人的风险概率会高于或者低于平均概率。高于平均概率的那些人趋向于认为这类保险很有吸引力；而低于平均概率的那些人则不然。当更多的前一类人购买保险而后一类中越来越少的人选择购买时，该事故的平均发生概率必定会上升。反过来这又使保险费用高于该投保团体总的精算公平水平。最终，只有那些风险概率最高的人们才选择继续投保。保险公司有时会通过向公司雇员这类的团体提供套装保险来限制逆向选择的发生，对这些雇员而言，保险是整个团体唯一的吸引力。然而一般说来，信息不对称容易使得许多类型的保险费用远远高于精算公平水平。[17] 而公共保险项目的原理之一正是通过强制实施避免逆向选择。

道德风险（moral hazard）是指投保人积极预防损失赔偿费发生的动力减小了。[18] 如果全面受保，投保人花在预防损失上的资源要比没有投保时少，从而使得自己境况变得更佳，而社会总体情况可能会变差。[19] 保险公司的监管成本越高，投保人预防损失的实际行为就越可能越少——这种情况有时被称为行为隐藏问题。为了限制道德风险的发生，保险公司经常试着通过共同支付的形式要求投保人自己承担所受损失的一部分。

一些意外事故中涉及无法被其他物品精确复制的物品，而人们可能对这类不可替代物品的损失投保不足。对于许多看似合理的效用函数而言，理性经济人只希望所购买的精算公平的保险费用刚好补偿其损失的金钱部分。[20] 因此，在一个充满了诸如健康的身体、深爱的伴侣和独一无二的艺术作品之类的不可替代物品的世界中，人们并不必然会选择购买足够的保险，使得个人效用在所有事件的可能发生下依然保持不变。当然，鉴于先前讨论过的经验式估算和道德风险问题，无论如何保险公司都不愿意为一切不可替代物品提供精算公平的保险费用。例如，如果你声称一旦自己的狗死于料想过的意外，就要得到100万美元来全面补偿自己，那么保险公司就可能会考虑道德风险的危险。

对风险的主观感受

到现在为止我们一直假定，人们在涉及风险的情况中能有效地评估并运用信息，最终做出理性的决定。然而，一项研究认知心理学（cognitive psychology）和经济学的大型实验表明，人们在进行概率估算时容易出现几类错误。[21]在复杂世界中，为了经济地处理各种大量的信息，人们倾向于运用探索法（heuristics）（经验法则），这种法则有时会带来正确的决定，但无论如何都会产生偏差。例如，经常有这样的情况发生：人们凭借记忆中的实例或事件轻易地估算出事件发生的概率。[22]然而，脑海中的记忆取决于诸如事件的个人特征之类的大量因素，因而容易产生有关概率估计的系统偏差。例如，在一项关于洪水和地震灾害保险的研究中，霍华德·昆鲁瑟（Howard Kunreuther）及其同事们发现，辨别投保人（purchasers）和非投保人（nonpurchasers）一个最为重要的因素，是看他们是否认识那些遭受过洪灾或地震灾害的人。[23]

经济学家对运用预期效用假说来预测个人行为的这一做法越来越不满，这也对我们关于人们做出风险选择的理解提出了质疑，从而在某种程度上动摇了我们对个人在风险面前理性行为的信心。[24]根据预期效用假说，人们在可选行为中进行选择，使得在每一可能发生的事件下经概率加权的效用总和最大化。例如，如果个人效用 $U(w)$ 仅仅取决于他的财富 (w)，而且其财富等于 w_A 的概率为 p，等于 w_B 的概率为 $(1-p)$，那么他的预期效用就是户 $pU(w_A)+(1-p)U(w_B)$。预期效用假说适用于竞争性模型，且在对个人风险反应的经济分析中处于核心地位。实验室实验已经证明了几种似乎违背了预期效用假说的情况存在。比如说，虽然个人往往低估相当罕见事件的发生概率，但是他们对它们发生概率的微小变化特别敏感，这些罕见事件与预期效用假说有关的预测有关。[25]这些发现引导认知心理学家和经济学家们开始探究不确定性情况其他可能的行为模式。[26]迄今为止，关于经济效率评价的代用模式的全部意义依然模糊。

与理性决策相关的更为普遍的问题

在讨论不确定性问题时，我们粗略谈及了在人们认识风险的方式中出现的决策问题和判断偏差。但风险认知（risk perception）并不是能使个人行为悖于经典效用理论中原则的唯一背景。大量的实验证据表明，人们关于得失的评价大相径庭。

这些评价差异构成了展望理论（prospect theory）的基础，这一理论由丹尼尔·康尼曼（Daniel Kahneman）和埃莫斯·特沃斯基（Amos Tversky）提出。这一理论指出，个人行为通过以下几种系统方式偏离预期的效用最大化：他们以参照点为依据评价收益及损失，而该参照点反过来又是建立在以对现状的某种看法基础之上的［因此我们有时称其为现状影响（status que effect），或者更广泛的说法是禀赋影响（endowment effect）］。[27]此外，比起收益，他更看重损失——个人损失和收益以相同规模同时出现时，会导致自己的境况变差。在风险选择背景之下，人们规避收益风险而寻求损失风险。他们宁愿选择确定了的较少收益而不要较可能的较多收益，尽管两者的预期收益值相等。但是同样的预期收益值相等的情况下，他们表现出损失规避，宁愿选择可能的较大损失而不要确定的较小损失。

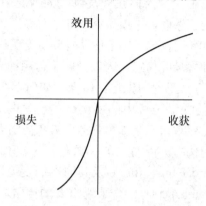

图 6—1　解释损失规避的效用函数

损失规避不符合竞争体制下的标准模式。它会给公共政策造成多大程度的问题？答案之一是它不会带来问题——只是个人对损失的重视程度高于收益，即便它与简单的效用最大化模型不一致，但也并非不合理。然而遗憾的是，许多公共政策问题可以被框定为一种损失或收益，在第 8 章讨论的政治辞令中尤其如此。但是，与我们所讨论的市场失灵最相关的是，收益与损失之间的不对称性破坏了科斯定理（第 5 章）的有效性，甚至是在成员很少的情况下。

一般来讲，行为经济学试图将感知心理学的发现运用于经济行为模式。[28] 例如，根据标准的经济学方法衡量，在公司储蓄计划中，那些要求员工通过"选择参加"（断然决定参加）决定参与人员与那些要求员工"决定退出"（断然决定退出）决定参与人员之间的参与率并没有多大的区别。然而，经验数据强有力地表明，在鼓励员工选择参加公司储蓄的情况下员工的参与率更高。[29]

不确定问题小结

通过观察保险市场以及个人对风险的反应，我们发现，在不确定性情况下，公共政策具有提高经济效益的潜力。例如，当个人对风险的评估出现重大的系统错误时，公共评估（public assessment）或许是一种适当的回应。而且当个人投保范围相当有限时，公共保险（public insurance）也许是合理的。然而，在我们更好地认识现实情况中个人如何处理不确定性问题之前，我们对不确定情况中经济效率的评估本身也是不确定的。

6.4　跨期分配：市场是否短视？

正如我们之前提出的，竞争性模型可以延伸到跨期分配（intertemporal allocation）物品的领域。如果我们假设能够在现期签订关于未来所有时期商品的生产和交货的合同（换句话说，所有商品都存在着远期市场），那么竞争性均衡将会是帕累托最优。[30] 在跨时期背景下，一个单位的"价格"是时间偏好的社会边际比率（social marginal rate of time preference）。在该比率下人们在当前消费和未来消费的交换上持中立态度。例如，如果人们认为，放弃当前一个单位的消费以在明年获得额外的 1.06 个单位的消费，与放弃明年 1.06 个单位的消费以在今年获得额外的一个单位的消费，这两者之间没有什么差别，那就表明其时间偏好边际比率为 0.06。在理想竞争均衡中，时间偏好的社会边际比率将等于人们据此借贷的市场利率。

为了弄清在均衡状态下为什么时间偏好的社会比率和市场利率一定相等，我们可以想象当某人的时间偏好比率小于或大于市场利率时，将会出现什么情况？如果是小于（比如说时间偏好比率是 0.06，而市场利率为 0.08），那么在当前按市场利率放弃一个单位的消费，到第二年将得到额外的 1.08 个单位的消费，它大于为保持消费者境况与时间再分配前的水平一样所需的 1.06 个单位。通过不断地将当前消费转化为未来消费，可以改善自己的消费境况，直至其时间偏好比率上升到市场利率的水平且不可能会有进一步获益。如果市场利率低于消费者的时间偏好比率，那么消费者可以通过借款来改善自身境况，直至其时间偏好比率降到市场利率的水平为止。

资本市场

市场利率的决定因素是什么？在均衡状态下，借款需求必须与贷款供给刚好相等。由此产生的利率即为资本市场的价格。当然，现实生活中组成资本市场的金融机构通过提供高于借款需求的贷款利率来支付其管理成本。对于风险较大的贷款，它们可能还要求收取保险费。

和竞争性均衡的理论有效性取决于是否存在容纳不确定因素的完全保险市场一样，它取决于是否存在容纳跨期配置的完整的或者是完美的资本市场。完美的资本市场允许任何人通过借款将未来的收益转变为当前消费。但在现实中，贷方预期到道德风险的可能，会极大地减少人们实际上可以用未来收益相抵而借到的金额。一些借方借了占收入很大份额的金额，他们意识到无债状态下自己的劳动净回报会比借款情况下少，因而他们可能会试图降低自己的工作努力程度。由于当前禁止奴隶制近乎世界化的普及以及大多数国家中存在破产法，借方无法令贷方确信自己在借款后仍会全力地工作。因此，至少从劳动收入角度上看，资本市场显得并不那么完美。在不完美的资本市场背景下，我们起码可以相信一些公共政策，如教育贷款的保证，可能是合乎情理的。

在更基础的层面上分析，资本市场是否能为后代带来合理的储蓄和投资水平，学者们为此已经争论了很久。[31] 没有人可以长生不老。那么，我们如何去确定当前消费者的决定充分考虑到那些尚未出生的人无法表达的偏好呢？一种回答是对代际交替（generations overlap）的认可。我们中的大多数人会在经济决策过程中考虑子孙的福利，并希望他们比自己长命。大多数人不会试图把所有资源在突然死亡前挥霍一空，而是计划至少将一部分储蓄遗赠给家庭或者慈善机构。甚至即便我们没有刻意计划遗留尚未消费的财富时，我们也可能因过早去世而无意识地这样去做。

不论是有意还是无意的遗赠，大多数社会盛行市场正利率。一些哲学家和经济学家反对在常规基础上将市场正利率视为恰当的时间偏好的社会边际比率。[32]他们认为，除了零比率外，没有一种时间偏好的社会边际比率存在伦理基础；换句话说，他们认为，从社会的角度看，未来某个人的消费应该获得与当前某个人的消费同样的重视。这意味着任何一项可以带来正回报率的投资，无论大小，都应被采纳。由于竞争经济要求投资回报率至少与利率一样高，学者们往往提倡那些能促进投资增长的公共政策。

投资不足（underinvestment）的观点似乎忽略了代际间资本转移的合法性。净投资增加了资本的可用量。当然，大多数形式的资本确实会因时间的转移而贬值。例如，一座桥需要得到不断的维护以保证其安全性，而最终可能不得不被废弃或者重建。但是不会贬值的知识或许是资本存量中最重要的。技术的进步不仅增加了当前的生产选择，而且对未来也产生同样的作用。遗赠有助于解释在像美国这样的一些主要依靠私人投资的国家中连续世代财富增长的现象。因此，如果包括知识在内的无形资产的总资本存量有希望在将来不断增长，投资不足的观点将失去说服力。

投资不足论（或现有财富的过度消费）的一种变型观点受到了人们特别的关注。它涉及诸如动物物种、野地和化石燃料等自然资源的不可逆消费。当一种动物绝迹了，后代就永远失去了它们。同样的道理，在今天消费了的化石燃料无法在明天再被消费。尽管从技术上说已开发的野地可以得到恢复，但是这样做的成本会令它难以实行。那么，市场能否为后代储存足够的资源呢？

对于这些具有作为投入要素而非最终商品的价值的资源来说，答案几乎是完全肯定的，如化石燃料这些资源。只要产权受到保护，所有者会保留部分资源，因为他意识到未来资源将发生稀缺性，而这种稀缺性又将抬高资源的价格。[33]当更高的价格出现时，替代品将在经济上可行。尽管遥远未来的后代将消费更少的化石燃料，但毫无疑问的是，他们能从替代资源中生产能量，并更加有效地利用这些能量生产最终产品。因此，我们没有特别的理由去相信关于为后代保留多少资源的集体决策可以优于私人市场配置。

我们对市场力量是否存在足够的力度去保护本身属于独特物品的资源，如野地和动物物种，提出更多的怀疑。当所有者拥有确定的产权并预期能把资源作为一种私人物品在将来卖出时，其关于资源开发程度的决策一定是建立在自己对未来需求的估计这一基础之上的。但这种情况只发生在市场机制清晰反映出市场需求的时候。自然区域常常不是这种情况，即便资源可能存在排他性。这是因为对于那些愿意花费成本保护当地资源以维护将来某些时候游览该地的特权的人而言，他们的投资通常无法得到保护。对于那些目前不使用某种资源的人来讲，他们因将来的使用可能性，愿意帮助维护资源，这种意愿被称为选择需求（option demand）；为保证后代的使用或资源的内在价值，他们愿意付出一些代价保护资源，这种意愿被称为存在价值（existence value）。[34] 如果满足竞争性模型中的标准假设，即所有者期望最大化其预期利润值，那么从社会角度看，他们可能会过度开发这类资源。[35] 这是因为当所有者可以获得更多关于未来需求的信息，进而得到更多关于开发的机会成本的信息时，他可能会因恢复这类独特资产的不可行性而选择加大开发的范围，而不是缩小它。因为开发不足的错误是可以纠正的；开发过度的错误却无法弥补。从社会的角度分析，慢速开发（slower development）可以减少因不恰当开发而永远失去受保护的买卖特权这一风险，这多少具有合理性。[36]

最后一点我们将在收益—成本分析（benefit-cost analysis）章节中更为全面地阐述，它强调的是将市场利率理解为时间偏好的社会边际比率的正确性，即使我们之后在比较当前和未来消费时将其承认为适当的。贷方通常对较高风险的投资收取更多的利率。但是当我们仔细分析全套投资项目时便可发现，其总风险要比任何一项个人计划所承担的风险低得多，这是因为致使某些项目失败的环境往往有利于另一些计划的成功。例如，低能源价格不利于合成燃料工厂的投资，但可能使得那些远途运输的休闲娱乐设施成为一种不错的投资。因而，市场利率倾向于超过时间偏好的社会比率，这只能反映出社会风险而反映不了贷方个人的风险。尽管这个问题是由公共政策引起而非市场内在存有的，但是有一个二者共同引入的起因：利润税（taxes on profits）。不管是出于何种理由，如果市场利率高于时间偏好的社会比率，私人投资就无法达到经济有效水平。

跨期分配问题小结

总而言之，对资本市场效率的特殊保留以及对给予后代偏好充分重视的广泛关注，似乎可以为以改进资源和商品跨期分配为目的的公共政策提供合理的理论基础。

6.5　调整成本

竞争性模型是静态的。在一套有关效用、生产函数（production function）和生产要素的既定假设中，物品投入和商品输出成为唯一的配置要素，构成一种均衡。换句话说，在现行价格基础上，没有消费者能通过改变商品消费量来改善自己的境况，也没有企业可以通过转变投入组合或提高产量来增加自己的利润。一旦其中任何一种假设发生了变化，就会出现一种新的均衡分配。我们可以通过比较两种均衡中的配置（经济学家称之为比较静态分析）来分析效益的变化。然而在比较过程中，我们往往默认经济从一种均衡转到另一种均衡的经济成本为零。

现实生活中，市场经济绝不会是静态的。收入的变化、新产品的引进、劳动力的增加和资本存量、丰收或歉收以及大量其他因素迫使市场经济为达到有效分配不断进行调整。多数情况下，只要价格能根据供给和需求的变化而自由移动，调整过程就为零成本：人们调整自己的消费使得个人效用最大化，企业会根据新的价格调整要素投入使得自己的利润最大化。一些人的境况可能会因新的分配模式而变糟，但是这将充分体现在再分配前后的社会剩余的比较中。例如，一种流行病造成雏鸡的大量死亡，推动了鸡蛋价格的提高，那么在其他条件不变时，它使得鸡蛋的消费者境况变得糟糕。而鸡蛋市场所估测的消费者剩余损失同他们所遭受的福利减少量近乎相同。

如果价格的自由移动因制度或心理因素受到限制，即价格是黏性（sticky）的，那么上述情景就会发生变化了。价格变动的受限阻碍了市场经济正好达到新的帕累托最优均衡。其结果是，在新旧均衡比较中人们可能会高估社会剩余收益，而低估社会剩余损失。所需的调整越大，价格越刚性，调整成本也随之越大，而这些成本并不会出现在比较静态分析中。

举个例子，让我们考察一下在阿拉伯石油禁运（Arab oil embargo）（1973—1974年）和伊朗革命（1979—1980年）期间，石油价格震荡带来的影响。[37]油价的飙升使得石油成为一种更为昂贵的投入要素，迫使以石油作为基本投入要素的商品供给图上移，从而导致边际成本上升。产品的市场交易价格与价格波动前相比有所提升，市场交易量有所降低。因此，较之价格波动前，无论是何种工资标准，企业将减少包括劳动力在内的所需的一切投入要素。如果所有的要素价格都富有弹性，我们就可以想象这一变动会令所需要的劳动力数量和标准工资水平同时降低。但是合同与惯例往往会阻碍企业立刻降低工资标准。因而比起工资能够自由下降的情况，企业将裁减更多的劳动力雇用量。这会导致就业不足（雇员的工作时间与自己希望的相应工资标准要求的时间不符），或者更有可能的是，企业违背合同或惯例，强制雇员失业。

由隐性或显性的合同引起的工资刚性（wage rigidities）并不必然是市场失灵的表现。[38]它们可能是企业和员工试图共同分担产品需求波动带来的风险的结果；员工可能会在经济繁荣时期接受低于市场普遍水平的工资，从而保证在市场萧条时期自己获得高于市场一般价格的工资。然而，事实上情况是复杂的，这是先前讨论过的完全保险市场受到限制，而且由于集体协议的普及员工在更长时期内获得更大的保护。风险扩散的不完全市场至少使得提高经济效率的公共计划成为可能，如失业保险。

6.6　宏观经济动力学

商业周期造成了一定的社会风险，它恰恰可以证明稳定社会政策的合理性。[39]市场经济是动态的，而且往往陷入繁荣和衰退的循环周期。在衰退期间，失业劳工和未尽其用的资金反映了投入要素在经济方面的低效使用。政府也许可以通过财政和货币政策来抑制衰退。财政政策（fiscal policy）包括税收和支出。例如，政府在经济衰退期间可以通过高于其财政收入的支出来刺激需求。货币政策（monetary policy）是对货币供给量的操控。一般说来，为适应不断发展的经济，货币供给量必须不断增长。在经济衰退期间，政府可以通过较快地增加货币供给量，从而降低利率，这样至少可以暂时刺激投资和当前的消费。

遗憾的是，在商业周期产生的原因以及减少其负影响的最适宜政策方面，经济学家们并没有达成一致的意见。尽管毫无疑问地，财政政策和货币政策在提高经济的动态效率上存在巨大潜力，但是在相信某个人有能力运用它们对任何情况进行微调之前，我们必须期待宏观经济学领域的新进展。值得庆幸的是，在绝大多数情况下，政策分析家们能够把货币政策和财政政策当做已知的条件，并仍可以提出改善经济效益的良好建议。

6.7 结论

表 6—1 总结了第 5 章阐述的传统市场失灵和本章讨论的竞争体制的其他限制因素。它们共同组成了一份相当全面的市场失灵清单，表明了公共政策在一些情况下具有提高效益的潜力。然而，我们对其内涵的理解有很大差异。一个极端是，经济学提供了完备的理论和经验证据帮助我们理解并套用于传统市场失灵。另一个极端是，经济学几乎无法解释偏好的起源问题。尽管这些发展存在差异，表 6—1 还是为政策分析家提供了一个重要的思想库。在这些市场失灵中无法找到运用依据的政策，必须从经济效率以外的其他价值角度去证明其合理性。接下来，我们转向讨论其他价值。

表 6—1   **市场失灵及其效率影响的总结**

传统的市场失灵（第 5 章）	
公共物品	纯公共物品（供应过低） 开放进入物品/共有产权物品（过度消费，投资不足） 收费物品（供应过低）
外部性（市场缺位）	积极的外部性（供应过低） 消极的外部性（供应过度）
自然垄断	降低的平均成本（供应不足） 有成本的监督（供应不足，X—无效率）
信息不对称	对经验商品和后经验商品质量的过高估量（过度消费） 对经验商品和后经验商品质量的过低估量（消费不足）
竞争性框架的其他限制（第 6 章）	
稀薄市场	卡特尔化（供应不足）
偏好问题	内生偏好（典型的过度消费） 效用互相依存（分配的低效率） 不可接受的偏好（过度消费）

不确定性问题	道德风险，反向选择（不完整的保险） 对风险的错误估计（违反了预期效用假设）
时间间隔问题	非交易资产（nontraded assets） 破产（资本市场不足）
调整成本	相对固定价格（未能充分利用的资源）
宏观经济动态	经济周期（未能充分利用的资源）

复习思考题

1. 在同一医疗保险范围内，为什么雇主所提供的保险费低于个人购买时的保险费？

2. 为什么政府资助项目的实际花费往往比最初预算高？

注释

1. Of course, firms are always looking for opportunities to be able to price above competitive levels. An extensive literature on business strategy analyzes the ways in which firms can create and preserve rents. See, for example, David Besanko, David Dranove, and Mark Shanley, *The Economics of Stratey*, 2nd ed. (New York: John Wiley, 2000).

2. F. M. Scherer, *Industrial Pricing: Theory and Evidence* (Chicago: Rand McNally, 1970), 3. Some economists have argued that high concentration, per se, does not necessarily lead to collusion. For a review of this argument, see Yale Brozen, Concentration, *Mergers, and Public Policy* (New York: Macmillan, 1982), 9.

3. For an overview, see W. Kip Viscusi, John M. Vernon, and Joseph E. Harrington, jr., *Economics of Regulation and Antitrust*, 3rd ed. (Cambridge, MA: MIT Press, 2000). For an advanced treatment, see Jean Tirole, *The Theory of Industrial Organization* (Cambridge, MA: MIT Press, 1989).

4. Gary Becket proposes that we think of person as having fairly stable and uniform utility functions over the direct consumption of fundamental "household goods," such as health and recreation, that result when market goods and time are combined according to individual production functions: Gary Becker, *The Economic Approach to Human Behavior* (Chicago: University of Chicago Press, 1976). Although this formulation preserves the properties of a competitive equilibrium, it begs the question of how the different production functions arise. For a discussion of the normative implications of 'Becker's approach, see Alexander Rosenberg, "Prospects for the Elimination of Tastes from Economics and Ethics," *Social Philosophy & Policy* 2 (2), 1985, 48-68. For an example of an explicit model of utility change, see Michael D. Cohen and Robert Axelrod, "Coping with Complexity: The Adaptive Value of Changing Utility," *American Economic Review* 74 (1) 1984, 30-42.

5. William S. Comanor and Thomas A. Wilson, "The Effect of Advertising on Competition: A Sur-

vey," *Journal of Economic Literature* 17 (2) 1979, 453-476; Mark S. Albion and Paul W. Farris, *The Advertising Controversy: Evidence on the Economic Effects of Advertising* (Boston: Auburn House, 1981).

6. For example, see Henry Saffer and Dhaval Dave, "Alcohol Consumption and Alcohol Advertising Bans," *Applied Economic* 34 (11) 2002, 1325-34; and Wei Hu, Hai-Yen Sung, and Theodore E. Keeler, "The State Antismoking Campaign and Industry Response: The Effects of Advertising on Cigarette Consumption in California," *American economic Review* 85 (2) 1995, 85-90.

7. For economic models of addiction, see Athanasios Orphanides and David Zervos, "Rational Addiction with Learning and Regret," *Journal of Political Economy* 103 (4) 1995, 739-58; and Gary S. Becker, Accounting for Tastes (Cambridge, MA.: Harvard University Press, 1996).

8. For an application to smoking, see Fritz M. Laux, "Addiction as a Market Failure: Using Rational Addiction Results to Justify Tobacco Regulation," *Journal of Health Economics* 19 (4) 2000, 421-37.

9. For a provocative discussion of the implications of this sort of interdependence, see Robert H. Frank, *Choosing the Right Pond: Human Behavior and the Quest for Status* (New York: Oxford University Press, 1985).

10. Avner Ben-Nur and Louis Putterman, "Values and Institution in Economic Analysis," in Avner Ben-Nur and Louis Putterman, eds., *Economics, Values, and Organization* (New York: Cambridge University Press, 1998), 3-69.

11. For a review, see Colin Camerer and Richard H. Thaler, "Ultimatums, Dictators and Manners," *Journal of Economic Perspectives* 9 (2) 1995, 209-19.

12. BrunoS. Frey and Felix Oberholzer-Gee, "Fair Siting Procedures: An Empirical Analysis of Their Importance and Characteristic," *Journal of Policy Analysis and Management* 15 (3) 1996, 353-76.

13. Peter Brown sees this question, along with ones concerning whose utilities should count and how much, as providing the basic framework for the consideration of the ethics of substantive public policy: Peter G. Brown, "Ethics and Education for the Public Service in a Liberal State," *Journal of Policy Analysis and Management*, 6 (1) 1986, 56-68. Also, see Dale Whittington and Duncan MacRae, Jr., "The Issue of Standing in Cost-Benefit Analysis," *Journal of Policy Analysis and Management* 5 (4) 1986, 665-82; S. C. Littlechild and J. Wiseman, "The Political Economy of Restriction of Choice," *Public Choice* 51 (2) 1986, 161-72; and Cliff Walsh, "Individual Rationality and Public Policy: In Search of Merit/Demerit Policies," *Journal of Public Policy* 7 (2) 1987, 103-34.

14. This extension of the basic model is in the spirit of Kenneth J. Arrow and Gerard Debreu, "Existence of an Equilibrium for a Competitive Economy," *Econometrica* 22 (3) 1954, 265-90.

15. For a discussion and review of the economics of uncertainty, see J. Hirshleifer and John G. Riley, "The Analytics of Uncertainty and Information: An Expository Survey," *Journal of Economic Literatura*, 17 (4) 1979, 1375-1421. For thoughtful discussions of the limitations of insurance markets, see Richard J. Zeckhauser, "Coverage for Catastrophic Illness," *Public Policy* 21 (2) 1973, 149-72; and "Resource Allocation with Probabilistic Individual Preferences," *American Economic Review* 59 (2) 1969, 546-552.

16. J. David Cummins, "Statistical and Financial Models of Insurance Pricing and the Insurance Firm," *Journal of Risk and Insurance* 58 (2) 1991, 261-301.

17. See, for example, Robert Puelz and Arthur Snow, "Evidence on Averse Selection: Equilibrium Signaling and Cross-subsidization in the Insurance Market," *Journal of Political Economy* 102 (2) 1994, 59-76. However, one recent study could find no evidence of adverse selection in the French auto insurance

market；Pierre-Andre Chiappori and Bernard Salanie, "Testing of Asymmetric Information in Insurance Markets," *Journal of Political Economy* 108 (1) 2000, 56-78.

18. For a theoretical treatment of moral hazard, see Isaac Ehrlich and Gary S. Becker, "Market Insurance, Self-Insurance, and Self-Protection," *Journal of Political Economy* 80 (4) 1972, 623-48.

19. Moral hazard also describes risky actions by the insured to qualify for compensation. See, for example, the study of the behavior of air traffic controllers under the Federal Employees Compensation Act By Michael E. Staten and John R. Umbeck, "Close Encounters in the Skies： A Paradox of Regulatory Incentives," *Regulation*, April/May 1983, 25-31.

20. See Philip J. Cook and Daniel A. Graham, "The Demand for Insurance and Protection： The Case of irreplaceable Commodities," *Quarterly Journal of Economics* 91 (1) 1977, 141-56; and Richard Zeckhauser, "Procedures for Valuing Lives'" *Public Policy* 23 (4) 1975, 419-64.

21. For general overviews, see Amos J. Tversky and Daniel Kahneman, "Judgment under Uncertainty： Heuristics and Biases," *Science* (185) 1974, 1124-31; Daniel Kahneman, Paul Slavic, and Amos Tversky, eds. , *Judgment under Uncertainty： Heuristics and Biases* (New York： Cambridge University Press, 1982). For an explanation of these misperceptions in terms of Bayesian updating, see W. Kip Viscusi, "Prospective Reference Theory： Toward an Explanation of the Paradoxes," *Journal of Risk and uncertainty* 2 (3) 1989, 235-63.

22. Tversky and Kahneman call this *the heuristic of availability* (p. 1127). They also identify the heuristic of representativeness, which is often used when people have to estimate conditional probabilities (given some observed characteristics, what is the probability that the object belongs to some class); and the heuristic of anchoring, which refers to the tendency of people not to adjust the initial estimates of probabilities adequately as more information becomes available (pp. 1124 and 1128).

23. H. Kunreuther, R. Ginsberg, L. Miller, P. Sagi, P. Slavic, B. Borkin, and N. Katz, *Disaster Insurance Protection： Public Policy Lessons* (New York： JohnWiley, 1978), 145-53.

24. See Kenneth J. ArrOw, "Risk Perception in Psychology and Economics," *Economic Inquiry* 20 (1) 1982, 1-9.

25. For an excellent review of these issues, see Mark J. Machina, " 'Expected Utility' Analysis without the Independence Axiom," *Econometrica* 50 (2) 1982, 277-323.

26. For a review of variants of the expected utility hypothesis, see Paul J. H. Schoemaker, "The Expected Utility Model： Its Variants, Purposes, Evidence, and Limitations," *Journal of Economic Literature* 20 (2) 1982, 529-63. Recently, there have been numerous efforts to develop a broader, more descriptively valid form of expected utility theory. For a brief overview, see Richard A. Chechile and Alan D. J. Cooke, "An Experimental Test of a General Class of Utility Models： Evidence for Context Dependency," *Journal of Risk and Uncertainty* 14 (1) 1997, 75-93.

27. Jack Knetsch argues that the reference point is determined by people's perception of normalcy. It often, but not always, reflects the actual status quo, but in public policy contexts it often is not synonomous with legal entitlement. "Preference States, Fairness, and Choices of Measures to Value Environmental Changes," in Max H. Bazerman, David M. Messick, Ann Tenbrusel, and Kimberly A. Wade-Bensoni, eds. , *Environment, Ethics, and Behavior* (San Francisco： New Lexington Press, 1997).

28. Matthew Rabin, "Psychology and Economic," Journal of Economic Literature 36 (1) 1998, 11-46; Jessica L. Cohen and Willian T. Dickens, "A Foundation for Behavioral Economics," *American economic review* 92 (2) 2002, 335-38.

29. Brigitte C. Madrian and Dennis F. Shea, "The power of Suggestion: Inertia in 401 (k) Participation and Saving Behaviors," *Quarterly Journal of Economics* 116 (4) 2001, 1149-87.

30. We can distinguish three types of markets: *Spot markets* encompass transactions involving immediate delivery of goods. *Forward markets* encompass contracts that specify future delivery at a specified price. Futures markets are specially organized forward markets in which clearinghouses guarantee the integrity and liquidity of the contracts.

31. For a variety of economic approaches to the issue, see Robert C. Lind, ed., *Discounting for Time and Risk in Energy Policy* (Washington, DC: Resources for the Future, 1982).

32. For a review of the objections, see Robert E. Goodin, *Political Theory & Public Policy* (Chicago: University of Chicago Press, 1982), 162-83.

33. The basic model of exhaustible resources was first set out by Harold Hotelling, "The Economics of Exhaustible Resources," *Journal of Political Economy* 39 (2) 1931, 137-75. For a review of the subsequent literature, see Shantayanan Devarajan and Anthony C. Fisher, "Hotelling's 'Economics of Exhaustible Resources': Fifty Years Later," *Journal of Economic Literature* 19 (1) 1981, 65-73.

34. See Burton A. Weisbrod, "Collective Consumption Services of Individual Consumption Goods," *Quarterly Journal of Economics* 78 (3) 1964, 471-77; John V. Krutilla, "Conservation Reconsidered," *American Economic Review* 57 (4) 1967, 777-86; and Aidan R. Vining and David L. Weimer, "Passive Use Benefits: Existence, Option, and Quasi-Option Value," in Fred Thompson and Mark Green, eds., *Handbook of Applied Public Finance* (NewYork: Marcel Dekker, 1998), 319-345.

35. Kenneth J. Arrow and and Anthony C. Fisher, "Environmental Preservation, Uncertainty, and irreversibility," Quarterly Journal of Economics 88 (2) 1974, 312-19; and W. Michael Hanemann, "Information and the Concept of Option Value," *Journal of Environmental Economics and Management* 16 (1) 1989, 23-37.

36. Environmental quality is probably a "normal good" —other things equal, the higher our income the greater the amount of environmental quality we collectively want to consume. Ironically, the larger the legacy of economic wealth we leave to future generations, the less satisfied they may be with the level of environmental quality we bequeath!

37. For a detailed discussion of how the economy adjusts to oil price shocks, see Chapter 2 of George Horwich and David L. Weimer, *Oil Price Shocks, Market Response, and Contingency Planning* (Washington, DC: American Enterprise Institute, 1984).

38. For a review, see Sherwin Rosen, "Implicit Contracts: A Survey, " *Journal of Economic Literature* 23 (3) 1985, 1144-75. For the argument that labor contracts of long duration involve negative externalities, see Laurence Ball, "Externalities from Contract Length, " *American Economic Review* 77 (4) 1987, 615-29.

39. For an overview of economic thought on the business cycle, see Victor Zarnowitz, "Recent Work on Business Cycles in Historical Perspective: A Review of Theories and Evidence, " *Journal of Economic Literature* 23 (2) 1985, 523-80.

第 7 章

公共政策原理：分配和其他目标

第 5 章和第 6 章讨论了市场竞争框架中的传统市场失灵和其他的局限性，指出了私人经济活动无法达到帕累托最优的情境。因此，它们显示了通过公共政策来达到帕累托改进的可能。正如我们将在下一章讨论的那样，纠正政府的失败也能够提供帕累托改进的机会。然而，当我们评估到底私人活动和公共活动什么样的综合才能够达到所谓好的社会时，除效率以外的价值要求我们慎重考虑。作为个人，我们转向哲学、宗教和我们的道德本能，希望它们能够帮助我们建立价值体系来指导我们的评估。对于这些价值的认识，以及在相互冲突时它们的相对重要性方面我们并没有达成共识，因此我们的政治制度不可避免地扮演着这样的角色，即在集体决策制定的时候选择某些特定的有分量的价值。然而，这里我们简要讨论更为常见的、基于其他价值而不是效率的公共政策原理。

7.1 帕累托最优以外的社会福利

我们首先提出两个视角来讨论为广义的经济效率作出贡献的这些价值，随后再讨论那些与帕累托最优相竞争的目标——分配性和其他重要的实质性价值。第一个视角包含的是对一个社会福利功能——把社会中个体成员的效用集合起来——的明确说明。另一个视角把关注点从对特定财产分配的评估，转向对做出分配决策的不同制度安排进行评估。

直接的社会福利函数

帕累托最优的概念提供了一种方法来为财产分配进行排序，而不用对个人的效用进行直接的比较。避免个人与个人之间的效用比较是有代价的，代价就是间接地接受了个人之间生产要素禀赋（endowment of productive factors）的初始分配。社会福利函数（social welfare function）把所有个人的效用转为一个社会效用指数，为社会福利函数的细化提供了一种定义经济效率和社会福利的不同方法。它并不把效率定义为，除了让一部分人的情况更坏，没有什么办法可以让另一部分人的情况更好（帕累托法则），而是定义为能够让社会福利函数最大化的财产分配［"最大幸福"法则（the greatest good principle）］。

要分清这些定义之间的区别，可以考虑一个包含三类人群的社会。假设每一类人都有一个只与财富相关的效用函数，把更高的效用分配给财富更多的人，而把效用小一点的增值分配给财富的增值（即，他们体现了财富的正向，但是边际效用不断减少）。要注意到，如果财富的总量是固定的，那么在这三类人中任何一种分配方法都是符合帕累托最优的——想要转移财富来增加某个人的效用并且不减少其他任何一个人的效用是不可能的。然而，想象一下如果这些人一致认为，财富的分配应当是为了让社会福利函数达到最大，而社会福利函数则是三类人的效用之和。如果我们假定这三类人有着相似的效用函数，那么能够让社会福利函数最大化的财富分配方式是平均分配财富给每一个人。（只有当所有人的财富都有相同的边际效用时，提高社会福利函数的可能性才会消失——相似效用函数的假设意味着只有当财富是相等的时候边际效用才能够相等。）因此，这个社会福利函数就能在许多符合帕累托最优的分配方式中找出社会最优的。

表 7—1 展示了一个包含三类人群、有着三种不同的社会福利函数的社会中对整个社会最优的政策选择。被称为"功利主义"（utilitarian）的社会福利函数只是简单地将三类不同人群的效用加总（$U_1+U_2+U_3$）；C 政策将会让这个函数达到最大。被称为"罗尔斯主义"（Rawlsian）的社会福利函数则是让效用最低的那个人获得的效用最大化——"极大化极小"原则（maximin principle），即把任何人获得的最小效用极大化。这样的原则下 B 政策是社会最优的。被称为"乘法"的社会福利函数与这三类人群的效用结果成比例（$U_1 \times U_2 \times U_3$），这样的原则下 A 政策是社会最优的。在这个例子中，三个社会福利函数都把不同的政策看作社会最优的。

表 7—1 　　　　　　　　　　不同的社会福利函数

	在不同的政策下个人的效用			不同的社会福利函数		
	U_1	U_2	U_3	功利主义 $U_1+U_2+U_3$	罗尔斯最小 （U_1、U_2、U_3）	乘法 （$U_1 \times U_2 \times U_3$）/1 000
A 政策	80	80	40	200	40	256

续前表

	在不同的政策下个人的效用			不同的社会福利函数		
	U_1	U_2	U_3	功利主义 $U_1+U_2+U_3$	罗尔斯最小 $(U_1、U_2、U_3)$	乘法 $(U_1×U_2×U_3)/1\,000$
B 政策	70	70	50	190	**50**	245
C 政策	100	80	30	**210**	30	240
				选择 C 政策	选择 B 政策	选择 A 政策

功利主义是一个很富影响力的福利函数，由边沁（Jeremy Bentham）和密尔（John Stuart Mill）提出。[1]它也拥有很多现代的拥护者，例如诺贝尔奖获得者海萨尼（John Harsanyi），他赞同根据功利主义的准则，让所有个人期望得到的平均效用最大化。[2]功利主义是一种结果主义哲学（consequentialist philosophy），在这种哲学之下，对人的行为的评估是根据个人对不同结果的偏好做出的，而这种评估接下来可以集合起来。功利主义有时被描述为"最大多数人的最大幸福"，但这是不准确的。正如表 7—1 所示，效用是加总到一起的，因此，功利主义只是"最大的幸福"。大体上，功利主义是第 4 章讲到的卡尔多-希克斯原则（Kaldor-Hicks principle）的基础，也是成本—效益分析的基础。功利主义并没有对任何人的效用进行权衡区分，不论他们是贫是富，但是它的奠基者把它理解为平等主义和民主主义的。之所以说功利主义的精神是平等主义的，是因为密尔提出，个人都展现了财富方面的边际效用递减，而这就让从富者到贫者的再分配有了正当性。之所以说功利主义的精神是民主主义的，是因为它的假设是每个人的效用都会被计算在内——不论是平民还是国王。对功利主义的常见批评是认为它为基本人权提供的保护非常弱，因为它并不保证个人的最低财富分配。

如表 7—1 所示，罗尔斯主义是一个高度平衡性的社会福利函数。罗尔斯（John Rawls）对极大化极小原则——即让社会中条件最不利的成员获得最多的收益——的运用是在一个刺激性的思考实验的基础之上的，这个实验的目的在于让我们从那些由私利驱动的特殊价值中解脱，虽然我们不承认这些价值是由私利驱动的。[3]他要求我们想象一下这样的人，他们必须要在不知道自己的禀赋是什么的情况下确定一个社会制度系统。在这个"无知之幕"（veil of ignorance）之后，在某个"原始位置"（original position）人们会以平等的身份协商。不知道个人的禀赋是什么的，这种情况会鼓励个人去考虑机会和结果的总体分配。罗尔斯主张，人们会一致地显出避免风险的倾向，选择的社会福利函数能够提高条件最不利的社会成员的地位，从而导致更平等的结果。因为罗尔斯假定人们在这块幕布之后对社会制度达成了一致意见，他的哲学理念是洛克（John Locke）和卢梭（Jean Jacques Rousseau）发展的社会契约论（social contract）。[4]

对罗尔斯主义的批评有很多。[5]一个批评就是罗尔斯主义提议的极端性再分配减少了创造财富带来的刺激。另一个批评指出，在实践中，处于原始位置的人们并不会像罗尔斯认为的那样避免风险或达成合意。有很多实验企图复制所谓原始位置和无知之幕，调查人员试图在这些实验中研究上述问题。例如某一系列实验发现，很多受试者强烈反对罗尔斯的极大化极小原则。但是，也有一些人反对海萨尼的"让平均效用最大化"的社会福利函数（虽然人数并不多，而且也不那么强烈）。很多受试者更喜欢一种能够最大化平均效用的分配方式，但是有一个最低限制。[6]这些经验性的发现大体上与表7—1所示的乘法社会福利函数一致，因为这个函数避免了将很低水平的效用分配给任何个人。

如果存在一个被广泛接受的社会福利函数的话，将会大大降低政策分析者工作的复杂程度，这项工作就是通过减少在无法比较的价值之间进行权衡的必要性，来给不同的政策选择排序。分析者们将设计政策选择并预测它们的结果，但是这个社会福利函数将自动地给这些选择排序。这样那些政策分析就不用承担一个规范性的负担了。但是，有很多抽象的和实际的问题让这个社会福利函数无法把政策分析人员从这个麻烦中解救出来，他们还是需要在效率和其他价值之间进行权衡。

第一，直接把所有个人的效用加总的社会福利函数有一个假设，即所有人的效用都可以被观察到。但是效用是无法测量的主观概念。[7]确实，大多数经济学家因为这个原因回避任何人与人之间效用的直接比较。相反，他们通常以"不羡慕"的原则（principle of "no envy"）来定义平等：如果某个社会中没有什么人更喜欢其他人分配的财产而不是自己的，那么这个社会的分配方式就是公正的。[8]在这个规划中，人们根据各自的效用函数来比较彼此的财富分配。例如，需要把一份财产分给两个继承人，如果让某一个继承人来把财产分为两半，同时允许另一个人首先选择，那么就能够实现公正的分配，因为首先选择的人会选择他或她更偏好的部分因此不再存在羡慕，而分财产的那个人因为不知道自己能够选择哪一部分，因此会让分出来的这两部分财产没有差别，因此分财产的人也不会羡慕。

但是"不羡慕"的原则并没有为社会福利函数的构建提供一个实践基础。效用的测量问题可以通过某种方法回避，这种方法就是把社会福利与为社会成员生产效用的消费相关联。[9]因此，不是把社会福利细化为个人效用的某个函数，而是每个人消耗的商品的量或每个人能够用来购买所选商品的经济资源，例如收入或财富等的函数。当社会福利函数取决于特定商品的消费时，社会就在不直接考虑个人偏好的情况下把价值赋予了消费模式。例如，社会福利函数可能会把最大的权重赋予衣服消费的某个水平，但是某些人可能倾向于消费比某个标准更多的衣服，某些人则倾向于更少。

第二，不管社会福利函数是取决于个人的效用、财富水平、收入或是消费模式，它必须以某种形式具体化。如果社会成员之间没有就适当的社会福利函数达成一致意见，那么没有什么公正的选举程序能够保证一个稳定的选择。[10]但是因为个人能够预测在不同的社会福利函数下自己的境遇如何，所以达成一致意见是不可能的。那么，怎样具体化社会福利函数呢？如果把那些当时恰好处于能够对社会福利函数产生影响的那些人的偏好提高地位的话，未免过于放肆，特别是在当前的选择可能会对他们工作以外的东西产生影响的时候。因此，与其说社会福利函数是分析的一个客观起点，不如说它可能是价值判断的结果，是分析的一部分。

在一个社会中我们从来不直接选择公平的总体水平——对公平有影响的再分配是按照顺序选择的，并且经常是通过一些项目来实现的，这些项目通常都会与一些寻求其他价值——例如效率——的政策打包在一起。如果我们确实这样做了，那么程序将会受前面提到的偏好集合的问题影响。因此，如果一个完美的显露机制（revelation mechanism）存在的话，我们很难推断这个社会会选择什么水平的和什么种类的再分配。但是，实验确实能够提供一些提示。有两种实验"博弈"特别有用：最后通牒博弈（ultimatum games）和独裁者博弈（dictator games）。本书第 6 章介绍的最后通牒博弈中，一个提议者提供某一定量的金钱 X 中的一部分给一个回应者，这个回应者有权接受或拒绝。如果回应者接受这笔钱，那么提议者和回应者双方都可以获得 X 中指定的部分；如果回应者拒绝这笔钱，那么提议者和回应者什么都拿不到。回应者拒绝的频率如何？"十多个相关的研究证明，人们不喜欢不公平的待遇，大约有一半的时间内会拒绝接受 X 中少于 20％ 的钱，即使他们拒绝的话什么也拿不到。"[11] 如果提议者能够观察到回应者的接受或是拒绝并据此作出反映的话，他们通常会给出 X 中的 40％～50％。最后通牒博弈告诉我们的与其说是平等（equity），不如说是公正（fairness）。独裁者博弈更清楚地揭示了再分配的纯粹利他主义（pure redistributive altruism）的范围。在这个博弈中，提议者能够对分配发出独裁指令因为回应者不能拒绝。提议者给出的钱比在最后通牒博弈中给出的要少得多，但是通常还是会提供 X 的 20％～30％。[12]

第三，即使一个社会福利函数已经以某种方式有效地具体化了，信息和认知方面的局限性还是会阻碍它的实际运用。预测政策对社会中上百万人的影响几乎是不可能的。我们肯定需要把社会分成不同的群体，来让社会福利函数的运用更好处理，但是这样的分组有一个危险，就是它可能会让群体内部的个人之间存在的重要区别变得模糊。例如，如果在不同的生命阶段、不同的地点或不同的健康状态下，人们的家庭开支不同，那么只根据收入水平来划分不同的群体可能并不合适。

第四，分析人员为了给不同的政策排序，需要对假定的社会福利函数进行具体化，在做这部分工作时，他们倾向于让这个函数只依赖于直接的后果，这样就可以进行预测了。但是这样的短视会导致排序时没有把在更遥远的将来可能会出现的后果考虑进去。例如，对当前的收入分配的过分关注忽略了政策在有形资本和人力资源（physical and human capital）投资决策方面的影响，这些投资对将来收入的规模和分配都有重要影响。因此把一个缺乏远见的社会福利函数作为权宜之计，会有这样的危险，即把人们的注意力从适当价值的全局上转移出来。

选择制度与选择分配

有几股学术潮流认为应当重新认识"社会福利问题"，不再把它看成商品分配方式的选择，而是看成社会、经济和政治制度的选择，所谓的社会分配正是从这些制度中产生的。从宪法设计的视角关注的是支配政治决策的根本性程序、规则的选择。[13] 从产权的视角则主要关注的是规范所有权和经济活动的规则的内涵，它们影响着社会生产多少财富和这些财富如何进行分配。[14] 其他人则努力去理解社会价值、准则、习惯、惯例和其他影响社会成员之间互动的非正式力量的重要性。[15] 对制度——一系列规范社会成员之间关系的、相对比较稳定的规则，包括正式规则和非正式规则——的重要性的理解，会把这些原本差异很大的视角统一起来。

弄清评价不同的分配方式和评价不同的制度这两者之间的区别是很重要的，不管对社会福利的评估是建立在什么样的规范框架的基础之上。但是，这个区别更直接地体现在行为效用主义（act-utilitarianism）和规则效用主义（rule-utilitarianism）之间。[16] 在行为效用主义之下，一个行为的正当性取决于它所产生的效用。在规则效用主义之下，一个行为的正当性取决于它对那些提高社会效用的一般规则或原则的坚持；这样在人们提出和坚持那些限制行为效用主义的权宜之计的权利和责任时，它就提供了一个道德基础。[17] 例如，洪水中有些人的财产遭受了严重损失，根据行为效用主义，给他们公共救济是可取的，因为这导致了更加统一的收入分配。然而在规则效用主义之下，根据公共政策不应当鼓励道德风险这一原则，公共救济可能被看作不可取的——如果给了他们补偿，其他人就受到鼓励去洪泛平原居住，并预期他们的损失也会得到补偿。请注意，如果人们对效用的相互依赖让对当前洪水受害者的补偿成为一种公共物品的话——而私人慈善提供的公共物品是不够的——行为效用主义而不是规则效用主义会与帕累最优的一般（短视的）理解相一致。

规则效用主义或者说制度效用主义（rule or institutional utilitarianism）鼓励人们考虑很多的价值，这些价值通过更加有效的政治、社会和经济制度间接地对社会效用作出贡献。不受限制的言论自由（unbridled freedom of speech）——例如提高公众听到反对意见的可能性——能够降低被误导的多数人一直做出错误的政治决策的可能性。让父母在儿童的社会化过程中扮演重要角色的政策帮助家庭成为最根本的社会机构。在解决合同履行纠纷方面坚持公正的程序提高了私人交易活动中经济交换的效率。当制度性价值涉及某些直接后果，而这些后果单独来看都不可取时，道德的和政治的考量会阻碍这些价值的推进：某些言论是侮辱性的；即使是那些完整的家庭有时也会让孩子十分失望；解决纠纷的公正程序并不总是有利于那些从补偿中获益最多的人。然而，对制度的关注是值得考虑的，因为它鼓励了一个更宽广而不短视的视角。

测量社会福利中的变化：社会指标

当社会福利函数不合实际时，人们提出了很多量化测量指标来估测社会福利中的变化。[18] 这些指标中有一些是用来替代那些在概念上更加合适的效率测量指标的，例如国民生产总值（gross national product，GNP）。其他社会指标，例如消费价格指数（consumer price index，CPI），反映的是分配性价值，同时也反映了效率。人们提出了很多其他社会指标来记录社会福利中非经济维度的情况。在这里我们简要地看看那些经常出现在政策辩论中的社会指标。

国民生产总值和国民生产净值

社会剩余的变化提供了一个在抽象概念上很吸引人的度量（metric），即从效率的角度对政策进行评估。但是，事实上对社会剩余中的变化进行测量经常是不符合实际的。有时政策的效果在经济中扩散得是如此之快，以至于只在某些市场上对它们进行测量的话会错失太多。即使在效果的范围很受限制时，我们也可能无法获得足够的信息来测量它们所生产的社会剩余的变化程度。这些因素引出了很多更易于测量的变量来作为效率和更广泛的社会福利指标。

最广为人知的指标来自宏观经济政策的范畴。一个中心概念是国民生产总值，一个国家的经济生产的最终商品和服务的市场价值。对国民生产总值的测量有两种途径：第一，消费者、商业、政府和外国人用于最终商品和服务的支出总量；第二，为生产要素支付的总额。[19]经济学家们发现，作为福利指标的国民生产总值有两个明显的局限性。第一，它测量的是在当前的价格下商品和服务的市场价值，那么即使在社会产出没有增加的情况下，一般价格水平的提高也会抬高国民生产总值。因此，人们对不同年份的不同政策的比较通常是根据实际国民生产总值，即以某一基准年内通行的价格为基础测量出的产出价值。第二，国民生产总值并没有认识到工厂、设备和住房的折旧会抵消新增投资带来的生产效能（productive capacity）的增长。根据折旧来调整国民生产总值则引向了国民生产净值（net national product，NNP），这一数据是根据基准年货币测量的，据此进行不同时期的对比。但是在实践中，在国民收入账户中测量折旧的方法被很多人怀疑，这导致很多经济学在政策评估时选择实际国民生产总值作为社会福利指数，即使实际国民生产净值的概念更有吸引力。

不过，国民生产总值和国民生产净值的变化只是粗略地接近社会福利的变化。举个例子，从某个消费者那里拿走两个单位的商品，这导致了国民生产总值的损失。拿走第一个单位的商品导致的国民生产总值损失与社会剩余损失，将会是商品的价格。拿走第二个单位的商品导致的国民生产总值损失也将是商品的价格，但是如果该消费者的需求表是一个逐步减少的函数的话，社会剩余的损失会比价格更大。概括地说，国民生产总值的变化反映了特定市场上较大的调整，但是这种变化并不与社会剩余的变化相一致。

对于把国民生产总值作为社会福利的指数，还有很多其他的反对意见。[20]这些意见中的大部分涉及的都是那些没有在市场上交易因而没有计入国民生产总值的东西，例如环境质量、未就业的配偶的家庭劳务等。人们提出了各种调整方法来处理这些反对意见：更好地计算维持增长所需的投资水平；估算资本服务（capital service）、闲暇和非市场工作（nonmarket work）的价值；估算由于环境不舒适导致的社会福利损失。[21]由于产出的组成发生变化，在比较不同年份的实际国民生产总值时出现了其他问题：新的商品进入市场（掌上计算器取代计算尺），并且在质量上有了极大的提高（个人电脑的速度越来越快，越来越好用）。[22]

虽然这些问题都表明，在解释作为社会福利指标的国民生产总值时需要小心谨慎，但是依然有一个合理的假设，即其他条件相同的情况下，实际国民生产总值越大，生活在这个经济体中的人们就越富裕。但是对其他几个重要经济指标的解读就比较模糊了。

失业、通货膨胀和国际收支平衡

失业率既有效率方面的维度，也有分配性的维度。非自愿失业（involuntary unemployment）给社会带来生产资源的减损，让那些无法找到工作的人处于困难的境地。低失业率通常都是我们希望出现的。但是如果失业率降到过低，就可能会损害总体的效率，因为劳动力不能轻易地移动到某些地方并在那些地方获得最大的价值。因此，在经济上有效率的失业率可能是大于零的，这样劳动力可以在不同的工作之间转移。但是这个有效率的失业率可能并不与分配性目标相一致，特别是当某些特定人群会比其他人更可能遭遇非自愿失业的时候。

通胀率（rate of inflation）涉及类似的解释问题。消费价格指数——与某基准年相比当前购买同样的商品所需的钱——的变化通常是通胀率的测量指标。低通胀率通常被认为比高通胀率要好，理由如下：高通胀率一般而言都意味着未来极大的不确定性，由于人们很难预测未来的价格，这导致投资和储蓄的发展变缓；通货膨胀对真正的收入有不同的影响——有些人拥有不动产如房子等，这些财产能够自动地对生活成本进行调节，有些人没有这样的财产或者其收入不能自动调节，那么前者会比后者更富裕；高通胀率可能会面临"通货膨胀预期"（inflationary expectation）的风险，"通货膨胀预期"会破坏人们对货币系统的信心进而导致恶性通货膨胀（disruptive hyperinflation）。[23]但是通胀率为零并不一定可取。经济中出现供应方面的冲击时，例如世界原油价格的突然提高，通货膨胀能够帮助减少调节成本，因为它放松了名义工资（nominal price）和其他价格黏性（price rigidities）给经济带来的约束。

经济学家之间有一个不断增强的共识，即消费价格指数的测量过高估计了美国经济的通胀率，幅度大约是每年 0.3%～1.4%。[24]对通胀率的过高估计解释了以下情况：虽然在 20 世纪 80 年代出现了明显的实际收入发展停滞，但是这一时期人们的生活标准有了提高。它也意味着那些带有自动生活成本调整的政府转移支付方案（government transfer programs），例如支付给老年人的社会保障等，其实际价值事实上在增长。

可能那些在政治上很关键的经济指标中，最为模糊的是往来账目的国际收支平衡（balance of payments in the current accounts），也就是出口商品和劳务的货币价值与进口商品和劳务的货币价值之间的差额。国际收支差额为负数就意味着存在贸易逆差（trade deficit），在美国人看来这一般都被看作经济软弱的象征。但是这样的解读并不是很清晰。外国人必须要对他们从贸易逆差中获得的美元进行处理。而这个"处理"就是对美国经济进行投资。确实，外国人作为一个集体是无法对美国经济进行净投资的，除非他们正享受着贸易顺差（trade surplus）。如果美国是一个能够吸引投资的地方，就像在 19 世纪晚期西进运动时的美国一样，这个时候净投资的实现会推动贸易逆差。如果贸易逆差由外国投资抵消，那我们还担心贸易逆差做什么？

担心的一个原因是外国人会因为他们的投资而对美国未来的财富有了一定的话语权。只要这些投资在经济上是稳定的，那么这样的权利并不会意味着美国在将来会变得贫穷。但是，人们担心的原因是外国投资是在多大程度上供应着当前的消费资金的。20世纪80年代的联邦预算赤字中有很大部分是由外国资本筹资的，结果截至1988年美国政府每年要支付给外国人280亿美元的利息。虽然如此大量地借款来为预算赤字（budget deficit）筹资让人担心，但是总体上，在任何时间想要从经济效率的角度确定外国投资和贸易逆差是否太多或太少，都是困难的而且有很多争议。对它的分配性后果的评估也是如此——如果人们只是考虑进口产业导致了工作岗位的减少，而不考虑受益于外国投资的产业带来的工作岗位的话，那么他们并没有完整地考虑这个问题。

非经济指标

很多指标与宏观经济数据并不相关联，但是从各种不同的维度测量了社会福利。例如婴儿死亡率，它反映了怀孕的女性、母亲和婴儿可以获得的饮食和医疗是否足够，特别是那些处于最不利地位的人群。其他经常用到的指标包括犯罪率、成年人预期寿命、空气中无烟雾日的比例和教育成就。在判断这些指标是否适合测量社会福利时，确定它们的概念效度（conceptual validity）和测量准确度（accuracy of measurement）是非常重要的。

举个例子，教育成就这个指标在概念层面与经济增长的潜力相关，这一点符合常理，如果在不同的个人之间进行比较的话，它也与社会机会的分配相关，而这是重要的社会价值。但是它的测量是很复杂的。只是简单地使用学校教育的年份作为测量教育成就的指标，则会忽略教育标准和学生绩效的差别。缺少全面的数据可能会妨碍人们在不同时期或对不同人群基于成就的直接指标如考试分数等进行对比。

7.2 效率以外的独立价值

把市场的失灵看作政府干预的必要条件蕴涵着这样一种观点，即帕累托最优是唯一适当的社会价值。很多人支持在政策分析中把效率作为一个独立价值：只有心存恶意的人才会反对在不让任何人境况变差的条件下让某个人境况变好；对效率的追求给社会带来了极丰富的物品，因此通过自利的和利他的个人行为满足了人们的需要；并且即使人们决定要通过公共政策追求其他的独立价值，如果能够有效率地做到这一点的话，就能够保持满足人们物质需要的最大可能。这里我们简要叙述一些很重要的独立价值的原理，它们经常与效率竞争。

人性尊严：机会平等和消费底线

我们开始分析的前提是所有人都有内在的价值，这源于他们是人这一事实，而不是源于他们能对社会作出的任何可衡量的贡献。我们作为人的自身尊严需要我们去尊重他人的尊严。虽然尊严的意义归根结底取决于个人——它至少在一定程度上包括一个人选择怎样生活的自由——但是一个好的社会必须具有一定的机制来限制任何一个人的选择干扰到其他人的选择，还应该促进社会公共机构的广泛参与，这些机构决定私人和公共物品的分配。

我们已经集中研究了市场交换，把它看做一种将个人偏好转化为私人物品分配的机制。但是为了参与市场，一个人必须有东西用以交换。在竞争框架下，一个人有一系列的禀赋——劳动所有权和其他要素投入。没有禀赋的人将会被有效地禁止参与市场过程。禀赋少的人，选择少；没有任何禀赋的人，根本不能表达他们对私人物品的选择。生存依赖于消费，至少是对某些私人物品（食物、衣物、住房等）的消费，我们可以找到对这些物品的帕累托最优的分配，但这种分配却会导致一些人的死亡。

大多数人都会认为这种极端分配是不合适的。在很多社会中，人们把减轻极端分配的严重影响视为己任，自愿为慈善团体或个人进行捐赠。例如，在美国，直到20世纪30年代联邦政府的作用扩张之前，私人慈善都是援助寡妇、孤儿和残疾人的一个主要来源。[25]公共救助（public assistance）被广为接受的基本原理是慈善可能不足以满足弱势群体的需求。

这些推论并不一定赞同表7—1显示的罗尔斯主义社会福利函数，但却能够很好地与功利主义的社会福利函数相一致。功利主义的社会福利函数在消费水平上设置了较低的界限，其基本理念在于关注弱势群体的绝对消耗量而不是相对消耗量。

更普遍地讲，参与市场交换需要一些最少量的财产禀赋。因为大多数人具有出卖自身劳动力的潜能，提高拥有最少禀赋的人的数量的一种途径是提高人们作为工人的效能和市场性。意欲提供教育救助、工作培训、身体康复的公共政策可能在提高人们在私营部门中的有效参与方面发挥了重要作用。[26]而预防雇主歧视的政策也并非建立在工作绩效之上。但是，公共部门直接提供货币或实物也许是确保某些人——比如那些严重残疾，有很少或没有就业潜能的人——最小限度地参与的唯一方法。

为了保证消费底限所作的转移将会提高社会中物品分配的平等性，这是通过提高最不富裕群体的水平来实现的，而这只是保护人性尊严的一个副作用。一旦每个人都达到了某种最低消费水平，对人性尊严的保护并不一定要求进一步再分配以提高平等性。

在公共物品的提供和分配决策上提高参与也值得考虑，这在公共政策评估中被认为是适当的价值。正如我们先前讨论的，市场通常不会达到公共物品供给的有效水平，实际选择是通过政治过程作出的。所以，就尊重个人对公共物品的偏好来说，拓展政治参与的公共政策是可取的。例如，我们支持成年普选制（universal adult suffrage），不是为了必然实现公共物品供给的更加平等，而是因为它认识到了这一点——允许人们对他们将要生活在其中的社会发表某种看法具有内在价值（inherent value）。

最后，我们必须考虑人们无法理性地运用选择的情况。例如，大多数人都不会认为阻止年幼儿童或心智不健全的人陷入有害的境地是对他们人性尊严的侵害（虽然我们对"年幼"和"不健全"的定义可能不一致）。相反地，我们也许会欣然接受施行家长主义行为（to act paternalistically）的责无旁贷的责任。从公共政策的视角来看，这个问题是在决定在哪一点上可以无视个人选择。

提高结果的平等

对人性尊严的尊重证明了保证社会中的所有人具有一定的最低消费水平是合理的。大多数人会认为这一最低水平应该高到足以保证人能够有尊严地生存。这个水平是绝对的，但不是固定的。它是绝对的，因为它不直接取决于财富、收入或社会中其他人的消费；它不是固定的，因为对什么是有尊严地生存的集体评估无疑是对社会财富总量的反映。美国政府经常对此作出评估——在1965年，为了维持基本的生活，家庭需要将多少收入用于一系列基本物品的消费。家庭中上升到这一"贫困线"以上的人数通常被作为政府项目成功与否的衡量尺度。[27]例如，2003年，有两个未成年孩子的四口之家的贫困线是18 224美元。但是，随着美国的逐渐富裕，在评估中越来越倾向于使用倍数，如贫困线的125%，这意味着我们对最起码的标准（the decent minimum）的集体评估的转变。[28]

我们不只是关注社会中最贫穷的人的绝对消费水平，而是也考虑财富的整体分配。个人属性、家庭环境和机会导致财富享有水平的广泛分散，这是市场经济的结果。几个概念性的框架似乎支持将更大程度的结果平等作为重要的社会价值。

表7—1中所示的罗尔斯福利方程显然会导致更大程度的结果平等。如前所述，如果我们假设所有个体具有——显示财富边际效用递减的——相同的福利方程，那么甚至表7—1所示的功利的社会福利方程也为此提供了理由——结果平等应被视为一种社会价值。那就是说，随着个体财富水平的增加，个人从增加的单位财富中获得的幸福感增量逐渐减少。在这样的假设下，对任何给定水平的财富分配越平等，通过社会福利方程进行分配的层次就越高。例如，从税收政策方面来说，这一论点引出了纵向平等（vertical equity）的概念——拥有更多财富的人应该支付更高的税额，以使每个人都放弃等量的效用。[29]［与之相关的横向平等（horizontal）概念规定相似境遇中的人应受到同等对待。］

将结果平等（equality of outcomes）视作一种社会价值的过程中出现了一个重要的考虑因素。以上讨论明确假定在个体中分配的财富的数量是恒定的。这对于一次性、非预期的再分配来说也许是正确的。但是，一旦人们对再分配有所预期，就会开始改变自身行为，可用的财富总量会逐渐减少。在极端情况下，在人们获得相同的财富份额的地方，工作、投资和企业家精神的动力都会大幅度下降。为了使人们的工作和消费与没有再分配时一样，必须采用代价高昂和侵入式的控制机制。结果无疑是会产生一个较不富裕的社会，或许对大多数社会成员来说会使财富的绝对水平更低。

总体来说，再分配尝试调配的数量越大，可用的财富总量缩水就越多。亚瑟·奥坤（Arthur Okun）将此比喻为用"漏桶"（leaky bucket）运水。[30]如果我们试图运送少量的水，我们将失去一点点，如果我们试图运送大量的水，我们将失去很多。[31]所以，核心问题是，为了实现分配的更大程度的平等，我们作为一个社会整体，愿意放弃多少现今和将来的财富？在实践中，我们必须依赖政治过程来寻求答案。

保持制度的价值

历史机遇以及有目的的个体和集体选择，把世界分成了不同的政体。国家政府在建立政治和经济的互动关系方面发挥着主导作用。国家政府从宪法中获取合法性，宪法包括正式的和非正式的，规定了居住在一定区域内的人的权利和义务以及行政人员在制定和执行法律时必须遵循的程序。从属于国家政府的政治辖区通常拥有自己的宪法（虽然这一宪法要经过上级政府的批准）。无论在国家层面还是次国家层面，这些宪法都为组织集体和个人决策提供了必要的规则。

这些宪法自身的合法性来源包括：对宪法的看法——宪法内容通过合理公平的方式提供秩序；宪法建立的本质，特别是在多大程度上赢得了被统治者的赞同；以及人们——通过移民入境和移居外国——选择另外的政体的自由。[32]因为宪法通过坚守来保持其合法性，所以使公共政策保持在公认的宪法原则之内是一种社会价值，而保护宪法免受政体之外的威胁也是一种社会价值。因此，促进国家安全的政策不仅可以通过提供公共物品来提高效率，而且也符合社会价值的要求。

在宪法框架之内，社会得益于人们的自愿守法。自愿守法降低了执行成本，这也反映并必定增强了政治系统的合法性。对公平的看法是有利于自愿守法的一个可能因素。例如，调查和实验室实验表明，认为税收系统公平的纳税人比认为它不公平的纳税人更容易遵从规定。[33]认为选址过程公平的人更容易接受自己的家乡附近有有害设施。[34]更为普遍地讲，这一点具有社会价值——使政策与对公平的一般看法相一致。这些看法与嵌入政策内部的执行程序以及政策被采纳的过程相关。[35]

如前所述，制度功利主义（institutional utilitarianism）的看法表明，保持或巩固如家庭一样的社会机构可能具有社会价值。但是，一个难题是人们对现存社会机构的内在价值持有不同看法。例如，有人认为妇女在传统家庭中通常起辅助作用，所以反对把保持妇女的辅助作用看做一种社会价值。

7.3 解释分配结果的注意事项

在将备选方案的分配结果与实质价值相联系之前，我们必须首先回答这一问题："分配什么，来源于谁，分配给谁？"[36] 即使暂不考虑一直存在的预测上的难题，回答这一问题也引发了很多概念上的问题，可能导致分配结果评估的不可靠。我们在此列出几点会在分配分析中出现的比较重要的问题。

测量问题

在市场经济中，金钱可以购买私人物品。个人收入、为了使用人们拥有的投入要素（劳动力、土地、资金）所支付的报酬，为购买力的测量提供了概念上可行的工具。但是，通常作为衡量工具的收入在几个方面背离了购买力，使分配分析更加复杂。

第一，并不是所有的财富都完全地反映在可衡量的收入之中。[37] 例如，房屋的所有权。如果所有者把房子租给别人，那么房子的价值就会反映在他们的收入中。如果他们在房中居住，即使他们从中获得了消费收益，他们的收入也不会反映出房子的价值。在概念上正确的衡量收入的方法是把租赁收入作为住自己房子的人的收入的一部分，而不把这样的收入归为财产，这就抓住了收入分配的真正含义。例如，很多老人收入很低，但是家中仍然拥有可观的投资财富。应该把他们和与之具有相同经济状况——可衡量的收入相同但没有自己的家——的人等同看待吗？表7—2 显示了在不同的收入定义下，2000 年美国经济福利的多种衡量标准，这一问题的答案对于评估老年人的经济状况具有重要的意义。"64 岁以上的贫困人口百分比"一行显示，当把可估计的家庭股本回报率（imputed return on equity）加入收入时，老年人贫困率从 6.8％下降到了 4％。（2）、（4）两栏的对比显示，社会安全和医疗保险（social security and medicare）使老年人中的贫困发生率显著降低。

第二，政府税收与转移项目改变了人们用来购买私人物品的可支配收入（disposable income）的额度。税后收入可以相对有把握地测量和预测。然而，扣除数额和为了达到应纳税收入所作的其他调整意味着拥有相同税前收入的纳税者可能拥有不同的可支配收入（disposable income）。表 7—2 的第三行给出了有力的说明，它显示了美国 20％的最低收入（最低收入五分位数）家庭的收入上限。栏（2）中显示的税前和转移前上限大约是栏（4）中显示的税后和转移后上限的一半。

就转移项目而言，现金福利（cash benefit）比实物福利（in-kind benefit）——如住房补贴（subsidized housing）和医疗保健必须有一个估算的美元价值——更容易被列入可支配收入。当转移项目的合格性取决于其他来源的收入时，对转移项目的累积影响的评估尤其复杂。这种手段测试（means-testing）可以产生这样的情况——转移前收入太多以至于不能合格的人比转移前收入低一些的人境况更为糟糕。例如，在美国为老人提供的一系列救济使得转移前收入在贫困线的一倍到两倍之间的老人——比那些拥有更高或更低转移前收入的老人——更容易受到经济和健康问题的冲击。[38]

表 7—2　　　关于贫困标准和收入分配的不同收入定义的影响（美国，2000）

标准	(1) 货币收入不包括资本收益，但包括政府现金转移（官方标准）	(2) 栏目(1)扣除政府转移	(3) 栏目(2)加上资本收益和补充工资收入的医疗保险	(4) 栏目(3)加上政府转移和非现金收益，扣除税款	(5) 栏目(4)加上可估计的家庭股本回报率
家庭收入中位数	42 151 美元	38 915 美元	41 198 美元	40 576 美元	42 814 美元
家庭收入平均数	57 047 美元	52 932 美元	59 459 美元	51 860 美元	54 227 美元
家庭收入最低五分位数的收入上限	17 931 美元	10 978 美元	11 366 美元	20 268 美元	21 536 美元
以家庭为基础的基尼系数	0.447	0.499	0.506	0.410	0.402
贫困人口百分比	10.1	17.4	16.7	7.5	6.8
家庭中的贫困人口百分比	8.6	14.5	13.7	5.9	5.4
18 岁以下的贫困人口百分比	14.6	17.1	15.8	9.5	9.1
64 岁以上的贫困人口百分比	8.2	46.1	45.6	6.8	4.0
女性支撑的家庭中（有未成年孩子且没有丈夫）的贫困人口百分比	32.1	38.2	31.7	20.6	20.0

资料来源：U. S. Bureau of the Census，*Experimental Measures of Income and Poverty Table of Contents*，Tables 1, 2, and 5.⟨*http*：//*ferret. bls. census. gov*/*macro*/032001*rdcall*/*toc. htm*⟩accessed on June 23, 2003.

第三，个人通常作为家庭成员来消费，但并不是所有的家庭成员都通过消费来贡献收入。更重要的是，为多成员家庭提供住房等基本物品所需的人均费用总体来说比单身家庭所需的人均费用更少。这说明，以家庭而不是以个人为单位进行收入比较，能够更好地反映基本消费机会。但是，家庭成员改变和定义比较困难的问题使得家庭收入在衡量经济福利方面的作用不太理想。[39]试想这样一种经济情况——由两个雇佣劳动者组成的一个家庭因为离婚可以被简单地分为两个家庭，就是说，平均家庭收入将因此减少一半（人均收入保持不变）。这样的大幅下降几乎必然地夸大了消费机会的减少（尽管也许不是社会福利的整体减少！）。更实际地说，改变人口统计模式（demographic patterns）——例如平均家庭人数和妇女劳动参与率的减少——久而久之也会影响家庭收入的比较。相似地，这些差异可能会影响总体中的不同群体之间的家庭收入比较。就定义问题而言，试想一个做兼职工作，大部分时间远离父母的大学生，在多大程度上可被视作一个新的家庭？

指标问题

分配的比较产生了选择适当测量工具的问题。理想的情况下，我们希望一个指标能够根据适当的分配准则进行等级分配。实现这一理想情况的困难在于没有单一的指标能够全面地概括分配，以及分配准则操作化的模糊性。

首先考虑描述分配这一问题。常用的集中趋势测量、中位数（中间值）、算数平均数（均值）都不能作为描述分配的平等程度的指标。如果收入在中位数以下的每个人的收入都有所减少，比如说减少一半，收入分配的中位数仍会保持不变；把从最贫穷的人那里拿来的钱给予最富裕的人，平均数也会保持不变；样本方差等以离均平方差（squared deviations from the mean）为基础的测量工具离衡量平等近了一些，但是无法区分很多人高于均值的分配和很多人低于均值的分配，而这一区分必然与几乎所有的对平等的评估相关。

一个常用的分配测量工具是基尼系数（Gini index），它与洛伦茨曲线（Lorenz curve）相关。[40]如图 7—1 所示，洛伦茨曲线根据收入把人口分层并提出这一问题：收入中的百分之几属于最贫穷的 $x\%$ 的人口？纵轴衡量收入百分比，横轴衡量人口百分比，收入分配呈一条曲线——以原点为起点，以代表 100％的收入属于100％的人口的点为终点。对收入的完全公平分配用一条连接这两点的直线表示。任何不完全公平的分配都会整体处于这条直线以下，基尼系数与洛伦茨图表中完全公平线（line of perfect equality）和洛伦茨曲线之间的区域成比例。基尼系数为 0 表明完全公平；系数越接近 1 说明越不公平。

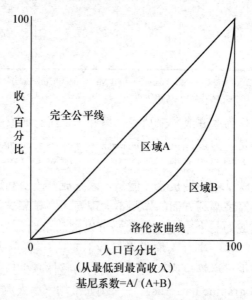

图 7—1　洛伦茨曲线和收入不公平基尼系数

回到表 7—2，第三行显示了多个收入定义下的基尼系数。栏目（2）中显示的税前和转移前基尼系数是 0.499，与栏目（4）中显示的税后和转移后的基尼系数 0.410 相比，大体上是较为不公平的。注意到将房屋净值（home equity）归为收入进一步把基尼系数降低到了 0.402，表明把房屋所有权考虑在内可以使美国的收入分配看起来更为公平。

基尼系数为比较收入的整体范围内的分配公平提供了一个十分具有吸引力的测量工具。但是，如果关注的分配价值是社会中最贫穷的成员的收入，我们也许更倾向于只关注分配的较低一端的其他的测量工具。例如，一种可能是最低收入五分位——拥有最低收入的 20% 的家庭——的收入百分比。另外，采用绝对的而非相对的视角使得测量——如需要把所有贫困家庭考虑在内的支付总数等——高于贫困线（poverty line）。在可被建构的可能指标中作出合理选择需要对所关注的分配的内在价值进行详细调查。

分类问题

指标可以为群体间平等提供测量工具。但是分配分析经常涉及这样的群体间平等——这些群体根据性别、种族、年龄和地区等要素加以限定。通常的做法是对比群体间收入的平均数或中位数。例如，收入对比通常在以下群体中进行：男人和女人，白人和非白人，成年人（65 岁以下）和老年人。从这样的组间对比中得出推断必须要小心谨慎，因为除了定义的特征，这些群体间在重要方面也存在差别。

例如，试想所观察到的白人和非白人之间在家庭收入中位数上的区别，如果这两个群体在教育成就、家庭结构和年龄分布等方面都相似，那么就能够为雇佣中存在种族歧视提供强有力的初步证据。但是，如果这两个群体在这些方面具有显著不同的特征，那么雇佣中存在歧视的推断就会弱很多。一个更适当的方法是在具有相同结构和教育成就的家庭之间进行收入对比。当然，教育区别本身也许就是由种族歧视产生的。

"沉默的受损者"问题

分配分析通常不能确定受政策影响的所有群体。尤其可能被遗漏的是"沉默的受损者"（silent loser），对于那些给他们带来损失的政策，这些人不能用言语表达反对意见。在最民主的政策系统里，控诉提高了损失至少被考虑到的可能性。保持沉默有被政治家和分析人士忽略的风险。

受损者无法反对的一个原因是他们作为个体遭受损失处于意料之外。在政策被采用的时候，他们没有预料到会成为受损者；当他们真正遭受损失的时候，反对能够带来的个人利益微乎其微。例如住房租金管制，分配分析通常关注于当前住户和当前房主，但另一个受损群体是潜在承租者，他们在将来某个时候希望住进社区但却无法实现，因为低于市场价格的租金把长期住户"锁定"在了租金管制单元，不利于投资者扩大租赁供给，并推动房主把出租单元转变成共管公寓（condominiums）。找不到寓所居住的个人通过反对获得个人收益的期望渺茫，所以没有动力去承担抗议的代价。

受损者无法反对也许是因为没有把他们的损失与政策联系起来。例如，在 20 世纪 70 年代石油价格冲击期间，美国和加拿大的石油生产价格管制通常以分配为理由——石油生产不允许牟取暴利，而且较高的石油生产价格给低收入消费者带来的损害比给高收入消费者带来的损害更多。但是，这种分配的描述忽视了遭受个人损失最多的群体：那些由于价格管制所导致的经济低效率而失业的人。[41]但是这些人与当时的很多政策分析者一样，一般没能把价格管制所导致的低效率与石油价格冲击期间的高失业率联系起来。

受损者会保持沉默，还有可能因为他们都还没有出生。例如，环境政策对后代的生活质量可能有显著影响。通常，如果这些问题的影响在不久的将来产生，人们都会把问题提上政策的议程。但是有些影响也许要经过很长一段时间才能为人所知。大气层中的二氧化碳浓度上升是一个被广为认可的经验观察事实，但这种上升趋势会通过温室效应导致未来全球持续变暖却不是一个人们都愿意接受的逻辑推理。在关于全球变暖的讨论中，后代的利益似乎受到了重视，尽管重视程度没有达到应有的水平。[42]那些注重未来环境影响的人，呼吁实施环境政策大量削减二氧化碳含量；那些相对保守的人，呼吁为了后代的财富，加强实施现有政策。

7.4　工具性价值

公共政策的终极目标是推动社会最优基础价值不断前进。因此在不同的资源约束条件下，实现政策的灵活性和确保其执行力十分重要。这就是人们十分推崇的工具性价值（instrumental values）。

政策的可行性

公共政策只有在正确采用和成功实施后才能对实体价值有直接作用。[43]在第11章中，我们会更详细地考察，政策分析者们在设计政策时如何评估和增加政策的灵活性。我们在这里简单地介绍一些与政策灵活性相关的概念框架。政策分析者通常把这些因素作为政策的价值标准。政策分配结果最关心民众对政治过程的参与。公共部门一般能从那些与他们利益密切相关的选民那里获得支持。这样他们就会更愿意推行选民支持的政策而不是选民反对的政策。这种情况通常导致人们对政策产生很大的分歧，并且这种分歧不一定有利于社会规范价值。例如，尽管更少的意见分歧会有利于效率价值的确立或者更公平的人均财富分配，但代理人通常会更关心涉及他们所代表地区的若干公共开支（public spending）的质量。结果就是，尽管价值观之间的分歧看上去不那么十分相关，最终也会对政策灵活性造成影响。

收入与支出

公共支出的水平通常会通过预算过程而具有某些方面的政治相关性。首先，公共收入快速增加一般会有经济成本和政治成本。因此，在其他条件不变的情况下，消耗直接公共支出更少的政策一般比较容易获得更多的民众支持。其次，因为政策的实质性效果往往很难预测，公众一般把支出水平作为代理指标，说明政府为解决具体社会问题所做的努力程度。例如，对大众来说，政府在"反毒品战争"（drug war）中的财政支出水平具有很大的象征意义。尽管财政支出水平的意义并不大，毕竟这种支持意味着政府会减少毒品滥用，并解决与此相关的其他负外部性问题。

一些公共决策制定者，比如行政管理领导层，面临着他们必须满足的严格预算约束。例如，立法机构必须把固定额度的资金分配到某个机构以推动某一新项目的实施，尽管立法机构不是资金供给者。实施新项目的相关政策也得保证，实现项目的支出不能大于分配到的预算额度。同样的道理也可以用来考察决策制定者受限于某些特定种类资源的情况，比如受限于人事规模、借贷授权等。政治家制定、实施政策的基本理念就是利用的资源不能超过其可得的量。

7.5　结论

我们已经确立了两类基本的公共政策基本原理：改善市场失灵，提高生产和商品、服务分配中的效率；对商品和机会的再分配以实现分配价值和其他价值。我们讨论的重心在于市场失灵。这不是因为效率比分配价值更重要，而是因为福利经济学的基本分析框架是积极预测和价值判断的有用工具。因此，各种各样的市场失灵通常可以作为模型来理解社会状况的不满程度是如何增加的，这些不满的状况可以怎样修正。

市场失灵与分配目标难以实现是政府干预的必要条件，但不是充分条件。我们必须时常考虑正确干预的成本。如果能够很好地预测市场失灵，我们就能够区分出一般性政府失灵是通过影响政府干预成本间接导致市场失灵还是直接导致市场失灵。我们将在下一章讨论政府干预的局限性。

复习思考题

1. 美国每年大约有 5 000 人会在等着器官移植的过程中死去。因此，死者的器官是极度宝贵的资源，理论上它的分配能决定一个人是生还是死。下面的哪些因素会影响对死者器官进行的分配呢？身体状况、手术成功率、地理位置、等待时间、支付能力、年龄、家庭状况和器官衰竭的行为原因。

2. 观察表 7—2 的最后三列，比较美国政治体系中年轻户主、老年户主和女户主的家庭，是否会在实体价值和工具性价值方面有所不同？

注释

1. Jeremy Bentham, *An Introduction to the Principles of Morals and Legislation* (1789) (Buffalo,

NY: Prometheus Press, 1988); John Stuart Mill, *Utilitarianism* (1861), in Alan Ryan, ed., *Utilitarianism and Other Essays: J. S. Mill and Jeremy Bentham* (New York: Penguin, 1987), 272–338.

2. John C. Harsanyi. "Morality and the Theory of Rational Behavior," *Social Research* 44 (4) 1977, 623–56.

3. John Rawls, "Justice as Fairness: Political not Metaphysical," *Philosophy & Public Affairs* 14 (3) 1985, 223–50, at p. 227; and John Rawls, *A Theory of Justice* (Cambridge, MA: Harvard University Press, 1971).

4. John Locke, *The Works of John Locke* (1700) (Westport, CT: Greenwood, 1989); Jean Jacques Rousseau, *Of the Social Contract* (New York: Harper & Row, 1984).

5. See, for example, Harsanyi, "Morality and the Theory of Rational Behavior." Ironically, under some assumptions about the nature of preferences, the two rules become indistinguishable. See Menahem E. Yarri, "Rawls, Edgeworth, Shapley, Nash: Theorists of Distributive Justice Re-Examined," *Journal of Economic Theory* 24 (1) 1981, 1–39.

6. Norman Frohlich, Joe A. Oppenheimer, and Cheryl L. Eavey, "Choices of Principles of Distributive Justice in Experimental Groups," *American Journal of Political Science* 31 (3) 1987, 606–36. We must be cautious, however, in interpreting these results because one recent study found that subjects' responses to redistributive questions are sensitive to the framing of questions and whether redistributive changes are seen as gains or losses. See Ed Bukszar and Jack L. Knetsch, "Fragile Redistribution Choices Behind a Veil of Ignorance," *Journal of Risk and Uncertainty* 14 (1) 1997, 63–74.

7. For a brief overview, see Amartya Sen, *On Ethics and Economics* (New York: Basil Blackwell, 1987). For a more detailed discussion, see Robert Cooter and Peter Rappaport, "Were the Ordinalists Wrong about Welfare Economics?" *Journal of Economic Literature* 22 (2) 1984, 507–30.

8. For an overview, see H. Peyton Young, *Equity: In Theory and Practice* (Princeton, NJ: Princeton University Press, 1994).

9. See Abram Bergson [as Burk], "A Reformulation of Certain Aspects of Welfare Economics," *Quarterly Journal of Economics* 52 (2) 1938, 310–34.

10. This point has been raised as a fundamental criticism of Bergson's approach to social welfare functions. See Tibor Scitovsky, "The State of Welfare Economics," *American Economic Review* 51 (3) 1951, 301–15. In the next chapter, we discuss this objection more generally as a fundamental problem inherent in democracy.

11. Colin Camerer, "Progress in Behavioral Game Theory," *Journal of Economic Perspectives* 11 (4) 1997, 167–88, at p. 169.

12. Ibid.

13. See, for example, Geoffrey Brennan and James M. Buchanan, *The Reason of Rules: Constitutional Political Economy* (New York: Cambridge University Press, 1985).

14. For a discussion of institutional arrangements from the perspective of welfare economics, see Daniel W. Bromley, *Economic Interests and Institutions: The Conceptual Foundations of Public Policy* (New York: Basil Blackwell, 1989).

15. Some recent examples: Amitai Etzioni, *Moral Dimension: Toward a New Economics* (New York: Free Press, 1988); Geoffrey M. Hodgson, *Economics and Institutions: A Manifesto for a Modern Institutional Economics* (Philadelphia: University of Pennsylvania Press, 1988); and James C. March and John P. Olsen, *Rediscovering Institutions: The Organizational Basis of Politics* (New York: Free Press, 1989).

16. On rule-utilitarianism, see Richard B. Brands, "Toward a Credible Form of Utilitarianism," in Michael D. Bayless, ed., *Contemporary Utilitarianism* (Garden City, NY: Anchor Books, 1968), 143–86. For a full development of institutional-utilitarianism, see Russel Hardin, *Morality within the Limits of Reason* (Chicago: University of Chicago Press, 1988).

17. See John C. Harsanyi, "Rule Utilitarianism, Equality, and Justice," Social Philosophy & Policy 2 (2) 1985, 115–27. He argues that the rule-utilitarianism provides a rational basis for deontological principles, such as rights and duties, by relating them to the maximization of social utility.

18. For an excellent review and extension of the literature on policy indicators, see Duncan MacRae, Jr., Policy Indicators: *Links between Social Science and Public Debate* (Chapel Hill: University of North Carolina Press, 1985).

19. Increasingly, aggregate economic income is being reported *as gross domestic product* (GDP) rather than GNP. GDP measures the output of goods and services produced by labor and property located within the country. Unlike GNP, it does not include net factor income from the rest of the world, a component of GNP particularly difficult to measure. For the United States, GNP and GDP tend to be very close.

20. For an overview, see Dan Usher, *The Measurement of Economic Growth* (New York: Columbia University Press, 1980).

21. These adjustments were suggested by William D. Nordhaus and James Tobin, "Is Growth Obsolete?" in Milton Moss, ed., *The Measurement of Economic Performance* (New York: National Bureau of Economic Research, 1973), 509–31.

22. See, for example, Jack F. Triplett, "Concepts of Quality in Input and Output Price Measures: A Resolution of the User-Value and Resource-Cost Debate," in Murray F. Fass, ed., *The U. S. National Income and Product Accounts* (Chicago: University of Chicago Press, 1983), 269–311.

23. For an overview, see Edward Foster, *Costs and Benefits of Inflation* (Minneapolis, MN: Federal Reserve Bank of Minneapolis, March 1972).

24. David E. Lebow and Jeremy B. Rudd, "Measurement Error in the Consumer Price Index: Where Do We Stand?" *Journal of Economic Literature* 41 (1) 2003, 159–201.

25. Public transfer programs almost certainly displace private charity. U. S. historical data suggests that the displacement may be as large as dollar for dollar. Russell D. Roberts, "A Positive Model of Private Charity and Public Transfers," *Journal of Political Economy* 92 (1) 1984, 136–48. State spending on welfare seems to involve displacement rates of about 30 percent. See Burton Abrams and Mark Schmitz, "The Crowding-Out Effect of Government Transfers on Private Charitable Contributions—Cross-Section Evidence," *Nation Tax Journal* 37 (4) 1984, 563–68. It also appears that public funding displaces fund-raising efforts. See James Andreoni and A. Abigail Payne, "Do Government Grants to Private Charities Crowd Out Giving or Fund-Raising?" *American Economic Review* 93 (3) 2003, 792–812.

26. Robert Haveman considers ways of redesigning the U. S. system of redistribution so that it is directed more toward equalizing opportunity. For example, he proposes the establishment of capital accounts that youths could use for education, training, and health services. Robert Haveman, *Starting Even: An Equal Opportunity Program to Combat the Nation's New Poverty* (New York: Simon & Schuster, 1988).

27. For thorough treatments of the "poverty line" issue, see Patricia Ruggles, *Drawing the Line: Alternative Poverty Measures and Their Implications for Public Policy* (Washington, DC: Urban Institute Press, 1990); and Constance F. Citro and Robert T. Michael, eds., *Measuring Poverty: A New Approach* (Washington, DC: National Academy Press, 1995).

28. For a discussion of this trend with respect to the economic well-being of the elderly, see Bruce Jacobs, "Ideas Briefs, and Aging Policy," *Generations* 9 (1) 1984, 15−18.

29. For a demonstration of the application of various measures of vertical and horizontal equity, see Marcus C. Berliant and Robert P. Strauss, "The Horizontal and Vertical Equity Characteristics of the Federal Individual Income Tax," in Martin David and Timothy Smeeding, eds. , *Horizontal Equity*, Uncertainty, and Economic *Well-Being* (Chicago: University of Chicago Press, 1985), 179−211. See also David F. Bradford, ed. , *Distributional Analysis of Tax Policy* (Washington, DC: AEI Press, 1995).

30. Arthur M. Okun, *Equality and Efficiency: The Big Tradeoff* (Washington, DC: Brookings Institution, 1975), 91−100.

31. For numerical estimates of how leaky the bucket may be, see Edgar K. Browning and William R. Johnson, "The Trade-Off between Equality and Efficiency," *Journal of Political Economy* 92 (2) 1984, 175−203; and Charles L. Ballard, "The Marginal Efficiency Cost of Redistribution," *American Economic Review* 78 (5) 1988, 1019−33.

32. For example, public support for the democratic regime in the Federal Republic of Germany has grown steadily since 1951. Russell J. Dalton, *Politics in West Germany* (Boston: Scott, Foresman, 1989), 104−106. Economic success under the regime surely contributed to its legitimacy. Probably the declining percentage of the population who lived through imposition of the regime at the end of the Second World War, and the growing percentage of the population that selected it through immigration, also contributed to growing legitimacy.

33. For a review of the evidence, see Keith Snavely, "Governmental Policies to Reduce Tax Evasion: Coerced Behavior versus Services and Values Development," *Policy Science* 23 (1) 1990, 57−72. See also Robert B. Cialdini, "Social Motivations to Comply: Norms, Values, and Principles," in Jeffrey A. Roth and John T. Scholz, eds. , *Taxpayer Compliance: Social Science Perspectives* 2 (Philadelphia: University of Pennsylvania Press, 1989); and Daniel S. Nagin, "Policy Opinion for Combating Noncompliance," *Journal of Policy Analysis and Management* 9 (1) 1990, 7−22.

34. Douglas Easterling, "Fair Rules for Siting a High-Level Nuclear Waste Repository," *Journal of Policy Analysis and Management* 11 (3) 1992, 442−75; Bruno S. Frey and Felix Oberholzer-Gee, "Fair Siting Procedures: An Empirical Analysis of Their Importance and Characteristics," *Journal of Policy Analysis and Management* 15 (3) 1996, 353−76.

35. On the relationship between process and substance, see Jerry L. Mashaw, Due Process and the Administrative State (New Haven, CT: Yale University Press, 1985).

36. See the editors' introductory chapter in Sheldon H. Danziger and Kent E. Portney, eds. , The Distributional Impacts of Public Policies (New York: St. Martin's Press, 1988), 1−10.

37. For an interview, see Eugene Steuerle, "Wealth, Realized Income, and the Measure of Well-Being," in David and Smeeding, eds. , Horizontal Equity, Uncertainty, and Economic Well-Being 91−124.

38. Timothy M. Smeeding, "Nonmoney Income and the Elderly : The Case of the 'Tweeners'," *Journal of Policy Analysis and Management* 5 (4) 1986, 707−24.

39. For a discussion of these problems and others related to income measurement by the U. S. Census Bureau, see Christopher Jencks, "The Politics of Income Measurement," in William Alonso and Paul Starr, eds. , The Politics of Numbers (New York: Russell Sage Foundation, 1987), 83−131.

40. For a detailed discussion of these concepts and other indices of equality, see Satya R. Charkravarty, *Ethical Social Index Numbers* (New York: Springer-Verlag, 1990).

41. See George Horwich and David L. Weimer, *Oil Price Shocks*, *Market Response*, *and Contingency Planning* (Washington, DC: American Enterprise Institute, 1984), 104-107.

42. For very different arguments leading to the conclusion that even if politically accepted as the basis for public policy, welfare economics as currently conceived would not give adequate attention to the interests of future generation, see Peter G. Brown, "Policy Analysis, Welfare Economics, and the Greenhouse Effect", *Journal of Public Policy Analysis and Management* 7 (3) 1988, 471-75; and Daniel W. Bromley, "Entitlement, Missing Markets, and Environmental Uncertainty," *Journal of Environmental Economics and Management* 17 (2) 1989, 181-94.

43. Even rejected policies sometimes contribute indirectly to substantive values by serving as vehicles for educating the public and policymakers. See Carol Weiss. "Research for Policy's Sake: The Enlightenment Function of Social Research," *Policy Analysis* 3 (4) 1977, 531-45; and Patricia Thomas, "The Use of Social Research: Myths and Models," in Martin Blumer, ed., *Social Science Research and Government*; *Comparative Essays on Britain and the United States* (New York: Cambridge University Press, 1987), 51-60.

公共干预的限制：政府失灵

　　每个社会都是通过个人选择与集体选择（individual and col-
lctive choice）相结合的方式来进行物品的生产与分配的。大多数
个人的选择通过对市场的参与以及其他自愿交易进行表达，它们
推动了有关社会价值如效率和自由的发展。但是某些个人选择，
例如产生在我们看来是市场失灵情况下的选择，则以某种可预测
的方式损坏了社会价值。通过政府组织实施，进行集体选择至少
提供了一种可能性，使我们能够纠正个人选择的某些可以被感知
的缺陷。但是正如个人选择有时不能在可预测的途径促进预期社
会价值一样，集体选择也同样如此。所以，制定公共政策不仅要
充分理解市场失灵，还应该了解政府失灵。

　　社会科学至今还没有提出一种政府失灵理论，使之和市场失
灵理论一样被全面或广泛地接受。事实上，我们需要把几种相对
独立的学派集合在一起。[1]社会选择理论（social choice thoery）
关注的是投票规则和其他集体选择机制的运行，我们从中可以知
道民主的缺陷。从政治学的很多领域，我们都认识到了代议制政
府的问题。公共选择理论（public choice theory）和有关组织行
为的研究能帮助我们理解在政府的分权系统（decentralized sys-
tem）中执行集体决策（collective decisions）的问题以及用公共
机构生产和分配物品的问题。把这些领域的见解、观点集中起
来，能帮助我们认识到这样一个事实：即便是拥有最聪慧、最诚
实和最具献身精神的公职人员的政府，也不可能在所有情况下都
能促进社会的良性发展。

作为政策分析家，我们应该对有关政府干涉私人事务的提议持谨慎态度。某些市场失灵产生的原因仅仅在于成本太高因而难以纠正；一些分配目标也可能由于成本太高因而难以实现。更基本的原因在于，我们确实无法预知政府干预（public intervention）的结果。显然，虽然政府常常无法推进社会的良性发展，但是政府失灵理论并不像市场失灵理论那样全面和有说服力。虽然它对在通过公共政策追求社会价值方面可能遇到的一般问题，提出了一些重要的警告，但政府失灵理论的发展仍不完善，无法让我们精确地预测具体的政府干预所产生的结果。所以，通过政府干预完善社会的想法应该被逐步"降温"，我们应该意识到，干预的成本可能会超过干预所获得的收益。

在接下来的讨论中，我们把政府失灵归因为政治制度的四个一般的固有特征：直接民主制、代议制政府、官僚主义供给和分权政府。除了本身在概念上具有重要意义之外，这些特征对政策分析家而言还具有不同程度的操作性。直接民主制（direct democracy）的特性处于一个极端，这提醒分析家，使他们对选举和公民投票的结果持怀疑态度，并使他们无法得知这些结果能够为有效的政策提供明确的信息。另一个极端是官僚主义供给（bureaucratic supply）和分权政府（decentralized government）特性，它们帮助分析家预测了一些在执行公共政策时可能会遇到的问题。对代议制政府特征的理解有助于分析家们决定和改进其首选的政策选择的政治可行性。虽然我们根据这一方法注意到了政府失灵的某些实际含义，但是我们在本章的首要目的是提出一个理论框架，来帮助那些必须在充满政治复杂性的世界中工作的分析家们。

8.1 直接民主制的固有问题

在历史的进程中，社会使用了不同的机制来进行社会选择。君主制（monarchies）、独裁制（dictatorships）都是以一个人或少数人的偏好支配了整个社会选择，它们在许多国家都纷纷让位于基于更广泛的公共参与的制度。普遍的成人投票已经被视为民主的基本要素，而民主本身更成为很多国家的一项具有重要社会价值的传统。在民主制度中，投票成为了一种将个人偏好与社会选择相结合的机制。

如果投票是一种能够集中个人偏好的完美机制，那么政策分析家的工作就会变得相当简单。关于公共物品供给问题、合理的再分配水平问题、私人行为的公共规范问题，都可能通过公民直接投票，或者间接选举出作为决策代理（surrogate decision makers）的代表进行回答。但是，大的工业国在生产过程中的大量问题中，除了最重要的问题外，其他的问题采取公民投票的方式都很难行得通。即使当今通信技术的发展已经极大地减少了选举的逻辑成本（logical cost），但公民了解这些问题还需要时间和其他一些成本。这些投入限制了直接投票的吸引力。希望通过投票来揭示社会价值，就会遇到一个更基本的问题：没有一种投票办法是既公平又一致的。

投票悖论

假设一个校务委员会同意通过投票来决定学校的预算规模。该委员会可在三组可能的预算选择中进行两两投票，将其结果作为预算的基础：低端方案（不讲排场）、中端方案（与该地区的其他学校保持一致）和高端方案（一切都是最好的）。根据对三种可选预算的偏好，可以区分出三个投票者团体。温和主义者（moderates）就是那些自己的孩子在学校念书，而同时又把财产税视为一项重负的人，这类人的首选是中端方案，第二选择是高端方案，低端方案则是他们最不喜欢的预算选择。财政保守主义者（fiscal conservatives）认为学校是在浪费他们的税款，他们宁可要低端方案也不要中端方案，宁可要中端方案也不要高端方案。第三团体是有效教育者（effective schoolers），他们希望自己的孩子接受最好的学校教育，所以他们更偏爱高端方案。但是，如果高端方案没被选中，那么他们将会把孩子送进私立学校。所以他们的第二选择是低端方案，而第三选择是中端方案。

表 8—1 总结了投票者在三种不同议程下的政策选择。议程 A 给出了投票者第一轮高端方案对低端方案的结果。因为温和主义者和有效教育者比较偏爱高端方案，于是高端方案赢得了 65% 的选票。在第二轮中，高端方案作为第一轮的赢家，与中端方案进行比较。由于温和主义者和财政保守主义者比较喜爱中端方案，中端方案赢得了 80% 的选票，并因此被选中。议程 B 令中端方案与低端方案在第一轮中相争。低端方案赢得了 55% 的选票，但在第二轮中输给了高端方案。结果是高端方案当选为预算选择。最后在议程 C 中，中端方案在第一轮击败了高端方案；但第二轮中低端方案战胜了中端方案，因此低端方案当选为预算选择。如此这般，每一种议程产生的社会选择都是不同的！

表 8—1　　　　　　　　　　　投票悖论的解说

投票团体	对学校预算水平的偏好			支持率（%）
	第一选择	第二选择	第三选择	
温和主义者	中	高	低	45
财政保守主义者	低	中	高	35
有效教育者	高	低	中	20

议程 A（结果：中）
第一轮：高对低　　　高胜出 65% 对 35%
第二轮：中对高　　　中胜出 80% 对 20%
议程 B（结果：高）
第一轮：中对低　　　低胜出 55% 对 45%
第二轮：低对高　　　高胜出 65% 对 35%
议程 C（结果：低）
第一轮：高对中　　　中胜出 80% 对 20%
第二轮：中对低　　　低胜出 55% 对 45%

如果我们考虑到一些投票者有可能是机会主义者，那么情况将会变得更加复杂。例如，考虑财政保守主义者可能怎样试图操纵议程 B 中的结果。如果他们能合理评估那些温和主义投票者与有效教育投票者的比例，那么他们就可以预测到低端方案将在第二轮中彻底输给高端方案。如果换一下，第二轮让中端方案和高端方案一组，那么中端方案就会胜出。宁愿要中端方案而不要高端方案的财政保守主义者就可能决定在第一轮中投票给中端方案，即使他们比较偏爱低端方案。如果别的投票者保持他们的真实偏好不变，那么中端方案就将在第一轮中以 80％ 的大比例胜出，并于第二轮中再以 80％ 的高比例击败高端方案。最终，通过这种机会主义投票方式，财政保守主义者将能够避免他们最不喜欢的选择当选，也就是原本应产生的高端方案选择。因为这种机会主义投票要求人们意识到，有时通过在首轮投票中反对自己的真实偏好，能够得到一种令人较为满意的最终结果，政治科学家通常把这称为"世故的投票"（sophisticated voting）。

当然，其他投票者也有可能通过在第一轮投票中故意扭曲自己的真实偏好，以操纵投票结果。所以，最终社会选择将不仅取决于议程，更取决于人们参与投机投票的程度。我们常说的投票悖论是不确定性的中心问题。它使得人们对投票结果产生了怀疑，是否投票结果真的代表了"人民意愿"呢？

投票悖论最早是 18 世纪由法国数学家和哲学家康道塞（Condorcet）发现的。尽管此后被查尔斯·道奇森（Charles Dodgson）、刘易斯·卡洛尔（Lewis Carroll）和其他人再次发现，但它与民主制度研究的相关性直到第二次世界大战之后才被广泛认可。[2] 只要投票悖论被视为特定投票方案的一种特殊结果，学者就会认为它是一种奇怪现象而不予理会。但是在 1951 年肯尼斯·阿罗（Kenneth Arrow）证明，任何一种满足一套基本公平条件的投票规则都可能产生不合逻辑的结果。[3]

阿罗的一般可能性定理（general possibility theorem）适用于任一选择规则，在该选择中，两个或两个以上的人被要求从三种或更多种备选方案中选择一种政策。它假定我们要求被选出的方案至少满足以下被视为公平的条件：第一，允许每个人对可能的政策选择的偏好具有可传递性 [非限制域原则（axiom of unrestricted domain）]。可传递性（transtivity）意味着：如果对选择一的偏好超过对选择二的偏好，而对选择二的偏好超过对选择三的偏好，那么对选择一的偏好便超过对选择三的偏好（个人可传递原则）。第二，如果大家一致偏好第一种方案甚于第二种方案，那么选择规则就不会选第二种方案 [帕累托选择原则（axiom of pareto choice）]。第三，任何两种选择的排序不应被其他可获得选择左右或决定 [独立性原则（axiom of independence）]。第四，该规则不允许任何人使用专制强权强制实行自己的偏好而无视他人的偏好 [非独裁统治原则（axiom of nondictatorship）]。阿罗定理说明，任何一种公平选择规则（满足以上四个原则的规则）都不能确保一种政策选择在社会排序上呈现可传递性。换句话说，循环性（cyclical）（不可传递）的社会偏好，例如在投票悖论中出现的偏好，可能会产生于任何一种所谓公平的投票制度。[4]

阿罗定理对于民主制度意味着什么呢？第一，因为循环性可能产生于任何一种公平投票方案，那么某些掌控议程的人就有很大的机会去操纵社会选择。回到表8—1，请注意，哪怕只有 20％ 的投票者偏爱高端方案，但如果按照议程 B 操作，结果也会是高端方案。更一般地说，在涉及大于一维的政策备选方案的宽范围情况下（如选择税率和税单演变），一旦社会排序在某个环节产生了循环，控制议程的那个人就能够挑选一系列两两投票，以确保这些备选方案中的任何一种成为最终选择。如此一来，在一个人能够评估某方案是否反映大多数人的意愿的程度之前，那个人就必须知道最终投票结果以及该结果是如何得到的。[5]

　　图 8—1 的模型显示了三名立法人员对社会开支与国防开支（social and defense spending）组合的不同的政策偏好。同时，在这种背景下给出了一个图示，以展示他们是如何操纵议程的。[6] B_1、B_2、B_3 分别是三位立法人员的理想点（ideal points）或者说是满足点（bliss points）。例如，一号立法人员最想要的社会计划开支为 S_1、国防开支为 D_1。如果假定每一名参加投票的立法人员都想让组合点更接近自己的满足点，而不是远离，那么每个投票者将具有环形的无差异曲线（indifferent curve）。图中显示的无差异曲线穿过了代表现状的点（即开支组合 S_{SQ} 与 D_{SQ}），并给出了每位参与投票的立法人员的满意度与现状相等的所有的开支组合。一位立法人员的无差异曲线内的任意一点都比曲线上的点更接近于其满足点，从而优于保持现状。请注意，透镜形阴影部分面积被称为赢集（win sets）（以 W_{13}、W_{12} 和 W_{23} 标记），它代表了大多数立法人员（三人中有两人）与现状相比更为喜爱的点的集合。假设：一号立法人员具有议程权（agenda power），即只有此人能提议某项替代现状的选择方案。如果他提出自己的满足点 B_1，则 B_1 将赢得大多数选票，因为它正好位于 W_{13} 的阴影范围内。最终，通过控制议程他能够获得自己最想要的开支选择。

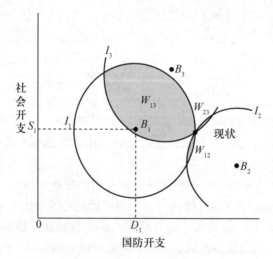

图 8—1　在一个二维政策空间中的议程控制

　　第二，对于参加投票的立法者来说，引入那些产生循环的备选政策往往是一种颇具吸引力的策略，否则他们将会看到一个不合意的社会选择。例如，威廉·瑞克（William H. Riker）明确地指出，美国在 1819 年后将奴隶制（slavery）作为一个重要的全国性议题引入，可以被认为是北方辉格党（Whigs）（即后来的共和党之前身）为了分裂当时在全国十分强大的民主党所做的一系列尝试中最终成功的方法。[7]瑞克接着又给出了一个非常重要的概括：顽固的失败者具有引入新议题的动机，企图创造投票循环，从而获得一个在由此导致的非均衡时期打败优势联盟的机会。由于这种动机，我们应该知道为什么投票循环要比只是由个人偏好的机会联盟无意产生的更为常见。换言之，当赌注很高时，很可能产生政治不均衡及其附带的社会选择含义的解释问题。

偏好强度和偏好束

假设一个社会决定：每个公共政策问题都要通过公民投票的方式来决定。如果人们在每个问题上都按照自己的真实偏好进行投票，也许产生的社会选择结果既是帕累托无效的，又是分配不公的。例如，一项议案考虑建造一条经过居住区的高速公路。如果能引导每个人如实说出他们对公路价值的评价结果，我们也许会发现大多数人都愿意为建造公路支付一少部分钱，而少数人，或许是该道路沿线的居民，会要求高额的补偿，从而保持自己的生活质量在公路建造之后不会发生改变。如果多数人愿意支付的总金额达不到赔偿少数人所需的总金额，那么该方案就不是帕累托最优的，甚至连潜在的帕累托最优也不算。除此之外，多数人会认为这个方案不公平，因为这个议案使得少数人承担了较高的成本。但是，如果所有的人都以自己的真实偏好进行投票，那么在少数服从多数的规则之下，这个方案就会在公民投票中被采纳。

当然，并不是多数派中的每一个投票者都必定会严格按照个人利益进行投票。有些人可能投票反对这个不甚公平的议案，也有一些人可能担心这种议案一旦通过会产生一种先例，成为一些（日后）不公平政策的辩护。因为他们也有一天会处于少数人的境地。但是，如果没有了这些限制，直接民主制能够导致多数人的暴政（tyranny by the majority），所导致的结果要么是多数派会长期把成本强加于少数派头上，要么是暂时的多数派趁机把很高的成本强加于暂时的少数派头上。

多数派还可能会在无意间把高额的成本强加于少数派，因为选举体制并不能让人们表达其对某一议案的偏好强度（preference intensity）。不管某个人有多么讨厌一项提案，他都只能投一张选票。即使多数派中的人们想要考虑少数派的利益，他们也不能保证少数派是否诚实地显示了其偏好强度。事实上，少数派中的人们有动机对厌恶强度高的议案进行过度的表述，这也许只能通过维持某种可信水平的需要来进行制约。这种选择的特性可以与私人物品市场的特性进行比较。在私人物品市场中，人们在不同价位之下的不同购买量的组合可以大致准确地表达人们对此物品的偏好强度。

多数人的暴政的危险在于：公民投票的民主制是基本不能令人满意的；现代公共政策的复杂性使得它难以实施。也许一个最接近直接民主制的社会是一个当选的决策者服从选民罢免的社会。这个决策者至少有一定的机会制定一些考虑到少数人强烈偏好的政策，并且如果偏好强烈的少数派组成随议题而变化，他就会有这样做的动机。否则，两个或更多的极端少数派可能形成一个赞成罢免的新多数派。

候选者将在由对重大政策议题的各种立场组成的平台上，竞选某一公职。投票者将必须评估每位候选人提出的一系列政策立场。不同的投票者可以凭不同理由投票给同一候选人。实际上，一个在每个重大议题上都持少数派立场的候选人也许仍会当选。例如，由 1/3 的选民组成的自由贸易者投票给某位候选人，也许是由于他在贸易政策上的立场，这在他们看来是最为重要的，即使他们不喜欢他在所有其他问题上的立场。由另外 1/3 的选民组成的投票者也许不喜欢他在贸易政策上的立场，但由于他在国防开支上的立场，还是把票投给他，那在他们看来是最为重要的问题。这样，即使大多数投票者反对他在包括贸易和国防开支等所有问题上的立场，他仍可能赢得此次选举。民主的一般内涵是指每当人们必须对一揽子政策（a bundle of policies）进行投票时，取胜的一揽子政策中不一定每项特殊政策都代表了大多数人的意愿，甚至压倒性胜利也并不代表获胜者的政策代表"来自人民的指令"（mandate from the people）。

作为权力制衡的民主

投票悖论、具有强烈偏好的少数派的可能性以及一揽子政策问题显示了民主制作为一种社会选择机制存在的缺陷和不完整性。作为政策分析家，我们必须认识到民主程序不会总是提供给我们对社会价值的真实评价。也许根本不存在一致的社会价值；也许通过全民投票也无法发现它们。因此，表面上遵循"人民意愿"的政府不会总做好事。

尽管存在这些固有的问题，直接民主制还是显示了一些优点。参与机会鼓励公民了解公共事务。实际参与可以使公民更愿意接受他们曾反对的社会选择，因为他们毕竟有过被倾听的机会和参与的机会。的确，公民投票至少可以提供一种使分裂的政治问题暂时搁置的方法。例如，1980 年和 1995 年的魁北克公民投票使主权问题至少看起来缓和了好几年，否则它很可能成为一个爆炸性问题。再如，1975 年对欧洲经济共同体（European Economic Community）成员资格问题在英国进行的公民投票，在强烈反对声中以赞成继续参与的结果得以解决。[8]

然而，民主制的另一个特征使它比别的社会选择机制更为可取：它通过给选民一定机会去推翻负担过重的政策和罢免不受欢迎的决策者，对权力滥用提供了制约。正是这种"赶走无赖"（throw the rascals out）的能力从根本上赋予了民主制内在社会价值。民主制度并不总能导致好的政策，更不用提"最好的政策"，但是它提供了纠正最坏的错误的机会。虽然我们不能指望通过民主程序产生良好的公共政策，但作为政策分析家，我们仍然应该认识到民主制度在维护自由上所扮演的重要角色。也许民主制度不能保证我们受益于一个真正仁慈和英明的政府，但它能帮助我们免受邪恶或愚蠢的伤害。

8.2 代议制政府的固有问题

在现代民主制度中，选民的代表实际制定并执行公共政策。虽然各国宪法所规定的具体安排差别很大，但在大多数民主制度中，投票者选出立法或行政部门有时甚至是司法部门的代表。通过审批法律，立法机构在公共政策的制定中扮演着最重要的角色；通过监督预算以及政府的日常运行，它还扮演一种管理角色。最高行政长官行使管理责任，包括任命政府机构的高级官员。当行政部门的成员进行立法解释时，比如当机构领导在广泛授权之下发布管制某方面的商业条令时，他们就是在制定公共政策。除此之外，他们也许会提出影响立法议程的议案。司法部门的成员除了判断法律是否与宪法相违背之外，也能解释法律。这些立法委员、行政官员和法官常被当做"公仆"（public servants），他们在所谓公共政策的政府决策中代表了社会中的其他人。

在促进他们良好社会观念的行动与反映其选民偏好的行动之间，代表们经常面临两难选择。[9] 例如，一名立法委员可能相信建立一种安全的核废料处理装置是全社会所希望的，而最佳地点就是他所在的选区。那么如果他选区内的居民一致反对这个建议，他是否还应该支持该装置的建立？一方面，我们可能赞成他对该装置的支持，因为这与提高社会总福利的目标相一致。而另一方面，我们也可能赞成他对该装置的反对，因为这与保护该选区人民不承担集体行为造成的成本相一致。我们没有明确的手段来解决这种困境，这一事实也暗示了我们：评价代表的行为也是困难的。

三种因素极大地影响了代表们实际的行事方式。第一，代表们有他们自己的个人利益。如果认为代表不考虑他们自己及其家庭的福利，那么这种想法也未免太天真了。当选的代表也许受到地位和职务津贴的激励，通常试图再次竞选或参选更高的职位。候选人也总是在努力使自己获得的选票最大化。这个令他们实际赢得多数选票的概率最大化的策略，要求他们更关注大多数能作出反应的选民的利益，而对那些可能不参加投票，那些可能根据党派、种族背景或其他一般考虑因素进行投票的人们的利益不加以更多的关注甚至忽视。同样，当选的和被任命的政府行政官员会努力寻求其职业安全性（career security）和在职业生涯中的晋升，并追求使机构管理更为容易的职业环境。一般而言，代表们的个人利益往往促使他们对选民的要求作出回应，其结果是远离更为广义的社会福利。立法者往往更为强调其选区的收益，而忽视总体的社会成本；政府行政官员往往看重其机构所使用的资源的价值，而不是这些资源对社会效益的贡献。

自利（self-intrerest）还引发了个人代表的投票行为与利益集团的财政（或非金钱形式的）竞选资助之间的关系问题。代表们从事政治活动所需的资金投入越来越大。如果财政资助（financial contributions）改变了代表们的投票模式，大多数公民和伦理学家就会把这种行为当做一种导致政府失灵的根源（虽然有些人认为，只要收买的选票是被选民购买的，那么它只是表达了他们强烈的偏好）。确实，如果选票收购（vote-buying）广为流行，它就可能对总的效率（尤其是动态的总体效率）具有负面影响。[10] 重要的是我们也必须意识到：其他非金钱形式的投入与使用金钱对竞选进行直接资助所产生的结果是一样。[11] 政治腐败会威胁到对产权的信心，导致高成本的公民投机行为。从根本上说，腐败会威胁到所有国家制度的合法性。

但是如何判断财政资助对政治行为的实际影响还是有疑问的，因为它难以从一种备选的、较为良性的假设分离出来：财政资助者支持的是与其想法一致的政治家。两种假设都符合财政资助和投票行为之间的正相关关系。

一些研究者确实发现投票模式与财政资助之间存在一定的相关性（correlations）。[12] 另一些研究者仅仅注意到资助的确买到了接近代表们的权力，并指出这种接近权购买的一定是某种具有实体性质并看得见摸得着的东西。[13] 也有学者认为，区分这两种假设的策略在于：现任者宣称不会再次参与竞选之后，检查他们的行为。如果代表们按偏好投票，那么在退职声明之后，他们应该不会改变自己的行为；如果他们受到了资助的影响，那么他们应该转而投票支持资助者的偏好。利用这种数据，史蒂芬·波洛纳斯（Stephen Bronars）和约翰·洛特（John Lott）宣布："我们的试验有力地反驳了竞选资助购买了政治家们的选票这一观点。"[14]

第二，个人必然要承担监管代表行为的成本。考虑到财政和时间的约束，个人通常不会认为表达政治偏好或严格监督代表的行为是对自己有利的。政府的管辖范围越广，全面表达和监督的成本也相应越高。那些真正监督的人具有特别强烈的政策偏好，而这类偏好以他们的意识形态或经济利益为基础。结果是，代表们受到的批评，恰恰是更多的来自那些偏好与其广大选民不同的集团。因此，与一个完备信息与零监督成本（costless monitoring）的世界相比，这些利益集团对代表们的影响更大。

第三，政党的纪律与规范可能会制约个人代表们的自利性行为。就联邦议会和州议会而言，人们常认为美国的政党纪律较弱。例如，第 102 届国会中仅有约 50％的参议员成员参加投票，而且 60％的议员具有一个特点，即一个政党中多数派投票反对另一个政党中的多数派。[15] 在许多其他国家中，尤其是议会制国家中，政党纪律较为严格。这是因制度上的差异所引起的：竞选的资金控制更为集中，提名控制也更为集中，同时，在议会制度中，内阁政府本身就有集权的特征。

在以下几节中，我们将探讨不完全受其选民监督的利己主义代表们之间的密切关系。这些密切关系应该被当作普遍倾向。不是所有的代表无论何时都根据自己狭隘的私利行事。一些人具有强烈的政治偏好，这些偏好有时会引导他们采取一些政治代价高昂的立场（当然，他们这样做时，是冒着有可能被迫离职的风险的）。分析家们有时能根据原则得出这类代表的一般动机。但是在更多情况下，分析家们发现在代表之间存在一些联盟，这些代表们的私人利益恰好能够引导他们转向分析家们所认为的好的政策。

寻租：分散利益和集中利益

大多数人对他们的代表并不太关注，在这种情况下，少数的政治积极分子就得到了机会，并由此产生了与其人数不相称的影响。通过提供信息，积极分子有可能说服代表们支持他们的立场，并在政界更有效地拥护他们。政治积极分子承诺帮助候选人取得选民团体的选票并为他们提供竞选资助，通过这些方式，他们也许就能改变参与改选的代表们对社会品质的理解——至少代表们的政策选择看起来是如此。

谁有可能成为政治上的积极分子呢？毫无疑问，一些人具有强烈的责任感去推动社会品质的发展，他们不计个人的得失，勇于承担责任，去表达对公共政策问题的看法。但是一般而言，个人的利己主义更显著地起到了促进政治参与的作用。如果我们遵循经济人的假设，那么一个人从某项政治行为中获得的预期净收益越大，则此人从事此项行为的可能性也就越大。将巨额总收益广泛且平均地分散给选民的政策有可能无法获得积极的政治支持，因为对于任何个人而言，这种政治行为的成本大于预期收益（即如果政策被采纳时的个人收益，可以根据该政治行为将导致政策被采纳的概率进行加权计算）。同理，没有哪个人会为了自己的利益去反对广泛分摊成本的政策。与此相反，当政策涉及集中成本或集中利益时，至少有些人可能会发现成为政治积极分子对自己有利。假设代表们或多或少都会对政治行为有所反应，个体理性的结果将是偏向于带有集中效益并远离集中成本的政策的集体选择。这一偏向打开了总成本高于总效益的政策之门。

当政府干预市场时，会产生集中的经济效益（和分散的经济成本）。这种干预所创造出的经济效益一般以租金的形式来表现——即支付给资源所有者的款项超过这种资源在任何可替代用途上所能获得的收益。为这种干预所进行的游说行为被称为寻租（rent seeking）。[16]

利用政府来限制竞争也许是最早的寻租形式（这种方式将确保对竞争的合法限制会产生垄断租金，如图 4—6 所示）。在早些时候，国王通过分享来自受利臣民的垄断租金而获得收益。在现代社会，那些寻求地方性垄断，如有线电视特许权（cable television franchises）的人们则产生行贿行为，这种行为滋长了地方公职人员的腐败。该行业经常试图通过政府批准的特许证的方式实行限制进入，从而把此行业的工资维持在一个较高的水平——如果这种准入政策不提供相应的补偿收益，如信息不对称性的减少（第 5 章所述），那么该行业就会以消费者利益为代价而获得租金。国内制造商经常进行游说，目的在于向外国进口物品征收关税和进行配额管理，以便能够以较高的价格售出它们的产品。通过限制国外竞争，关税和配额从国内消费者身上提取租金，同时为国内制造商提取租金（具有讽刺意味的是，也为外国生产商提取了租金）。

某一行业中的公司也许会寻求管制，因为它们把管制视为一种限制竞争的途径。[17]例如，扩大美国制药行业的联邦管制的三个重要法律，得到了那些认为自己能够比它们的竞争对手更容易达到标准的企业的支持。[18]即使最初行业是反对管制的，它们的集中利益也会促使它们游说管制者；结果可能是"获得租金"。例如，美国州际商务委员会（ICC）最初主要是为应对铁路的反竞争实践而创建的。[19]然而到了 20 世纪 20 年代，ICC 与铁路的利益关系是如此一致，以至于它努力保护铁路业免受日益增长的货车运输业的竞争威胁。[20]

　　有时政府通过直接设定市场价格的方式为生产者生成租金。例如，许多国家对小麦、牛奶和蜂蜜等特定农产品设定最低价。图 8—2 解释了租金转移支付以及这种支付所产生的净损失。没有最低限价时，市场价格 P_0 之下的供求量为 Q_0。在强制性的最低限价 P_S 之下，需求量降为 Q_D。能够卖出其产品的企业从消费者那里提取了一定的租金，相当于矩形 $P_S P_0 cd$ 的面积。与降低的消费水平有关的消费者和生产者剩余损失还产生了一定的净损失，相当于三角形 abd 的面积。同时，在最低限价 P_S 时，生产者愿意供应的量为 Q_S。因此，为了维持最低限价，政府必须消除市场中多余的供应量。如果按最低的边际生产成本向农民分配产量配额，那么社会剩余损失将正好等于净损失，即阴影部分 abd 的面积。如果政府购买相当于 Q_S 和 Q_D 之间的差量，并将其分配给那些对消费的评价低于最低限价的消费者，那么社会剩余损失等于阴影部分 aeg 的面积。如果政府购买了超额产量并将其销毁，那么社会剩余损失就等于阴影部分 $Q_D dag Q_S$ 的面积。

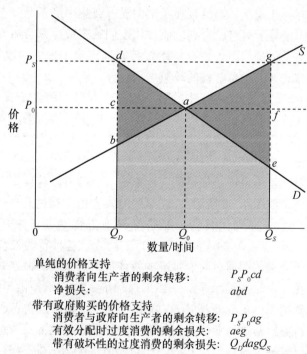

单纯的价格支持
　　消费者向生产者的剩余转移：　　　　　　$P_S P_0 cd$
　　净损失：　　　　　　　　　　　　　　　abd
带有政府购买的价格支持
　　消费者与政府向生产者的剩余转移：　　　$P_S P_0 ag$
　　有效分配时过度消费的剩余损失：　　　　aeg
　　带有破坏性的过度消费的剩余损失：　　　$Q_D dag Q_S$

图 8—2　价格支持下的剩余转移和净损失

　　在美国，价格支持导致的租金转移和效率损失量有时会非常大。例如，威廉·卢梭（William Rousser）曾报告说，在 20 世纪 80 年代中期，小麦、玉米、棉花、花生和乳制品的价格支持计划会受每年经济和财政状况的影响：补贴给消费者的成本在 32.7 亿~45.7 亿美元之间；给生产者的转移支付在 128 亿~149 亿美元之间；补贴纳税人的成本在 135 亿~157 亿美元之间；而社会净损失在 19 亿~74 亿美元之间。[21]他也报告说，在这一时期，公共部门的援助占农民总收入的比例为：小麦 36.5%、牛奶 53.9%以及糖类 77.4%。[22]对糖类、牛奶和水稻而言，90%以上的补贴是掠夺性的（从其他部门转移而来），这与生产性的（交易成本缩减、信息提供、研究等）政府政策形式相反。[23]

价格支持（price support）这一类的计划一般说来只会产生暂时的租金转移支付。如果农民认为政府将永久地保证一个高于市场出清（clear price）水平的价格，那么土地的价格就将升高，因为土地的价值可以反映其产出的更高价值。具体地说，土地的价格将反映未来租金的现值。因此，在引入价格补贴之后，农民出卖土地就会得到全部租金。新来的所有者必须支付其购买量的债务，他无法实现任何高于正常回报率的利润。就效果而言，由于最初的农民通过出售他们的土地提取了租金份额，供给曲线上移，以支持价格水平。通过消除价格支持来恢复效率并减少政府开支的尝试，将迫使许多当前所有者破产。[24]

由于寻租行为本身的成本，哪怕是市场干预的最初受益者也可能实现不了全部租金。直接游说（direct lobbying）和竞选资助（campaign contributions）的成本可能很高，在他们必须游说大量代表以确保干预被采纳时尤其如此。在极端的情况下，全部租金会被耗散，最终使寻租者的境况几乎和没有干预时一样。

租金既能够直接通过政府加以实现，也可以通过市场来兑现。如果能够提出一种合理的公共理念，有时就能获得无条件的补贴。因为它们往往隐藏在公众的视线之外，对于寻租者来说，免除管制和免税常常是更具有吸引力的目标。有时税收漏洞可以提供给少数企业巨额的利益。例如，1986 年的美国税收改革法律中的转移规则产生了大约 100 亿美元的漏洞，有些带有限制因素的政策条文过于具体，以至于使得个别公司受益。[25]

尽管那些集中利益在动员政治行为上享有一定的优势，但是它们并不会总能优于分散利益。如果那些利益一致的人们已经被组织了起来，那么他们可能会利用现有组织结构去克服那些阻碍他们表达个人利益的搭便车问题。例如，人们加入全国步枪协会（NRA），主要是出于他们在打猎、射击和枪支收集等方面的利益考虑。很少有个人成员会认为可以凭自身力量去游说符合他们的个人利益，因此全国步枪协会的大部分日常开支用来游说一些诸如枪支管制之类的问题。效果上，全国步枪协会之类的组织为它们的成员提供了公共物品。

分散利益（diffuse interest）还可能依靠其分布而享有接近代表的权利。例如，国家教育协会（National Education Association）在游说方面非常成功，这不仅是因为它具有一个数量庞大的、受过良好教育且政治上活跃的成员团体，还因为它的成员十分均匀地遍布于各个选区。[26]同理，地方政府的某些组织在整个国家这个范畴上经常也是有效的，因为它们的成员普遍具有至少是接近他们自己的代表的权利。[27]这种分散利益在政治上多大程度上是有效的，取决于是否存在一个能动员个体成员作出贡献的组织。

　　然而，哪怕不具备我们之前提到的这类组织优势，分散利益有时也能够压倒高度集中的利益。有经验表明，两种因素有助于分散利益的成功：大部分选民对政策问题的关注和公众对集中利益的低信任度。此类因素常常存在于关键物品的价格急剧上升的情况下。例如，租金价格的急速上涨经常会引起住房拥有率低的社区的普遍关注，并产生对那些从房客的这笔开支上获利的房东的厌恶。代表们也许会响应租金控制计划，它以损害房东的利益为代价，提供给当前房客适度的短期补偿。

　　20世纪70年代加拿大和美国的石油价格管制也显示了分散利益对集中利益（concentrated interest）的优势。在阿拉伯石油禁运时期，全球油价上涨四倍，这引起了公众对所谓能源危机的关注，同时越来越多的人怀疑石油企业趁机牟取暴利。每个国家都开始对石油行业进行大规模管制，包括对石油产品实行最高限价。

　　值得注意的是，那些成功地将分散利益组织起来的人们也许享有集中的私人利益。他们可能作为职员定期领取薪水，而且享有进入政治过程的权利。这些主办者因而具有一定的动机，去搜寻一些能够维持对其组织的支持的议题。

　　分散利益的动员简单地阻止了集中利益的寻租行为，这或许推进了社会公共物品的生产。然而，有时它们也帮助了寻租行为。例如，当它们导致了竞争市场的最高限价时，同时也会降低经济效率并无法产生更大的公平。图8—3解释了这种观点。

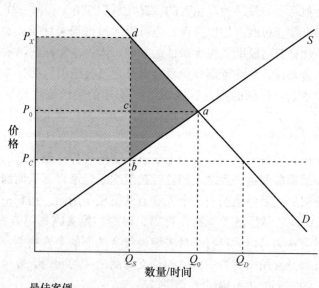

最佳案例

　生产者给消费者的剩余转移：　　P_0P_Cbc

　净损失：　　abd

最差案例

　消费者消耗的剩余：　　P_XP_Cbd

　净损失：　　abd

　总的社会剩余损失：　　P_XP_Cbad

图8—3　最高限价下的剩余转移和净损失

最高限价 P_C 位于非限制性市场价格 P_0 之下。当价格为 P_C 时，消费者需求量为 Q_D，而此时生产者供给量仅为 Q_S。在"最佳案例"中，消费者得到的剩余等于矩形 $P_0 P_C bc$ 的面积，它相当于生产者卖出 Q_S 单位的物品时的租金损失；然而，转移支付的社会成本等于因消费量的减少而导致的社会剩余的净损失，相当于三角形 abd 的面积。

在"最差案例"中，消费者从生产者那里得到的剩余被浪费了，它等于矩形 $P_X P_0 cd$ 的面积。当供给量被限制在 Q_S 时，消费者对最后一个可获得单位的评价为 P_X。因此，消费者将愿意以非货币成本形式多付 $P_X - P_0$，如排队等候、搜寻甚或为了获得有限供给量中的份额而行贿。这些成本的影响是，耗散了消费者从较低的货币成本中享有的收益。

为了达到"最佳案例"，需要有一个有效的配置方案。例如，让消费者分享可获得供给的票证分配，与一个有效的进行票券买卖的"纯净市场"（white market）结合，就能保证消费者的剩余转移不会产生巨大的浪费浪费。但是凭票配置的管理成本可能很高，因为它需要创建并发行一种全新的货币。除此之外，在大多数市场中，配置方案显得无能为力，因为随着生产者降低产品质量且消费者将需求转向别的市场，最高限价导致的短缺最终会消失。[28]

最高限价的拥护者通常以"公平"为理由，为自己的立场进行辩护。他们争辩到，如果分配不仅仅以价格为基础，那么穷人就有更多机会获得物品的"公平份额"（fair share）。但是非价格分配机制并不会总关照穷人。例如，对于两个职业工作时间灵活的成人来说，排队等候加油的困难程度要小于工作时间固定的单亲家庭成员。更重要的是，最高限价（price ceiling）会创造一大批大输家。例如，由于降低了经济效率，石油产品的限价会助长油价震荡时期失业水平的提高以及工资的下降。因为通常大输家的身份直到最高限价实施之后才会被识别出来，他们的利益在政策采纳时几乎不被考虑。

寻租组织的聚集可能对经济增长产生消极影响。曼科尔·欧尔森（Mancur Olson）指出，在稳定的社会中，寻租"分配联盟"（distributional coalitions）将资源转变为卡特尔行为和游说行为，使之脱离了生产。[29]除了这种对经济效率的直接影响之外，联盟想要保护租金的企图减弱了采用新技术以及为了适应条件变化需要进行的资源再分配的社会能力。因此，以欧尔森的观点来分析，分配联盟的聚集程度越大，经济增长的速度就越慢。

地域代表问题：地区立法机构

议会基于投票规则进行集体决策。正如我们之前所讨论的，没有哪一种投票方式能真正地达到公平一致。那些关注于议程设定和是否允许修正等内容的程序方面的规则也许能真的阻止可能产生的循环投票，但它们并无法消除复杂投票和议程被某个集团操纵的可能性。[30]由于议会的成员一般代表了具有不同偏好的选民，因此这又产生了一个新的集体选择问题。尤其是在多数表决情况下，某些偏好分布可能导致某种遭致大多数选民反对的社会选择。[31]

例如，有两个议会，每个议会中的成员都是 100 名，其中每位议会成员所代表的选民数量相同。假设代表们根据他们的多数选民的偏好进行投票。如果 51 个选区中有 51％ 的投票者支持某一特殊政策，而另外 49 个选区中无一人表示支持，议会的多数表决制度就将采纳该政策，即使只有 1/4 多一点的选民支持它。

由于这种极端的偏好分布可能并不常见，所以代议制政府下的少数决策问题在仅由两个政党构成的政治体制中所具有的实践意义非常有限。[32]代表们为了迎合其选民狭隘的个人利益所做的努力，引起了一个更加重要的社会选择问题。

在大多数国家，议员代表的是地理定义的选区。虽然他们会真心希望做一些令整个国家得到最大利益的事情，但再次当选的自我利益会怂恿他们特别关照自己选区的利益。这往往产生无助于国家总福利的政策选择。

这个问题远远超出了议员在决定如何投票时强调发生在其选区内的社会利益的范畴。某些社会成本有时是以地方利益的形式出现的。[33]比如，从社会角度看，对一种武器系统的成本—收益分析，我们会将其开支计入成本中。但是，一名议员也许会把这项开支纳入他所在选区的效益构成中，因为它有助于提升当地的经济活力。从社会角度看，一项 1 000 万美元的成本在议员看来也许最终只有 500 万美元的收益。例如，美国 B—1 轰炸机计划在政治上最终获得成功，观察家认为，部分原因是由于大部分 B—1 轰炸机的下级承包商位于大量国会选区中。[34]

议员为了从"政治拨款"（pork barrel）中获得一份，于是相互进行讨价还价，以选区为单位的开支评估经常导致那些具有社会净成本的政策被采纳。这一过程有时被称为互投赞成票（logrolling），具体说来，它组合多种能提供地方利益的方案，最终使得整组方案得到采纳。[35]当部分代表愿意负担加税的政治成本的情况出现后，互投赞成票的情形才有可能出现，因为这些行为可以使选区得到拨款，但也助长了赤字开支（deficit spending）。

立法程序通常倾向于那些将可感受的利益分配给大多数选区的政策。虽然这一趋势表面看来有助于区域平等，但是它同时制造了目标和政策试验的困难。一些方案仅在特定环境之下或者有限范围内产生社会净收益。例如，一两个教育改革研究中心的设立可能可以提供正的可预计净收益；另一方面，由于有经验的研究者和好的想法都是稀缺资源，两个这样的中心就会带来社会净成本。无论如何，较为分散的方案也许就更容易被立法核准，因为它给更多的选区带来经费。美国的模范城市计划正符合这一模式。[36]这个计划最初由约翰逊总统提出，其目的在于证明集中和协同的联邦政府补助对少数城市的影响，随后为了取得代表农村和市郊选区的国会成员的支持，方案扩展到包括了更多的中小城市。其结果是，资源投入过于分散，以至于无法判断集中带来的效果。

被截短的时间地平线：选举周期

代表们经常要做出一些决策，这些决策可能在未来很多年之后仍然发挥影响。

从经济效率出发，代表们应该选择那些效益现值高于成本现值的政策。在进行比较时，每个代表都要运用社会贴现率这一概念进行考虑，并平等地对待效益和成本。但是，在存在不完全监督的环境中，代表们受到利己心理的激励，会过分贴现短期内并不会出现的成本与效益。

假设有一名代表，他在两年之后会参加改选。他的选民无法全面监督他的行为。他的问题是：怎样使他的选民相信他的行为将有助于他们的福利。他必然意识到，凭借实际已经产生的效益获得信任更容易，而凭借将来会产生的效益则较难。假设他在两种方案中选择，两个方案具有不同的效益曲线和成本曲线。方案 A 在今后两年内可以提供巨大且可见的净收益，但之后也有巨大的净成本。总的说来，其净现值为负；方案 B 在今后两年内产生净成本，但随后可产生净收益，但总体说来，方案 B 将产生正的净现值。从社会成本考虑，代表应该选取方案 B。但是从代表自身的利益出发，代表可能选择方案 A，凭借在选取前就取得的效益获得信任，从而增加他的改选中再次当选的机会。

在何种情况下，这种缺乏远见的判断容易出现呢？决定因素之一即代表对自己在改选中的弱点的理解。他越感受到威胁就越有可能选择那些具有直接可见的效益的方案，从而获得选民的信任。那些不参加改选或目前在"安全"选区的代表们会把这种短期的政治收益看得轻一些。因此，以讨论评估方案所使用的时间地平线来说，这些代表的所作所为更像一个"政治家"。另一个因素在于：反对者所煽动的选民对那些尚未实现的未来成本的关注的难易程度。反对者越容易提醒选民注意那些成本，则在职者就越难以过分地贴现未来。

这种由选举周期引起的短视在多大程度上实质性地影响了公共政策？举个例子，众所周知，议会在选举之前很少会增税，这一点可以通过观察美国各州的税收变化模式得到验证。[37]美国有关的国家宏观经济政策的图景不够清晰，这意味着选举周期在很大程度上与现任者的党派偏好相互影响。[38]最近，这些新的发现至少引起了人们的思考：即使可以获得可靠的政策手段，中央政府有多大的能力来有效地管理宏观经济活动呢？

为引起公众关注而故作姿态：公共议程、沉没成本和先例

公共职务的候选人必须为得到选民的关注而竞争。我们中大部分人把注意力集中在家庭、职业和其他私人生活。虽然我们确实关心公共政策，这在我们直接受到政策影响时表现得更为突出。但是我们不会花费大量时间去了解问题或者去弄清代表们是如何处理这些问题的，因为获取和评估具体公共事务信息的成本太大。我们一般依赖报纸、杂志、收音机和电视来做这些事。所以，代表们经常会考虑大众传媒将如何描述他们的行为和立场，而代表们的这种关注也不值得惊讶。

媒体为代表们提供了许多接触公众的机会。当新闻媒体引起公众对某种不良社会状况如药品滥用的关注时，代表们也许能通过提议改变公共政策而分享镁光灯的闪烁，将不良并高度可见的状况转变为至少表面上能够修改的公共政策问题的努

力，有助于确定政策议程。随着新"发现"的状况把旧状况挤出媒体，议程也会改变。偏爱特殊政策的代表和分析家们也许不得不等待一种合适的状况产生，从而能开启进入议程的"政策窗口"（policy window）。[39]例如，在美国，当媒体反映公众对交通拥挤状况的关注时，城市公共交通的拥护者就享有了最初的政策窗口，后来当环境运动引起了人们对污染的关注时，他们享有了另一个政策窗口，当能源危机唤起了民众对保护燃料的关注时，又出现了第三个。[40]当每个窗口被开启时，他们在传播其偏爱的方案上都取得了一定的进展。

候选人重视媒体报道，以至于只要足够有钱，他们通常愿意花费重金支付竞选广告。为了取得足够的财力，美国的候选人普遍花费大量的时间和精力，从那些具有共同政见、希望确保将来能接近当选或企图影响某些特殊政策的人那里获得竞选资助。比如，对众议院空出的坐席，资助款看起来的确能够影响当选的概率。[41]竞选资助改革是为了削弱竞选捐助在政治领域中的作用，它常常会产生出人意料的结果。其中一个不良的结果是：这使得挑战者难以与在职者进行竞争，在职者可以利用其现有的公众职位来吸引公众的注意力。而一个意料之外的结果是，资助经费从特定候选人的竞选转移到任何公开的开支类别中，例如给党派的资助（所谓的纸币资助）以及间接支持或攻击候选人的独立开销。

一则受到媒体报道和政治广告的强烈影响的政策议程并不一定符合公共政策理念，因为公共政策的理念是寻求增进社会福利的途径。如果媒体只是把所发生的状况按公共政策问题的价值大小进行报道，那么政策议程所反映出的也只是适当的优先次序——这是一种令人质疑的假设，因为无论在这件事情中公共政策多么无能为力，不良社会状况总能成为好的新闻素材。例如，街头犯罪最主要地取决于当地的法律强制政策而不是国家的法律强制政策。但是，当引起全国媒体的关注时，它还是将引起全国性的反响。美国在20世纪60年代晚期就多次呈现出了这种表现形态。[42]

受媒体驱动的政策议程限制了对备选方案的仔细评估。带头提出政策响应的代表最有可能从媒体报道中获益。因此，在风头落下之前他们具有提出点什么东西的动机。如果等待过久，政策窗口可能就关闭了。另外，任何一种政策响应的采纳，由于表象上已经为某个问题做了些铺垫，于是会减少媒体的报道。因此，更为全面甚或分析得更好的政策响应也许就没有时间浮现出来。即使被保留到下一个政策窗口开启之时，由于时过境迁，它们也许已不再是最令人满意的了。

无论代表们是否想开启政策窗口，他们都努力使自己的行为和立场处于一种受人尊敬与爱戴的光环中。[43]他们从前的立场往往会限制其现今的选择。例如，政治家和经济学家对沉没成本（sunk cost）的看法常常南辕北辙。[44]对于经济学家来说，过去调拨给某一方案使用，且不再有其他用途的资源是"沉没"的，与决定继续或终止该方案没有关系。然而，当初支持该方案的政治家也许不愿意终止它，免得给对手落下口实的机会，指责这种放弃是承认自己犯了错误。他甚至可能把以前的开销作为一种继续该方案的正当理由："如果我们现在停下了，就将浪费已花去的数百万美元。"虽然这种说法没错，或许还具有一定的政治意义，但是从社会角度看，这一观点与是否应该将额外的资源投到这个方案中的决定无关。

先例经常会使代表们得到公众对其提案的赞成意见。通过指出过去被采纳政策的明显相似之处，代表们能够唤起人们的公平感："我们曾在去年给了 X 企业贷款担保，同样我们现在给 Y 企业和 Z 企业担保，这难道不就是公平吗？"由于没有进行严密的验证，即便替 X 企业担保是一项好政策，我们也不一定清楚这种情况是否适用于 Y 企业和 Z 企业。政策分析家应该预见到他们推荐的任何一种新政策都有可能成为将来行为的先例。当孤立地考虑问题时，补贴、让权或其他看上去对社会有利的法案，如果会加大代表们将来不合理地采纳类似行为的可能性，也许实际上就是不利的。

姿态也在代表间有关政策选择的竞争中起到了一定作用。正如第 6 章所述，心理学和经济学的实验性文献都暗示，人们在实验背景下所作出的选择往往容易受到可选方案在他们面前展现的方式的影响。[45]例如许多人对确定性的备选方案具有显著强于风险方案的偏好，以至于他们似乎是在令最大可能损失最小化，而不是令预期效用最大化。环境经济学家企图通过调查来确定人们为野生生物的生存定出的价值，他们经常发现，这种价值与理论上根据边际损失和收益而设定的价格之间存在着出乎意料的巨大差异——例如，某个人因鲸的数量少许下降而愿意得到他人给出的补偿的货币总额（他们的接受意愿），可能比他们为保持鲸的数量的少量增加而愿意支付的货币总额（他们的支付意愿）高出一个数量级。产生这些差异的原因之一大概是被调查者一方在规避损失。[46]

感觉偏差（perceptual biases）为在政策选择的辩论中有效地使用华丽辞藻创造了许多机会。它们特别能解释那些强调对手提案的成本和风险的"消极竞选"（negative campaigns）为什么会普遍存在。[47]就这种辞令策略（rhetorical tactics）对备选政策的公众感知的影响而言，它们也许不会产生令社会价值最大化的政治选择。

代表和分析家

表 8—2 总结了我们已描述过的代议制政府的特征。这些特征表明这种政治体制通常不把仔细衡量社会成本与社会效益作为制定公共政策的基础。在一定程度上，这些失败或起因于信息的有限性，或受到了信息有限性的影响，政策分析家们也许能通过更为客观地评价提案的可能后果，来帮助作出更佳的社会选择。忽视社会成本和效益在一定程度上与代表们的自身利益紧密相连，通过帮助起草那些政治上可行而又优于那些很可能被采纳的方案的备选方案，分析家们也许能对社会作出贡献。无论如何，分析家们在提出与评价公共政策时，应该尽力预见到代议制政治的局限性。

表 8—2	代议制政府低效的根源：社会核算和政治核算之间的分歧
选民的利益特征	集中利益具有监督和游说的强烈动机——可能给予其成本和效益过大的权重
	分散利益监督和游说的动机通常很弱——可能给予其成本和效益过小的权重
	组织化的分散在监督和游说上经常能克服集体行为问题——可能给予其成本和效益过大的权重
	分散利益的动员也许源于间歇性的媒体关注——当政策窗口开启时，可能给予其成本和效益过大的权重
代表们的一般竞选动机	企图在选举前实现有形利益——过分注重短期效益而忽视长期成本
	利用成本规避强调对手的政策建议的潜在成本——过分注重潜在成本
基于选区的代表们的竞选动机	寻求选区的潜在净收益——选区中多数人正的个人净收益也许会导致负的社会净收益
	寻求选区中生产要素供应者的支持——选区内的开支可能被视为政治效益，尽管同时也是经济成本

8.3　官僚供给的固有问题

　　政府通常以建立由公共资金资助的机构的方式来应对能察觉到的市场失灵。[48]军队、司法系统和其他各种机构提供那些单靠私人市场会供应不足的公共物品。还有一些机构对自然垄断、外部性和信息不对称现象进行管制。就像私营公司一样，它们使用劳动力和其他要素投入以得到产出。与私营公司不同的是，它们不需要经过市场的考验就能得以生存。因此，它们的继续存在在多大程度上对社会总福利有所贡献，主要取决于那些确定其预算并监督其运营的代表们的努力程度和动机。但是，正是政府机构的这一重要特征，有可能会导致监督上的困难与无效。

代理损失

　　监督问题不是公共机构所独有的。实际上，越来越多的"委托—代理人"（principle agent）文献试图解释为什么委托人（如股东）要雇用代理人（如经理），并委托他们进行决策。[49]也就是说，为什么会有许多由委托人与代理人之间的等级关系构成的企业，而不是由一套合同来明确地规定每位参与者在生产过程中需要提供的服务和应该得到的报酬呢？答案基于这样一个事实，即合同的签订涉及谈判成本。比起不断地续签合同，在相当一般化的劳动合同下，用来保证服务的谈判和执行监督的成本较低。在这种情况下，我们预期观察到的是分等级的企业而不是独立企业家集体在组织生产活动。[50]

　　委托—代理人问题产生的原因在于雇主与雇员的利益截然不同，同时对于雇主来说，监督雇员行为的成本太高。例如，尽管雇员通常希望他们的公司业绩优良，但还是喜欢在工作时间做些看报纸之类的事情。经理必须花费时间、精力并表示友好，使这类开小差现象处于自己的控制之下。一般说来，由于代理人掌握的有关他们自己行为的信息要比委托人多，代理人能够在某种程度上追求自身的利益。委托人面临的任务便是建立合理的组织化安排，从而使得代理人的某些不良行为以及为了控制这些不良行为所采取的行为的成本最小化。这些成本被称为代理损失，可以通过和信息完备的情况相比而测得。

正如我们刚才所强调的，公共行政的运作环境的一个特点是存在严重的信息不对称，而且无论对于一般公众还是对别的代表来说都是如此。比起公众或他们那些确定机构预算的代表（委托人），行政官员（代理人）在了解每一种给定的产出水平下的最低生产成本方面往往处于更为有利的位置。例如，我们可以考察一下美国国防部的情况。公众往往把注意力主要集中在耸人听闻的事件上——比如新发现一些马桶座圈是以每个 600 美元的价格购买的。但管理与预算办公室以及相关的国会监督委员会注意整体预算，但只有在譬如整个武器系统数十亿美元成本构成的情况下才是如此。时间和专业上的限制妨碍了对那些可获得资源被代理人实际使用的方式进行大规模的检查。[51] 甚至与构成该部门的众多单位的负责人相比，国防部部长也处于信息劣势。

为了更好地了解信息不对称的内涵，可以引入"可支配预算"（discretionary budget）的概念：代理人从其赞助人那里得到的预算和生产某种能令赞助人满意的产出水平的最低成本之间的差额。[52] 当可支配预算的金额巨大而且不为赞助人所知时，行政官员就享有最大的行动自由。对于行政官员而言，以最低成本进行生产从而将可支配预算返回给赞助人，这在经济上是有效的。然而，如果他们这样做，就会把最低成本信息透露给赞助人，赞助人能凭借这一信息来决定明年的预算中该拨多少给该代理人。很少有代理机构不花完预算，而且临近财政年底时有的还鼓励它们的职员花得更快些，这一观察结果表明极少有代理方把透露自己的可支配预算视为一种吸引人的管理策略。[53]

如果这一机构是一家把销售收入作为其预算来源的私营公司，那么所有者—执行者将简单地把可支配预算当成利润。但是，大多数国家的公务员法都禁止政府官员将可支配预算转化为个人收入。[54] 政府官员不希望返还他们的可支配预算，从而就有动机寻找使个人受益的方法，把可支配预算用于机构中，使得他们作为管理者的工作更加轻松。通过雇用编外人员，主管官员能够容忍职员开小差，因为对于他们来说，要消除这种现象需要花费大量时间，还可能导致一些令人不快的情境发生。增编的人员还会使主管官员更容易对他的机构在未来面临的意外需求做出响应。在出差和补给等方面增加开支可能有助于提高士气，从而使管理过程更令人愉快。可支配预算的这些用途是我们在第 5 章中分析的 X—无效率的现实表现。

的确，可支配预算的概念意味着机构中不同的个人可能具有不同的目的。例如，安东尼·唐斯（Anthony Downs）指出，一些官僚是自私自利的，还有一些则是将利己主义和利他的义务合并成更高的价值。[55] 与之相类似，也有人指出官僚政治的目标随程度或角色的不同而变化。[56]

要求行政官员享有一定程度的预算可支配权的想法受到了很多批评。这些批评大多基于现有可支配预算最大化的混合证据，尤其是行政官员们总体上使得预算最大化的行为。[57]一个赞同可支配预算方式的基本假设是：行政官员至少已经拥有了一定程度的垄断权力。但是，受限的情形也会发生，当一个行政机构面对一个拥有强大讨价还价能力的垄断政治家（购买者）时，这个机构就无法施展任何垄断能力。[58]

无论是私营机构还是公共机构，代理损失都是它们的固有问题。然而，有三个因素通常会使公共官僚机构的代理损失成为一个远比私营企业更为严重的问题：对公共产出估价的困难（给行动的估价也是如此）、机构之间缺乏竞争以及公务员系统的僵化。

追究产出价值的必要性

在没有市场失灵的情况下，一家竞争性企业产品的社会边际价值等于其市场价格。消费者通过他们的购买意愿显示出这一边际价值。但是，大多数公共机构并不竞争性地出售它们的产品。事实上，许多机构最初之所以建立，就是因为市场不能有效运转并提供某些产品。因此，代表们不得不面临着对国家安全、法律与秩序、健康与安全等物品进行估价的问题。可是，尽管代表们确实对评估这类物品的真实社会效益感兴趣，分析家们也无法提供令人信服的估算方法。

缺乏可靠的效益测量标准使得公共机构的最佳规模也难以确定。例如，多数观察家承认，美国海军添加一个航空母舰战斗群将在一定程度上提高国家安全水平。但是它对国家安全的贡献是否足够大以证明那数十亿美元花得值得呢？这确实让人难以回答。也许能通过尝试评估新增的战斗群如何推进了国家安全的各种目标，如在战争时期保持航道畅通以及将军事力量投放到与美国切身利益相关的地区，从而取得某种进展。然后，分析家们可能就能找到备选的军事布局，从而达到更好的目标或以较低的成本达到同等目的。然而，这些分析家最终并不会为政治上设定的投入目标如"600舰队海军"（600-ship navy）的合理性做些什么。

分配目标会使评估问题进一步复杂化。私营企业一般不需要关心哪些具体的人购买了他们的产品。相反，公共机构经常被要求根据横向公平或纵向公平等原则，分配它们的产品。例如，犯罪行为的下降被视为警察部门的主要产品。但与此同时，临近地区犯罪率的下降也很重要——我们中的大多数人不会赞成以放弃某些临近地区的犯罪控制为代价来获得某一地犯罪率的集中下降的做法。当存在多元化的目标且目标彼此冲突时，对产品的估价要求人们能在如何权衡一个目标的进步和另一个目标的退步方面达成一致意见，但这种一致几乎不存在。

有限竞争对效率的影响

竞争驱动私营企业以最低成本进行生产活动。不以最有效的方式利用资源的企业最终会被别的企业赶出市场。因为公共机构不会面临直接的竞争，所以即便运营效率低下，它们也能继续生存。

在第 5 章关于自然垄断的讨论中，我们已经探讨了缺乏竞争造成的后果。即使公共部门是在可达到的最低平均成本曲线之上运营，自然垄断也能够确保租金收益。由此，导致的 X—无效率代表了被浪费的资源的机会成本与以过度支付给投入要素形式存在的租金转移的某种组合。由于缺乏竞争，X—无效率也能在公共部门中产生。[59]

缺乏竞争还影响了公共部门的动态效率（dynamic efficiency）。[60]公共部门通常面临着不恰当的创新动机。其进行创新的积极性一般也小于私营企业。强烈的谋利动机激励企业寻找新的生产方法（技术革新）以削减成本。当某行业中的一家企业创新成功后，别的企业必须跟进，否则就会被赶出这个行业。另外，企业会通过专利来获取其创新给整个产业带来的收益中的一部分。相比之下，公共部门通常既不会因为不创新而被驱逐，也不可能因为进行了创新而获取外部效益。

创新的动机的确在起作用。一些机构负责人追求声誉和职业生涯的发展，那可能是他们被视为创新者的结果。机构负责人在预算削减之际也会寻求减少成本的创新，从而努力将产出维持在其顾客的需求水平上。然而，这些动机不会像谋利动机和其他威胁那样对企业生存长期起作用。

与私营部门相比较，真心想创新的公共机构负责人面临着种种不利。他们没有竞争对手可供效仿。虽然有时他们能够观察其他地区功能类似的机构，但在确定一种新的技术是否在每个地方都能实际产生净效益时，就会碰到评估问题。他们不能像企业经理那样向银行贷款来支付启动成本（start-up costs）。相反，他们必须从他们的预算赞助者那里寻求经费，但赞助者也许不愿意为这种带有不确定性的研发方案拨款，尤其是当预期效益难以评估时更是如此。最终的结果如我们下面将讨论的一样，公务员规则会让机构难以保证实施创新所需要的专长。

缺乏竞争可能导致的结果是：公共部门即使在运营无效的情况下也能生存。现实中是否会产生无效取决于预算赞助者实际用于政府行政官员的激励体制。[61]

事先控制：公务员保护制度引起的僵化

委托人面临的事后评估公共机构运行的问题导致了事先控制的引入，它直接限制了机构负责人决定如何使用机构资源的权力。[62]例如，机构负责人经常无法在狭隘的预算种类之外使用开支。公务员条例对机构负责人的聘用、解聘、嘉奖以及惩罚等方面设置了特别严格的限制。

现代公务员制度（the modern civil service）给人们提供了在公共部门就业的机会。典型的情况是，只有高级官员（high-ranking officials）是心情愉悦地为执政党效劳。其余雇员属于公共部门，理论上他们的任期和薪水不受执政党（political parties）的支配。这种将大多数政府雇员和党派政治活动分离的制度一方面在执政党发生变更时能提供专业上的连贯性，另一方面也杜绝了利用公共部门达到党派目标的企图。

但是，连贯性（continuity）和无党派控制（nonpartisanship）的实现必须以损害一定的部门人员调配灵活性为代价。[63] 令机构难以根据政治目的解雇职员，同时也令机构难以淘汰不称职和游手好闲的职员。固定不变的工资表减少了对职员施加不恰当的政治手段的机会，但它往往导致给最能干的职员的酬劳偏低，而给最不能干的职员的酬劳偏高。随着前一类人离职去私营部门从事薪水更高的工作，留在公共机构的后一类人的比例就更高了。[64]

如果必须维持机构的质量，一种难以解雇员工的公务员制度就必须使机构在雇用员工时也十分慎重。但是一个费时且复杂的雇用制度使管理者无法迅速地执行新的计划。这个问题对于公共部门主管人员来说是很严重的，如果在预算期内还有职位空缺，那么他就会担心失去这些职位。与其等待公务员制度批准雇用最合适的员工，还不如采取较有把握的行动，即录用那些已经在公务员系统中的能力稍差的职员。这类出于自身利益考虑的决策越常见，公共部门长期有效运转的困难也就越大。

最后，考虑一下人们经常可以听到的关于官僚机构反应迟缓的抱怨。这些机构通常享有垄断地位，所以消费者即使对它们不满，也无法以选择另一个供应商的方式来表达。当然，选出的代表们具有对选民—消费者作出反应的动机。但是就保护公务员免受过多的政治干预而言，政治家们在把公众需求告知公共部门这方面起到的作用同时也被削弱了。在大多数情况下，与公众打交道的是公共部门中级别最低的职员，要通过威胁削减预算和纠缠机构主管来影响这些职员的行为也许不是非常有效的方法。同时，政治和管理在一定程度上的分离也必然限制了公共部门有效地满足消费者需求的能力。

作为市场失灵的官僚失灵

第 5 章中讨论过的传统市场失灵为理解官僚失灵（bureaucratic failure）提供了有用的理论基础。我们已经讨论了监控成本（monitoring cost）（由委托人和代理人之间的信息不对称造成）和有限竞争（limited competition）（经常造成机构的"自然"垄断）是如何成为官僚失灵的核心问题的。但是官僚失灵也经常表现为公共物品问题和外部性问题。当官僚供给（bureaucratic supply）是一个概念上恰当的一般性政策时，或当政治限制因素迫使人们接受这种政策选择的情况下，使用市场失灵概念也许能帮助分析家们更好地诊断组织问题，并设计解决这些问题的方法。换言之，分析家们能够把组织当成"市场"，并寻找其中能导致失灵的规则和激励手段。[65]

我们来举一些例子。

"组织化"的公共物品

正如我们在第 5 章中所讨论的，公共物品具有非竞争性或非排他性的特点。所有组织都会遇到公共物品问题。事先规范的存在便是为了补偿缺乏竞争所造成的后果，通常通过等级制度加大了代理成本（agency cost）。我们可以把组织化的公共物品当作代理成本的一种特殊表现。

首先考虑组织化的纯公共物品，它指的是组织中的某个成员生产的物品能够被所有的成员消费。例如，一个组织中的所有成员都享有该组织的良好声誉。但是要建立并维持一个好的声誉对于成员个人来说也许代价太高了，因为这要求他们花费额外的精力去迅速、有效且"愉快地"满足客户的需求。在私人组织中，管理者能利用各种奖励和惩罚的措施，诱导员工为良好的组织声誉作出贡献。对于政府行政官员来说，公务员制度的存在（已有描述）使这个目标变得困难得多。的确，公共物品问题——该案例中提高声誉的努力供应不足——可以被认为是由于行政官员无法使给个人的奖励与个人对组织的贡献相匹配而导致的。给予职员或组织单位一定的荣誉和嘉奖，或者要求新职员拥有对该组织的强烈的认同感、荣誉感，也许能在一定程度上成为直接激励的替代物。

接下来考虑一下组织化的开放进入资源（open-access resources）。具有代表性的是，组织中使用的各种设备和用品都来自员工也可以进入的中心储备仓库。如果职员们不受任何限制就能以低于该组织的边际成本的价格进入该仓库，那么毫无例外，我们可以观察到过度消费的现象。私人组织对此作出的反应通常是设定内部转移价格，使职员看到的价格接近边际成本。只要这样一个体系的总使用量不超过使用上限，职员们就能够对有关价格作出反应，方法之一是利用在其他用途栏目节省下来的资金，例如更多地使用一些其他资源或利润分成。但是在公共组织中，利润分红（profit sharing）一般是被禁止的，同时严格的项目预算阻碍了资金流动，这种流动能使各种相对价格更具意义。结果，我们通常会预料这一类的资源，如差旅资金和计算机的分配配额将会被全部花光，而且经常存在分配不当的情形。这是因为事先控制无法及时建立起有效的内部转移价格（internal transfer prices）。

事先控制（ex ante controls）还妨碍了对非拥挤性收费公共物品的组织化的有益使用。企业有时允许雇员私自偶尔使用非竞争性的资源，从而使得组织自身更具吸引力。例如，企业也许并不介意让某些员工在周末使用计算机进行私人活动，此时使用的边际成本接近于零。而在公共组织中，此类使用几乎总是被禁止的，这种限制也削减了官员奖励员工的能力。

"组织化"的外部性

当组织无法察觉它的行为的全部的边际社会成本和边际效益时，生产外部性（productions externalities）就会产生。各种因素使得公共部门的个人成员更愿意把外部性强加给同事或者公众。

公共部门拥有在不需要支付所有边际社会成本的情况下使用资源的合法权利。例如，公民有责任在陪审团中任职，而仅仅得到形式上的补偿。因为法庭支付给陪审团成员的酬劳远低于他们所花费时间的市场价格。所以，与别的投入相比，法庭会过度使用陪审团成员的时间。其他的例子包括税务代理部门向企业和个人收取的税务征收费用，不受许多环境规定限制的国防活动，和处于垄断地位的机构要求其客户等待的时间等。

法律经常可以豁免公共部门对人们造成损害的侵权行为（tort）。豁免即对外部成本所负的责任可以被免除。哪怕不用豁免权，政治体制也可以承担一些财政责任。在极端的情况下，一个机构提供的基本服务和财政支出会完全超出总收入，这时全部损失就转移给了纳税人。除此之外，公务员保护制度（civil service protections）经常使得监督人员无法对公共部门中造成外部性的成员进行惩罚，从而使得某些行为也可能在未来造成侵权，而对这些行为的预防手段缺失。

分析家与管理机制

有些政策分析家可能无法预见到官僚主义供给中固有的问题，这些人可能对政策备选方案提出不太好的建议。这种风险来自他们对政府管理范畴等基本问题的考虑，也来自工具性的问题（instrumental issues）。比如，选择提供公共物品的组织形式。诚然，如果被要求提出有关"社会善品"的建议，那些已经在公共部门中工作的政策分析家必须小心翼翼地维护他们的个人利益与组织利益。同时，其他人可能在其组织背景下对激励因素有各自的理解，要设计出被成功采纳且实施的政策备选方案，这些因素也是必须加以考虑的。

8.4　分权体制的固有问题

加拿大、美国和其他很多民主国家都有高度分权和复杂的政府机构。分离且相互独立的各个部门行使立法、行政与司法权力。某些权力是由中央政府行使的；而另一些留给地方政府和省、州、县、市以及镇政府行使。在这些不同等级的职能部门中，官员在政策和管理上常常拥有较大的自主权。

一些事实证据有力地支持了这种分权形式。在政府各个分支部门间的权力分配体现了一种制约和相互平衡的系统。它减少了官员滥用权力的后果，并增加了纠正此行为的可能性，同时减少了"多数人的暴政"的可能性。[66] 向不同等级的政府分派不同的职责，能促使公共物品在有效水平上的生产，并使得地方性公共物品符合地方的偏好。[67] 下级政府的分权制度（decentralization）常常受到欢迎，因为它使得公民更接近公共决策。这往往使他们更容易行使自己关于公共物品质与量的"发言权"（voice）。更重要的是，地理上的分权制度通常受人欢迎，因为它准许公民行使"退出权"（exit）——那些对某个地区的政策不满的人们能迁移到其他地区，那些地区可能提供他们更偏好的政策，从而有机会"用脚投票"（vote with their feet）。然而，遵守这些规范原则导致政府不仅是分权的，同时也是复杂的。

对分权制度的需求是有代价的。分权制度往往阻碍政策的执行。它也允许与当地公共物品供给有关的财政外部性出现。所以，哪怕分权制度不是政府的基本特征和结构特征，它也是受人欢迎的，但是有时它会限制公共政策的有效性。

执行问题

被采纳的政策通过执行获得权威。一项法律的通过、一项管理条例的出台，或者一条裁决令的颁布确立了政策目标，并规定了实现它们的必要手段。执行指的是为实施这些手段所作的努力——这些努力并不总能达成意向目标。

尤金·巴达奇（Eugene Bardach）打了一个很好的比喻：执行类似将一台机器的全部零件进行装配和固定的过程。[68]当然，如果设计存在缺陷，一台机器就不能如人们所预料的那样运转，同样，一项建立在错误理论基础上的政策也会产生意料之外的结果。但是，一种有效的设计（正确的理论）对于一台可运转的机器（有效的政策）而言，仅仅是一项必要而不是充分的条件。如果必要的部件（基本的政策要素）不现实或是不可靠，那么这台机器（政策）将不能有效地运转。

执行问题的本质在于必要要素的分配。个人或组织拒绝作出必要贡献的可能性越大，失败的可能性也就越大。那些反对政策目标的人以及那些认为这些目标不足以证明其服从是合理的人，也许会故意拒绝作出贡献。[69]其他也这样做的人可能只是因为他们的资源和能力太有限而使他们无法服从。

在分权政治体制中，许多官员有能力拒绝作出贡献。因此，他们拥有讨价还价的能力，这种能力使他们能够从那些需要他们作出贡献的人那里得到一些东西。例如，考虑一下美国战略石油储备计划（U. S. strategic petroleum reserve program）的实施，该政策的目的在于减小美国经济对石油的依赖性。[70]为了某些基本的条件，这需要得到路易斯安那州州长的支持；在他愿意给予支持之前，他要得到能源部的让步，包括承诺不在该州贮存核废料等。能源部还要被迫对另一个联邦机构即环境保护局作出让步，即使石油储备计划得到了总统和国会的全力支持。

当中央政府需要下级政府的帮助时，就产生了组织间合作的问题。即使中央政府对下级政府享有名义上的权威，它还是面临着如何使条件差异巨大的各地服从并进行监督的问题。例如，中央政府也许拥有宪法上的权力，可以命令地方学校终止种族隔离。但是，对服从情况进行系统监督可能需要长期的调查，因为这涉及大量的辖区。此外，拒绝服从的理由在不同管辖范围内也有很大的不同，这使得中央政府难以使用统一的强制策略。

当中央政府不具有强制执行的权威时，执行那些需要下级政府合作的政策会变得更加困难。为了促进合作，中央政府必须提供足够的奖励，以确保下级政府自愿服从。当下级管辖范围差异极大时，中央政府提供给某些地方的补偿也许更多，而给另一些地方的补偿也许不足，在公平标准或法律限制要求中央政府向所有地区提供均等机会时，这种不公平变得尤为明显。例如，一项为了劝导地方政府改进污水处理厂的补贴计划，很有可能资助了一些地方政府本来就已经建立的工厂（这里体现的是取代问题）和一些从社会角度考虑不应该建设的工厂（这里反映的是目标问题）。[71]如果将资金交给各州进行运作，那么能够支配这些资金的政府机构就会倾向于把这笔钱用于地方的其他部门，于是就造成了传单效应

（flypaper effect）。[72]

最后，我们应该注意到官僚主义供给中固有的许多问题造成了执行困难问题。代表们在监督成本上的困难经常令他们无法确定机构能够并实际作出的贡献的大小，有时还会给政府行政官员一定的机会去避免与其自身利益相冲突的服从行为。当行政官员确实想要服从时，他们可能难以激励下属，因为下属面对的是公务员制度中日益减少的奖励和惩罚。这些问题引入了不确定性，使组织间关于服从的讨价还价变得更加复杂。

财政外部性

分权制度使地方公共物品的供给能与当地需求更好地匹配起来。它还给了人们一种机会，使他们可以通过挑选地区来选择他们消费的公共物品集。不同地区公共物品集的差异越大，人们用脚投票进行选择的机会也就越多。[73]在极端的情况下，我们可以假设移居能把人们分为对地方公共物品具有相同偏好的组。因为地区的数量是有限的，而且人们把私人因素如职业因素看得和当地可选择的公共物品一样重要，所以实际的分类过程永远也不可能完整。此外，管辖区也有一定的动机阻碍某些移居者，同时鼓励另一些人移居。[74]

那些能够支付高于平均额的税收，而同时对公共服务的需求低于平均水平的移居者特别受欢迎，因为他们在不减少服务水平的情况下降低了该管区内其他每个人的缴税份额（tax share）。换句话说，他们给了已入住的居民正的财政外部性（fiscal externality）。相比之下，那些付税低于平均额但对公共服务的需求高于平均水平的人则不受欢迎，因为他们给了已入住的居民负的财政外部性。由于缴税份额通常是当地水平下财产价值的线形函数，管辖区有动机努力把那些财产价值低于平均水平的人排除在外。这种动机导致了一些地方政策，如通过最低占地规模（minimum lot sizes）、多单元住宅限制（restrictions on multiple-unit dwellings）以及限制性建筑法规（restrictive building code）来抬高建造成本。这些政策的一项社会成本是使低收入与中等收入家庭获得住房的机会减小。

为了争取较富有的居民入住，地方管辖区（local jurisdictions）也许会造成相互的外部性——具有低收入和高服务要求的家庭往往被遗弃在较为贫困的管辖区。同样地，地方管辖区还为了争取产业进入，经常造成相互的外部性。许多地方管辖区会给出一些鼓励条件如减税和场地准备，以此吸引那些将会提供给当地居民就业机会的企业。这些鼓励条件可能还不足以影响整个国家的投资水平。因此，地方管辖区之间要进行竞争，以获得一定数量的投资。这对于许多产业（比如职业体育）来说更是如此，它们严格限制特权的数量——例如，对提供给体育场馆的地方补贴进行的经济效益的实际评估值，远远达不到它们的经济成本。[75]

地方管辖区在进行有关激励产业发展的决策时将会面临"囚徒困境"。假设两个相似的辖区要争取同一个企业。如果两个辖区都不提出减税的吸引条件，那么其中一个辖区将得到这个企业并获得全部收益。但是，如果有一个辖区认为它将失去这个竞争机会，它就可能提出减税以改变企业的决定。当然，另一个辖区也处于同等境地。结果可能是两个辖区都把税收减到了一定水平。这个时候，对于辖区来说，有没有这个企业已无区别。因此，事实上两个辖区都没有从竞争中获益。

分权政治体制中的分析家

政治分权向政策分析家们提出了挑战。由于执行过程变得非常复杂，分权制极大地增加了分析家们在试图预测备选政策方案时遇到的困难。因为分析家们的客户分布在整个政治系统之中，他们经常会遇到一些关于社会总体利益和客户个人利益之间的冲突，甚至关于应该计算谁的成本和效益的最基本问题也经常会出现。例如，一名为市长工作的分析家应该如何计算产生于城市之外的成本与效益呢？从社会角度考虑，我们通常认为这些界外效益与社会净收益的测定有关，但是当其他管辖区没有考虑到它们管辖区政策的外部性时，将它们计入成本和效益的结果将会怎么样呢？当我们在本书的后半部分讨论政策分析的艺术和技巧时，将努力解决这些和其他一些因政治分权制度的结果产生的问题。

8.5　结论

政府和市场一样，有时无法推动社会产品的发展。我们时常无法准确地预测出政府失灵的结果（其自身的不确定性有时就是一种可预测的结果）。但是，假定我们打算避免最无效和最不明智的干预私人选择的行为，我们必须意识到政府失灵是可能出现的。表8—3概括了政府失灵的基本来源。在完善政策分析理论基础的过程中，我们的下一个任务就是考虑各种能够用来处理市场失灵和政府失灵问题的一般政策。

表8—3　政府失灵的来源：总结

直接民主制的固有问题	投票悖论 （命令的模糊性）
	偏好强度和偏好束 （少数承担了成本）
代议制政府的固有问题	有组织的与被动员的利益的影响 （由于寻租和租金分散所导致的低效率）
	地理选区 （低效率的区域间分配）
	选举周期 （社会过度折现率）
	为获得公共关注而故作姿态 （受限制的议程与对成本的扭曲的感知）

	代理损失 （X—无效率）
官僚供给的固有问题	产出衡量困难 （分配与 X—无效率）
	有限竞争 （动态无效率）
	事先控制，包含了公共服务的限制 （僵化导致的无效率）
	作为市场失灵的官僚失灵 （对组织资源的无效使用）
分权体制的固有问题	权威分散 （执行问题）
	财政外部性 （地方公共物品的不公平分配）

复习思考题

1. 过去 20 年中，美国对于公立学校特别是城市地区公立学校的教育质量问题有很大的关注。请用政府失灵的理论分析各种公共教育问题。

2. 如果你是一位美国公民，选择一些你认为重要的联邦政策问题。你是否知道，你的代表对这些问题持何种态度？你所在州的参议员又持何种态度？

注释

1. CharlesWolf, Jr., is one of the few social scientists to try to develop a theory of government ("nonmarket" in his terms) failure that could complement the theory of market failure. His classification includes problems of bureaucratic supply and policy implementation but largely ignores the more fundamental problems of social choice and representative government. See Charles Wolf, Jr., "A Theory of Nonmarket Failures," Journal of law and Economics, Vol. 22, no. I, 1979, pp. 107-139.

2. The paradox of voting was rediscovered by Duncan Black in the 1940s. For an overview, see William H. Riker, *Liberalism Against Populism* (San Francisco: Freeman. 1982), pp. 1-3.

3. Kenneth Arrow, Social Choice and Individual Values, 2nd ed. (New Haven, Conn.: Yale University Press, 1963). For a treatment that can be followed with minimal mathematics, see Julian H. Blau, "A Direct Proof of Arrow's Theorem," *Econometdca*, Vol. 40, no. I, 1972, pp. 61-67.

4. Further, other scholars have proven that sophisticated voting (manipulation of outcomes by voting against one's true preferences) is an inherent feature of all fair voting systems. Allan Gibbard, "Manipulation of Voting Schemes: A General Result," *Econometrica*, Vol. 41, no. 4, 1973, pp. 587 – 601; and Mark Satterthwaite, "Strategy Proofness and Arrow's Conditions," *Journal of Economic Theory*, Vol. 10, no. 2, 1975, pp. 187-217.

5. In particular, if the agenda setter has full information about the preferences of the voters who vote sincerely, then she can reach any desired alternative through a series of pairwise votes. Richard D. McKelvey, "Intransitivities in Multidimensional Voting Models and Some Implications for Agenda Control," *Journal of Economic Theory*, Vol. 12, no. 3, 1976, pp. 472–482; and Norman Schofeld, "Instability of Simple Dynamic Games," *Review of Economic Studies*, Vol. 45, no. 4, 1978, pp. 575–594.

6. For an introduction to models of this sort, see Keith Krehbiel, "Spatial Models of Legislative Choice," *Legislative Studies Quarterly*, Vol. 8, no. 3, 1988, pp. 259–319.

7. William H. Riker, *Liberalism Against Populism* (San Francisco: Freeman, 1982). pp. 213–232.

8. Austin Ranney, ed., *The Referendum Device* (Washington, D. C.: American Enterprise Institute, 1981), pp. xii, 1–18. see also Richard Johnston, Andre Blais, Elisabeth Gidengil, and Nell Nevitte, *The Challenge of Direct Democracy* (Montreal: McGill-Queen's University Press, 1996), pp. 9–41.

9. Political philosophers distinguish between the roles of the representative as a trustee (who should act on behalf of what he or she believes to be his or her constituency's interest) and as a *delegate* (who should act in accordance with the desires of a majority of his or her constituency). They also distinguish between representation of a local constituency and the entire nation. For a review, see J. Roll and Pennock, *Democratic Political Theory* (Princeton, N. J.: Princeton University Press, 1979), pp. 321–334. Pennock argues that the proper role of a representative falls somewhere between that of trustee and delegate (p. 325).

10. Pranab Bardhan, "Corruption and Development," *Journal of Economic Literature*, Vol. 35, no. 3, 1997, pp. 1320–46.

11. For evidence on this, see Russell S. Sobell and Thomas A. Garrett, "On the Measurement of Rent Seeking and Its Social Opportunity Cost," *Public Choice* 112 (1–2) 2002, 115–36.

12. Henry W. Chappell, Jr., "Campaign Contributions and Congressional Voting: A Simultaneous Probit-Tobit Model," *Review of Economics and Statistics*, Vol. 64, no. 1, 1982, pp. 77 – 83; John R. Wright, "Contributions, Lobbying, and Committee Voting in the U. S. House of Representatives," *American Political Science Review*, Vol. 84, no. 2, 1990, pp. 417–438.

13. Janet Orenzke, "PACs and the Congressional Supermarket: The Currency Is Complex," *American Journal of Political Science*, Vol. 33, no. I, 1989, pp. 1–24; Richard L. Hall and Frank W. Weyman, "Buying Time: Moneyed Interests and the Mobilization of Bias in Congressional Committees," *American Political Science Review*, VoL84, no. 3, 1990, pp. 797–820.

14. Stephen Bronars and John Lott, "Do Campaign Donations Alter How a Politician Votes? Or Do Donors Support Candidates Who Value the Same Thing That They Do?" *Journal of Law and Economics*, Vol. 60, no. 9, 1997, pp. 317–350, at p. 346.

15. David P. Baron, *Business and Its Environment*, 2nd ed., (Upper Saddle River, N. J.: Prentice Hall, 1996), p. 136.

16. James M. Buchanan, Robert D. Tollison, and Gordon Tullock, eds., *Toward a Theory of the Rent-Seeking Society* (College Station: Texas A&M University Press, 1980).

17. George Stigler, "The Theory of Economic Regulation," *Bell Journal of Economics and Management Science*, Vol. 3, no. I, 1971, pp. 3–21.

18. David L. Weimer, "Organizational Incentives: Safe-and Available-Drugs," in LeRoy Graymer and Frederick Thompson, eds., *Reforming Social Regulation* (Beverly Hills, Calif.: Sage Publications, 1982), pp. 19–69.

19. Some scholars argue that the railroads welcome deregulation as a way of rescuing faltering car-

tels. See Gabriel Kolko, *Railroads and Regulation*, 1877—1916 (Princeton, NJ.: Princeton University Press, 1965); and Paul W. MacAvoy, *The Economic Effects of Regulation: The Trunk-Line Railroad Cartels and the Interstate Commerce Commission Before* 1900 (Cambridge, Mass.: MIT Press, 1965).

20. Samuel P. Huntington, "The Marasmus of the ICC: The Commission, the Railroads, and the Public Interest," *Yale Law Review*, Vol. 61, no. 4, 1952, pp. 467−509.

21. Calculated from Table 1 of Gordon C. Rausser, "Predatory Versus Productive Government: The Case of U. S. Agricultural Policies," *Journal of Economic Perspectives*, Vol. 6, no. 3, 1992, pp. 133−157.

22. Ibid., p. 149.

23. Ibid., pp. 149−50.

24. For a general discussion of the problem of one-time rent gains, see Gordon Tullock, "The Transitional Gains Trap," in Buchanan, Tollison, and Tullock, eds., Rent-Seeking Society, pp. 211−221. For a case study that illustrates the transitional gains trap by comparing the highly regulated egg industry in British Columbia with the less regulated industry in Washington State, See Thomas Borcherding (with Gary W. Dorosh), *The Egg Marketing Board: A Case Study of Monopoly and Its Social Cost* (Vancouver, BC.: Fraser Institute, 1981).

25. Mark D. Uehling and Rich Thomas, "Tax Reform: Congress Hatches Some Loopholes," *Newsweek*, September 29, 1986, p. 22.

26. Richard A. Smith, "Advocacy, Interpretation, and Influence in the U. S. Congress." *American Political Science Review*, Vol. 78, no. 1, 1984. pp. 44−63.

27. Robert H. Salisbury, "Interest Representation: The Dominance of Institutions," *American Political Science Review*, Vol. 78, no. 1, 1984, pp. 64−76.

28. For a detailed discussion of the impact of price ceilings, see George Horwich and David L. Weimer, *Oil Price Shocks, Market Response, and Contingency Planning* (Washington, D. C.: American Enterprise Institute, 1984), pp. 57−110.

29. Mancur Olson, *The Rise and Decline of Nations: Economic Growth, Stagflation, and Social Rigidities* (New Haven, Conn.: Yale University Press, 1982), p. 69.

30. For an overview, see Kenneth A. Shepsle and Mark S. Bonchek, *Analyzing Politics: Rationality, Behavior, and Institutions* (New York: W. W. Norton, 1997).

31. James M. Buchanan and Gordon Tullock, *The Calculus of Consent* (Ann Arbor: University of Michigan Press, 1962), pp. 220−22.

32. In systems with more than two parties, the problem of minority rule is more common. For example, the Conservatives in Great Britain won control of Parliament with a minority of votes in their last three victories. In the 1987 election, for instance, the Conservatives won 59. 4 percent of the seats in Parliament with only 43. 3 percent of total votes cast.

33. For a formal development of this idea, see Kenneth A. Shepsle and Barry R. Weingast, "Political Solutions to Market Problems," *American Political Science Review*, Vol. 78, no. 2, 1984, pp. 417−434; and Barry R. Weingast, Kenneth A. Shepsle, and Christopher Johnsen, "The Political Economy of Benefits and Costs: A Neoclassical Approach to Distributive Politics," *Journal of Political Economy*, Vol. 89, no. 4, 1981, pp. 642−664.

34. Michael R. Gordon, " B-1 Bomber Issue No Longer Whether to Build It But How Many, at What Price," National Journal, September3, 1983, pp. 1768−1772. "… Rockwell has aggressively lobbied for the B-1B program, notifying members of Congress about the jobs at stake, many of which are spread among

contractors throughout the United States" (p. 1771).

35. See, for example, William H. Riker and Steven J. Brams, "The Paradox of Vote Trading," *American Political Science Review*, Vol. 67, no. 4, 1973, pp. 1235–1247. Riker and Brams see logrolling as leading to reductions in social welfare. It is worth noting, however, that logrolling can also lead to socially beneficial results by allowing minorities with intense preferences to form majorities.

36. Bryan D. Jones, *Governing Urban America: Policy Approach* (Boston: Little, Brown, 1983), p. 410.

37. The year in the governor's term also appears to influence the pattern of tax changes. John Mikesell, "Election Periods and State Tax Policy Cycles," *Public Choice*, Vol. 33, no. 3, 1978, pp. 99–105.

38. The literature on electoral cycles begins with William D. Nordhaus, "The Political Business Cycle," *Review of Economic Studies*, Vol. 42, no. 2, 1975, pp. 169–190. The partisan model was introduced by Douglas Hibbs, "Political Parties and Macroeconomic Policy," *American Political Science Review*, Vol. 71, no. 4, 1977, pp. 1467–1487. For overviews of more recent work, which suggests the importance of partisanship, see Alberto Alesina and Howard Rosenthal, *Partisan Politics, Divided Government, and the Economy* (New York: Cambridge University Press, 1995); and William R. Keech, *Economic Politics: The Costs of Democracy* (New York: Cambridge University Press, 1995).

39. For an excellent treatment of the ideas discussed in this paragraph, see John W. Kingdon, *Agendas, Alternatives, and Public Policies* (Boston: Little, Brown, 1984), pp. 205–18.

40. Ibid., p. 181.

41. James M. Snyder, Jr., "Campaign Contributions as Investments: The U. S. House of Representatives, 1980—1986," *Journal of Political Economy*, 981 (6), 1990, pp. 1195–1227; Robert S. Erikson and Thomas R. Palfrey, "Campaign Spending and Incumbency: An Alternative Simultaneous Equations Approach," *Journal of Politics* 60 (2) 1998, 355–73.

42. In the early 1970s, James Q. Wilson reflected, "Nearly ten years ago I wrote that the billions of dollars the federal government was then preparing to spend on crime control would be wasted, and indeed might even make matters worse if they were merely pumped into the existing criminal justice system. They were, and they have." *Thinking about Crime* (New York: Basic Books, 1975), p. 234.

43. William Riker coined the word heresthetics to refer to the art of political strategy. It includes such things as agenda control, sophisticated voting, and the introduction of new issues to split dominant majorities. It also encompasses rhetoric, the art of verbal persuasion, for political purposes. William H. Riker, *The Art of Political Manipulation* (New Haven, Conn.: Yale University Press, 1986), pp. ix. 142–52. The limited attention of the electorate gives representatives ample scope for the use of rhetorical heresthetics. See Iain McLean, Rational Choice & British Politics: *An Analysis of Rhetoric and Manipulation from Peel to Blair* (New York: Oxford University Press, 2001).

44. See Robert D. Behn, "Policy Analysis and Policy Politics," Policy Analysis, 7 (2), 1981, 199–226.

45. Amos Tversky and Daniel Kahneman, "The Framing of Decisions and the Rationality of Choice," *Science* 211, 1981, 453–58.

46. Timothy McDaniels, "Reference Point Bias, Loss Aversion, and Contingent Values for Auto Safety," *Journal of Risk and Uncertainty*, 5 (2), 1992. 187–200.

47. William H. Riker, *The Strategy of Rhetoric: Campaigning for the American Constitution* (New Haven, CT: Yale University), 49–74Press, 1996.

48. We use the term public agency to denote organizations that are staffed by government employees and that obtain the majority of their revenues from public funds rather than the sale of outputs. In Chapter 10 we distinguish public agencies from organizations that are owned by governments but generate the majority of their revenues from sales. Such publicly owned corporations appear to suffer from the problems we describe in this section. For a review of publicly owned corporations in North America, see Anthony E. Boardman, Claude Laurin, and Aidan R. Vining, "Privatization in North America," in David Parker and David Sallal, eds. , *International Handbook on Privatization* (Northampton, MA: Edward Elgar, 2003), 129-60.

49. For theoretical overviews, see David E. M. Sappington, "Incentives in Principal-Agent Relationships," *Journal of Economic Perspectives* 5 (2), 1991.45-66, and Jeffrey S. Banks, "The Design of Institutions: An Agency Theory Perspective," in David L. Weimer, ed. , *Institutional Design* (Boston: Kluwer Academic, 1995), 17-36. For a review of empirical research, see William S. Hesterly, Julia Liebeskind, and Todd R. Zenger, "Organizational Economics: An Impending Revolution in Organization Theory?" *Academy of Management Review*, 15 (3), 1990, 402-20.

50. Many of the underpinnings for the theory of economic organization was provided by Ronald H. Coase, "The Nature of the Firm," *Economica*, 4 (16), 1937, 386-405. For a review of the literature that approaches the organization question from the perspective of the distribution of property rights, see Louis De Alessi, "The Economics of Property Rights: A Review of the Evidence," *Researching Law and Economics*, 2 (1), 1980, 1-47. See also Armen A. Alchian and Harold Demsetz, "Production, Information Costs, and Economic Organization," *American Economic Review*, 62 (5), 1972, 777-95. Oliver E. Williamson, *The Economic Institutions of Capitalism* (New York: The Free Press, 1985).

51. See William A. Niskanen, Bureaucracy and Representative Government (Chicago: Aldine-Atherton, 1971); Albert Breton and Ronald Wintrobe, "The Equilibrium Size of a Budget-Maximizing Bureau," *Journal of political Economy*, 83 (1), 1975, 195-207; and Jonathan Bendor, Serge Taylor, and Rofiald Van Gaalen, "Bureaucratic Expertise versus Legislative Authority: A Model of Deception and Monitoring in Budgeting," *American Political Science Review*, 79 (4), 1985, 1041-60.

52. The concept of the discretionary budget allows Niskanen to generalize his earlier and seminal study of bureaucracy to objective Functions beyond simple budgetmaximization. William A. Niskanen, "Bureaucrats and Politicians," *Journal of Law and Economics*, 18 (3), 1975, 617-44. For an excellent discussion of how Niskanen's work relates to earlier prsanizational theory concepts like "organizational slack," see Bruce Jacobs, *The Political Economy of Organizational Change* (New York: Academic Press, 1981), 18-30.

53. For a brief discussion of the advantages and disadvantages of not spending allocated funds, see Aaron Wildavsky, *The Politics of the Budgetary Process*, 3rd ed. (Boston: Little Brown, 1979), 31-32.

54. In firms where chief executive officers are not the owners, they usually receive part of their compensation in the Form of stock options to increase the incentives to maximize the present value of the firm. The design of such contractual arrangements in the face of information asymmetry is an important principal-agent problem. See for example, Michael C. Jensen and William H. Mecklins, " Theory of the Firm: Managerial Behavior, Agency Costs and Ownership Structure," *Journal of Financial Economics*, 3 (4), 1976, 305-60 ; and Eugene F. Fama, "Agency Problems and the Theory of the Firm," *Journal of Political Economy*, 88 (2), 1980, 288-307.

55. Anthony Downs, *Inside Bureaucracy* (Boston, Mass: Little, Brown, 1967).

56. On the former, see Patrick Dunleavy, *Democracy, Bureaucracy and Public Choice* (Englewook

Cliffs，NJ：Prentice Hall，1992），On the latter，see Anthony Boardman，Aidan Vining，and Bill Waters III，"Costs and Benefits through Bureaucratic Lenses：Example of Highway Project," *Journal of Policy Analysis and Management* 12（3）1993，532-55.

57．Andre Blais and Stephane Dion，*The Budget-Maximizing Bureaucrat*，*Appraisals and Evidence* (Pittsburgh：University of Pittsburgh Press，1991). For a detailed case study，see Lee S. Friedman，*The Microeconomics of Public Policy Analysis* (Princeton，NJ：Princeton University Press，2002)，432-40.

58．See Jose Casas-Pardo and Miguel Puchades-Navarro，"A Critical Comment on Niskanen's Model," *Public Choice* 107（1-2），2001，147-67.

59．See Philip J. Grossman，Panayiotis Mavros，and Robert W. Wassmer，"Public Sector Technical Inefficiency in Large U. S. Cities," *Journal of Urban Economics* 46（2）1999，278-99；and Kathy J. Hayes，Laura Razzolini，and Leola B. Ross，"Bureaucratic Choice and Nonoptimal Provision of Public Goods：Theory and Evidence," Public Choice 94（1-2）1998，1-20. For an overview，see Lori L. Taylor，"The Evidence on Government Competition," *Federal Reserve Bank of Dallas：Economic and Financial Review*，2nd quarter，2000，2-10.

60．See David L. Weimer，"Federal Intervention in the Process of Innovation in Local Public Agencies," *Public Policy* 28（1）1980，83-116.

61．As with natural monopoly，contestability may limit inefficiency. If privatization，or even transferring funding to another public agency，is a credible threat，then public executives and workers have an incentive to limit X-inefficiency so as to make these alternatives appear less attractive. See Aidan R. Vining and David L. Weimer，"Government Supply and Government Production Failure：A Framework Based on Contestability," *Journal of Public Policy*，.10（1）1990，1-22.

62．Fred Thompson and L. R. Jones，"Controllership in the Public Sector," *Journal of Policy Analysis and Management* 5（3）1986，547-71.

63．Ronald N. Johnson and Gary D. Libecap，"Bureaucratic Rules，Supervisor Behavior，and the Effect on Salaries in the Federal Government," *Journal of Law，Economics，and Organization* 5（1）1989，53-82.

64．For a brief discussion of the implications of this process for policy analysis offices，see Hank Jenkins-Smith and David L. Weimer，"Rescuing 'Pohcy' Analysis From the Civil Service," Journal of Policy Analysis and Management，5（1）1985，143-47.

65．These ideas are more fully developed in Aidan R. Vining and David L. Weimer，"Inefficiency in Public Organizations," *International Public Management Journal* 2（1）1999，1-24.

66．James Madison set out the normative arguments for separation of powers in Numbers 47 to 51 of *The Federalist Papers* (New York：New American Library，1961)，300-25.

67．See Wallace Oates，*Fiscal Federalism* (New York：Harcourt Brace Jovanovich，1972)，3-20.

68．Eugene Bardach，*The Implementation Game：What Happens after a Bill Becomes Law* (Cambridge，MA：MIT Press，1977)，36-38.

69．Pressman and Wildavsky argue that means rather than ends are more likely to be the actual focus of conflicts during the implementation process. Jeffrey L. Pressman and Aaron Wildavsky，*Implementation* (Berkeley：University of California Press，1973)，98-102.

70．David L. Weimer，*The Strategic Petroleum Reserve：Planning，Implementation，and Analysis* (Westport，CT：Greenwood Press 1982)，39-62.

71．For a discussion of the incentives that can operate to lead to inappropriate responses to inducements, see David L. Weimer, *Improving Prosecution? The Inducement and Implementation of Innovations for Prosecution Management* (Westport, CT: Greenwood Press, 1980), 5–26.

72. Paul Gary Wykoff, "The Elusive Flypaper Effect," *Journal of Urban Economics* 30 (3) 1991, 310–28.

73. The interpretation of locational choice as a method of demand revelation for local public goods was first suggested by Charles M. Tiebout, "A Pure Theory of Local Expenditures," *Journal of Political Economy* 64 (5) 1956, 416–24. A similar but more general model of demand revelation through choice of membership was provided by James M. Buchanan, "An Economic Theory of Clubs," *Economica* 32 (125) 1965, 1–14.

74. See James M. Buchanan and Charles J. Goetz, "Efficiency Limits of Fiscal Mobility: An Assessment of the Tiebout Model," *Journal of Public Economics* 1 (1) 1972, 25–42. For an application to international migration, see Norman Carruthers and Aidan R. Vining, "International Migration: An Application of the Urban Location Model," *World Politics* 35 (1) 1982, 106–20. For an application to metropolitan government in California, see Gary J. Miller, *Cities by Contract: The Politics of Municipal California* (Cambridge, MA: MIT Press, 1981), 183–89.

75. See Roger G. Noll and Andrew Zimbalsk, eds., *Sports, Jobs, and Taxes: The Economic Impact of Sports Teams and Stadiums* (Washington, DC: Brookings Institution Press, 1997).

作为市场与政府失灵的政策问题：以麦迪逊出租车政策为例

在前一章所提到的有关市场失灵和政府失灵的理论为我们提供了确定公共政策问题的概念性资源。但市场失灵和政府失灵不是孤立发生的。当它们同时在一定程度上出现时，它们很少以一种简单且明显的方式结合在一起。在特定的政策环境下，我们可能观察到市场失灵，但没有政府的反应；也可能观察到市场失灵，而存在严重的政府干预。很多时候，我们会同时观察到政府失灵与市场失灵。例如，我们在第 1 章所提到的加拿大不列颠哥伦比亚省的鲑鱼渔业，这个案例说明了多种政府政策是如何纠正开放性资源所导致的市场失灵的，该市场失灵导致了社会收益的净损失。本章将给出一个类似的例子：真正的政策分析是如何工作的，并把政府失灵和市场失灵的理论结合在一起。具体来说，我们考察它们可以如何被用来理解公共政策问题。

在确定使用市场失灵和政府失灵来确定政策问题的一般性指南之前，我们提供了另一个案例：一个简短但综合的政策分析，针对一个非常普遍的现象——出租车规制。这个案例表现了有意识地试图去纠正市场失灵，主要是信息不对称时，公共政策有可能变成对新入公司的障碍。这个分析也试图提出一个简短的解释，即为什么这种状态难以发生变化：现有的出租车公司有非常集中的利益，因此它们有很强的动机去阻挡任何可能给消费者和其他企业带来收益的改变。

9.1　麦迪逊出租车市场的规制

呈送：市长 大卫·西斯路易斯（David Cieslewicz）
来自：莫里·阿斯金（Molly Askin）与凯蒂·克洛克（Katie Croake）
日期：2003 年 8 月 18 日
主题：麦迪逊的出租车规制

行政摘要

与全国其他同类型城市相比，麦迪逊（Madison）的出租车费高于平均水平。造成高出租车费的原因是在麦迪逊市区所进行的出租车规制限制了对出租车市场的进入。现有的规制政策反应了这样的事实：城市官员更注重保护现有出租车公司的利益，而没有考虑出租车使用者的利益与需求，也没有考虑出租车市场的潜在进入者的利益。这个报告指出：城市应该废除出租车市场的主要进入限制，即"24/7规则"。

通过对规制出租车行业的原理进行讨论，基于公平目标、效率目标、财务效益目标及政治可行性目标，我们对麦迪逊出租车市场的结构、出租车运营商、城市出租车管理办法、现有政策以及废除 24/7 规则等进行了分析。目前，城市要求出租车公司按照 24/7 规则运营，即每周运行 7 天，每天 24 小时。年度执照费为每个公司 1 000 美元，再加上每辆车 40 美元、每个司机 25 美元。

根据这些问题，我们建议废除 24/7 规则。尽管共同委员会（Common Council）过去反对废除这个规则，来自联邦法庭的反对意见的威胁带来了做出改变的机会。我们建议你利用这个机会向共同委员会建议废除 24/7 规则。

介绍：麦迪逊的出租车服务

威斯康星州麦迪逊市的出租车服务的花费是全国最贵的。[1]城市规制制度要求所有的出租车公司每天必须运营 24 小时，每周运营 7 天，以确保公民能够不间断地享受到出租车的服务。另外，每家公司必须都在全市范围内运行。想要进入市场的公司必须向交通部下属的交通工程局（Traffic Engineering Division）缴纳 1 000 美元，以申请营业执照。交通工程局的职员审核这些申请，并向交通与停车委员会（Transit and Parking Commission）作出推荐。交通与停车委员会向共同委员会进行推荐。最终这个申请是否通过是由共同委员会依照多数原则作出的。

尽管在过去几年出租车的规制政策发生过改变，但综合来看，现有的规制造成了新公司的进入障碍。麦迪逊出租车市场的观察员也认为，城市现有的规制手段造成了明显的准入限制。[2]这些限制导致了在过去的 17 年中，麦迪逊的市场没有出现新的公司。导致的后果是：竞争缺失，且麦迪逊的出租车费比国内平均水平高出近 1/3（见附录）。

24/7 规则、全市范围内的服务要求、高额的执照费用以及长时间的审批过程导致了高投资以及出租车公司的高运营成本。从更技术的角度说，这人为地提高了最低运营效益（minimum efficient scale of operation），它意味着出租车公司面临的成本高于它们在不存在规制的市场上运作的成本。今天，高额的出租车费用和长时间缺乏新公司的进入，使得整个市场处于弱竞争状态。这个分析考察了是否那些降低准入门槛的替代政策能够提高竞争，并使得麦迪逊的出租车司机受益。

出租车市场规制的原理

由于出租车提供门对门的服务，因此它们对缺乏行动能力的人群而言是非常方便和经济的手段。在大中型城市中，出租车服务可以减少居民对汽车的依赖，也使得旅行者在城市之内的旅行更为便捷。许多州、市政府都已经意识到了出租车服务的好处，并且采用各种形式的执照和更密集的规制措施来管理可察觉的市场失灵。例如，伦敦从 1654 年就开始对出租车颁发执照。[3]尽管过去十年的学术刊物中几乎没有任何针对出租车规制的文献，而一个对文献的大致检索还是表明：有关出租车服务的最重要的市场失灵来自：与顾客相比，出租车运营商在安全、服务的可依赖性以及价格等方面，存在着信息优势。[4]

在考虑潜在的市场失灵问题时，比较有用的方法是把出租车市场划分为两个子市场——"巡航市场"（cruising market），在这个市场上消费者在街边拦截出租车；"电话预约市场"（phone reservation market）。当在街边拦截一辆出租车之后，消费者是无法进行价格比较的，也无从得知司机的驾驶记录，更不能知道他们所拦截的这辆出租车的机械安全性能。相反，消费者只能乘坐他们所拦截的第一辆出租车。在这种情况之下，消费者仅有非常有限的信息来评估安全性以及出租车服务的质量（包括价格），于是市场上产生了信息不对称。[5]一些分析者认为，在巡航市场上是不存在竞争性市场均衡的。罗伯特·凯恩斯（Robert Cairns）和凯瑟琳·李斯顿-海耶斯（Catherine Liston-Heyes）认为：

> 想要给这样的行业建立一个竞争性模型，我们必须假设在某一个给定的地点、某一个给定的时间有着大量的公司和大量的顾客……在巡航市场上，一个单独的顾客只会拦截一辆单独的出租车。在这种情况下，搜寻对消费者来说会耗费成本，一个风险规避的消费者会偏好略高一些的固定价格，而不愿与出租车司机进行讨价还价。[6]

一些这类的信息不对称问题和均衡问题也出现在电话预约市场上，但大部分看起来并不是很严重。说它不严重是因为消费者可以选择他们愿意搭乘的出租车公司

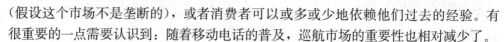

（假设这个市场不是垄断的），或者消费者可以或多或少地依赖他们过去的经验。有很重要的一点需要认识到：随着移动电话的普及，巡航市场的重要性也相对减少了。

另外一个影响电话预约的潜在市场失灵是网络外部性（network externalities）的出现。如果把服务的一般特征设定为完全相同的，那么潜在的消费者会更倾向于选择那种在整个城市都有网点的出租车公司。如果消费者需要紧急服务，那么大量出租车的可获得性可以减少消费者的等候时间。如果消费者要求在某一确定的时间来车接送，那么大量的出租车也使得消费者所选定的时间更为灵活自由。这些消费指标的出现并不必然阻挡哪个个体出租车司机进入市场，因为这样的个体司机可以加入或者组成合作联盟。但是，这种合作联盟的形成极大地减少了竞争性实体（competing entities）的数量，在比较小的辖区更是如此。

出租车规制的类型

世界各国的政府为纠正出租车市场的市场失灵出台了各种规制政策。为了解决在巡航市场和电话预约市场的信息不对称问题，政府一般要求保险、强制性的价格明示、对车辆的安全性能进行检查以及对驾驶员进行背景调查。麦迪逊和所有的城市一样，要求出租车购买保险、维持安全标准，要求出租车公司必须将价格在城市的管理部门进行备案、在每辆出租车内部贴出费率、不得随意改变价格。特别是在那些要求对价格进行明示的城市，出租车公司也必须向城市的管理者报告价格变化。在麦迪逊，出租车公司必须在新价格生效前 28 天之内报告价格变化。

除了基本的安全规制与价格信息，许多政府使用另外两种类型的规制方式：价格规制（price regulation）和准入规制（entry regulation）。

价格规制

很多管理当局不但对价格是否明示进行管理，它们也直接干预价格本身。有一些城市为出租车设定了最高限价，并允许出租车公司在最高限价之下自行定价；另一些为所有的出租车运营设定了统一的价格。对出租车价格进行规制的最清晰的潜在管辖发生在巡航市场上。在某些需求高峰时期或者需求不正常的时候，如深夜或者遭遇坏天气，潜在的顾客可能就在与出租车进行价格谈判的讨价还价中处于弱势地位。[7]因此，消费者可以受到"坚持住"问题（hold-up problem）的影响。在实践中，要求明示价格并对价格进行直接干预的做法为出租车公司确定了一个统一的价格标准。

准入规制

很多城市和其他的地方政府直接限制了本辖区内可以运行的出租车的数量。当市场允许重新进入时，这种对数量进行控制的方法的影响才能最醒目地显现出来。罗杰·提尔（Roger Teal）和玛丽·伯格兰德（Mary Bergland）发现，在美国，"在那些没有限制准入政策的城市中，每个城市的出租车行业至少增加了 18%，通常的增量是 1/3 或者更多"[8]。从其他那些取消准入规制的国家获得的数据也支持这一结论。例如，爱尔兰在 2000 年取消对出租车行业的准入限制之后，出租车的数量从 4 000 余辆增长到 2002 年的 12 000 辆。[9]新西兰在 1989 年取消准入限制后，出租车和出租车公司的数量都大幅增长；瑞典在 1991 年取消准入限制后的情形也是如此。[10]也有证据表明，存在准入限制时，辖区内存在着非法运营的出租车（为了回应需求缺口）。

准入限制的影响在对出租车执照价格的影响上也相当大。对出租车数量控制得越严格，出租车执照交易的价格就越高。[11]在纽约这种大城市，在出租车的数量受到严格控制的情况下，出租车执照的价格甚至可以达到十几万美元。

以准入规制保证安全？

一个有关安全的市场失灵的观点支持对市场实行准入规制。一些分析家认为：不加以限制的市场会有非常激烈的竞争，出租车运营者则没有任何动机去遵守安全规则（因为信息的不对称，同时由于出租车的数量过于庞大，管理部门没有办法对其安全情况进行一一检查）。出租车运营者的利润率随着出租车数量的增加而下降。[12]这种观点认为，通过限制路面上的出租车，可以保证安全，保证出租车的可信赖性，同时要求出租车司机遵守安全规则。澳大利亚生产力委员会（Australian Productivity Commission）反对这种论调，它认为：以准入规制来保证安全这个说法不具有说服力，因为通过直接规制和出租车检查（taxi inspections）可以很容易地提高安全程度。[13]假设一个城市有（或者能够产生）足够的资源对出租车安全进行监督与执法，那么准入规制在保证出租车安全性上会显得非常低效且无能为力。

关于价格与准入规制的分配性争论

尽管这个分析着重强调了与政府规制有关的效率问题，我们也应该认识到，分配或者公平问题也很重要。原理是这样的：价格规制（或者更间接的说：准入规制）保证了运营者在高需求时段和高需求地区获得超额的收益，从而补偿其在低需求时段（例如深夜）和地点（例如低密度社区）的损失。当然，这种互相补偿机制（cross-subsidy mechanisms）也可直接与满足服务需求联系起来。

为何政府进行规制：集中利益的效果

限制一个辖区内出租车的数量使得出租车运营者的利益更为集中，这导致了一种情况，即城市官员对出租车司机的利益较少负责。韦恩·泰勒（D. Wayne Taylor）提供了几个原因，解释为什么那些低效率的出租车规制政策一直生效。[14]第一个原因被他称为"生产者保护"假设（the producer protection hypothesis）（生产者可以被广泛定义为劳动、资本、原料等的提供者）。生产者试图把收入从消费者那里转移到自己身上。这一点在出租车市场上被这样一个事实强化：出租车司机是小型团体，他们从现状当中获得显著的收益，而每一个出租车自己只承担非常小的成本。由于进行游说活动或者其他行动需要支付相对较高的成本，这些个人的出租车司机不愿为由改革了的系统所带来的一点点潜在的个人收益而付出成本。潜在的服务提供者也是利益分散的团体，因为并不能确定谁将最终拿到执照（在政策分析文本中，这个叫做"沉默的失败者"症状）。

第二个原因泰勒称之为"管理者保护"假设（regulator protection hypothesis）。这个观点认为：当某项政策有利于规制者或整体有利于政府部门时，这个政策就会延续下来。这些收益可能包含政治捐赠、官僚帝国的巩固和增加政府收入。第三个原因叫做"社会福利"假设（social welfare hypothesis）。比较不明显的行业规制一般是政治成本较低的提供给公民交叉补偿的方式。这项政策将主要使某一特定政治群体的利益增加，但如果规制的框架提供给生产者足够的预期财务收益，那么他们也会赞同这个政策。

在任何一个特定的政策环境之下，确定到底上述哪个政府失灵是真实的是极端困难的。任何人从自己的利益出发都不会承认任何利益，哪怕相关的动机也不会承认。因此，一个很大的可能是政治家被这些市场失灵和上面提到的关乎分配的关注说服了。但是，这些还是不足以支撑麦迪逊案例中生产者保护的假设。[15]相比消费者和潜在的进入者，城市更多地关注现有经营者的利益。

麦迪逊的出租车市场

威斯康星州的麦迪逊是一个大概有 200 000 人口的城市。它是州首府，同时拥有一个有 40 000 名学生的大学。麦迪逊被四个湖环绕着，市中心坐落在两个湖之间的狭长地带。

麦迪逊独特的地理环境也影响了出租车市场，因为所有穿越城市的车辆必须经过三条连接城市东西的主要干道之一。由于地理上的分散，出租车通常不会在停靠站等候（除了机场、公共汽车站和市中心的饭店），乘客必须提前使用电话预约出租车服务。在麦迪逊，消费者通常不会在大街上拦截出租车。

麦迪逊的出租车公司

如果需要出租车服务，乘客必须拨打三家提供出租车服务的公司之一的电话。在麦迪逊，出租车司机必须受雇于出租车公司。每个公司服务于乘客在迪恩县（麦迪逊所在地）穿梭往来。每个出租车公司都提供联系搭乘人与出租车司机的派遣服务。三家在麦迪逊和迪恩县提供出租车服务的公司是：联合出租车（Union Cab）、麦迪逊的士和獾州人出租（Badger Cab）。

联合出租车从 1979 年开始运营，是一家工人所有的公司。联合出租车提供直接的、独享的服务，车费按照里程计算。联合出租最忙的时候是工作日早上 7 点到 9 点和下午 4 点到 6 点。在这些时间段，有 40 辆车投入运营。周末晚上是它们第二忙碌的时刻，那个时刻有 30 辆车辆在同时运营。联合出租车有 120 名司机和 58 辆车。从 2001 年的数字看，公司从出租车市场上获利占 34.8％。以打车的总次数除以打车的总人数看，联合出租车所占的市场份额为 28.4％。[16]

定价：对于乘车人，三英里的距离加上三分钟的耽搁时间花费 9.75 美元。联合出租车通过维持年度预算来监督支出，然而，决定某个给定年份盈利的因素是油价。在过去十年中，联合出租车的费率每两年提升一次。[17]联合出租车在 2001 年亏损运营，在 2002 年提高了费率。

麦迪逊的士是私人拥有的公司，从 1986 年开始提供出租车服务。与联合出租车竞争，麦迪逊的士推出的也是独享的、按盈利数计算的服务。麦迪逊的士最忙的时间是周末晚上，每到那个时刻有 18～30 台车辆会出动。工作日每天有 12～15 辆车在运营。总的来看，这个公司有 75 名司机、50 辆车。麦迪逊的士在 2001 年的获利为 27.3％。[18]麦迪逊的士的市场份额为 21.6％。[19]

定价：对一个乘客，三英里的路程加上三分钟的耽搁收费 9.5 美元。但考虑涨价时，麦迪逊的士会进行成本预测。

獾州人出租是成立于 1946 年的合作企业，但是现在也为私人所有。和联合出租车与麦迪逊的士不同，獾州人出租按照区域系统收费，并且提供共享的服务。地区之间的费率是事先决定的。但是每个组里多一个乘客，就会多收一美元的费用。獾州人出租比联合出租出车和麦迪逊的士便宜 30％～50％，但要求乘客多等待 10～15分钟。獾州人出租最忙的时刻是周末晚上，35 台车辆在同时运营。工作日有同样多的车。獾州人出租有 125 名司机和 42 辆车。[20]司机向公司缴纳一笔固定金额的费用以开走出租车，之后所有出租车司机收来的钱都归自己。按年收入计算（不是司机的收益），獾州人出租获得了市场上 37.8％的收益，市场占有率为 49.9％。[21]

定价：三英里的旅行，和另一名乘客共同打车，花费 5.5 美元，耽误的时间不算钱。獾州人出租这种分享的、按区域计算的服务比它的竞争者更便宜，受到中下层收入者的欢迎。过去两年中公司都没有提价。[22]

出租车规制的政策目标

麦迪逊的交通工程局在全市范围内，提供和管理"对环境敏感的、安全的、有效的、廉价的和便捷的人与货物的移动"[23]。出租车服务是实现这些目标的重要一环。因为城市的公共汽车路线有限，半夜就停止服务，而出租车在此时提供了替代服务。当考虑对出租车规制进行改变时，城市应该考虑整个社区可利用的交通资源。

一个成功的出租车规制系统应该提高效率、公平、有良好的财政效果（至少是中立的），同时具有政治可行性。一个有效的出租车市场意味着，当客人出最低的适合的价钱时，仍旧有数量足够的出租车能够提供这项服务。公平有两个重要的类别：新的出租车营运者可以进入市场，在整个社区内出租车对所有的消费者都是可获得的。所有符合条件的创业者都应该可以进入市场。同样重要的是，城市里所有的地区都应该能够享受出租车服务（请注意这是一个公平目标，而非效率目标）。

财政效果是另一个重要的考虑因素，因为政策的改变可以影响整个城市的成本和收益。最后，政治可行性对于新政策的实施也起到了作用。如果新的政策为政治家和某些利益集团施加了新的成本，那么新政策很难被执行。但是，正如下面所说明的，尽管可能会损害某些集团的利益，麦迪逊的出租车市场确实需要一些新的规制政策上的改变。

麦迪逊的规制与取消规制

1979 年，当麦迪逊的共同委员会同意取消该城市限制出租车许可保险的政策时，麦迪逊市开始了对出租车市场取消规制的第一步努力。在这个决定之前，城市对执照的发放是依照每 1 000 名居民拥有一辆出租车的比率进行设计的。[24] 自从1979 年之后，城市就再也没有考虑过改变这个根据人均出租车数量所设立的执照发放数额限制（目前的出租车比率是每 1 400 名居民拥有一辆出租车）。

20 世纪 80 年代早期，对车费的规制发生了变化。共同委员会同意取消对出租车费的最高限价，并且改变了政策，要求所有的出租车将价格贴在汽车内部。出租车公司和司机不可以收取不同于公示价格的车费。自从这个政策在 1982 年推出之后，出租车公司也被允许可以自由地定价。目前的政策规定，想要更改价钱的出租车只需要在新的价格生效前 28 天向城市有关部门汇报即可。

麦迪逊的出租车规制政策并没有引起人们的注意，直到 20 世纪 90 年代，开始有学者和研究者认为：麦迪逊市的出租车规制限制了创业精神，并制造了不公正的进入障碍。[25] 一家地方新闻报纸的社论曾经说明在城市出租车规制方面的问题，当新进入者提出申请执照时，必须证明他们所提供的服务能够说明"公共便捷与必要性"，这篇社论同时也抨击了城市的"政治（执照申请）过程"。社论指出，取消出租车规制能够鼓励创业精神，同时能为低收入群体和少数族裔居民提供更多的工作机会。[26] 在这篇社论发表之后，为了回应日益增长的民意要求，共同委员会组织了出租车取消规制的审查委员会。这个组织调查了出租车规制政策的效率与公平性，并总结说：一些政策无法满足城市的目标，应该被取消。

2000 年 8 月，在这个调查委员会的报告发表之后，共同委员会决定在麦迪逊对规制政策进行一些改变。2000 年 10 月，共同委员会取消了在执照申请过程中说明"公共便捷与必要性"的规定，把初始的执照费用从 1 500 美元降低到 1 000 美元，同时取消了新执照申请的听证会过程。

麦迪逊的现有政策（现状）

以下是现有的出租车规制以及有关它们是如何满足麦迪逊的交通政策目标的讨论：

1. 收费。在麦迪逊，新的出租车公司必须缴纳 1 000 美元的执照费。除此之外，每年的更新费用为 500 美元。车辆许可和驾驶员许可也必须从城市获得，费用是 40 美元每台车，25 美元每位司机。这笔向公司收取的费用使得个人和小公司难以负担。

规制要求充足的出租车保险，这把单位出租车的运营成本上升到超过4 900美元。

2. 服务。 在麦迪逊，几项规制要求说明了服务的平等性。麦迪逊所有的出租车公司都必须遵照一周 7 天、一天 24 小时的时间表运行，且运行范围为全市。在城市范围内，没有出租车可以拒载。这项规制政策的目的在于保证消费者可以在任何时间、任何地点接受出租车服务，同时禁止出租车司机和公司歧视任何地区的乘客。同时，这些规则，特别是 24/7 规则，阻止了一个司机驾驶一辆出租车。

3. 其他规制。 在麦迪逊，其他的几类规制也影响了出租车市场。城市要求强制执行的安全规制包括车辆检测和驾驶员背景调查。如果出租车驾驶员违反了任何规制条款，城市有权吊销驾驶员或者车辆的运营执照。为了避免疲劳驾驶，城市禁止出租车司机连续工作 12 个小时以上，同时规定，在不同班次之间，休息时间必须满 8 小时。城市要求公司张贴出租车费率，并向城市管理当局汇报它们的收费。城市管理局必须在新价格生效之前 28 天之内收到这个汇报。

为了执行现有政策与保证安全，城市将出租车规制的责任分到了几个部门中。教工工程局负责出租车检测，警察局批准出租车司机的执照，城市职员办公室处理执照的申请与更新，城市律师负责任何与出租车行业有关的法律事宜，计量部门每年检查出租车的计价器。任何有关出租车规制政策的更改必须由共同委员会作出。最近的有关城市管理成本的调查是在 1998 年进行的，调查发现，为了对出租车行业进行规制，麦迪逊每年花费约 33 000 美元。[27]

尽管一些现有的麦迪逊的出租车规制政策对维持安全标准是必需的，现有政策的持续生效却成为创业的障碍。高额的进入成本限制了低收入群体和少数族裔居民进入出租车行业。由于在过去 17 年中，麦迪逊的出租车服务是由三家同样的公司提供的，这种竞争的不足导致了出租车费过高，而高额的车费对城市的所有出租车消费者都有负面影响。

而且，24/7 规则、全市范围内的运营和出租车司机的 12 小时工作限制使得一辆车不可能由一个司机运营，同时由于营业时间的无休所造成的高额运营成本，使得小公司进入市场非常困难。通过限制市场中运营商的数量，这些规制使得出租车费的定价高于竞争水平。这表明：某些规制，特别是 24/7 规则和全市的范围要求，并未达到这些政策所希望的提高效率与公平的作用。高额的进入成本阻挡了那些希望进入麦迪逊出租车行业的创业者。

在过去几年中，出租车规制问题在共同委员会被热烈地讨论过。一家出租车运营商曾经不止一次地请求委员会颁发执照，但委员会也不止一次地拒绝了它。尽管没有直接卷入执照颁发过程，獾州人出租和麦迪逊的士也曾游说保守的共同委员会成员，希望他们保留现有的准入限制以保护现有公司的经济利益。联合出租车的雇员也游说了委员会，并在迪恩县进步党（Progressive Dane）和委员会自由派迪恩县进步党的活动中非常积极。迪恩县进步党的目的也在于要求进入限制以保护现有的出租车运营商。[28]

在过去几年里，在接到一宗顾客投诉之后，城市律师开始对麦迪逊出租车规制与联邦反垄断法案之间的可能冲突进行研究。目前，代表城市居民的律师正准备对麦迪逊市提起反托拉斯的法律诉讼，这个案件准备三个月之后在联邦法庭立案。[29]这个案件所提出的问题是：是否城市的规制在该城市内部创立了一个事实上的出租车卡特尔（taxi cartel）。威斯康星州的 133.01 号法令指出："州立法部门应该在所规制的行业中促进最高水平的竞争，以保持或促进公共利益。而公共利益的定义应该与政府部门在其他地方所定义的公共利益相一致。"现有的麦迪逊市的规制规则可能违反了这条法律，因为城市的规制没有能够促进所规定的"最高水平的竞争"，同时这些应该由立法部门所确立的目标也被城市自行定义了。如果共同委员会不更改它的出租车规制政策，同时法庭不支持城市的做法，那么共同委员会将被迫更改现有的政策。

终止 24/7 规则

正如之前所讨论的，24/7 规则是最具限制性的规制手段，因为，与 12 小时工作限制一道，这个政策要求：为满足城市的标准，出租车公司实际上雇用的员工数量必须高于某一程度。这就使得那些个人司机失去了进入出租车行业的资格，这些司机必须被现有的三个运营商之一雇用，才可能开上出租车。这个政策的备选方案是终止 24/7 规则同时维持其他所有的规制手段不变。在我们认为合适的下列目标的基础之上，比较这条备选方案与现状的差异。

效率

24/7 规则被终止后，出租车驾驶员的数量将会上升。缝隙市场（niche market）就会形成，因为新的出租车驾驶员可能会选择他们方便的时间来进行运营，无论是高峰时段、周末的晚上还是工作日。因为麦迪逊不对出租车费进行规制，很有可能现在的车费价格水平等于或略高于竞争水平，因此增加出租车驾驶员的数量将导致车费价格的下降。

正如之前所讨论的，在现有政策之下，在大街上拦截出租车是不可能的，消费者必须预先用电话预约服务。增加出租车驾驶员的一个额外的效率收益是：更多的出租车可以在巡航市场上运营，这也减少了消费者在大街上等待出租车的时间。因此，终止 24/7 规则有利于出租车市场效率的提高。

公平

终止这项规则能直接提高市场的准入，因为单个的出租车驾驶员也可以进入市场提供服务。但是，起始费用还是太高，低收入的居民还是难以组成出租车运营商。因为全市运营的限制仍在起作用，新的驾驶员将被要求承载任何乘客，同时在城市的任何地方都不能拒载。假设这个政策是被强制执行的，那么与现有政策进行对比，在出租车服务的地理范围上，新旧政策没有差别。因此，终止 24/7 规则将增加潜在的驾驶员在出租车市场上的平等的进入权，同时也没有减少消费者对出租车的可获得性。

财政效果

由于更多的出租车被给予执照，因此执照费的收入将会增加。规制成本也将相应提高，因为随着出租车数量的增长，城市职员需要更多的时间来检查新的车辆并保证新的司机达到城市的安全规制要求。在现有的费率之下，终止 24/7 规则将可能导致城市净成本的提高。

政治可行性

由于对出租车服务的需求缺乏价格弹性，更多数量的出租车将导致现在市场上的出租车运营商从每台车辆中获得的收入减少，引发现有公司和现有司机的反对。几乎可以肯定的是，在目前的环境下，大部分共同委员会成员将毫无疑问继续反对终止 24/7 规则。然而，目前正在联邦法庭提起的法律诉讼可以为争取共同委员会对终止 24/7 规则的多数支持创造一个机会，因为一些成员可能不愿意接受一个被法院强加执行的政策变化。因此，尽管保持现状目前在政治可行性上分数很高，未来如果成功的法律诉讼变得可信的时候，终止 24/7 规则也将变得更具政治可行性。

总的来说，终止 24/7 规则，比现有政策更能提升核心目标：效率与公平。现有政策在财务效果上拥有小部分优势，在政治可行性上拥有或大或小的优势，这要看共同委员会如何考虑该市在联邦法庭法律诉讼的胜算。

推荐

终止 24/7 规则将极大地降低进入麦迪逊出租车市场的障碍。较低的障碍将提高运营出租车的数量，这个又会导致较低的出租车费率和等候时间。一个成功的法律上的挑战很有可能为改变现存政策提供一个机会，从而争取共同委员会中多数成员的赞同，以终止 24/7 规则。从效率以及对市场的平等份额角度考虑，终止 24/7 规则比现有政策更能达到目标，我们建议，作为市长，在一个潜在高成本的法庭判断强迫麦迪逊市更改政策之前，你应该抓住这个机会向共同委员会提出有关规制更改的建议。

附录：麦迪逊的出租车费率是否过高？

出租车部门的事实手册对全美 252 个城市的出租车费率做出了比较。麦迪逊的出租车费为 9.5 美元，比全国平均水平 7.08 美元高出 34%，在接受调查的 252 个城市中，75% 的城市人口在 10 万～50 万人之间。麦迪逊城市区域的人口为 20 万，但是县人口接近 40 万（这也是麦迪逊的出租车实际运行的区域），这些城市为麦迪逊的出租车提供了最可比较的参照物。麦迪逊的车费比样本平均数高 2 美元，比平均数字高 34%。

为了进行更好的比较，我们联系了这些城市，确定其是否规制了出租车价格，以及如何规制。在 75 个城市中，11 个城市有具体到公司的费用规制（城市批准或拒绝个别运营商提议的价格），49 个城市有统一的费率规制（这些城市确定了一个价格，所有的运营商都必须遵守），13 个城市并未对出租车费率进行任何规制。出租车费率的平均值如表 9—1 所示：

表 9—1 　　　　　　　　　　　出租车费率的平均值

规制类型	平均费率	标准差
具体到公司的费率规制（$n=11$）	7.11 美元	1.55 美元
统一费率规制（$n=49$）	6.98 美元	1.78 美元
无规制（$n=13$）	7.58 美元	1.20 美元
总计（$n=73$）	7.10 美元	1.64 美元

麦迪逊的出租车费率是不被规制的，因此，与其他无费率规制的城市相比，麦迪逊的费率为 9.5 美元，比无费率规制的城市平均费率高 25%、2 美元。而且，如果按照人口数量来比照，与人口数在 15 万～25 万人的样本（27 个）相比，麦迪逊的费率比这些城市的平均值 6.89 美元高 38%。

9.2　市场失灵和政府失灵的关系

几乎在所有政策分析的情境下，有关市场失灵和政府失灵的原理都集中于效率的损失。图 9—1 给出了一个摘要：通过考察市场失灵和政府失灵所导致无效率的程度，如何解决效率问题。

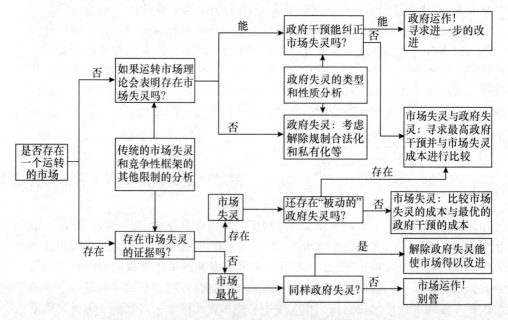

图 9—1　连接市场失灵与政府失灵和政策干预的流程图

正如图 9—1 所指出的，第一步包括确定是否存在市场失灵。这要求你确定是否市场正在运行以满足个人偏好。这本身也是一个很难回答的问题，因为我们面对的是一个连续的变化集，一段是自由的无任何限制的市场，而一段根本不存在任何市场。我们建议你遵循以下的工作原则：如果定价作为一种信号机制（signaling mechanism）是合法存在的（无论监管多么严格），那么把这种情况视为存在一个运行的市场（operational market）。在定价不合法的地方——如，如果仅仅存在黑市交易（black market transactions）——我们的假设便是：市场是无法运行的。当然，更近距离的观察可以发现：黑市上出现的交易成本主要是由监管的执行或监管的缺失所造成的。那么合法化本身就足够去建立一个新的运行的市场。

如果市场是运行的（图 9—1 的下半部分），那么分析家接下来要考虑的是与市场失灵相关的理论、证据以及事实。第 5 章和第 6 章的内容与这些东西极为相似。如果既没有理论支持也没有实证表明市场失灵，那么就有理由相信目前的市场在配置稀缺资源上是最有效率的。但是，即使没有可运行的市场，还是有可能存在着政府干预，这种干预创造出了无效率；换句话说，可能存在某种情况，取消政府干预能够提高市场配置。

住房市场在一定程度上说明了这个道理。在任何给定的辖区，可能有或者没有运行的市场。在大部分西方国家的大部分辖区内，存在着运行的住房市场，但在某些辖区内，租金控制政策是强制执行的，住房市场从而失去了功能。经济学家对此总结如下：住房市场并不受制于严重的市场失灵[30]，尽管他们确实知道分配问题的严重性。[31]但他们也经常认为，住房价格由于不恰当的政府干预，例如大区域规划政策（large-lot zoning）被人为提高了。但这种情况下，通过取消规制，运行的市场可以更有效率。如果没有证据表明市场失灵，也没有政府干预，那么市场则从效率的角度进行运行。

如果理论和实证都表明在运行的市场中存在着市场失灵，那么这是政府干预的一个现成例子。而且，一个人可以这样认为：市场失灵的出现是必然存在的政府失灵的证据，这个失败是为了纠正市场失灵。政府干预的失灵最理想的描述方式是积极的政府失灵（passive government failure）。它可以被总结为：这个结果的出现是由于政府没有正确地诊断市场失灵，也没有正确地诊断整个局势，在这种情况下，缺乏干预来自更具体的原因，例如来自利益集团的活跃的影响成功地阻挠了纠正市场失灵的努力。例如，政府可能没有意识到工业废气的排放造成了外部性，又或者，政府意识到了这一点，却没有进行干预，因为排污的行业成功地游说了政府，阻挡了税收或者其他能内部化这些外部性的政策。

如果市场不是运行的，那么分析家应该从图 9—1 中得到启示，考虑如果使用恰当的框架，市场是否能够有效率地运行。换句话说，即使当前的市场没有运行，可能市场失灵的概念还是相关的。请注意，这是一个"如果这样，怎么办"的问题，这类问题通常不存在一个直接的答案。在这些情况下，分析家必须参考市场失灵理论、从其他辖区获得的证据（例如，其他的城市、州或者国家）或者类似的问题。

如果分析表明市场可以无严重差错地进行运行，那么分析家就应当假设严重的效率损失是与存在着的政府干预相关的，这些干预包括：直接对市场活动的干预、以公共供给代替私人供给或者只是简单地没有建立起有效的产权或者其他促进私人交易的制度。因此，如果没有运行的市场，同时也没有市场失灵的政府，那么从逻辑上推断，就必然存在着政府失灵的证据。一些导致政府失灵的证据，如利益集团的寻租行为等，进一步加剧了这种情况。这种分析的线索引导我们考虑一些备选方案，如放松规制（deregulation）、私有化（privatization）和立法（legalization），但是请记住，实际的政策备选方案远远不像这几类所建议的那么一般。

最后，如果一个市场正常运行，可能有具有说服力的证据表明市场失灵的存在。那么问题就变成了：是否正当的政府干预是有效的。如果这种干预是适当的，那么结论是"政府起了作用"，则唯一的问题是这种干预是否能通过更好的执行与管理得以提高。尽管这些渐进式的问题对实践有重要的指导意义，它们并不会引起同样的战略政策问题。如果干预是不适当的，那么市场失灵与政府失灵便是相关的。这样的结论表明，有必要对现有政府干预失败的原因进行解释，并继续搜寻更好的政策备选方案。在第1章的鲑鱼渔业案例和本章的出租车规制案例中，市场失灵要求有一定程度的政府干预，而政府干预又成为了政府失灵的证据。

如果分析家没有发现政府失灵，那么他可以得出结论：现有政府干预在最大程度上纠正了市场失灵。换句话说，如果不可能发现任何对现状的更改而使之更有效率的备选方案，不必紧张；现有政策至少是有效的。因此，问题成了是否其他的价值存在危险。

需要注意的是分析的相对简单性，如果唯一的目标是使总社会福利最大化，那么就是效率。当不存在市场失灵的时候，政府干预几乎总是无效率的。但是，多重目标使这样简单的分析显得不合时宜。为了实现其他目标，可能需要承担净社会剩余的损失（换句话说，可能要接受某些无效率的情况）。

更为重要的是，政策制定者们经常关注在不同社会经济地位、不同种族和其他特种群体中的分配问题。你应该清楚地确定这种分配问题是否是你的特定的政策问题所关注的要点。尽管在大多数情况下你对客户的偏好非常熟悉，其他一些时候，客户可能没有意识到针对于某一目标群体的事实与证据。但这种情况下，你应该对客户说明更大的平等也应该是政策目标。在做了有关平等的决策之后，你应该考虑其他目标以及限制。例如，客户是否希望获得更多的收入？因此，就其本身而言，市场失灵的缺失并非决定性的。对运行良好的市场进行干预也并非不可取，因为其他目标的存在会合理地解释这种干预。

在考虑如何处理目标之前，值得重申一下：你的关于市场失灵以及政府（非市场）失灵的分析在确定你接下来的解决方案分析中起到了关键的作用。经济学家和明尼苏达州议会前议员约翰·布兰德（John Brandl）曾经简洁地总结了这种方法对决策者的价值：

> 当我们把一件事看成是市场（或非市场）失灵时，我们是把这件事情转变成一个可以解决的问题。非常多的事例都可以被以这种方式总结。学费政策变成定价政策，飞机的噪音是一种外部性，某种公共事业具有自然垄断的特征，学术研究产生公共物品。这种经济学理论的应用无异于把英语翻译成为一种口

号。在这种情况下，经济学家的建议就是给出一种方案，以纠正市场不完美（目前一个新的经济学理论……正在被创造出来以解释……非市场制度)[32]。

9.3 结论

市场失灵和政府失灵的理论对于确定公共政策问题是很有价值的。有时，如同麦迪逊的出租车规制所说明的，适当的政策备选方案的价值是不言而喻的。但是，通常范围很广的政策备选方案都可以被合理地考察。下一章提供了一个有关一般性政策备选方案的目录，这些一般性政策是为具体场景设计合适备选方案的一个起点。

复习思考题

1. 为了简约并更切中主体，麦迪逊出租车分析更多地着眼于市场失灵与政府失灵的表现，并未对政策备选方案的发展与评估着墨过多。政策分析家们能想出什么其他的政策备选方案呢？

2. 设想你被要求分析一个类似麦迪逊城市出租车服务规制的情况。但是，通过研究你预测：取消 24/7 规则将会导致某些时段的服务缺失。设计一种备选方案，既允许个人出租车司机进入市场，同时也要保证 24 小时车辆的可获得性。

注释

1. Taxicab and Limousine and Para-Transit Association, "Chart Ranking of Metered Taxicab Fares in U. S Cities," *Taxi Division Fact Book* (Washington, DC, 2001).

2. For example, see Peter Carstensen, "Madison's Current and Proposed Taxi Regulation: Bad Public Policy and an Open Invitation to Litigation," Statement for Madison Transit and Parking Commission Meeting on September 12, 2000 http://www. taxi-l. org/madison2. htm; and Sam Staley, "Madison's Taxi Regulations Stifle Innovation, Competition," *Capital Times August* 4, 1999.

3. Andrew Fisher, "The Licensing of Taxis and Minicabs," *Consumer Policy Review* 7 (5) 1997, 158-61.

4. This rationale is explained in detail in Australian Productivity Commission, *Regulation of the Taxi Industry* (Canberra: Ausinfo, 1999), at pp. 9-12.

5. Paul Stephen Dempsey, "Taxi Industry Deregulation and Regulation: The Paradox of Market Failure," *Transportation Lnv Journal* 24 (Summer) 1996, 73-120.

6. Robert D. Cairns and Catherine Liston-Heyes, "Competition and Regulation in the Taxi Industry," *Journal of Public Economics* 59 (1) 1996, 1-15 at p. 5. They also argue that providers may prefer priceregulation in the taxi-rank market because there the bargaining advantage is with customers.

7. Cairns and Liston-Heyes provide an efficiency rationale for pricing regulation For more on demand elasticities for taxi, see Bruce Schaller, "Elasticities for Taxicab Fares and Service Availability," *Transportation* 26, 1999, 283-97.

8. Roger F. Teal and Mary Berglunt, "The Impact of Taxicab Deregulation in the USA," *Journal of Transport Economics and policy* 21 (1) 1987, 37−56.

9. Department of Transport (Eire), "New Regulation Requires Taxis to Issue Printed Fare Receipts to Customers," www. irlgov. ie/tec/press02/Sept1st2002,htm (accessed 4/24/2003).

10. P. S. Morrison, "Restructuring Effects of Deregulation: The Case of the New Zealand Taxi Industy," *Environment and Planning A* 29 (3), 1997, 913−28; Tommy Garling, Thomas Laitila, Agneta Marell, and kerstin Westin, "A Note on the Short Term Effects of Deregulation of the Swedish Taxi-Cab Industry," *Journal of Transport Economics and policy* 29 (2), 1995, 209−14.

11. C. Gaunt, "information for Regulators: The Case of Taxicab Licence Prices," *International Journal of Transport Economics* 23 (3), 1996, 331−45.

12. Paul Dempsey found that this has occurred in some U. S. cities after deregulation Dempsey, "Taxi Industry Deregulation and Regulation."

13. Australian Productivity Commission, *Regulation of the Taxi industry*, p. 12.

14. D. Wayne Taylor, "The Economic Effects of the Direct Regulation of the Taxicab Industry in Metropolitan Toronto," *Logistics and Transportation Review* 25 (2), 1989, 169−83.

15. Carstensen, "Madison's Current and Proposed Taxi Regulation."

16. City of Madison Traffic Engineering Department, Paratransit Service Survey, 2001.

17. Carl Shulte, General Manager, Union Cab. Telephone interview, November 11, 2002.

18. Rick Vesvacil, General Manager, Madison Taxi. Telephone interview, November 14, 2002.

19. City of Madison, Traffic Engineering Department, Paratransit Service survey, 2001.

20. Tom Royston, Operations Manager, Badger Cab. Telephone interview, October 31, 2002.

21. City of Madison Traffic Engineering Department, Paratransit Service Survey, 2001.

22. Ibid.

23. Traffic Engineering, "Mission, Goals, and Objectives." http://www. ci. madison. wi. us/transp/trindex. html (accessed April 2, 2003).

24. U. S. Department of Transpotaion, *Taxicab Regulation in U. S. Cities*, Vol. 2. Document DOT-I-84-36: 39, October 1983, at p. 39.

25. Samuel R. Staley, Howard Husock, David J. Bobb, H. Sterling Burnett, Laura Creasy, and Wade Hudson, "Giving a Leg Up to Bootstrap Entrepreneurship: Expanding Economic Opportunity in America's Urban Centers," *Policy Study* 277, February 2001. http://www. rppLorg/ps277. html (accessed) January 15, 2003).

26. Staiey, "Madison's Taxi Regulations Stifle Innovation, Competition," p. 9A.

27. William Knobeloch, Operations Analysl, Traffic Engineering Department, city of Madison. Telephone interview, November 7, 2002.

28. Peter Carstensen, Law Professor, University of Wisconsin-Madison. lnterview, December 18, 2002.

29. Ibid.

30. Lawrence B. Smith, "Housing Assistance: A Re-Evaluation," *Canadian Public Policy* 7 (3) 1981, 454−63.

31. Michael J. Wolkoff, "Property Rights to Rent Regulated Apartments: A Path Towards Decontrol," *Journal of Policy Analysis and Management* 9 (2) 1990, 260−65.

32. John E. Brandl, "Distilling Frenzy from Academic Scribbling," *Journal of Policy Analysis and Management* 4 (3) 1985, 344−53, at p. 348.

第3篇

解决方案分析的概念性基础

第 10 章

纠正市场与政府失灵：一般性政策

我们针对导致社会令人不满的私人行为和社会行为所进行的讨论，为诊断政策问题提供了理论框架。现在让我们转向政策解决方案。我们重点关注的是所谓的一般性政策——政府为了处理察觉到的政策问题而采取的各种类型的行动。它们是一般策略的代表。因为政策问题通常十分复杂并且总有些来龙去脉，所以一般性政策必须加以裁剪，使之适用于具体情况，从而可以从一般性政策中选出可行的政策备选方案。无论如何，熟悉一般性政策能够促使人们以更加全面的视野来看待问题，这有助于分析家制定出具体的解决方案。

政策问题很少会有完美的解决方案，但是有的政策却优于其他政策。政策分析家的首要任务就是鉴别出那些最有可能改善社会状况的政策，这可以根据具体目标和标准进行评估。为了实现这一任务，我们对那些最适于处理的市场失灵、政府失灵或对公平性关注的每项一般性政策都要做出标记，同时也要指出与每项一般性政策相连的最常见的限制因素和不良结果。换句话说，我们为系统地搜寻候选政策提供了一张可供对照的检验表单。

对一般性政策的讨论，我们有两点说明。第一，我们不想暗示所有的政策分析都要通过一般性政策进行比较和评价。许多政策分析相对是渐进型的。例如，你也许会被要求比较各种担保方案的效率影响和公平影响。通晓大量的一般性政策有助于你明白你正在检查相对渐进型的备选方案；它还使你能够有机会提出较少渐进型的方案。第二，关于每项一般性政策都有数不清的文献资料——我们要深入地进行评论的材料实在是太多了。但是，为了让你做好准备更深入地分析与每项一般性政策有关的问题，我们提供了一些具有代表性的相关参考文献。

我们把一般性政策归为五个一般类型：（1）解放市场、推动市场和模拟市场；（2）利用税收和补贴来改变激励；（3）建立规则；（4）通过非市场机制提供物品；（5）提供保险和缓冲（经济保护）。在接下来的章节中，我们将研究每一组中的具体政策。

10.1　解放市场、推动市场和模拟市场

政策问题被察觉的主要原因在于市场失灵、政府失灵和分配问题。市场为有效地分配物品提供了可能，因而，市场为衡量政府干预效率提供了一个参照。如果我们判断市场失灵是不存在的，那么就应该把一个市场的建立（或重建）当成解决政策问题的一个候选方案。当然，除效率之外，还存在其他价值标准。这些标准也许会令我们拒绝将市场方案作为最终政策选择。但无论如何，如果市场失灵不是某一政策问题固有的特征，那么我们就应该让市场在政策问题中发挥作用。

但是，政府不可能通过简单地允许私人交易而建立起具有活力的市场。在市场运行的过程中，政府必须扮演一种更积极的角色。在其他情况下，尽管有效的市场本身不能被引进，但是能够通过使用类市场机制产生市场成果。

正如表 10—1 所示，我们区分了三种一般方法，希望利用私人交易（或是公民私人与政府之间的类市场交易）解决政策问题。这三种方法是：解放市场（freeing markets）、推动市场（facilitating markets）和模拟市场（simulating markets）。表 10—1 中的第二栏表示某项一般性政策也许能适当处理的可察觉的问题，第三栏则呈现典型限制与协作结果。表 10—1 的第二栏强调，直到人们得出了市场失灵和政府失灵的性质与范围等结论，才能提出一般性政策。

表 10—1　　　　　　　　　　　解放市场、推动市场和模拟市场

一般性政策	察觉到的问题：市场失灵（MF）、政府失灵（GF）、分配问题（DI）、竞争性框架的限制（LCF）	典型限制与协作结果
解放市场		
取消管制	GF：从寻租产生的分配无效率 LCF：技术变迁	分配效果： 意外的损失和收益、破产 过渡期的不稳定性
合法化	LCF：偏好变化	
私有化	GF：官僚主义供给	
推动市场		
通过产权进行分配	MF：负外部性	分配效果： 意外收益和损失 交易清淡的市场
创造新的适当物品	MF：公共物品，特别是开放使用	

模拟市场		
拍卖	MF：自然垄断 MF：公共物品 DI：稀缺租金的转移	投标者构架，中标者的机会主义行为，改变规则的事后政治压力

当一个有效的市场被预期会重新出现时，其效率失真相对较小——即不存在固有的市场失灵的情况下，我们就应该考虑解放受管制的市场。但需要注意的是，一旦现有的政府干预被消除，或许会出现相对重大的意外或分配上的收益与损失。而且，在这种一般水平的讨论中，我们不考虑国家安全等其他目标与其相关的可能性。当不存在那种由固有的市场失灵所导致的市场缺失，它暗示要么存在着政府失灵，要么存在着至今仍未适应的偏好变化或技术变迁。这种适应会要求政府积极地建立产权，这是推动市场的范例。最后，即使政府的全面退出既不是可行的也不受人欢迎，我们还是有很多机会通过各种拍卖过程来模拟市场。

解放市场

遗憾的是，大量的专业术语被用于描述解放市场的过程，而其中最主要、最流行的术语便是取消管制。我们将把取消管制、合法化和私有化加以区别。

取消管制

显然，在市场失灵的证据缺乏的情况下，在效率上我们很难为政府干预私人事务寻找借口。从历史上来看，美国和许多其他国家的政府参与过竞争性市场的价格管制、入口管制和出口管制（我们认为这些不同形式的管制本身就是一般性政策方案，详见下一节）。[1] 经济学家们曾经对竞争性行业的管制持一致谴责的态度："……如果经济学家按科学的方法确立自己的论点，那他必定认为完全竞争性行业中的价格管制和入口管制会造成经济无效。"[2]

通常我们能够把各种形式的政府失灵尤其是立法者对产业寻租行为的反应（有时连同立法的分配事宜）确定为政府对竞争性市场进行管制的根本解释。在其他情况下，技术或需求模式的变化也许能从根本上改变一个行业的结构，从而改变对管制的需求。正如我们在第 5 章中所见，行业的自然垄断特征证明了管制的必要性，但这种特征会随着新技术的产生而逐渐消失。例如，计算机的进步正在推动电信行业的竞争。在这些情况下，管制的效率基本理论从某种意义上说已不再适用了。

无论存在什么公认的管制基本理论，取消管制几乎不可避免地涉及复杂的效率问题和分配问题。根据我们在第 5 章中关于市场失灵、第 6 章中相关的失灵，以及第 8 章中的寻租的讨论，这不应该让人感到吃惊。从效率角度考虑，在那些由少数企业操纵市场的行业中，一次性彻底成功的取消管制行动也许值得引起人们的怀疑，这是因为管制的传统会保护现有企业处于竞争优势，或是由于该行业可能是不完全竞争或不良竞争的。在这类背景下取消管制通常意味着取消形式上的进入壁垒，但同时继续对一种或另一种壁垒进行管理监督。例如，联邦通信委员会（FCC）在 1996 年执行电信法案时颁布了大量的规章制度，允许地方电话业务间存在竞争。[3]同样地，虽然现在有许多州已经开放了当地的电话业务，它们还是继续管制着定价和服务质量。

马撒·德西克（Martha Derthick）和保罗·奎克（Paul Quirk）曾经指出，效率本身对管制来说很少是决定性的价值标准。既得利益集团——受保护企业的职工和管理者、享有交叉补贴的消费者、有时甚至是管制者自己——有为保留它们在管制下所享有的优势而战的动机。因此，成功的管制解除往往需要强有力的主张，它能详细地描述管制制度的失败并减少人们对分配效果的担忧。[4]但是在过去十年中，来自取消管制的潜在效率收益已经广为人知，取消管制现已成为一种全球现象。

来自美国货车运输业、银行业、铁路业、航空业和其他行业的证据也表明，取消管制正如预期的那样，产生了大量的社会剩余。[5]同样的证据还来自别的许多国家。例如，从 20 世纪 80 年代到 90 年代，新西兰进行了一系列有关管制与取消管制的改革。毫不令人吃惊的是，尽管有一些收入群体遭遇了生活标准的降低，但整体上看，人们的生活水平有了明显的提高。[6]但有一点需要引起注意：由于取消管制与私有化经常同时发生，所以我们很难区分出来到底什么好处是由取消管制引起的，而哪些又是由私有化（我们将在下面讨论）引起的。[7]也有一些证据（例如电信部门）表明那些高效率的收益可能是由于寡头垄断（oligopolistic）或者双头垄断（duopolistic）所引起的，而在结构上与竞争性市场无关。但是，在存在类似结构特征的部门中，这类改变不太可能仅仅从管制到取消管制的变化中获得，尽管这种变化确实正在发生，尽管这种变化也被称为取消管制。我们在本章后面将要讨论到（在价格管制的小节中），这种变化事实上是从高度介入的管制向以市场为导向的、低度介入的管制的转变。同样地，这里想要把从低度介入的管制和更有效的管制中获得的收益与那些从私有化中获得的收益区分开来，是很困难的。[8]

很明显，取消管制还使得这些产业中的许多股东（那些与产业有直接经济利益关系的人们）遭受了创伤并付出了高昂的代价。但是，我们必须记住，企业失败（firm failure）与市场失灵的含义有所不同。上述证据表明，消费者获得的收益大于企业雇员和股东受到的损失。[9]此外还要记住，一些行业受到的管制也许不止一种，因此不需要对行业中的所有行为都取消管制——例如美国曾大规模地取消对美国航空业中的定价、准入和时刻表安排的管制，而对安全、交通管制和着陆权等方面的管制照旧。

合法化

合法化是指通过取消刑事制裁的方式来解放市场。其中也包括一些走向合法化的中间步骤，例如去罪化（decriminalization），即以民事处罚（civil penalties）（如罚款）来替代刑事处罚（criminal penalties）。[10]去罪化减少了刑事行为带给人们的耻辱和惩罚，但不能充分地制裁这种得到社会认可的行为。合法化和去罪化的推动力往往来自于社会态度（如对性行为和毒品使用的态度）的改变。例如，使卖淫业市场合法化的行动就属于这一类型。[11]这种推动力还有可能源于政府寻求新的税收来源和经济发展来源的意愿。过去十年中北美赌博业的快速合法化也许可以归为这一类型。[12]最后，由于刑事化（criminalization）是一种无效的政策，它会带来意外的重大负面影响，这一现实导致了变革的产生。

私有化

私有化（privatization）这个词被应用于几种不同的情况：（1）从政府拨给机构经费向使用者付费的转变（见下文中有关利用税收和补贴来改变激励的讨论）；（2）将原先由政府部门生产的一种物品以签约形式外包（contracting-out）出去（见下文中关于通过非市场机制提供物品的一种方法的讨论）；（3）非国有化或者去社会化（denationalization or desocialization），即把国有企业出售给私营部门；（4）取消垄断（demonopolization），通过这个过程政府可以放松或消除那些阻碍私营企业与政府部门或国有企业相互竞争的限制因素。[13]只有后两种私有化类型与解放市场直接相关。但是如果其他私营企业受到某些限制而难以与新近私有化企业相竞争，那么甚至连非国有化也可能无法导致自由市场的结果。例如，针对英国电信业私有化的诸多主要批评之一，就是竞争者受到的限制。[14]

是否会出现市场失灵，这在私有化的评价过程中是一个决定性的问题。美国的大多数公营公司过去和现在都存在于至少有一些市场失灵征兆的部门中。但在许多别的国家中，市场失灵和国有企业的物品供应之间的联系要弱得多。然而，大规模私有化或局部私有化不但已经在包括英国、法国、加拿大和新西兰等国在内的众多国家发生，而且在前苏维埃集团国家和南美洲的许多地区亦有出现。在世界银行（World Bank）和国际货币基金组织（IMF）的积极推动之下，许多发展中国家也已开始实施重大的私有化计划。私有化的证据就是已经产生了重大效益，特别是技术效率上的收益。

大量的证据表明，私有化带来了主要的效率收益，在分配和技术效率上都是如此。[15]尽管从前苏联加盟共和国那里，我们仅仅能够获得比较混合的证据，但是，关于私有化的收益的大量证据现在已经开始展现。[16]从发展中国家中所获得的证据一般看来都是积极的。[17]

推动市场

如果市场以前并不存在，那么谈论解放市场就没有意义。于是，这就是一个通过建立现有物品的产权或创造新的可交易物品，来推进建立一个有作用的市场的过程。[18]

分配现有物品

我们在第 5 章中可以看到，随着需求的增长，除非能够建立起全面并有效的产权（或者换一种方法，把这种物品从图 5—2 的 SW_1 格移到 SW_2 格中），一种免费物品可能转向无效的开放性使用的局面。显然，假如这在性质上是个结构性问题，那么分配产权就可能因成本太高从而不可行，但如果这是一个制度问题，则产权分配就是很有可能的。例如，虽然一国政府不能有效地分配国际间洄游鱼群的产权，但它也许能够有效地分配栖息地固定的贝类的产权。然而，有效的产权分配通常极具争议性。从前享有低于有效价格的使用权的那些人必然会反对任何一种对他们不利的产权分配。无论如何要记住，科斯定理表明，从事后效率的角度来看，只要这种产权是可靠并可实施的，是谁得到往往并不重要。但是，从分配的角度看，谁得到产权的确很重要。因此，人们也许会把许多资源消耗在政治活动中，以得到更大的配额（也就是说，他们参与寻租活动）。从事前效率的角度来看，我们想要有一些能够限制对新产权的政治竞争的机制。拍卖和抽奖分配（我们将在下文讨论）有时能达到这一目的。

产权分配与美国西部的水务政策关系密切。州立法机关日益认识到建立产权的重要性。例如，在 1982 年加利福尼亚州议会声明："议会据此认为……本州对水的需求日益增长要求我们以更有效的方式用水，而对水的有效利用需要更明确地界定水的使用产权并允许转让这种产权。"[19] 许多研究也表明，法律、行政、政治、社会以及分配上的壁垒阻碍了这类产权的建立。[20]

创造新的可交易物品

在某些情况下，政府有可能创造出新的可交易物品（marketable goods）。这类物品的最常见形式是可交易许可，往往是环境排放量的交易许可。[21] 多年来，美国已成功地使用可交易许可来分配二氧化硫的排放权。1997 年第一个全球性的关于二氧化碳等温室气体排放的可交易许可协定在京都大致达成。从理论上讲，分配可交易的排放许可能够保证大气质量或水体质量达到一个指定水平，而其总成本（包括直接的削减成本和管制成本）被控制在一个可接受的水平。在这样一个可交易许可体系下，当把排放量限制在外加一个单位的排放许可价格等于削减排放的边际成本那一点上时，企业就可以使自身利润最大化。如果该行业中所有的企业都能买卖这种许可（包括潜在的进入者），那么每个企业产生的最后一个污染单位的价格是相等的，而且不可能找到成本更低的方法来符合指定的总排放水平。

托马斯·H·泰坦博格（Thomas H. Teitenberg）和其他一些学者指出，在信息负荷、服从速度以及在经济增长和环境保护之间作出适当权衡等方面，交易许可要优于排放标准。[22] 有些批评家强调，交易许可的实际使用会碰到强大的制度壁垒，如交易的稀薄市场（极少的买方和卖方）。[23] 1990 年之前，排放交易的应用范围一直很有限，主要用于洛杉矶的空气污染。1990 年的《清洁空气修正法案》（Clean Air Act Amendments）启动了全国性的烃类、氧化氮、颗粒物、氧化硫和一氧化碳等物质的许可交易。[24] 泰坦博格和他的同事对氧化硫排放的交易持积极的评价："我们知道，大规模可交易许可项目……既能够保证排放量的减少，准许追求利益的排放者减少其总成本……又可以被灵活地采用在整个经济体系的其他部分，它可以达到令人吃惊的效果。"[25]

模拟市场

在有效的市场无法运行的情况下，政府也许能够模拟市场过程。查德威克（Edwin Chadwick）在 1859 年首次提出，即使一个市场内的竞争不能得到保证，为这个市场而展开的竞争还是可能的。[26]换句话说，供应物品的权力能够通过拍卖被出售。[27]

我们能够想到的一种拍卖能近似地模拟市场的情况是，带有自然垄断特征的物品的供应——例如有线电视。然而，将自然垄断的运作权拍卖给出价较高的一方是没有效率的。在一场竞争性拍卖中，中标者会准备支付操纵自然垄断而获得的超额收益的预期价值。这个中标者将被迫依此定价，从而导致我们在第 5 章中描述的分配无效。于是，一个更有效的方法就是要求投标者报出他们愿意提供给消费者物品的最低零售价。虽然没有竞标者能够提出以边际成本价格供应这种物品（正如第 5 章所述，这会导致利润为负），但是中标者的出价应该被迫向平均成本靠拢。

奥利弗·威廉森（Oliver Williamson）指出利用拍卖来分配运作自然垄断的权力存在着一个潜在的严重问题。中标者不但有动机通过降低物品质量来欺骗公众，而且他们有机会这么做。为了避免这种结果，说明书必须全面地描述物品的规格，并必须附加于物品之上。但是要预见到所有的可能性，同时对合同的执行情况进行监督是非常困难的。威廉森已经证明了在加利福尼亚州奥克兰市的有线电视网的案例中，实际出现了多少此类说明、监督和执行上的问题。[28]政府和特许经营方相互作用的最终结果也许会与更传统的管制十分相似。[29]

拍卖的方式被广泛应用于公有的自然资源开采权的分配中。正如第 4 章中所述，这些资源经常会产生稀缺租金。如果政府简单地卖掉开采权，那么租金就会被开发者而不是公众得到（当然，我们不应该忘记，谁得到租金是一个分配问题而不是一个效率问题）。另外，我们应该记住，这些租金或许会部分乃至全部地等同于彩票的奖金，而其中没能中奖的（成本很高的）彩票为那些不成功开发者持有。这些案例中，没收这部分租金将使那些未来的开采者望而却步。

相对在分配开采权时设定一套固定价格的做法，拍卖也具有优势。最重要的是，按固定价格出售需要政府评估资源的价值（价值评估反过来又需要评价资源的质量），资源在将来的需求情况和价格，以及替代资源在将来的需求情况和价格。另一方面，拍卖允许由市场和市场中所有可用的信息来决定合适的价格。例如，美国政府曾低估了无线电波频率的拍卖价值。[30]但是如果竞标者很少的话，就会出现一些问题。如果竞标者数量很少，那就存在着他们相互勾结限定价格的危险。即使竞标者数量很多，但如果提供的资源单位量太大，也许就不会产生竞争性的出价。通常有个并不令人惊讶的教训，那就是除非拍卖的设计十分巧妙，否则竞标者就能有机可乘。[31]

在政府必须分配任何稀缺资源的情况下，拍卖已被证明是一种有用的分配手段。例如，赞比亚银行把外汇分配给出价最高的竞标者。1985 年首次启用拍卖时，中标者必须用超出汇率约 50％的克瓦查（kwacha）来购买美元，这意味着先前的分配体系实在是高估了本国货币的价值。[32] 拍卖逐渐广泛应用于各种政策领域。[33] 拍卖也可以被应用于其他的领域。[34]

10.2　利用税收和补贴来改变激励

如果市场失灵是一种地方性问题，或者除效率之后，还有其他价值标准十分重要时，也许解放市场、推动市场和模拟市场等手段就不足以解决问题了。更富干预主义（interventionist）色彩的方法可能是必要的。我们研究的这些更具干预性的政策中，最主要的一类由补贴和税收构成。[35] 它们的目的在于诱导而不是命令人们采取某种行为。因此，税收和补贴是政府直接干预和市场相兼容的形式。

近几年来，政策分析家、官僚主义者和政治家们就激励机制相对别的一般性政策而言的优点进行了激烈的讨论。[36] 尽管政策分析家，特别是那些具有经济学背景的分析家们，通常赞成使用激励机制，官僚主义者和政治家们往往并不热衷于此。在美国，这场争论的焦点在于这些激励机制相对于直接管制的优点和缺点。这一术语令人费解，因为激励机制同样需要政府的干预，它也包括政府的管制行为。为了解释清楚，我们要把激励机制和规章制度区分开来。[37]

我们主要关注的是目的在纠正市场失灵或实现再分配的情况下如何使用税收和补贴的手段。我们不关心那些目的在于增加政府收入的税收——即使这些税收会引起与政策问题相关的行为。的确，为提高收入而设计的税收不可避免地涉及经济无效——例如，改变闲暇与劳动之间的权衡关系、或者在储蓄与消费之间的选择［税收所导致的最后一美元所引起的效率损失被称做边际超额负担（marginal excess burden）］。这些税收对效率的净影响取决于税收最终被如何使用。如果它们有助于纠正市场失灵现象，那么税收和开支的组合计划也许能提高效率。我们也不怎么关注为了普遍提高收入而作出的努力（这在后文的缓冲措施中会提到）。我们关注的是税收和补贴，它们能通过改变物品的相对价格来改变人们的动机。简单地说，为了提高那些从社会角度看数量过多的事物的私人成本而使用税收，以及为了降低那些从社会角度看过于缺乏的事物的私人成本而使用补贴，是我们所要研究的。

一般说来，税收和补贴可能会对效率产生以下三种影响中的一种：第一，当税收和补贴的目的是纠正特殊市场的外部性时，它们的影响也许是效率的提高。实际上，要准确地评估边际社会效益或边际社会成本通常是很困难的——这需要测量正外部性和负外部性的大小。如果边际社会成本和效益的评估不准确，也许就不会有效率收益，同时也可能会出现效率净损失。第二，如果税收和补贴的目标完全是再分配的，那么必然会产生一些净损失。当然，如果捐赠人和受赠者（回忆一下我们在第 6 章讨论的偏好问题）之间不存在效用依赖的关系，再分配本身也许能使效率提高。但是，我们几乎无法获得充足的信息，无法自信地作出此类评估。第三，税收的目的可能是获取稀缺租金，比如那些从石油等自然资源开采中产生的租金。从理论上讲，这类租金能够被设计为转移租金，同时不产生任何效率损失；实践中，关于租金大小的信息限制往往会导致市场扭曲。

为了使我们关于税收和补贴的讨论更加具体，我们将其分为四种一般类型：供给方税收、供给方补贴、需求方补贴和需求方税收。表 10—2 概括了这几种类型。请注意某些政策不仅仅属于某一种类型。例如，一项汽油税既可能被当作供给方税收，也可能被当作需求方税收——税收的效果并不取决于它是向提炼者还是向消费者征收的。但我们仍会发现这样的分类是有用的，因为它们所强调的行为就是政策的目标。

表 10—2　　　　　　　利用税收和补贴来改变激励

一般性政策	察觉到的问题：市场失灵、政府失灵、分配问题、竞争性框架的限制	典型限制与协作结果
供给方税收		
产出税	MF：负外部性 DI：稀缺租金的转移	对所需的税收水平进行频繁的调整
关税	LCF：外国出口商的市场力量	消费者的重负损失；生产者寻租
供给方补贴		
配套拨款	MF：正外部性 MF：公共物品 DI：加大公平	减少努力，向一般收益转移
税收优惠（贸易减免和贷款）	MF：正外部性 MF：公共物品	对行业内的资源分配不适当；横向税收不公
需求方税收		
物品税和使用费	MF：负外部性 MF：信息不对称 MF：公共物品，特别是开放性进入	重负损失和黑市
需求方补贴		
非现金补贴	MF：正外部性 LCF：效用相关 DI：最低消费	限制消费者选择；官僚主义供给失败；导致不公平分配的诟病
优惠购物券	MF：正外部性 GI：加大公平 GF：官僚主义供给失败	信息不对称；短期供给缺乏弹性；制度阻力
税收优惠（个人减免与信用）	MF：正外部性 DI：加大公平	补贴贫困对象；纵向与横向的税收不公

供给方税收

我们在两个大类别之下考虑供给方税收：产出税（output taxes）和关税（tariff）。

产出税

正如我们在第 5 章所述，从社会角度来看，带有负外部性的市场会过量生产物品（见图 5—7）。当交易和协调成本阻碍了受到影响的团体通过协商使用科斯市场方法（Coasian market solutions）时，人们就会利用政府干预来均衡边际社会效益和成本。从理论上讲，适当地征税能提高边际社会成本水平，从而使外部性内部化。

每个单位的适当税收均能引起负外部性有效地内部化，通常人们把这一观点归功于 A. C. 疵古（A. C. Pigou），并称之为疵古主义税收方法（Pigovian tax solution）。[38]使用税收来纠正负外部性的主要优点在于，税收允许企业（或消费者）选择减少一定的产量（或消费量）来减少它们的纳税金额。只要每个企业都了解这种税，整个行业就能以成本最低的方法减少传递给社会的外部性。[39]

然而，外部性税收在执行上已被证明是极其困难的。主要问题在于政府需要知道社会效益和社会成本曲线的形状。如果要评估由于负外部性减少所产生的社会效益，我们需要确定一个损害函数（damage function）——这是一项困难的工作，因为它取决于复杂的物理与生物的力量对人类的影响。[40]人们也许无法轻易地确定企业的边际成本信息，但我们需要用它们来测得边际私人成本与边际社会成本的差额。[41]许多批评家已经指出，如果这类关于私人和社会的边际成本与边际效益的信息真的可以得到，那么政府就可以直接确定生产的适当水平，而根本不必用到什么税收了。[42]（当然，污染企业也许会有这种信息，但是如果它们拥有这类私人信息的话，有效税收的计算就会变得更加复杂。[43]）在实践中，这些问题连同那些反对企业得到"污染许可证"（license to pollute）的问题一起，限制了污染税在政治上的可接受性。[44]

虽然缺乏信息通常会让人们不可能在一开始就设定出最佳税率，但我们可以通过观察企业如何作出反应之后通过试错法来不断接近最佳税率。但是，试错法（try and error）存在着许多严重缺陷，包括不确定性、外部性生产者的机会主义行为以及政治成本等。[45]试错实验也许还涉及巨额的监督和管理成本。

尽管存在这些缺点，试错法在确定效率收益方面仍旧是很有潜力的：（1）成本更低——能以比标准更低的成本达到同等产出；（2）创新——税收激励合理的创新，企业不断创新，直至新技术的边际成本等于放弃缴税的边际收益；（3）信息需求——企业有动机去获得适当的信息；（4）干预——政府干预最小化；（5）行政复杂性——经济激励机制需要管理干预水平达到最小化；（6）交易成本——经济激励机制避免许多官僚管制如谈判和游说行为带来的隐性成本。[46]

到现在为止，我们已经讨论了作为一种外部性问题解决办法的供给方税收。这类税收实现了租金的转移，并且在这方面的使用也已经相当普遍。正如第 4 章（和第 1 章的政策分析）所讨论的，许多自然资源会产生稀缺租金。这些租金的分配常常是具有争议的公共问题。理论上，为使公众获得这些租金而做的一切努力都不会干扰资源的私人所有者的收获或开采决定。许多不同种类的税收已被用于转移稀缺租金：（物量产出）总特许权的比例税率（flat-rate gross rayalties）、利润税、资源租金税、企业所得税、资金流动税（cash flow taxes）和估算利润税（imputed profit taxes）。[47]虽然理论上某些这类机制能够获取一定比例的稀缺租金，同时又不阻碍关于资源使用的私人决定，但事实上由于信息有限，没有一种机制是完全中立的。[48]例如，按资源价值的一次性税收（资源租金税）不会妨碍所有者做出决定，对现有资源进行未来的开采。然而，这需要所有者具备准确的将来的开采成本和市场价格信息。除此之外，这种征税也许会降低企业勘探新的资源储备的动机。[49]

产出税的一个潜在的重要作用就是对那些结构上呈开放性进入的资源进行租金保护。如果通过单位税获取租金可以减少那些浪费租金的开采活动，那么这种政策就是一种能够提高效率的政策。

关税

关税是一种向进口物品、有时也向出口物品征收的税，关税或者等于价格的某一百分比（从价税率），或者是每一单位物品的固定数额。和其他任何税种一样，关税在没有市场失灵的情况下会产生净损失。这种情况常会发生，因为关税把巨额的消费剩余损失强加于国内消费者身上，这部分损失一般大于国内（和国外）生产商增加的所产生的收益。关税同时阻碍了全球相对优势的发展，还有以按比例增长的回报为基础的专业化发展。人们提出了大量的支持关税和其他贸易壁垒的观点，包括"婴儿产业"（infant industry）观点、国际买主垄断或垄断情况、"战略贸易政策"前提、收益提高、文化保护、对他国的贸易报复和国内再分配。[50]我们在此评论其中两种最重要的观点，它们常被用于支持关税。

用于支持关税的最常见观点是，保护一个新兴产业会产生正外部性（即前文所谓的婴儿产业论），即一个国内产业也许具有潜在比较优势，这种优势最初不能被特定的企业内部化，因为某些生产要素（如熟练劳动力）是流动的。该观点的另一个版本就是，国内企业有了关税的保护，就有机会得到最小的效率规模。这一观点假定投资者只顾眼前利益，不愿意以短期损失来换取长期利润。但是许多研究已经证明，在美国关税的主要推动力或一般而言的关税保护主义源于再分配政策，人们可以根据政府失灵理论对此加以最好的理解。20 世纪 80 年代的一项研究估算，在美国每年因进口限制引起的福利损失大约是 80 亿美元，对于消费者来说，每保护一份工作的花费在从最低约 2.5 万美元到最高约 100 万美元的区间之内变化。[51]

垄断效应（monopsony effects）也可被用来证明进口关税的合理性。如果一个国家对某种物品的需求量占全球总需求量的大部分份额，那么这个国家也许能通过用关税（或限额）限制需求量来影响全球价格。[52]关税的征收是根据国内和全球供给弹性与需求弹性的大小而定，它也许能压低全球价格从而增加国内的社会剩余。[53]垄断效应是支持美国石油进口关税的理念之一，但是最近来自石油生产州的支持者们在寻求更高的国产石油价格时也会导致进口关税。当一个国家某种物品的产量足以在全球市场产生垄断力量时，支持征收出口关税的观点就会由此产生。相互竞争的国内个体生产商将无法提取垄断租金，而一个征收出口关税的政府也许能抬高全球价格，从而提取这种租金（政府还可能运用更巧妙的机制，如商品联营和联合营销组织，来达到同一目的）。出口关税并不十分普遍，因为生产商更喜爱出口配额（这可以使他们获取租金）。但是当另一个国家政府威胁要征收进口关税时，中央政府有时会抢先征收出口关税。

一般说来，在关税与贸易总协定（GATT）及其后继的世贸组织（WTO）执行全球国际性协议的过程中，关税的重要性正逐渐减小。在关税与贸易总协定的作用之下，发达工业国家的关税率已从二战末期的 40% 降到了 20 世纪 90 年代的 5% 左右。[54]一些地区性贸易协定，如北美自由贸易协定（NAFTA），也降低了关税率，尽管这类地区性协议的效果尚不甚明朗。[55]虽然关税率降低了，但在某些案例中，一些国家会用较为隐蔽的贸易壁垒替代关税〔这些壁垒统称为非关税壁垒（nontariff barriers）〕，例如强加以有利于国内生产商的标准。关税与贸易总协定的乌拉圭回合谈判曾经试图用"视同关税化"（tariffication）来降低这些壁垒，即根据同等关税率来评估所有的非关税贸易壁垒，使得人们更容易对国家贸易政策进行比较和协商。

供给方补贴

一种增加物品供应量的方法就是对物品供给者进行直接补贴。这种补贴可以指向私营企业或基层政府。政府间的补贴通常称为资助拨款（grants-in-aid），或者简称为拨款。在多数情况下，使正外部性内部化的补贴和上文中那些针对负外部性的税收具有分析上的对称性。[56]因此，大部分情况下，如果存在一种正外部性，那么设计合理的每一单位的供给者补贴就会引起物品供应量的增加，这种方法可以减少由外部性而产生的供应不足，从而增加社会福利。

配套拨款

图 10—1 说明了中央政府如何使用补贴来诱导地方政府提供更多的公共物品 X。纵轴表示地方政府花在除 X 之外的所有物品上的开支。横轴表示地方政府所提供的 X 物品的量。例如，假定 X 是向那些学习能力较差的孩子们提供的补习班。假定总预算为月，地方政府可能不花一分钱在 X 上而是把钱花在别的服务上，也可能不把钱花在别的服务上，而是购买数量为 B/P_X 的 X（P_X 为 X 的价格），也或许是这两种极端情况的连线上任一点的开支状况。在这条预算线设定后，假设地方政府选择提供 X_0 单位的 X，则图中显示标为 I_0 的无差异曲线给出了一些 X 与其他物品开支的组合，政府（比方说市长）对它们的满意度都等于 X_0 与其他物品开支

为 b_0 的组合。

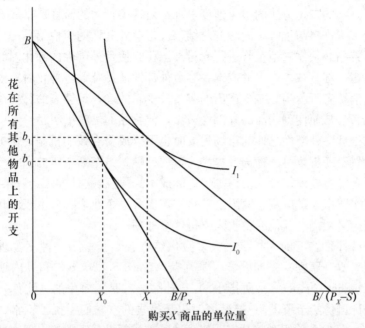

图 10—1　配套拨款对于目标物品供应的影响

现假设地方政府每提供一个单位的 X，中央政府就向地方政府支付 S 美元〔我们把这称为配套拨款，因为它是按某个固定比例拨给地方拨款。它同时又是不限额的（open-ended），因为地方政府可以获得的总补贴金额是没有上限的〕。[57] 由于存在补贴，地方政府确定的 X 物品的有效价格就从 P_X 降至 $P_X - S$。因此，地方政府的预算线向右移动。现在地方政府会购买 X_1 个单位的 X 物品，达到了无差异曲线 I_1 表示的更高满意度。请注意，地方政府花在其他物品上的钱也会更多——给 X 的补贴中有一部分会产生外溢效果，即向其他物品外溢。用拨款的专用术语讲，专项拨款（categorical grant）的部分被非专项化（decategorized）了。

为了抑制这种外溢现象，补贴可以配套提出维持成果要求（maintenance-of-effort requirement）：只有超出 X_0 的物品单位才能得到补贴。在维持成果要求下，预算线随初始预算线上升到 X_0，然后向右旋转，从而与没有维持成果要求时的补贴预算线相平行。地方政府会通过购买较没有补贴时更多的 X 以及减少其他物品的开支，对此作出回应。由此，维持成果的供应就有利于给予目标受助者的补贴，从而既定的开支水平能达到最令人满意的效果。但遗憾的是，中央政府的分析家们并不总能拥有完备的信息，因此他们难以设计出有效的维持成果要求。

补贴还能被用于处理负外部性。[58]企业能够因降低了自身的外部性水平获得报酬，这就取代了对产生外部性的物品征税的做法。然而，这类补贴容易受到供应方机会主义行为的影响。除非政府知道企业在没有补贴的情况下会产生多少外部性，否则企业就有动机去提高它们的现有外部性水平，以期得到更多补贴。例如，如果一家企业预期一项针对某种污染物质减排能够获得政府的补贴计划，那么它就可能暂时提高排放量，使自己将来有资格得到更高水平的补贴。如果这些企业只是放慢了原先打算采纳的减排方法的引进速度，那么对这类行为的监督是非常困难的。

补贴会带来许多与税收不同的分配结果。带有外部性的应税物品一般能产生财政收入，而补贴必须靠其他税收进行支付。当税收使负外部性内部化时，应税物品的消费者分担了部分减少产出的成本；当负外部性通过补贴内部化时，购买产生外部性物品的消费者所承担的减少产出的成本较少。的确，足够多的补贴也许能导致技术上的创新，从而使得物品的外部性减小，但物品的供应量不变。

补贴在处理除外部性之外的市场失灵时也可以成为有效的机制。例如，相对于拍卖一项自然垄断权，另一种选择提供一定的补贴，给垄断者正的回报率，从而促使自然垄断者能有效地定价（价格等于边际成本）。虽然这种方法具有某种吸引力，但仍不能在实践中大量应用。原因之一是它需要有关企业边际成本表的信息。另一个原因是政府必须提高其他的税收来支付这笔补贴。

有一些持怀疑态度的人指出，大多数供给方补贴是基于一种不合理的分配原则，而非效率提升原则。正如歌德·施瓦茨（Gerd Schwartz）和贝内地科特·克莱门斯（Benedict Clements）所指出的："补贴通常是无效率的（比如，它们未能对补贴的目标群体给予资助），补贴同时也是昂贵的（它们干扰了正常的福利和分配机制）。"[59]虽然在美国联邦政府一级中这种直接援助并不普遍，但在州政府一级和别的国家中是非常普遍的。这类补贴往往针对的是衰退产业或"夕阳"产业。如果补贴只是放慢了无利可图的企业从某产业中退出的速度，那么它就可能是极其无效的。

税收优惠

或许最常见的供给方补贴形式就是税收优惠（tax expenditure），如减少应纳税收入以及以信用方式抵销部分本来应由企业上缴的所得税。[60]如果能认识到同等金额的一笔赠款和一笔豁免的债务在财政上是等价的，那么我们就可以透彻地理解税收优惠。如果我们假定存在某种基准税收体系（或广义的税基），无论纳税人的支出如何，它同等地对待他们，那么我们就能拥有一个不带税收优惠的税收体系。如果根据基准率某人可以免交税款（即债务），这就相当于他得到了一笔同等金额的补贴。我们把税收优惠归到补贴一类，原因在于它们通过降低某些投入要素的价格，改变了物品的相对价格。例如，和其他许多生产资料一样，节能设备在使用年限中必定会折旧贬值，如果允许企业从现有纳税债务中全面扣除对节能设备的投资，那么这些设备就会显得便宜些。此外，在某种程度上，税收优惠不能纠正市场失灵所导致的无效结果，包括产业间和产业内部的资源错置。

某些公共物品都包含了研发的特性，这也能作为补贴的一条理由。美国政府和几乎每一个其他工业国家政府一样，都直接或间接地提供研发援助。这些补贴确实在一些国家被当成工业政策的基石。

当某项公共物品具有研发的要求或体现出研发的特征时，它们的供应处于低效水平。第一，在不可能将竞争者排除在成果使用之外的情况下，私营部门在研发的投资往往不足。[61]这一观点是说，没有哪种市场机制能够确保创新的收益完全不被别的企业窃取。部分收益作为消费者剩余给了使用者，而部分生产者剩余到了别的生产者手里。典型的政策方法就是补贴私营部门的研发行为，为的是把它提高到社会最佳水平。第二，在可能排他的情况下——通过专利或有效的行业保密工作——企业往往会把有关自身研发的信息扩散限制在最佳水平之下。结果，私营部门的研发活动也许会重复进行，造成浪费。

由于有一些问题阻碍了风险的充分扩散，进而导致投资不足。研究就其本质而言是一种风险行为；然而，如果不同项目的回报是相互独立的，当项目数量接近无穷大时，一组投资项目的风险就接近零。尽管个别项目存在一定的风险，研究应该被引向边际社会效益等于边际社会成本的一点。但是在一个竞争性市场中，私营企业通常无法持有一套合适的独立投资方案组合。

投资不足的观点也曾遭到人们的批评。唐纳德·麦克费特杰（Gordon McFetridge）曾经就公共部门在处理风险方面是否较私营部门更加有效的问题提出质疑。他指出，市场中的私营企业需要风险规避，而且可以利用风险投资等机制分摊这种风险。他还指出，证券市场本身就是一种（项目）风险共享和（个体）风险扩散的机制。[62]

政府补贴真的能影响研发活动的效率和分布吗？理查德·纳尔逊（Richard Nelson）和一组研究者对七种产业进行了案例分析：航空业、半导体行业、计算机业、农业、汽车行业、制药业和住宅建设业。他们的研究试图解决分配效率问题以及分布和执行问题。纳尔逊推断，政府对基础研究和一般研究的供应或资助提高了研发活动的总量，并且激励了信息的广泛传播。另一方面，应用研究和开发中的证据不是很明显。[63]

需求方补贴

需求方补贴的目的在于通过降低最终消费者的物品购买价格，来提高特定物品的消费量。有两种提供需求方补贴的基本方法：补贴（优惠购物券）和个人减免与信用（税收优惠）。有两个关于干预的重要效率原理可以用到需求方补贴上来，每个都涉及正外部性观点。在其他情况下，需求方补贴主要在再分配问题上得到支持。在诸多有关这类补贴的辩论中，由于效率和公平的维度没有被清楚地加以区分，从而产生了混乱。

仅凭分配观点来支持这类补贴是没有说服力的，因为接受者在直接的现金转移支付情况下（这不会直接改变有关价格）境况总是会更好（至少从他们自己的角度看）。因此，这种转移支付的原理常被用于价值物品（merit goods）上。[64]尽管这个术语没有精确和公认的含义，但它经常是再分配和市场失灵论点（最常见的是正外部性，还有信息不对称和非传统的市场失灵如不可接受的或内生的偏好）的混合体。

非现金补贴

　　非现金补贴（in-kind grant）的是特殊物品的消费。严格地说，非现金补贴是指直接向消费者供应某种物品。例如，政府可以购买食物并直接将其分配给民众。但是在美国和加拿大，大多数非现金补贴是通过优惠购物券进行分配的，满足收入要求者可以用它在市场中购买优惠物品。例如，美国的食品券计划免费向那些满足收入要求的人们分发食品优惠购物券。相比之下，美国分配奶酪等剩余农产品的计划则是文字上的非现金补贴。类似的补贴还有公共住房计划（与房租和建筑补贴大不相同），接受者直接从政府那里以受补贴的房租形式获得住房帮助。

　　图10—2阐释了一次付清 Z^* 个单位的某物品 Z 的非现金补贴的影响。最初的预算线连接的是月和月/户 Z 两点。补贴的引进使得有效预算线向右移动了 Z^* 个单位。如果接受补贴的人能把补贴物品卖给其他人，那么有效预算线还应包括从 a 点到 b 点的虚线，由于物品 Z 的购买量大于 Z^*，这条预算线相当于一份金额为 P_z 乘以 Z^* 的现金拨款所产生的预算线，其中户 Z 为补贴物品的价格。即使不能转售，补贴水平也是相当低的，以至于消费水平 Z_1 等于金额为 P_z 乘以 Z^* 的现金拨款产生的消费。需要指出的是，在这个特殊的图示中，即使非现金补贴高于补贴前的消费水平，还是会产生价值均等的结果。坦白地说，这种情况下的一个结论是令人不安的，人们也会把酒当成汤送给受赠人。[65]如果无差异曲线 I_0 与预算线的延长线（线段 ab）相切，那么我们宁可选择非现金补贴而不是直接给钱，因为它只与消费量有关。

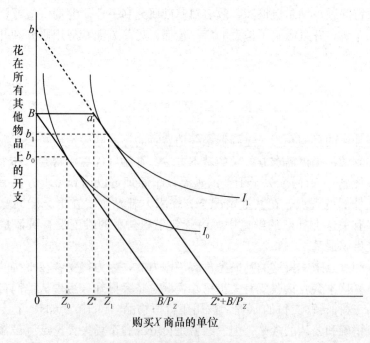

图10—2　非现金补贴对消费的影响

　　如果补贴量足够多并且其非市场性得以加强，那么补贴物品的消费量就能被提高到等量现金拨款产生的消费量水平之上。有哪些原理可以证明大量的非现金补贴和那些阻碍补贴物品在黑市上进行贸易的必要努力是合理的呢？一条以效率理论为基础而得出的关于有效（大量且不可交易的）非现金补贴的理由是，补贴的提供方从接受者的特定消费模式中获得效用（这种相互依赖的另一种描述是，纳税人从看到接受者消费特定物品之中得到正的消费外部性）。[66] 例如，得知贫困家庭中的儿童能吃饱对许多人来说具有一种正价值。在效用相互依赖的情况下，非现金转移支付也许比非限制性（现金）转移支付更有效率。根据我们关于外部性内部化的讨论看来，这并不应该令人感到惊讶——现金拨款不能使和特殊物品有关的外部性内部化。

另一个可能的理由是，我们所讨论的有些物品会产生正外部性。围绕住房、教育、医疗卫生服务和食品相关的正外部性的存在和大小问题，出现了大量争论。显然，这些都是实证问题，必须逐个案例地加以考虑。

优惠购物券

非现金补贴经常通过优惠购物券（vouchers）实施，这种购物券允许消费者以低价购买市场交易物品。典型的情况是，这些优惠购物券以低于其面值的价格分发给选定的消费者。然后，那些接受购物券的优惠物品供应商，或者那些拥有购物券的消费者，就会按购物券的面值兑现。如果优惠购物券按固定数量免费分发给消费者，那么它们从理论上就等同于图 10—2 中分析的一次性非现金补贴了。

在美国，参与者最多的优惠购物券体系是食品券计划。在一些受控实验中，人们用面额相同的现金来替代食品券，发现食品的总购买量在统计上没有明显减少（亚拉巴马州的食品券现金支出实证）或是变化很小（圣迭戈食品券现金支出实证）。[67] 因此，目前食品券的应用要比管理成本高的现金转移支付形式更为普遍，尽管后者似乎在政治上很受欢迎。

优惠购物券也经常被建议用于补贴其他物品，如初等教育和中等教育、学前教育和住房。[68] 如果优惠购物券提供了大量补贴，那就会对这些物品的市场需求产生刺激。因为这些物品的买卖通常在地方市场中进行，其短期供给表是向上倾斜的，所以能引起被补贴物品的价格升高。例如，加入某地住房的短期供给表是完全无弹性的，住房优惠券的引入就会抬高所有的租房价格，而不会增大住房供给量。但是，这些被抬高的价格最终会导致新建住房并把这些建筑分为更多的租房单位。一项由美国住房和城市发展部（HUD）赞助的 1.6 亿美元的实验，通过住房补助计划检测住房优惠券的价格影响。[69] 实验结果显示住房优惠券没有抬高地方住房价格，但遗憾的是，研究者们对此持有异议。[70] 然而，目前 HUD 更多的是通过优惠购物券或证书形式，而不是通过传统的提供公房进行此类援助。[71]

许多分析家们主张用优惠购物券的方式增加接受初等和中等私人教育的机会，增加父母的选择余地，并促进公立学校之间的相互竞争。[72] 政府资助教育的主要理论基础是，个人无法获取教育的全部收益——其他人可以从周围受过教育的公民和员工那里获益。然而，许多人认为，通过公共机构直接提供教育，可能会产生缺乏竞争的问题，结果导致政府失灵。优惠购物券的拥护者们认为优惠购物券使得公共资金支出和竞争性供给同时存在。批评家们则反驳到，竞争性供给会受到信息不对称的影响（父母也许无法了解孩子所接受的教育质量，直至孩子远远落于人后），因此必须直接控制教育质量才可能有效地应用优惠购物券制度，这样也许会减小私立学校相比公立学校所具有的优势。[73]但是干预性较小的措施，如定期报告学生的平均测验分，也许能解决信息不对称问题，同时使私立学校不用受到过多的管制。

目前在美国的城市中，包括密尔沃基和克利夫兰地区的公立项目与戴顿、圣安东尼奥、纽约和华盛顿的私立项目，进行了很多有关教育优惠券的尝试。尽管这些实验地区的评估结果尤其是针对教学效果的评估，看起来仍然是具有争议性的，我们仍旧可以得出结论：在公立学校中，那些参与了教育优惠券计划的家长与那些未参与的家长相比产生了更高的满意度。[74]虽然同样具有争议性，但也有证据表明：在城市的学区，教育优惠券政策有助于减少黑人学生和白人学生在受教育水平上的差距。[75]在总结整个教育优惠券项目时，伊莎贝尔·索黑尔（Isabel Sawhill）和沙龙·史密斯（Shannon Smith）认为："尽管我们无法确定是否学生们真的受到了更高水平的教育，但这些实验的结果无疑是振奋人心的。"[76]最近一份关于学校优惠券的调查中，埃德温指出，包括瑞典、波兰、孟加拉国、智利和哥伦比亚在内的许多国家正采用教育优惠券制度——通常表现为"资金跟着孩子跑"（funds-follow-the-children）的模式，即政府根据注册的学生比例来资助学校。[77]然而现有的哪怕仅有一点的竞争也许能令公立学校产生更强烈的改善现状的动机。[78]

税收优惠

税收优惠被普遍用于刺激个人对住房、教育、医疗卫生服务和儿童教育等方面的需求。其他的税收优惠用来刺激对某几类非营利性机构如慈善机构、文化组织或政治组织生产的物品的需求。税收优惠通过降低偏好物品的税后价格产生效果。例如，允许从应纳税收入中扣除抵押利息（interest payments on mortgages），会使住宅所有权不那么昂贵。有时，在经历经济衰退或者增长迟缓时，它们也可以用来刺激总体需求。例如，当需要刺激投资时，个人和公司所得税之下的折旧规则就会被减少。

税收优惠在美国是一项重要的补贴来源。例如在 1981 年准许降低抵押利息和财产税之后，放弃的财政收入约达 350 亿美元；但免除社会保障和其他能被当作收入的利益，也许就意味着放弃了 500 多亿美元的税收。[79]另外，估算收入（不直接以货币形式表现的财富增长）的赋税一般不计入税收优惠。例如，联邦政府对税收优惠支出的评估中不包括业主居住房产的估算收入。[80]大多数西方国家现已开始认识到税收优惠大小的重要性。美国、德国、英国、日本和加拿大现在都要求提交税收优惠的年度审计报告。[81]

有批评家指出，税收优惠不如直接补贴受人欢迎，原因有二：第一，因为税收优惠来自于相对秘密的税收法规讨论，这类补贴的作用没有经过严格的分析，因此鼓励了各种形式的政府失灵，如寻租行为。第二，税收优惠因其分配结果不公平而臭名昭著。高收入个人要比低收入群体的成员更能利用税收优惠，这并不奇怪，因为低收入群体交的税本来就很少甚至根本不交。减免税额减少了应纳税收入，避免了按纳税人的边际税率支付税款，从而有利于累进税制中的高收入者。[82] 贷款能够直接减少税收支付，而且对于每个申请贷款的人来说，其货币值是相等的。因此，在放弃同等金额收益的情况下，贷款比减免税额更多地保留了累进税制度。

需求方税收

我们把需求方税收分为两个主要类别：物品税（commodity tax）与使用费（user fees）。然而需要注意的是，其他一些分析家们也许会使用别的术语，而且甚至这两类税收之间的区别往往也并不十分清楚。

物品税

物品税和消费税这两个术语经常被频繁地交替使用。我们可以认为物品税使带有负外部性的物品影响内部化。它最常用于减少所谓不良物品（如酒）的消费（见我们先前在需求方补贴中讨论的好物品）。这类情况下的税收经常表现出某种程度的自相矛盾。税收会仅以最低限度影响需求状况并大幅提高财政收入，还是会大幅降低需求并产生更少的财政收入呢？在这种情况下，理念应该是抑制需求，但是财政收入目标常常取而代之。显然，需求的价格弹性决定了每一种特殊政策背景下的消费减少量与产生的税收之间的平衡。[83]

使用费

政策分析家们常用一些技术术语来表示使用费，包括拥挤税、边际社会成本定价和最佳收费。在更通俗的官僚主义语言中，它们通常被称为执照费、租赁费、车费等其他有关费用的同义词。支持使用费的有两条效率根据：第一（再次重申！），使外部性内部化；第二，为公共物品合理定价，尤其是那些具有非竞争性、排他性、拥挤性的公共物品（见图 5—2 中的 NE_2），如桥梁，还有那些开放性使用的资源公共物品（见图 5—2 中的 SW_2），如渔场。我们在第 5 章中（见图 5—3）已经评论了如何为排他性公共物品合理定价。有效的分配要求向物品使用者收费的价格等于他们强加给其他使用者的边际成本，这意味着在非拥挤时期的价格为零，而在拥挤时期的价格为正。

通常而言，决策者所面临的核心问题是这种峰值负荷价格（peak-load prices）的可行性。某些情况下这种定价的可行性可以因为技术进步而很快地改变，一个这样的例子是交通拥堵。虽然许多管辖区域都考虑过道路定价[84]，但在引进电子监控系统之前，这不可能得以广泛实施。[85] 现在这套系统在美国的很多地方如圣迭戈、橘子县（Orange County）和休斯敦都已经开始使用，在世界的其他地方如伦敦和新加坡也已经投入使用。

10.3　建立规则

　　规则遍及我们生活的方方面面。事实上，它们是如此普遍，以至于我们往往不把它们当成政府的政策手段。我们在此要强调的是：规则与别的一般性政策相似，既有优点也有缺点。政府使用规则强制而不是（通过激励机制）诱导某些行为。政府可以通过刑事或民事制裁使人们遵守规则。然而，我们不可能总是根据实际效果将规章制度与激励机制区分清楚。例如，人们应该把刑事法庭开出的低额罚款当作规则还是隐性税收（implicit taxes）[即负激励机制（negative incentives）]？虽然人们都喜欢关注规则的缺点（比如相对于激励机制的缺点），但在某些情况下，规则还是能为市场失灵提供最有效的解决方法。

　　我们把规则分为两大类：（1）框架性规则（framework rules），包括民法和刑法；（2）管制，包括对价格、质量、数量和信息的限制，以及对参与市场的注册、认证和批准等行为进行更直接的控制。表 10—3 列出了这些一般性政策。

表 10—3　　　　　　　　　　　　　　　建立规则

一般性政策	察觉到的问题：市场失灵、政府失灵、分配问题、竞争性框架的限制	典型限制与协作结果
框架性规则		
民法（特别是责任性法规）	MF：负外部性 MF：信息不对称 MF：公共物品 DI：公平机会 LCF：交易清淡的市场	官僚主义供给失败； 机会主义行为； 赔偿和适当阻止之间的均衡
刑法	MF：负外部性 MF：公共物品 LCF：非法偏好	执行成本高且有缺陷
管制		
价格管制	MF：自然垄断 DI：稀缺租金的公平分配 DI：物品公平分配	分配无效； X-无效率
数量管制	MF：负外部性 MF：公共物品，尤其是开放性使用物品	寻租； 扭曲的投资； 黑市
直接信息提供（公告和贴标签）	MF：信息不对称 MF：负外部性	消费者认识上的限制
间接信息提供（注册、认证和颁发许可证）	MF：信息不对称 MF：负外部性 GF：官僚主义供给失败	寻租； 组成卡特尔

框架性规则

我们不应忘记，只有是在一个以规则为导向的制度框架中，谈论竞争性市场才是有意义的。莱斯特·瑟罗（Lester Thurow）有力地阐述了这种观点：

> 世界上根本没有什么不受管制的经济体系。所有的经济体系都由成套的规章制度组成。文明实际上就是由与这些规则相一致的行为组成。一个没有规则的经济体系将处于一种混乱状态，其中不可能进行自愿交易。自上而下的强制命令将是引导经济交易的唯一手段。每个人都会尽可能与他人相联合。[86]

这种观点源于亚当·斯密（Adam Smith），他指出当想同你行业的人们聚集在一起时，他们最想做的就是相互勾结并扰乱竞争性市场的运作，由此他推论出了框架性制度的必要性。[87]那么，如果完全由私人活动控制的话，竞争性市场本身就可以被当成一种供应不足的公共物品。合同法、民事侵权法、商法和反托拉斯法都可以被看作框架性规则。

尽管几乎没有人怀疑刑法和民法体系本身的效率正在逐步提高，但是还是有相当多的讨论，关注于关于这类规则的最有效结构。例如在民法中，最佳责任性法规（optimal liability rules）（即失职与严格赔偿责任的标准）的确切性质是有争议的。[88]目前发表的有关"法律与经济学"方面的很多文章都涉及不同情况下这种最佳规则的说明。

产权的建立和执行是最基本的公共物品之一，它包括健康权和安全权。在美国、加拿大和其他一些立法判例源于英国习惯法系的国家中，民事侵权法体系（tort system）允许受到损害的人们通过法庭来要求补偿。依靠特定的执行法规，民事侵权赔偿的可能性降低了消费者所预见到的间接损害造成的损失，同时也阻止了生产者产生于信息不对称的冒险举动。但是，由于民事侵权责任常常涉及实质性的交易成本，当个体消费者受到的损害相对较小时，它就不能算是一种有效的抑制或补偿机制了（人们尝试用小额理赔法庭和群体诉讼手段解决这个问题）。因为企业责任通常受到其资产的限制，当一个小型企业的产品导致巨额损失时，民事侵权法就可能无效。除此之外，我们认为，民事侵权法的效率是最低的，因为要建立消费及其有害影响之间的关系是很难的，同时那些后体验物品（post-experience goods）也会由于信息不对称而造成规制困难。

合同法（contract law）的制定也是为了减少信息不对称造成的影响。例如保险法（insurance law）规定，保险公司有责任告知投保人该公司的保险类别特征及其承保范围。[89]即使合同上有一些明确且自相矛盾的限制条件，美国法庭通常还是会根据投保人的合理期望值来判定承保范围。实际上，当保险代理人向客户表述的内容与合同所指的承保范围产生分歧时，大多会以自己的"错漏过失"（errors and omissions）保险来覆盖他们的责任。在许多地区，其他一些类型的代理商，比如那些从事房地产交易的代理商，有责任展示某种产品在质量方面的特征。但是，这类规则会鼓励企业不把产品的缺点展现出来。因此，为了更加有效，规则也必须与这种"管理标准"（standard of care）规则相结合。

反托拉斯法被用于刑事或民事诉讼程序，其目的在于阻止企业通过相互勾结限制竞争从而得到租金的行为。正如第 6 章中简单讨论过的，当一个行业仅由少数几家企业控制时，它们之间就有机会相互勾结。企业间也许会形成卡特尔联合，并试图在其成员间分配产量，以期达到垄断价格。这种分配可以通过明确配额、市场地理划分和操纵投标以转变合同签订事宜等机制来进行。在那些规定相互勾结是非法的地方，这些努力常常会落空，因为卡特尔成员无法制定出可行的合同来防止被骗。新企业进入的可能性和替代物品的可用性也限制了卡特尔集团把价格维持在市场价格水平之上的能力。然而，要保持一些集中行业中的竞争性，就有必要积极地执行反托拉斯法。方法之一就是根据刑法，由政府机构如美国司法部的反托拉斯分部进行审查并提出起诉。另一个方法就是建立激励机制，如多重赔偿（multiple damages），来鼓励受到企业勾结损害的人们提出民事诉讼（civil suit）。

框架性规则还能被用于解决与政府失灵相关的其他问题。例如在直接民主制和代议制民主制下，宪法确定的个人权益条款保护了少数人免受多数人的暴政。同样地，框架性规则限制了代表们所获得的馈赠和特权，这样也有助于避免他们明目张胆地进行寻租行为。

管制

框架性规则帮助个人在竞争性市场中作出选择，而管制则试图改变生产者和消费者在这类市场中会作出的选择。人们一般通过命令和控制来进行管制：给出指令、监督遵循状况并惩罚不遵守者。管制的成本相当高。有人估计，在美国每年联邦政府一级的环境管制成本从 1972 年的 210 亿美元上升至 1990 年的 930 亿美元，约占 GNP 的 2.1%。[90] 同样地，对特殊行业实施经济管制的成本也是极大的。[91] 当然，高成本本身并不意味着施行管制是得不偿失的，但是这提醒了我们应该严格证明管制的合理性。

价格管制

在第 8 章中，我们分析了把价格上限或价格补贴强加于一个竞争性市场时的效率成本（见图 8—2 和图 8—3）。我们得出结论：价格管制（price regulation）导致了低效率。这一结论可以推广至工资、物价控制以及收入政策上，这些手段常常被包括美国在内的西方国家政府采纳。[92] 但是，在多大程度上的低效率是很难被衡量的。

如果一种物品的质量是变动的，那么强制的最低限价常会导致企业在质量方面的竞争，而不是打价格战。结果也许会是更好的质量和更高的价格，但是只有一般水平的回报利润率（rates of return）。反之，最高限价经常导致产品质量的下降，使企业能够以接近竞争水平的价位销售低质量的产品。换句话说，假定质量保持恒定的社会剩余分析并不总能全面说清价格管制的影响。

价格管制常被作为一种防止垄断者制定租金最大化价格的方法。例如，1992年的有线电视消费者保护和竞争法案授予联邦通信委员会管理有线电视收费的权力。联邦通信委员会要求在 1993 年降低收费 10％，1994 年再次降低 7％。联邦通信委员会通过比较独家垄断体系和双头垄断体系（行业术语称之为"供过于求"体系）的电缆价格，估算出竞争性价格。它们发现，双头垄断体系的价格平均比独家垄断体系大约低 16％。据估算，这些价格削减使行业利润减少了 30 亿美元。[93]正如我们在第 5 章中所谈到的，如果一个自然垄断的经营者被迫按平均成本定价，那么净损失就会远远低于租金最大化定价。

许多管制制度企图通过价格管制来迫使自然垄断者按平均成本定价。历史上，常用的方法便是利润率管制。能源、运输、通信和城市公共设施中的很大一部分正在或已经以这种方式进行管理了。批准管制的法令中还特别提到"合理的"价格和利润。然而实际上，在定义合理性时，效率和公平的相对重要性并不明确。

当我们使用这类价格管制来限制自然垄断造成的供应不足时，我们面临着两条主要的批评线路。第一，根据政府失灵的不同形式，乔治·斯蒂格勒尔（George Stigler）等人已经指出，管制者很快就能被那些应该进行管制的企业"捕获"，以至于其结果可能比完全放手不管更糟。[94]第二，这种管制会导致无效和浪费的行为。在利润率管制下，这类动机产生的两种证据确凿的结果便是 X—无效率和资本的过度使用。[95]

为了抵消这些不恰当的动机，一种新的类型的价格管制措施出现了，它被称为价格上限（price cap），又可被称为尺度竞争管制（yardstick competition）。虽然在英国它被广泛用于管理新的私有化产业和解除入口管制的产业，但现在它也被美国等许多其他国家采用。[96]在过去的 15 年中，几乎所有的国家都把对地方电话公司的管制方式从回报率管制改变到了价格上限管制。[97]价格上限经常被用来管理带有自然垄断特征的产业，它一般和消除合法进入的壁垒、纵向非一体化（vertical disintergration）、市场占有率限制（market share restriction）等手段一起被采用。在这类价格管制中，管理机构设定某一特定时期（如四年内）的容许价格。考虑到通货膨胀因素，每年要调整容许价格，但还要下调一定的比例来反映管制者确信企业能够降低的成本，其调整依据是关于先前 X—无效率的程度以及新技术可能降低的成本大小（即技术效率改善的潜力，与 X—无效率无关）的观点。比方说，如果每年的通货膨胀率为 3％，每年需要提高的生产率为 4％，那么容许的名义价格每年就会降低 1％。其特点是，如果受管制的企业想要降价就可以降价（也就是说，有上限但无下限）；由于价格上限管制常常伴随着开放性进入，现有企业实际上被迫在价格上限制定之前就得降低价格。

这类管制的优点在于它集中关注动态效率——管理者有动机不断提高生产率，因为如果能够在价格上限降低之前削减成本，那么他们就可以保留一定的剩余。但是，价格上限管制要求管理者定期估算可能达到的成本减量。理论上，这种估算能起到激励企业降低成本的作用，却不能允许它们获取过高的利润。这使得管制更接近于旧式的利润率管制方法，其中管理者可能受到受管制企业或其他利益团体的影响。[98]但是在价格上限管制和利润率管制之间有一个重要的区别：价格上限管制要求企业的投资者承担利润变动的风险。有证据表明价格上限管制致使带有自然垄断特征的企业的效率显著提高。[99]例如，一项研究发现，即使英国煤气公司在这一期间保持一种（纵向一体化）垄断，它的效率还是增加了。[100]但是，尽管如此，这些管理变化会伴随着别的重要变化如私有化出现，以至于人们很难把效率改善归于单个原因。

需要指出的是，运用价格管制来纠正因自然垄断引起的市场失灵只是备选办法之一。我们已经评论过通过拍卖和补贴来对付自然垄断现象的方案的可能性，接下来我们将会讨论政府所有。在此我们看到了一般性政策的可替换性。我们需要进行特定背景下的分析，来判断哪种一般性政策是最适合的。

价格上限（price ceiling）有时被试用于把稀缺租金从资源所有者那里转移给消费者。例如，在20世纪70年代，价格上限使美国和加拿大的原油矿井的价格很好地保持在全球市场价格水平之下。虽然这些控制把租金从石油的所有者那里转移给了炼油者和消费者，但是它们降低了国内的石油供应量，增加了石油需求量，同时助长了全球油价的上升。[101]一般说来，运用价格上限转移稀缺租金会导致效率损失。

数量管制

在讨论税收和补贴时，我们已经把数量管制作为一种控制负外部性的手段提到过。虽然数量管制的灵活性和效率通常都小于市场激励机制，但是它经常能给出更确定的结果。因此，在错误的成本很大的情况下，这种管制手段是值得选择的。例如，如果外部性包括具有灾难性或不可逆转性结果的后体验物品，那么最恰当的方法是对其进行直接限制。我们是否应该冒险一些，运用经济激励机制来控制可能毁坏臭氧层的碳氟化合物的使用呢？如果在最初的税收惯性下，我们高估了需求的价格弹性，那么之后要实现减排的成本和难度也许就会是非常大的，同时也会产生其他潜在威胁到生态环境的现象，如温室效应等。这些现象也将会产生类似的问题。[102]边际效益和边际削减（成本）曲线的相对斜率决定到底应该应用价格工具还是数量工具。假设某种特定污染的边际效益曲线很陡，而边际成本保持恒定。在这种情况下，环境质量的改善产生的效益随污染水平不同变化很大：高污染水平时的成本很高，这时运用数量控制是合适的。另一方面，如果边际效益曲线平缓，而边际成本曲线很陡，那么潜在的政策问题就是过于严格的管制会产生净损失。此时运用污染税更为合适。

在美国，对污染的数量管制常常采用"要求使用某种指定的技术以达到标准"

的方式。例如，1977 年的《清洁空气修正法案》（Clear Air Act Amendment）要求所有新建的燃煤电厂，无论该工厂使用的是低硫煤还是高硫煤，必须安装烟道废气洗涤器来脱硫。[103]这种方式吸引了来自生产高硫煤的州的州议员，吸引了对新竞争对手而言享有较弱的成本优势的老厂厂主，也吸引了把它看成一种以最小管理成本增加减排量的方法的那些环保专家。[104]然而，通过抬高新工厂的成本、安装洗涤器的要求实际上放慢了总排硫量的削减，因为它减慢了电力设施取代老厂的速度。一般说来，要管到企业如何达到标准为止，这会降低弹性并会使达到标准的成本更高。

在美国，工作场所卫生和安全管制是由职业安全与卫生管理局（OSHA）负责的，这个机构更多的关注于以技术为基础的标准。部分的原因是由于美国最高法院明确地驳回了职业安全与卫生管理局在管理工作场所安全与健康中使用的成本—收益分析。[105]职业安全与卫生管理局确定标准的方法本身就引起了很多争议，尤其是在经济学家中。最近一份经验性文献的评论中包括了相当混杂的信息："……没有证据表明职业安全与卫生管理局的影响重大……（但是）……可以得到的职业安全与卫生管理局全面影响的经验结果……表明职业安全与卫生管理局所做的努力可能正开始提高工作场所的安全性。"[106]

值得注意的是，可交易排放许可（tradable emissions permits）（我们在本章前一部分讨论模拟市场的时候曾谈及）也包含了数量管理的特点。在交易开始之前，允许污染的总量必须先行确定。因此，可交易排放许可是把数量控制的优点与那些与市场机制更为接近的方式结合了起来，比如税收和补贴。

尽管受到了强烈的抨击，在国际贸易中运用配额则是数量管制的另一个例子。[107]我们已经讨论过，关税和配额在理论上的差别很小：就关税而言，直到进口额减少到一定水平，价格才会上升；就配额而言，政府直接限定进口水平，价格也会随之调整。实际上，关税在适应供求变化上的优势更胜于配额。除此之外，关税往往比配额更容易执行，因为后者需要政府把权力分配给有限的进口商。配额和关税之间还有一些重要的分配差异：配额把租金转移给外国生产商，而关税收入被本国政府获取。

乔斯·葛麦茨-伊拜尼兹（Jose Gomez-Ibanez）、罗伯特·利昂（Robert Leone）和史蒂芬·奥康奈尔（Stephen O'Connell）曾经研究过配额对美国汽车市场的影响。[108]他们的分析可以推广至对鞋类、纺织品、钢铁和许多其他产品的进口配额中。他们估计，在短期内，消费者每年损失超过 10 亿美元，而且"很显然，在大多数假定下，整体经济状况因限制而变差"[109]。他们还指出，长期动态效率成本可能比短期成本更大，因为日本汽车制造商会根据配额作出调整。

最极端的数量管理方式就是完全禁止使用和占有，它往往通过刑事制裁加以实施。例如，1984 年的《美国国家器官移植法案》（U. S. National Organ Transplant Act）禁止买卖人体器官。[110]目前有许多国家正考虑是否要禁止克隆。类似的禁令还包括对赌博、酒类、卖淫和海洛因、可卡因等毒品的禁止。此外，各国在这种政策工具的选择上有所不同。许多国家禁止私人拥有手枪，而美国的大多数管辖区允许销售枪支和私人拥有手枪。另一方面，我们所知道的国家中没有一个禁止了香烟的使用或销售。[111]学术界还没有对实施这些类型的禁令达成统一意见。这并不令人惊讶，因为许多问题关系到人们坚决持守的道德价值标准。正如我们在合法化的讨论中所谈及的，这类价值标准的变化常常引起选择自由的呼声。如果某些非法产品的需求很大，那么通常的后果就是黑市，从而产生净损失和负外部性。

目前刑事制裁更广泛地应用于有毒化学物质的管理。在一个众所周知的案例中，伊利诺伊州的几位商人因一名员工的死与有毒化学物质有关，被控谋杀罪并被判处 25 年徒刑。[112]虽然这种严格的刑事制裁可能具有强大的威慑力，但也可能阻碍企业报道自己因过失而造成的事故。

有效标准的设计要求把不服从行为考虑在内。如果我们想要那些受标准控制的人们作出有效的决定，那么就应该让他们看到预料中的惩罚与其行为的外部成本相等。例如，如果排放一种有毒物质造成了 1 万美元的外部损害，而逮到倾倒者的概率是 0.01，那么罚款应该约等于 100 万美元，以使外部性内部化。但是，政治制度可能不愿强行征收这样巨额的罚款。它也不愿意雇用足够多的检查员来提高不服从行为被发现的概率。一般而言，不服从问题限制了标准的有效性。[113]

直接信息供应

我们在第 5 章中详细讨论过信息不对称。我们曾指出许多物品的质量直到它们被消费很久以后才能进行评价（例如，后体验物品如石棉绝缘材料和某些医疗方法）。由于产品在技术上变得更加复杂，产品质量也逐渐成为一个重要的政策关注领域。

信息不对称的出现给出了一种相对简单的政策建议：提供信息！重要问题在于政府向消费者提供这类信息或要求物品供应方提供信息是否更有效果。很少有研究会直接提及这个重要问题。实际上，政府往往会同时采用两种策略。例如，美国政府通过全国卫生研究所提供香烟烟雾对健康的影响等有关信息，并要求烟草制造商在产品上加贴警告标志。

要求企业提供有关产品质量各种特性的信息，现在已变得越来越普遍。[114]要求信息公开的例子包括家电能效标签、汽车里程级别、衣物保养标志、抵押贷款利率信息、营养和成分标签、辛烷值标签、贷款实情提供、保证公开要求以及香烟包装上的健康警告标志。[115]除此之外，联邦政府、州政府和地方政府都尽了很大努力来制定所谓的明晰法，以使合同更容易读懂。[116]

要求物品供应方提供信息的另一个类型就是方便该供应方的雇员提供信息。[117]目前航空公司雇员能够将安全问题的信息传达给联邦政府的管理者，而不会受到雇主的报复。显然，航空公司的飞行员要比主管人员具有更直接的激励去汇报安全问题。当然，通过有利于保护揭发无效或腐败现象的雇员，这一政策手段还适用于政府本身。

组织汇报卡（organizational report card）向消费者提供某些组织如学校、保健组织和医院等单位的比较信息，这种情况现在越来越普遍了。[118]当组织的参与动机强烈时，私营组织可以提供组织汇报卡。例如，大学每年自愿向《美国新闻与世界报告》（U. S. News & Report）中的大学汇报卡提供信息，因为如果未入名单，就会削弱它们争取生源所作的努力。许多保健组织因大量购买其服务的雇主的提议而加入汇报卡。当组织没有参与动机时，政府会进行干预，或者要求公布那些制作汇报卡的私营公司所需要的信息，或是直接制作这种汇报卡。例如，现在有许多州出版有关学区的汇报卡或者要求学区向学生父母提供各个学校的比较信息。

直接信息提供可能是一种针对纯粹的信息不对称问题的可行的政策响应。这是一个具有吸引力的政策选择，因为无论提供信息还是强制实施，政策的边际成本往往都较低。然而当信息不对称与其他市场缺陷如有限的消费者注意力、对风险的错误理解、内在偏好或上瘾产品等相结合时，该政策的可行性就降低了。例如，提供吸烟有害健康的信息也许不是一种充分的政策响应，因为烟草具有令人上瘾的特点。如果我们相信许多吸烟者不能理智地评价吸烟的健康风险，那么也许应该进一步加以管制，可能还包括一些强制性达到的质量标准。

通过缩小产品质量之间的差异，标准也可以向消费者提供信息。例如，食品与药品管理局要求，在一种新的药物上市之前，必须给出其效用和安全性的科学证据。这些质量标准至少向消费者提供了一些关于上市药物的信息。

质量标准的有效应用可能会受到政府失灵的限制。管理部门时常由于缺乏专门技术而难以制定合适的质量标准。由于受到政治环境的限制，它们还可能过于轻视某些错误而重视另一些错误。例如，当食品与药品管理局批准某种有害产品上市时，就可能受到一些议员的严厉批评，他们会专门针对某个具体受害者而论。反之，直到最近，当它阻止某种有益产品进入市场时，它却没受到任何来自国会的批评，即使许许多多（一般来讲无法确定）的人放弃了利益。[119]

质量管制和信息披露计划要冒规则捕获的风险。受管制行业中更容易符合质量和披露标准的企业会致力于寻租行为，通过确保严格管制，从而将不适当的成本加于它们的竞争对手，并建立壁垒使新企业更难以进入该行业。除了会减少行业内的竞争，严格的标准还可能由于过度的强求一致而阻碍了可能的创新。[120]当标准涉及生产过程而不是用于最终产品的质量时，其对创新的阻碍现象可能会非常严重。授予私营组织标准制定权，也许有利于不断递进的标准设定，它们更好地反映了不断变化的技术。[121]

间接信息提供

遗憾的是，与有形产品相反，关于服务质量的直接信息通常无法提供。典型的服务性产品，其质量是不固定的。它可能随人力资本的水平或投入的努力程度而不断变化。因为不同时间的服务质量可能会发生变化，所以直接提供关于服务质量的可靠信息也许是不切实际的。提供这类直接信息的不可行性引导决策者和分析家们寻求间接的信息提供途径。一种常见的政策方法就是向符合技能、培训或经验标准的服务提供方颁发许可证或执照。

颁发执照可以被称为"一项规章制度，它规定只有那些寻求并得到一张主管机构或州议员颁发的许可证的人们，才具有执行或承担给定职责的正式从业资格"[122]。它能够与认证相区分，后者是指"有资格的从业者得到其他从业者不能合法使用的称号或证书；但是，法律允许未经证明的从业者提供同等职责，前提是他们要以别的名义这样做。证书涉及某种专业称号而不是从业的专有权"[123]。

米尔顿·弗里德曼（Milton Friedman）简单地总结了使用这些方法的缺点："最明显的社会成本就是，这些措施中，无论是注册、认证或颁发执照，几乎都不可避免地成为一种由专门生产商团体控制的工具，它们以损害其他公众的利益为代价占据垄断地位。"[124]因为认证通常并不阻挡进入，这种批评意见便基本上集中在颁发许可证上。[125]

虽然通过执照提供间接信息的原理不一定意味着自律，但几乎所有的国家都采用了颁发从业执照的方法。典型的步骤是：由一些成员组成某个职业协会，协会建立一个自愿许可制度，同行在其协会的支持下向立法机构申请法定执照。[126]

从业执照（occupational license）有着诸多缺点：培训或其他可测度的属性与表现之间的关联度可能会很低；职业的限定阻碍了技能的发展，使其在不断变化的市场中逐渐过时；高进入标准取消了消费者选择廉价低质服务的机会；当职业利益集团控制了执照颁发标准时，可能会制定出过高的标准来限制进入，从而抬高现有从业者的收入。[127]

虽然所有的这些问题都非常值得注意，经济学家们还是主要关注进入壁垒的社会成本及其导致的垄断价格——或许是因为这是较容易测量的执照影响之一。经验证据有力地证明了职业卡特尔确实抬高了价格并限制了竞争。[128]根据这些额外回报的存在以及你对寻租的已获知识，那么就毫不奇怪，很多职业和类似职业的团体都在继续追求执照制度。[129]

因此，当我们在把颁发执照作为一项政策备选方案加以提倡时，应该谨慎小心。当我们这样做的时候，我们应该仔细评价职业自律的备选方案。但是我们可以公正地说，职业自律的批评家们在提出可选政策时并非特别有想象力。[130]

目前，从业执照制度正在超越其传统边界。大量的超专业职业正赢得执照和自我规制的权力。最近一项提案甚至建议，将来的父母应该在孩子出生之前就得到生育执照（许可）![131]

小结：规则（和一些核查）的大千世界

正如本节的引言所强调的，规则是生活中最常见的一种政府政策形式。国家级、次国家级（州或省、地方）的管制仍在继续增加。但是，最近一些地区如纽约州的改革要求，主要的管制必须经过成本—收益分析的验证。如果这一趋势继续下去，那就可能对管制过程产生巨大的影响。[132]

10.4　通过非市场机制提供物品

令人惊讶的是，对于在什么时候政府通过公共机构供应物品是一种对市场失灵的适当反应，政策分析家们保持了沉默。彼得·帕施金（Peter Pashigian）坦率地指出："物品和服务的公共生产几乎困扰着大多数经济学家。它确实存在，而且十有八九会越来越重要，但是人们很难加以解释。至今仍未出现过一种令人接受的公共生产理论。"[133] 的确，政府提供和别的一般性政策之间的选择属于最难以理解的政策问题之一。原因或许在于，虽然我们有一套令人信服的市场失灵理论和一套具有说服力的政府失灵理论，但仍未得到一种衍生理论（overreaching theory）来恰当地描述市场失灵和政府失灵之间的效率均衡关系。[134]

人们往往倾向于认为，市场失灵理论本身能解决这种困境：当存在地方性市场失灵时，直接政府供应是合适的。这是一种缺乏说服力的观点，因为它忽视了一个事实：市场失灵可以用其他一般性政策来解决。因此，市场失灵通常是为政府干预提供了一个理由，而并不必然地导致政府直接供应。例如，假设对自然垄断的可能反应：利用市场竞争进行拍卖，利用补贴来帮助边际成本定价以及直接管制。这些方法都是政府拥有垄断权的替代方案。

威廉·鲍摩尔（William Baumol）最早提出了政府生产的道德风险理论。[135] 有一个例子最能说明他的洞察力：国防的供应。政府供应国防的一般理论基础以"国防是一种公共物品"的论点为根据。但这只是政府干预的论据，而不是公共军队本身的论据。鲍摩尔关于政府军队的案例就是根据道德风险而定。一个政府只有在出于自身目的需要时，才会打算动用它的武装部队。市场按合同提供给政府的军队可能具有差异很大的激励作用，这会使人对其忠诚度和可靠性产生怀疑。

我们认为，道德风险问题可以从一个更广的机会主义的角度来考察。同时，我们能阐明运用国防例子的问题关键之所在：没人相信军队会履行合同，因为政府不具备独立的执行机制。换句话说，军队正处于可以进行机会主义行为的位置上，就像 30 年战争中受奖金和高薪诱惑而叛变敌方的士兵们一样。[136] 即使有支特殊的私营军队不会这样，国家也必将被迫实施高成本的监管。例如，政府至少必须建立一个总监办公室，以确保承包方能够真正组织起一支可靠的军队。

尽管机会主义行为的风险在国防领域中得到了最完全的展示，但这绝不意味着仅在该领域才有类似的风险。收税、印钞、司法管理等——如果由私营企业供应，都可能面临严重的代理问题。

我们的分析建议对利用公共机构的行为进行双重市场失灵检验：第一，市场失灵或一个再分配目标的证据；第二，无法使用干预性较弱的一般性政策或无法设计有效的私人生产合同来解决市场失灵（即无法合理控制机会主义）的证据。虽然我们相信这种双重市场失灵方法为政府生产提供了一种理念，但政府生产在怎样的情况下才能算最佳的一般性政策，对于这点的描述目前只是略有进展。[137] 这个任务相当困难，因为正如我们在第 8 章所讨论的那样，公共机构本身往往容易遇到严重的委托人—代理人问题。

尽管存在这些理论上的困难，我们至少还是能够提出关于非市场供应的可选形式的综述。广义地来说，一旦作出一个由政府提供物品的决定，政府就能够直接或间接地加以执行。直接供应包括由政府部门生产和分配物品。正如表 10—4 所概括的那样，间接供应的主要手段是独立机构（通常是国营企业或专区）或者各种承包出让的形式。尽管在理论上这些方法的差别较大，但实际上往往不那么明显。

表 10—4 通过非市场机制提供物品

一般性政策	察觉到的问题：市场失灵、政府失灵、分配问题、竞争性框架的限制	典型限制与协作结果
直接供应		
下属部门	MF：公共物品 MF：正外部性 MF：自然垄断 DI：分配贡品	僵化；动态无效；X—无效率
独立机构		
国有企业	MF：自然垄断 MF：正外部性 DI：分配公平 GF：官僚主义供给失败	代理损失
专区	MF：自然垄断 MF：地方公共物品 MF：负外部性 DI：全体供应	代理损失；少数具有强烈偏好的人的不可分离性
承包出让		
直接承包	MF：公共物品，特别是地方性公共物品 GF：官僚主义供给失败	供给者的机会主义行为：阻碍和虚报低价
间接承包（非营利性）	MF：正外部性 GF：官僚主义供给失败 DI：偏好的多样性 LCF：内在偏好（行为矫正）	部门间的协调性差

由政府部门直接供应

由政府部门直接生产物品的历史从政府出现起就开始了。卡尔·维特福格尔（Karl Wittfogel）指出，许多半干旱地区（如埃及、美索不达米亚、中国和印度的部分地区）早期文明的促进因素来自于共同建造和管理水利设施的需要。这反过来有助于促进政府直接供应非水利建设："在法老埃及和印加秘鲁时期，流行直接管理。"[138]

美国政府通过诸如美国工程兵团、造币局、国家林业局和农业部的合作推广处等机构，向社会提供大量物品。甚至在其建国初期，如果把各州的行为计算在内，直接供应的规模也很大。[139]克里斯多弗·莱曼（Christopher Leman）发现国内政府的生产活动可以被分为十大类别：促进贸易，管理公有土地，建造公共工程和管理不动产，调查与检验，技术援助，法律与贡品，健康保障、社会服务和直接资金援助，教育与培训，市场营销，以及支持内部管理需求。[140]政府的非内部职能包括国防和外交政策管理。

一项关于这些类型的研究表明，它们都能得到市场失灵理论或再分配理论的支持。但是，是通过一般性政策，还是由政府来间接提供这些物品？哪种方式更为有效？这个问题还是没有答案。显然，这些物品中的一部分（或者至少是相似的替代品）能通过其他的一般性政策提供；例如，卫生保健要素可以在自由市场中遵循一定的规则，通过市场激励机制以不同方式提供。

莱曼还指出，其他干预性的一般性政策不可避免地会包括某种程度的政府直接供应。[141]一些例子如：非现金补贴的提供要求下属部门分配物品和优惠购物券；使用规则要求政府机构监督和执行服从状况；甚至是可交易产权的建立也可能需要政府机构充当起银行和票据交换所的职责。

我们在第 8 章关于各种政府失灵形式特别是那些官僚主义供给的讨论中已经表明，政府供应不是包治百病的灵丹妙药。政策的钟摆似乎已偏向了反对使用公共机构一端，这种偏好通过目前人们对自由化和外包行为的兴趣就可以展示出来。

独立机构

独立机构的范围和类型非常庞杂。英国创造了一个术语叫"准官方机构"（quango）（准非政府组织），来描述各种不完全是政府部门的半自治实体。全世界几乎所有国家中，这种"预算外"的自治机构都出现了爆炸性的增加。美国也不例外。安-玛丽·沃尔什（Ann-Marie Walsh）认定了一千多个国内州一级和各州间的权力机构以及六千多个州以下级别的权力机构。[142]这些地区性、州和地方机构建造并运营很大规模的设施，包括水坝、机场、工业区和桥梁，并且提供范围广泛的服务，包括水、煤气和电力。但由于没有公认的统一名称，这类实体加以识别与归属都成了问题。许多权力机构有相当大的独立性，但在形式上不是自治的，而另一些机构是自治的，可形式上却隶属于某个政府部门。更令人困惑的是，形式上隶属一个政府部门不一定会使企业受到部门的监督或管制。[143]我们在此简单评论一下两种独立机构的形式：国营企业（government corporation）和专区（special district）。

国营企业

国营企业存在于世界各地，特别是在那些发展中国家。[144]在美国，这种企业形式往往被那些至少看来像自然垄断的部门用于交付有形物品和可分物品（trangible and divisible goods）。国营企业一般靠它们自己的收益来源维持运行，还有一份营业执照授予它们某种特权，使它们在某种程度上的日常运营可独立于立法或行政机构干预之外。例如，市政当局所有的电力业从它们卖出的电中产生收益。通常，营业执照要求它们以超出运营成本并考虑到发展空间的最低价格运营。

虽然国营企业在美国的重要性不及它们在许多别的国家，但它们的存在并非无关紧要。田纳西流域管理局在 1997 年有 330 多亿美元的资产，这使它成为北美最大的电力公司；其他重要的联邦政府拥有的电力生产者，包括博纳维尔电力局、联邦东南电力署和阿拉斯加电力局。主要的联邦企业包括联邦国民抵押协会、邮电业、联邦储蓄保险公司和公共广播公司。[145] 在次国家级水平上，主要的企业包括纽约和新泽西港务局、纽约电力局和马萨诸塞州港务局。

国营企业的理论基础是什么呢？至少在美国，大多数的国营企业符合单一市场失灵检验——也就是说，它们属于那些自然垄断或其他市场失灵显示需要政府干预的部门。在我们看来，国营企业的批评家们含蓄地指出，没有一个国营企业经得起双重市场失灵检验。

国营企业表面的吸引力在于它们能矫正市场失灵，同时可能保留私营企业的灵活性、独立性和效率。国营企业是否不像政府部门那样容易遇到委托人—代理人问题呢？

路易斯·德·亚利斯（Louis De Alessi）等批评家们声称，国营企业就像政府部门一样，要比私营企业更容易遇到委托人—代理人问题："私营企业和国有企业的关键差别在于后者的所有权从效果上讲是不能转让的。由于这一规则暴露了它们所有权的特殊性，它限制了将未来结果资本化折算为现行转让价格，并降低了所有者监督管理行为的积极性。"[146] 这一观点的理论力量多少被一种日益增多的现实削弱，即大量的私营企业也会遇到委托人—代理人问题，当股权分散时尤其是这样。[147] 大多数经验研究确实发现，分散的股权会导致较低的获益能力和较高的成本。[148]

国营企业会比私营企业效率低吗？有几项代表性的跨部门实验研究比较了私营企业和国有企业的业绩，部分调查结果发现私营部门具有一定的"优势"，但另一些结果发现没有一贯的差异。[149] 这些研究通常会暗示，在一些竞争性行业如石油和煤气生产及钢铁行业中，私营部门的业绩比较好。例如，艾丹·瓦伊宁和安东尼·伯德曼（Anthony Boardman）比较了竞争性环境中运营的最大的非美国的国有、私营与混合型企业。在调整了行业和国家等重要变量之后，他们发现国有和混合型企业的效率显得低于私营企业。[150]

但是，在电力、水务等竞争性极小（至少从历史经验是如此）并且往往存在大规模（利润率）管制的部门中，跨部门的证据更为混杂。[151] 这样，看到因有限竞争和利润率管制而导致的私营企业中的 X—无效率现象我们就不感到奇怪了。[152] 业绩的差异看上去不大，这暗示了给定市场中的竞争程度要比所有权本身更像是有效业绩的预测器。

但是，从 20 世纪 90 年代起，一种新的证据类型在比较运作中变得可以获得了：关于国有企业私有化的"前后"（即时间序列）的证据。这一证据有力地表明，X—效率和分配效率中都有巨大的效率：收益。该证据在工业化国家、发展中国家和前苏联加盟共和国中都可见到。[153] 但是，前苏联加盟共和国以及发展中国家的证据表明：对私营企业进行适当的资本主义制度安排的必要性能创造财务——换句话说，框架管制（即我们在本章前面部分所讨论过的）是基本的要求。如果没有这样一些制度安排，哪怕当市场失灵不存在时，私营企业也不一定比行政部门表现更好。[154]

当然，至少到现在为止，许多国家仍大规模地在那些没有潜在市场失灵证据的部门中经营国有企业。比如在法国，机床、汽车和钟表都由国有企业生产。甚至直到 1987 年，法国政府还控制着一家国内最大的广告机构。在瑞典，竟然还有一家制造啤酒的国有企业。

专区

专区是目标单一的政府实体，通常用来供应被认为具有自然垄断、公共物品或外部性特征的物品。这类物品具有典型的地方特征，但也可能扩展到全国或地区范围。至今为止，在美国，专区最普遍的用途就是提供初等和中等的学校教育。其他的例子包括空气污染、水以及交通等专区。相对于城市和乡村而言，专区的优缺点是什么呢？实际上，我们也许会问为什么要建专区。专区的优点之一就是它们允许消费者清楚地观察提供服务和公定价格之间的关系。另一个优点就是它们能被设计得使溢出地方政府历史边界的外部性内部化。其主要的缺点之一就是消费者监督提供全系列服务的"最小政府"（minigovernments）时面临着高昂成本："……完全独立的组织仅在最重要的集体功能方面，从成本来看才具有合理性……分别组织每项活动的成本要比从可选组织许诺的新增收益更大。"[155]

一个重要的考虑因素是专区的集中阻碍了跨问题领域的互投赞成票。正如我们在第 8 章中所讨论的，互投赞成票经常导致政治拨款开支无效。但它同时准许少数人表达强烈偏好，而这些偏好在对单一问题进行多数表决时无法被表达出来，此时社会选择只反映中间投票者的偏好。专区内独立处理的问题越多，留给互投赞成票解决的问题也就越少。互投赞成票的减少是否有助于效率和公平，这取决于人群中偏好的分布。

外包

在过去，私营企业大多向政府提供服务设施，而政府本身向公众提供最终产品或服务（例如，私营企业建造飞机，而政府提供空军），但是现在私营部门越来越多地直接向消费者提供服务。例如，美国政府几乎外包了它所有军事装备的建设，同时每年固定的维护服务的费用也高达每年 3.6 亿美元。[156] 在健康保障领域，选择合适的向消费者提供服务的外包商非常重要，同时这在那些直接提供供给的政府活动中也显得日益重要，例如矫正行为（如果这项服务过去是由政府提供的，那么这就成为了一种私有化行动）[157]。一项国际城市管理协会（International City Management Association）的调查结果显示：在 20 世纪 80 年代，外包服务的范围迅速增加，尤其是在地方政府。[158]而这一趋势还在继续。

直接供应与承包出让相比，有何证据表明其效率的区别呢？对此，经验证据的确表明，承包出让往往比市场交付（私人认购）或政府直接供应更为有效。"……经验研究已发现，承包出让的成本往往低于政府供应……它覆盖了大量不同的服务，并且适用于各种不同地域。"[159]但这个发现的缺陷也必须牢记于心（我们将在第 12 章详细叙述）。第一，那些被调查的服务通常有具体的、容易测量的产出，如对高速公路、垃圾处置、交通运输和食品供应等方面调查中发现的情况。相应地，对这类产出的质量监督相对较简单。第二，就这些服务种类而言，其拥挤性很高。第三，合同双方都不用承担沉没资产（即资产专一性很低）。虽然在这类情况下可能会发生机会主义行为，但是即便在最糟的状况下，它也可能受到自身特性的限制［这三个概念——拥堵性（contestability）、资产特殊性（asset specificity）和机会主义（opportunism）——都将在第 12 章中解释］。此外，几乎所有的研究都只比较了承包出让与机构内部生产的生产成本。但是承包出让把新的、更为复杂的契约监督职责强加给政府，其成本是高昂的。学者们目前刚刚开始努力衡量这些成本。政策分析家们必须面临越来越多针对直接提供与外包的政策建议，我们将在第 12章更清楚地阐述与政府提供管理有关的成本。

10.5 提供保险和缓冲

一些政府干预提供了抵挡"厄运的打击"的盾牌。我们把这些保护分为两种一般类型：保险和缓冲（cushion）（实在是找不出更好的词来表述后者了）。表 10—5给出了这些一般性政策的清单：强制性保险和补贴性保险（mandatory and subsidized insurance）、储备（stockpiles）、过渡性援助（transitional assistance）以及现金补贴（cash grant）。

表 10—5　　　　　　　　　　　提供保险和缓冲

一般性政策	察觉到的问题：市场失灵、政府失灵、分配问题、竞争性框架的限制	典型限制与协作结果
保险		
强制性保险	LCF：逆向选择	道德风险
补贴性保险	MF：信息不对称 DI：人口公平 LCF：近视效应 LCF：对风险的错误认知	

缓冲		
储备	LCF：调节成本 GF：价格管制，组成卡特尔	供应者和消费者寻租
过渡性援助（掏空存货、不追溯）	LCF：调节成本	利用率不公平
现金补贴	DI：收入公平 LCF：效用相互依赖	工作成果的减少、依赖性

保险

保险的实质就是通过风险分担来减少个人风险。我们能在私人市场中购买保险，以补偿生命损失、财产损害、健康开支和对他人造成的伤害责任。正如我们在第 6 章中讨论过的，道德风险、逆向选择（adverse selection）和有限的保险精算经验（actuarial experience）等一些因素可能导致保险市场不完善。此外，人们并不总能根据保险责任范围作出最佳决定，因为那些用来评估和解释风险概率的算法本身存在一定的偏差。所以，在一些保险市场中政府干预扮演了适当的角色。更一般地说来，保险和责任法规一起，能够用于解决因信息不对称引起的问题。

在设计公共保险计划时，必须注意限制道德风险。通过令某些后果的成本降低，保险也许会诱导人们冒更大的风险或承担比他们原本预计更高的补偿成本。[160] 一种限制道德风险的方法就是投资于监督体系。另一个方法就是设计能减少受益人抬高补偿成本的动机的支付体系。例如，通过共同支付形式要求受益人支付部分索赔费用，这能减少他们负担不必要开支的动机。总的说来，在分析公共保险计划的提议时，必须预见到参与者将对利益可获得性作出怎样的反应。

强制性保险

当人们拥有的个人风险信息比保险公司更加完备时，逆向选择就会限制保险的可获得性。例如，健康保险是主要通过团体计划销售的，因为这样产生逆向选择的可能性要小于个人保险。由于个人保险的保金设定是基于最大风险是客户自选的这一假设，因此有些没加入团体保险的保险客户也许会明智地决定不参与投保。政府可能利用其权威来强制全民参与保险计划，从而防止产生逆向选择。[161] 许多关于美国国家健康保险的建议都指定设立更广泛的工作场所险种，并要求那些不在指定场所工作的人们参与公共保险计划。

仅仅存在一个不完善的保险市场能否证明强制性保险的合理性呢？一般说来，强制性保险的理由通常基于一种论点，即那些不在保险受益范围内的人们遭受的损失含有负外部性。例如，许多驾车者的个人资产不足以补偿他们在严重交通事故中给他人造成的财产损坏和个人伤害的成本。因此，许多国家强令所有驾车者参与责任险，以使那些遭受交通事故的伤者有机会通过民事侵权法获得赔偿。

家长作风也可以作为推行强制性保险的一种理由。例如，老年保险、抚恤保险、残疾保险和健康保险计划以及美国社会保障体系的一项功能，就是确保人们不会因缺乏远见、信息错误、计算错误、运气不济或仅仅是因为懒惰而在退休后没有足够的储蓄。[162]没有足够储蓄的人们在退休后的消费水平将会很低，或是接受来自私人或公共慈善机构的援助。值得注意的是，社会保障不是一个单纯的保险计划，它包括从高收入职工那里向低收入职工转移以及从在职职工那里向退休职工转移的大量资金。[163]强制性保险计划特别将以精算为基础的风险共担和收入转移支付相结合。当然，如果计划不是强制性的，那些通过较高的保险金或较低收益来支付补贴的人们就可能不参与保险。

强制性保险还能用来对私有化进行管制。仅凭法律责任不能完全弥补信息不对称和负外部性，其原因之一在于企业经常不具备足够的财力来支付其造成的损害。那些短命的骗子公司特别善于利用信息不对称。通过要求他们承担最低水平的责任保险，政府就能确保至少有部分资产将用于赔偿受到损害的人们。也许更为重要的是，保险公司有动机去监督企业着眼于减少自身责任的行为。[164]

需要注意的是，强制性保险并不要求个人不允许购买附加保险和补充保险（additional and supplementary insurance）。从概念上看，强制性保险只要求：无论其愿望如何，每个人都能得到最基本的保险。垄断性强制保险通常基于一种论点，即如果允许个人追加购买个人保险，他们对公共财政系统的支持就会退减，或是健康保健是如此的重要，以至于应该要求每个人的利用量大致相等。[165]

补贴性保险

与强制性保险不同，当缺乏远见、计算错误或其他因素导致消费不足时，政府可能会以补贴保险金的方式提供保险。例如在美国，联邦应急管理局根据1973年的《洪水灾害保护法案》提供补贴性洪水保险。正如我们可能预见到的，为了阻止那些遭受损失的人们在洪泛平原重建家园，对险种的限制是十分必要的。

公平性经常充当补贴保金的一项理由。例如，贫民区的居民和商家也许会发现真正公平的火险保金很高，以至于他们放弃投保。他们不能搬迁到其他风险较小的地区，这一观点也许能作为补贴的一项理由。政府往往不会直接支付补贴，而是强迫个人投保者按他们总保金的比例填写保险单。许多城市地区已经建立了这种指定的风险共担机制，用来提供火险的补贴保金。它们还常与强制性保险计划结合使用。

缓冲

保险计划通过分散风险减少了结局的差异，缓冲则是通过集中机制减少结局的差异。从受益者角度来看，结果也许是相同的。关键的差别在于，个人通过投保为可能出现的不利结局作了事先准备，而通过缓冲则能在不利结局出现后获得事后补偿。

储备

在一个不确定的世界中，我们总会面临供应中断或"价格震荡"（price shocks）的可能性，这可能是由于经济或者政治卡特尔组织、不可预见的供应周期或是人为或天然的自然灾害所造成。这些震荡不太可能引起严重的问题，除非涉及没有替代物且对于经济活动很重要的物品。在实践中，最为严重的问题发生在自然资源和农产品领域。

就自然资源而论，如果它们在地理位置上是集中的，那么所有者也许就能从消费者那里提取垄断租金（还有稀缺租金）。在跨国经营的情况下，无论最初的动机是出于经济还是政治因素考虑，形成卡特尔的企业都可能企图提取租金。由于较高的价格加速了替代品的引进，成功地组成卡特尔联盟的长期前景受到了限制，此时卡特尔联盟也许会在短期内行使有效的市场权力。此外，集中型资源的供给容易因革命、战争或自然灾害而遭到中断。

这些供应中断的不利结果可以用储备计划加以消除，即在正常的市场活动期间聚积资源量，从而在市场中断之时能把那些资源投入市场。例如，美国已长期维持了铬、铂、钒和锰等重要矿物的政府储备，这些矿物集中出产于南非、前苏联和其他政局不稳的国家。[166] 这一计划的经验表明，来自国内生产商的政治压力往往使某些资源一直保留在储备项目中，哪怕这些资源已经失去了原有的重要性，而且当资源对经济极为重要时，人们不愿在供应刚中断时就提用储备资源。[167]

最著名的美国资源储备计划就是战略石油储备（Strategic Petroleum Reserve），它储存了大约七亿桶原油，准备在石油供应中断期间使用。[168] 由于世界上大量的廉价原油储备位于政局不稳的中东地区，可能存在原油供应量锐减的情况，这将引起油价的大幅上升并随即给美国经济造成损失。战略石油储备的动用将抵消部分丧失的供应量，因此能抑制价格上升并降低经济损失程度。

因为私营企业能够通过在市场正常期间低价购进并在资源中断期间高价卖出资源，从而获得预期收益，所以我们可能对政府进行储备的原因心存疑问。[169] 一个原因就是政府失灵：基于以往的经验，企业也许能预测到政府可能开始价格管制，来阻止企业实现投机利润（speculative profit）。另一个原因是市场失灵：私营企业的收购与提供决策对经济会产生外部性（我们将在第 15 章更深入地讨论这些理论）。

在古代，农业储备主要是用来防止粮食缺乏的；而在现代，它们主要用来防止粮食过量。例如，美国商品信贷公司实际从农民那里购买了剩余的作物，以帮助维持价格。虽然农业物品储备提供了防止农作物大范围减产的保障，但是维持储备的成本很高。此外，适度的价格起伏大概能通过私人储备和风险分散机制（risk-diversification mechanism）、私人期货市场（private future market）等，进行适当调节。[170]

国家和地方政府都需要根据一个平衡预算表来进行操作，它们能够通过储备财政资源为收入震荡作准备。这些储备有时被称为雨天基金（rainy day fund）。[171] 当政府突然间难以获得资金时，它们可以充当一种自我保险的形式。与有形物品

（physical commodities）的储备一样，一个重要的问题即政治利益是否会允许采取有关收购和使用的有效决策。特别是我们可以预见到选举周期的压力将导致有关资源使用的无效决策。

过渡性援助

越来越多的政策分析家和政治家们开始意识到，使效率提高的政策变革会遭到那些分配上受损失的人们的强烈抵制。这可能是由于现有利益的消除或新成本的负担所致。确实，如果只有过渡性收益（正如第 8 章中所述），一种利益的消除可能会强加给人们真实的经济损失。在这种情况下，对消除利益的抵制可能会特别激烈。当政府的目标是提高总福利时，政府也许想要给予一定的补偿，但这会对特定个人或地区造成不成比例的损失。

补偿可以采用货币形式或非货币形式（monetary or nonmonetary forms）。典型的货币补偿形式是买空存货（buy-out），即政府按一个固定价格购买既得利益。现金支付的实例包括支付给因联邦城市改建和高速公路建造方案而搬迁的屋主和房客的再分配援助款。[172]非货币支付通常采用不追溯条款（grandfather clause）或免受法律责任条款（hold harmless provision）的形式，两种形式都允许当代人保留后代人得不到的部分利益。不追溯条款可能增加政治可行性，但同时能降低有效性。[173]

现金补贴

对逆向的经济环境所采取的最直接的缓冲方法就是现金补贴。这一一般性术语在美国包含了如下项目：1996 年之前的援助有子女的家庭计划或 1996 年之后的对有需求家庭的临时补贴计划（福利）和补充保障收入（援助盲人和残疾人）。1974 年的保健、教育和福利"大建议"（megaproposal）总结了现金补贴比优惠购物券更为可取的一些情况："当目标在于改变购买力的大体分布并且津贴的接受者可以自由决定如何花费时，现金津贴的供应是一种恰当的公共措施……，"而"……当目标在于改变某些特殊物品和服务的购买力分布，并且预计这些物品的供给量和需求量同步增长时，优惠购物券则是比较合适的"[174]。

现金补贴的长处（或者短处）在于：它不会干预目标人群的消费选择。显然，如果目标仅仅在于提高收入的话，这就是一个有价值的特性。反之，如果目标在于改变消费模式（consumption patterns），那么现金补贴就是效率较低的手段了。虽然现金补贴不限制消费行为，但它们可能会影响别的行为，最重要的是它影响了"闲暇与劳动"（"leisure-labor" trade-off）的权衡。非劳动收入（unearned income）的提高，无论是通过现金补贴、非现金补贴还是其他补助形式，通常都会增大对包括休闲在内的所有物品的需求，以至于劳动的供给总量下降。[175]

在设计现金补贴计划时，需要进行相互权衡的是转移收入与阻碍工作的热情。比如考虑一下负所得税的目标：（1）为了取得一定的效果，这种转移应该是真实存在的；（2）为了保护工作动机，边际税率应该相对较低；（3）收入的收支平衡水平

（在该点上转移资金为零）应该相当低，从而避免计划成本过高。遗憾的是，在某种程度上这三条目标总不能一致。例如，如果一项负所得税通过现金补贴确保每个家庭的收入底线为 8 000 美元，那么对劳动收入征收 20％ 的税率就意味着，只有当劳动收入达到 40 000 美元时，家庭的净支付才为零。如果把税率提高到 50％，就会把劳动收入的平衡水平降低到 16 000 美元。但是，较高的税率将减少税后工资率，并可能因此降低工作热情。

如果接受补贴的人的工作努力程度降低了，那么他们依赖现金补贴的可能性也就增加了。对于某些类型的接受者（例如终身残疾者）来说，增长的依赖风险也许不值得重视。然而对于其他的接受者来说，他们可能需要在短期援助的慷慨给予和长期经济生存能力之间作出权衡。工作需求也许是改进权衡条件的一种方法。[176]令人遗憾的是，这种措施的成本特别高并难以执行，对于那些子女较小的单亲家庭来说情况尤为突出。

现金补贴还可能影响有关生活安排和家庭结构的选择。例如，对有未独立子女家庭的补助经常令年轻的未婚妈妈可能具有经济能力去建立自己的家庭。国家福利水平越低，这些母亲留在她们父母身边的可能性也就越大。[177]事实上，获得独立的机会可能鼓励了一些年轻的女孩成为妈妈。一般的观点是：现金补贴的存在可以影响范围非常广的行为。

10.6　结论

大量的一般性政策都能用于解决市场失灵和政府失灵。表 10—6 显示了最有可能为每一个主要的市场失灵、政府失灵和分配事宜提供候选方案的一般性政策类型。在许多案例中，对于同种问题有不止一种的一般性政策能提供潜在方案。但是这些方案并不是完美的。它们必须经过修改从而适应具体情况，并根据相关目标进行评估。

我们对一般问题和一般性政策方案的讨论为实际进行政策分析打下了理论基础。对市场失灵和政府失灵的理解有助于我们了解公共政策问题的特性。了解这些一般性政策及其间接结果有助于我们开始研究解决具体政策问题的方案。

表 10—6 　　　　　　　　　　研究一般性政策方案

	市场机制	激励机制	规则	非市场供给	保险和缓冲
传统的市场失灵					
公共物品	S	S	S	P	
外部性	S	P	P	S	
自然垄断	S	S	P	P	
信息不对称			P	S	S
竞争体制的其他限制					
薄市场			P		

续前表

	市场机制	激励机制	规则	非市场供给	保险和缓冲
有关偏好的问题	S	S	P		
不确定性问题			P		S
现时分配问题			S		P
调整成本					P
分配事宜					
机会平等		S	P		S
成果均等			S	S	P
政府失灵					
直接民主制			P		
代议制政府	P		S		
官僚主义供给	P	S	S	S	
分权方案	S	P		S	

方案的来源（尽管未必是最常使用的！）P——主要；S——次要

复习思考题

1. 考虑一个发展中国家，该国家对向其地表水排放污染的行为没有政策监管。过去，由于农业废物的排放，水质有了很大的下降。但是随着工厂也逐步开始向湖泊与河流中排放废物，有关环境和健康的关注也开始增加了。这个国家可以采用何种一般性政策，限制水质被工业污染的进一步恶化或者提高水质？

2. 因为接种儿童疾病免疫的人数太少，你所在的州或省非常担心。想要增加接种免疫率，能采用哪些一般性政策呢？

注释

1. See W. Kip Viscusi, John M. Vernon, and joseph E. Harrington, Jr., *Economics of Regulation and Antitrust*, 2nd ed. (Cambridge, MA: MIT Press, 1995), 519–50.

2. Paul L. Joskow and Roger G. Noll, "Regulation in Theory and Practice: An Overview," *in Gary Fromm*, ed., *Studies in Public Regulation* (Cambridge, MA: MIT Press, 1981), 4.

3. Robert G. Harris and C. *Jeffrey Kraft*, "Meddling Through: Regulating Local Telephone Service in the United States," *Journal of Economic Perspectives* 11 (4) 1997, 93–112. For a review of some other countries' experience, see Pablo T. Spiller and Carlo G. Cardilli, "The Frontier of Telecommunications Deregulation: Small Countries Leading the Pack," *Journal of Economic Perspectives* 11 (4) 1997, 127–38.

4. Martha Derthick and Paul Quirk, *The Politics of Deregulation* (Washington, DC: Brookings Institution, 1985). On trucking deregulation, see Dorothy Robyn, *Braking the Special Interests: Trucking Deregulation and the Politics of Regulatory Reform* (Chicago: University of Chicago Press, 1987).

5. For a review of the evidence, see Clifford Winston, "U. S. Industry Adjustment to Economic Deregulation," *Journal of Economic Perspectives* 12 (3) 1998, 89–110.

6. Atsushi Maki, "Changes in New Zealand Consumer Living Standards during the Period of Deregulation 1984—1996," *The Economic Record* 78 (243) 2002, 443–50.

7. See Graeme Hodge, *Privatization: An International Review of Performance* (Boulder, CO: Westview Press, 2000), esp. 198–202.

8. For example, see Tae Hoon Oum and Yimin Zhang, "Competition and Allocative Efficiency: The Case of the U. S. Telephone Industry," *Review of Economics and Statistics* 77 (1) 1995, 82–96; John S. Ying and Richard T. Shin, "Costly Gains to Breaking Up: LECs and the Baby Bells," *Review of Economics and Statistics* 75 (2) 1993, 357–61; Preetum Domah and Michael G. Pollitt, "The Restructuring and Privatisation of Electricity Distribution and Supply Businesses in England and Wales: A Social Cost-Benefit Analysis," *Fiscal Studies* 22 (1) 2001, 107–46; Benardo Bortolotti, Juliet D'Souza, and Marcella Fantini, "Privatization and the Sources of Performance Improvement in the Global Telecommunications Industry," *Telecommunications Policy* 26 (5, 6) 2002, 243–68.

9. For a discussion of these distributional impacts in the U. S. trucking industry, see Thomas Gale Moore, "The Beneficiaries of Trucking Regulation," *Journal of Law and Economics* 21 (2) 1978, 327–43. For evidence on Canadian deregulation, see Moshe Kim, "The Beneficiaries of Trucking Regulation, Revisited," *Journal of Law and Economics* 27 (1) 1984, 227–41.

10. For a discussion of the complete continuum in the context of drug policy, see Robert J. MacCoun, Peter Reuter, and Thomas Schelling, "Assessing Alternative Drug Control Regimes," *Journal of Policy Analysis and Management* 15 (3) 1996, 330–52.

11. Barbara Yondorf, "Prostitution as a Legal Activity: The West German Experience," *Policy Analysis* 5 (4) 1979, 417–33. For a discussion on cannabis, see R. Solomon, E. Sigle, and P. Erickson, "Legal Considerations in Canadian Cannabis Policy Approaches," *Canadian Public Policy* 9 (4) 1983, 419–33.

12. For example, see Earl Grinols, "Gambling as Social Policy: Enumerating Why Losses Exceed Gains," *Illinois Business Reeiew* 52 (1) 1995, 6–12; Lennart E. Henriksson, "Hardly a Quick Fix: Casino Gambling in Canada," *Canadian Public Policy* 22, 1996, 116–28; and Charles T. Clotelter and Philip J. Cook, *Selling Hope: State Lotteries in America* (Cambridge, MA: Harvard University Press, 1989).

13. See E. S. Savas, *Privatization: The Key to Better Government* (Chatham, NJ: Chatham House, 1987).

14. See Tom Sharpe, "Privatisation: Regulation and Competition," *Fiscal Studies* 5 (1) 1984, 47–60.

15. See, for example, David Parker and Stephen Martin, "The Impact of UK Privatisation on Labour and Total Factor Productivity," *Scottish Journal of Political Economy* 42 (2) 1995, 201–20. For a comprehensive overview of the empirical literature, see William Megginson and John Netter, "From State to Market: A Survey of Empirical Studies on Privatization," *Journal of Economic Literature* 39 (2) 2001, 321–89. Specifically on the efficiency evidence relating to North America privatization, see Anthony E. Boardman, Claude Laurin, and Aidan R. Vining, "Privatization in North America," in David Parker and David Sallal, eds., *International Handbook on Privatization* (Northampton, MA: Edward Elgar, 2003), 129–60.

16. See, for example, Daniel Berkowitz and David N. DeJong, "Policy Reform and Growth in PostSoviet Russia," *European Economic Review* 47 (2) 2003, 337–52; and Alexander Pivovarsky, "Ownership Concentration and Performance in Ukraine's Privatized Enterprises," *IMF Staff Papers* 50 (1) 2003, 10–42.

17. Nargess Boubakari and Jean-Claude Cossett, "The Financial and Operating Performance of Newly Privatized Firms: Evidence from Developing Countries," *Journal of Finance* 53 (3) 1998, 1081–110.

18. For a discussion of this issue in a somewhat broader context, see Elizabeth S. Rolph, "Government Allocation of Property Rights: Who Gets What?" *Journal of Policy Analysis and Management* 3 (1) 1983, 45–61.

19. California Assembly Bill 3491, Chapter 867, Statutes of 1982.

20. For a sample of the literature on this topic, see Terry L. Anderson, *Water Rights*, *Scarce Resource Allocation*, *Bureaucracy and the Environment* (Cambridge, MA: Ballinger, 1983); and B. Delworth Gardner, "Institutional Impediments to Efficient Water Allocation," *Policy Studies Review* 5 (2) 1985, 353–63.

21. Tradable permits in the environmental context were first extensively analyzed by John Dales, *Pollution, Property Rights, and Prices* (Toronto: University of Toronto Press, 1968). Their use in the implementation of import quotas, such as the U. S. Mandatory oil Import Control Program, is much older. See Craufurd D. Goodwin, ed., *Energy Policy in Perspective* (Washington, DC: Brookings Institution, 1981), 251–61.

22. Thomas H. Teitenberg, *Emissions Trading* (Washington, DC: Resources for the Future, 1985).

23. Robert W. Hahn and Roger G. Noll, "Implementing Tradable Emission Permits" in LeRoy Graymer and Frederick Thompson, eds., *Reforming Social Regulation* (Beverly Hills, CA: Sage, 1982), 125–58. For a more skeptical view of the feasibility of permits, see W. R. Z. Willey, "Some Caveats on Tradable Emissions Permits," pp. 165–70 in the same volume.

24. See Vivien Foster and Robert H. Hahn, "Designing More Efficient Markets: Lessons from Los Angeles Smog Control," *Journal of Law and Economics* 38 (1) 1995, 19–48.

25. Richard Schmalensee, Paul L. Joskow, A. Danny Ellerman, Juan P. Montero, and Elizabeth M. Bailey, "An Interim Evaluation of Sulfur Dioxide Emissions Trading," *Journal of Economic Perspectives* 12 (3) 1998, 53–68. Relatedly, in the same issue, see Robert N. Stavins, "What Can We Learn from the Grand Policy Experiment? Lessons from SO_2 Allowance Trading," 69–88.

26. Edwin Chadwick, "Research of Different Principles of Legislation and Administration in Europe of Competition for the Field as Compared with Competition within the Field," *Journal of the Royal Statistical Society*, Series A, 22, 1859, 381–420.

27. It is beyond our scope to look at the design of auctions. For a starting point in the theoretical and experimental literature, see Vernon L. Smith, Arlington W. Williams, W. Kenneth Bratton, and Michael G. Vannoni, "Competitive Market Institutions: Double Auctions vs. Sealed Bid-Offer Auctions," *American Economic Review* 7 (1) 1982, 58–77; and R. Preston McAfee and John McMilian, "Auctions and Bidding," *Journal of Economic Literature* 25 (2) 1987, 699–738.

28. Oliver E. Williamson, "Franchise Bidding for Natural Monopolies: In General and with Respect to CAVT," *Bell Journal of Economics* 7 (1) 1976, 73–104.

29. This point has been made by Victor Goldberg, "Regulation and Administered Contracts," *Bell Journal of Economics* 7 (1) 1976, 426–48.

30. R. Preston McAfee and John McMillan, "Analyzing the Airways Auction," *Journal of Economic Perspectives* 10 (1) 1996, 159–75.

31. For the sobering stories of the New Zealand spectrum auction and the Australian TV license auction, see John McMillan, "Selling Spectrum Rights," *Journal of Economic Perspectives* 8 (3) 1994, 145–62.

32. "The IMF's Africa Model," *Economist*, October 19, 1965, 78-84.

33. For example, since the 1950s the U. S, government has leased exploration and development rights to offshore oil and gas through *bonus bidding*-cash bids for the right to a lease with fixed royalty shares for the government (usually 12. 5 percent). The Outer Continental Shelf Lands Act Amendments of 1978 opened up the possibility of experimentation with other bidding systems: fixed bonus with variable bidding on the royalty rate, fixed bonus and royalty rate with bidding on exploration expenditures, and fixed bonus and royalty rates with bidding on the rate of profit sharing. Obviously, these systems have different implications for the sharing of risk between the government and the bid winner.

34. For example, emission permits could be distributed by auction. See Randolph Lyon, "Auctions and Alternative Procedures for Allocating Pollution Rights," *Land Economics* 58 (1) 1982, 16-32, Also noxious facilities could be "awarded" to the community with the lowest auction bid; see Howard Kunreuther and Paul R, Kleindoefer, "A Sealed-Bid Auction Mechanism for Siting Noxious Facilities," *American Economic Review* 76 (2) 1986, 295-99. However, this is only likely to succeed if the participants perceive that it is fair; see Bruno S. Frey and Felix Oberholzer-Gee, "Fair Siting Procedures: An Empirical Analysis of Their Importance and Characteristics," *Journal of Policy Analysis and Management* 15 (3) 1996, 353-76.

35. The basic case for the greater use of incentives can be found in Charles Schultze, *The Public Use of the Private Interest* (Washington, DC: Brookings Institution, 1977), 1-16.

36. For an overview of the debate, see Steven E. Rhoads, *The Economist's View of the World: Government, Markets, and Public Policy* (New YOrk: Cambridge University Press, 1985), 39-58.

37. Many writers use the term *command-and-control* to describe rule-oriented policies. Lester C. Thurow distinguishes between *p-regulations* (incentives) and *q-regulations* (rules) in *Zero-Sum Society* (New York: Basic Books, 1980).

38. Arthur Cecil Pigou, *The Economics of Welfare*, 4th ed. (London: Macmillan, 1946). On taxes and subsidies, see Paul Burrows, "Pigovian Taxes, Polluter Subsidies, Regulation, and the Size of a Polluting Industry," *Canadian Journal of Economics* 12 (3) 1979, 494-501.

39. For a more detailed discussion, see Allen Kneese and Charles Schultze, *Pollution Prices and Public Policy* (Washington, DC: Brookings Institution, 1975).

40. See Peter Nemetz and Aidan R. Vining, "The Biology-Policy Interface: Theories of Pathogenesis, Benefit Valuation, and Public Policy Formation," *Policy Sciences* 13 (2) 1981, 125-38.

41. For a discussion of this issue, see Thomas C. Schelling, "Prices as Regulating Instruments," in Thomas Schelling, ed., *Incentives for Environmental Protection* (Cambridge, MA: MIT Press, 1983), 1-40.

42. For a discussion of the administrative problems associated with the use of effluent charges, see Clifford S. Russell, "What Can We Get from Effluent Charges?" *Policy Analysis* 5 (2) 1979, 156-80.

43. Tracy R. Lewis, "Protecting the Environment When Costs and Benefits Are Privately Known," *RAND Journal of Economics* 27 (4) 1996, 819-47.

44. On the importance of this perception to environmentalists, see Steven Kelman, *What Price Incentives? Economists and the Environment* (Boston: Auburn House, 1981), 44.

45. Russell has reviewed these issues at length; see Russell, "What Can We Get from Effluent Charges?" pp. 164-78.

46. Stephen L. Elkin and Brian J. Cook, "The Public Life of Economic Incentives," *Policy Studies Journal* 13 (4) 1985, 797-813.

47. Lawrence Copithorne, Alan MacFadyen, and Bruce Bell, "Revenue Sharing and the Efficient Valuation of Natural Resources," *Canadian Public Policy*. 11, Supplement, 1985, 465-78.

48. For a discussion of the information requirements of the various approaches to rent extraction, see Thomas Gunton and John Richards, "Political Economy of Resource Policy," in Thomas Gunton and John Richards, eds. , *Resource Rents and Public Policy in Western Canada* (Halifax, NS: Institute for Research on Public Policy, 1987), 1-57.

49. For an illustration of the efficiency effects of taxes on natural resources, see Jerry Blankenship and David L. Weimer, "The Double Inefficiency of the Windfall Profits Tax on Crude Oil," *Energy Journal* 6, Special Tax Issue, 1985, 189-202.

50. For an overview on market structure and trade policy see James A. Brander, "Strategic Trade Policy," in Gene Grossman and Ken Rogoff, eds, *Handbook of industrial Economics* 3 (New York: North Holland, 1995), 1395-454.

51. Gary Clyde Hufbauer, Diane T. Berliner, and Kimberly Ann Elliott, *Trade Protectionism in the United States* (Washington, DC: Institute for International Economics, 1986).

52. Quotas and tariffs are usually thought of as being equivalent: the same outcome can be achieved by either imposing a tariff or auctioning import permits. The equivalence breaks down, however, if world supply is not competitive. When suppliers have market power, the imposition of a quota may actually result in an increase in world price. See George Horwich and Bradley Miller, "Oil Import Quotas in the Context of the International Energy Agency Sharing Agreement," in George Horwich and David L. Weimer, eds. , *Responding to International Oil Crises* (Washington, DC: American Enterprise Institute, 1988), 134-78.

53. See Douglas R. Bohi and W. David Montgomery, *Oil Prices Energy Security , and Import Policy* (Washington, DC: Resources for the Future, 1982), 20-29.

54. Douglas A Irwin, "The GATT in Historical Perspective," *American Economic Review* 85 (2) 1995, 323-28.

55. The reason is that although such agreements encourage trade between the trade bloc members (trade creation), they relatively discourage trade with nonmembers (trade diversion). For a discussion of these effects, see Jeffrey A. Frankel, Ernesto Stein, and Shang-JinWei, "Regional Trading Agreements: Natural or Supernatural?" *American Economic Review* 86 (2) 1996, 52-61. See related articles in the same issue by Ronald J, Wonnaccott (62-66), Carlo Perroni and John Whallev (57-61), Jagdish Bhagwati and Arvind Panagariya (82-87) Gary P. Sampson (88-92), and Philip I. Levy and T. N. Srinivasian (93-98).

56. For a review of this topic, see Wallace Oates, *Fiscal Federalism* (New York: Harcourt Brace Jovanovich, 1972), 65-94; and Martin McGuire, "Notes on Grants-in-Aid and Economic Interactions among Governments," *Canadian journal of Economics* 6 (2) 1973, 207-21.

57. When a central government gives a local government a fixed amount to be spent on some good, it is providing *a block grant*. The in-kind subsidies we analyze in Figwure 10. 2 can be thought of as block grants to individuals. If a matching grant is closed-ended, it becomes equivalent to a block grant once the cap is reached.

58. Empty containers left in public places are a negative externality of beverage consumption. Many states try to internalize this externality by requiring consumers to pay a deposit at the time of purchase that is refunded when the empty container is returned to the place of purchase. For a discussion of an alternative subsidy program that may offer advantages over deposit systems, see Eugene Bardach, Curtis Gibbs, and Elliott Marseille, "The Buyback Strategy: An Alternative to Container Deposit Legislation," *Resource Re-*

covery and Conservation 3，1978，151－64. See also Peter Bohm，*Deposit-Refund Systems* （Baltimore：Johns Hopkins University Press，1981）.

59. "Government Subsidies," *Journal of Economic Surveys* 13 （2）1999，119－47，at p. 129.

60. For a general overview, see Stanley S. Surrey and Paul R. McDaniel，*Tax Expenditures* （Cambridge，MA：Harvard University Press，1985）.

61. Kenneth Arrow，"Economic Welfare and Invention," in National Bureau of Economic Research，*Rate and Direction of inventive Activity* （Princeton，NJ：Princeton University Press，1962），609－25.

62. Gordon McFetridge，*Government Support of Scientific Research and Development：An Economic Analysis* （Toronto：University of Toronto Press，1977）.

63. Richard R. Nelson，"Government Support of Technical Progress：Lessons from History," *Journal of Policy Analysis and Management* 2 （4）1983，499－514. There is a vast literature on the effect of government tax expenditures on R&D; for a sample, see Barry Bozeman and Albert Link，"Public Support for Private R&D：The Case of the Research Tax Credit," *Journal of Policy Analysis and Management* 4 （3）1985，370－82; Edwin Mansfield and Lorne Switzer，"Effects of Federal Support on Company-Financed R&D：The Case of Energy," Management Science 30 （5）1984，562－71; and by the same authors，"How Effective Are Canada's Direct Tax Incentives for R and D?" *Canadian Public Policy* 11 （2）1985，241－46.

64. On merit goods, see J. G. Head，"public Goods and Public Policy," *Public Finance* 17 （3）1962，197－220.

65. See Mark Pauly，"Efficiency in the Provision of Consumption Subsidies," *Kyklos* 23 （Fasc. 1）1970，33－57.

66. See Harold M. Hochman and James D. Rodgers，"Pareto Optimal Redistribution," *American Economic Review* 59 （4）1969，542－57. The approach has been modified by Russell D. Roberts，"A Positive Model of Private Charity and Public Transfers," *Journal of Political Economy* 92 （1）1984，136－48. See also Edward M. Gramlich，"Cooperation and Competition in Public Welfare Policies," *Journal of Policy Analysis and Management* 6 （3）1987，417－31.

67. David Greenberg and Mark Shroder，*The Digest of Social Experiments*，2nd ed. （Washington，DC：Urban Institute Press，1997），165－70.

68. For a review of goods and services that are now covered, see Paul Posner，Robert Yetvin，Mark Schneiderman，Christopher Spiro，and Andrea Barnett，"A Survey of Voucher Use：Variations and Common Elements," in C. Eugene Steuerle，Van Doom Ooms，George Peterson，and Robert D. Reischauer，eds.，*Vouchers and the Provision of Public Services* （Washington，DC：Brookings Institution Press/Committee for Economic Development/Urban Institute Press，2000），503－39.

69. For a description, see Harvey S. Rosen，"Housing Behavior and the Experimental Housing Allowance Program：What Have We Learned?" in Jerry A. Hausman and David A. Wise，eds.，*Social Experimentation* （Chicago：University of Chicago Press，1985），55－75.

70. For a summary, see Gregory K. Ingram，"Comment," in Hausman and Wise，eds.，ibid.，pp. 87－94. For an extensive treatment, see Katharine L. Bradbury and Anthony Downs，eds.，*Do Housing Allowances Work?* （Washington，DC：Brookings Institution，1981）. However, a recent review concludes that housing vouchers have a negligible impact on U.S. house prices; see George E. Peterson，"Housing Vouchers：The U.S. Experience," in Steuerle et al.，*Vouchers and the Provision of Public Services*，139－75，at p. 165.

71. Helen F. Ladd and Jens Ludwig，"Federal Housing Assistance，Residential Relocation，and Educa-

tional Opportunities: Evidence from Baltimore," *American Economic Review* 87 (2) 1997, 272-77.

72. One of the earliest advocates was Milton Friedman in *Capitalism and Freedom* (Chicago: University of Chicago Press, 1962), 85-107.

73. Empirical investigations appear to be refuting this assertion: "... we argue that a large enough subset of active and informed parents are driving the demand-side of the market-like setting and pressuring schools to compete. In other words, choice has created the conditions for a corps of marginal consumers to emerge and pressure schools to perform better, a phenomenon that has been documented in many markets for private goods and services." Mark Schneider, Paul Teske, and Melissa Marshall, *Choosing Schools: Consumer Choice and the Quality of American Schools* (Princeton, NJ: Princeton University Press, 2000), pp. 267-68.

74. John F. Witte, The Market Approach to Education: An Analysis of America's First Voucher Program (Princeton, NJ: Princeton University Press, 2000).

75. William G. Howell and Paul E. Peterson, *The Education Gap: Vouchers and Urban Schools* (Washington, DC: Brookings Institution, 2002).

76. Isabell V. Sawhill and Shannon L. Smith, "Vouchers for Elementary and Secondary Education," in Steuerle et al., *Vouchers and the Provision of Public Services*, 251-91, at p. 278.

77. Edwin G. West, "Education Vouchers in Principle and Practice: A Survey," *The World Bank Research Observer* 12 (1) 1997, 83-103.

78. See Caroline Minter Hoxby, "The Effects of Private School Vouchers on Schools and Students," in Helen F. Ladd, ed., *Holding Schools Accountable* (Washington, DC: Brookings Institution, 1996), 177-208; and Lori L. Taylor, "The Evidence on Government Competition," *Federal Resemo Bank of Dallas-Economic and Financial Review* 2nd quarter, 2000, 2-10, specifically on education pp. 4-5.

79. Theodore J. Eismeier, "The Power Not to Tax: The Search for Effective Controls," *Journal of Policy Analysis and Management* 1 (3) 1982, 333-45.

80. See Michael Krashinsky, "Limitations on the Use of Tax Expenditures: Some Comments," *Canadian Public Policy* 8 (4) 1982, 615-20.

81. Kevin McLoughlin and Stuart B. Proudfoot, "Given by Not Taking: A Primer on Tax Expenditures, 1971-75," *Policy Analysis* 7 (2) 1981, 328-37. For discussion of the tax expenditure reporting system in California, see Karen M. Benker, "Tax Expenditure Reporting: Closing the Loophole in State Budget Oversight," *National Tax Journal* 39 (4) 1986, 403-17.

82. For a review of this argument, see Neil Brooks, "The Tax Expenditure Concept," *Canadian Taxation* 1 (1) 1979, 31-35. Daniel Weinberg estimates that in FY 1985 over one-half of the $250 billion in U. S. tax expenditures given through the individual income tax system went to the one-fifth of families with the highest incomes. Daniel H. Weinberg, "The Distributional Implications of Tax Expenditures and Comprehensive Income Taxation," *National Tax Journal* 40 (2) 1987, 237-53.

83. What, for example, is the effect of high taxes on tobacco consumption? There is evidence that the price elasticity of demand for smoking is somewhat elastic so that higher tobacco taxes would reduce smoking; see Edwin T. Fujii, "The Demand for Cigarettes: Further Empirical Evidence and Its Implications for Public Policy," *Applied Economics* 12 (4) 1980, 479-89. For evidence that youth price elasticities are much larger than adult elasticities, see Eugene M. Lewit, Douglas Coate, and Michael Grossman, "The Effects of Government Regulation on Teenage Smoking," *Journal of Law and Economics* 14 (3) 1981, 545-69.

84. As long ago as 1964 the Smeed Commission in the United Kingdom recommended road-use pricing, Ministry of Transport, *Road Pricing: The Economic and Technical Possibilities* (London: Her Majesty's Stationery Office, 1964).

85. For an introduction to the topic of road pricing, see David M. Newbery, "Pricing and Congestion: Economic Principles Relevant to Pricing Roads," *Oxford Review of Economic Policy* 6 (2) 1990, 22–38.

86. Thurow, *The Zero-Sum Society*, p. 129.

87. Adam Smith, *The Wealth of Nations*, 1st ed., 1776 (New York: Penguin, 1977), Book One, Chapter X, Pt. II, 232–33.

88. Much of this literature analyzes the specific nature and extent of market failure in particular contexts, such as product liability, in order to develop optimal liability rules. For a discussion, see Gary Schwartz, "The Vitality of Negligence and the Ethics of Strict Liability," *Georgia Law Review* 15, 1981, 963–1005; and George Priest, "The Invention of Enterprise Liability: ACritical History of the Intellectual Foundations of Modem Tort Law," *Journal of Legal Studies* 14 (3) 1985, 461–527. For an overview of the evolution of U.S. tort law, see Richard A. Epstein, *Modern Products Liability Law* (Westport, CT: Quorum Books, 1980).

89. See Kenneth S. Abraham, *Distributing Risk: Insurance, Legal Theory, and Public Policy* (New Haven, CT: Yale University Press, 1986), 31–36.

90. Ralph A. Luken and Arthur G. Fraas, "The US Regulatory Analysis Framework: A Review," *Oxford Review of Economic Policy* 9 (4) 1993, 95–111.

91. Robert Hahn and John A. Hird, "The Costs and Benefits of Regulation: A Review and Synthesis," *Yale Journal of Regulation* 8 (1) 1991, 233–78.

92. See H. Quinn Mills, "Some Lessons of Price Controls in 1971—1973," *Bell journal of Economics* 6 (1) 1975, 3–49; and John Kraft and Blaine Roberts, *Wage and Price Controls: The U.S. Experiment* (New York: Praeger, 1975).

93. See Thomas Hazlett, Duopolistic Competition in Cable Television: Implications for Public Policy, "*Yale Journal of Regulation* 7 (1) 1990, 65–139; Robert Rubinovitz, " Market Power and Price Increases in Basic Cable Service since Deregulation, " *RAND Journal of Economics* 24 (1) 1993, 1–18; and Jith Jayaratne, "A Note on the Implementation of Cable TV Rate Caps," *Review of Industrial Organization* 11 (6) 1996, 823–40.

94. George Stigler, "The Theory of Economic Regulation," *Bell Journal of Economics and Management* 2 (1) 1971, 3–21; Richard A. Posner, "Theories of Economic Regulation," *Bell Journal of Economics and Management* 5 (2) 1974, 335–58; and Sam Peltzman, "Toward a More General Theory of Regulation," *Journal of Law and Economics* 19 (2) 1976, 211–40. Their work formalizes an earlier tradition in political science including Samuel P. Huntington, "The Marasmus of the ICC: The Commissions, the Railroads and the Public Interest," *Yale Law Review* 61 (4) 1952, 467–509; and Marver H. Bernstein, *Regulating Business by Independent Commission* (Princeton, NJ: Princeton University Press, 1955).

95. For an extensive discussion of these issues, see Viscusi, Vernon, and Harrington, *Economics of Regulation and Antitrust*. On the overuse of capital, see the seminal article by Harvey Averch and Leland L. Johnson, "Behavior of the Firm under Regulatory Constraint," *American Economic Review* 53 (5) 1962, 1962–1069.

96. Price caps are now extensively used in the United States to regulate long distance telephone rates. See Alan D. Mathios and Robert P Rogers, "The Impact of Alternative Forms of State Regulation of

AT&T on Direct-Dial, Long Distance Telephone Rates," *RAND Journal of Economics* 20 (3) 1989, 437–53.

97. Dennis L. Weisman, "Is There '*Hope*' for Price Cap Regulation?" *Information Economics and Policy* 14 (3) 2002, 349–70.

98. For a discussion of these problems in the context of the water industry in England and Wales, see Caroline van den Berg, "Water Privatization and Regulation in England and Wales," *Public Policy for the Private Sector* 10, June 1997, 9–12.

99. For an explanation and evidence, see lan Alexander and Timothy Irwin, "Price Caps, Rate-of-Return Regulation, and the Cost of Capital," *Public Policy for the Public Sector* 8, September 1996, 25–28.

100. Catherine Waddams Price and Thomas Weyman-Jones, "Malquist Indices of Productivity Change in the UK Gas Industry before and after Privatization" *Applied Economics* 28 (1) 1996, 29–39; and Sumit K. Majumdar, Incentive Regulation and Productive Efficiency in the U. S. Telecommunications Industry," *Journal of Business* 70 (4) 1997, 547–76.

101. For an overview, see Kenneth J. Arrow and Joseph P. Kalt, *Petroleum Price Regulation: Should We Decontrol?* (Washington, DC: American Enterprise Institute, 1979). For a more detailed treatment, see Joseph P. Kalt, *The Economics and Politics of Oil Price Regulation* (Cambridge, MA: MIT Press, 1981). For a discussion of the particular problems associated with domestic oil price ceilings of the contest of oil price shocks in the world market, see George Horiwch and David L. Weimer, *Oil price Shocks, Market Response, and Contingency Planning* (Washington, DC: American Enterprise Institute, 1984), 57–110.

102. John Houghton, *Global Warming: The Complete Briefing*, 2nd ed. (New York: Cambridge University Press, 1997).

103. See Robert W. Crandall, "An Acid Test for Congress?" *Regulation* 8, September/December 1984, 21–28. See also, Bruce A. Ackerman and William T. Hassler, *Clean Coal/Dirty Air* (New Haven, CT: Yale University Press, 1981).

104. Crandall, "An Acid Test for Congress?" 21–22.

105. *American Textile Manufacturers Institute v. Donovan*, 452 U. S. 490 (1981).

106. Viscusi, Vernon, and Harrington, *Economics of Regulation and Antitrust*, p. 823; see their general evaluation on pp. 814–24. See also W. Kip Viscusi, *Fatal Tradeoffs* (New York: Oxford University Press, 1992). Elsewhere, Viscusi has emphasized that there are two other, more market-like mechanisms to encourage firms to maintain safe workplace: first "compensating wage differentials," whereby risky firms and industries must pay higher wages ("Market Incentives for Safety", *Harvard Business Review* 63 (4) 1985, 133–38); and, second, that they must pay higher worker compensation premiums.

107. For an excellent overview of theory, as well as comprehensive estimates of the deadweight losses from quotas, see Robert C. Feenstra, "How Costly Is Protectionism?" *Journal of Economic Perspectives* 6 (3) 1992, 159–78.

108. Jose Gomez-Ibanez, Robert Leone, and Stephen O' Connell, "Restraining Auto Imports: Does Anyone Win?" *Journal of Policy Analysis and Management* 2 (2) 1983, 196–219.

109. Ibid. , p. 205; see Table 2.

110. National Organ Transplant Act, October 4, 1984, PL. 98–507, 98 Stat. 2339.

111. There have been numerous calls for a ban on advertising, as opposed to selling, cigarettes. See Kenneth E. Warner et al. , "Promotion of Tobacco Products: Issues and Policy Options," *Journal of*

Health Politics, Policy and Law 11 (3) 1986, 367-92; Rebecca Arbogoss, "A Proposal to Regulate the Manner of To bacco Advertising," ibid, pp. 393-422.

112. See Daniel Riesel, "Criminal Prosecution and Defense of Environmental Wrong," *Environmental Law Reporter* 15 (3) 1985, 10065-81; and Mark Schneider, "Criminal Enforcement of Federal Water Pollution Laws in an Era of Deregulation," *Journal of Criminal Law and Criminology* 73 (2) 1982, 642-74.

113. W. Kip Viscusi and Richard J. Zeckhauser, "Optimal Standards with Incomplete Enforcement, *Public Policy* 27 (4) 1979, 437-56. Nonetheless, a recent study has found that compliance is disproportionately high given the Low expected costs of noncompliance; see David Well, " If OSHA Is So Bad, Why Is Compliance so Good? *RAND Journal of Economics* 27 (3) 1996, 618-40.

114. For an overview see Susan Hadden, *Read the Label : Reducing Risk by Providing Information* (Boulder, CO: Westview Press, 1986).

115. Joel Rudd, "The Consumer Information Overload Controversy and Public Policy," *Policy Studies Review* 2 (3) 1983, 465-73.

116. For a review of this topic, see Stephen M. Ross, "On Legalities and Linguistics: Plain Language Legislation," *Buffalo Law Review* 30 (2) 1981, 317-63.

117. Eugene Bardach and Robert A. Kagan propose that information provision by employees not just be facilitated but mandated in some circumstances. They also view rules that define the authonty of professionals, such as health and safety inspectors, with in corporations to be a from of "private regulation" worthy of consideration. Eugene Bardach and Robert A. Kagan, *Going by the Book : The Problem of Regulatory Unreasonableness* (Philadelphia: Temple University Press, 1982), 217-42.

118. William T. Gormley, Jr. , and David L. Weimer, *Organizational Report Cards* (Cambridge, MA: Harvard University Press, 1999).

119. For a more detailed discussion of the asymmetry in oversight of the Food and Drug Administration, see David L. Weimer, "Safe-and Available-Drugs," in Robert W. Poole, Jr. , ed. , *Instead of Regulation* (Lexington, MA: Lexington Books, 1982), 239-83.

120. See the discussion of the dairy industry by Bardach and Kagan, *Going by the Book* , pp. 260-62.

121. Ross E. Cheit, *Setting Safety Standards: Regulation in the Public and Private Sectars* (Berkeley: University of California Press, 1990).

122. Michael J. Trebilcock and Barry J. Reiter, "Licensure in Law," in Robert G. Evans and Michael J. Trebilcock, eds. , *Lawyers and the Consumer Interest* (Toronto: Butterworth, 1982), Chapter 3, 65-103, at p. 66.

123. Ibid. , p. 66.

124. Friedman *Capitalism and Freedom*, p. 148.

125. For one study that finds efficiency benefits from certification, see Bradley S. Wimmer and Brian Chezum, "An Empirical Examination of Quality Certification in a 'Lemons Market'," *Economic Inquiry* 41 (2) 2003, 279-91.

126. William D. White and Theodore R. Marmor, "New Occupations, Old Demands," *Journal of Policy Analysis and Management* 1 (2) 1982, 243-56.

127. We take these points from Trebilcock and Reiter, "Licensure in Law," pp. 67-70. They develop these points in depth and raise number of others.

128. For a sample of this large literature, see James W. Begun, "The Consequences of Professionalism for Health Services: Optometry," *Journal of Health and Social Behavior* 20 (4) 1979, 376-86; Robert

M. Howard, "Wealth, Power, and Attorney Regulation in the U. S. States: License Entry and Maintenance Requirements," *Publius: The Journal of Federalism* 28 (4) 1998, 21–33; Morris M. Kleiner and Robert T. Kudrle, "Does Regulation Affect Economic Outcomes? The Case of Dentistry," *Journal of Law and Economics* 43 (2) 2000, 547–82; N. J. Philipsen and M. G. Faure, "The Regulation of Pharmacists in Belgium and the Netherlands: In the Public or Private Interest?" *Journal of Consumer Policy* 25 (2) 2002, 155–201.

129. White and Marmor, "New Occupations, Old Demands," pp. 249–52.

130. For one proposal, see Aidan R. Vining. "Information Costs and Legal Services," *Law and Policy Quarterly* 4 (4) 1982, 475–500.

131. John F. Tropman, "A Parent's License," *Journal of Policy Analysis and Management* 3 (3) 1984, 457–59.

132. On the growth of cost-benefit requirements at the state level, see Richard Whisnant and Diane De-Witt Cherry, "Economic Analysis of Rules: Devolution, Evolution, and Realism," *Wake Forest Law Review* 31 (3) 1996, 693–743.

133. peter Pashigian, "Consequences and Causes of Public Ownership of Urban Transit Facilities," *Journal of Political Economy* 84 (6) 1976, 1239–59.

134. For this argument, see Lee S. Friedman, "Public Institutional Structure: The Analysis of Adjustment," in John P. Crecine, ed. , *Research in Public Policy Analysis and Management*, Vol. 2 (Greenwich, CT: JAI Press, 1981), 303–25.

135. William J. Baumol, "Toward a Theory of Public Enterprise," *Atlantic Economic Journal* 12 (1) 1984, 13–20.

136. Andre Corvisier, *Armies and Societies in Europe*, 1494—1789, trans. Abigail T. Siddall (Bloomington: Indiana University Press, 1979), 45.

137. For general treatments, see David E. M. Sappington and Joseph E. Stiglitz, "Privatization, Information and Incentives," *Journal of Policy Analysis and Management* 6 (4) 1987, 567–82; and Aidan R. Vining and David L. Weimer, "Government Supply and Government Production Failure: A Framework Based on Contestability," *Journal of Public Policy* 10, pt. 1, 1990, 1–22.

138. See Karl Wittfogel, *Oriental Despotism* (New Haven, CT: Yale University Press, 1957), p. 45. See also his Table 1 on government management in agriculture and industry, p. 46.

139. Carter Goodrich, ed. , *The Government and the Economy*, 1783—1862 (Indianapolis Bobbs-Merrill, 1967), xv-xviii.

140. Christopher K. Leman, "The Forgotten Fundamental: Successes and Excesses of Direct Government," in Lester Salamon, ed. , *Beyond Privatization: The Tools of Government Action* (Washington, DC: Urban Institute Press, 1989), 53–87

141. Ibid.

142. Ann-Marie H. Walsh, The Public's Business: The Politics and Practices of Government Corporations (Cambridge, MA: MIT Press, 1978), 6. See also Neil W. Hamilton and Peter R. Hamilton, *Governance of Public Enterprises: A Case Study of Urban Mass Transit* (Lexington, MA: Lexington Books, 1981).

143. See Harold Seidman, "Public Enterprises in the United States," *Annals of Public and Cooperative Economic* 54 (1), 1983, 3–18.

144. Ahmed Galal et al. , *Bureaucrats in Business: The Economics and Politics of Government Own-*

ership (Oxford: Oxford University Press, 1995).

145. For a discussion of the potential privatization candidates among these corporations, see Anthony E. Boardman, Claude Laurin, and Aidan R. Vining, "Privatization in North America," in David Parker and David Sallal, eds. , *International Handbook on Privatization* (Northampton, MA: Edward Elgar, 2003), 129-60.

146. Louis De Alessi, "The Economics of Property Rights: A Review of the Evidence," in R. Zerbe, ed. , *Research in Law and Economics*, Vol. 2 (Greenwich, CT: JAI Press, 1980), 1-47, at pp. 27-28.

147. For a comprehensive review of this issue, see the special issue of the *Journal of Law and Economics*, "Corporations and Private Property," 26 (2) 1983, esp. Eugene F. Fama and Michael C. Jensen, "Separation of Ownership and Control," 301-26; "Agency Problems and Residual Claims," 327-50, by the same authors; and Oliver E. Williamson, "Organization Form, Residual Claimants, and Corporate Control," 351-66.

148. For reviews of these studies, see Aidan R. Vining and Anthony E. Boardman, "Ownership versus Competition: Efficiency in Public Enterprise," *Public Choice* 73 (2) 1992, 205-39; Helen Short, "Ownership, Control, Financial Structure and the Performance of Firms," *Journal of Economic Surveys* 8 (3) 1994, 203-49.

149. Louis De Alessi makes a strong claim for superior private performance in "The Economics of Property Rights: A Review of the Evidence. " Aidan Vining and Anthony Boardman also found superi or Private sector Performance in "Ownership versus Competition. " Tom Borcherding found a slight edge for the private sector in "Toward a Positive Theory of Public Sector Supply Arrangements," in J. Robert S. Prichard, ed. , *Crown Corporations in Canada* (Toronto: Butterworth, 1983), 99-184. A review that found few differences is Colin C. Boyd, "The Comparative Efficiency of State-Owned Enterprises," in A. R. Negandhi, H. Thomas, and K. L. K. Rao, eds. , *Multinational Corporations and State-Owned Enterprises: A New Chattenge in International Business* (Greenwich, CT: JAI Press, 1986), 221-44.

150. Anthony E. Boardman and Aidan R. Vining, "Ownership and Performance in Competitive Environments: A Comparison of the Performance of Private, Mixed and State-Owned Enterprises," *Journal of Law and Economics* 32 (1) 1989, 1-34.

151. Lon L. Peters, "For-Profit and Non-Profit Firms: Limits of the Simple Theory of Attenuated Property Rights" *Review of Industrial Organization* 8 (5) 1993, 623-33.

152. For a recent brief discussion, see Harry M. Trebing, "New Dimensions of Market Failure in Electricity and Natural Gas Supply," *Journal of Economic Issues*, 35 (2) 2001, 395-403.

153. See footnotes and discussion earlier in this chapter under the privatization head.

154. For a general discussion of these issues in the context of developing countries, see Paul Cook, Colin Kirkpatrick, and Frederick Nixson, eds. , *Developing and Transitional Economies* (Cheltenham, UK: Edward Elgar, 1998). For empirical evidence, see Scott J. Wallsten, "An Economic Analysis of Telecom Competition, Privatization, and Regulation in Africa and Latin America," *Journal of Industrial Economics* 49 (1) 2001, 1-19.

155. James M. Buchanan and Marilyn R. Flowers, *The Public Finances*, 4th ed. (Homewood, IL: Irwin, 1975), 440.

156. Congressional Budget Office, *Contracting Out: Potential for Reducing Federal Costs* (Washington, DC: Congress of the United States, June 1987), vii.

157. On some of the thorny issues in this particular context, see Ira P. Robbins, "Privatization of Cor-

rections: Defining the Issues," *Federal Probation* September 1986, 24-30; and Connie Mayer, "Legal Issues Surrounding Private Operation of Prisons," *Criminal Law Bulletin* 22 (4) 1986, 309-25.

158. Reported in Robert W. Poole, Jr. , and Philip E. Fixler, Jr. , "The Privatization of Public Sector Services in Practice: Experience and Potential," *Journal of Policy Analysis and Management* 6 (4) 1987, 612-25.

159. Ibid. , p. 615.

160. For example, Robert Topel attributes one-third or more of all unemployment spells among full-time participants in unemployment Insurance programs to the benefits provided. Robert Topel, "Unemployment and Unemployment Insurance," *Research in Labor Economics*7, annual, 1985, 91-135.

161. Nicholas Barr, "Social Insurance as an Efficiency Device," *Journal of Public Policy* 9 (1) 1989, 35-58.

162. Laurence J. Kotlikoff, "Justifying Public Provision of Social Security," *Journal of Policy Analysis and Management* 6 (4) 1987, 674-89. For a detailed history of analyses dealing with Social Security issues, see Lawrence H. Thompson, "The Social Security Reform Debate," *Journal of Economic Literature* 21 (4) 1983, 1425-67.

163. For calculations for representative age and income groups, see Anthony Pellechio and Gordon Goodfellow, "Individual Gains and Losses from Social Security before and after the 1983 Amendments," *Cato Journal* 3 (2) 1983, 417-42.

164. Paul K. Freeman and Howard Kunreuther, *Managing Environmental Risk through Insurance* (Washington, DC: AEI Press, 1997), 24-25.

165. For empirical evidence on this issue, see Steven Globerman and Aidan R. Vining. "A Policy Perspective on 'Mixed' Health Care Financing Systems," *Journal of Risk and Insurance* 65 (1) 1998, 57-80.

166. Michael W. Klass, James C. Burrows, and Steven D. Beggs, *International Mineral Cartels and Embargoes* (New York: Praeger, 1980).

167. See Glenn H. Snyder, *Stockpiling Strategic Materials: Politics and National Defense* (San Francisco: Chandler, 1966).

168. For a history of the SPR, see David Leo Weimer, *The Strategic Petroleum Reserve: Planning, Implementation, and Analysis* (Westport, CT: Greenwood Press, 1982).

169. For a discussion of this question, see George Horwich and David L. Weimer, *Oil Price Shocks, Market Response, and Contingency Planning* (Washington, DC: American Enterprise Institute, 1984), 111-39.

170. Brian D. Wright, "Commodity Market Stabilization in Farm Programs," in Bruce L. Gardner, ed. , *U. S. Agricultural Policy* (Washington, DC: American Enterprise Institute, 1985), 257-76.

171. Michael Wolkoff, "An Evaluation of Municipal Rainy Day Funds," *Public Budgeting and Finance* 7 (2) 1987, 52-63; and Richard Pollock and Jack E Suyderhud, "The Role of Rainy Day Funds in Achieving Fiscal Stability," *National Tax Journal* 39 (4) 1986, 485-97.

172. Joseph J. Cordes and Burton A. Weisbrod, "When Government Programs Create Inequities: A Guide to Compensation Policies," *Journal of Policy Analysis and Management* 4 (2) 1985, 178-95.

173. For a discussion of these issues, See Christopher Leman, "How to Get There from Here: The Grandfather Effect and Public Policy," *Policy Analysis* 6 (1) 1980, 99-116.

174. Laurence Lynn and John Michael Seidi, "Policy Analysis as HEW: Story of Mega-Proposal In-

troduction," *Policy Analysis* 1 (2) 1975, 232-73.

175. For a review of empirical evidence on the income elasticity of the labor supply, see Robert A. Moffitt and Kenneth C. Kehrer, "The Effect of Tax and Transfer Programs on Labor Supply" *Research in Labor Economics* 4, annual, 1981, 103-50.

176. Lawrence W. Mead, "The Potential for Work Enforcement: A Study of WIN," *Journal of Policy Analysis and Management* 7 (2) 1988, 264-88.

177. David T. Ellwood and Mary Jo Bane, "The Impact of AFDC on Family Structure and Living Arrangements," *Research in Labor Economics* 7, annual, 1985, 137-207.

第 *11* 章

采纳与执行

对集体决策的采纳与执行必然涉及协作。集体决策开始于政治舞台上的建议，在其达到顶点时对人们产生影响。我们把这个过程分成两个阶段：采纳与执行。采纳阶段（adoption phase）开始于一项政策建议的表述，如果一项法律、法规、行政指令或其他根据相关政治领域的规则作出的决策被接受时该阶段就结束了。执行阶段（implementation phase）开始于政策的采纳，并且只要一项政策保持着影响，政策的执行就不会停止。虽然政策分析家们一般是在采纳阶段通过阐述和评估建议作出他们的贡献，但若没有对从建议到产生影响的整个过程的预见，他们就不能做得富有成效。

然而，区分采纳与执行并不能证明政策过程的复杂性，而通常这一复杂性又是政策过程的特点。已经采纳的政策，尤其是法律，很少精确地说明什么是要做的。相反，它们可能需要其他领域作出的政策决定来辅助。例如，一个县立法机关可能会采取一项禁止在公共场所吸烟的法令，违反法令要受到罚款的处罚，并授权县卫生部门强制实施的职责。现在这个县卫生部门必须采取一项强制性政策。它应当简单地等待公众对违反者的投诉，还是应当设点检查？它是发出警告，还是直接处以罚款？尽管卫生部门的领导有法律上的权威性，他可以基于自己的理解回答这些问题，但他的雇员的（可能是相互矛盾的）建议可能会影响到他的决定。如果设点检查成为制度，那么主要的稽查人员将面临涉及一项检察代理人可能或应当执行的抽样程序的任务。因此，公众所面对的吸烟政策是由一系列法令采纳后的决定所引起的。

我们自然要思考在采纳阶段会起作用的价值和利益问题,这样当那些反对政策的人设法阻止政策被采纳时,我们就不会对此感到惊讶。通过将执行阶段分解为一系列的采纳,就能让自己对一项采纳的政策从其一般阐述向一种合意的具体影响集转化所需要的协同的价值和利益的干预有所准备。换句话说,我们开始从策略上思考过程和实质:怎样才能通过他人的利益和价值去实现我们的目标呢?

显而易见,好的政策分析需要大量思考。但它不总是需要明确的思考策略。我们经常能够对被采纳和完全实施的政策的后果作出预测,而并不需要考虑具体个人的反应。例如,需求表通常允许我们对纳税产品总的结果作出合理预测。然而,当我们设法预测采纳和成功的执行前景时,必须作策略性的思考。

正规的策略行为模型通常采用博弈的形式,它着重考察一系列博弈方的行动。例如,设想你是首先选择策略的一方(行动 1)。例如在政策采纳的情形下,你的策略选择可以是使你的客户确信要提议一项特殊的政策。另一个博弈方根据你的第一次行动采纳一项策略(行动 2),也就是表示反对或支持你的客户的政策建议,或提出其他政策建议。策略思考要求你预见在行动 1 的每一种可能的策略选择之下会引出的另一博弈方的反应即行动 2。

当博弈方在不知道其他博弈方已经选择了什么策略,但又必须作出策略选择时,我们可以把这项博弈展示为博弈方策略选择的不同组合的情况列表,如同图 5—6 所示的囚徒困境。社会科学文献现已提供了非常丰富的正式模型,用于调查特殊的社会、政治和经济相互作用的策略。[1] 遗憾的是,为了使这些正式模型变得可以追溯,这些模型被要求进行简化。这又时常阻碍它们被直接运用到分析家们对那些复杂的、流动的以及未能很好定义的情形的分析中。因此,除了对政策设计的前因后果给出简要的社会规范外,我们并不提出正式的模型,而是提供帮助分析家策略思考的一般框架。

我们相信:本章关于策略思考的一般讨论对几个目的都是有价值的。第一,正如我们在第 14 章将要讨论的,如果不对候选政策的执行进行仔细的观察,便无法准确地预测候选政策的后果。因此,策略思考是有价值的,因为它能让我们更好地理解执行过程。

第二,客户经常希望他们的分析家能考虑政策备选方案的政治可行性。在多目标分析中有时政治可行性会作为一个目标而得到明确处理。其他情况下,客户会要求分析家对具体政策备选方案的政治可行性作出令人信服的分析。在这两种情况中,好的分析都需要策略思考。

第三,正如我们在第 10 章所讨论的,设计有效的政策备选方案要求一定的创造性。策略思考通过把我们的注意力吸引到利用他人的自利行为上而使我们更加富有创造性。类似地,它使我们在设计实施计划时对潜在的问题和机会更加有悟性。

第四,分析家们本身经常参与采纳和实施的工作。客户有时会从分析家那里寻求关于政治舞台上日常策略的建议,邀请他们作为"技术专家"参加谈判,或者派他们作为代表参加会议的讨论甚至作出决定。分析家有时被召集从事建议、指导、巡视甚至管理实施等工作。这些实际行动都要求分析家们进行实践的策略思考。

11.1 采纳阶段

什么决定了政治可行性？在本书中，政治可行性具体指的是采纳这个政策的可行性，而不是指公民，或者更确切地说，选民是否能在这个政策被采纳之后接受它。[2]（当在其他地方讨论政治可行性时，我们可能指上面任何一种意思，或者两种含义都有。）近来有学者运用期望效用理论研究国际关系和国家联盟的工作，这为作出精确的和非直觉的预测带来了希望。[3]然而在实践中，希望进行政治预测的政治家和商人通常会求助于领域专家，这些人熟悉当地的、国家的或整个地区性格局中的相关角色。例如，对美国贸易立法的通过前景感兴趣的某些人会雇用一名国会专家。一个考虑在某些国家进行资本投资的公司会向一位那个国家的制度专家咨询关于政治稳定性的前景问题。当然，政治家通常会认为他们自己就是那个特殊政治领域的专家。那些在体制内有长时间任期的政策分析家容易发展出有关其周围环境的知识，这对预测政治可行性很有用。

寻找一个领域专家提供的这种信息是预测政治可行性一个合理的出发点。但这种信息本身经常是描述性的和过时的。为了让它能被有效利用，我们需要一种关于人们如何行为的理论，从而使我们能开发出增加获得所期望结果的机会的策略。因此，在评价完这些与理解政治环境相关的信息之后，我们转向讨论政治策略的基本要素。

评价和影响政治可行性

只有极少数的政治学家曾经直接讲到政策分析家如何能够预测和影响政策建议的政治可行性问题，阿诺德·麦斯纳（Arnold Meltsner）就是其中之一。[4]他提供了一份评价政治可行性所需要的信息清单：谁是相关的角色？他们的动机和信念是什么？他们的政治资源是什么？相关决策将会在哪个政治舞台上作出？尽管我们按顺序地讨论这些问题，但实践中需要我们反复地回答它们，并随着对政治环境的了解而不断探索。

识别相关角色

哪些个人和集团可能对一个问题发表意见？通常有两组相互重合的角色需要识别：那些在这一问题上有实质性利益的人们和在这一决策领域中站在官方立场的人们。例如，设想一项市议会的提案，它打算禁止这个城市里的企业让其雇员接受非法药物的使用情况的随机测定。我们预期工会会支持这项措施，但是商界则会反对。进一步来看，我们预期过去在政治上一直十分活跃的工会和商界在这一问题上也最有可能表现得非常活跃——也就是表11—1中的工会和商会。同时，我们认为市议会议员也是其中相关的角色，他们对立法有投票权，市长也是其中之一，因为他拥有否决权（veto power）。

我们预期工会和商业领导人会由于休戚相关的直接利益而十分活跃。那些持自由主义政治态度的公民也会卷入其中，因为他们感受到了这一问题的重要价值（有些人会认为这一条例对保护工人的隐私权是必要的；其他人会视之为对公司决策的无理干涉）。或许某些社区组织如城市联盟也将非常活跃，这因为它们既有直接利益，同时又因为通常其本身就是受益团体之一。

除市议会成员外，其他公众人物也会与此相关。例如，尽管城市律师在议会中没有投票权，但他所提出的有关这一提案的合法性的意见会对议会成员产生重大影响。公共卫生主任关于测试的精确性的意见也是有影响力的。地方报纸的编辑没有任何官方立场，但他们也会是一类重要的参与者，原因是他们写的社论以及他们所供职的报纸覆盖面范围也发挥着影响。

分析家们如何完成这份潜在的角色名单呢？很显然，可以认为具有重大利益的任何人，无论是经济的、党派的，或是职业的利益，都会起到一定的作用。同样地，也包括那些持官方立场的人们。如果你是该问题或领域的新进入者，那么要设法找到一位有经验者成为你的告知人。也可以利用报纸和其他的书面材料去发现过去参与过类似问题的公共辩论的人们。最后，只要这样做不会对你的客户或你的提案的前景产生不利影响，你就需要直接联系潜在的主体，询问他们的意见，评估他们成为积极参与者的可能。

表 11—1　　　一张政治分析工作表：在工作场所禁止随机进行药物测试的可行性

主体	动机	信念	资源
利益集团			
工会	保护工人免受骚扰	测试是不公平的	人数众多；与民主党关系密切
商会	保护公司的利益，并清除危险的和工作效率低下的工人	测试对于消除或者抑制员工的滥用药物倾向也许是必要的	成员有影响力；和共和党关系密切
城市自由联盟	保护人权	测试侵犯了个人隐私	发言人口齿伶俐；成员有强烈呼声
自由党	保护契约权力	测试的界限应当由工人和管理方协商确定	理想
城市联盟	保护少数族裔雇员	测试对少数族裔更为不公平	宣称为了少数族裔的利益
新闻日报	支持商业环境	在全市范围内禁止测试是不适当的	社论
非选举的官员			
城市律师	支持市长并保护城市，使其免于受到法律起诉	禁止可能是合法的	专业意见

续前表

主体	动机	信念	资源
公共卫生部长	反对滥用药物	如果测试不是惩罚性的，那么就可能是适当的	专业意见；关于测试效力的证据

选举的官员

主体	动机	信念	资源
议会成员 A（民主党成员）	支持工人	禁止是合适的	投票权
议会成员 B（民主党成员）	支持工人	禁止可能是合适的	投票权
议会成员 C（民主党成员）议长	支持社团组织	禁止可能是合适的	投票权，设定议程
议会成员 D（共和党成员）	支持商会	禁止可能是不合适的	投票权
议会成员 E（共和党成员）	支持商会	禁止是不合适的	投票权
市长（民主党成员）	与工会和商会都保持良好的关系	禁止可能是不合适的	投票权，媒体的关注

理解主体的动机和信念

有组织的利益集团的动机和信念（motivation and beliefs）经常是很明显的。当他们不是这样时，你通常可以通过比较集团领导人所认为的成本和收益，来合理地猜测他是如何看待一项具体提案的。如果他们的理解建立在你认为的不正确的信念之上，那可以通过提供信息来影响他们的立场。[5]例如，当地城市联盟的会长可能会支持随机药品测试的禁令，因为他认为这项禁令会保护少数族裔工人——他的选民的一部分。然而，如果他认为这项禁令将导致少数族裔工人工作的损失，原因是某些厂商会离开这座城市以避免它的限制，他可能又会反对这项禁令。

判定那些官员们的相关动机和信念可能更加困难。选举的官员、政府任命者和公务员都会有不同的动机。正如我们在第 8 章所讨论的，选举的官员很可能关心再次当选或者当选更高的职位，同样地，他们代表选民的利益并推进社会的完善。被任命的政府官员的激励来自他们本质上的价值、对他们的政治赞助人的忠诚、维护他们当前地位的有效性、和他们对将来职业前景的兴趣。除了实质性的利益，公务员们的激励常常来自其职业精神和确保其组织单位的资源占有的愿望。

预测哪个动机将起支配作用常常是困难的，这一点并不奇怪。确实，这些相互冲突的动机会导致官员本身陷入第 3 章所讨论的个人道德困境。怎样理解官员对于一个特殊问题的不同动机的相对重要性呢？有这样一句谚语：屁股决定脑袋。[6]换句话说，把自己置身于相关官员的位置。如果你在他们的位置上，你想要什么？为得到你想要的你愿意采取什么行动？

很显然，你对具体官员了解越多，你就越有可能回答这些问题。例如，如果一名官员在这个问题上有重大实质性利益，那么他或她就可能甚至愿意违背当地选举者的利益。另一方面，如果这是他们的重要选区之一关心的基本问题，官员可能愿意放弃他们自己的实质性利益。当然，像官员的所在地区和邻近地区的安全之类的因素也会影响这位官员所采取的立场。

评估主体的资源

主体们拥有大量的政治资源。利益集团声称会代表选民说话。他们可能有用于支付游说议员、分析、宣传和竞选活动的财政来源。他们的领导人可能还与某些官员保持着不断的联系。由于他们的身份、分析能力或过去的纪录，他们提供的信息都是值得注意和重视的。所有这些来源都被认为是潜在相关的。他们是否实际发挥作用取决于其所属集团以及他们的领导人的动机。

官员的资源多少依赖于他们的地位和关系。立法者可以投票、召开听证会以及影响议程；选举的主管（像市长）通常有否决权，在解释被采纳的法律上具有相当大的回旋余地；非选举的行政官员经常由于他们的职业地位、程序知识和与客户集团的联系而常常具有影响力。这些主体的任何人可能都会通过建立在信任、忠诚、恐惧或互惠基础之上的个人关系影响其他人。

表11—1提供了一份简单的工作表，用以识别与预测和一项禁止随机对雇员进行药品测试的城市法令的政治可行性相关的各个主体，分析他们可能的动机、信念和资源。许多条目可能比猜测的要重要一些。例如，主体对这项提案了解之后的实际反应，可能会完全改变你对他们的信念和他们利用资源的意愿方面的评价。

选择舞台

每个政治舞台都有它自己关于如何作出决定的一套规则。基本规则通常是书面的——立法机关有"强制规则"（rules of order），机构有管理程序。但非书面的传统和通常的惯例可能才正是理解决策如何达成的关键要素。掌握这些规则，无论是正式的还是非正式的，对于政治预测和策略选择越来越重要。

利用表11—1的信息作一个关于采纳测试禁令可能性的预测，我们必须首先确定提案将在什么样的政治舞台上被考虑。正如"选举的官员"条目下所暗示的，我们预期市议会将是主要舞台。假定议会成员根据他们的选民的明确利益投票，禁令可能会以3：2的政党分野获得通过。那么市长将处于困境。如果否决这项法令，她就可能疏远追随她的民主党人。如果不否决，那么她就可能要让渡商业利益。

市长能够通过设法改变这个舞台的方式来摆脱这种困难的政治处境。她可能会说，尽管限制测试是合适的，但它们放在州一级解决会更合适。如果她能找到一位州众议员或参议员在州立法机构提出这项禁令的建议，那么她可能会主张延迟市议会的投票，至少在州政府采取行动后、前景与局势更为清晰的时候再采取行动。她也可能要求议会通过一项敦促州采取行动的提案。如果议会同意，那么她就成功地改变了舞台。

更一般地，我们应该相信在一个舞台上失败或预感失败的主体将设法把这个问题转移到另一个舞台上。如那个市长的手法所表现的，政府在一级水平上不好的结果有时可以通过把问题转换到另一级上而得以避免。例如，工会之所以努力推动联邦《1970 年职业安全和健康法案》的立法，是因为他们对自己在州一级水平上影响设置和执行健康标准的能力不满。[7] 舞台也能从政府的一个部门转向另一个部门。例如，当食品与药品管理局发布一项禁止使用糖精作为食品添加剂的规则提议时，反对者成功地让国会通过了一项延期实施这项规则的动议。[8] 那些在立法机关和管理机构受损的人经常设法把舞台转向法院。例如在 20 世纪 70 年代，为消除由于居住模式导致的种族隔离，使用校车接送学生以达到调整学生的种族比例的政策建议的倡议者通过法院实现了他们的目标。有一些管理机构缺乏建立制定规则所需要的强权。这种情况下，这些机构可能会邀请法院接受反对这些规则的人的挑战。当然，做出一种可信的威胁使问题转向另一个舞台的能力本身就是一种政治来源。

政治舞台上的策略

设法把问题转移到更有利的舞台并不是获得政策结果的唯一可用的政治策略。我们经常使用四种策略中的一种或多种：同化、妥协、操纵和辞令。我们依次简要地来介绍一下。

同化

人们，尤其是那些在公共部门（或在大学教书）就职的人往往有着强烈的自我意识，容易为其权威的身份而自豪。确实，在我们的想法之上，有时我们不太情愿承认自己的弱点。让其他人感到你的建议至少在部分上也是他们的想法，也许是最常用的一种政治策略。[9] 在立法过程中，经常会采用一种共同发起的形式——在不同会场或休息厅的人们中间进行。在行政体系中也常常需要建立一个顾问组，它的存在是为了提出合适的推荐意见。那些相信自己贡献了自己的意见的潜在反对者一旦成为委员会的成员，他们就不太可能成为积极的反对者。那些人际交往方面能力很强的政府官员有时能够成功地同化（cooperation）潜在的反对者，其手法也许只是看起来很交心的谈话或其他引人注意的姿态。（你曾经对院长为什么邀请你和其他学生干部吃饭感到奇怪吗？）

当你的建议侵入到其他政治主体的"赛马场"时，同化可能是非常有用的。[10] 政治家和行政官员们经常监视利益集团和专家团队。尽管他们中的一些人可能由于利益和信念结成"自然联盟"（natural allies），不过他们无论如何都会感受某些威胁，这些威胁来自那些似乎要降临于其领地的人的建议。除非你在政策建议设计中包括了他们，否则他们会连该建议的实质性好处都不予考虑，而直接表示反对。更何况，那些从其专家那里得到对这个问题的暗示的其他主体可能会拒绝对这一建议进行密切关注。例如，委员会成员可能不会对建立某种类型的毒品治疗计划的建议给予认真关注，除非公共卫生方面的长官认为这个建议值得考虑。

当然，除非你愿意分享信誉，否则你不能使用同化策略。作为一位分析家，你的工作性质要求让你的客户保持对你的好主意的信任（同时要避免坏主意对你自身造成的任何不信任）——记住信誉是你通过提供好主意获得的。因此，同化策略应当建立这样的一个基础之上，即你的客户非常明确地愿意以信任作为对政策目标进展的回报。

妥协

我们使用妥协（compromise）这个词是指实质性地修改政策建议，从而使它们在政治上更具可接受性。当我们的首选政策缺乏足够的支持时，我们要考虑修正它以获得更多的支持意见——从多目标政策分析考虑，我们是用放弃某些目标来换取更大的政治可行性。如果比起其他政治上可行的建议，我们更倾向于某些结果可采纳的建议，那么妥协就是合适的选择。一般来说，我们希望的妥协指的是做出最小的修正，以吸引采纳所需的最小数量的额外支持者。[11]

妥协的一种方法是删除和修正提案中那些最可能引起反对者异议的建议。任何特征在反对者面前都显得扎眼吗？某些惹人反感的特点是可以去除的，并不会造成能对提案产生实质性影响的重大变化。例如，设想你已经作出一个关于县政府雇用私营公司向监狱囚犯提供教育服务的建议。某些反对者的理念是反对与罪犯管教相联系的盈利活动，如果你说明只有非营利组织才能成为这项服务的提供者，他们也许就会支持你的建议。以这样的方式进行妥协，你能够在保持最初提案中的绝大部分利益的情况下让这项提案获得通过。

妥协的另一种方法是增加一些对反对者有吸引力的特征。在第 8 章我们讨论过互投赞成票，这是一种把实质上并无关系的建议捆绑在一起的妥协方式。互投赞成票的工程通常是客户而不是分析家的分内之事。更一般地，分析家处在给出一个单项建议的构成要素的位置上。例如，以反对在工作场合随机进行药品测试这项建议为例。与现有的状况正好相反，很可能出现这项禁令被城市议会采纳的情况。如果你反对这项禁令，为了阻止它，你会提出一项不禁止这种测试但禁止厂商根据一次测试解雇、降职或调离雇员的做法。假定有两名反对这项禁令的议员（D 和 E）会支持这项妥协方案，通过吸引对更激烈的禁令热情不够的支持者之一（B 或 C），可能得到足够的选票。你可能会得到市长和公共卫生组织董事对妥协立场的支持，由此确保你的提案在第三轮投票中过关。

在组织化的背景之下，妥协经常采取谈判的形式，在这种场合，各利益团体设法通过讨价还价的方式达成协议。例如，一项州法律要求教师和卫生专业人员汇报虐待儿童的可疑情况，它在地方的实施可能需要警察局局长和社会服务组织的主管就如何报告达成协议。

哪些因素可能影响谈判的特征和结果呢？[12]一种因素是参与者必须打交道的频率——如果必须经常打交道，那么他们就很可能比只进行一次孤立的谈判更加灵活和友善。另一种因素是每一方带到谈判桌上的政治资源。有哪一方能够吸引县行政长官或市长等外部力量吗？有哪一方能够使用先例作论据吗？有哪一方会受到拖延谈判的成本的困扰吗？

罗杰·费希尔（Roger Fisher）和威廉·尤瑞（William Ury）提供了一份有用的有效谈判实践指南。[13]这里我们注意他们的原理中的两点，它们可以作为成功谈判妥协的一般策略。

第一，记住同你打交道的人是有情感、有信念也有个人利益的。表述和建议的内容对达成相互满意的协议一样都是很重要的。例如，如果你的谈判对手一直是反对加税的，那么即使你使他确信需要额外的税收，他也不可能同意某种被称为加税的东西。寻求一种妥协，让他"挽回面子"。或许我们会把规范地称为燃油税的东西替代地称为"道路使用费"。也许正是替代"增加税收"的这种委婉说法是一种适当的台阶——即使也许每个人都知道这是同一事物的不同表达！基本的一点是一直谨记你正在和这样一群人打交道，他们与你一样，想要对自己正在做的事情感觉良好。

第二，设法商谈利益而不是立场，以便可以发现互惠的妥协。例如，费希尔和尤瑞提出埃及和以色列关于西奈半岛的谈判，这一地区是以色列在1967年"六日战争"中获得的。[14]只要双方坚持各自的立场，埃及要求归还整个西奈半岛，而以色列则希望重新划分边界，就没有什么可能达成协议。然而从利益角度看，解决方案是可能存在的。埃及在经历了几个世纪的统治之后不愿意放弃其疆域的任何部分的主权。以色列的愿望则不在疆土本身，它需要的是让埃及的军事力量远离它的边界。解决的方式是让以色列归还埃及的主权，但是要使那一地区非军事化，以防止那里成为威胁以色列的中间战备区域。需要谨记的一个基本点是谈判的最终目的应当是双方的利益都得到满足。换句话说，将谈判的方式作为一种现场政策分析——就争端的事实达成一致（定义问题），识别利益（确定目标），就公平解决的标准达成一致（确定评价标准），使用头脑风暴法（brainstorm）思考可能的解决方式（开发政策的备选方案），然后才是考虑特定的解决方案（根据标准评价备选方案）。[15]

操纵

威廉·H·莱克尔（William H. Riker）所构造的一次操纵（heresthetics）指的是通过操纵政治选择的环境力图获得优势的策略。[16]操纵策略分两种：通过议程进行操纵和通过评价维度进行操纵。

在第8章我们通过成对假设的投票的例子来说明学校预算的投票悖论。投票者的偏好是这样的，如果每一个人都按其真实偏好投票，则各项政策被考虑的顺序，也就是议程，决定了被选择的政策是哪一项。因此，操纵议程是一种强有力的政治策略。

特定机构的主持者常常有机会直接操纵议程。这样的官员诸如立法机关的发言人、委员会主席，或操办会议的管理者，能够通过建构决策过程的方式影响政策结果。有时他们能够生硬地构造决策过程，通过拒绝允许考虑某一个备选方案而形成自己的优势，为了证明他们行为的正当性，其所用的借口就是需要"进一步研究"。

其他时候他们通过确定将要考虑的备选方案的顺序来实现其目标。

很显然，议程制定者（agenda setters）是任何政治舞台上都特别重要的角色。如果你的客户是一位议程制定者，那么你就处于一种有利地位，能够见到你的建议被接受、采纳为政策。但如果你的客户不是一位议程制定者，那么你必须找到一个机会，以增加接受你的客户的建议的有利议程安排。一种方法是设计你的建议使之能吸引议程制定者的关注。

另一种方法是动员其他政治主体形成一种机制，如果议程制定者要阻止你的建议，那么他将付出高昂的政治代价。例如，在 1962 年，议员埃斯特斯·科弗沃（Estes Kefauver）发现他提出的药品管理法案修正案被反对它的司法委员会主席议员詹姆斯·伊斯特兰德（James Eastland）中止了。只是通过在媒体上对毫无行动的批评和动员美国劳联—产联（AFL-CIO）的支持，科弗沃便成功地让约翰·F·肯尼迪总统对伊斯特兰德施加压力，让他报告了科弗沃法案的一个版本。[17] 很显然，这样的策略必须小心使用，尤其是当议程制定者的意愿可能对将来其他的问题很重要的时候。

一旦一项建议在议程中得到一个位置，通过策略投票（sophisticated voting）可以增加其被采纳的概率；也就是说，通过使某些人在选举议程中的某个阶段不按其真实偏好投票以取得更好的最终结果。例如，在 1956 年，美国众议院的民主党领袖第一次建议联邦援助应当直接拨给地方性校区。如果每个人都按他们的真实偏好投票，那么这个法案将会以多数票获得通过。然而代表亚当·克莱顿·鲍威尔（Adam Clayton Powell）为这项法案提出了一项修正案，以阻止资金流向实施种族隔离的学校。这项修正案得到北方民主党人的支持，但受到南方民主党人的反对。莱克尔建议，那些宁愿没有这项法案也不愿要未修正法案和宁愿要未修正法案也不愿要修正案的大量共和党人，仍然投票支持这项修正案，因为他们预期南方民主党人会投票反对这项修正案。[18] 他的预期是正确的，这项修正案没有被通过。

假设北方民主党人宁可要未修正法案也不愿看到没有法案的情况，为什么他们不投票反对鲍威尔修正案，以使南方民主党愿意加入他们之中，从而通过未修正法案，以这样的方式来反对共和党的策略投票？也许，正如莱克尔解释的，北方民主党看到，从选区的支持看，对于他们来说采取反对种族隔离的立场，比获得一种偏好的政策结果更有价值。换句话说，由于需要评估第二项的价值维度，他们的立场变得复杂化了。

北方民主党的立场使用了第二种操纵策略：改变评价维度（dimension of evaluation）。当你站在少数派立场上时，你有时能够引入一种新的思考角度以分裂多数派。例如在 1970 年，几个西海岸参议员建议修正禁止国防部从冲绳向美国运送神经毒气的未决军事拨款法案。尽管最初他们没有足够的票数阻止这种运输，议员沃伦·马格纳森（Warren Magnuson）通过主张议会真正得失攸关的是尊严，从而帮助他们获得了多数人的支持。参议院在较早时候已经通过了一项决议，说的是没有参议院的同意，总统不能改变任何与日本的和约有关的领土问题。马格纳森声称这个毒气问题是将冲绳还给日本的行动的一种准备——是一项违反宪法的对参议院修改条约权力的侵犯。将这一问题放在参议院权力的框架里，马格纳森吸引了那些在其他方面赞成船运法案的议员的票数，从而使这项修正案得以通过。[19]

辞令

辞令（rhetoric）或许是最普遍的政治策略，即使是使用有说服力的语言。在规范的一极，辞令提供了澄清所建议政策的可能影响的正确和相关的信息。在规范的另一极，它提供了使所建议政策的可能影响变得模糊的不正确和不相关的信息。作为一位政策分析家，何种程度上你应该与你的客户一起搅浑水而不是保持自重，这是一个很可能遇到的道德问题。

作为一个很有道德的使用辞令的说明，让我们回到禁止药品使用的随机测试这个例子上。在表 11—1 中，议员 C 被列在可能投票支持这项禁令的一边，因为他把他的主要支持者看做赞同这项禁令的共同体。例如，城市联盟的主管赞成这项禁令，因为他认为测试可能会被不公平地用于少数工人。如果你反对这项禁令，那么你可能向城市联盟主管提供信息，说明这项禁令可能抑制某些雇主在这座城市的维持或扩张——少数人就业的净收益可能实际上变为负的。如果他确信这一点，那么主管可能会说服议员 C 改变他的立场，以便使这项禁令不被通过。

最有效的影响政治主体的辞令常常是间接地通过公众意见，而不是直接通过劝说。正如我们在第 8 章所讨论的，似乎存在着政策窗口——舆论和媒体对特殊政策领域的政策动议敏感的时期。[20]社会名人可能利用这些机会采取行动以获得关注。为了保证政策窗口呈开启状态，或者甚至去创造政策窗口，政策支持者通过这样一些机制，诸如记者招待会、新闻稿、听证会、编造谎言和泄露，向媒体提供信息。很显然，能够煽动性地描绘的信息将比那些平凡的信息更可能进入媒体。

一个普通但在道德上有问题的辞令策略是强调非常消极但不太可能的后果。[21]正如第 8 章提到的，这种策略利用了行为心理学的研究成果——人们有一种高估小概率事件的倾向，并且对潜在的损失比潜在的收益更为敏感。例如，在健康和安全的讨论中，核动力的反对者倾向于强调与密封结构失败相联系的泄漏后果。现在这样一种事故确实是灾难性的。但是难以想象和平年代中这样的密封结构失败的场景会出现。[22]虽然发生这种灾难的概率非常小，在核安全的讨论中公众还是很容易关注它，这种关注甚于对燃料开采和运输以及废料处理中更常见的固有风险的关注。

在第 3 章，我们讨论了分析的整体性，并将它作为分析家们应该考虑的价值之一。我们主张政策分析家出于职业道德一般应该防止参与到将错误的或极度误导的信息注入公开辩论的行动。即使你决定对你的客户负责，或更进一步，将你的良好社会观置于分析的整体性之上，你在大多数情况下还是需要避免辞令的不诚实，从而使你牺牲分析的整体性时依然是可信赖的。正如马基雅维利暗示的，对于政治主体来说，诚实的表现比美德本身更重要。[23]但是一般来说，表现诚实的最好方法就是诚实。

11. 2 执行阶段

如果政策采纳是求婚，那么执行就是婚姻本身。求婚是一种联合的构建——在过去的时代，一对恋人要想办法得到其父母的支持；现在他们常常必须寻求他们前次婚姻的孩子的支持。并不是所有的求婚都是成功的。然而，那些成功的求婚都有一个正式的结论（婚礼）。婚礼是结婚协议执行的开始。除非这对夫妇承认失败和离婚，否则这种实施就会一直继续下去。这对夫妇必须坚持不懈地努力，以使婚姻在一个不断变化的环境中保持健康。然而在某些点上，他们彼此变得融洽，以至于只要付出很少的有意识的努力就可以保持婚姻的健康。或许达到这后一种境界，尽管不一定是永久的，我们仍可以宣布它是一种最接近成功执行的状态。

找出执行和婚姻的类似之处，我们希望我们既没有激起单身读者对婚姻的害怕，也没有激起已婚读者对执行的害怕。我们希望已经传达了执行的总体上的开放性质，并且需要严肃地考虑提出提案的时机。

执行：影响成功和失败的因素

什么因素能影响成功执行的可能性呢？大量的文献都在试图回答这一问题。[24]我们认为文献通常关注三个因素：政策的逻辑，它要求的合作性质，负责实施这项政策的熟练而有责任心的人员的可获得性。知道这些因素是设计能成功实施的政策的第一步。

政策的逻辑：理论是合理的吗？

相容性在婚姻中是重要的。我们经常询问出现矛盾的夫妇婚姻的逻辑是什么。对于政策的执行也一样。政策和它想要达到的结果之间的联系的理论基础是什么？理论是合理的吗？

我们可以把政策的逻辑当作一条假设的链条。例如，考虑一项州项目，资助地方政府进行先行的政策试验，试图找出在中学开设科学课的有效方法。这个项目想要成功，下列假定必须是真实的：第一，申请资助的校区要有好的试验想法；第二，州的教育部门挑选最好的申请者给予资助；第三，资助的校区确实实施了它们建议的试验；第四，试验产生了关于被测试方法的效果的有效证据；第五，教育部门能够辨认哪些成功的方法可以推广到其他校区。

很容易看出，这些假设的任何一个都可能是错误的，或至少不是全部正确的。例如，申请人可能是在申请赞助方面有经验的校区，而不是有好的想法的校区；教育部门可能因政治压力而广泛地分配资金，而不是分配给最有想法的校区；校区可能会将资金的一部分挪作他用——例如支付常规教室建设；校区可能会缺少进行评估的熟练人员，或者他们不愿意汇报不能支持他们的方法功效的评估结果；教育部门可能没有足够的人员密切注意哪些校区的评价是有效的。这些假设的错误性越大，这个项目就越不可能产生关于如何在中学开设好科学课的有用信息。

政策的特征和它的采纳环境决定着其内含于执行的假设，以及这些假设为真的可能性。一般说来，得到采纳的政策给实施者的合法权威越大，他们强迫假定的行为的能力也越大。同理，对采纳的政策和它确定的目标的政治支持越强，执行者确保假设的行为的能力越大。例如，如果教育部门能要求经过挑选的赞助接受者雇用外部的评估者，它就处于一种让校区提供其试验的可信评价的有利地位。至于政策目标的政治支持，如果立法机关中项目支持者中的大多数人坚持提高中学科学教育比使用项目资金向校区提供普遍援助更重要的观点，教育部门就处在一种有利地位，能够面对那些来自要求普遍分配的人的压力。[25]

很显然，如果我们不能说明一条产生预期结果的合理的行为链，就应该认为一项政策是不合逻辑的。[26]接下来，我们讨论找出合理的逻辑链的写作场景。但是首先我们将转向影响假定行为可能发生的概率的其他因素。

组装：谁具有基本的要素？

正如我们在第8章谈到的，尤金·巴达奇对政策执行提供了一个有用的比喻：一个组装过程包括努力从控制者手中获得基本的要素。[27]他的比喻暗示着一种一般现象，需要组装的要素越多，其变化越多，执行的问题可能就越大。更有用的是，它暗示当考虑成功执行的前景时需要提出的重要问题：什么要素（连接政策与合意结果的假设）确实要装配？谁控制着这些要素？他们的动机是什么？实施者可用的诱使他们提供要素的资源是什么？假如这些要素不能及时提供或者根本不能获得，那么将产生什么样的后果？

为了确定政策采纳阶段的政治可行性，我们也会提出一些本质上相类似的问题。确实，确定执行所需要素的努力通常要涉及政治——尽管很少由投票决定，但控制这些基本要素的人必须得到令人信服的理由才会提供它们。换句话说，正如我们在本章一开始提到的，我们认为执行是一系列的政策采纳。

明确的法律权威几乎总是执行者有价值的资源。但是，它本身可能并不是保证合作的充分条件。例如，假设一位市长反对核废料铁路运输途经他所在的城市。假设法律上要求他准备一项计划，说明若发生诸如核废料泄漏的事故时，如何进行疏散。同时假设在该疏散计划被接受之前，废料运输不能经过该城市。这位市长可能会使用三种策略中的一种阻止这项运输计划的实施：象征性服从（tokenism）、延期服从（delayed compliance）或公开反抗（blatant resistance）。[28]

这位市长可能有意识地让他的职员准备一份疏散计划（evacuation plan），以对付法律条文，但是这份疏散计划有着重大缺陷。如果执行者——比方说国家公共事业委员会——接受了这项不充分的计划，那么它不但要冒公共安全方面的风险，而且要冒破坏公共形象和来自反对这项计划的利益集团法庭挑战的风险。当然，如果执行者不接受这项疏散计划，那么整个项目就不能进行。因为市长已经在形式上服从，执行者在政治上和法律上难以获得市长精神上的服从与支持。确实，象征性服从是很难对付的，因为执行者一般要承受表明这种服从是不适当的负担。

这位市长也可能会让他的职员准备所要求的疏散计划，但是要他们尽可能地拖延，直到受到来自执行者的法律上的挑战。在拖延期间，市长或许能够动员一些政治支持，以共同阻止这个经过其城市的运输计划。或许干预选举或改变公众意见可能会使立法机构撤销该项目的授权。又或许执行者会放弃，或者选择其他的路线。而无论如何，市长不会放弃拖延策略，至少不会放过以适当的方式改变政治环境的希望。

最后，与作出一种象征性的反应相反，市长可能干脆拒绝让他的职员准备任何疏散计划。如果执行者决定寻求一种法律惩罚，这样的公开抵抗对于市长来说可能代价很高。但是对执行者来说，把这位市长送上法庭在政治上的代价也是巨大的，同时这将导致计划的严重拖延。另一方面，不对这位市长的不服从提出批评，又可能会鼓励其他的市长也拒绝准备疏散方案，从而危及整个运输计划。

虽然大规模抵抗通常很罕见——执行者强迫他人服从的行为代价高昂，同时这还需要坚韧不拔和付出相当大的努力——但象征性服从和目的性的拖延是那些反对执行的人的常用策略。雇员，尤其那些享有公务员身份保护的人，经常从容不迫地放慢甚至停止实施。[29]当必须依靠这些人来拖延一段时间时，他们阻止执行的能力是相当强大的。例如，管理信息系统非常需要稳定的和精确的输入数据流程以提供信息收益——少数数据提供者足以破坏整个系统。[30]

因此，即使执行者拥有要求服从的法律权威，他们也不一定必然能使之得到一定水准的成功执行。执行者应当预期到：他们获得项目要素的努力是政治性的——各种联盟必须动员起来，必须与那些持相反意见的人达成共识。因此，执行者应当使用政治策略，尤其是合作和妥协，组装项目要素并保证它们匹配。例如，为了增加市长及时提供可接受的疏散计划的机会，在市长们通过其公开立场表达不服从之前，执行者可能提议讨论限制运输的频率和条件。或许执行者可以做出对一个完全不相关的问题的让步。[31]

不服从并不需要有意地去阻止实施过程。有些拥有基本项目要素的人可能非常想提供它，却只是因为无资格或无能力让其他人提供必要的配套支持而没有这样做。例如，市长可能认为按照法律要求准备一项疏散计划是一项应当履行的责任。然而他的职员可能缺乏制定一项疏散计划所必需的技能。或者，也许职员是称职的但不能很快完成他们的任务，因为地方程序要求这样一个计划必须召开公开听证会加以讨论，要被城市律师、城市和国家计划委员会及城市顾问评议。即使对计划没有强烈的反对，议程安排问题和例行公事的拖延也可能会阻止计划在实施者认为的一段合理的时间内得到批准。

提供要素的人的多样性使得执行者很难预测未来将会碰到多少无意识的不服从。例如，假设运输项目要求 20 座城市需要准备疏散计划。可能大多数城市有充足的技术职员，能够遵照实施。但是即使只有少数城市没有能力服从，这个计划的执行也很可能泡汤，因为项目的权威要求所有的疏散计划在运输开始之前就被提出。

总的说来，单靠法律权威不可能有效地确保那些控制基本要素的人服从。如果他们认为这个项目或他们的特殊贡献与其利益相悖，那么执行者应当预料到：他们会设法通过象征性实施、拖延或者甚至公开的反抗来避免完全服从。进一步说，执行者对那些名义上控制要素的人能够提供要素的能力应该有现实的预见。

"固定器"的可获得性：谁将管理装配？

到目前为止，我们对执行者身份的看法一直是模糊的。我们所举的例子暗示，赞同一项政策的某些人愿意花费时间、精力和资源使之发挥作用——换句话说，某些人以我们所认为的方式行事。但是作为政策分析家，我们很少处在自己去管理执行的位置。确实，如果我们的客户是立法者或高级执行者，他们不可能愿意或者能够顾及日常的执行管理。相反，管理执行的责任就很可能落到提供相关服务的组织的管理者身上。例如，核废料运输项目的执行者可能会是监察国家核电厂的公共事业委员会的机构主管。

由于执行过程的政治重要性，了解执行者的动机和政治资源对于预测政策产生期望结果的可能性也是十分重要的。与那些拥护政策的人相比，那些认为政策不合适或是不重要的执行者在组装期间更不愿意扩展个人和组织的资源。为执行一项新政策而创建新组织有时是因为感到现有组织的管理者将不是精力旺盛的执行者，他们承担着现有项目的使命。[32]

执行者的失败有时可以通过巴达奇所谓的"固定器"（fixer）得到补偿——固定器是指那些能够干预执行过程，帮助实现所需要素的人们。[33]例如，这项政策的立法发起人可以监察实施过程，如此或许可以促使与那些不服从者达成妥协。这些职员的视察可能也会有助于动员一位热情不足的执行者。

地方政府层面，固定器的可获得性有助于调节中央政府的政策，使之适应地方情况。有时可以从支持政策的利益集团中找到地方的固定器；有时地方的管理者就是有效的固定器。例如，在他们对年轻人就业项目的执行评估中，马丁·莱温（Martin Levin）和芭芭拉·弗马（Barbara Ferman）发现，最成功的地方项目通常是由那些愿意介入具体管理细节的执行者管理的。某些固定器能有效地利用激励，把地方主体中态度温和的利益集团转变成积极的支持者。其他固定器则拥有官方的或私人的渠道来确保组织间达成合作。[34]

地方政府层面的盟友也可以成为执行者的"耳目"。[35]如果没有自愿的信息员，中央层面的执行者获取地方信息的代价经常是很高的。在预期和应对不服从策略时，政策的地方支持者可能会提供有用的信息。例如，如果州检察总长办公室试图对地方监狱实施更严格的医疗保健标准，可能会发现对司法改革感兴趣的地方集团或县医学会在提供当地是否确实按照这些标准实施方面是十分有价值的信息来源。这样的信息有助于检察总长办公室将有限的强制资源用于管理那些最糟糕的冒犯者。

总之，政策无法自行执行。在估计成功执行的机会时，我们应当考虑到那些管理执行者的动机和资源。我们应当寻找并动员能够作为固定器的政策的潜在支持者。

预期实施中的问题

尽管大量文献谈到了执行，社会科学家对如何预测执行中的问题以及如何避免这些问题并没有提供什么有关的实用性建议。[36]不过，我们认为以下两种一般方法能够提供在实际应用中实施的系统思考的框架。最基本的方法是场景写作（scenario writing），它包括说明和质疑连接政策与预期结果的行为链。由于场景从政策向结果移动，它可以被认为是向前筹划（forward mapping）。相反，另一种一般方法——向后筹划（backward mapping），是从预期的结果开始，确定产生它们的最直接方法，然后通过组织的层级到达实现预期结果必须采纳的最高级政策，即向后描绘行动（由结果到原因）。向前筹划对预期已经明确表述的政策备选方案的执行期间可能碰到的问题是最有用的，而向后筹划对产生具有成功执行的良好前景的政策备选方案是最有用的。

向前筹划：场景写作

向前筹划说明连接政策与预期结果的行为链。我们在详细说明时强调"具体"——确切地说是指为了出现预期的结果必须由谁去做什么？为了帮助分析家组织他们关于成功实施必须实现的行为的思考，我们在推荐的场景写作中加入了巴达奇的方法。[37]场景写作帮助分析家发现不切实际的隐含假设。它还有助于他们发现具有成功执行的良好前景的备选方法。

有效的向前筹划要求灵气和一定的勇气。向前筹划者必须思考在执行中涉及的人如何行动，以及将怎样影响他们的行为。它要求所谓的"肮脏思维"（dirty mindedness）——思考什么可能会出错以及谁有使它出错的动机。[38]换句话说，你必须使这些不好的情况书面化和形象化。在其他监管权限上的一些研究成果为我们做这样的预测提供了很好的工具。一些分权的国家，如美国和加拿大，也为比较结果研究提供了很多机会。[39]当其他所有变量保持一致时，深入观察某一类型的政策在某些情况下的成功执行使得该政策在其他地方也成为了一个很有希望的候选政策。

向前（和向后）筹划者必须具有作出预测的勇气。许多预测可能会是错误的，尤其是在它们的细节上。但是向前筹划的很大一部分价值来自进入细节的思考。因此，向前筹划者绝对不能因为怕出现错误而怯于作出分析。

我们建议采用三步的向前筹划方法：（1）描述一种连接政策及其结果的场景；（2）从其相关者的利益角度评论这个场景；（3）修改场景使它更合理。表 11—2 显示了这些步骤，我们依次讨论它们。

1. 写出这个场景。场景就是故事。它们是关于未来的叙述，就像你看到了一样。它们有开始和结束，由包括基本演员的情节相连。情节应当与演员的动机和能力相一致。情节在某种意义上也应当"丰富"，因为它们传达的是与执行相关的重要的需要考虑的事项。[40]

表 11—2	关于执行的系统思考：向前筹划
场景	写一篇描述性文字，内容是为使政策产生预期结果而必须实现的所有行为的报告。详细说明是谁、什么时候和为什么。
第一次	场景是否合理？
	对于每个被提及的角色： 1. 假设的行为与个人和组织的利益是否一致？ 2. 如果不一致，角色会使用什么策略来避免服从？ 3. 使用什么样的反策略来强迫或诱使他们服从？
第二次	考虑政策直接和间接的影响，其他角色可能会有介入的动机吗？
	对每一个这样的角色： 1. 这样的介入如何干预假设的行为？ 2. 可以使用什么样的策略组织或转移干预？
修正	改写叙述以确保其合理性

情节由一系列相关的行动组成。你的叙述主要回答每个行动的四项问题：这项行动是什么？谁实施这项行动？他们什么时候采取行动？他们为什么要采取行动？例如，假定你正在写一项社区标签计划（NSP）的实施方案，这项方案要求在规定的城市街区内将路面的长期停车权给予那些每年为他们的汽车购买标签的人们。你写的基本情节读起来是这样的：

> 一旦 NSP 通过（前面提到的"什么"），警署停车主管（"谁"）要设计检验申请者是否为有关街区的真实居民，以及他们的外地客人是否有暂许停车资格（其他的什么）的程序。按警察局局长的要求（"为什么"），他要在一个月之内（"什么时候"）向计划部门呈交一份可接受的程序。

把一系列这样的要素组合起来，你就能把采纳的政策（社区标签计划）和想要达到的结果（临近地区的居民和他们的外地客人可以很方便地进入临街停车场）联系起来。

让写作的场景具有可读性，你才能引起那些可能被其他事情分散注意力的客户和同事的注意——大多数人喜欢故事，并且能够很容易地从中学习。通过插入那些与你正在预测的行为者有关的对话和注解，你可以使自己的方案更让人信服，也可以使你的故事更为生动。例如，如果停车场的主管在一次会见中告诉你他的职员能够轻松地设计验证程序，那么就把他的陈述编进你的情节。即使你正在准备自己单独使用的情节，也要把它写出来。写出一篇连贯的故事是一种专业素质，它强迫你去考虑成功实施的过程中必然发生的那些问题。

2. 评论场景。这个场景合理吗？场景中所有的角色都胜任策划要求吗？如果不是这样，你的情节就不能通过基本的合理性测试，应当改写。当然，如果你不能描述一项看上去很合理的策划，那么可以相当有把握地说这项政策是注定要失败的。

更有趣的合理性测试还在于考虑角色的动机。他们是否愿意按策划要求的去做？对于在情节中提到的每一个角色，检查是否假设的行为与个人和组织的利益相一致。如果不一致，角色会使用什么策略以避免服从？例如，停车场的主管可能认为验证程序对于他的已经超负荷工作的职员来说是一项不想要的负担。他可能因此会设计一项不足以排斥外地居民购买标签的象征性计划——结果可能会导致有关街区的停车拥挤问题依然如故。或许他反对这项社区标签计划，并且把并不充分的验证程序作为破坏整个计划的一种方式。

你能想出任何对付不服从的方法吗？例如，一份来自警察局局长的清楚地规定了主管设计有效验证程序的职责的契约书，能够使主管做好工作吗？如果分派给他的雇员额外的超时工作，他会赢得更多合作吗？如果这样一些诱导都无效，那么你应当考虑把他从情节中删除，而将这项任务指派给其他组织或机构。

考虑了情节中角色的动机之后，再考虑那些"不叫的狗"。情节中没有提到的那些人也很可能对一项政策或它付诸实施的必要步骤有自己的观点，并且与其利益相悖，他们是些什么人？他们会怎样干预情节的相关要素呢？你能找到什么策略阻止或转移他们的干预吗？

例如，当在有关街区经常来往的停车者被排除在外时，他们会做些什么？他们会在其他的居民区或更靠近市区的商业街停车吗？这会产生创建更多停车地区的压力，或者导致受到不利影响的城市居民反对计划继续实施。也许在城市郊区停车场安排更方便的公交车服务能够吸引非居民不在有关社区停车。

3. 修正场景。 根据评论重写方案。为每一个合理的情节努力——即使它不能产生预期的结果。如果它还能产生合适的结果，那么你就得到了一项计划得以执行的基础。如果不能产生合适的结果，那么你就可以得出结论：这项政策也许不可行，应当用可执行的备选方案替换。

向后筹划：自下而上的政策设计

理查德·艾莫尔（Richard Elmore）设计了这种向后策划的逻辑：

> 开始于创造一种政策干预的行为的具体叙述，描述一套预期能够影响那种行为的组织化操作，描述那些操作的预期影响，然后描述实施过程的每一步骤，人们预期这一步骤会对目标行为产生什么影响，为了产生这种影响需要什么资源。[41]

换句话说，从审视你希望改变的行为开始思考政策。什么干预能有效地改变这种行为？动员和支持这些干预需要什么决策和资源？然后从备选方案和资源中构建候选政策，它将实现这样的干预，并能够被决策者控制。

向后筹划实际上只不过是使用你的政策问题模型去说明备选方案。然而，它在我们对政策备选方案的思考中加入了一些东西，把我们的注意力吸引到赋予其形式的组织过程上。同时，由于一开始便集中注意那些组织的最低层级，有助于我们发现一些容易被忽视的不怎么集中的方法。

旧金山的社区标签停车计划的发展提供了向后策划的有用范例。20 世纪 70 年代早期，由于单一大家庭分裂成多个单位并且人均汽车拥有率急剧上升，停车拥挤已经成为旧金山地区十分严重的问题。在许多人来人往的路口，或者那些设有公共设施（如医院）的地区，停车更加拥挤。几个社区协会和城市规划部门赞成引入地区标签停车计划（像前面部分讨论的社区标签计划）。一个重要问题是决定哪些社区将参与这项计划。城市规划部门计划者最初是按自上而下的方式构想的：作为政策提案的一部分，该部门的规划师会指定参与的社区。但一位分析家认为要使用从下到上的方法替代前者：建立一套社区自由选择的程序。[42]

这位分析家用向后筹划方法为城市规划部门面临的问题提出了建议。许多居民想要参与到停车计划之中，并且通过社区协会表达他们对这项计划的支持。然而，有些居民宁愿维持现状，从而保持他们在街区离街停车（off-street parking）的特权。直到意识到他们的社区也将被纳入这项计划之前，这些潜在的反对者可能会一直保持沉默，而不被城市规划部门了解。因此，城市规划部门要求指定社区的公众参与这项计划时可能会面临某种程度的反对。通过将那些对现状不满并且现在已经明确表达不满的居民视为这项政策的目标群体，这位分析家设计了一种程序，该程序允许他们寻求参与。这种参与使得人们不再认为城市规划部门在"强制"推行某些政策。因为，我们现在已经有一个程序，该程序允许社区自我选择是否加入这个计划。这个分析家实际上给该项 NSP 提供了一套合理的组织化运作方案。

11.3 对政策设计进行更有策略的思考

撇开向后筹划不谈，到目前为止我们的策略思考范围主要是预测和影响特殊政策建议在政治和组织上的可行性。现在在转向对政策设计的策略思考，尤其要寻求使我们的政策对关于行为的、假设错误不那么敏感的途径，并帮助我们学会在未来如何更有效地设计政策。

不确定性和纠错

政策分析从本质上说包括了预测。因为世界是复杂的，我们必须对可能出现的错误进行预先估计。我们关于人类行为的理论是简单的，它没有足够的力量使我们对大多数预测都拥有自信。随着时间的流逝，经济、社会和政治条件的变化甚至使最初对被采纳政策的后果的正确预测也产生了很大偏离。具体地说，我们能够设计便于发觉错误和纠正错误的政策吗？[43]

冗余和松懈

重复和交叠通常承载着无效的负面含义。在一个完全确定的世界里，这一含义有其正确性：为什么完成一项任务要花费比必需的最低数量多的资源？但是，在这个不确定的世界中，某些重复和交叠可能是非常有价值的。我们不认为飞机多余的安全系统是无效的——即使最好的工程设计和装配工艺也不能保证全部主要系统的完美运行。于是我们不应感到奇怪，冗余在许多组织范畴中是有价值的。冗余可以提供某种安全边缘，作为处理异常情况的资料来源，并使组织的试验能够获得宽裕的资源。[44]因此，把冗余设计进政策有时会使它们更加可行和有力。

考虑执行过程中的关键连接问题。如果连接政策与预期结果的行为链上的某个环节看起来非常薄弱，那么你应当寻找使这个环节变得坚固的方式，把握住成本和成功执行的可能性之间的平衡。例如，回到前面使用铁路运送核废料经过某州的项目的例子上。不是仅仅命令最佳路线沿途的城市市长准备疏散计划就行了，你可能同时也要让少数备选路线经过的市长准备疏散方案。这样如果最佳路线沿途的一位市长不服从命令，你转换到另一条备选路线时就不会有太大的时间损失。这种平行方式导致的较高的方案管理成本（也可能是政治上的成本）是否值得，取决于预期的延迟减少的价值。

冗余在协助政策试验和减少不确定性方面也是有用的。例如，设想你正在设计一项由县政府资助的为 100 名吸毒成瘾者购买下一年咨询服务的项目。可以相信，只要一个公司就能够提供所有的服务。虽然全部的这 100 人都与这一个公司签约的管理成本可能很低，但雇用多于一家的公司则会有比较它们的表现的可能。未来多家公司为提供这项服务而竞标还会增强竞争。

使用多余的供给者还会使那种意外地失去一个供应者的问题变得更容易对付。例如，这些咨询公司中的一家出乎意料地在这一年早期破产，因而不能履行它的合同。将参与者转移到其他签约公司要比雇用新公司更快、更合适。

最后，如果在执行期间补充最初分配的资源很困难，那么为项目构建多余的资源会是适当的做法。例如，如果州运输部在完成第一次更换的承诺期 6 个月之内提出要求更换一系列桥上的铰链，其可信性会存在争议，于是这个部为其第一次的项目预算增加些水分，作为处理意想不到的坏天气或施工事故之类的其他情况的预留资金，这样的做法会是明智的。这是一种在由于高预算导致的低初始支持和由于损失了信誉导致的低未来支持之间的政治权衡。

预期评价

被采纳政策的效果经常是不能够被直接观察到的。例如，考虑一个对确定的假释犯加强监督的项目。如果假释犯的重犯率很低我们该如何决定呢？很容易观察到逮捕的数目和街头时间（从监狱释放回到社区的时间）的月数。可以把总逮捕数和总街头时间的比率解释为假释犯重犯率的一个粗略测度。但我们怎样解释这个比率？我们会把它和一组非假释犯的样本作重犯率比较。然而，如果对象与对照组在年龄、犯罪历史、教育水平或其他一些可能与重犯相关的因素上有着显著差异，这种比较就可能是具有误导性的。我们不得不担心，这些因素中的某一种会使结果变得更加迷惑。

为了防止混淆与迷惑，我们会把这项加强监督的项目设计为一种试验——随机选择参与组与控制组，同时强化受监督期间这两个组之间只存在系统差别的可能性。[45]于是我们就能够更自信地断定：测得的假释犯组和控制组之间任何重犯率的差异都是由于加强监管的作用。当然，假释犯和控制者的随机选择必须是初始项目设计的一部分。[46]

当随机试验不可能完成时，评估人可能会求助于非试验设计（nonexperimental designs），比如采取事前—事后比较（before-after comparisions），这种方式是比较政策执行前后利益的变化；或者采用非相似组比较（nonequivalent group comparisions），这种方式是选取进行了政策干预的一组和未进行政策干预的一组，进行比较。[47]即使政策影响的非试验性评估一般也要求具有某些先见。例如，如果想知道公共停车场的改进是否已经提高了使用效率，那么最好是在测量改进之前的使用水平的基础上进行计划，以便得到一个可以与改进之后的评估相比较的基准。如果担心改进期间当地经济的变化会影响使用，那么明智的做法是衡量同一时期另外一个没被改进的停车场的情况，以帮助我们发现任何地区范围的变化。

构建评估政策设计的先决条件并不是没有成本的。诸如随机选择假释犯和控制者的基本数据准备需要基本的管理成本，也许还需要花费稀缺的管理资源。因此，承担这些成本之前（或造成管理者的成本之前），仔细考虑实际实施评估的可行性和所获信息的价值是很重要的。

在决定是否计划评估时，有几个问题是值得花时间思考的。第一，你能设想出影响将来决策的结果吗？如果改进停车场的成本是沉没的（没有追加成本），或者如果在最近的将来没有其他的停车场改进计划，那么这项评估可能就是不值得的。第二，具有实施这项评估的技术人员吗？停车部门可能不会或者不愿意提供收集和分析数据的人员。第三，这项评估能够足够快地完成，从而影响决策吗？也许县立法机关将会考虑明年在其他停车场实施类似的改进——如果改进的评估现在不能及时准备好，那它就是不合适的。第四，评估的结果可信吗？如果县立法机关不相信停车部门提供的可信信息，那么这项评估就不可能会有影响。

如果没有评估要求，那对构建政策设计的汇报要求有时也是合适的。[48]项目管理者一般要求提供支出和税收的统计数据。如果活动水平（例如服务的客户类型）也是日常汇报内容，行政和立法视察也许会发现反常的表现，也许会采取矫正的行动。

汇报要求还可能有教育价值——它们让管理者知道有一些因素能够引起监督者的注意。[49]例如，如果很关注州就业局是否避免尽力帮助从监狱出来的假释犯，你就会要求让他们汇报有严重犯罪记录的客户数和总客户数。如果就业局的领导人认为预算委员会或政府办公室正在注意这项汇报，那么更多有严重犯罪记录的客户就会得到服务。把关注从高价值而公开的活动转向低价值而隐秘的活动，是不适当的，但是汇报要求通过这种方式引起了不作为的行为反应。因此，汇报要求本身也应该受到分析，而不应该被轻而易举地强加于政策分析人员。

推动终止

一旦政策得到采纳，撤销它们通常就是很困难的。即使是有很大净社会成本的政策通常也会有因此获利的支持者。根植在项目中的政策典型地享受着雇员、客户

（客户）和政治赞助人的支持。从整体上对项目进行维护的公共组织一般都能维持很长时间的存在。[50]即使我们相当肯定一项提议的政策是很合适的，并且能够在长时间内保持这种适宜性，这种政策的内在持续性也会带给我们某种停顿。当一项政策的后果非常不确定时，我们应当设计终止的可能性。[51]

政策设计中预期终止的可能性的最一般方式是通过日落规定（sunset provision）设定政策的期满日期。除非政策在法律上先于期满日期申请更新，否则它们会自动终止。如果与考虑更新期间对效力提供证据的评估要求相匹配，我们预期日落规定是最有效的。

考虑到政府在实施评估方面的有限能力和在立法日历上可获得的有限时间，广泛使用简单的日落规定不会引起对政策严肃的重新思考。盖瑞·布鲁尔（Garry Brewer）认为，如果在立法领域中命令人们投入注意力是有效的，那么日落规定应当有选择地使用。他进一步建议，日落规定应当与成功的临界值结合使用，如果不符合，就要求进行密集的评估。[52]成功临界值（success threshold）在某种程度上减轻了更新决策的举证负担。虽然日落规定具有在立法舞台促进重新考虑政策的优点，但即使与评估要求相匹配，它们也不直接影响支持它们的利益方。

支持政策延续的呼声来自雇员与其他一些生计和职业都有赖于有关政策的人。进一步说，其他人也可能会反对终止政策，因为他们感觉中断这种人们已经依赖的政策有一种道德上的矛盾。[53]通过设计组织化的安排使终止的成本对雇员来说很低，就可以减少人们强烈反对的可能性。保持终止成本较低的一种方法是避免用永久性组织（permanent organization）去执行或管理某一政策。相反，可以考虑使用临时性组织（ad hoc groups），暂时安排别处的雇员进入这种执行政策的组织。[54]如果这些雇员看到，终止只是回到他们以前的职责，并不会丧失其事业地位，他们就不大可能对终止持反对的态度。注意，将服务外包出去，而不由机构内部提供或生产，也会直接降低公共组织的终止成本。

然而，使用临时的组织结构也不是没有缺点。如果其个人的利益与这个项目没有密切关系，临时组织的雇员也不大愿意投入成功实施所需要的额外努力。同样地，在某一点上，当人们已经习惯于他们的新职业，并对旧岗位失去兴趣时，临时性组织在实际效果上就会成为永久性组织。因此，只要任何终止的努力可能是在未来几个月而不是几年之后进行，使用临时性组织执行新的项目就是有意义的。

关于设计终止政策我们能说些什么？一般的策略是设法收买你希望终止的政策的受益人。[55]在第 10 章我们谈到，"曾祖父"（grandfathering）是一种克服反对政策变化的方法。另外一种方法是对那些承担政策终止成本的人做出直接的补偿。例如，假设我们想要取消农业价格补贴，因为它已经变得昂贵并日益成为社会的负担。我们可能提出，向现在的价格补贴接受者以当前水平支付一定金额的补偿，以保证他们在一定时期内减弱对政策终止的反对。

处理多样性

分析家设计政策时经常要面对复杂多变的环境。统一的政策在面对具体的地点、社区、人或公司时，往往无法达成目标。中央政府通常会面对与影响地方公共物品的供应，或者是管制地方外部性的政策相关的多样性问题。有时这种多样性可以被政策的地方分权内容包容。其他时候这种多样性可能会在实施策略的设计中暴露出来。

自下而上的过程

与命令式地要求参与中央制定的政策不同，自下而上的过程允许自行选择（self-selection），这在某些时候是很有好处的。旧金山停车计划的实施说明了选择过程作为政策设计的一部分该如何使用：社区需要申请，以获得按标签停车的场地。这种自下而上的过程（bottom-up process）避免了在城市规划部门指定场地的情况下可能会招致的反对。

更一般地，允许利益集团参与执行的过程可能是很有价值的，这可以阻碍针对整个政策的政治攻击。其基本思想是提供一种机制，允许政策在某种程度上为容纳地方利益而改变。进行公开听证，建立顾问委员会，或者为自由决定提供渠道，这样可以创造机会使政策对地方利益更具有吸引力。从政策设计者的立场看，技巧是构建这样一种机制，它可以在不出现威胁实施的瓶颈或否决的同时促进项目的可采纳性和同化潜在的政治反对者。

在地方政府和组织缺少处理地方问题的能力的地方，更高一级的政府可能会发现采纳能力建设（capacity building）的长期策略是值得的——这种能力能够促进地方组织管理和分析能力的提高，使它们能够更好地实施自下而上的政策。[56] 例如，如果国家运输部关注到一些城市没有考虑提高交通控制技术，那么该部门可能会采纳使地方人员更容易掌握有用技术的政策（通过国家组织的培训、信息网络、人事交流和直接的信息），以及更适合执行的政策（通过资助和技术援助项目）。这些项目的意图是提高地方组织选择进行最适合地方情况的改进的能力。

分阶段执行

有限的资源，包括实施者的时间和精力，常常使得分阶段执行（phased implementation）更合适也更必要。第一阶段的位置怎样选择呢？一种策略是选择有代表性的位置集，以便使整个实施范围的问题都有可能遇到。当实施者对处理那些确实会出现的问题有信心时，在第一阶段寻求多样性是一个好主意。假定项目在第一阶段存活，已知的全部范围内的问题都可能要遇到，这将允许对其合意性进行重新评估和对实施计划进行重新设计。

选择第一阶段实施地点的另一种策略是为了有利于执行者而预先做手脚，方法是选择最利于获得成功的条件。从比较容易的位置开始，实施者能够较好地避免失败，并且能够组建效率很高的职员队伍，以应对后面的实施阶段。由于早期失败使项目很容易受到政治攻击，在第一阶段把实施的成果展示出来是很有意义的。这是一种在将来会面临的问题的真实信息与马上成功的良好前景之间的权衡。人们要做出一个有意识的选择。

考虑重复性交易

我们关于官僚主义供给是政府失灵的一种来源（见第 10 章）和作为一般性政策备选方案（见第 9 章）的讨论都强调了正式激励（formal incentives）。但正式结构并不总能完全解释组织的行为。正式结构中非常相似的组织在行为方式上也会有很大差异。

管理专业的学生和公共行政专业的学生早就认识到了规范和领导力对组织运作的重要性。[57]缺少为了理解这些概念而建立的理论框架导致这些理论难以推广。然而，在最近几年，制度理性选择理论（the rational choice theory of institutions）[58]把社会行为的相互作用当作重复博弈（repeated games）进行模拟，已经提出了一种洞察社会规范、领导阶层和企业文化的方法。尽管它在政策分析上的实践应用层面还需要论证，制度理性选择理论已经为政策设计提供了一些很有价值的一般见解。[59]

社会规范

人们经常展示与特定的社会规范（social norms）一致的行为，这些规范促使人们以直接成本较大的方式合作。例如，警察人员之间共享的一种规范是，一旦任何人出现危险要立即冲上去援救，即使那样做很危险。因此，如果某人用一种只有孤立状态时才出现的短视观点看，社会规范就是非理性的。然而，以不那么短视的眼光看待非合作行为的未来后果，社会规范就可以被认为是个体的理性。[60]把社会行为的相互作用当作重复博弈模型，提供了一种探索理性基础上的社会规范的方法。

考虑一下图 11—1，这是用来说明图 5—6 中开放进入资源的囚徒困境的模型。

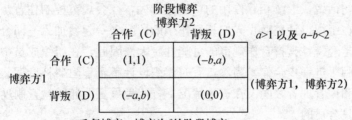

重复博弈中一些可能的均衡：

(1) 博弈双方在每场博弈中互相背叛（只要博弈进行，均衡在阶段
    博弈中重复）
    观察到的均衡策略组合：(D,D)，(D,D)，…

(2) 博弈双方在第一次行动中合作并且只要另一博弈方在前面的行
    动中合作就会一直继续合作；如果一方曾经背叛，那么另一方会
    在后来的所有行动中都背叛；如果$\delta > (a-1)/a$，则达到均衡
    观察到的均衡策略组合：(C,C)，(C,C)，…

图 11—1　一次重复博弈中的均衡

博弈方的策略组合，合作（C）和背叛（D），$a>1$，$b>0$，$a-b<2$，这些显示了囚徒困境模型的报酬。接受非互换合作的报酬 a 大于相互合作的报酬 1；提供非互换合作的结果是$-b$，它小于博弈双方都不合作的零报酬结果。在一次博弈中，有时会涉及阶段博弈（stage game），唯一的均衡是博弈双方都互相背叛，并且接受零报酬。

现在设想博弈双方预期可能的互相重复博弈。特定情况下，设想每一方都认为已经完成了一次博弈，再次博弈的概率是δ。δ接近 1 意味着博弈方认为继续长时间博弈的可能性很高，很低则意味着他们认为博弈很快就会结束。[61] 由于博弈方发现他们自己处于博弈中，他们预期博弈两次的概率是δ（当前的博弈和概率是δ的第二次博弈），博弈三次的概率是δ^2，博弈四次的概率是δ^3，等等。

在重复博弈中博弈双方每一回合都背叛也是一种均衡。另一种可能的均衡包括博弈方使用下列策略：在第一次博弈中合作，并且只要另一方在前面的回合中合作就继续合作；如果另一方曾经出现过背叛，那么在随后的博弈中都采取背叛策略（defecting）。如果博弈双方都不能从背叛中获得较高的预期报酬，双方都遵循这种策略也是一种均衡。如果另一方也正在使用这种策略，遵循这种策略的每一方的预期结果是$1+\delta+\delta^2+\delta^2\cdots=1/(1-\delta)$。如果偏离这种策略的话，最大可能的所得来自第一次背叛，所以如果另一方也正在使用这种策略，那么得益是$a+0+0+\cdots=a$。换句话说，在这场博弈的第一次行动中获得的收益 a 将导致在随后的博弈中得益都是 0。如果$a<1/(1-\delta)$，或者重新假设，如果再次使用这种策略的概率δ大于$(a-1)/a$，现在就没有一方希望采取背叛策略。因此，只要两者不相等，那么博弈双方都遵循的策略是一种双方完全合作的均衡。

即使这样简单的例子，也具有将社会规范想象为合作的含义。δ越大，以及因此来自将来相互合作的可能的收益越大，没有排除合作规范的来自单边背叛的收益也越大。换句话说，继续相互作用的可能性越大，社会规范控制住背叛诱惑的可能性就越强。在组织设计范畴，人们相互作用的情况（一起参加另一回合博弈的可能性非常高）越经常，支持合作规范的可能性越大。因此，在组织成员中建立重复博弈的预期有利于进一步合作。当然，有时组织设计者希望阻碍社会期望的合作，比如在管理者和被管理者之间。在这种情况下，避免重复博弈的检查制度从阻止腐败的观点来看是合适的。[62]

这个简单的模型说明了招募新成员和社会化的重要性。设想一个组织的成员不知道正在和他们博弈的具体人物是谁，但他知道他们都正在遵循相关的合作均衡策略。现在设想一个人加入这个组织，并且这位新成员假设每个人都将在博弈中使用背叛的策略，这也是一种均衡。和这位新成员博弈的每个人都将遇到背叛，并在将来的回合中他们自己也背叛。结果将会从每个人在每次博弈中都合作的均衡逐步移向每个人都不再合作的均衡。很显然，如果组织做得到这一点，它就可能通过招募新成员获益，而新成员必须偏向于假设其他人的博弈策略与合作均衡不一致。社会化通过训练或非正规的互动，可以使新成员倾向于合作而不会破坏合作均衡，因此这种社会化也是很有价值的。

领导阶层和企业文化

在图 11—1 显示的简单重复博弈中存在两种明显的均衡：每个博弈方在每次博弈中都背叛（阶段博弈均衡）并且假设重复博弈的概率高到足以与背叛所得的收益相关，每一博弈方直到遇到一次背叛之前一直合作，然后在将来的博弈中总是背叛。但是还存在许多其他可能的均衡。例如，一种可能是一方遇到一次背叛之前一直合作，然后从那时起使用另一方在前面的回合中一直使用的策略（所谓的以牙还牙策略）。确实，重复博弈一般有无数种可能的均衡。[63]因此那些处于重复博弈的人面临从多种可能的博弈均衡中找出一种合适均衡的问题。

从这个角度看，领导层的一个功能是提供这种协调问题的解决方法。领导人可能设法创造焦点，或是创造能够引起注意的与众不同的结果来帮助成员协调。[64]例如，领导人可能会通过他们自己的行动树立榜样，或通过树立模范，或通过识别和奖赏值得仿效的行为，或通过把违反领导人正设法推进的社会规范的那些人树立为反面典型的方式来采取行动。为组织创建和交流共同的使命也有助于领导人在成员中建立起促进协调的预期。

然而领导人会更换。组织中可能会有一些人担心，他们当前的合作努力可能会由于领导人的更换而得不到回报，从而在未来产生一种缺乏合作的均衡，或者导致现任领导者的协作努力不被接受。这就是企业文化（corporate culture），即一系列与组织而不是特定领导人相连的规范——可能会进入博弈的地方。[65]用确定的方式一贯地对待成员的组织能够建立起声誉，这样即使在领导人变动的情况下也能期望把成员维持在社会规范之内。

完整地分析政策变化对组织的影响要求给予企业文化足够的重视。有效的企业文化是不能被浪费的资产。外部强加于组织的变化迫使它们违反、从而破坏有价值的企业文化，可能会导致仅根据资源并不能加以预测的绩效下降。例如，一个公共机构将假期作为其雇员紧张工作或加班的回报，就能够保持高水平的道德和生产力，这是要求雇员严格服从机构一般规则时所不可能达到的。

11.4 结论

政策分析家们如果想影响政策，就必须了解政治环境。客户更可能拥护那些提高其政治利益的政策建议。在相关的政治舞台上考虑角色的主体的策略会影响政策得到采纳的可能性。预测和解决实施问题要求考虑那些承担政策结果和政策结局的人的利益。因此，如果分析家想要提供有用的建议，那么他们不可避免地要注意政策环境。

复习思考题

1. 假设由于兴建某一项目，校园内一个主要的停车场将被关闭至少三年。结果是：以一个相当便宜的名义价格将车停放在该停车场的人可能在未来就无法获得停车许可了。一些经济系的老师提出了一个建议：大幅提升停车费，从现在的 25 美元一年提高到 200 美元一年。这样，更高价格之下的停车需求就会减少，从而与现有的停车位相匹配。这个建议必须要经过交通计划委员会的许可，该委员会是由教师代表、学校的行政人员、无工会组织的雇员以及学生组成的。你如何评估这个政策被接纳的前景？想要提高该政策建议被接纳的可能性，你有哪些建议？

2. 现在假设交通计划委员会采纳了有关提高停车费的政策建议。描述出简要的执行场景。

注释

1. For an introduction to formal games in economics, see Robert Gibbons, *Game Theory for Applied Economists* (Princeton, NJ: Princeton University Press, 1992). For an introduction to their use in political science, see James D. Morrow, *Game Theory for Political Scientists* (Princeton, NJ: Princeton University Press, 1994).

2. Indeed, the two types of political feasibility may be negatively correlated. For example, British Prime Minister Margaret Thatcher had relatively little difficulty getting the poll tax adopted because of the centralization inherent in parliamentary government and the weakness of local government opposition, but this almost certainly contributed to her totally underestimating the political unpopularity of the policy. Ultimately, the poll tax was a major factor in driving her from office. See Connor McGrath, "Policy Making in Political Memoirs—The Case of the Poll Tax," *Journal of Public Affairs* 2 (2) 2002, 71-85.

3. For a summary of the expected utility approach, see Bruce Bueno de Mesquita, David Newman, and Alvin Rabushka, *Forecasting Political Events: The Future of Hong Kong* (New Haven, CT: Yale University Press, 1985), 11-54. For an overview, see James Lee Ray and Bruce Russett, "The Future as Arbiter of Theoretical Controversies: Predictions, Explanations and of the End of the Cold War," *British Journal of Political Science* 26 (4) 1996, 441-70.

4. Arnold Meltsner, "Political Feasibility and Policy Analysis," *Public Administration Review* 32 (6) 1972, 859-67.

5. In their "The Dynamics of Policy-Oriented Learning," Jenkins-Smith and Sabatier identify three important areas in which actors experience policy-oriented learning: "Improving One's Understanding of the Status of Goals and Other Variables Identified as Important by One's Belief System… Refining One's Understanding of Logical and Causal Relationships Internal to Belief Systems… Identifying and Responding to Challenges to One's Belief System" (pp. 42-43). Paul A. Sabatier and Hank Jenkins-Smith, eds. , *Policy Change and Learning: An Advocacy Coalition Approach* (San Francisco: Westview Press, 1993), 41-56.

6. Some view this aphorism as the central element of effective strategic thinking. For example, see Donald E. Stokes, "Political and Organizational Analysis in the Policy Curriculum," *Journal of Policy Analysis and Management* 6 (1) 1986, 45-55, at p. 52. The aphorism itself is attributed to Rufus E. Miles, Jr. , "The Origin and Meaning of Miles'Law," *Public Administration Review* 38 (5), 1978, 399-403.

7. John Mendeloff, *Regulating Safety: An Economic and Political Analysis of Occupational Safety*

and Health Policy (Cambridge, MA: MIT Press, 1979), 15-16.

8. Richard A. Merrill, "Saccharin: A Regulator's View," in Robert W. Crandall and Lester B. Lave, eds. , *The Scientific Basis of Health and Safety Regulation* (Washington, DC: Brookings Institution, 1981), 153-70.

9. More generally, it may be that radical policy change is possible only when elites from the major political cultures perceive the change as consistent with their fundamental values. For a discussion of such nonincremental change, see Dennis Coyle and Aaron Wildavsky, "Requisites of Radical Reform: Income Maintenance versus Tax Preferences," *Journal of Policy Analysis and Management* 7 (1) 1987, 1-16.

10. For a discussion of the use of co-optation at the organizational level, see Philip Selznick, *TVA and the Grass Roots* (Berkeley: University of California Press, 1949) 13-16. Harvey M. Sapolsky identifies co-optation of potential critics both inside and outside the navy as one of the factors contributing to the success of the Polaris missile project. See his *The Polaris System Development: Bureaucratic and Programmatic Success in Government* (Cambridge, MA: Harvard University Press, 1972), 15, 47-54.

11. In arenas where the gains of winners come at the expense of losers (zero-sum games), Riker's size principle predicts such behavior: "In social situations similar to *n*-person, zero-sum games with side-payments, participants create coalitions just as large as they believe will ensure winning and no larger. " William H. Riker, *The Theory of Political Coalitions* (New Haven, CT: Yale University Press, 1962), 32-33. In some circumstances, however, compromising more to obtain a broader coalition may be desirable if the greater consensus will deter opponents from seeking to overturn the policy at a later time or in another arena. For example, Justice Felix Frankfurter successfully delayed the Supreme Court decision in *Brown v. Board of Education*, 347 U.S. 483 (1954), so that a unanimous opinion could be achieved. Bernard Schwartz with Stephan Lesher, *Inside the Warren Court* (Garden City, NY: Doubleday, 1983), 21-27.

12. For a more comprehensive listing, see Howard Raiffa, *The Art and Science of Negotiation* (Cambridge, MA: Harvard University Press, 1982), 11-19.

13. Roger Fisher and William Ury, *Getting to Yes: Negotiating Agreement without Giving In*, 2nd ed. (New York: Penguin, 1991).

14. Ibid. , pp. 40-42.

15. Ibid. , pp. 10-14.

16. William H. Riker, *The Art of Political Manipulation* (New Haven, CT: Yale University Press, 1986). ix.

17. Richard Harris, *The Real Voice* (New York: Macmillan, 1964), 166.

18. Riker, *Art of Political Manipulation*, pp. 114-28.

19. Ibid. , pp. 106-13.

20. For a general overview on how federal officials interact with the press, see Martin Linsky, *Impact: How the Press Affects Federal Policymaking* (New York: W. W. Norton, 1986), 148-68.

21. Riker labels this strategy *induced dread* and explains how it operates in "Rhetoric in the Spatial Model," paper presented to the Conference on Coalition Government, European Institute, Florence, Italy, May 28, 1987. For fuller development of these ideas, see William H. Riker, *The Strategy of Rhetoric: Campaigning for the American Constitution* (New Haven, CT: Yale University Press, 1996). See also R. Kent Weaver, "The Politics of Blame Avoidance," *Journal of Public Policy* 6 (4) 1986, 371-98.

22. For a discussion of the possibilities, see Bernard L. Cohen, *Before It's Too Late: A Scientist's Case for Nuclear Energy* (New York: Plenum Press, 1983), 62-68; and Nigel Evans and Chris Hope,

Nuclear Power: *Futures*, *Costs and Benefits* (New York: Cambridge University Press, 1984), 4 - 5. For a highly partisan but nevertheless provocative view on the public debate over nuclear power, see Samuel McCracken, *The War against the Atom* (New York: basic Books, 1982).

23. Niccolo Machiavelli *The Prince* (New York: Appleton-Century-Crofts, 1947), Chapter XVIII, 50-52.

24. The seminal work in the literature is Jefirey L. Pressman and Aaron Wildavsky, *Implementation* (Berkeley: University of California Press, 1973). For overviews of the literature that followed, see Paul A. Sabatier, "Top-Down and Bottom-Up Approaches to Implementation Research: A Critical Analysis and Suggested Synthesis," *Journal of Public Policy* 6 (1) 1986, 21 - 48; and Robert Nakamura and Frank Smallwood, *The Politics of Policy Implementation* (New York: St. Martin's, Press, 1980), 12-18.

25. As Pressman and Wildavsky note, it is not clear what successful implementation means without specification of a goal: "Implementation cannot succeed or fail without a goal against which to judge it," Jeffrey L. pressman and Aaron Wildavsky *Implementation*, p. xiv In Practice, we often face the problem that policies are adopted without explicit agreement about their goals. See Charles Lindblom, "Some Limitations on Rationality: A Comment," in Carl J. Friedrich, ed., *Rational Decision* (New York: Atherton, 1964), 224-28.

26. Note that politicians sometimes support policies as symbolic statements and really do not expect the putative consequences to result. For a discussion of position taking by members of Congress, see David R. Mayhew, *Congress: The Electoral Connection* (New Haven, CT: Yale University Press, 1974), 61-73.

27. Eugene Bardach, *The Implementation Game: What Happens after a Bill Becomes a Law* (Cambridge, MA: MIT Press, 1977), 57-58.

28. For excellent discussions of tokenism and massive resistance and ways to counter them, see ibid., pp. 98-124.

29. On the resources available to employees and lower-level managers, see David Mechanic, "Sources of Power of Lower Participants in Complex Organizations," *Administrative Science Quarterly* 7 (3) 1962, 348-64.

30. For a discussion of the problems encountered in implementing information systems, see David L. Weimer, "CMIS Implementation: A Demonstration of Predictive Analysis," *Public Administration Review* 40 (3) 1980, 231-40.

31. For example, when the governor of Louisiana held up construction of facilities for the U. S. Strategic Petroleum Reserve Program by objecting to the issuing of permits by the Army Corps of Engineers, the Department of Energy got the governor to drop his objections by making several concessions, including a promise that DOE would not store nuclear wastes in Louisiana. David L. Weimer, *The Strategic Petroleum Reserve: Planning, Implementation, and Analysis* (Westport, CT: Greenwood Press, 1982), 50-51.

32. Erwin C. Hargrove, *The Missing Link: The Study of the Implementation of Social Policy* (Washington, DC: Urban Institute, 1975), 113.

33. See Bardach, *The Implementation Game*, pp. 273-78.

34. Martin A. Levin and Barbara Ferman, *The Political Hand: Policy Implementation and Youth Employment Programs* (New York: Pergamon, 1985), 102-04. On approaches for improving interorganizational cooperation, see Eugene Bardach, *Getting Agencies to Work Together: The Practice and Theory of Managerial Craftsmanship* (Washington, DC: Brookings Institution Press, 1998).

35. Bardach, *The Implementation Game*, pp. 277-78.

36. For a review of the prescriptive literature, see Laurence J. O. , Toole, Jr. , "Policy Recommendations for Multi-Actor Implementation: An Assessment of the Field," *Journal of Public Policy* 6 (2) 1986, 181–210.

37. Bardach, *The Implementation Game*, pp. 250–67.

38. Martin Levin and Barbara Ferman, "The Political Hand: Policy Implementation and Youth Employment Programs," *Journal of Policy Analysis and Management* 5 (2) 1986, 311–25, at p. 322.

39. There are many examples of such comparative research. For example, Daniel Eiesnberg, "Evaluating the Effectiveness of Policies Related to Drunk Driving," *Journal of policy Analysis and Management* 22 (2) 2003, 249–74.

40. For a discussion of richness and other desirable characteristics of polity narratives, see Thomas J. Kaplan, "The Narrative Structure of Policy Analysis," *Journal of Policy Analysis and Management* 5 (4) 1986, 761–78. See also Martin H. Krieger, *Advice and Planning* (Philadelphia: Temple University Press, 1981); and Emery Roe, *Narrative Policy Analysis: Theory and Practice* (Durham, NC: Duke University Press, 1994).

41. Richard F. Elmore, "Backward Mapping: Implementation Research and Policy Design," *Political Science Quarterly* 94 (4) 1979–80, 601–16, at p. 612; Richard F. Elmore, "Forward and Backward Mapping: Reversible Logic in the Analysis of Public Policy," in Kenneth Hanf and Theo A. J. Toomen, eds. , *Policy Implementation in Federal and Unitary Systems* (Boston: Martinus Nijholf, 1985). For an application, see Marcia K. Meyers, Bonnie Glaser, and Karin McDonald, "On the Front Lines of Welfare Delivery: Are Workers Implementing Policy Reforms?" *Journal of Policy Analysis and Management* 17 (1) 1998, 1–22.

42. Arthur D. Fulton and David L. Weimer, "Regaining a Lost Policy Option: Neighborhood Parking Stickers in San Francisco," *Policy Analysis* 6 (3) 1980, 335–48.

43. For insights on error and error correction, see Aaron Wildavsky, "The Self-Evaluating Organization," *Public Administration Review* 32 (5) 1972, 509–20.

44. For a development of these ideas, see Martin Landau, "Redundancy, Rationality, and the Problem of Duplication and Overlap," *Public Administration Review* 29 (4), 1969, 346–358; and Jonaothan B. Bendor, *Parallel Systems: Redundancy in Government* (Berkeley: University of California Press, 1985).

45. We generally evaluate experiments in terms of their internal and external validity. *Internal validity* holds when the measured difference between the control and experimental groups can be reasonably attributed to the treatment. *External validity* holds when the measured difference can be generalized to some population of interest. For an excellent discussion of internal validity and external validity and the factors that jeopardize them, see Donald T. Campbell and Julian C. Stanley, *Experimental and Quasi-Experimental Designs for Research* (Chicago: Rand McNally, 1963), 5–6.

46. Randomized selecnon from among the target population and randomized assignment to treatment and control groups greatly enhance the internal and external validity of evaluations. Implementing randomization, however, is often difficult. Administrators and professionals often do not want to give up discretion over assignment of subjects. For an illustration, see Leslie L. Roos, Jr. , Noralou P. Roos, and Barbara McKinley, "Implementing Randomization," *Policy Analysis* 3 (4) 1977, 547–59.

47. Nonexperimental designs attempt to draw inferences about program effects when the use of randomly selected intervention and control groups is not possible. For more thorough treatments of nonexperimental

designs, see Lawrence B. Mohr, *Impact Analysis for Program Evaluation.* (Chicago: Dorsey Press, 1988); Harry Harty, Louis Blair, Donald Fisk, and Wayne Kimmel, *Program Analysis for State and Local Governments* (Washington, DC: Urban Institute, 1987); and Ann Bonar Blalock, ed. , *Evaluating Social Programs at the State and Local Level* (Kalamazoo, MI. : W. E Upjohn Institute, 1990).

48. For a conceptual discussion of the design of management control systems, see Fred Thompson and L. R. Jones, "Controllership in the Public Sector," *Journal of Policy Analysis and Management* 5 (3) 1986, 547−71. With respect to the broader context of bureaucratic control, see William T. Gormley, Jr. , *Taming the Bureaucracy: Muscles, Players, and Other Strategies* (Princeton, NJ: Princeton University Press, 1989).

49. Janet A. Weiss and Judith E. Gruber, "Deterring Discrimination with Data," *Policy Sciences* 17 (1) 1984, 49−66.

50. Herbert Kaufman, *Are Government Organizations Immortal?* (Washington, DC: Brookings Institution, 1976), 70−77.

51. See Mark R. Daniels, "Policy and Organizational Termination," *International Journal of Public Administration* 24 (3) 2001, 249−62.

52. Garry D. Brewer, "Termination: Hard Choices-Harder Questions," *Public Administration Review* 38 (4) 1978, 338−44. For evidence on the effectiveness of sunset provisions, see Richard C. Kearney, "Sunset: A Survey and Analysis of State Experience," *Public Administration*, *Review* 50 (1) 1990, 49−57.

53. Eugene Bardach, "Policy Termination as a Political Process," *Policy Sciences* 7 (2) 1976, 123−31. Bardach also notes that people may oppose termination out of a reluctance to damage the existing program apparatus that may have future value. Also, on the psychological impediments to termination, see Peter de Leon, "Public Policy Termination: An End and a Beginning," *Policy Analysis* 4 (3) 1978, 369−92.

54. Robert P. Biller, "On Tolerating Policy and Organizational Termination: Some Design Considerations," *Polity Sciences* 7 (2) 1976, 133−49. Billet offers a number of other provocative ideas about how to make policy termination more acceptable to members of organizations. He suggests the following sorts of institutional mechanisms: savings banks (allow organizations to keep part of the savings from terminated programs); trust offices (keep a skeleton crew to preserve institutional memory and provide a home for some program employees); and receivership referees (encourage organizations to reorganize voluntarily to eliminate ineffective programs).

55. For a discussion of this strategy and others, see Robert D. Behn, "How to Terminate a Public Policy: A Dozen Hints for the Would-Be Terminator," *Policy Analysis* 4 (3) 1978, 393−413.

56. See Bruce Jacobs and David L. Weimer, "Including Capacity Building: The Role of the External Change Agent," in Beth Walter Honadle and Arnold M. Howitt, eds. , *Perspectives on Management Capacity Building* (Albany: State University of New York Press, 1986), 139−60.

57. Chester I. Bernard, *Functions of the Executive* (Cambridge, MA: Harvard University Press, 1938); Herbert Kaufman, *The Forest Ranger* (Baltimore: Johns Hopkins University Press, 1960). For overviews of leadership, mission, and corporate culture in the public sector, see James Q. Wilson, *Bureaucracy: What Government Agencies Do and Why They Do It* (New York: Basic Books, 1989); and Mark H. Moore, *Creating Value: Strategic Management in Government* (Cambridge, MA: Harvard University Press, 1995). For an overview of the literature on private managers, see Sydney Finkelsrein and Donald Hambrick, *Strategic Leadership: Top Executives and Their Effects on Organizations* (San Francisco:

West, 1996).

58. Andrew Schotter, *The Economic Theory of Social Institutions* (New York: Cambridge University Press, 1981).

59. Randall Calvert, "The Rational Choice Theory of Institutions: Implications for Design," in David L. Weimer, ed., *Institutional Design* (Boston: Kluwer, 1995), 63-94.

60. Edna Ullmann-Margalit, *The Emergence of Norms* (Oxford: Clarendon Press, 1977); and Michael Taylor, *Community, Anarchy, and Liberty* (New York: Cambridge University Press, 1982); Russell Hardin, *Collective Action* (Baltimore: Johns Hopkins University Press, 1982); and Robert Alexrod, *The Evolution of Cooperation* (New York: Basic Books, 1982).

61. We can alternatively interpret δ as a discount factor for time preference in a game with an infinite number of plays. In terms of our discussion of discounting in Chapter 16, we would interpret δ as $1/(1+d)$, where d is the individual's discount rate.

62. Small numbers of professional inspectors may necessitate repeated interaction. It may be desirable to increase the number of inspectors by recruiting volunteers. For a discussion of the use of volunteers from charitable organizations to monitor money flows in casinos in British Columbia, see Aidan R. Vining and David L. Weimer, "Saintly Supervision: Monitoring Casino Gambling in British Columbia," *Journal of Policy Analysis and Management* 16 (4) 1997, 615-20.

63. This is the implication of the so-called folk theorem. For a formal proof, see Drew Fudenberg and Eric Maskin, "The Folk Theorem in Repeated Games with Discounting or with Incomplete Information," *Econometrica* 54 (3) 1986, 533-54.

64. On the role of focal points in coordination games, see Thomas C. Scheuing, *Strategy of Conflict* (Cambridge, MA: Harvard University Press, 1960).

65. David M. Kreps, "Corporate Culture and Economic Theory," in James E. Alt and Kenneth A. Shepsle, eds., *Perspectives on Positive Political Economy* (New York: Cambridge University Press, 1990), 90-143; Gary J. Miller, *Managerial Dilemmas: The Political Economy of Hierarchy* (New York: Cambridge University Press, 1992).

第 *12* 章

政府供给：划定组织边界

公共政策通常需要组织机构来加以执行。然而，组织可以呈现各种各样的形式，从政府预算全额资助且由公务员任职的政府机构，到以盈利为目的的私营公司。分析组织形式需要分析者注意控制各种执行方式的规则。新制度经济学（neoinstitutional economics，NIE）保留了经济理论的核心设想而明确地考虑到了与各种执行方式相关的规则和信息。[1]新制度经济学概念在考虑到公共组织的适当边界时是十分有效的。[2]

基于市场失灵或者其他社会目标之成就的一个公共供给的基本原理并不能必然地导致政府供给或直接的服务提供。[3]政府可以提供财政支持，从而某些物品和服务可以由私营部门、私营非营利部门或者其他公共部门提供。[4]这种情况逐步增加，执行公共政策的政府的形态也变得多样化，从传统的部、局为那些真正提供服务的部门掌舵，而那些提供服务的非营利组织或私营公司成为划船者。

何时以及如何才能使这种"掌舵"（rawing）的工作超越政府部门的组织边界呢？什么因素能使得分析者思考并做出这样的决定？相比在第 10 章我们谈到的有关一般性政策的供给，这个问题对政策分析家们来说更为重要。正如我们现在更具体的解释，重新划定公共部门组织边界的主要目的在于提高公共服务的供给效率。[5]正如我们即将看到的，政策分析家们的关键挑战在于解释评估效率时所涉及的所有成本与收益。

为了说明效率的意义，我们要借助交易成本理论（transaction

cost theory），也叫做交易成本经济学，这是新制度经济学中的一个分支，用来解释为什么某些经济活动以市场的方式来进行，而另一些通过层级体系来进行。交易成本理论的先驱者是科斯（Ronald Coase），该理论被奥利弗·威廉姆森（Oliver Williamson）用于组织分析中，特别是运用于分析组织的边界问题。[6]交易成本理论认为，生产成本仅仅是一个组织提供物品或服务的总成本的一个部分。除此之外，与参与生产过程的机构签订以及执行合同需要交易成本。在为政策备选方案划定组织成本时，分析家们应该考虑交易成本，也考虑生产成本。现在的问题在于：发现组织安排从而使得供给的总成本最小，总成本也包括那些制定、执行和监督契约与合同的成本。

在讨论与确定总成本有关的问题之前，我们有必要考虑一下交易成本理论的一些基本思想。第一，无论出现在哪种环境之下，这个理论使用了"交易"作为其分析的单元。例如，交易可以包括具体市场上的自发交换，也包括在层级体系中具有代表性的权威意志的使用与表达、雇员之间的交换，或者是一个长期内有效的有关交换的具体合同。第二，交易成本理论认为，几乎所有的生产关系都包含了契约。层级体系，例如政府机构、非营利组织和私营部门，都由一束长期的契约组成，这些契约确定了雇主与雇员彼此之间的关系与责任。无论是层级体系之间的契约还是个人之间的契约，都有市场参与其中。在这些案例中，契约可以是正式的，例如有法律意义的文件；也可以是非正式的，例如习惯传统等。第三，它认为契约是几乎永远不能完整的——这个世界是复杂的，不确定性随时存在。正如在第 6 章关于保险市场的讨论中，不对称性或者以隐藏的信息出现，例如某人有着别人所不知道的相关的信息；或者是以隐藏的行为出现，例如某人可以采取某种行为而其他人观察不到。

总的来说，"交易成本理论主要关心的是对契约关系（contractual relations）的治理"[7]。治理的最佳组织有赖于一系列的因素，包括待生产服务与物品的属性以及各个契约方的特征（尤其是其激励）。我们现在开始讨论一些成本因素，这些因素或者能够影响向公民提供物品或服务的制度安排或治理方式的选择。

12.1　生产成本、讨价还价成本和机会主义成本

有三种成本关系到对公共部门直接生产和外包的有关选择：生产成本、讨价还价成本（bargaining cost）和机会主义成本（opportunism cost）。[8]生产成本直接与创造该物品或服务的成本有关。讨价还价成本和机会主义成本是治理的交易成本。表 12—1 提供了对这些成本的一个简要描述，同时讲述了他人是如何与契约决定有关的。

表 12—1　　　　　　　　　　　　　在什么时候逐步升高的成本倾向于外包？

生产成本	讨价还价成本	机会主义成本
为实现规模经济，因此在分配效率中存在着收益的机会	低任务复杂性，所以相对确定并且监督成本较低	低任务复杂性，所以相对无信息不对称性，从而有更有效的监督

续前表

生产成本	讨价还价成本	机会主义成本
对机构的产品缺乏竞争，因此存在 X—无效率的损失	高竞争性，因此对契约签订人的讨价还价成本较低	低任务复杂性，因此不太可能存在生产外部性
部门内部的资源投入不灵活，因此存在 X—无效率的损失	低资产特殊性，因此不需要对契约签订人的冒险行为作出补偿	高竞争性，因此契约签订人在签订契约后能使用的讨价还价杠杆较少
		低资产特殊性，因此堵塞问题产生的风险较小

生产成本

生产成本是真实资源的机会成本——土地、劳动力和资本，是这些资源被用于生产其他产品所获得的最高价值。经济理论假定在竞争性的环境中，竞争使得生产成本尽可能得低。实证经验表明竞争提升了技术的有效性。[9] 而且，在一个竞争性而又不存在严重市场失灵的环境中，以营利为目的的公司通常比公共的或者混合所有制的组织有更少的成本。[10] 生产成本很可能由于竞争性的外包而变得低廉，原因有三：

第一，机构内部的生产将承担那些低层次以至于无效率的生产。[11] 这意味着，公共组织并没有充分使用产品本身，或者为顾客提供足够多的产品，而使其在最小有效规模内生产。因此，机构内部产品将涉及分配无效率。一个独立的生产者向多样的购买者出售产品可能获得最小有效规模。这些产品成本应当被广泛考虑——最重要的规模经济可能由于无形的因素而产生，诸如管理系统和知识与学习等。然而，规模经济本身并不是一个对私营部门生产的充分论证。公共组织可以从事利用规模经济（scale economies）的合作生产。然而，在实践中，设计可以涵盖政治管辖权的政府组织以获得规模经济常常是十分困难的。此外，这种合作也会引起讨价还价和机会成本。换句话说，大型的、跨越管辖边界的非营利组织可能获得规模经济。[12] 外包可能会提供一种获得规模经济的方式。

第二，正如我们在第 8 章中讨论的，由于缺乏竞争，机构内部生产将不会获得技术上可行的最小成本，这会导致 X—无效率。缺乏竞争经常会削弱效率激励，因为它消除了对消费者和监督者的业绩比较基准。此外，当他们受到多重服务机构的预算总额分配的资助而非消费者范围的资助的时候，服务的边际成本模糊，并且被代理人和纳税人严格监视。外包可以通过与机构内部生产相竞争而产生效率激励。这同样将重视特殊商品和服务的开销。

第三，机构内部生产会受到要素投入选择的不变性的损害，这些因素将导致 X—无效率。公共部门通常在公务员制度下运行，这种公务员制度使得任用和辞退雇员变得十分困难，因为这样可以保证雇员拥有生产产品与服务的最适当技能。当然，他们通常并没有直接接触资本市场，使得获得和适用设备与其他物质资源变得困难。因此，即使当公共部门的管理者有强烈的动力用最有技术效率的方式来进行生产时，他们将面临着阻止其这样做的限制。外包可能允许对于投入的更有技术效率的使用。

从一系列政府活动中可以得知，有相当多的实证证据证明政府将服务外包给私人提供者一般来说是可以降低生产成本的。一个 1997 年的、对美国 66 个最大城市外包经历的调查发现，每年所节约的成本在 16％～20％之间，被调查者也判断外包把服务质量提高了 24～27 个百分点。[13] 一个全面的、基于 36 个合理、完整的研究的元分析，总结出了：

> 这个分析表明，关于外包的研究很典型地报道了真实存在的成本节约。这些效应值被证明是非常有意义的，当然，这些效应值也被解释说和平均的节约成本即 8～14 个百分点是相等的。总之，节约的真实性是不容置疑的。当然，节约的成本因服务的不同而变化，一个准则是不能适应所有事物的。[14]

对于节约成本的一般性发现，有两点值得注意：第一，研究发现，相比于外包，内部供应的相关生产成本并不包括交易成本和机会成本；其实，在外包服务中，根据先验可知交易成本和机会成本会相对更高一些。很多研究人员正在将注意力转向这个话题。一个最近的研究发现，随着机会主义的风险越来越大，政府加强了监管，并且承担了更多的监管成本。[15] 此外，并不是所有形式的外包都会降低生产成本。特别地，那些不考虑生产成本有多高、但会保证签约人利润的高成本的合同，是不可能被指望生产出低成本的产品的。[16] 第二，成本的比较研究应该控制产品质量的差异性，将产品质量定为一个控制变量。只有少数研究是这样做的[17]，而大部分研究并没有这样做。

讨价还价成本

讨价还价成本包括以下几个组成部分：（1）磋商合同细节带来的成本，包括明确潜在的承包人、收集关于他们可能有的行为的信息、写下双方相互的合同规定；（2）合同签订后，当一些不可预见的情形发生时，协商合同变化的成本；（3）明确工作是否是被签约方之外其他组织完成的监管成本；（4）如果合同双方都不愿意使用之前同意的解决机制，尤其是"违约"机制（contract-breaking mechanism）的争论成本。虽然只有第一类成本需要在合同前期来做，但其他种类的成本也应该提前被预期到。

例如，一个社会服务机构想要把戒毒服务外包给一个私人组织。在明确相关的组织之后，代理机构就必须决定要提供多少合同。对于每一份合同，都必须指定被提供服务的数量和特点、服务所需付的费用和允许代理机构终止合同的情况。当合同被运行后，严格执行合同的组织便会发现，实际上并不能招募到足够多的、如合同中所指定的那种类型的委托人。代理商和组织必须就如何处理这种已被改变的状况达成一致的协议，也就是，允许替换委托人的类型，或者调整所付费用。自始至终，代理商都必须监管组织的行为，来确保组织提供的是合同上指定的服务。如果代理商发现组织没有提供指定的服务，那么他可以采取措施强迫其执行合同，或者废除合同；当然，如果组织确信代理商也没有做出一个正确的评估，或者未预见到发生的情况，以至于阻碍自己履行合同条款，那么组织也会合法地或从政治上抵制这些措施。

当双方都秉持良好的信念从各自的利益出发来行动时，双边的契约成本就会上升。外包的增量成本是相关的——拒绝外包的潜在好处在于，组织内的成本分配问题可以由现存等级制权力机关的安排来化解，因而契约双方契约的增量成本是相关的。尽管如此，像针对工资、红利、内部交易价格的契约、或是在与职责相关的领域内的契约，也有可能代价高昂[18]，因此实际相关的是与代生产相关的外包行为的增量成本。

成本的机会主义

机会主义是指这样一种行为：契约一方有意改变已有的执行条款，以使其对自身更为有利。当至少有一方以不良信念指导行动时，机会成本就会上升。机会主义更像是处于外包的背景下，而非代生产的背景下的，因为谁得到租金的问题在组织间非等级制关系里更为相关。此外，组织内的雇员有着更好、通常也更频繁的机会去"回报"（进而劝阻）组织内持机会主义的其他雇员。但正如组织内存在着契约成本一样，机会主义也会在组织内出现，这样一来连带着契约成本（bargaining cost），在选择组织部署时，机会增量成本就是相关的。机会主义更多地被看作外包发生之后的事，但是有一些先于外包的行为也具有看起来是机会主义的特征。[19]一方可能将看似中立、实际上让行为与合同目的背道而驰的条款提前，例如一个提供药品和康复服务的组织，可能会将合同中"药物滥用"（drug abuse）的概念定义得模糊不清，这样一来，主持研究计划的部门并不打算让其成为目标的客户就要为服务埋单。

机会主义以各种方式证明自我。回到药品和康复外包服务上，我们可以想见签约人利用监管漏洞获益的种种方式。比如它可能不妥地将集体会议算作个人服务，将取消了的事宜计作已经提供到位的服务，或在用人方面降低合同所定的标准，甚至根本就不提供服务，这可能是与无心接受服务的客户勾结的。如果要中间商以一纸临时通知去更换签约人过于困难，那么签约人就可能被诱导而作出错误的主张：合同里没有写明外部情况的变化，如果不追加酬金或给出更为有利的合同条款，服务的供应就要中止。

尽管单就分析的层面来看，区分讨价还价成本和机会主义成本还是有可能的，但在实际操作中要区分二者却并非易事。机会主义派坚称，他们的行动都是根据现实情况意料之外的变化而作出的——这也是他们的利益之所在。通常契约的其他当事人也不能甄别这种说法究竟是否真的是因为那些无法预见的情形而被提出来的。

而由于无法区分合理的讨价还价成本和机会主义本身，外包的成本又提高了。

总而言之，公共政策必须寻求合理的管理制度安排，在政府、承包商、公民方面的任一层次、任一等级的服务中，追求生产成本、契约成本和机会主义成本总和的最小化。这一目标强调，政府应该像对待设计其强加给签约方和公民的成本一样来对待其承受的预算支出。然而在组织层面上（如私人医院），假如没有合适的动机来刺激，期待哪怕一个非营利机构去做这种利他主义的事情都是不现实的。因此，更高层级的政府可能需要建立一套合理的合同条件框架（即后设合同），比如要求做出社会支出决议的成本—收益分析，包括第三方力量所承担的那一部分。

12. 2 预测讨价还价和机会主义成本

在一个具体的外包环境中有三个主要因素可能决定讨价还价和机会主义成本的规模：任务的复杂性、竞争的激烈性程度以及资产的特殊性程度。我们按顺序讨论每一个因素。

任务的复杂性

任务的复杂性是指确认和监控一个交易的期限和状况的难度。例如，确认和测量一个发包商提供的食品的质量相当容易。但是要确认和测量因病人的病情大规模变化而增加了风险因素的复杂的医疗服务的质量就变得相当困难了。任务复杂性的程度很大程度上不仅决定了外包市场不确定的环境（这对于外包双方的影响是平均的），也决定了外包市场会存在着信息不对称的情况，或者隐藏信息，即外包交易的一方有着另一方不知道的信息。

复杂的任务包含了对生产过程本身存在的性质和成本的不确定性。除此之外，复杂的活动更容易被各种各样形式的"打击"或者是一些任务环境中意料之外的变化影响。较大的不确定性提高了在外包谈判和执行过程阶段的讨价还价成本。比如说，一个研究发现在航天工业中复杂的部件更倾向于在自己公司内部生产而不是被外包出去。[20]

尽管信息不对称并不直接提高交易成本，但有时还是会有影响，特别是在一个只有交易发生之后服务质量才会显现出来的外包交易中。高度的任务复杂性提高了交易中存在信息不对称的可能性，因为它包含了只有发包商或者外部的专家才懂的专业知识和资产特点。[21]因此，信息不对称有可能为交易中一方的投机行为创造有利环境。产生于信息不对称的机会主义可能发生在外包服务谈判阶段或者外包服务运行阶段。但更有可能明显地发生在外包服务运行阶段。承包商或者发包人都有可能导致这些成本。高度的任务复杂性也增加了产品外部性的潜在风险，这种潜在风险是指，如果外包服务被撤回或降级，那么对剩下的公共组织来说将是对其工作的严重破坏和中断。[22]

竞争的激烈性

正如在第 5 章所讨论的，一个充满竞争的市场应该是即使目前市场上只存在一家组织可以提供所需求的服务，那么只要发包人开出的外包服务价格超过了生产的平均成本，许多其他的组织也能够迅速有能力地转而提供此类服务。比如说，心理评估市场竞争非常激烈就是因为许多组织有能力提供这类服务，即使它们目前不做这种业务。在某些情况下，竞争的激烈性程度比目前市场上存在着多少为提供服务而竞争的组织更为重要。[23]

市场中存在大量类似的企业（通常地域上相关）来生产相同的产品，或者提供可替代性很强的服务，即当公共服务提供的市场处在高度竞争状态时，公共机构倾向于通过明显有效的谈判和较高的机会成本来实现公共服务提供成本的降低。然而在一些不存在竞争的领域，公共机构也可以通过契约外包的形式实现供给成本的降低。这样的商品通常有广泛的规模经济效应，由此产生一定程度上的区域垄断甚至是全国范围的自然垄断。但是，如果供应方能把产品转换为不会产生沉没成本的商品，就具有了可竞争性。

公共物品外包生产的程度实际上是市场竞争程度及其对机会成本高低的影响，市场竞争程度高，机会成本就会在签约阶段减少，并在执行阶段潜在地减少。但是，市场竞争程度低，会在上述的两个阶段产生完全不同的效果。在谈判签约阶段，市场中的潜在承包商（contractee）会因为有限竞争性而提供价格在边际成本之上（或者平均成本随着产品需求上升而下降）的服务，高出来的价格被认为是代理机构的讨价还价成本，因为必须要支付这个成本来达成合同。如果承包商以利润的形式实现了获得所有的租金，那么这就代表着真实的社会成本在多大程度上由赋税收入融资实现并包含着边际多余负担（无效率和税收与边际税源的得来有关）。更有可能的是，有些租金会在非生产性支出中被承包人隐藏，比如过度使用资本设备，这个的确构成了社会成本。

在合同履行阶段，低竞争性可能会基于两个原因提高其他相关方以及可能的第三方的机会风险。第一，承包商不可能被很快地替代［时间特异性（temporal specificity）］。第二，有"外部性合同违约"（contract breach eaternalities）的高风险。[24]当承包商提供服务和一种网络活动有关时这种风险尤其显著。比如，一个公司在执行工薪操作时会威胁要撤销服务，这会危及所有工资单的支付，很有可能使政府停工。当组织害怕外部性合同违约时通常会雇用内部人员。然而，强调公共机构并没有通过自我提供服务消除外部性问题是很有必要的。政府雇员也能不失时机地通过撤销基础服务［被动违约（passive breach）］或者是罢工和其他多种破坏活动［主动违约（active breach）］来威胁雇主。

很多服务在供给上的不完全竞争使其通过外包获得潜在效率的可能性降低，尤其是少数由于地理原因被分割的人群与规模经济并存[25]，由于高额的沉没成本和机会成本，极大地阻碍了当地的承包商和新的供应商进入市场。进一步讲，有证据显示，政府通常使竞争性的问题恶化。如果潜在的承包商意识到公共机构在要求不合理的低投标价或者是反复要求他们以低于原始承包价格再叫价，那么，完全竞争的市场就不复存在。这种行为甚至在潜在的市场竞争中都能够挫败竞争。

对于政府来说，通过政府间交换协议来扩展地域意义上的市场面积，可以加大竞争。人们可以跨越政府管辖地域上的边界来获取所需的服务，并把税交给服务的提供者而不再交给那些只服务于本辖区内的机构。比如，一些国家的政策允许家长把孩子送到并非他们居住地的校区。然而，现实实践过程中的政治障碍也会增加。特别是，政府通常是不愿意拨款给超出自己行政管辖边界之外的服务的。尤其是，提供这种服务有可能会危及自己地区内那些财政提供机构的经济进一步发展的再生能力。

另一种潜在可以减轻政府竞争的途径就是：政府承包商拥有（已支付成本）资产与服务的提供相关联，对于提供者来说，一定要拥有相当的替代资产。在实践层面上，政府要对那些能够出租给有足够能力提供服务的承包者所需的建筑、特别的装备设备拥有持有权。尽管这种策略要求契约按照可以同时提供适当的服务和保证资产的原则而设计，它还是减轻了参加者进行大规模成本投入和增加竞争的必要。

资产的特殊性

如果资产在一种产品或服务的生产过程中十分必要，并且在选择使用过程中具有较低的价值，那么可以说资产是特定而具体的。资产有很多种特征，包括物质上的、位置上的、人力上的[26]，还有时间上的特征。[27]不管资产特征的结构是什么，契约促使使用那些具有很少价值甚至无使用价值的资产双方（通常是物质资源但在一些环境中也可以是人力资源）增加了潜在的机会主义行为动机。缔结契约的一方承认资产容易因为持率的因素而受损[28]——无论在契约上达成的价格如何，另一方都可以通过违约和以更低的价格达成——或许仅仅等同于增加的成本的价格来进行投机行为。资产特征也通过契约结构的重建，给那些没有积累特别资产的潜在竞争者设置了准入的障碍，因而降低了竞逐程度。资产特征在公共部门环境中还没有被系统地研究过，大量类似的私营部门外包实例显示了高资产特征减少了外发包办行为。[29]公共部门的研究建议政府在具有高资产特性的服务外包过程中要加强监控。[30]

从社会效率角度看，政府的机会主义和合约签约者的机会主义一样不可取，由于合约签约者拥有并提供像高度专业化建筑等的专用资产，因此他们为官方机构的潜在机会主义行为感到担忧。一旦合约签约者使用专用资产投资，政府将对其作出机会主义性质的投机行为。

强调专用资产未完全外部化的部分导致了潜在成本是十分重要的，并且这一观点可以用周期性的博弈来解释。尽管在合约谈判过程（时段 1）或合约谈判结束后（时段 2）会产生讨价还价成本和机会主义成本，但政府的招标商能够将这些成本控制在签订合约的阶段（即时段 1）。政府参与者能够预测到这次交易中其他参与者如合约签约者在不同阶段采取的可观察到的战略，并通过反方向的引导区分出不同阶段自己所处的战略。例如：假设政府作为承包商参与一种交易，这种交易在时段 1 是高竞争的，但是在时段 2 的竞争性被预期较低，并且在其后的中标者做出沉默投资的阶段也是，因此政府需要有能力去预测合约是否会在时段 2 造成机会主义或产生交易成本，并且政府需要将上述期望和时段 1 战略结合起来。通过这种方法，政府承包商必须考虑涉及机会主义及交易成本的因素还有那些减少成本的策略。

从原则上看，合约上的承诺需要在时段 1 实施，这些承诺包括机会成本和交易成本最小化的预期，尽管他们只会被合约签约后的偶发事件触发。

12.3　非营利部门能否挽救机会主义？

非营利部门（not-for-profit sector）包括许多医院、博物馆、公共服务组织等，在美国许多大学也包含其中。尽管是在不同的语境下，第 10 章介绍了双重市场失灵理论被用来解释非营利组织在经济中所扮演的角色。在初期的市场失灵中，非营利组织通常是在潜在的提供者如政府和私营企业没有充足的信息去评估他们的捐赠是否被用来生产公共物品的条件下提供公共物品的，这也形成了委托代理形式的第二种市场失灵。亨利·汉斯曼（Henry Hansmann）指出了委托代理问题在以下情况下所形成的危害：比如营利的公司可能将资金转移至公司所有者，因为资金提供者既没有动力也没有信息去监督资金的使用。此外，由于信息不对称所导致的不良的监督效果，以盈利为导向的公司可能以高名义价格提供低档次的产品。换言之，供给方可能会因为非营利组织的不允许盈利而信任它们。但或许供给方也会发现相当数目的非营利组织有很强的使命感引导了它们最大化产出的愿望。为了消除这些危害发生的既定可能性，应当限制流入非营利组织的信息，这会改变或是消除如员工高薪或削减工时等组织内收入大于支出过多的现象。[31]

另一个与非营利组织签订合同的潜在优势在于非营利组织允许接受捐赠。捐赠由那些认为非营利组织提供服务有价值的人提供，或者某种程度上由政府提供，这有助于扩大非营利组织服务的供给。另一方面，非营利组织在服务的混合提供上具有非常大的灵活性，当服务接受者具有多样的偏好时这一点尤为重要。[32]当然，有时候非营利组织的相对独立性也使得政府难以确切地授权它要提供的公共服务。实际上，政府难以刺激非营利组织在它们没有涉足的领域有所创造。

政府同样希望考虑与非营利组织签订合同对非营利组织本身的影响。一些人反对通过私立学校的可兑换的教育券来提供公共资助的教育，他们担心对参与学校的政府规制可能会阻碍它们成为替代公立学校的有吸引力的可能性选择。合同的签订也可能导致非营利组织转变它们的组织战略，例如减少强调通过非政府的资源来获取资金支持。[33]

12.4　评估和能力建设

对于可外包的服务，公共机构能够进行组织内的投资以增加外包的范围。增加一些具有相关专长的人员，可以提升编制复杂有效的服务合同的能力并且监督服务的绩效。因此，通过合同外包升级至一个更高级的电脑系统的第一步，例如，雇用熟悉候选系统的人。一旦合同到位后，建设组织能力以监督服务质量可以减少机会主义。更一般的是，有效的服务外包的首要步骤是增强公共机构的核心能力。一个机构更倾向于有效地掌舵，如果它有划桨的人。

（公共机构的）经理们能够影响他们的外部环境以促进更加有效的合同。最初的合同奖金制度赋予现有的承包方优势。它将有利于多来源完成任务，在几个发包商间保持不断的竞争。换句话说，公共机构值得承担更高的合同管理成本并且放弃一些规模经济来减少未来的机会主义。[34]

12.5　结论

所有的公共机构都需要将一些产品外包——我们知道的没有一个是全部由自己提供的。决定是否外包一些需要复杂投入的产品，例如一个电脑系统或是高度专业化的员工，或是最终产品和服务，如垃圾回收或特殊教育，要求分析家们同时考虑治理和生产成本，这些包括讨价还价的边际成本和内部生产可能的机会。当这些任务由复杂、竞争程度低的承包者完成或是产品需要特殊的资源时，边际成本将会提高。

复习思考题

1. 目前，你所在的城市公路部门负责人行道的扫雪工作。在大风雪来临时，公路部门把给主要干道的扫雪工作放在优先的位置。因此，在大风雪之后几天，普通道路的人行道都没有得到清理。你所在市的市长在考虑是否把人行道扫雪的工作外包出去时，要考虑哪些因素？

2. 你是某发展中国家一个中型城市的市长。一家公司希望与你签订契约，以获得在城市铺设有限设备从而提供电视服务和网络服务。在该合同得以执行的前三年，合同必须有确定的使用费率。在这种情形之下，你是否应该关心机会主义成本？

注释

1. One branch of this body of literature, sometimes referred to as the *new institutional economics*, relaxes the core assumption of the full rationality of economic actors. Instead, *bounded rationality*, in which actors do not use all the available information in their decision making, is assumed. See Oliver E. Williamson, *Markets and Hierarchies: Analysis and Antitrust Implications* (New York: Free Press, 1975). The factors we identify as relevant to the contracting-out decision apply whether or not full or bounded rationality is assumed.

2. For a comprehensive review of NIE, see Thrain Eggertsson, *Economic Behavior and Institutions* (Cambridge: Cambridge University Press, 1990). For shorter surveys that relate NIE specifically to the public sector, see Brian Dollery "New Institutional Economics and the Analysis of the Public Sector," *Policy Studies Review* 18 (1) 2001, 185−211; and Aidan R. Vining and David L. Weimer, "Economics," in Donald F. Kettl and H. Brinton Millward, eds. , *The State of Public Management* (Baltimore: Johns Hopkins University Press, 1996), 92−117.

3. Aidan R. Vining and David L. Weimer, "Government Supply and Government Production Failure: A Framework Based on Contestability," *Journal of Public Policy* 10 (1) 1990, 1−22.

4. For recent reviews on the growth of contracting out in the United States, see Keon S. Chi and Cindy Jasper, *Private Practices: A Review of Privatization in State Government* (Lexington, KY: Council of State Governments, 1998); ELaine Morley, "Local Government Use of Alternative Service Delivery Approaches," in *The Municipal Year Book* , 1999 (Washington, DC: International City/County Management, 1999), 34 − 44. For global evidence, see Graeme A. Hodge, *Privatization: An International Review of Performance* (Boulder, CO: Westview Press, 2000), at pp. 88−92.

5. However, as we have emphasized throughout this book, we must also recognize the potential for government failure. On positive (rather than normative) reasons for privatization, closely related to contracting out, see Florencio Lopez-de-Silanes, Andrei Shleifer, and Robert W. Vishny, "Privatization in the United States," *RAND Journal of Economics* 28 (3) 1997, 447−71.

6. Ronald H. Coase, "The Nature of the Firm," *Economica* 4 (16) 1937, 386−405. Williamson, *Markets and Hierarchies.*

7. Oliver E. Williamson, "Transaction Cost Economics and Organization Theory," in Jennifer J. Halpern and Robert N. Stern, eds. , *Debating Rationality: Nonrational Aspects of Organizational Decision Making* (Ithaca, NY: Cornell University Press/ILR Press, 1998), 155−94, at p. 159.

8. This section draws upon the formulation presented in Steven Globerman and Aidan R. Vining, "A Framework for Evaluating the Government Contracting-Out Decision with an Application to Information Technology," *Public Administration Review* 56 (6) 1996, 577 − 86; and Aidan R. Vining and Steven Globerman, "Contracting-Out Health Care Services: A Conceptual Framework," *Health Policy* 46 (2) 1998, 77−96.

9. For example, on the impact of competition on hospitals, see Emmett B. Keeler, Glenn Meinik, and, Jack Zwanziger, "The Changing Effects of Competition on Non-Profit and For-Profit Hospital Pricing Behavior," *Journal of Health Economics* 18 (1) 1999, 69−86.

10. Aidan R. Vining and Anthony E. Boardman provide a summary of the literature that compares the

performance of firms to state-owned enterprises in competitive environments, "Ownership versus Competition: Efficiency in Public Enterprise," *Public Choice* 32 (2) 1992, 205-39. For a review of the more recent literature that usually finds efficiency improvements after privatization, see William Megginson and John Netter, "From State to Market: A Survey of Empirical Studies on Privatization," *Journal of Economic Literature* 39 (2) 2001, 321-89.

11. Jonas Prager, "Contracting Out Government Services: Lessons from the Private Sector," *Public Administration Review* 54 (2) 1994, 176-84.

12. Howard P. Tuckman, "Competition, Commercialization, and the Evolution of Nonprofit Organizational Structures," *Journal of Policy Analysis and Management* 17 (2) 1998, 175-94.

13. Robert J. Dilger, Randolph R. Moffitt, and Linda Struyk, "Privatization of Municipal Services in America's Largest Population Cities," *Public Administration Review* 57 (1) 1997, 21-26.

14. Graeme A. Hodge, *Privatization: An International Review of Performance* (Boulder, CO: Westview Press, 2000), at pp. 103 and 128.

15. Trevor L. Brown and Matthew Potoski, "Managing Contract Performance: A Transactions Cost Approach," *Journal of Policy Analysis and Management* 22 (2) 2003, 275-97.

16. R. Preston McAfee and John McMillan, *Incentives in Government Contracting* (Toronto: University of Toronto Press. 1988).

17. For example, see Randall G. Holcombe, "Privatization of Municipal Wastewater Treatment," *Public Budgeting and Finance* 11 (3) 1991, 28-42; and Russell L. Williams, "Economic Theory and Contracting Out for Residential Waste Collection," *Public Productivity & Management Review* 21 (3) 1998, 259-71.

18. See Gary J. Miller, *Manegerial Dilemmas* (New York: Cambridge University Press, 1992); and Aidan R. Vining and David L. Weimer, "Inefficiency in Public Organizations," *International Public Management Journal* 2 (1) 1999, 1-24.

19. Benjamin Klein, Robert G. Crawford, and Armen A. Alchian, "Vertical Integration, Appropriable Rents and the Competitive Contracting Process," *Journal of Law and Economics* 21 (2) 1978, 297-326.

20. Scott E. Masten, "The Organization of Production: Evidence from the Aerospace Industry," *Journal of Law and Economics* 27 (2) 1984, 402-17.

21. John W. Crawford and Steven L. Krahn, "The Demanding Customer and the Hollow Organization," *Public Productivity & Management Review* 22 (1) 1998, 107-18.

22. Steven Globerman, "A Policy Analysis of Foreign Ownership Restrictions in Telecommunications," *Telecommunications Policy* 19 (1) 1995, 21-28.

23. William J. Baumol, John C. Panzar, and Robert D. Wiliig, *Contestable Markets and the Theory of Industry Structure* (New York: Harcourt Brace Jovanovich, 1982).

24. See Globerman and Vining, "Framework for Evaluating the Government Contracting-Out Decision."

25. Brent S. Steel and Carolyn Long, "The Use of Agency Forces versus Contracting Out: Learning the Limits of Privatization," *Public Administration Quarterly* 22 (2) 1998, 229-51.

26. Williamson, *Markets and Hierarchies*, p. 55.

27. Scott E. Masten, James W. Meeham, Jr. , and Edward A. Snyder, "The Costs of Organization," *Journal of Law, Economics and Organization* 7 (1) 1991, 1-25, at p. 9; Steven Craig Pirrong, "Contracting Practices in Bulk Shipping Markets: A Transactions Cost Explanation," *Journal of Law and Economics* 36 (1) 1993, 913-37.

28. Two studies that demonstrate this are Howard A. Shelanski and Peter G. Klein, "Empirical Research in Transaction Cost Economics: A Review and Assessment," *Journal of Law, Economics and Organization* 11 (2) 1995, 335−61; and Svein Ulset, "R&D Outsourcing and Contractual Governance: An Empirical Study of Commercial R&D Projects," *Journal of Economic Behavior and Organization* 30 (1) 1996, 63−82.

29. See, for example, Bruce R. Lyons, "Specific Investment, Economies of Scale, and the Make-or-Buy Decision: A Test of Transaction Cost Theory," *Journal of Economic Behavior and Organization* 26 (3) 1995, 431−43.

30. Brown and Potoski, "Managing Contract Performance."

31. Henry Hansmann. "The Role of Non-Profit Enterprise," in Susan Rose-Ackerman, ed. , *The Economics of Non-Profit Institutions* (New York: Oxford University Press, 1986), 57−84.

32. Burton A. Weisbrod, *The Nonprofit Economy* (Cambridge, MA: Harvard University Press, 1998), 25−31.

33. Katherine O'Regan and Sharon Oster, "Does Government Funding Alter Nonprofit Governance? Evidence from New York City Nonprofit Contractors," *Journal of Policy Analysis and Management* 21 (3) 2002, 359−79.

34. For an example of this strategy, see Glenn R. Fong, "The Potential for Industrial Policy: Lessons from the Very High Speed Integrated Circuit Program," *Journal of Policy Analysis and Management* 5 (2) 1986, 264−91.

第 4 篇

政策分析的过程

第 13 章

政策分析的信息收集

没有什么政策问题是唯一的。肯定地说，在其他地方获得的一些信息会帮助你进行政策分析的某些方面。有些时候难以发现任何相关的信息，而在其他时间，尤其在互联网不断扩展的情况下，要从大量的事实、数据和理论中提取相关信息也是很困难的。你必须经常收集这样一些数据：这些数据最初收集的目的与你现在的目的很不一样。但是，在处理某些政策分析问题时，你将会有方向、时间和资源来引导你的现场研究和直接的数据收集。你的实地研究（field research）会让你获得某个政策问题的第一手资料，否则它会被限于在相关理论和数据资源上获得专家的建议。在本章中，我们将提供一些关于如何在这些不同的情况下着手收集信息的建议。

在进行政策分析时，你面临的关键任务是发展关于如果使某项备选政策得到实施，接下来事态将如何和什么将会发生的解释或者模型。那么，什么是相关的事实？理论和模型在预期影响的大致趋势和一般方向方面能告诉我们许多，但是在数量上它们很少能够告诉我们什么。例如，在任何给定的时刻，我们只能观察到需求表上的一个点。正如我们已经做的那样，我们很容易预测的是，增加税收将会减少某种物品的消费。然而，这种需求减少的数量将很大（即若需求有弹性）还是很小（若需求缺乏弹性），这基本上是一个经验上的问题。但是，预测影响的大小对于评价备选政策是必要的。例如，在犯罪判决上，政策制定者可以正确地假设加强对持有毒品的惩罚将会减少某种毒品的消费，但是如果对这种毒品的需求比预测或希望的弹性小很多，这种政策就会是完全无效的，或许会导致更多的街头犯罪来支持更昂贵的习惯。

因此，在对现有的市场和政府失灵的程度与性质的评估中，以及在预测政策备选方案的影响上，事实是与之相关的。数据经常能够帮助我们发现事实。例如，一个项目总的预算成本可以通过识别和加总所有项目因素的支出计算而得。如果我们愿意对待一个事实，它还能够使我们做出推论。回到毒品的例子上，通过分析在辖区内使用不同的惩罚标准而得到的毒品消费的数据，我们可以从统计上推断关于惩罚的需求弹性的大小。通过使用标准的统计技术作出我们的推论，我们一般能够通过置信区间和显著性水平说明它们可能的精确度。我们通过直接观察或推断以及通过理论形成，支持我们关于现在和未来状况断言的论据。

有两点需要注意：第一，某人对一个事实的判断常常依赖于他所拥有的理论。我们视为事实的弹性估计依赖于我们所使用的统计模型中的隐含假设。一个不同的、但或许是同样合理的模型可能会导致非常不同的推论。第二，我们带来的所有事实在某种程度上都是不确定的。因此，我们几乎从不在某个立场上单独使用逻辑证明任何断言。相反，我们有时必须在不一致的证据和要得到的有关合理断言的结论之间保持平衡。

为政策分析收集证据通常可以很有用地分为两大类型：文献研究（document research）和实地研究（field research）。或者，如尤金·巴达奇所指出的，"在政策研究中，几乎所有可能的信息、数据和主意的来源都可以分为两类：文献和人"[1]。在实地研究中，包括进行访问和收集原始数据（包括调查研究）。文献研究包括综述处理理论和证据的相关文献，和查找现有的原始（初级的）源数据。

13.1　文献研究

与那些更具体、更地方性、更策略性、本质更不重要的政策问题相比，那些在范围上更大、更具有全局性、更具战略性和本质上更重要的政策问题的文献更容易认定，也更有用。因此，广义地说，问题越大，潜在有用的文献也就越多。遗憾的是，这个看起来令人安慰的断言也带来一个警告：那些重要但新显现的问题往往没什么文献可供参考。例如，在20世纪80年代以前，想要找到有关获得性免疫缺损综合征（immune deficiency syndrome）的文献几乎是不可能的。当面临这种新问题或文献缺失的问题时，你就必须大胆地应用理论，并创造性地寻找类似或相近的政策问题。

文献综述

在政策相关信息的搜寻中有四种一般的文献值得考虑：（1）杂志、书籍和学位论文；（2）利益集团、咨询公司和智囊团的出版物和报告；（3）政府的出版物和研究文献；（4）大众出版物。

如果这本教科书是 20 年之前写的，我们会推荐两种接近相关杂志和书籍的方法：第一，通过主题、部门或领域（例如，地址、能源或教育）；第二，通过学科（例如，经济学、政治科学或社会学）。事实上，这两种方法依然是奏效的，确实也是基本的。但是，在过去的 20 年中另一种直接关注公共政策的文献已经出现。这种公开的政策文献现在与其他两种方法相交叠，并且在某种程度上取代了它们。就大部分建议书而言，首先看诸如《政策分析和管理杂志》、《政策科学》、《政策研究评论》、《政策研究杂志》、《规制杂志》、《加拿大公共政策》和《公共政策杂志》（大不列颠）之类的杂志政策文献是很有意义的。许多职业政策分析家发现这些杂志中的几种颇值得订阅。许多其他杂志涉及具体领域的公共政策研究。例如专注于健康相关问题的《健康政治学杂志》和《政策和法律》，它们有很强的政策导向性。类似地，许多学科杂志也对政策非常重视。例如，通常在法律图书馆可以发现的《管理、法律和当代问题耶鲁杂志》就属于那些公共政策领域非常受重视的法律杂志。

文献综述的一个显著出发点是你的问题的具体主题领域，例如住宅、能源、犯罪判决、健康或运输。这些专题导向的期刊的长处也是它们的短处。它们之所以被关注，是因为有关该主题的唯一性。然而，它们有时可能会给人们留下这样的印象，其主题完整地唯一，从而使政策分析家的视野不能看到检查其他政策领域的类似性的可能。记住，这本教科书及其强调的市场和政府失灵，断言政策分析的许多方面在不同的实际领域都具有共性。另一问题是许多主题导向的杂志都有一种隐藏得相当深的特殊专业视野。对于你来说，重要的是要理解是否一份特殊的杂志主要关注的是，比方说就业效率问题，而不是其他某个方面。

最后，你必须区别杂志和期刊。杂志通常是由高度学术性的编辑部使用学术标准进行操作，因此它们的文章通常被专家或本专业的同行们查阅。虽然这并不能杜绝学术偏见，有时甚至产生学术偏见，但它确实能保证这种杂志的大多数文章符合基本的合格和诚实的标准。相反，期刊可以由私营公司、行业协会和其他利益集团发行，因此你在使用它们的文章作为资料来源时必须谨慎。使用杂志的另一个主要的好处是它通常可以提供广泛的参考文献，它不像期刊那样简单。因此，这些文章标出了引出的其他文章。

同时，文献可以从专业视角加以研究。随着专业化职业学派对诸如教育社会福利和犯罪学等主题的贡献的增长，在某种程度上，学科与主题研究的区别已经变得模糊。无论如何，诸如经济学、政治科学、社会学、心理学和人类学等主要学科仍然是相关的。

因为几乎在任何类型的政策分析中都要考虑到效率的重要性，经济学类的杂志是一个明显的出发点。也许最有用的一本是《经济文献杂志》（*Journal of Economic Literature*）。《经济文献杂志》为政策分析家提供了三种有用的服务。第一，它提供了某些特殊领域和理论问题的文献评论。这些评论可以在为一个问题的前沿研究和准备相关文献的综合调查方面节省大量分析家的工作与时间。第二，它提供了各种经济杂志近期的文章题目。第三，它提供了各种经济杂志中近期文章的内容或主题索引。

直到不久以前，《经济文献杂志》的索引还是提供容易查找的经济文献的唯一手段。美国经济协会（JEL 的出版者）正在制作一种查阅经济杂志、书籍、论文和所选的工作底稿的电子索引，称为 EconLit（www. econlit. org）。它可在大多数研究性图书馆通过光盘获得，一些商业互联网服务器，诸如第一搜索（FirstSearch）则提供在线入口。ABI/Inform 是 UMI 公司提供的一项商业性服务，也提供相当范围的工商和应用经济学的资料来源，其中部分提供全文。世界政治学摘要（Worldwide Political Science Abstracts）是剑桥科学摘要提供的服务，提供了政治学的资料。通过搜寻保证获得全文也正变得更为容易。例如，除了最近 5 年的以外，几乎所有主要经济学杂志的文章都可以通过 JSTOR 查到。

其他潜在相关文献有价值的指南包括《公共事务信息服务》、《期刊文献读者指南》、《Ulrich 国际期刊目录》、《社会科学引用索引》、《法律期刊索引》和《辛普森公共行政图书馆研究指南》。此外还有大量的专业化来源。例如，在犯罪审判领域，国家审判研究所提供了一份国家犯罪审判研究服务（NCJRS）索引和通过它的互联网网址（www. ncjrs. org）的电子通道。教育部的教育资源信息中心（Educational Resource Information Center）提供了一份教育资料索引，叫 ERIC（www. ed. gov）。许多研究图书馆保留了 ERIC 索引中的大多数条目微缩胶片副本。尽管很少有政策导向，农业部的国家农业图书馆仍提供了一份农业原始资料索引——AGRICOLA（www. nal. usda. gov），剑桥科学摘要提供了一份环境原始资料索引——环境科学和污染管理（Environmental Sciences and Pollution Management）（www. csa. com），美国国家医学图书馆提供了一份国际医学杂志索引——MEDLINE（www. nlm. nih. gov）。

类似杂志文章的是硕士和博士的学位论文。这些常常是非常有用的信息源，因为它们通常深入研究一个问题，考虑大量细节，并且它们还经常包含广泛的参考书目。学位论文信息可以在国际学位论文摘要和硕士论文摘要（Dissertation Abstracts International and Master's Abstracts）中找到，也可以在线通过 UMI 公司的商业服务进入学位论文摘要网站（www. umi. com）。使用学位论文的一个主要问题是它们通常在图书馆不可获得，因此不能用于"快速和不择手段的"分析（quick and dirty analysis）。如果时间允许，论文的副本通常可以从密歇根大学的微缩胶片（microfilms）中获得。

除了杂志和这些东西，也有每年出版的大量广泛的公共政策主题书籍。像《公共政策分析和管理杂志》这样的杂志就不断地有这些书籍的评论。《经济文献杂志》也是出版的经济学书籍的有用信息来源。每期的《经济文献杂志》都提供最近出版的 30～40 本经济学书籍的简要评论。计算机化索引，经常也包括其他来源的书籍，正使得全面查询相关书籍变得更加简单。

文献的第二种来源是利益集团、智囊团和咨询公司。我们将这些组织放在一起考虑是因为它们的功能实际上有重叠。利益集团通常为政策问题主动提供信息，但是它们偶尔也进行签约研究。咨询公司（consulting firms）主要对相对窄的专题进行分析，但有时它们也作更一般范围的政策研究。智囊团倾向于强调范围较宽的政策研究，但许多较新的智囊团与利益集团联系紧密。

在识别和使用利益集团、智囊团和咨询公司提供的大量可能相关的材料时，哪怕很有经验的政策分析家也面临困难。这些书面材料有些是公开出版的，但不容易得到；有些不是官方出版的，但可以合理地得到；而其中最大的问题在于，有些是不公开出版和不容易得到的，尽管它可能会被"挖出"（如果你知道去哪里挖）。当然，在全球处理器、桌面印刷系统（desk-top publishing）和互联网时代，"公开出版的"和"不公开出版的"区别正在消失。对于政策分析家来说，关键要考虑的是可获得性和可信性。

尽管进行政策相关研究的组织设在美国的主要城市，例如纽约、洛杉矶，和一些州的首府，例如萨克拉门托、奥斯汀和奥尔巴尼，但美国许多利益集团和智囊团的活动集中在华盛顿特区。在政治力量和政府席位更集中于最大城市的许多其他国家，几乎所有重要的政策组织都可以在一个地方建立。伦敦、巴黎和罗马都属于这种类型。相反，加拿大和澳大利亚是联邦体制，有次级国家政府和在相关小城市设立的政府席位（各自是渥太华和堪培拉）。

在华盛顿特区的无数利益集团和智囊团是政策相关分析的潜在资料来源，一份关于它们的有价值的指南是《首都资料源》（*The Capital Source*），每年由《国家杂志》（*National Journal*）出版两次。它提供了个人和组织的相关名字、地址和电话号码。《研究中心目录》（*Research Centers Directory*）由大风研究公司（Gale Research Company）出版，覆盖了依托大学的智囊团。国家研究进展研究所提供了《2002年智囊团目录》，在其网址（www.nira.go.jp）上，这一目录提供了整个世界的智囊团的简要描述。查询互联网会越来越多地发现智囊团和利益集团维持的提供信息的网页，有时是进入其出版物的电子通道。智囊团通过它们的网址提供其工作论文的入口有几个例子：美国企业公共政策研究所（www.aei.org）、布鲁克斯研究所（www.brook.edu）、CATO研究所（www.cato.org）、预算和政策优先权中心（www.cbbp.org）、兰德公司和未来资源组织，在加拿大有弗雷泽研究所和C.D.Howe研究所（www.cdhowe.org）。

智囊团可以是政策信息、研究和分析的一个主要来源。仅仅在十年前，它还是一个相当简单的讨论话题。少数智囊团——包括布鲁克林研究所、兰德公司和美国企业公共政策研究所统治着政策辩论。智囊团的数量（包括那些在大学里的），在过去的十年中迅速增长，同时有一个更加专业和更加公开的思想智囊团激增的趋势。在这种激增出现之前，分析家通常能够假设智囊团的研究是符合建立在同行评议的学术研究基础上的准确和有效的标准的。现在这种假设已经非常弱了。确实，在某人对一个特殊的智囊团使用的研究标准十分熟悉之前，先把它作为一个利益集团对待或许是一种谨慎的做法。

许多组织都有像利益集团一样运作的部门。社团、工会、贸易和行业协会以及咨询公司常常向政治过程提供信息。各种政府机构经常以利益集团的方式操作。例如，外国大使馆经常按照国际贸易的方式行事，州的和地方级别的商务办事处为了经济发展而如此行事。

各种各样的利益集团，如企业、消费者、行业、地区、政治、特殊问题的和其他利益集团提供不同种类和数量的政策分析，或者至少是与政策相关的信息。这些组织的范围涉及从共同利益协会（Common Cause）和塞拉俱乐部（Sierra Club）到保守主义核心小组（Conservative Caucus）和全国步枪协会（National Rifle Association）。在行业和贸易协会当中可以发现烟草协会、天然气供给协会（Natural Gas Supply Association）和北美太阳能协会（Solar Energy Institute）。这些组织的具体信息都可以从它们的网页上找到。

如果它们的客观性值得怀疑，那么为什么分析家还要考虑这些来源？一个实际原因是这些分析几乎总是直接或间接地提出了公共政策目标和政策备选方案。因此，哪怕你最终决定拒绝它们，它们成为了你所做分析的潜在的目标或备选方案的有价值的来源。另一个原因是这些来源可能有助于你处理来自政治反对力量的声音。如果一个特殊利益集团不同意你分析中的政策建议，那它很可能成为一个主要的批评家。在你自己的分析中预先处理这些不同意见通常比后来再设法应付更有效。

书面材料的第三种主要的来源是政府出版物：包括国家的、州的、地区的和地方的。美国政府是世界上最大的多产出版者之一——每年大约发布 100 000 份文件。这些文件主要由处理国会和代理机构材料的政府印刷局（Government Printing Office）和处理大范围技术以及其他报告的国家技术信息服务署（National Technical Information Service，NTIS）出版。另外，许多州和联邦代理机构直接发行资料，并且经常在网页广告上告知从何处可以取得。各种政策领域的研究可以来自国会预算办公室的网址（www. cbo. gov）、经济顾问委员会的网址（www. access. gpo. gov/epo/index. html）和总审计局的网址（www. gao. gov）。再多花一些功夫，其他政府机构的网页也可以使用任何大众的查询技术找到。你可以找到 Fedworld（www. fedworld. gov）或者由维拉诺瓦信息中心（Villanova Center for Information）提供的联邦网络搜索器，法律和政策网（www. law. vill. edu/Fed-Agency/fedwebloc. html）也很有帮助。

这种材料的主要政府来源是《美国政府出版物的目录月刊》，现在已由美国文件主管网出版了电子版（www. gpo. gov）。这本质上是政府的"销售目录"（sales catalogue）。国家技术信息服务署是政府资助的研究信息交换所，涉及科学、经济和行为科学材料。

也有几种来自美国国会的信息重要来源。国会的年度立法产品每年都在《美国现状》（United States Statutes at Large）中发表，并且每六年按照大目录或者专题并入《美国法典》（United States Code）。关于当前和最近国会立法提案的及时信息的一个极好来源是托马斯网（THOMAS）（Thomas. loc. gov），这是由国会图书馆提供的一项服务。托马斯网允许利用关键词查询，并可以查到法案全文。其他有用的来源包括：《国会季刊周报》（*Congressional Quarterly Weekly Report*）上刊登有正在进行的政策辩论和政治综述；《国会季刊年鉴》（*Congressional Quarterly Almanac*）发表每年的纵览和投票情况；以及《公共总法案摘要》（Digest of Public General Bills）（每年）和《国会的主要立法》（Major Legislation of the Congress）（隔年）载有新立法的信息。

通过委员会报告，国会的各委员会常规地收集并制作其管辖范围与政策问题有关的公共信息。这些报告主要提供听证会证人给出的证词和呈交的书面陈述。有时报告提供委员会雇员收集的背景信息。从 1970 年起由国会信息服务公司出版的《CIS 年刊》就提供了一种查询听证会报告信息的便捷方式。《CIS 年刊》的一部分按主题和证词提供这一年举办的所有公共听证会的详细索引，另外一部分提供了委员会报告中的证词摘要。这些报告本身通常可以在藏有政府文献的图书馆中查到。

联邦执行机构制定的规则，特别是那些具有明确管制任务的机构，如环境保护署和食品与药品管理局，有些时候与分析家从事的所有层级政府的政策问题相关。执行机构规则制定的官方记录通过《联邦记录》（Federal Register）提供，每个工作日发行。机构通告发布其管辖范围的规则，已经实施的法规的历史，以及邀请利益集团提交关于相关提案的评论的邀请。评论期之后，机构发布该规则的最后形式，通常还有对它接受的评论给出的回复。由于机构必须说明规则制定的合理性以避免法庭挑战，它们在《联邦记录》中发布的材料常常相当详细，因此是分析家进行相关问题分析的有价值的来源。大多数图书馆都有《联邦记录》，它还可以通过政府印刷局提供的网址查询（www. access. gpo. gov/su _ docs/aces/aces140. html）。《联邦规则法典》（the Code of Federal Regulations）每年把《联邦记录》出版的一般和永久规则编成法典。

分析家在处理美国所有的地方政府的问题中也可能在少数时刻面临联邦宪法问题。最高法院的决定每年在《美国报告：最高法院调整过的案例》中汇总发布。最近的最高法院决定和其他联邦及州法院决定的案例信息，可以由康奈尔法律学院的网址（www. 1aw. cornell. edu）得到。对于那些没有经过法律研究训练的人，通常最好在法律学院的期刊上查询一些文章，这些期刊已经把特殊的决定解释成更广泛的法律条文。由于这些杂志上的文章通常引用丰富，它们常常提供关于政策问题的非法律来源。法律期刊和相关来源可以通过法律期刊索引查询。一份更广泛的法律材料索引由商业服务网 LEXIS/NEXIS 提供，它还提供法律期刊和判例法的全文。

所选的州及地方政府的材料可以通过《当前城市文献》、《市政年鉴》（*the Municipal Yearbook*）、《县年鉴》（*the County Yearbook*）、《计划委员会图书管理目录》、《州出版物核查目录月刊》和州立法机关国家会议的网页（www. ncsl. org）得到。州机构也越来越多地建立电子平台，提供电子版报告、重要人员的联络信息以及有关行政机构的一般信息。在接下来的几年，这种趋势可能也会蔓延至大城市和乡村。

最后，大众媒介也是背景信息的有价值来源，尤其是当你面对一个新的问题时。虽然报纸和杂志文章很少提供详细的信息和分析，但是它们经常提到和引用有潜在价值的专家、股东、组织、文献和其他来源。因为它们在其他出版来源出现很早以前就出现在大众媒介，所以这些引导显得特别有价值。对许多地方问题的分析与认定而言，它们也可能是唯一可参考的出版物。由于这些原因，通过大众媒介的迅速查询开始某一项新的调查常常是有用的。

数据和统计来源

在许多分析中，提供与分析新数据是非常有用的。原始的和分析后的数据的一个主要来源可能是上面提到的文章、书籍和文献。但你也会愿意检查主要数据的来源。再次强调一下，美国政府是一个非常好的数据来源。一种非常好的书面参考是《美国统计摘要》（Statistical Abstract of U. S.），每年由人口普查局（Bureau of the Census）出版。《美国政府统计出版物指南》是一种特别有价值并且易于使用的索引，由国会信息服务有限公司出版。许多机构的统计信息可以通过联邦机构间委员会的统计政策网址（www. fedstats. gov）获得。

美国人口普查局提供了大量有用的人口统计数据。美国人口普查局的几种出版物——《国家和城市数据手册》（the Country and City Data Book）、《国会众议院选区数据手册》、《州和大都市地区数据手册》，尤其对州和地方辖区的横向比较很有用。人口普查局维护的网址（www. census. gov）提供在线获得大多数人口普查数据的服务。

一旦我们离开联邦政府，即使说明性地分类这些可获得的数据和统计也是不切实际的。《统计参考索引：来自私人组织和州政府的美国统计出版物的选择性指南》是最好的确定政府机构以外资料源的来源。研究性图书馆经常购买微缩胶片，可以提供有用的信息。州、县、自治市、特区和地方政府部门也都收集并且或多或少使这种数据公开。虽然图书馆有时编辑每年来自州和地方代理机构的报告和特殊研究的目录，但通常这种文献必须直接从机构那里获得。记住这种数据的质量是非常不确定的。

大学和智囊团常常是数据的重要来源。例如，在密歇根大学的政治和社会研究大学间社团（ICPSR）存有调研和其他研究的数据（www. icpsr. umich. edu），城市研究所（www. urban. org）通过其新联邦政治评价计划，已经建立起超过700个变量的描述州的社会服务系统的数据库。

最后，许多社会科学杂志现在要求作者把他们统计分析中使用的数据存放到可以进入的档案中。这些数据对于说明已经出版的研究没有直接说明的问题很有用。

关于互联网时代文献的说明

从我们列出的来源应当清楚地看到互联网尤其是万维网（www）已经成为政

策分析家的一个主要的信息来源。这种转变已经大大地增加了分析家可以快速收集信息的数量。15 年前，这本书的第一版写成之际，只有非常少的电子工具可以用，因此收集信息主要使用参考书查找写在纸上的文献。这种转换提出了关于文献来源的重要问题。

引证来源主要有三个目的。第一，正确地给予那些使别人能够获得自己的信息和思想的作者以荣誉——这在学术领域尤其重要，人们经常通过他们作出的知识贡献得到评判。第二，引用文献告诉其他人怎样获得你所使用的来源——有时能够表明你的结论的合理性，但更经常的是深度探讨你已经发现的信息。第三，文献引用表明你所引用的文献的可信性和权威性——为什么我们应当相信这个信息来源？

互联网已经使这三种目的变得复杂。因为有时很难确定网页上发现的材料的初始来源，经常很难向那些创造这种信息的人致以恰当的谢意与荣誉。显然，如果有人跟随你的足迹：对于他们来说知道你所提供的引文的网址是重要的。[2] 尽管网页换来换去，但提供网址至少是你给其他分析家一个搜寻的出发点。

最困难的问题是在交流你的来源的可信性时你的引用的角色。记住，几乎任何人都可以编写任何东西并将之发布到一个网页上。与必须服从同行评议的杂志文章相比，或者与至少接受编辑评审的文章相比，显然网页上的材料没有作为来源的特殊可信性。因此，你的引用尽可能多地提供关于这种来源的信息是很重要的。仅仅是一份出版材料的电子版吗？如果是这样，提供一份包括你发现的该文献的互联网地址的完整引用。如果没有出版，你能提供任何关于评价作者可信性的相关信息吗？例如，作者的写作是属于个人还是由哪个组织主办及赞助的？如果是个人，你能提供什么关于作者职业地位的说明吗？如果是一个可能不出名的组织赞助的，你能指明它的类型吗？

13.2 实地研究

实地研究包括与人们交谈，收集原始数据或查找未出版的报告、备忘录或其他组织的文献。这些任务常常是相关的，因为通常不通过访谈发现数据是很困难的，而没有与那些实际收集信息的人谈话，就不可能评估其可信性、合理性并对它进行充分理解。同理，把未出版的文献放到正确的视野中通常要求涉及其准备过程的背景信息。

你应当怎样确定交谈的对象？你的文献综述经常会暗示一些关键人物。然而，我们在上一节的讨论中，不可避免地集中于国家级的政府分支机构。如果你从事州或地方问题的研究，那么你应当确保你有相关的目录和组织图表。这种目录从立法和政府行政分支机构那里很容易获得。大多数分析家会迅速绘制他们自己的地方利益集团、职业团体、管理机构、从事政策研究的顾问公司、私营公用事业的机构和处理公共问题的法律公司的目录。这些机构也与其他的一些机构在整个政策领域中发生联系。[3]

不要把你的考虑仅限于当前相关组织的人们身上。尤其是最近退休的雇员常常是非常有价值的来源。退休雇员提供几种好处：他们通常有谈话的时间，他们有时间反省他们的经历，他们不必担心机构政治和报复。因此，他们可以更加坦白和更具分析性。唯一的问题是他们信息的"保存期限"（shelf life）可能是相当短的。

访谈并不需要面对面进行。使用电话或者电子邮件检查是否某人看上去是个合适的信息源（通过头衔、部门或组织角色判断）可能是很有用的。在较短的时间框架的课题中，你可能被迫同时要做初步的挖掘工作和电话采访。

这里我们不能提供一个全面的采访指导——可以参见几本单独讨论这一问题的较全面的书。[4]相反，我们提供一些关于采访的主要问题的基本建议：（1）何种信息能通过采访最有效地获得？（2）如何判断采访的有效性？（3）你怎样才能与被访问者交谈？（4）你应该如何确定采访别人的时间？

在下面的清单中，我们对其他作者提供的建议进行了一些修改[5]：

1. 何种信息能通过采访最有效地获得？

a. 历史背景和前因后果。关于已经发生了什么的描述。

b. 基本事实，无论直接通过采访得到或者由被采访者提供原始数据。

c. 主要人员的政治态度和主要角色的资源（这些无论在哪里可能都不是书面材料。采访可能是得到这种信息的唯一来源）。

d. 关于未来的规划；现有趋势的推断。

e. 其他可能的采访对象和书面材料。

2. 如何判断采访的有效性？

a. 回答的说服力、合理性和连贯性。

b. 回答的内部一致性。

c. 回答的特殊性和细节。

d. 符合已知事实。

e. 已被采访者对描述的事实的第一手熟悉情况。

f. 被采访者的动机、偏见和立场。

g. 被采访者可能保留信息的原因。

h. 被采访者自我批评的性质。

3. 你怎样才能与被访问者交谈？

a. "能量"须来自分析家，而不是被采访者。准备提出问题。

b. 分析家不应当假装中立，但应当避免教条和敌意。

c. 已证明你有不同于当前被访者的事件解释的其他信息源。

d. 在重要问题上显示合理的韧性。

e. 已指出一个主题的其他观点，并告诉被采访者这是他诉说其立场的机会。

4. 你应该如何确定采访别人的时间？

采访顺序的早期方法：

a. 可能富有信息源的那些人。

b. 有权力的个人（他们可以提供直接或间接地接近其他信息源的通道）。

c. 能提供信息的知识渊博的人，他们的信息可以诱发他人更自由地交谈。

d. 能够对分析的可信性作出贡献的友好专家。

e. 已可评估的潜在反对者。

f. 退休雇员。[6]

相对较晚的方法：

a. 那些可能敌对或抵制的被采访者（利用早期的访谈获得优势）。

b. 你不能再次对话的被采访者，因为他们很忙、距离远或是有其他导致难以接触的困难（尤其是你想知道他们对直到你的计划的最后阶段都不能最后确定的政策备选方案的反应）。

c. 能够阻止你获得接近其他被采访者的强大的政治对手。[7]

d. 即使他们具有必不可少的知识也不能区别关键问题的行政人员。

e. "专家"被采访者，尤其是学院派，他们可能更具有理论导向性[8]（如果你太早采访他们，那么你会不知道如何设计问题才能够充分利用他们的专长）。

这些要点的大多数是自明的，另外还有一些要点值得一提。对问题 1 的回答表明采访到的事实、历史和规划是最有用的。作为一个推论，它们对将要发生什么（也就是一种模拟）的理论解释或者对澄清和合理阐述目标不是很有用。这些通常必须来自你自己所熟悉的理论和你的文献评论。然而，这种一般的观察有两个例外。第一，学术上的被采访者对模型和理论更熟悉。的确，他们不大可能熟悉计划预算、组织结构和制度历史。第二，许多政府机构有它们自己的分析家和研究者。这些政府雇员比项目管理者和普通员工更适合应付理论问题。

关于第二个问题要提的主要一点是，一次采访的可信性和价值常常只有通过进行明显多余的采访才能判断出来。若一次特殊的采访得到的信息是你的分析关键，那么只要可能，你应该以其他的采访证明这一点。

毫无疑问，最难处理的问题是让被采访者开口讲话（问题 3）。一个一般的提示不能告诉对方你不知道你们正在谈论什么。为什么我们使用这个双重否定？因为显出你不是无知的，有时和显示知识是不一样的。换一种方式说：如果你知道什么，巧妙地炫耀出来！如果做得很巧妙，那么你的知识能够成为引入某种互动关系的一种途径。如果你可能需要另外的访谈，某些东西是尤其有用的。这正是访谈艺术的一个方面。更广义地，这种做法，按照巴达奇的解释，是公平的、慎重的、聪明的和冷静的，并且可以避免看起来像游击队、搬弄是非者、白痴和受骗者。[9]

在你认为你已经发现尤其重要的或是有争议的信息时，你或许需要给被采访者写一封重申这一信息的信件。其结论是如果你对访谈内容有所误解，那么请要求被采访者指出。于是被采访者会在某个时候以有用的阐述和校正回应你。交流的记录对避免关于究竟说了什么的争论也很有用。当然，出于普通的礼节，建议你发一封短信感谢那些接受访谈的人，他们已经为你花费了时间。

最后一点采访的实用技巧：在采访前做好事先准备——计划提出问题的顺序，但要灵活掌握。不要提那些你能够从文献或从更容易接近的人那里得到答案的问题。确保采访之后尽可能快地详细总结采访记录。开始实践时，不要在一天中安排太多的采访。如果你这样做，你可能看起来冲动和鲁莽。这样做还会使做笔记不那么容易，并且会使采访开始在你的记忆中互相混淆。如果你希望做大范围的记录，不要安排午餐会议。询问其他潜在的被采访者，并且索取潜在有用的文献和数据。

13.3 把文献评论和实地研究放在一起

巴达奇建议了四条扩大信息收集范围的基本途径：文献引出文献、文献引出人物、人物引出人物以及人物引出文献。图13—1显示了巴达奇的启发式教法展示的一种方法，这种流程图表明最初进行文献评论通常是明智的，但对短期项目而言，以电话采访作为起点常常更为合适。虽然文献综述会花些功夫，但一旦你已经进入相关文献，最初的文献、参考书和目录将很快引出其他文献（即文献引出文献）。最初的文献查询过程可能暗示作为潜在被采访者的特殊人物，或者至少暗示了潜在被采访者的类型和角色（即文献引出人物）。最初的文献评论的目标是给予你进行聪明采访的充分背景，这个建议的要点能够归结为一种简单的启发：在你与别人谈话之前要对事情有所了解。

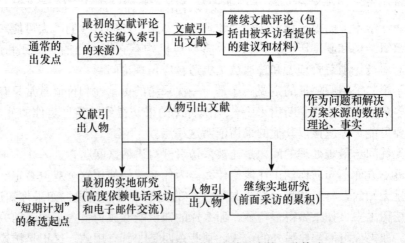

图13—1 合并文献评论和实地研究的一种策略

一旦你有了这一问题的宽阔的思路，转向实地研究的初始阶段常常是富有成效的。第一阶段可以由大量多产的"迷你采访"组成。另外，它可能由对潜在的早期被采访者（例如友好的专家）的采访组成。尤其具有吸引力的是那些位于附近的潜在的被采访者。采访他们可能要比采访远处的其他人花费更小的代价（时间和财力）并且在安排采访上你通常可以更加灵活。

一旦最初的实地研究完成，你应当有更明确的方向从事进一步的文献评论（即人物引出文献），并且可以进行更广泛和系统的实地研究（即人物引出人物和数据）。

13.4 结论

一般说来，你带入政策问题的相关信息越多，你就拥有越多的做出好的政策分析的能力。随着可获得信息的不断增加，特别是随着互联网的广泛使用，很重要的一点是：你搜集信息的努力必须是思辨的。罗伯特·本（Robert Behn）和詹姆斯·瓦佩（James Vaupel）已经指出，最好的学生要花费他们99％的时间收集和整理信息（或者进行文献评论和实地研究）。[10]他们建议好学生至少应当花费他们时间的一半来思考，他们建议的这种启发式方法是一种简单的模型：复杂的思考。[11]我们同意。然而，说比做容易。关键的一点是确保你不是处于只见树木不见森林的境地。需牢记：只有当你收集的大量数据可以放到一个分析框架中才是有用的。不断询问你自己，你已经组织好的事实在哪里以及你想要的事实是什么。

复习思考题

1. 目前，美国的学术研究者们必须遵循更加严格的制度，以保护作为调查对象的人。尽管那些针对被选举或者被指定的官员的研究经常被宣布免于受到这种制度的审查，但这些研究还是需要经过所在大学或者研究机构的制度研究委员会（IRB）审核。政策分析的工作通常可以免于直接的审查与控制。但是，分析家对向他们提供信息的人也负有责任。你认为当我们从人们身上获得信息时，应遵循何种伦理原则？

2. 本书的作者曾经听政策分析家们声称：电话是政策分析家最重要的工具之一。现在，是否这个论断应该被"互联网是政策分析家最重要的工具之一"所替代？说明原因并做出引用。

注释

1. Eugene Bardach, "Gathering Data for Policy Research," *Urban Analysis* 2，1974，117－44，at p. 121.

2. For suggestions on formats for Internet citations, see Melvin E. Page, "A Brief Citation Guide for Internet Sources in History and the Humanities (Version 2. 0)," *PS: Political Science and Politics* 29 (1) 1996, 83-84. See also Xia Li and Nancy Crane, *Electronic Styles: A Handbook for Citing Electronic Information*, 2nd ed. (Medford, NJ: Information Today, 1996).

3. Networks work best when those involved are willing to share, not just information but comradery as well. On effective networking, and more generally working well with colleagues, see Michael Mintrom, *People Skills for Policy Analysts* (Washington, DC: Georgetown University Press, 2003), 231-45.

4. See Lewis A. Dexter, *Elite and Specialized Interviewing* (Evanston, IL: Northwestern University Press, 1970); and Jerome T. Murphy, *Getting the Facts: A Fieldwork Guide for Evaluators and Policy Analysts* (Santa Monica, CA: Goodyear, 1980). For an excellent treatment of gathering information through direct observation, see Richard F. Fenno, Jr. , *Watching Politicians: Essays on Participant Observation* (Berkeley: IGS Press, University of California, 1990).

5. Questions 1 and 2 are drawn (in a modified way) from Carl V. Patton and David Sawicki, *Policy Analysis and Planning* (Englewood Cliffs, NJ: Prentice Hall, 1986), 67-70; questions 3 and 4 (again modified) are from Bardach, "Gathering Data for Policy Research. "

6. Added by authors, not on Bardach's original list.

7. Bardach is aware of the contradiction of recommending both early and late interviews for potential opponents.

8. Added by authors, not on Bardach's original list.

9. Bardach, "Gathering Data for Policy Research," p. 131.

10. Robert D. Behn and James W. Vaupel, "Teaching Analytical Thinking," *Policy Analysis* 2 (4) 1976, 661-92, at p. 669.

11. Attributed by Behn and Vaupel, p. 669, to Gary Brewer from a talk given at Duke University on December 3, 1973, Robert D. Behn and James W. Vaupel, "Teaching Analytic Thinking," *Policy Analysis* 2 (4) 1976, 663-92.

第 14 章

脚踏实地：如何面对政策问题

前面的章节主要关注政策分析的概念基础：如何诊断问题，如何识别可能的政策备选方案，如何思考效率和其他政策目标，如何衡量干预市场或改变现有公共干预的某些成本和收益。在这些基础上，分析家必须建立一种结构，这个结构在某些环境之下是有用并合适的。本章我们集中讨论这种构造过程：应该怎样计划和执行一项政策分析？答案是要牢记一个核心观念，即政策分析是一个过程，包括构建有效的政策建议并与客户交流那些建议的过程。[1]

在开始进行分析之前，我们建议你分析一下自己。开始一份书面分析通常是困难的。因此，我们强调如何着手去发展一种分析的策略。换句话说，做"分析的分析"（analysis of the analysis）或者"元分析"（meta-analysis）。

14.1 分析你自己：元分析

你的自我分析会给你作政策分析提供一种标准。你可以把这种自我分析建立在你第一次尝试政策分析（最好是如此）或建立在你写作学术论文（不那么理想）的经验基础之上。

无论是从思想的角度还是从写作的角度来看，学生和绝大多数人都属于以下两大类，即线性的和非线性的。[2]线性的思考者会通过一系列逻辑步骤，连贯地向前运动。非线性的思考者倾向于形象地看问题，不断向前向后，让拼图的不同碎片变得清晰起来并且逐个到位。我们要强调的是，相对实现目的来说，这二者既好又不好——都有优势和不足。你的某些不足（或者优点）在其他过程中或许还没有显露，因为那些过程更为成型，处理的问题更为确定。

最后一点很重要。因为你的正规学校教育让你熟悉了课程作业，特别是数学、统计学和经济学中的作业，答案对或错都是有说明的。政策分析极少如此确定。这并不是说没有好的或者坏的分析，而是你的答案，即你向客户提出的建议，很少能够以它自己的方式来证明你的分析质量。好的分析要求提出正确的问题，并创造性又逻辑性地回答它们。你选择的方法应该允许你清除、最小化或至少缓解你在思考和写作中的具体弱点。

你怎样才能诊断自己的不足呢？我们发现习惯于线性思考和写作的学生很容易患"分析麻痹症"（analysis paralysis）。这一点并不令人吃惊，线性的思考者喜欢从分析问题的起点开始，然后遵循有时候被称为理性主义者模式（rationalist approach）的路子一步一步地到达终点。然而，如果他们不能连贯地完成这些步骤，就会发生麻痹。相比之下，其他很多人不愿意按照一定的顺序分析问题。他们有很多想法，很愿意把它们写下来，但是他们又难以用一种组织良好的、有序的模式贯通这些思想。坦白地说，这导致他们写下来的东西像一盘吐出的狗食。

元分析的第一个原则就是**线性的思考者要采用非线性的思考策略，而非线性的思考者要采用线性的写作方式**。本书的格式应该有助于线性的思考者采用非线性的思考方式，因为它划分了分析过程。例如，为了勾画某些一般性的政策选择，你无须全部地理解问题。本书的前几章和接下来的这一部分也应该有助于非线性的思考者组织分析，使其条理变得更加清晰。非线性的思考者能够也应该继续非线性的思考，但是他们必须线性地写作，使之更容易被人理解。另一方面，线性的思考者会发现如果采用了非线性策略，他们的工作会更加富有成果，患"分析麻痹症"的可能性也更小。因此，元分析的第二个原则就是**在进行政策分析时应该同时运用线性的和非线性的方式。**

本章接下来的部分将介绍理性主义者或者线性思维的八个步骤。我们把这种模式称为理性主义者模式，而不是"理性"模型，是因为仅仅按照这些步骤，是不太可能达到最优的理性状态的。非线性与创造性思维可以是非常理性的！之后，我们会转向讨论非线性策略如何被转化成实际技巧并应用于政策分析。在进入这些分析步骤时，我们首先还必须再强调一下客户导向的重要性。

14.2 客户导向

在引论章节中，我们强调政策分析是由客户导向的，我们还讨论了分析家和客户之间关系的某些道德问题。这里，我们进一步关注拥有一位客户的实际后果。政策分析的第一条原则似乎是明显的，但是常常被忽略：你必须强调客户关心的问题。学术经历（特别是非定量化的课程）在面对此类现实时并不会使你更得心应手，因为任何人都有对某个问题的认识以及对它的解决办法。这也很合情合理，因为如果教授是客户，他或她对你的认知能力的发展会最感兴趣。真正的客户看重的是他们的问题是否得到了回答。从这个不太让人愉快的事实中得出的重要启示是：**不太确定地回答一个被问及的问题，几乎总是好于确定地回答一个没有被问及的问题。** 作为推论还可以获得一个启示：**好的分析不会隐瞒不确定性，无论它关系到是事实还是理论。**

我们都喜欢干净利落，我们中的大多数人也会因为给出肯定的回答而得到回报。但是在政策分析中，曝光那些模糊之处要比隐瞒它们更有用。记住，如果你的客户没有从你这里听到这些模糊之处，他或她也将从政治上或分析上的对立面那里获知——这是一条令人更加不安的获知途径。作为一位分析家，你有责任让客户避免因你的建议而陷入偏见的泥潭。

强调模糊之处不应该被看作含糊、空洞、贫乏的开脱。确实，你将不得不更加努力地工作，去明智地梳理那些相互矛盾的理论和事实。另外，曝光模糊之处并不是说你不要得出分析结论。例如，对于一个给定的政策问题，如果不清楚是否存在市场失灵，你应该简明扼要地概括出这个问题的两方面的证据，然后得出你的结论。这样，客户就既可以意识到其中的争论，也能够明白你的结论。让你的客户知道有关数据和证据的薄弱环节尤为重要。尽管在政策辩论时使用的"事实"通常是不精确的，或者至少是未经证实的，但是它们却很少遇到挑战。这被称作"数字神话的活力"[3]。例如，道格拉斯·贝沙若（Douglas Besharov）已经指出，在虐待儿童问题上曾经使用过大量不可靠的数据。[4]

如果可以肯定客户问了一个错误的问题，你该怎么办？我们不会对如何应付这类棘手问题提出很明确的建议。但是，有一条你必须明确，那就是你要向客户解释清楚，为什么你认为他或她的问题不恰当。客户对其目标常常是含糊的，他们常常有一些在你看来是不恰当的目标。通过识别其模糊之处，并指出你认为这些目标不恰当的原因，你能够帮助客户更好地提出问题。总而言之，你要在分析之初就尽力这样去做，而不要等到你要提交客户提出的最初问题的答案时才这样做。

有时，客户提出了正确的问题，但是阐述得不好。在很多时候，你得到的是客户遇到麻烦的"症状"（例如"我的选民在抱怨日常护理费用的不断上升"）。还有一些时候，客户会给你提出备选政策，而不是政策问题[5]（例如"州是否应该资助日常护理中心的责任保险？"）。作为分析家，你的责任就是把这种症状及其备选政策的表达在分析框架之内重新进行系统的阐述（"现行制度下的日常护理业是否可以提供有效的服务？如果不能，原因何在？"）。下述问题分析的讨论为这样做提供了指导。

14.3　理性主义者模式的步骤

分析一词来源于希腊语，意为分成一个个组成部分。政策分析的老师常常按系列步骤来说明这些成分，具体顺序如下：定义问题，制定评价标准，明确备选政策，展示备选方案并从中挑选，监督并评价政策结果。[6]这一连串问题的开始常常是"定义问题"，从而接下来的步骤可以说是"解决问题"。我们认为，这种表达方式经常会误导一些没有经验的学生，使他们认为定义或者解释问题在分析过程中是一个相对短暂而简单的部分。在实践中，分析家遇到的最大的困难就是以一种有用的方式定义、解释和模拟问题，他们将大部分时间都耗费在这方面。[7]这些任务至关重要，因为它们在很大程度上决定了应该使用哪些目标和方法判断备选方案是否合适，从而推动了备选政策的选择。

图14—1的方式表现了一种貌似良好的政策分析过程。它将过程分为两个主要部分：问题分析和解决方案分析。两者都很重要。例如，一项分析如果将绝大部分篇幅用于分析问题，那么它所提出的政策备选方案或是在它们之间进行选择的理由就不会让人信服。因此，这样的分析对问题的实质描述或许很有说服力，但有说服力的并非一定是解决方案，因为绝大多数的客户都是来寻求解决方案的，这样的不平衡会削弱分析的价值。相反，你的建议也会变得缺乏分量，除非你能够让客户相信你对问题的构想是正确的，仔细地考虑过潜在的相关目标，并想出了备选方案。

我们的经验表明一些学生（以及分析家）会走极端，他们只关注解决方案分析。这些"建议主义者"（recommendationitis）尽力要把所有的分析统统塞入建议中。如果你有这种症状（或者有把你的所有分析都塞入分析过程的其中任何一步的倾向），你可能就是一个非线性的思考者，那么你就应该严格遵循理性主义者模式的步骤。

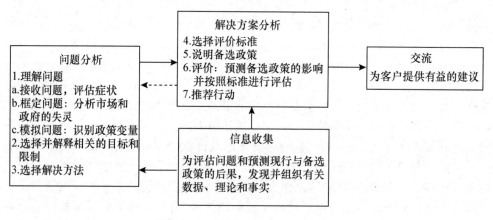

图14—1　理性主义者模式步骤总结

14.4　问题分析

问题分析由以下三个重要步骤构成：（1）理解问题；（2）选择和解释相关的政策目标与限制；（3）选择解决方案。

理解问题

理解政策问题包括评估客户的情况，将它们界定为市场或者政府失灵，模拟所关注的情况与分析那些能够由公共政策操纵的变量之间的关系。

评估症状

客户通常是因为某些群体对某种情况不满意而感觉到问题的。他们倾向于用这些不满意的情况或症状向分析家说明问题，而不是深层原因。分析家的任务是评估症状，并且提供这些症状是如何出现的解释或模型。

评估症状（assessing symptoms）包括确定它们的实证基础（empirical basis）。按照狭义的理解，这意味着设法找到有助于把症状置于定量分析框架内的数据。例如，如果你的客户关心你们国家因司机饮酒导致的汽车交通事故，那么你要设法查找帮助你评估这类事故的数量，这些数字如何随时间改变，总事故的百分比是多少，以及其他帮助你确定规模、分布和时间趋势测度的数据。按照广义的理解，你应当熟悉当前关于这种症状的公共讨论（阅读报纸！），以及通常认为与之相关的、现行政策的历史。例如，你可能会发现，尽管涉酒事故近年来存在稳定的下降趋势，一起具体的悲剧性事故还是会引起公众对酒后驾车危险的关注。从这一有利形势的前景看，酒后驾车与你的客户关心的其他情况相比，会显得不那么值得注意。

你对症状的评价通常可以作为问题分析的背景。它表达具有相对重要性和紧迫性的问题，并且建立起你作为对这个问题有见识的人的信誉。但只是评价症状并不能为你的分析提供一种坚实的基础。你必须明确连接这些症状与通过公共政策能够改变的因素之间的因果关系。换句话说，你必须设定框架和模拟这一问题。

确定问题

任何实证的或预测性的社会科学模型都可以作为问题分析的潜在基础。这里主要解释的焦点是说明个人私利（效用最大化）和总社会福利之间的偏差。虽然我们认为这个焦点通常是框定政策问题的最好出发点，但还是有几个需要注意的地方。

第一，我们必须避免这一方式的简约主义危险（danger of reductionism）。尽管对许多目的而言，我们能够把财富最大化和效用最大化视为同义词，但是说人们的效用最大化并不等于说人们只关心钱。很明显，他们还关心许多其他事情。同样地，正如我们在检验非传统的市场失灵时看到的那样，经济学家倾向于把偏好视为固定的，因此处理的主要是效用的联系而不是效用的形成。其他社会科学把大量的努力用于调查偏好是怎样形成的。因此，其他社会科学——包括人类学、心理学和社会学——还有很大发展空间，它们在确定市场和政府失灵方面扮演着重要角色。[8]

第二，这显然是相关的，我们并不认为效率是公共政策唯一的目标。因此，任何现实主义问题分析框架必须使分析家能够将其他目标或约束整合到分析过程之中。这个框架还应当允许分析家以一种一贯的方法制定目标："……好的政策分析……要求清楚地陈述和捍卫价值判断，它与分析相结合能够产生明确的结论。"[9] 在下一节，我们会讨论如何把这些目标合并到政策分析中。但是，我们认为你应当把你的精力首先集中在效率上。

市场失灵和政府失灵提供了我们在效率的基础上确定政策问题的基础。我们在第9章逻辑而系统地提到了有关市场失灵和政府失灵概念的应用。正如在图9—1中所展示的，一个分析的起点在于确定是否存在着一个运行中的市场。如果这样的市场确实存在，同时没有任何证据表明市场失灵或者政府失灵，那么进行任何以提高效率为借口的干预都是没有基础的。如果这个运行中的市场并不存在，又或者存在了市场失灵或者政府失灵，那么就存在一个改变政策从而提高效率的机会。以这样的方式确定问题为一般的政策备选方案的提出提供了可能性（见表10—6），同时也成为我们明确地模拟政策问题的起点。

模拟问题

就市场和政府失灵的框定问题而言，它经常直接导致研究政策变量与关注的状况之间的联系的模型产生。例如，考虑一位市长正关注上升的掩埋固体垃圾的成本。将这一问题视为市场和政府失灵的一位分析家会将这一问题框定为一种制度产生的负外部性：因为居民的计费是基于对他们的财产而不是产生的垃圾量的估计，他们看到为处置额外单位垃圾（他们的边际成本）而支付的价格实质上为零，而不是这座城市必须承担的收集和掩埋成本（边际社会成本）。这个问题的模拟如下：居民所见的处置垃圾的边际私人成本越大，产生的垃圾数量越少。模型的进一步阐述包括说明能够提高边际私人成本的途径和这种提高的鉴别标准。例如，简单地按照产生垃圾的数量向居民收费，会直接内部化这种外部性，但也许会产生很高的管理成本，并且会鼓励居民非法倾倒垃圾以逃避收费。认识到这些不合意的结果对某些种类的垃圾（诸如庭院垃圾）可能不那么严重，分析家会决定为不同的垃圾种类建立不同的模型。

有些时候建模必须大大超出预定的框架，其目的在于识别重要的政策变量。例如毒品滥用的问题，它可以很容易框定为一个负外部性的问题（吸毒成瘾者的街头犯罪、共用针管造成的疾病传播、吸毒父母对孩子的忽视和虐待以及和分配体系有关的犯罪）。但是识别和评价全部范畴的政策变量要求更清楚地解释，为什么人们对情绪改变型药物会从品尝发展到上瘾。几个假设已经提出：蔓延（contagion）——观察到同龄组成员享受早期使用的快乐，来自他们的压力导致品尝；失足（delinquency）——由于吸毒富于冒险性、能带来愉快，很容易被只顾眼前的年轻人接受；环境逃避（environment escape）——利用吸毒逃避身体或社会状况中不理想的现实；职业风险（occupational hazard）——因为能够在分配体系中获得，导致品尝。很显然，这些模型隐含着不同的政策变量。蔓延模型暗示反对毒品的广告由年轻人崇拜的偶像来做，可能会有助于抗拒同龄人的压力；环境逃避模型暗示在条件和机会上应该有更多的根本性变化。分析家们寻求确定这些行为模式最可能适用的环境。

总之，理解这些问题涉及调查那些促进客户兴趣的症状，用市场和政府失灵框定那些不理想的状况，以及开发公共政策可操纵的有关变量的行为模型这三项任务中的每一项。除了模拟只能在一项分析的开端时使用，正如我们下面要讨论的，理性主义者模式中的其他每一步都要重新考虑初始的问题定义。

选择和解释目标与限制

在任何政策分析中，最困难的步骤也许是确定合适的目标。正如珍妮·尼埃博（Jeanne Nienaber）和亚伦·威尔达维斯基（Aaron Wildavsky）指出的那样："……可以说，目标总是具有那些突出的性质：多元的、相互冲突的和含糊的。"[10]只有当你承认这种不利的现实时，你才有可能系统和成功地处理目标。

即便使用我们提供的建议，你也很可能发现目标选择和描述是一项困难任务，因为你们中的大多数人在学术生涯中很少有选择目标的经历。在多数情况下，你将被指定取得一种或多种目标。在政策分析中，因为必须确定相关的目标，你会面临一个更加困难的问题。明确目标要求你是规范的：必须经常确定什么是应该追求的目标。这一点是比较困难的，自然要引起争论。然而，我们可以建议一些你能够帮助你的客户建立适当目标的方法——在政策备选方案中作出权衡。我们的建议归在两个标题之下：（1）承认目标既是分析的产出又是分析的投入，换句话说，把处理含糊性、多样性和目标之间的冲突作为分析过程的一部分；（2）澄清目标和政策之间的区别。

目标的含糊性：把目标作为产出

图 14—1 以及本书之前所给出的有关实际政策的例子告诫你在政策分析开始时要意识到目标的含糊性（goal vagueness）。即使对一位有明确目标的特定客户而言，也会存在很好的理由，使得该客户不愿意揭示这些目标。很显然，当客户没有清楚的目标时，他们不大可能在头脑中拥有能够很容易地鉴别这些目标的成果的尺度（这种尺度使目标可操作化，可以当作评价政策备选方案的标准）。这种现实意味着新的分析员要比其他分析员产生更多的分析麻痹。

新手经常在他们工作的一开始就设法明晰客户的目标。我们建议：抵制住这种诱惑。你可能已经意识到，在鲑鱼渔业政策分析（第 1 章）和麦迪逊出租车政策分析（第 9 章）中，政策目标都没有在一开始就被提及。在你已经提供了自己最初的问题解释之后，从你的客户那里获得的明晰目标将可能是有价值的和更为基本的，但在开始时很少如此。在开始分析之前就寻求目标通常是无用的，其中有两个原因：第一，客户可能还没有在特定的政策范畴确定合适的目标。即使客户已经确定了合适的目标集，他或她也几乎肯定不能在这些目标之间进行适当的权衡。第二，客户可以有目标，但不愿意揭示它们。让我们依次来处理这些情况。

许多观察者认为准备作出复杂决策的个人没有预设的目标。[11]事实上，决策制定者在处理复杂的、非结构的问题时，在这个问题分析完成之前，没有刚性目标

（rigid goals）会是合意的。换句话说，直到你对将会继续发生什么有了某种解释之前，决定想要得到什么是没有意义的。例如，直到你作出解释之前，你的客户可能不会承认特定的政府干预的效率成本（以及因此把效率作为目标的重要性）。但是，你的客户可能会意识到现状中的某些问题，而希望新的政策能关注这些问题："出租车的等候时间过长"，"太多年轻人死于酒后驾驶"，或者"人们为了逃避交垃圾费而把垃圾丢弃在废弃的工业遗迹"，去激发客户做这样的抱怨或思考是非常有效的。正如我们就要看到的，把这些抱怨翻译成不同类别的目标，正是政策分析家的工作。

客户不把目标披露给他或她的政策分析家似乎有些奇怪，但采用这样一种小策略通常会有一些好的理由。明智的决策制定者意识到清楚的目标经常会催化冲突和对立。或许你的客户希望在提交和说明有争议但很有价值的目标时把你当成一匹"掩护马"（stalking horse）。

在这样的情形下你应当如何表述目标呢？无论你的客户暗示的是一个特定的目标还是一个目标集，你都应当清楚地考虑到有关的效率和公平。很显然，在这本书里，对市场和政府失灵的关注表明政策分析家应当总是主要关注总社会剩余或效率。需要牢记的是：哪怕是在政治家或者资深的政府公务员中间，也存在一种对效率的误解。如果直接询问他们是否关注效率，一些政策制定者会给出否定的答案。但是如果你询问同样的人：你是否关注一项现行政策，该政策可能会导致大量公民的伤亡？那么这些人的回答无疑是肯定的。事实上，这就是效率带来的影响。

一些政策分析家（大多数是经济学家）认为，一般而言，总效率应当是政策分析家们主要关注的内容，分配的和其他目标在备选政策的评估中很少是适宜的。他们认为，追求效率导致最大数量的总物品，从而为再分配提供了最大的机会。他们鼓吹，分配目标应当通过明确的再分配计划诸如税收体系实现。虽然我们同意政策分析家应当为效率呼吁的观点，因为在政治舞台上很少存在为最大化总社会福利说话的有组织的选区，但我们认定其他目标也很重要。

亨利·罗森（Henry Rosen）描述了常规地包括对公平的考虑的情形：

> 公平问题应当在每项政策决定中得到考虑，还是应当通过一种分离的收入再分配政策来考虑？……在具体的案例中通常没有办法识别所有的获益者和受损者，试图进行这种识别的信息成本通常很高。而且，对受损者的补偿机制是很少的或者是不存在的……忽略分配效应或只讨论总效率的分析只处理政策制定者问题的一部分，或只是一小部分。[12]

本质上类似的争论已经涉及公共政策的其他目标。总的来说，我们不能告诉你是否一个特定的目标应当被包括进你的分析，但是我们力劝你假设其他目标和效率都是有关的。这种方法迫使你提出合理的论点，以引入或排除某个特定目标。

无论你最终是否决定在解决方案分析中包括公平和其他的目标，我们还是鼓励你严肃地对待其他合适的目标，无论它们是实质性的还是工具性的。因此，如果你的分析不准备包括政策环境中不同的股东都认为重要的目标（含蓄地或明确地），你应当解释为什么。在下一节，我们认为公平或任何其他目标，能够有效地从效率权衡的角度来观察。然而事实依然是，分析技术不能告诉你的客户或你应该想要什么。最终，客户、分析家和政治过程必须确定多少效率应当被放弃，以获得给定数量的再分配或其他目标。

正如第 7 章所介绍的，其他目标可以被分成两大类：实质性的和工具性的。实质性目标体现价值，像公平和效率，这是社会出于它们自身缘故希望确保的。这些目标包括人类尊严，自我感知和自我实现的考虑。例如，一份黑斯廷斯中心关于器官移植的报告认为，除了效率，公共政策的相关目标还应当包括"道德的价值和我们的社会对个人自治和隐私的关注、家庭的重要性、人身的尊严以及提高和增强利他主义与社会意义的社会实践价值"[13]。

工具性目标是那些有助于实现实质性目标的条件。一般地，相关的工具性目标包括政治可行性和预算的可获得性。记住，这些作为工具的目标经常被规定为约束而不是目标。一个约束只不过是一个必须达到某种特定标准的目标，超出了这个标准就没有价值了。

再一次指出，政治可行性作为政策目标的适当性是可以被驳斥的。正如一位评论员指出的："其动机可以是防御性的或是进攻性的——防止滥用他们的分析，或者使他们的分析分量更重——但分析家们仍需要提高他们政治上的满意度。"[14]政治可行性作为工具性目标（或约束）的一个例子是美国 1986 年关于税收法案的辩论。许多分析家认为抵押利率的可减免性是低效率和不公平的，但它最终顺利地被保留下来是因为任何推翻这一推论的尝试都会使税收改革的整个概念在政治上不可行。

政策分析是这种可行的艺术。因此，资源约束具有核心的重要性。正如我们将在下一章谈到的，国会预算办公室经常把政策备选方案的标准施加于净联邦政府收入。

其他资源约束，诸如行政设施和技术人员的可获得性也可能是关键的。这些因素也可以被考虑为有具体的效率标准。有时候，把资源限制看作一种分离的（工具性的）目标限制可能更有道理。一般说来，限制集应该包含任何对于维持现状和执行政策备选方案有本质作用的资源。

你的关于问题的目标清单可以包括效率、公平、人的尊严、政治可行性和预算有效性。然而，描述出所有政策问题的这些相关目标是不可能的。在你研究一个问题的过程中，你应当总是意识到识别潜在目标的重要性。随着你对特定的政策领域变得熟悉起来，你将会通晓那些被提倡的典型目标。例如，在考虑能源政策时，防止石油供给中断的经济成本常常是一个重要的政策目标，它有时会与短期效率冲突。

现在你应该已经清楚了，最重要的启示在于：目标的具体性是政策分析的一种重要产出。清晰的政策目标是好的政策分析至关重要的基础。但在实践中，我们经常要对那些特别复杂和有争议的目标做出权衡与取舍。

阐明目标之间的权衡

目标选择本身会是相对没有争议的。毕竟，大家很容易认同分配上的考虑应当在任何政策问题中都扮演某种重要的角色。在实践中，目标之间的权衡更加困难和容易引起争议。另外，手段（政策备选方案）和结果（目标）之间的均衡关系更加站不住脚，因为它们经常要求做出高度不确定的预测。

图14—2中有两种目标，它们是效率和公平，分别由纵轴和横轴代表。假设决策制定者要求更大的公平和更高的效率，但是每一额外单位的价值都小于能够达到的较高水平。他或她拥有无差异曲线 I_A。设想这个决策者限于在曲线 F_1E_1 表示的可行的政策边界之内进行政策结果的选择，因此在无差异曲线 I_A 上的点 X_1 处达到最高效用。在点 X_1 上，公平和效率之间的边际替代率等于 ac 线的斜率，它是无差异曲线和政策边界在点 X_1 处的相切线。

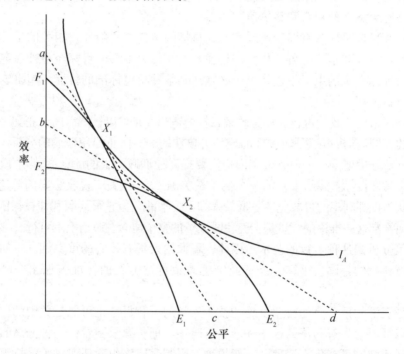

图 14—2   目标权衡和政策可行性

在大多数分析的情况中，政策边界的实际位置要到已经作出大量分析后才能知晓。例如，在信息收集和分析之后，可能发现政策边界是 F_2E_2 而不是 F_1E_1。如果 F_2E_2 是政策边界，决策者可能会在 I_A 上选择 X_2，这意味着公平和效率之间的边际替代率由 bd 线给定。因此，政策边界有赖于可行政策集的识别，它的信息决定了公平和效率之间可能的边际平衡。大量公共政策研究和分析把焦点集中在阐明这种权衡上。例如，在福利政策领域，一种重要的考虑就是受益水平和受益者努力之间的权衡。注意偏好本身不能通过提供这样的信息而改变（决策制定者的偏好仍然由无差异曲线表示），但是公平和效率水平的选择是变化的，随着决策者愿意使它们之间进行边际交换的比率而改变。

结论是可行政策集决定目标之间合意的权衡，而这种政策集通常必须由分析家识别。因此，我们获得了重要的启发：目标的权重更一般的是政策分析的产出而不是投入。

目标和政策之间的区别

也许在你的政策分析过程中最容易混淆的是目标（我们寻求推进的价值）和政策（促进它们的备选方案和策略）的区分。这种语义混淆的原因是，在日常用语中，政策（具体的行动集）经常被作为目标来描述："为了实现石油储备战略，我们的目标是每天增加 10 万桶原油"或者"我们的目标是把班级规模缩减到 18 个学生"。虽然每天使用这样的语言是无害的，但这容易让新入行的分析家出错。目标应当被用来评价备选政策方案，但是如果一项政策被描述为一个目标，我们该如何评价它？的确，用这样的方式叙述，任何政策就会是自证的。为了避免这种混淆，你必须清楚目标和政策之间的界限。我们建议你按我们的另一个启发去做到这一点：首先尽可能抽象地（概括地）表达目标，然后尽可能具体地说明政策备选方案。记住目标最终必须是规范的，是人类价值的一种反映。另一方面，备选政策是实现这些目标的具体方法；它们应当朝促进所有这些相关目标实现的方向努力。

在选择实施策略的背景下，采纳既定政策作为目标常常是合理的。例如，如果州卫生处的领导已经作出 90％的学龄儿童今年都必须为预防某种疾病接种疫苗的最后决定，那么这项政策就应该被那些在该部门工作且必须决定如何实施防疫的人作为目标，这是合理的。另一些目标，诸如最小化成本和最大化人口免疫率（maximizing population immunity），应当在选择实施策略时提出。的确，如果没考虑到这些工具性目标，人们就会质疑这样的政策。

在分析这一层面上，区别可能变得清楚了。随着一种典型的政策分析的推进，这种区别常常又变得模糊不清。其主要原因是，无论目标多么抽象，我们都必须试图去发展具体的、定量化的指标，以测定其成就。例如，在成本—收益分析中我们可能最终对效率感兴趣，但我们要设法通过支付意愿来测度它，并最终用货币来表现。人们经常容易忘记，这些定量化的标准事实上只是衡量目标成就的指标，但它们变成了目标。我们建议你始终询问自己，你所使用的这些标准和目标依据的是什么价值（效率、公平、人的尊严）。同样，成本也可以包括建筑工人劳作的机会成本和一些实际成本。最终收益的结果可以愿意支付的方式来进行量化（或者货币化）。最终，每一个成本类别都可以机会成本的方式来进行量化或者货币化——换句话说，我们可以把这些成本计算为美元（美元就是实际的美元）。但是，如果我们不对这些实际已经发生了的情形做成本—收益分析，我们可能就会忘了：这些标准正是新的政策备选方案发挥作用的方式与结果。这些标准本身就能够成为目标。问题是什么？好吧，非常确定，修建高速公路的目的在于缩减出行时间。但是，如果我们把这个视为该项目的全部效率的话，就大错特错了。当然，在很多时候，政策制定者们愿意更关注于那些可见的或者说非常明显的政策标准。但这些仅仅是有关的标准，或者是最显著的标准，而绝非全部标准。

正如我们在本章一开始就强调过的，你必须公开地去询问你自己以及你的客户：在所有可能产生的标准（效率、公平、人的尊严等）中，有什么是大家认为最重要的。随着经验的增长，你会更擅长于发现这类问题的答案。当你发现了某些标准，你便可以回过头来描述你的目标。例如，如果一个项目使用了真正的资源（雇员的时间、建设新的空间等），此时效率的重要性是不可避免的。如果一个政策包括了"谁得到什么"这样的问题，那么公平总会成为一个部分的目标，同时，也应该配合进行相应的分析，说明公平要求的合法性。这通常要求我们对每一个群体及其特征进行认定。正如在第1章的鲑鱼渔业政策分析中，我们要认定执照持有者、土著捕鱼者和纳税人。

一个警告：随着人们转向这种"具体细节"问题，诸如卫生设施、警方巡逻和紧急情况服务常常要建立在市级或国家水平上，获得并保持一个对全局目标的关注变得越来越困难。客户有时宣称这种问题纯粹是技术性的，并不涉及诸如效率和公平这类附着价值的考虑。事实上，好的垃圾收集就是有关效率的（可能在其他的环境之下也涉及公平）。

然而，我们的经验表明，这样的问题需要目标框架，以确保使用的标准和目的与合适的价值相关。

选择解决方案的方法

图14—1展示了目标选择是问题分析的一个要素。换句话说，你必须在系统地考虑解决方案之前，就确定那些与你的分析相关的目标。这是因为，政策目标的属性和数量决定了适当的选择方案。确定该如何对解决方案进行选择，这也是问题分析的一个要素。

记住，政策分析是一种事前的活动。它的意思是：我们在政策被制定出来之前就开始了对其的评估。政策制定者们也对事后分析感兴趣，事后分析即在政策被执行之后评估政策的表现。对这种被执行了的政策进行评估，即政策评估。这些评估可能会使用大量的方法，包括成本—收益分析、成本—效益分析和定性多目标分析（正如我们所看到的，这些相似的方法也可用于事前分析）[15]。尽管政策分析与项目评估是相关的两项活动，它们却是彼此独立的。它们是相关的，原因有如下几个：第一，如果一项政策的事前评估主要考察了目标、影响和评价标准，那么事后评估也必须以这几项为主要的考察项，这样才显得比较合乎情理。第二，对那些你考虑用作政策备选方案的政策进行事前评估极为重要，因为它们对项目的标准提供了有用的信息。要强调的重点是：在事前评估的环境中，我们必须预测和评价影响，而我们感兴趣的也正是这个环境中我们所使用的分析技巧。

图14—3区分了三种一般性目标环境：第一，效率是唯一有关的目标。第二，效率与另外一个目标相关。第三，效率与另外两个目标相关。有关目标的数量决定了相应的备选方案方法。

政策分析有五种基本方法：（1）正式的事前成本—收益分析；（2）定性的事前成本—收益分析；（3）修正的事前成本—收益分析；（4）事前成本有效性分析；（5）事

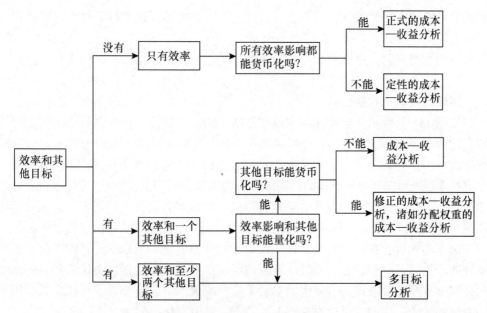

图 14—3　选择一种解决方法

前多目标政策分析。图 14—3 表明了每种方法什么时候是最合适的。

成本—收益分析

正如图 14—3 所表明的，当你认为效率是唯一的相关目标时，正式的成本—收益分析应当是你主要的解决方法。从概念上讲，成本—收益分析是相对简单的。如果你已经浏览过我们关于成本—收益分析的一章（第 12 章）或你已经在别处作过成本—收益分析，那么当你听到把成本—收益分析描述为相对简单的分析时可能会很吃惊。不过，要考虑成本—收益分析试图做什么。它把一项建议的备选方案的所有标准简化为共同单位，也就是货币。当然，一旦所有的标准都能用美元衡量，则这些标准可以加总——美元是一美元。如果个人愿意为拥有某种东西而支付美元，就假设这是一种收益；如果他们用支付来回避它，这就是成本。一旦所有的标准都归结为美元，评价规则是相对直接的：选择产生最大总净收益（用美元表示）的备选方案。因此，在成本—收益分析中，尽管我们有不同的目标，它们还是可以全部归结为正的效率标准（收益）或负的效率标准（成本），于是，都可以用美元衡量，或者货币化。

正如我们在成本—收益分析那一章看到的，由于市场失灵和政府干预导致的扭曲，市场价格常常不能反映边际社会成本。同时也有许多标准，诸如等待时间，通常不能在直接的市场观察基础上通过评估货币化。必须运用大量的技巧和判断，用合理的方法对这些标准的成本和收益进行评估。

如果所有的相关目标都能真正地被作为效率的因素评价，在你感到决策很轻松之前，记住你可能需要某种实践。来看一个例子。你正面临一个问题：一条拥挤的高速公路。为了简单化的缘故，让我们设想你的客户对能够减少往返时间和节约燃料的政策备选方案感兴趣。表面上，这些是不同的目标（这些目标对于不同的客户的重要性是不同的），但是两者都能转换成一个共同的标准：美元—成本的节约。正如我们所看到的，这在概念上是简单的，尽管应用上是相当困难的。

定性的成本—收益分析

如图 14—3 所示，即使你确定效率是唯一的相关目标，你也仍然必须确定是否所有的效率影响都能合理地货币化。如果不行，定性的成本—收益分析就是合适的解决方法。像标准的成本—收益分析一样，它开始于对标准的预测。某些标准可以用自然单位表示（例如，耽误的时间或污染物的吨数），其他的可以定性（例如，环境退化的风景）。如果不能货币化这些标准的一种或多种，那么你就不能直接计算净收益的美元价值。于是，你必须拿出关于各种非货币化标准的大小次序的定性观点。

由于作评价存在技术困难，标准经常不能被货币化。当标准过程确实存在这些价值的干扰时，时间、数据和其他资源的限制常常使货币化不切实际。甚至高水准的经济学家写作政策报告有时也要求助于定性的成本—收益分析。与其尝试有困难和费时的评价，他们宁可依靠理论上的论点，对效率标准的大小进行排序。

事后定量的成本—收益分析在大多数政策领域是可获得的。[16]这些研究的要素可以经常用作成本和收益评估的定量来源，或者至少可以作为估计其大小次序的指南。当你开始在一个新的政策领域工作时，为了熟悉相关的成本—收益分析，作出某种努力会是一种很好的投资。

当你不能很自信地货币化一些重要的效率标准，甚至是标准的大小排序时，你可能发现使用非货币化标准是很有用的，就像它们是分离的目标。例如，你可能不得不决定如何比较确定的项目成本和高度不确定的收益。这时，你的定性的成本—收益分析可以采用我们下面将要描述的多目标分析形式。

修正的成本—收益分析

如果客户只关心公平或任何其他单一的非效率的目标，那么效率就是无关的，这种假设似乎是合理的。但稍作考虑后你应该确信，真实的正是其反面。再一次指出，那些公平是假定的唯一目标的案例，能够最为清楚地说明这种情况。在市场中任何旨在资助再分配（缺少效用相互依存和市场失灵）的干预不可避免地会导致某种净损失。即使我们主要关心的是实现某种既定的再分配，我们也要寻求最小化净损失；换句话说，我们应当试图尽可能有效地执行再分配。因此，在我们的政策分析概念中，分析几乎从不只包括一个目标，除非那个目标是效率。

在一项具体分析中，你可能得出效率和一个其他目标（最常见的是公平）是合适的结论。如图 14—3 所示，如果你能够并且愿意货币化效率和其他目标的标准，就可以使用修正的成本—收益分析。换句话说，你必须能够为那个其他目标取得的不同水平的成就赋予美元价值。例如，如果这个其他目标是收入再分配的公平性，那么修正的成本—收益分析就包括发生于不同收入群体的加权成本和收益，其结果是分配上加权的成本—收益分析。[17]这种方法的优点是显而易见的。通过把分配问题合并到成本—收益分析中，你可以为备选方案的排序提出一个单一的矩阵。这显然是很有吸引力的。从我们上面的讨论中可以看出，其缺点也是明显的：这个矩阵只有通过强制地使效率和公平可以度量才能获得。正如我们下面将要看到的，为了推荐一项特殊的政策，你必须含蓄地使用这一手段。修正的成本—收益分析的危险在于它在总净收益测度中融入了分配的权重。[18]把融入了权重的净收益与未融入权重的净收益进行比较，可以很清楚地了解所选择的特定权重的重要性。

成本有效性分析：有效地达到目标

当效率和另一个目标能够被量化，但另一个目标不能被货币化时，成本有效性分析是合适的（见图14—3）。换一种方式说，在修正的成本—收益分析中这两个目标仍不能以同一量纲测度。但在成本有效性分析中，这两个目标都可以用货币并因此可以同量纲测度。

我们可以用两种方法进行成本有效性分析。第一种方法经常被称为固定预算法（fixed budget approach），它选择一个给定的支出水平（比如1 000万美元），然后找出提供最大收益（就是说，非效率目标的最大成就）的政策备选方案。第二种方法称为固定效率法（fixed effectiveness approach），就是明确一个给定的收益水平（无论怎样定义），然后选择用最低成本取得这一收益的政策备选方案。这两种方法都是成本有效性分析的程序。

记住成本—收益分析和成本有效性分析之间的关键区别。成本—收益分析可以评估以下两方面：（1）是否备选方案中的任何一个都是值得做的（也就是，是否社会收益超过社会成本）；（2）如果产生净社会收益的备选方案超过一个，该如何排列它们。成本有效性分析不能告诉分析家是否一个给定的备选方案是值得使用的（这需要成本—收益分析），但是如果一项再分配或达到其他某个目标的决定已经作出，它能帮助你确定哪一个政策备选方案是最有效的（使社会剩余的损失最小化）。

爱德华·格拉姆里奇（Edward Gramlich）和迈克尔·沃克尔夫（Michael Wolkoff）就这两者的区别和如何进行成本有效性分析研究提供了极为精彩的说明。他们假设我们希望提高某些群体的收入，然后比较了负所得税备选方案（negative income tax alternative）、最低工资立法（minimum wage legislation）和公共就业计划（public employment plan）。每种干预涉及的成本或者会或者不会超过收益。例如，负所得税备选方案可能阻碍一些通常愿意工作的个人就业。公共就业计划可能吸引低收入个人。总之，所有方案都可能产生净成本（也就是在成本—收益测试中失败）。然而，如果我们决定进行以再分配为目的的某个计划，哪一个是最有意义的呢？格拉姆里奇和沃克尔夫采用固定预算法，寻求最有利的政策备选方案，给定一个任意的50亿美元支出。注意，在这里收益具有特殊的意义。它不是指总社会福利，而是指即将给特殊的低收入群体带来的收益。给定这一点，作者使用了一个排列这些标准的权重计划。他们发现负所得税备选方案在每50亿美元支出的再分配成就上比最低工资法和公共就业计划要成功得多。[19]

多目标分析

当三种或更多目标是相关的时，多目标分析（multigoal analysis）是合适的解决方法。正如图 14—3 所示，当两个目标中的一个不能被定量时，它也是合适的方法。它通常是最合适的解决方法，并且应当是假定的方法，直到图 14—3 为其他方法制定的明确条件被证明是适用的情况出现。

因为所有其他方法都可以被认为是多目标分析的特例，理性主义者模式（都处于解决方案分析阶段）的其他步骤展示了如何进行多目标分析。具体地说，它们表明了怎样和什么时候这些目标能够被转换成标准、目标和约束，以及怎样阐述和比较备选方案。

14.5 解决方案分析

政策问题很少只涉及一种价值。因此，多目标分析通常是最合适的解决方法。然而，正如我们已经指出的，有时效率是唯一相关的目标，从而使你能够单独使用成本—收益分析评价现有的和备选的政策方案。其他时候，你可以决定只有效率和另一种目标是相关的，从而使成本有效性分析显得是合适的。然而即使在这些案例中，通常最好还是在开始时就假设其他目标可能也是相关的。如果你的成本—收益分析或成本有效性分析的初始评价都单独提供了一种适当的且保持不变的评价规则，那么就可以把这些解决方法当作多目标分析的特例来处理。因此，我们关于方案分析的讨论处理的是多目标分析的一般情况。

解决方案分析（或选择）要求有五个步骤：（1）为相关目标选择标准类别；（2）产生相互之间具有排他性的政策备选方案；（3）预测每一个备选方案对目标获得所产生的标准；（4）使用定量、定性或者货币化的方法，评估这些预测出的标准或结果；（5）根据目标评估这些备选方案，并进行推荐。多目标分析的核心要点是针对目标（1）所进行的备选方案系统比较（2）。正如在本章和下一章中所解释的，我们认为一种非常简单的设计能够大大促进这一过程：用一个矩阵结构显示按目标评价的备选方案的标准。

表 14—1 展示了一个目标/备选方案矩阵的结构。最左面一栏表示在问题分析阶段确定的目标。解决方案的分析主要处理矩阵其余部分的结构。在解决方案分析中步骤 1 是说明相关的标准，以评价一项备选政策对每一个目标有怎样的好处。这些内容在表 14—1 的第二栏有显示。

解决方案分析的步骤 2 是详细说明能够推进政策目标的备选政策。在表 14—1 中，三种备选政策列在右边各栏。注意政策 I 是现状（现有政策），把现有政策也作为一个备选方案包括在内通常是合适的做法，可以避免出现推荐的最好备选方案比现有政策还差的风险。

步骤 3 是预测：针对目标或者标准集，你预测这些备选方案的结果如何？步骤 4 是评估：在多大程度上这个结果是我们想要的？在我们把目标预测或者评估的矩阵全部填写清楚的过程中，这两个步骤其实是结合在一起的（但是，对分析家来说，最好还是把预测矩阵和评估矩阵分开写）。当市场信息允许我们对政策的效率后果针对社会剩余的变化量进行评估时，我们就实现了对预测和评估的量化分析。有些时候，预计的效果和对它们的评估是定性的，我们只能以"不好"、"好"和"很好"来表示。

步骤 5 是评估：推荐一种备选方案并解释选择的依据。因为一个备选方案很少在所有的目标上比其他备选方案都占有优势，对这种推荐的解释几乎总是要求明确承认目标之间的权衡。

表 14—1 强调了关键的一点，这一点可以总结如下：**一个分析是不具有充分能力的，除非这个分析根据所有的目标，全面综合地分析了所有的备选方案。**下面的内容详细分析了这五个步骤。

表 14—1 　　　　　　　　　　一种目标/备选方案矩阵的简单结构

目标	标准	政策备选方案		
		政策 I（现状）	政策 II	政策 III
目标 A	标准 A1	预测影响及其评价	预测影响及其评价	预测影响及其评价
	标准 A2	预测影响及其评价	预测影响及其评价	预测影响及其评价
	标准 A3	预测影响及其评价	预测影响及其评价	预测影响及其评价
目标 B	标准 B1	预测影响及其评价	预测影响及其评价	预测影响及其评价
	标准 B2	预测影响及其评价	预测影响及其评价	预测影响及其评价
目标 C	标准 C1	预测影响及其评价	预测影响及其评价	预测影响及其评价

为目标选择标准类别

方案分析的第一步要从总目标转向更具体的用以评估备选方案的恰当性的标准。标准可以表述为目的或约束。例如，公平作为某种服务分配的总目标，在操作上可以化为不同收入群体在服务消费上的变化。有时一个单一的标准集，甚至一个初始的具体目标，也可以提供充分评估的基础。在表 14—1 中，这一点是由目标 C 说明的，目标 C 是该目标集中唯一的目标。例如，目标可能是"有效"，但如果所有的效率标准集都被货币化了，那么与之相关的目标类别就是"净收益"。如果原始目标是"通过宪法考试"，那么这个目标就可以自成一个标准类别。但是在大多数情况下，一个目标拥有超过多个的标准类别，如目标 A 有三个标准类别。

具体化政策备选方案

在第 10 章我们已经提出了一套一般化的政策解决方案。它们提供了检查备选政策的"模板"。说备选政策是政策分析的一个部分，几乎每个人都会同意，它能够并且应该是创造性的。当被告知这一切时，我们的许多学生回答说："给我们一个暗示。"接下来我们试着这样做。

有各种发展备选政策的来源：现有政策建议；在其他区域执行的政策；如前章所述的一般化的政策解决方案；按习惯设计的备选方案。

对于现有的政策建议，包括现行政策，应当严肃地对待。这不是因为它们必然代表最好的备选方案集，而是因为其他分析家认为它们是对政策问题的合理响应。桌面上的建议有时是原先分析的产物；其他时候它们代表利益集团或政客通过强迫其他人对具体的建议作出反应来引起对政策问题的注意的企图（事实上，你有时能从政策建议向后推断建议者的观点和目标）。

在某些条件下，你可以从其他辖区借鉴政策备选方案。[20]其他城市、州或国家是怎样处理类似的政策问题的？尤其是，有没有那些平级的地区把这个问题处理得非常好的情况？如果是这样，那些辖区采纳的政策可以当作备选政策的一种来源。

一旦找到了一项在别处看来已经成功的政策，你就可以通过调整过程创造许多额外的备选方案。[21]调整背后的思想是把一个备选方案分解为一些基本因素，鉴别出这些部分的不同设计，把这些设计重新组合成备选方案，然后选择那些看起来最有前途的组合。例如，你发现了一个在邻近城市看起来运行得非常好的再循环项目（recycling program）。它包括四部分：(1) 居民从他们的日常垃圾中分拣出报纸和金属罐；(2) 居民于日常垃圾收集日把这些材料放进路边由城市提供的标准容器中；(3) 城市垃圾处理部门收集这些材料；(4) 城市垃圾处理部门将这些材料包装起来并销售给回收者。对这些步骤的每一项，都很容易设想出办法。例如，居民可能仅仅被要求分拣出报纸，或者塑料和玻璃。可能要求他们把这些材料送到回收中心而不是放在路边。这座城市可能与一家私营公司签订收集这些材料的合同。重新组合这些变化，一项新的备选方案可能要求居民仅仅是把报纸运送到一家由私人回收者开办的回收中心。

正如我们在第 11 章讨论的那样，为了避免可能遇到的问题，预测一项政策备选方案的执行过程可能要求你作出调整。因此，在分析的过程中，你可能会找到一些新的备选方案，这是由你调整已经进行过基本分析的备选方案得到的。

尽管不是不可能，你在一组纯粹一般化的政策备选方案面前终止思考的可能性非常小。无论如何，一般化的政策解决方案常常为政策设计提供一个好的出发点。例如，如果把对一种资源的明显过度开采框定为一种开放性进入问题，那么你很自然地就会首先考虑诸如私人产权、使用费和进入限制之类的一般化的政策解决方案。尽管这个问题特殊的技术、制度、政治和历史特征会限制它们的直接可应用性，但一般化的解决方案能够为更复杂的备选方案提供构思和分类的框架。

一旦发展了一套一般化的备选方案，你就可以修改它们，使之适应这个政策问题的特殊环境。例如，一种开放进入的资源，像大马哈鱼，对运动和商业性捕捞都具有价值。将排他性捕捞权出售给私营公司会对长期有效管理大马哈鱼产生适当的激励。但是，公司可能会发现很难控制钓鱼运动，因为利用民事法庭保护它的产权，反对私人偷猎者，公司可能要面对很高的交易成本。每年为持有许可证的捕鱼爱好者保留固定数量的捕获份额，这样一种混合政策会比由政府动用警力对付偷猎问题更为有效。通过组合一般化的解决方案的要素或引入新的特征，常常能够形成这种修正的备选方案。

最后，在分析的过程中，你可以提出一种独一无二或特定的政策备选方案。它的要素可能隐藏在文献中，或者是你想象的产物。[22] 正如我们在第 11 章所讨论的，"向后筹划"有时能够产生这种定制设计。这确实是一个政策分析中你应当施展想象力的一个领域。许多富有智慧的政策分析迷就是在提出富有创造性的备选方案的尝试中成长起来的。[23] 勇敢一些！当你开始系统地比较备选方案时，你总是能够清除掉你的缺陷。事实上，你可能直到开始比较评价时才能够发现错误。

注意，你的创造性备选方案可能是有争议的，准备加入这场激烈的争论吧！有时你可以放出试探气球，目的是看看它会接收到怎样的敌对反应。例如，你可以在与那些对这一政策领域感兴趣的人们交谈时试探他们对备选方案的反应，从中获得信息。

记住这些来源，它们能够在构思政策备选方案给出一些启示。[24] 首先，你不要期望找到一种具有绝对优势的或完美的政策备选方案。政策分析一般处理复杂的问题，最重要的是，它处理多目标问题。不大可能有某种政策对所有情况都是最理想的。最好的政策也很少是一个完全占优势的政策。

进一步来看，不要把一项偏好的政策和一些"虚拟的"或"傀儡"式的备选方案对立起来。制定了一项备选方案，出于某些理由你喜欢它，把它与不具吸引力的备选方案进行比较，让它看上去更具吸引力——如果与弗兰克斯坦因的魔鬼（Frankenstein's monster）相比，几乎每个人看上去都是好的。这种方法通常行不通，此外，它会错过政策分析非常重要的要点。它很少行得通的原因是，即使是相当没有经验的客户通常也明白利益集团提出的政策议案。如果客户意识到这些备选方案是伪造的，你的信誉就要遭受严重的损失。它错过了政策分析的要点，是因为这种方法假设分析的关键部分是被推荐的备选方案。然而，正如我们强调的，政策分析的过程也同等重要。通过考虑最好的可能备选方案集，你可以实现政策分析的过程目标。当然，比较不同候选人确定的最佳政策备选方案更加困难，而且很少是确定的，但正如我们已经指出的，有一个模糊的现实比一种假造的现实确实要好。

另一种启示有助于你避免虚假的备选方案：在你根据所有目标评价完所有的备选方案之前，不要有一个"特别喜欢的"备选方案。它是如此显而易见，以至于无须讲出来。但还是有许多新手分析家在正式评价之前会用他们已经接受或拒绝一个政策备选方案的暗示点缀他们的分析。把你的自我和智力主要投入到分析中，而不

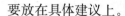
要放在具体建议上。

确保你的政策备选方案不是稻草人之后，你应当确定你的备选方案是相互排斥的，毕竟它们是备选的政策。如果你能够合并备选方案 A 的所有特征和备选方案 B 的所有特征，并且提出备选方案 C，那么很明显这样的备选方案就不是互相排斥的。在这种情况中，A 和 B 可能太狭窄了，也许应该从备选方案集中排除。例如，设想为某个公共设施的不同阶层使用者确定费用的一系列备选方案。如果所采纳的政策很可能是对所有阶层收费，那么或许把这些收费集组合为一个单一的备选方案更为合适，这个备选方案就可以与其他也对所有阶层的使用者收费的组合相比。

你几乎总是会面对无数潜在的政策备选方案。如果你的备选方案之一是建造 10 000 单元的低收入住宅，相互排斥的备选方案包括建造 9 999 套或是建造 10 001 套。无数的政策备选方案是显得有些多了。考虑到客户有限的注意力范围（和分析家有限的时间），大约 3～7 个政策备选方案一般是合理的数目。[25] 记住备选方案之一应当是现在的政策，否则在政策的改变中你就引入了一种偏见。

在被检查的备选方案中提供一个合理的对比是可取的。除非存在重大的中断，否则制作三个备选方案（9 999 单元的住宅、10 000 单元的住宅和 10 001 单元的住宅）就是一种分析上的浪费。备选方案应当提供真正的选择。

你应当避免"厨房水池"（kitchen sink）式的备选方案——也就是"做每一件事情"的备选方案。这样的备选方案常常是不可理解的和不可行的。如果你发现你自己正在计划一个厨房水池备选方案，那么请关注客户面临的所有约束。你的客户具有备选方案要求的预算上、管理上和政治上的资源吗？如果没有，那么这就可能不是一个正当的备选方案。你没有认识到这一点，是因为你漏掉了包含这些约束的工具性目标。

更一般地，备选方案应当与可获得的资源包括司法权和可控变量一致。如果你的客户是一位市长，提议一项要求新的联邦资源的备选政策通常就显得不匹配。如果你认为这样一种备选方案是应当阐明的，那么就必须把它重塑为一种呼吁，强调其动员、协调或者游说的行为。换句话说，工作的方向必须围绕着使你的客户获得适当的联邦行动的一组步骤来进行。

记住，政策备选方案是具体的行动集（提醒你自己目标和政策之间的区别）。一般化的政策解决方案是抽象的叙述。因此，虽然从分析的目的讲把一个给定的备选方案考虑为"需求方补贴的备选方案"是有用的，但这种抽象在你的政策分析中应当转换成具体的建议（例如，住宅凭证价值 X，目标人口 Y）。除非提供关于备选方案清楚和详细的说明，否则你无法预测结果。备选方案应当被一系列说明集清楚地说明，以使客户确切知道他或她选择的是什么，以及备选方案如何实施。为了准备这些说明，你必须确定在执行阶段将会需要什么资源，以及这些资源怎样从控制它们的人手中可靠地得到。效果上，正如我们在第 13 章讨论过的，你必须创立一个场景，以显示这一政策是如何从概念变成现实的。

预测：以备选方案实现目标以及衡量标准类别

　　一旦你确定了有关的标准类别和政策备选方案，你必须把它们结合起来，以协助你做出选择。第一个任务就是要预测：针对每个目标，这些具体的备选方案如何去实现，如果一个目标有多个不同的标准，那么这个政策如何一一满足每个标准。你必须清晰地直面这个问题。这一步是非常清楚的成本—收益分析：这是针对未来的成本以及收益的预测，并以某种标准为依据。例如，你需要预测在未来 15 年内一家诊所会容纳多少艾滋病病人。

　　在你根据标准评价备选方案之前，你必须预测它们的影响。这里你的政策问题模型（问题分析的第一步）变得尤为重要。模型帮助你理解和解释现有状况，它们是可以观察的。它还有助于你预测在现行政策下将会发生什么。例如，假设政策问题是中心商务区上下班高峰期的交通拥挤，你的模型显示，拥挤现象起因于人们根据不同交通方式的私人成本和收益作出的往返决策。由于司机不支付因他们的存在而困扰高峰时间在中心商务区驾车的每一个人的耽误成本，从总社会成本和收益的角度来说，这造成过多的人借助汽车往返。你的模型显示了条件的变化，诸如在中心商务区不断增加的就业，这会改变不同交通方式的成本和收益，影响将来的拥挤程度。通过预测条件的变化，你能够预测现有政策下将来拥挤的水平。通过确定政策如何改变不同交通模式的成本与收益，你会对备选政策下的拥挤状况作出预测。例如，高额停车费会提高汽车往返的私人成本。

　　考虑如何实际地建立高额停车费和拥挤之间的联系。理想一点，你可能会知道在你的城市中使用汽车往返的需求价格弹性。也就是说，价格上一个百分点的变化会引起使用汽车往返上多少个百分点的变化？用现有价格和汽车往返水平的估计为起点，你能够使用这个弹性预测不同停车费下的水平。你不可能会有权威、时间和资源去做一项试验，以确定这一弹性。然而你能够利用自然的试验。例如，你的城市过去可能由于其他原因提高过停车费。这对汽车的使用有什么影响？你还知道任何其他提高停车费的城市吗？它们的拥挤水平发生了什么变化？如果你不能发现这些问题的答案，那么你可能会在运输经济学的文献中找到一些使用汽车往返的价格弹性的经验估计。最后一种求助方法是，你可以咨询一些专家，帮助你做一个教学式的推测，或者你干脆自己做一个最好的推测。

　　政策几乎总是有多方面的影响。所以，你需要使用你的模型，你的具体的政策备选方案，以及你的常识去列出尽可能多的不同标准。例如，针对提高停车费：对使用汽车往返的影响将会是什么？在中心商务区或者附近停车的私人价格和数量怎样？采自停车费和违规停车罚单的城市税收怎样？其他交通方式的使用情况怎样？非高峰期在中心商务区车辆行驶的情况怎样？居民和往返者对市政厅的态度如何？有时，通过思考一个标准，你又可以联想到其他的。例如，一旦你开始考虑往返者对高额停车费如何反应，你会意识到有人将在附近的居民区停车，或者乘公共交通工具进入市中心区。如果还没有考虑把在附近居民区沿街停车的拥挤作为一种评价标准，那么你应当在合适的目标清单下面增加这一条。

一旦确定了一个与目标相关联的综合的标准集，你就需要把它们与政策备选方案联系起来。关键的一点是：你需要预测并衡量每一个备选方案在每一个目标标准上的表现。当完成所有的预测之后，你就可以进行比较，或是采用定量的方法，或是采用明显的价值型标准（见方案分析的下一步）。

为了强迫自己进行完整的预测，你可以设计一个独立目标/备选方案矩阵，在这些矩阵的空格中做出预测。如果一个备选方案看起来在效果上与现行方案差别不大，那么在空格中可写上"与现行政策无区别"。

表 14—2 展示了在停车拥挤问题上这个工作表是如何起作用的。栏中标注出了三个备选方案：现行政策、在中心商务区市属的停车场内加倍征收停车费、在主要交通要道上设只有公共汽车通行的车道。只有填满全部的单元你才算是进行了一套完整的预测。随着收集信息的增多，你能够修正这些单元的内容，直到满意它们的准确度，或者已经不能指望利用可获得的时间和资源进一步改善它们。

不要试图在你的预测中抑制不确定性。你并不需要用单一数字（点估算）填表。相反，范围（或者置信区间）可能更合适。例如，你可能相当相信下一年在工作日交通高峰时间进入中心商务区的平均车辆数目将会非常接近 5 万辆，因为这是过去两年内的平均数。相比之下，你可能对如果收双倍的停车费，进入该地区的车辆数目非常没把握。或许你认为这一数字不大可能小于 4.5 万，大于 4.8 万。与其用一个具体的数字来填充相应的单元，还不如标明这一区间。随后你可以使用这些上限和下限，描述每一种备选方案"最好的"和"最差的"情况。

许多时候不确定性是如此大，以至于定性而不是定量的填写才是合适的。例如，考虑表 14—2 中"中心商务区商业活动的变化"这个标准。尽管很自然要用美元衡量这种变化，但你可能没有作出这种定量预测的依据。"轻微增加"或"适当下降"这样的填写可能是你能够做出的最现实的预测。

请记住预测永远是根据针对未来的假设所做出的（哪怕我们要对未来所发生的事情做出预测）。经常存在着不同的现状，这些现状能帮助我们做出分析。我们可以把这些假设的集合想象成为场景，在第 11 章进行执行的分析时我们已经这么做了。这个世界最常见的场景被确定为基准场景（baseline scenario），或者基准案例（baseline case）。例如，罗伯特·哈恩（Robert Hahn）作出了关于技术成本和燃料成本的假设，用以比较试图降低车辆废气排放的多种政策的有效成本。[26] 对于每一种假设，他计算了降低一吨反应性有机气体和氮氧化物排放量的美元成本。因为燃料成本与他考虑的大多数备选方案直接相关，根据燃料价格的假设评估每种备选方案的有效成本是很有意义的。更一般地，当影响的预测要求对某些不止与一种备选方案相关的影响作假设时，为考虑到的假设的每种组合制作一个目标/影响矩阵是合适的。这能保证在同一条件下比较备选方案。

表 14—2   预测处理中心商务区交通拥挤的备选政策影响的工作表

目的	标准	备选方案		
		现行政策	双倍中心商务区停车费	建造公共汽车快车道
中心商务区的通达性	高峰期车辆数（每工作日）	50 000	45 000～48 000	44 000～48 000
	高峰期车辆的平均等候时间（分钟）	12	6～10	14～18
	乘公共汽车往返者的数量（每工作日）	30 000	31 000～33 000	32 000～36 000
	高峰期公共汽车往返者的平均等候时间（分钟）	12	6～10	2～4
财政的良性	超过当前政策的来自停车费和公共汽车费用的税收（百万美元/年）	0	13～20.8	−0.52～−0.13
	超过当前政策的直接成本（百万美元/年）	0	0.12	3.5
全市的社会和经济福利	中心商务区商业活动的变化	没有	轻微下降	轻微增加
	私人停车公司利润的变化（百万美元/年）	0	13	−1.6～−0.09
	附近居民区停车拥挤程度	中等	高	中等
公众可接受度	公众可接受性	分散的抱怨	司机和中心商务区企业主的反对	司机反对、公共汽车乘客赞成

根据目标及其标准类别评估备选方案

　　一旦确定了每一种备选方案的后果，下一步就是评估这些预测出的后果对你的目标的贡献。在一些案例中，预测本身就是适当的评价。例如，在有关效率的多标准分析中，有一些是无法被货币化的，"挽救了的生命"这样一个影响标准具有自我解释的特征——挽救更多的生命自然意味着更好。但在其他一些案例中，你必须把一些影响货币化为一种我们需要达到的目标的形式。所以，如果所有其他的影响都能够被货币化，那么我们也希望把"挽救了的生命"转化为货币形式，即为减少风险平均每个社会成员所愿意支付的美元数量。

　　如果效率是唯一的目标，那么货币化就是可能的，同时选择的规则也会变得非常简单，即选择净收益最大的那个。如果你编制了一张独立的预测工作表，那么在那些单元格里的数字有极大可能是很典型的无法比较的数字。如果为不同的影响标准设立一个通用的矩阵表，那么就可以对这些影响进行比较。这样一来，影响就可以被合并为更少的类别。成本—收益分析是一个比较极端的例子——它要求所有的影响都必须以货币数量来衡量。更一般地说，有一些但不是所有的影响，必须以相同的单位来计量。在不改变这些标准与目标的关系的前提下，你应该尽可能使得各个标准相互之间可比较。只有当这些影响之间相互通约了，你才可以对不同的备选方案进行比较。

当货币化不可行时，价值化必须用于每一个标准类别。例如，"不同收入群体服务消费量的变化"这个标准可以被操作化为"使不同收入群体所享受服务的差别最小"。价值化最好的实现方式在于把某一水平成就之上的标准视为一个约束来加以实现。同样一个影响类别可以被操作化地视为限制，比如"贫困线以下的家庭也应该享受到全部服务"。

好的标准提供了一种衡量目标进展的基础。然而，并不是每一种目标都能通过单一项目或约束而被合理地定量化的。例如，警方调查的目标是有助于逮捕、定罪和惩罚那些被指控有罪的人。警署经常设法通过"最大化一名已经确定的嫌疑犯的有记录的罪行"这一目的实施这种目标。这些确认，有时被称为坦白，通过一名被捕的犯人供认出许多其他犯人，警方几乎可以不花费任何成本。如果给予坦白以过多的权重，那么调查人就会帮助嫌疑犯得到宽大审判，用作对清楚交代犯罪人的供认行为的补偿。最终结果可能会如杰罗姆·斯科奥尼克（Jerome Skolnick）所描述的那样，出现建立在基本法之上的惩罚层级的颠倒，那些被指控更多罪行的人接受不那么严厉的惩罚。[27]而且，调查人还会试图进行不适当的逮捕。

与其强调一种仅仅衡量目标某一维度的单一目的，倒不如试图说明覆盖所有重要尺度的标准。例如，在罪行调查上，对那些被指控的人，最大化定罪的数量和审判的总数和坦白一起作为标准集会是适宜的。当然，有三种目的而不是一种时会迫使你考虑合适的权重，以确定哪一种政策最有利于实现根本目标。这种有所增加的复杂性是一种不可避免的复杂性，是由于试图为评价某种更宽泛的目标提供适当的基础造成的。

正如这些例子说明的那样，你在选择测度目标成就的标准时应当非常小心。你总要问自己：怎样做才能使评价标准在响应目标进展上获得高分？问这个问题尤其重要，因为分析家和客户都倾向于把注意力集中在那些容易测度的标准上。[28]格莱欣法则（Gresham's Law）的一个类型是这样起作用的：易于衡量的标准比不那么容易衡量的标准更容易吸引分析者的注意力。当容易衡量的标准不能覆盖目标的所有重要尺度时，这种倾向会导致我们误入歧途。例如，给敌人造成人员伤亡是衡量战争胜利的一个标准。但相对其他衡量向最终胜利接近的标准它会是次要的，这些标准包括打击敌方的士气、各自保持战争的实力或者对有争议人口的控制。但是在越南战争的高潮阶段，"尸体数"变成了衡量美国胜利的主要标准，因为他们能够很容易地以周为单位汇报数量。这强调把搜寻和破坏任务看得比建立对人口的稳定控制的努力更加有效，即使后者也许对胜利机会有更大的作用。[29]

　　我们转向表 14—2 所示的预测矩阵来说明评价过程。与中心商务区的通达性目标相联系的有四个标准：高峰期进入中心商务区的车辆数；这些车辆遭遇的平均等候时间；乘公共汽车往返者的数量和他们遭遇的平均等候时间。只要我们认为汽车往返者遭遇的一小时等候等于一位公共汽车往返者的一小时等候，我们就能够计算每种备选方案下总的往返等候的小时数。因此我们能够得到一个与中心商务区的通达性一般目标相一致的单一标准。换句话说，我们可以以一个价值化的标准代替预测出的四个标准类别。有时需要提供预测和价值化目标/备选政策矩阵或者简单的价值化矩阵并说明这个矩阵是如何获得的。这种需要的程度根据预测与价值化的复杂程度而定。如果仅仅陈述了价值化矩阵（valuation matrix），那么初始的目标集和标准类别就需要做修改，使之与矩阵相匹配。

　　在表 14—2 中，公共交通搭乘人的等候时间不能与其他标准直接对比。请注意，这条标准不在"财政的良性"的类别之下，该类别通常是以金钱数量来衡量的，同时能够被包含在叫做"净项目成本"（net program cost）的类别中来。如果一定要比较出公共交通搭乘人的等候时间与净项目成本，那么我们需要把等候时间以美元的形式表达出来。经济学家常用的一个假设是：人们更珍惜闲暇时间，等待减少了他们一般的工资率。[30]你可以与该城市税后实际的平均工资做一个对比。方法是用减少的耽误小时乘以这座城市平均税后工资率的一半。你可以称由此产生的标准是"减少耽误的货币化价值"（monetized value of reductions in delays）。

　　例如，使用每小时 8 美元的平均工资率，在当前政策下，耽误的美元价值每年是 1 660 万美元（每天 80 000 名往返者乘以每天每位往返者 0.20 小时，再乘以每位往返者每小时 4 美元的价值，再乘以每年 260 天）。在备选方案二（双倍的停车费）的情形下，每年是 810 万美元到 1 410 万美元之间，在备选方案三（建造公共汽车快车道）下，每年是 1 180 万美元到 1 400 万美元之间。因此，与当前的政策比较，备选方案二将会减少耽误的货币化成本 250 万美元到 850 万美元；备选方案三将会减少耽误的货币化成本 260 万美元到 480 万美元。

　　接下来可以把避免耽误的成本加到净项目成本上，以创造一项新的标准——"净货币化收益"（net monetized benefits），这隐含地假设中心商务区的通达性和财政健康之间的货币测度可以一对一地权衡。"净货币化收益"是这两个目标合适的融合吗？站在该城市市政府的立场上，有充分的理由说不，原因有以下几个方面：第一，对市议会来说，公共汽车往返者遇到的耽误没有司机遇到的耽误那样重要，因为后者在这座城市的比例更高。第二，市议会可能不愿意就项目成本和税收一美元对一美元地与货币化耽误成本作交换，税收能在预算中显示出来，而耽误成本是分散和间接的。确实，如果公共汽车服务由一家独立的机构提供，市议会毫无疑问想看到一份公共汽车费和停车费分离的税收估算清单。

　　"净货币化收益"从社会福利（效率）的观点来看不是一项合适的标准。虽然项目支出一般代表在社会别处也能够被用于生产物品的现实资源的支付，而项目收入则包括了从停车费向城市转移的钱。从社会作为一个整体的角度作标准的成本—收益分析，这些转移是不应计算的（我们将在第 16 章更深入地探讨这一问题）。考虑到这些情况，根据"中心商务区的通达性"和"财政的良性"这两个目标评价影响，"净货币化收益"可能不是一个合适的标准。然而，只要你保持把"减少耽误的货币价值"和"净项目成本"作为分离的评价标准，就可以合理地把它作为一种概要测度加以汇报。

总之，你应当寻找能够使影响标准可比的方法。然而，这样做时你不要忽略基本的目标。记住，你评价影响的目的是促进清楚地进行比较，而不是使之模糊。

评估：在没有可相互比较目标的情况下比较备选方案

如果你有一个单一的标准，或是一个按所有标准在所有备选方案中排序最高的备选方案，那么选择最好的备选方案是非常容易的。遗憾的是，现实很少这么友好。尽管有时会得到惊喜，你还是应该预见到会有按不同的标准做得最好的不同备选方案。你的任务是使不同的选择中隐含的标准之间的权衡明晰化，从而使你的客户容易确定他在何种程度上分享你在选择什么是你认为的最好的备选方案时带来的价值。换句话说，在最后的评估阶段你应当继续使价值公开。

你还应当明确的是不确定性。你很少能以很强的确定性来预测和评价影响。按照评价标准，你为备选方案打的分数通常是你最好的猜想。如果你的预测是建立在统计或数学模型基础之上的，那么你的最好猜想可能符合样本均值或期望值，你或许能够估计或计算方差，作为你相信它们的尺度。更经常地，你的最好猜想和你对它们的信任水平会建立在你对这些可获得证据的主观评价基础之上。在你总体上对基于主要评价标准的最好猜想相当自信的情况下，对可能的结果的区间范围作一个简短的讨论已足够了。

我们已经讨论过一些当对最好猜想不是十分自信时，你应如何组织评价的例子。当你对未来相关的情况因不确定性而缺乏自信时，可以建立一系列覆盖可能区间的场景。然后，你可以选择每种场景下最好的备选方案。如果其中有一个在所有场景中都占据优势，那么你可以很自信地选择它。如果没有具有绝对优势的备选方案，那么你或者可以选择最可能的场景中结果最好的，或者避免任何似乎合理的场景中结果最差的。在这两种情况下，你应当讨论为什么你认为你的方法是最合适的一个。

有时对最好猜想的自信度可能会因不同的备选方案而发生很大变化。你可能对某个备选方案的评价非常确定，但对其他的非常不确定。一种方法是对带有非常不确定性结果的每种备选方案进行最好情况和最差情况评价。然后你必须确定哪一种情况在与其他备选方案比较时是最相关的。另一种方法是创立一种新的评价标准，也许可称之为"回归的可能性"（minimize likelihood of regret），它衡量的是实际结果真正劣于最好的猜想的可能性有多大。之后，你就能够将这一新标准作为另一项不能比较的目标对待。

无论来源是什么，当有价值的标准数量显著上升时，比较也会变得愈发复杂。面对这种复杂性，求助于一种更加抽象的决策规则是十分有诱惑力的做法。例如，你可以按照每种标准的 1 到 10 个等级为这些备选方案打分（也就是完全符合这个标准就得 10 分，根本不符合就得 0 分）。一种可能的决策规则是选择总分最高的备选方案；另一种是选择产生最高分的备选方案。

尽管这样的规则有时很有用，我们建议你还是不要用它们代替备选方案的详细比较。简单的决策规则容易转移对权衡过程及其隐含价值的注意力。同时，它们总是给那些不能比较的标准强加以主观的权重。换句话说，我们希望你小心使用它们，因为它们不但无法明确基本选择的价值，反而能使人更加迷惑。

我们认为一种抽象的决策规则对于简化选择常常是一种约定俗成但并不实际运行的规则。为了运用它，你必须为每一标准的可接受性设置一个临界值。例如，如果一项标准是"最小化二氧化碳排放"，临界值可能是在某个基准年的水平上每年至少减少 800 万吨。一旦为所有的标准建立了比较基准线，你就只需要排除那些没能通过这些临界值的备选方案。如果只剩一个单独的备选方案，那么你就可以接受它，因为它是唯一的对所有标准都符合约定的。如果剩下两个或更多的备选方案，那么你就能够把注意力集中于它们，根据标准之间的权衡作出详细的比较。当没有备选方案，包括现行政策也没过关时，困难的情况出现了，这时你必须开发更好的备选方案，或者降低临界值。

当面临日常生活中的决策时，我们经常预测、评估并且进行模糊或不全面的选择。实际上，我们的目标与备选方案也经常是不具体的。当常规决策出现时，经验允许我们走一些捷径，而把犯严重错误的风险降至最低。但是，如果决策问题是新奇的或比较复杂的时候，如果不能面对目标清晰地表达所有的备选方案，我们就可能错失很重要的考虑因素。

提出建议

分析的理性主义者模式的最后一步是给出建议。具体地说，你应当明确而简洁地回答三个问题：第一，你认为你的客户应当做什么？第二，为什么你的客户应该那样做？第三，你的客户应当怎样做？头两个问题的回答应当直接来自你对备选政策方案的评价。你对第三个问题的回答应当包括一份你的客户必须采取的行动清单，以确保推荐的政策得到采纳和执行。

我们提供以下一些提示，以帮助引导你对建议的表述。第一，你的建议应当符合你对备选方案的评价。虽然这样做似乎是不言而喻的，但我们还是认为值得提出来。有时一种似乎很好的政策解决方案只有当你的最终期限接近时才能得到。抵制住引入这些新的备选方案作为建议的诱惑。正确的方法是重做你的备选方案的阐述和评价，使新的候选方案与其他方案进行系统的比较。否则，你冒险给出的建议可能会成为你后来的遗憾。我们主张在理性主义者模式中使用非线性方法完成有关步骤的一个理由是，这样做能够增加好的主意较早出现并有足够的时间受到严肃对待的机会。

第二，你应当简要概括你建议的政策的优点和缺点。为什么你的客户应当接受你的建议？能够预期什么收益？成本将会是多少？存在值得考虑的任何风险吗？通过回答这些问题，你恰到好处地把你的客户的注意力引向你的建议的结果。

第三，你必须提供一套清楚的行动指令。你的客户为了正确实现你建议的政策必须做些什么？有时这个指令系列可以非常简短。例如，如果你的客户是一位立法者，那么"投票赞成 X 法案"这样一个指令可能就足够了。然而，大多数时候如果采纳和执行你的建议，客户常常要采取一套更加复杂的行动。例如，设想你向国家社会服务部门的主任建议基金应当从日托提供商转向其他人。什么时候和怎样才能确保这个国家的管理者赞成你的意见？有必要和国家立法部门进行沟通吗？什么时候和怎样告知卖主？什么时候和怎样通知参与家庭？应当提前将摘要送给国家立法机关的任何成员吗？应当指派哪几个官员监督这种转移？这些问题似乎很简单。尽管如此，稍稍想一下，你就应当会意识到，如果对它们中的任何一个的回答有问题，就会危及所建议政策的成功执行。为了能系统地完成这些工作，你应该准备一份执行场景，我们在第 11 章中已经列出了基本大纲。

14.6　交流分析

你的政策分析的格式在决定你与客户有效交流你的建议方面起着重要的作用。客户的技术及其对经济学的掌握程度有很大的不同，因此你应当据此写出你的分析报告。然而，客户通常会有几个共同特征：(1) 他们通常想在分析的形成中扮演某种角色（但他们不想成为分析家）；(2) 他们很忙，面对的时间表很紧；(3) 他们使用未经考验的分析家的作品时很不安，尤其当他们不得不在政治舞台上"携带这个罐头"时。这些一般化的特征暗示出如何呈交你的作品的某种指南。

构造互动

通过共享一份初稿，你常常可以使你的客户有效卷入分析当中。你应该尽早开始这样做，从而使你可以利用客户的评论，但也不要太早，太早这样做会让你看起来很忙乱或者没有章法。在你的课题的进程中，作为一种有规律的中断，你要定期设法准备完整的草稿，你要强迫自己查找必须填满的缝隙。给你的客户系统评论这些草案的机会，这样做通常比口头交流更有效。当然，如果你认为你的客户最好是一位听众而不是一位读者（或许这是因为你只能通过预约要求得到你客户的时间和注意），也许通过一次有准备的日程安排，你会发现口头的进展汇报更加有效。注意灵活性。不管怎样，要使用在你面对的具体环境中有最好作用的交流形式。

通过仔细组织草案，可以改善你的报告交流的效果。应当遵循两种主要的指导方针：第一，把你的分析分解成几个不同的组成部分；第二，使得各组成部分的陈述清晰和明确。这些指导方针不仅适用于你的最终产品，而且也能够通过让你的客户关注那些显得薄弱或者不足以使人信服的组成部分，促进整个过程中的有效交流。分解和澄清还有利于明确你和客户之间的意见分歧。尽管这可能看起来是个缺点，但它通常并不是。在计划的早期阶段产生的明确分歧能帮助改进你的草案，使之更加明确清晰，使用进一步的证据会使你明了客户的哪些信条可能改变、哪些是不可改变的。这样一来你的草案的初稿以及你有组织地与客户进行的交流可以降低你的分析最终被拒绝的可能性。

图 14—1 所示的理性主义者模式的步骤，提供了一个分解你的分析的一般化大纲。尽管你的分析的最后格式是从问题描述开始，然后按步骤完成你的推荐，但你没有必要严格按这一顺序尝试写作你的初稿的各组成部分，因为那样恐怕你会遇到我们开始时提到的"分析麻痹症"。显然，这些步骤不能以彼此完全独立的方式处理。例如，你为评估你的备选方案选择的操作标准直到已经明确了相关的目标之后才能最后定下来。但是在课题的早期阶段，你就应当设法尽你最大的努力写出每一个组成部分的草稿。这种努力能够迫使你进行结构化的思考，并且预见你在有效完成最后草案时所需要的信息。这在帮助你从问题分析转向解决方案的分析上可能尤其具有价值，以至于不会以一份过度的现状描述或一份发展不良的备选政策分析而告终。

保持客户的注意力

客户是典型的忙人，只有有限的关注范围。阅读你的分析可能只是许多争夺你的客户注意力的活动之一。你所承担的责任是创作一份要考虑到客户有限的时间和注意力的书面分析。[31]

尽管我们所提供的大多数建议都强调描述性的问题，到目前为止时间仍是最重要的因素。如果你正设法通知某项决定，那么务必在必须做出决定之前就交流你的建议。有时客户会延迟决定。然而，出于表决的需要，选择一项计划、赞同一项预算或是采取一种公共立场，常常对客户以及他们的分析家提出了严格的最终期限。虽然你应当总是追求完美，但是要记住，在你的客户必须做出一项决定之前一小时向他传递一份不完美的分析要比决定已经做出一小时之后传递一份完美的分析更有价值。

你可以通过遵循几个简单的规则更有效地促进你和忙碌的客户之间的交流：提供一份执行摘要（executive summary）和一份目录；为你的信息设置优先权；使用讲一个故事的标题和副标题；简洁；使用示意图、表格和图形。

你的分析不要读起来像个谜。与其让你的客户猜谜，不如在执行摘要中开门见山地向你的客户告知建议。执行摘要应当是你所分析的最重要部分的一个简洁陈述，包括对你主要建议的清楚说明。在一份只有几页的简短分析中，第一段应该是一份执行摘要，在这一段的结尾是你的建议，这通常会被看作主题句。多于几页纸的分析要有一份独立的执行摘要。也就是说，它应当是覆盖你的建议及其依据的一份陈述。

一份目录能够使你的客户对你的分析方向一目了然。它提供了你的分解的结构，以便你的客户可以集中关注特别感兴趣的方面。和执行摘要一起，目录能够使你的客户即使跳过部分内容也不会错过要点。虽然我们都想让人们读到我们写的所有内容，但如果你的客户采纳了只是基于你的执行摘要和目录的建议，你也应当认为自己是成功的（至少在表面意义上如此）。

你应当安排材料，从而使连贯地阅读你的分析的客户能首先碰到最重要的材料。通常一份 10 页的分析对于繁忙的客户来说不像一份带 5 页附录的 5 页分析那样有用。但是难道这位客户不是仍然需要阅读 10 页的材料吗？只有这位客户想这样做时才会如此！通过把这项分析分成 5 页的正文和 5 页的附录，你已经承担了分清信息优先次序的责任。随着你和你的客户发展出一种默契的关系，你的客户可能会感到并没有必要核实附录提供的事实背景和理论说明。

标题和副标题能使你的客户更快地浏览一项分析。作为一项一般规则，标题应当大体与理性主义者模式的各步骤相一致。然而它们应当简洁，并且传达出实质性的内容。例如，与其出现像"市场失灵"这样的标题，你的分析的这一节不如冠以"吸烟者没有承担全部的吸烟的社会成本"这样的标题。类似地，与其设"政府失灵"这样的标题，一个更好的标题可能是"为什么国家价格上限导致供给不足和无效"。适当地使用标题和副标题——否则即使只有几页纸的不分节的内容也可能失去你的客户的注意。

其他外观设计也有助于使分析对你的客户更有用。缩排、选择单倍行距、简洁的编号方式和明了的下划线全都能够在你的分析中突出和组织要点。关键是确保能够引起客户对那些物有所值的材料的注意。一个长系列的加点句，尤其是用没有动词的短语表达的，不但没有给读者充分的解释，而且不能突出真正的要点。即使你偶尔使用加点或加亮区用以强调，也要继续依靠段落作为表达的主要单元。

示意图、图形和表格对于说明、概括和强调信息非常有用。使用它们，但是不要过多地使用，能够引起对重要信息的注意即可。像标题一样，它们的题目应当传达实质性的内容。它们所有的因素都要完全地加以标记，以使它们在很少或没有参考文献的条件下也可以被理解。确保你适当地磨合了所有的数字信息——决定重要数字的次序的，应当是有一定准确性的数据，而不是你的计算机。我们在表 14—3 中给出了对于交流的主要建议。

表 14—3　　　　　　　　　　　　　对交流的主要建议

要	记住客户！记住你的任务是提供有用的建议 设置优先权。仔细组织你的信息（重要的材料在文本里，支持材料放在附录） 把你的分析分解成为不同的部分 用标题讲故事。避免摘要性的标题，例如"市场失灵" 保持平衡！给予问题分析与解决方案分析适当的篇幅 了解不确定性的存在，之后也要提供解决方案（在适当的时候以敏感的分析支持你的解决方案） 守信用，尽可能多地保存文件 避免喊口号，并且解释专业词汇

要	价值公开。对目标的重要性进行清晰的描述 写完整的文本。用短而有力的句子，使用主动语态
不要	写散文！现在你应该非常清楚一篇散文和一个组织良好的政策分析的区别 告诉你的客户你所知道的所有东西。要做到非线性的思考、线性的表达 故作神秘！相反，在执行摘要中要写明你的重要结论

　　保持简洁！使正文始终集中于你分析的逻辑。将那些离题的观点和有趣的离题话题驱逐出你的文件；或者，如果你认为它们在某种方式上对你的分析有用，就把它们放到脚注和附录里。不要使用难懂的话抄近路；只使用你的客户能够理解的技术术语（有时你可能会故意吸收一些不熟悉的技术术语，以备你的客户与他人辩论之用——那么你的任务是以尽可能最清楚的方式解释这些术语）。

　　努力写出干脆利落的正文。以主题句开始段落。与复杂句相比要更倾向于使用简单句。使用主动语态而不是被动语态以保持你的正文生动："我估计成本是……"而不是"被估计的成本是……"。要有时间编辑你的文本，如果你容易啰唆就更应该如此。

建立信用

　　在你已经建立起一份值得信任的分析家的记录之前，你应当预料到你的客户可能并没有足够的信心仅仅依靠你做分析。毕竟，他们是一些冒着政治与职业风险去遵循你的建议的人。因此，如果想要你的建议有影响力，你必须建立起你的分析信用。

　　提高你的分析信用有几种方法。第一，确保引文的来源完整和准确。当然，如果你对图书资料和实地研究保持清楚的记录，你会发现这样做很容易。

　　第二，对理论、数据、事实和预测上的不确定性和模糊之处做标记。隐瞒不确定性和模糊会对你的客户造成重大伤害，这不仅因为是知识上的不诚实，而且还因为这样做可能使你的客户在那些政治舞台上老于世故的人前面毫无防备。标记不确定性和模糊之处后，你应当在分析进展需要的范围内解决它们，或许"证据权衡"（balance of evidence）是你能做的最好方法。你应当不断检查解决不确定性方案的含义。在对那些特殊的解决方案非常敏感的场合，你也许应当根据一系列解决方案的含义提出报告。例如，不是只在"最好的情况"假设下完成对你的备选方案的评估，你可以既在"最好的情况"也在"最差的情况"的假设下提交评估。

　　最后，正如我们早就提出的，你应当"价值透明化"（value overt）。清楚地制定重要目标，解释为什么你认为它们是重要的。同时，解释为什么你拒绝了那些其他人可能认为是重要的目标。如果你希望与你的客户争论，认为他或她应当改变目标，或者给予不同的权重，你对目标的解释是尤其重要的。

14.7　再次进行元分析：综合线性与非线性方法

我们一直主张的是政策分析的理性主义者模式由八个连续的步骤组成，开始于理解政策问题，结束于提供建议。这些步骤提升了逻辑和综合分析。然而，与其认为这些步骤是进行分析时应该遵循的次序，不如认为它们是你最终产品的大纲。如果某人恰好读到你的最终报告，他的印象应该是你按部就班地遵循了这些步骤，即使别人从头到尾读完后认为你在这些步骤之间跳跃和重复。的确，我们通常认为你需要跳跃和重复，使用非线性的方式完成你的线形作品。

简要地回顾我们对收集信息、确定目标和设计备选方案的讨论，应当很明白为什么我们力劝你非线性地工作。在开始收集信息之前很少有人知道什么信息是可获得的——一种来源导致另一种来源。在考虑可行的政策备选方案的范围之前，你或许难以具体化现实的目标。在开始评价你最初设计的备选方案之前，新备选方案的灵感或许不会出现。正如我们已经指出的那样，利益集团鼓吹的那些政策可能有助于你确定他们会怎样看待"这个问题"，也许还有助于你自身更好地理解它。

我们提供一条实践的线索，以帮助你综合线性和非线性的方法：从一份文件开始按照理性主义者模式进行每一步的分析（实际上，电子的和铅字复印的文件通常都有用）——描述和模拟问题、目标、解决方法（尽管通常这份文件可以完成得非常早）、标准类别、备选方案、预测、评估和建议。在收集信息的过程中，你的灵感也将出现。在合适的文件中记下它们。它们不一定存在于你的最后分析之中，但它们不但有助于你的启动，而且提供了一份你的思考是如何取得进展的记录，当你考虑如何有效地与他人交流你的分析时，某些内容可能是很有用的。

当你面临最终期限时，使用平行文件可能还能起到减缓写作中所面临的焦虑的作用。如果每一部分你都已经有了一个开头，那么把它们拼在一起形成完整的分析将会减少结构的缺损。[32]经常地检查文件，能够把你的见解和信息转换为文章的段落。这样做可以迫使你直面论点中的薄弱环节，因而有助于把注意力集中于关键问题和需要的信息上。另外，一些这样的段落可以存在于最后的草案之中，因此免得当最后期限临近时你会面对空白页而焦虑。

一旦已经有了一些做政策分析的经验，花上一些时间重新分析一下自己。如果发现自己在一个步骤或另一个步骤上变得有些麻痹，那么或许你应当设法强迫自己更为结构化地工作（你会发现它有助于你在中途尝试起草一份完整的分析）。如果你在组织和提交分析上遇到了麻烦，那么或许你应当设法更加遵循理性主义者模式。

14.8　结论

在本章我们的注意力集中于将政策分析作为一种向客户提供书面建议的过程。

我们设置了一系列连贯步骤，即理性主义者模式，它有助于你组织书面作品。但是，我们强调在收集信息和为最后的作品工作的过程中，你应当形象地思考这些步骤。尽管我们已经提供了大量的实践建议，分析过程仍不能被缩减为一个简单的公式。这正是为什么政策分析如此有趣，而做出好的政策分析又是如此具有挑战性的原因。第 1 章提供了一个使用本章我们描述的格式进行政策分析的样本。第 15 章给出了一些目标/备选方案矩阵的例子说明政策分析的这一焦点。

复习思考题

1. 为第 9 章出现的麦迪逊出租车规制分析建构一个目标/备选方案矩阵。城市打算组织一个包含所有出租车公司的普遍部署体系，如果这个备选方案加进来，你的目标会发生怎样的变化？

2. 要评估交通部门的分配系统，哪些目标可能与之相关？

注释

1. Pieces we find helpful on the *process* of policy analysis include Eugene Berdach, *The Eight-Step Path of Policy Analysis* (Berkeley, CA: Berkeley Academic Press, 1996); Christopner Leman and Robert Nelson, "Ten Commandments for Policy Economists," *Journal of Policy Analysis and Management* 1 (1) 1981, 97−117; James M. Verdier, "Advising Congressional Decision-Makers: Guidelines for Economists," *Journal of Policy Analysis and Management* 3 (3) 1984, 421−38; and Robert D. Behn and James Vaupel, "Teaching Analytic Thinking," *Policy Analysis* 2 (4) 1976, 663−92.

2. There is evidence that the distinction between the linear and the nonlinear corresponds to the differential abilities of the right and left sides of the brain: the left hemisphere is used for logical, sequential processes, while the right hemisphere is used for processes requiring intuition and creativity. Jan Ehrenwald argues that "geniuses" are those individuals best able to "shift gears" from one hemisphere to the other as required, See Jan Ehrenwald, *Anatomy of Genius: Split Brains and Global Minds* (New York: Human Sciences Press, 1984).

3. See Max Singer, "The Vitality of Mythical Numbers," *Public Interest* 23, 1971, 3−9. See also Peter Reuter, "The Social Costs of the Demand for Quantification," *Journal of Policy Analysis and Management* 5 (4) 1986, 807−12.

4. Douglas Besharov, "Unfounded Allegations-A New Child Abuse Problem," *Public Interest*, 83, 1986. 18−33.

5. For a discussion of the importance of stripping away the prescriptive elements of problem definition, see Eugene Bardach, "Problems of Problem Definition in Policy Analysis," *Research in Public Policy Analysis and Management*, 1, 1981, 161−71.

6. For example, Carl V. Patton and David Sawicki, *Basic Methods of Policy Analysis and Planning* (Englewood Cliffs, NJ: Prentice Hall, 1986), 26. Others provide lists that include implementation: Grover

Starling, *The Politics and Economics of Public Policy: An Introductory Analysis with Cases* (Homewood, IL: Dorsey Press, 1979), 10.

7. For a thoughtful treatment of problem definition in the organizational context, see David Defy, *Problem Definition in Policy Analysis* (Lawrence: University Press of Kansas, 1984).

8. Amitai Etzioni eloquently argues that policy analysis should not be restricted to economic analysis. He offers, by way of comparison, medical knowledge, which eclectically incorporates political, social, cultural, psychic, and environmental factors. See "Making Policy for Complex Systems," *Journal of Policy Analysis and Management* 4 (3) 1985, 383-95. See also Jack Hirschleifer, who argues, "There is only one social science ... Ultimately, good economics will also have to be good anthropology and sociology and political science and psychology." In "The Expanding Domain of Economics," *American Economic Review* 75 (6) 1985, 53-68, at p. 53.

9. Helen Ladd points out that economic analysts often forget this: "The failure of some of the authors to spell out and defend their value judgments in some cases leaves the misleading impression that the policy conclusion follows logically from the analysis alone." Review of John M. Quigley and Daniel L. Rubinfeld, *American Domestic Priorities: An Economic Appraisal*, in *Journal of Economic Literature* 24 (3) 1986, 1276-77, at p. 1277

10. Jeanne Nienaber and Aaron Wildavsky, *The Budgeting and Evaluation of Federal Recreation Programs* (New York: Basic Books, 1973), 10.

11. See Henry Mintzberg, Gurev Raisinghani, and Andre Theoret, "The Structure of Unstructured Decision Processes," *Administrative Science Quarterly* 21 (2) 1976, 246-75. As James March puts it, "... it seems to me perfectly obvious that a description that assumes goals come first and action comes later is frequently radically wrong. Human choice behavior is at least as much a process of discovering goals as for acting on them." James March, "The Technology of Foolishness," in James C. March and J. P. Olsen, eds., *Ambiguity and Choice in Organizations* (Bergen, Norway: Universitetsforlaget, 1976), 72.

12. Henry Rosen, "The Role of Cost-Benefit Analysis in Policy Making," in Henry M. Peskin and Eugene P. Seskin, eds., *Cost Benefit Analysis and Water Pollution Policy* (Washington, DC: Urban Institute, 1975), 367-68.

13. The Hastings Center, *Ethical, Legal, and Policy Issues Pertaining to Solid Organ Procurement: A Report on Organ Transplantation*, October 1985, 2.

14. Robert D. Behn, "Policy Analysis and Policy Politics," *Policy Analysis* 7 (2) 1981, 199-226, at p. 216.

15. For further elaboration on the distinction between ex ante and ex post analysis, see Anthony E. Boardman, Wendy L. Mallery, and Aidan R. Vining, "Learning from Ex Ante/Ex Post Cost-Benefit Comparisons: The Coquihalla Highway Example," *Socio-Economic Planning Sciences* 28 (2) 1994, 69-84.

16. See "A Selected Cost-Benefit Analysis Bibliography," in Anthony E. Boardman, David H. Greenberg, Aidan R. Vining, and David L. Weimer, *Cost-Benefit Analysis: Concepts and Practice*, 2nd ed. (Upper Saddle River, NJ: Prentice Hall, 2001), 489-510.

17. Ibid., pp. 411-27.

18. Arnold C. Harberger, "On the Use of Distributional Weights in Social Cost-Benefit Analysis," *Journal of Political Economy* 86 (2) 1978, S87-S120.

19. Edward M. Gramlich and Michael Wolkoff, "A Procedure for Evaluating Income Distribution Policies," *Journal of Human Resources* 14 (3) 1979, 319-50.

20. See Anne Schneider and Helen Ingrain, "Systematically Pinching Ideas: A Comparative Approach to Policy Design," *Journal of Public Policy* 8 (1) 1988, 61−80.

21. See David L. Weimer, "The Current State of Design Craft: Borrowing, Tinkering, and Problem Solving," *Public Administration Review* 53 (2) 1993, 110−20.

22. For some examples of sources for such custom design, see David L. Weimer, "Claiming Races, Broiler Contracts, Heresthetics, and Habits: Ten Concepts for Policy Design," *Policy Sciences* (25) 2 1992, 135−59.

23. Often one can find ways of introducing well-known institutions into new contexts. For an example, see Richard Schwindt and Aidan R. Vining, "Proposal for a Future Delivery Market for Transplant Organs," *Journal of Health Politics, Policy and Law* 11 (3) 1986, 483−500.

24. Several of the ideas in this section are drawn from Peter May, "Hints for Crafting Alternative Policies," *Policy Analysis* 7 (2) 1981, 227−44. See also Ernest R. Alexander, "The Design of Alternatives in Organizational Contexts," *Administrative Science Quarterly* 24 (3) 1979, 382−404.

25. On the question of attention span, see George A. Miller, "The Magical Number Seven, Plus or Minus Two: Some Limits on Our Capacity for Processing Information," *Psychological Review* 63 (2) 1956, 81−97.

26. Robert W. Hahn, "Choosing among Fuels and Technologies for Cleaning Up the Air," *Journal of Policy Analysis and Management* 14 (4) 1995, 532−54.

27. Jerome H. Skolnick, *Justice without Trial: Law Enforcement in Democratic Society* (New York: John Wiley, 1966), 174−79.

28. As Vincent N. Campbell and Daryl C. Nichols state, "… there is a tendency to undermine the purpose of stating objectives (to make clear what you want) by stating only those things that can be measured easily." "Setting Priorities among Objectives," *Policy Analysis* 3 (4) 1977, 561−78, at pp. 561−62.

29. Alain C. Entoven and K. Wayne Smith, *How Much Is Enough? Shaping the Defense Program, 1961—1969* (New York: Harper & Row, 1971), 295−306.

30. Economists generally use 40 to 50 percent of the average after-tax rate as the value of an hour of commuting time saved. Reductions in losses of work time are usually valued at the after-tax wage rate. For an overview of the value of time and other common "shadow prices," see Anthony E. Boardman, David H. Greenberg, Aidan R. Vining, and David L. Weimer, " 'Plug-In'Shadow Price Estimates for Policy Analysis," *Annals of Regional Science* 31 (3) 1997, 299−324.

31. For an interesting discussion of policy communication in organizational contexts, see Arnold J. Meltsner and Christopher Bellavita, *The Policy Organization* (Beverly Hills, CA: Sage, 1983), 29−57.

32. If you suffer from writer's block, then you might want to look at Martin H. Krieger, "The Inner Game of Writing," *Journal of Policy Analysis and Management* 7 (2) 1988, 408−16.

第 15 章

经典教材系列
公共行政与公共管理经典译丛

目标/备选方案矩阵：来自CBO研究的案例

第 14 章提出的理性主义者模式为开展综合性的政策分析提供了一个框架。在我们提供的引导运用理性方法的不同启发式研究法当中，或许最重要的以及有广泛用途的一点是你应当基于每一个判断标准预测和评估每一个备选方案的影响。目标/备选方案矩阵，或者它的变形，通过一组表格帮助分析家实施这种启发式研究。它还有助于与顾客对目标、备选方案加以权衡。本章我们简要地讨论一些国会预算办公室进行的政策分析的矩阵案例。

利用 CBO 研究有以下几个原因：第一，CBO 的高度专业化的成员能确保它树立一种中立和非党派的信誉。自 1975 年成立以后由共和党主导的局面到 20 世纪 80 年代早期已经在很大程度上消失了，现在，如同它在成立后头 20 年中在民主党占主导地位的国会中得到的支持一样，它也享有共和党国会的强大支持。第二，CBO 分析家担负着各种各样的分析任务，范围从回答由国会议员中的成员提出的问题到政策问题的主要研究。后者是综合性的政策分析，虽然 CBO 通常并不会提出明确的建议。第三，最后的也是对我们的目的来说最重要的一点，CBO 出版许多它自己的综合性分析。这些分析的副本很容易从 CBO 的网站上（www.cbo.gov）获得。

篇幅的有限性使我们对 CBO 案例的讨论只能限制在它们提出的简要分析框架上。那些试图作第一次政策分析的人可能希望参考像第 1 章给出的分析案例那样完整的版本和模型说明。

15.1　宽泛选择的设定：拍卖无线电频道许可证

无线电频道在通信服务的生产中有着重要的价值。1912 年无线电法案（the Radio Act）（P. L. 62-204）宣布无线电频道的所有权属于联邦政府，但是赋予商业部部长管制私人用户的有限权力。[1]在无线电通信技术替代点对点传输以前，这种基本的免费产品已经变成了一种公开进入物品，在 20 世纪早期使用的广播经常因为偏离所分配的频率而互相干扰。1927 年联邦无线电法案（P. L. 169-632）本着"公益、方便、必要"的原则取得了更大的管制权。1934 年联邦通信法案（P. L. 73-416）把这些管制权交给了联邦通信委员会，联邦通信委员会很快在多用户申请的情况下通过使用比较收听的方法配置频率许可证。

自从频率管制开始实施之后，出现了通过拍卖而不是比较收听的方法配置许可证的建议。[2]大幅度提高税收的潜在利益使得拍卖这个主意在 20 世纪 90 年代早期得到提倡，当时国会和行政机构正在寻求降低联邦赤字的方法。1991 年，国会预算委员会要求 CBO 检查支持和反对无线电频道许可证拍卖的论点。CBO 于 1992 年 3 月以《拍卖无线电频道许可证》（Auctioning Radio Spectrum Licenses）做出了反应。[3]

尽管 CBO 分析家们一直在寻找对拍卖和比较收听、抽签作一个大致比较，但明确拍卖在效率上的细节以便作出预测，对他们来说还是必要的。他们创造了一个"基本案例"，假定为 25 MHz（兆赫兹）提供两份许可证，一份是国家的，一份是地方的，在 1.7~2.2 GHz（千兆赫兹）的范围提供单个组织和私人通信服务（移动电话、双向传呼、便携式移动传真机和无线计算机网络）。许可证与目前通过比较收听距离确定的一样有产权，但被要求承担那些已经拥有的许可证与被拍卖部分重叠的私人用户的重置成本（cost of relocating）。拍卖本身通过对首次出价保密的叫价原则进行的，如果对国家许可证的叫价超过所有地方最高叫价的总和，则国家许可的最高叫价者胜出。

分析家根据经济效率、公平和联邦税收三个目标对拍卖、比较听证（comparative hearings）和抽签（lotteries）三种方法进行了比较。表 15—1 显示了他们根据三个目标对三种备选的分配方法作出的评价。表中有几个方面值得注意。

表 15—1　　　　　　　　　　　**执照分配方法比较**

方法	效率	公平	税收
比较听证	出价最高的用户可能不会直接被分配到许可证。 二级市场允许将许可证出售给最高估价的用户。 搜寻许可证活动花费的顾客私人资源和强加给社会的高额管理成本和延误成本。	能保证特定的许可证分配。 分配过程中法律和管理成本使得财力雄厚的利益集团处于优势地位。	税收限于许可证申请费。1991 年联邦通信委员会全部的费用是 466 万美元，包括更新和抽签的费用。新许可证的范围从 35 万美元到 7 万美元不等。1991 年一位新用户申请移动服务的比较听证费是 6 760 美元。

续前表

方法	效率	公平	税收
抽签	随机过程可能不会直接将许可证分配给最高出价的用户。 二级市场准许许可证出售给这个用户。与比较听证相比延误成本小，比拍卖慢一些。	给予支付申请费的用户相等的机会。给没有提供服务意图的申请人授予许可证，中奖者的意外收益当然不能被公众平分。	抽奖收入包括在上面提到的总收入中。具体的抽签收费很多。参与 1991 年 220～222MHz 的数字电子信息服务抽签的 6 万申请用户的全部费用是 440 万美元。
拍卖	给出价最高的用户直接拿到许可证的机会。 分配许可证比备选方案方法更快、社会成本更低。	给纳税人一份频率租金。 能够进行调查，以适合小投标者。	CBO 估计 1993—1995 财年 50MHz 频率为两个附加的移动许可证的拍卖一次可获得 13 亿～57 亿美元。

资料来源：Congressional Budget Office，*Auctioning Radio Spectrum Licenses*，March 1992，Table 2，p. 18.

第一，表中效率和公平的内容是定性的。每一栏提供分析家对一种方法怎样影响特定目标的评估的简短摘要。效率栏的项目比较很清楚——拍卖在快速而低成本地将许可分配给出价最高的用户方面占优势。然而，公平栏的项目比较不太清楚。相反，它们简要地概括了每一种方法对每种目标的重要影响。设立判断标准，诸如推动财力较弱的利益主体进入以及为纳税人争取稀缺租金等，会有助于清楚地排序。

第二，税收栏的项目提供了一些定量信息。比较听证距离和抽奖的数字是基于经验基础上的。分析家们根据基本案例中的拍卖情况估计税收，13 亿～57 亿美元的数字使得来自其他两种方法的税收相比之下显得微小。作为顾客，国会预算委员会对来自许可证拍卖的潜在收益尤其感兴趣，分析家在估计该范围时付出了相当大的努力。

分析家们的较低估计基于一个数字基础：通过转向移动电话服务，舰队寻呼公司（Fleet Call，Inc.）从 1987 年到 1991 年获得了 74 个许可证，为此向移动无线电通信操作员支付了 2.1 亿美元。平均起来，舰队寻呼公司在它所覆盖的服务范围内大约对每位用户支付了 3.5 美元。将这个数字加倍是考虑到有两份许可证，将范围扩大至覆盖全美大城市统计区人口的用量估计为 13 亿美元。

分析家们的较高估计是建立在摩根士丹利公司（Stanley Morgan Inc.）执行的一项研究的基础之上，据估计，一个公司进入陆上移动市场每人要花费 35～37 美元的资本和初始成本，并且能够保持 13%～15% 的税后收益，甚至价格从现在的水平下降 35%，消费者大约减少 20% 的用量。分析家们估计资本和初始成本为每人 20～22 美元，因此每人仍然可以用 15 美元来进行许可证标。使用每人 15 美元的数字，这个数字与财务分析家对 1992 年发放给舰队寻呼公司的许可证的估价是一致的，将这一数据推及美国大城市统计区人口得出的较高估计为 57 亿美元。

除了做出他们自己的收益估计，分析家们还评论了其他方法（获得成本和股票价值变化的方法）、其他机构（管理与预算办公室）以及和来自国外的经验（新西兰和英国的拍卖）。他们还提供了有关基本案例假设的备选方案含义的定性评价。

附言：1993 年的混合预算调节法案（P. L. 103-66）授权联邦通信委员会开展一项为期 5 年的频道许可证拍卖的试验。由一家公司持有相近许可或许比由不同的公司持有更有价值，考虑到这一事实，联邦通信委员会最终选择了同时攀升拍卖，这是一种由经济学家保罗·米格卢姆（Paul Milgrom）、罗伯特·威尔逊（Robert Wilson）和普雷斯顿·麦卡菲（Preston McAfee）建议的新拍卖形式。[4]在同时攀升拍卖中，投标按轮次进行，直到没有投标者想要改变叫价。因此，只要投标者认为存在某种许可证组合能够覆盖他们想要的地理范围的可能性，他们就可以改变他们的投标。为了阻止投标者在早期回合中后退，联邦通信委员会采纳了一项规则，按该规则，投标者如果在连续的回合中不能提供更高的叫价，则前几轮的叫价会被宣布无效。总体上，建立这些引导拍卖的规则用了 130 多页纸。在 1994—1995 年间，三项 30 MHz 波段个人通信服务（A 组、B 组和 C 组）的拍卖赢家的标的几乎达到 180 亿美元。

15.2　定量预测：重建军队

美国军队将其军事力量结构设计为能几乎同时应对两个地区的冲突，这两个地区通常假定为朝鲜半岛和中东。与冷战期间苏联反北大西洋公约组织联盟（NATOa）的传统攻击相比，这些冲突假定需要给战斗部队更高比例的支持。结果，陆军发现其支持人员太少，以至于不能执行它有效应对地区冲突的新使命。为了重建它的军事力量并获得更多的人员支持，有人建议把 12 支国民警卫队（National Guard）转变为支持部队。[5]

参议院关于军事服务的军人委员会要求 CBO 检查陆军计划的备选方案。研究的结果为《构造 21 世纪现役和预备役部队》。该报告在 1997 年 12 月完成。[6]

CBO 的分析家为这项军队计划设计了四种备选方案，列在表 15—2 中。备选方案 I 要依赖东道国（像韩国和沙特阿拉伯）和未在军中服役的军需品承包商提供服务，否则这些服务要由 6.2 万人的支持部队提供，还要从国民警卫队抽出 4 个战斗师。备选方案 II 计划把两支现役战斗师和一支国民警卫队转变为支持部队。备选方案 III 是组合第 I、II 两种选择——注意在分析家的分析中要确保组合清楚而不模糊。最后，备选方案 IV 不仅要依赖东道国和军需品承包商做到第 I 种和第 III 种选择的要求，还要依赖预备队应对第二次主要的地区冲突。

表 15—2　　　　　　　　在陆军计划和四种备选方案下改变军事结构

选项	军事结构的改变
陆军计划： 重新装配国家警卫队	12 支警卫战斗部队转变为支持部队
备选方案 I： 增加对东道国和军需品承包商的信任	抽出四个国民警卫队战斗师 在两个主要的冲突地区依靠东道国和军需品承包商，相当于 6.2 万人的支持部队的力量
备选方案 II： 在现役部队中创造附加的支持部队	两支多余的现役战斗师和一支国民警卫队转变为支持部队

续前表

选项	军事结构的改变
备选方案Ⅲ 组合选择Ⅰ和Ⅱ	两支多余的现役战斗师转变为支持部队
	抽出四个国民警卫队战斗师
	从预备队中削减 3.5 万人的支持部队
	在两个主要的冲突地区依靠东道国和军需品承包商，相当于 6.2 万人的支持部队的力量
备选方案Ⅳ 更大程度地依赖传统方式应对第二次主要的地区冲突	抽出三支现役的战斗师（两个重点部队和一个次要机构）和四个国民警卫队战斗师
	在两个主要的冲突地区依靠东道国和军需品承包商，相当于 6.2 万人的支持部队的力量

注：CBO 的四种备选方案（从备选方案Ⅰ到Ⅳ）中没有一个能够执行把 12 支国民警卫队转变为支持部队的建议。

资料来源：Congressional Budget Office，*Structuring the Active and Reserve Army for the* 21st *Century* (Washington，DC：U. S. Government Printing Office，December 1997)，Summary Table 1，p. xvi.

　　CBO 备选方案的设计原则是比军方计划（假定按现状）的成本要小，但仍要在尽可能短的时间内在战区部署。分析家提供的摘要列表和他们对每种备选方案的优缺点的讨论隐含了四个政策目标：第一，使军队的预算成本最小。第二，使部队在规模上类似于波斯湾战争（Persian Gulf war）的军事行动中部署时间（沙漠风暴军事行动）最短。第三，最小化对国民警卫队战斗部队的依赖，因为使用这样的力量会冒延迟部署的风险。第四，最小化军队对东道国支持的依赖，因为对于这种支持的可获得性是存在着风险的。

　　表 15—3 的上半部分提供了根据与四个目标中的每一个相联系的标准作出的定量预测（该表的下半部分为每种备选方案的军队结构和军人标准提供了系统的摘要）。

　　表中"平均年度节约或费用"显示了相对于目前军事力量结构的预算节约情况。直接节约由可部署战斗部队和支持部队军人的削减产生，总节约还包括基地在美国的非部署战斗部队中提供训练和管理服务的军人的减少。节约进一步分为 2010 年之前在陆军计划下重建期间发生的和 2010 年之后发生的部分，因此，截至 2010 年和 2010 年之后的全部节约可作为评定减少陆军预算成本目标的两个判断标准。

　　表中"部署时间"（deployment times）部分给出了第一次冲突开始后，每次地区冲突需要运送战争所需的军人和装备的天数。三个 CBO 备选方案涉及更大程度地依赖东道国的支持，这使得每个战区可以通过降低运送物资的数量比陆军计划更快速地部署。

　　"第二次冲突中来自警卫队的战斗部队"部分提供了对部署延误风险评估的定量指标。国民警卫队需要部署的战斗部队的数目越大（都是针对第二战区），延误部署的风险越大。如果分析家有办法确定地把对国民警卫队战斗部队的依赖直接转化为风险测度，那么后者也能在表中得以表现。

　　标记为"假定的东道国支持程度"适合作为支持服务供给的风险问题的代表。东道国支持的士兵数量越大，逻辑上部署期间遇到的风险也就越大。由于对国民警卫队战斗部队的依赖存在风险，分析家没有办法确定地把士兵当量力量转化为定量的风险测度。

用所有这些标准比较，分析家为军方计划设计的替代方案也就清楚了，是用快速部署方面的较高风险与减少预算费用作交换。这些备选方案在其涉及的外加风险源上也有差异。相比之下，备选方案 I 在假定的东道国支持上卷入了较高风险，但没有比军方计划的对国民警卫队战斗部队的风险更大的了。

表 15—3　军队计划的效果以及关于年度成本、部署时间和军队数量的四个备选方案

	1998 年的军队	军队计划[a]	备选方案			
			I	II	III	IV
平均年度节约或费用（一）（以 1997 年的美元价值衡量）						
1998—2010 年						
直接节约	n. a.	−200～−400	700	−200	850	2 500
总节约	n. a.	−200～−400	1 200	−200	1 550	4 500
2010 年之后						
直接节约	n. a.	0[b]	800	100	1 200	2 950
总节约	n. a.	0[b]	1 400	100	2 150	5 250
部署时间（第一次冲突开始后的天数）[c]						
第一战区	130	130	120	130	120	120
第二战区[d]	200	230	200	230	200	200
第二次冲突中来自警卫的战斗部队[e]						
战斗师	0	0	0	6	6	9
假定的东道国支持程度						
等价士兵数	15 000	15 000	62 000	10 000	62 000	62 000
部署部队的变化						
现役部队						
战斗师	n. a.	0	0	−2	−2	−3
战斗军人	n. a.	0	0	−33 000	−33 000	−44 000
预备役部分						
战斗师（警卫队）	n. a.	−4[f]	−4	−1	−4	−4
战斗军人（警卫队）	n. a.	−42 700	−58 300	−15 000	−58 300	−58 300
支持军人（警卫队和预备队）	n. a.	42 700	0	15 000	−35 000	0

续前表

	1998 年的军队	军队计划[a]	备选方案			
			I	II	III	IV
总军事结构						
战斗师						
现役部分	10	10	10	8	8	7
预备役部分（警卫队）	8	6[g]	4	7	4	4
部署支持部队						
现役部分	13 600	13 600	13 600	16 900	16 900	13 600
预备役部分	291 000	333 700	291 000	306 000	256 000	291 000
军队总人数						
现役部队	495 000	495 000	495 000	495 000	495 000	430 300
国民警卫队	367 000	367 000	305 000	367 000	287 100	305 000
预备役部队	208 000	208 000	208 000	208 000	189 600	208 000

　　a：不包括四年一次的《国防评论》推荐的裁军
　　b：来自战斗单元向后备单元转移带来的某些漕粮和维持的成本节约
　　c：两个主要地区冲突中的每一个要求运送所有战斗所需部队和设备的时间
　　d：假定第二次冲突是在第一次开始 45 天之后
　　e：形成相当于 16/3 个师
　　f：两个师和六个独立旅
　　g：尽管陆军计划将在国民警卫队中保留六个战斗师，它仍然将把独立旅的数量从 18 个师减少到 2 个，一个额外单位的减少等同于两个战斗师

15.3　被提议备选方案的比较：开发数码电视

　　数字交换技术（digital communication technologies），在给定带宽的电磁波频谱内比旧的模拟技术允许更多的信息传输，已经为新的和增进的频谱使用创造了机会，包括用数码电视替代模拟电视。数码电视技术的转换允许广播公司传送更高质量的图像和声音，或把和当前质量一样的 6 套节目压缩为一个 6 MHz 频道。由于数字信号受到的干扰较少，数码电视技术的转换也允许把靠近的频道压缩到一起，从而使频谱得以释放并移作他用。数码电视的转换也有成本——消费者要么用机顶盒带起电视天线，要么就干脆换成数字电视。

　　《从这里我们通向哪里？联邦通信委员会拍卖和无线电频谱管理》是一项国会预算委员会要求研究的课题，CBO 分析家评估了已经实施的联邦通信委员会频谱拍卖、来自计划拍卖的预计收入以及可以考虑的将来使用拍卖的其他地区。[7]关于后者，分析家比较了大量提议的备选方案，其中的几个包括拍卖和引入数码电视。

分析家把最初联邦通信委员会关于数码电视的建议作为一个基准或现有政策。基准假设联邦通信委员会给当前的每家广播公司提供一个二级数字广播频道。大约 15 年的转换期后，联邦通信委员会将收回模拟频道，并重新配置数字频道，把它们更紧密地压缩到一起。免费频道也将通过拍卖重新配置以供普遍使用。

分析家们将基准与 1996 年突出讨论的 5 种备选方案进行比较。如表 15—4 所示，这些备选方案可以分为三种类型。第一种类型，包括"初期回报"和"60—69"，具有使基准加速实施的要素。第二种类型由"向上拍卖"组成，它允许广播公司和非广播公司对新的数字频道投标。第三种类型包括"普瑞斯勒"（Pressler）〔由其提倡者前议员拉里·普瑞斯勒（Larry Pressler）命名〕和"向右移动"，从而利用所谓的"完全覆盖"。完全覆盖包括为现存频道引进数字服务创造许可证。在现存频道内，有大量未使用的频谱完全可以为数字服务所用。一种来源是左侧未使用的保护带，它用以避免模拟广播干扰。另一种来源是为将来使用而保留的频谱，和分配给点对点传输的频谱，诸如微波连接（microwave links），它只要求在服务面积很小的地域使用。覆盖许可证（overlay license）设计要求转移频道的剩余权，从现任的许可证持有者手中转到数字覆盖许可证持有者手中；它们可能要求也可能不要求覆盖许可证的持有者补偿被数字服务引入取代的现有用户。

表 15—4　　　　　　　　　　引进数码电视计划要素的摘要

计划	被拍卖的频谱	数码电视许可证持有人的类别	模拟电视广播的终止	电视频谱	
				为一般性使用再分配	其他
基准	一般使用的频率再要求和再分配	现有广播公司	计划开始后 15 年，要求复审	138MHz	为数码电视流出的 264MHz
加速使用：初期收益	一般使用的频率再要求和再分配	现有广播公司	2005 年	138MHz	为数码电视留出的 264MHz
加速使用：60—69	60—90 频率的覆盖许可证；其他频率的要求稍后	现有广播公司	计划开始后 15 年，要求复审	138MHz	为数码电视留出的 264MHz
向上拍卖	数码电视频道	最高竞标者	根据个人模拟许可证持有者和服务地区的通知的决议	无	为数字和模拟电视流出的 402MHz；许可证持有者可能允许提供其他服务
完全覆盖：普瑞斯勒	所有电视频率的覆盖许可证	现有广播公司愿意支付的押金	根据个人模拟许可证持有者和免费取代服务的供给决定	402MHz	不为电视保留

续前表

计划	被拍卖的频谱	数码电视许可证持有人的类别	模拟电视广播的终止	电视频谱	
				为一般性使用再分配	其他
完全覆盖：向右移动	所有电视频率的覆盖许可证	现有广播公司	根据个人模拟许可证持有者和免费取代服务的供给决定	402MHz，除当地数码电视许可证持有人平均占有的80MHz	没有保留区，但数码电视局平均占有80MHz

资料来源：Congressional Budget Office，*Where Do We Go from Here? The FCC Auctions and the Future of Radio Spectrum Management*（Washington，DC：U. S. Government Printing Office，April 1997），Table 8，p. 52.

表 15—5 列出了引进数码电视的目标/备选方案矩阵。分析家们根据拍卖收入、公平问题和经济效率这三种政策目标比较了六种备选方案。

基准和 60—69 这两种备选方案由于包括远在将来的拍卖，以至于分析家不能充分预测拍卖可能产生的收入。另外两种备选方案——普瑞斯勒和向右移动，对拍卖收入的预测尤其不足。因此，分析家只能预测早期利润和拍卖上限两种备选方案的拍卖收入。关于覆盖备选方案，至少分析家们能够自己作出更具体因此更经得起定量预测考验的备选方案的说明。

分析家们通过对广播公司、电视观众和低功率站点（low-power station）这三组中每一组的每一种备选方案的描述，强调了其中公平的意义。广播公司构成了大市场中的商业企业。低功率站点包括非商业性的和为小市场服务的站点，面临为迅速转换数字广播所需设备筹集资金的潜在问题。在频谱空旷地带或通过覆盖许可证，它们也最可能被数字广播公司取代。分析家们开始关注对这些站点所服务的电视观众以及使观众的电视适应数字接收的成本问题。

分析家们描述了每种备选方案与经济效率相关的含义。另外，他们提供了在一个"盒子"内初期回报方案与基准方案相比的净收益估计，所谓"盒子"可以认为是此情形下的附带物。他们估计早期净利润的范围为 0～200 亿美元。

表 15—6 概括了分析家们估计这一范围的依据。他们假设许可证获胜投标者的收益等于它们的投标数——100 亿美元，据此估计初期回报方案的净收益。认识到这一数字不包括消费者的所得，分析家们利用了联邦通信委员会的一项研究，认为社会剩余与新电视站所有者所得的比率是 3.6。分析家们建立的一种低方案的比率估计是 2，以及一种高方案估计，假定其比率为 4。他们接下来假定私人会依据 7％或 12％的真实利率对预期的收益流贴现所得的现值叫价（真实和名义贴现率的区别将在第 16 章讨论）。例如，根据标准 CBO 假设，2％的真实贴现率是合适的，那么收益流的社会价值将比私人投标指出的高 3.34～5.46 倍。初期回报方案会比基准方案早 7 年开始数字许可证。同样地，使用 2％的真实社会贴现率，许可证的早日启动增加的价值是基准价值的 0.129 倍。综合这些步骤，分析家们估计初期回报方案的收益范围在 86 亿～282 亿美元之间。

表 15—5　引进数码电视计划的评价（备选方案）

计划	拍卖收入		经济效率		公平问题		
	估计	来源	含义	相对于基准	广播公司	电视观众	低功率站点
基准	没估计	大约到 2012 年新服务的许可证持有者使用的频谱清理后的频谱	许可数码电视；最终终止模拟电视和为新用途清理频谱堵塞	不可比	转换期间提供 6 MHz 频道（15 年受复审）；之后必须放弃模拟频道	可用的新数字频道；未经转换的模拟频道不再后 15 年不再使用	许多被数字频道的分派和频谱清理取代
加速使用：初期收益	给定赤字削减计划的其他规定，拍卖 3GHz 下的另外 120 MHz，到 2002 年达到 100 亿美元	除 2002 年的账目，与基准一样	除转换到 2005 年结束，与基准一样	可能更有效；到 2005 年净所得的粗略估计从 0 到 200 亿美元	除转换到 2005 年结束，与基准一样	可获得的新数字频道；未经转换到 2005 年置换或其他的小预留的小站可能失去选择	除转换到 2005 年结束，与基准一样
加速使用：60—69	没估计	除 60—69 频道的完全覆盖许可证较早拍卖，与基准一样	除 60—69 频道的完全覆盖许可证较早拍卖，与基准一样	更有效	和基准一样	除一些低功率站很快失去对 60—69 频道的选择，与基准一样	除一些局以外，60—69 频道能很快被取代，与基准一样
向上拍卖	如果所有频道都被拍卖，到 1998 年达到 125 亿美元，或如果免费给非商业广播公司数字频道，将达到 95 亿美元	数码电视许可证持有者	许可数码电视，不命令模拟电视或模拟清晰的频谱终止	不知道	如果出价竞标，数字频道将面临更激烈的竞争；不负有模拟服务的义务	可用的新数字频道，有充足的市场存在时继续模拟电视	许多被数字频道的分派取代

续前表

计划	拍卖收入		经济效率		公平问题		
	估计	来源	含义	相对于基准	广播公司	电视观众	低功率站点
完全覆盖：普瑞斯勒	未估计	完全覆盖许可证持有者，加上押金和数码许可证持有者的押金收益	所有的电视许可；最大化许可谱的灵活性；不对数码电视提出要求，保护免费的电视，但允许其离开频道	不知道	必须为数字频道支出押金。可以交出两个频道并保留两个频道，不需要为电视使用数字频道或不可能是可获得的，可以继续使用数字频道，可以继续使用模拟电视服务，但必须减少它结束和相当的免费取代服务	在当地广播频道上数码电视可能是或不可能是可获得的；保证在模拟设置上继续使用免费电视（但保证的期限不确定）	全部都将被覆盖许可证取代
完全覆盖：向右移动	未估计	完全覆盖许可证持有者	与普瑞斯勒计划类似，但要求数码电视	可能更有效	提供二级频道的使用，如果被覆盖许可证必须放弃模拟频道，转向数字频道	新的可用的数字频道；保证模拟设置继续免费电视的免费（但保证的期限不确定）	可能由于要求补偿，全部都易被覆盖许可证取代

资料来源：Congressional Budget Office, *Where Do We Go from Here? The FCC Auctions and the Future of Radio Spectrum Management* (Washington, DC: U. S. Government Printing Office, April 1997), Table 9, pp. 57–58.

表 15—6　　　　　　　　　　短期内转向数码电视的成本和收益估计

	低方案估计	高方案估计
收益		
估计的拍卖收入	10	10
总社会剩余对许可证支付的比率	2	4
使用社会的和私人的贴现率的现值比率 （基于 2% 的社会贴现率）	3.34 （基于 7% 的私人贴现率）	5.46 （基于 12% 的 私人贴现率）
因提前 7 年产生的现值份额	0.129	0.129
估计的经济效益 （上面项目的产品，以 10 亿美元计）	8.6	28.2
成本（10 亿美元）		
模拟电视损失的服务价值	5	2
乡村中转站损失的服务价值	4	4
模拟传输设施的贬值	0.2	0.2
估计的总成本	9.2	6.2
估计的经济净收益 （最小成本收益，以 10 亿美元计）	−0.6	22

　　然而，有三种成本可以抵消这些收益。第一，较早启动减少了现有模拟电视存量的服务现值。第二，为农村地区服务的低功率站点将会被迫较快地停止播送。第三，来自模拟发送服务的现值将会减少。综合这些成本，并将之从预期收益中扣除，产生了分析家们在低方案下估计的 60 亿美元的净损失和高方案估计下的 220 亿美元的净损失。考虑要实现这些据估计会涉及的各种不确定性，分析家们确定最有可能的效率所得范围是 0～200 亿美元（如表 15—5 所示）。

　　注意分析家们如何利用现有研究构成信息的关键部分，即投标值和总社会价值之间的比率，这也是他们进行成本—收益分析所必需的。由于他们从这一研究进行推断时采取了恰当的谨慎态度，分析家们创造了低和高两种情况以涵盖报告的比率范围。一方面，这种宽泛的范围表达了初期回报方案超过基准方案的效率所得的内在不确定性。另一方面，范围的下限表明了初期回报方案并不会无效，而范围的上限表明及早回报方案可能是相当有效的。在充斥着最后期限和有限信息的现实世界中，从现有研究中找出粗略估计并且利用它们作为创造预测范围的指导，常常是能够做到的一种最好的方式。

　　附言：1997 年 4 月 3 日，当 CBO 报告准备付印时，联邦通信委员会投票通过了一项合并及早回报方案和 60—69 方案要素的计划（FCC Docket No. 87-268）。全国 16 000 个电视台的每一家都会获得一份第二频道，用以播送数字版节目。10 家最大广播市场中的台站被要求在两年之内开通数字播送。模拟广播于 2006 年终止。由于广播业已经开始游说议会立法搁置联邦通信委员会的计划，CBO 提供的备选方案分析可能会派上用场。

15.4   结合政策备选方案：改善水资源分配

美国西部农业对灌溉依赖严重。在 20 世纪，内政部（Department of the Interior）通过它的农垦局（Bureau of Reclamation），已经花费了数十亿美元为西部农民发展地表水的供给。在补贴价格和转售限制条件下，这些水的供给给许多人都带来了沉重的代价，包括资助这些计划的纳税人、必须转向更高成本的水资源的城市居民、现有依靠自然水资源系统的本土美国的水使用者、以及已丧失湿地和其他野生动物栖息地的生态系统。

认识到这些成本，1992 年国会通过并由乔治·布什（George Bush）总统签署了《中央流域项目改善法案》(Central Valley Project Improvement Act) (P. L. 1102-575)。该法案要求农垦局实施一系列政策，以提高它的最大项目之一——加利福尼亚中央流域计划的水分配和环境质量的效率。它的提案包括水市场的引入，允许农民向其他使用者卖水，用于环境目标的水分配，征收水出售附加费作为鱼类和野生动物的恢复基金，进行价格分层以提高用水的边际价格，使之与国库的供应成本相符。

在国会资源委员会少数派成员的要求下，CBO 进行了一项该法案提案实施的影响研究，着眼于评估其他农垦局水资源计划中使用类似政策工具来提高水分配的做法。《西部用水冲突：农垦局供水政策的改革》于 1997 年 8 月发表。[8]

为调查法案规定所造成的影响，CBO 分析家建立了一个计算机模拟模型，用来评估三个农业区中的每一个在年度平均降水量的条件下由水输送变化而引起的农作物收入变化。在这个模型内，假定农民根据水价变化、分配和由此引发的农产品价格变化调整作物混作和面积，最大化他们的利润。模型参数根据 1979—1991 年期间用水区提交的作物和用水报告作出的估计。模型也适用于评定水资源分配改变为城市用水区消费者价值带来的变化。

表 15—7 概括了该法案规定的不同组合对农产品收入、水市场收入和城市消费者利益的影响。"基准"行评估了在该法案的分配规定之前一年的平均降水量。接下来的几行是累计加总的，它们是"水市场"、"用于环境目标的水分配"、"附加费"（surcharges）和"增长率"（rate increases）几个项目。注意，如果将农作物收入的减少作为社会成本，那么单是水市场将很顺利地通过成本—收益测试：农作物收入上的 1 700 万美元损失会被城市消费者受益的 3 000 万美元超过。进一步说，在水市场上从城市消费者转移到农民手中的 1 800 万美元会使农民和城市消费者都获得正的净收益。

分析家们指出了将作物收入的减少作为社会成本的优势和劣势。他们注意到用水的减少是伴随农产品收入的减少出现的。因为中央流域计划的净收入大约是总收入的 54%，作物收入的减少可能是经济成本的两倍。另一方面，如果关心的是地区经济对分配和政治上的影响，那么可以用 0.66 的乘数将作物减收的货币值转换为外加于该地区的经济损失的货币值。注意，经济活动的这种损失从国家的视野看不

表 15—7　中央流域改善法案对农业用水、城市用水和税收的影响

设定场景	全部农业		水市场		城市消费者的收益（百万美元）
	水资源使用（千英亩一英尺）	作物收益（百万美元）	水转让[a]（千英亩一英尺）	水收入（百万美元）	
基准	5 149	2 645	n. a.	n. a.	4 500
相对基准的变化					
水市场	−243	−17	243	18	30
用于环境目标的水市场和水分配景中的变化					
80 万英亩一英尺	−758	−62	−42	0	−3
120 万英亩一英尺	−1 134	−99	−66	0	−6
135 万英亩一英尺	−1 276	−113	−74	0	−7
来自水市场和用于环境目标的 120 万英亩一英尺水分配的变化					
相对基准的变化					
附加费	82	8	−82	−9	−10
附加费增长率[b]	110	11	−110	−11	−14
法案规定的文件包[c]	−1 266	−105	66	7	11

a 南加利福尼亚的城市地区。
b 水价分层和偿付利率。
c 也包括用于环境目标的 120 万英亩一英尺水分配。

注：表 5 也包括把"全部农业"分解为西部圣华金流域、萨克拉门托流域和弗里恩特里特地区三个栏目。

资料来源：Congressional Budget Office, *Water Use Conflicts in the West: Implications of Reforming the Bureau of Reclamation's Water Supply Policies* (Washington, DC: Congress of the United States, August 1997), Table 4, p. 44, and Table 5, p. 45.

是一种成本，除非在它是一种失业的来源的程度上。

尽管分析家没有把全部的美元价值加总在环境目标的水资源分配的收益上，但他们还是考虑了四种可能的收益。对于前三种收益，即改善了商业性渔业（commercial fishery）、娱乐性捕鱼（recreational fishing）和湿地（wetlands），分析家从起初的研究中抽取每英亩—英尺的货币估计值。对于第四种收益以不使用的价值（用来测度人们对保护濒危物种的支付意愿）来衡量，他们注意到一些可能的相关研究，同时讨论了使用他们提供的货币评估会出现的问题。

虽然分析家没有评估方案规定的所获得的全部净收益，但我们可以评估它的效率含义。法案规定的全部内容包括，120万英亩—英尺分配给环境目标，作物收入减少1.05亿美元，但城市消费者收益增加1 100万美元。因此，排除环境收益，将50%的作物损失作为社会成本，提案涉及的净成本约4 150万美元。这暗示着通过成本—收益测试的全部环境收益至少是每英亩—英尺43.75美元。因为估计的商业和娱乐收益的评估范围上限接近这一水平，新法案规定的整套方案可能会提高经济效率。

在评估该法案对中央流域计划的可能的影响力之后，分析家转向了是否这些规定能被运用到其他农垦局计划的问题。他们注意到将对这个法案的分析应用于其他地区需要考虑三个基本问题：第一，政策问题因地而异，这会使得改革的目标也有差别。例如，在某些地区与环境相关的内容也许会具有较小的重要性。第二，不同地区农民对水价变化的敏感性可能会很不一样，原因来自作物的适宜性、土地灌溉成本和替代水源的可获得性。第三，不同规定（特殊价格和水政策）的水平和类型（价格增长、水市场和用于环境目标的水分配）是一样重要的。预测这些影响需要详尽的规定说明。鉴于这些考虑，CBO分析家建议，允许农垦局管理者从法案规定中选择适用于改革西部其他水分配计划的做法是可行的。

15.5　结论

这些框架说明了分析家在他们的工作中运用理性主义者模式的要素的方式。特别是目标/备选方案矩阵的差异有助于组织分析和帮助陈述。使用这一方法，我们遇到了货币化与目标效率相关的政策影响的某些尝试。在下一章，我们将设定成本—收益分析的基本因素，同时提供一些指导货币化的原则。

复习思考题

1. 综合的以理性主义者模式做出的政策分析通常是在行政机构内部产生的，他们很少得以发表或出版。你认为哪些制度因素促使了CBO分析的出版？

2. 根据本章所考察的案例，在交流分析的内容时，你认为哪种目标/备选方案矩阵是最有效的？为什么？

注释

1. For a review of the early history of spectrum regulation, see Thomas W. Hazlett, "The Rationality of U. S. Regulation of the Broadcast Spectrum," *Journal of Law and Economics* 33 (1) 1990, 133-75.

2. Most notably, Ronald A. Coase, "The Federal Communications Commission," *Journal of Law and Economics* 11 (2) 1959, 1-40.

3. Congressional Budget Office, *Auctioning Radio Spectrum Licenses*, March 1992.

4. R. Preston McAfee and John McMillan, "Analyzing the Airwaves Auction," *Journal of Economic Perspectives* 10 (1) 1996, 159-75.

5. The army force structure has three elements: full-time soldiers on active duty (active component), part-time soldiers in the Army Reserve who can be called up for active duty by the president (one part of the reserve component), and part-time soldiers in the National Guard who serve under state governors but can be federalized by the president in times of crisis (second part of the reserve component).

6. Congressional Budget Office, *Structuring the Active and Reserve Army for the 21st Century* (Washington, DC: U. S. Government Printing Office, December 1997).

7. Congressional Budget Office, *Where Do We Go from Here? The FCC Auctions and the Future of Radio Spectrum Management* (Washington, DC: U. S. Government Printing Office, April 1997).

8. Congressional Budget Office, *Water Use Conflicts in the West: Implications for Reforming the Bureau of Reclamation's Water Supply Policies* (Washington, DC: Congress of the United States, August 1997).

第 16 章

成本—收益分析

成本—收益分析（cost-benefit analysis），是一种对政策影响
效率进行评估的系统技术，在 20 世纪 30 年代洪水控制计划的评
估中开始得到普遍应用。[1]自那时起它一直被要求强制性使用，
范围覆盖广泛的公共政策领域，取得了不同程度的成功。里根总
统的 12291 号行政命令和克林顿总统的 12286 号行政命令都要求
美国联邦机构为任何可能导致重要经济影响的法规准备管制影响
分析。克林顿的行政命令要求识别社会成本和收益，并尝试确定
提议的法规是否能够最大化社会净收益。在过去十年中，议会也
开始要求在大量的立法活动中使用类似成本—收益分析的方法，
例如 1995 年的非资助命令改革法案。甚至美国的联邦法院也在
立法权威部门的要求下开始使用一种"成本—收益平衡"的形
式。[2]尽管有证据表明，许多联邦机构在实践中推行成本—收益
分析是有困难的，但要求这样做的呼声却不绝于耳。[3]许多州政
府目前也要求所有的法案动议要包括成本—收益分析。[4]

成本—收益分析能否作为决策依据，其合理性取决于效率是
否是唯一有关的价值和重要影响且效率被货币化的程度。当涉及
效率以外的价值时，成本—收益分析仍可以作为多目标政策分析
的一个有用的组成部分。当重要影响不能被合理地货币化时，成
本—收益分析的第一步——识别影响并将它们分类为成本或收
益——还是能够作为恰当的分析探讨的始点。因此，对于熟悉成
本—收益分析基本要素的分析家们而言，其价值超过了作为决策
原则的直接应用。

本章我们介绍成本—收益分析的一些基本要素。对所有相关理论和实践问题的深刻讨论需要一本完整的教科书。[5]这里我们集中关注成本—收益分析的几个关键概念。

16.1　预览：增加酒税

对酒征收高额的消费税（excise tax）是有效的吗？即对酒征税能够提高社会总福利吗？我们试图用成本—收益分析来回答这类问题。我们来对现有的商品提高税收或维持现状的税收政策加以比较。我们以明确这一税收的全部影响为起点。其直接影响包括酒的高价对消费者以及税收对政府两方面。但是较高的价格导致酒类消费下跌。较低水平的消费产生若干间接的影响：与酒有关的汽车事故的伤亡和财产损失的减少，减少酒的消费会有利于他们的健康和生产力的提高。

在进行成本—收益分析时接下来我们的任务是将其影响以美元表现出来。例如，我们得给消费者多少钱从而让他们愿意接受较高的酒类价格？（其答案是税收增加的成本之一）为了减少车祸的风险，人们愿意付出多少？（其答案是增加税收的收益之一）回答完所有这些影响的有关问题之后，我们比较增税的边际收益和边际成本。如果收益超过成本，那么我们将得出增税是有效的结论——至少它能补偿所花费的全部净成本后仍有某些剩余，使某些人境况较好。

本章的后面，我们介绍一份关于增加酒税的成本—收益分析。然而，首先我们还是要列出一些基本概念，以帮助我们正确地识别、衡量和比较成本与收益。接下来的部分根据四个基本步骤讨论这些概念：（1）识别相关影响；（2）将影响货币化（monetizing）；（3）贴现时间与风险；（4）在备选政策中作出选择。我们根据这些步骤组织对成本—收益分析隐含的基本概念进行讨论。

16.2　识别相关影响

成本—收益分析的第一步就是要识别在考虑范围之中的政策的全部影响，并将它们按不同人群的成本与收益进行分类。这直接引出的一个关键问题是：核心是谁？[6]也就是说，评定成本—收益时我们应考虑谁的效用？这个问题总是在进行地理边界的选择时出现。但是，当人们不能清楚表达其偏好或者社会认为其偏好不正当时，这样的分析可能是无效的。

地理范围

最具包含力的社会定义为包括全体人民，无论他们在何处生活，也无论他们效忠于哪个政府。[7]为联合国或其他国际组织服务的分析家们会非常赞同这一具有普

366

适主义色彩的观点。然而，被他们的国家政府雇用的分析家们在考虑到经济效率时很可能认为他们的国民或者还包括不是他们国家公民的居民构成相应的社会。出于衡量经济效率变化的目的，国家边界外发生的影响常常是被忽视的。当然，这些外部影响可能有政治意义。例如，加拿大人会对那些可能导致酸雨问题恶化的任何美国政策毫无疑问地表示强烈反对。因为外部性的政治重要性不容易确定，通常最好的做法是列出所有可以识别的影响清单，无论这些影响对于这个国家社会是内部的还是外部的。关于哪些外部性应当被忽略，哪些可以被货币化（通常是一项艰巨的任务！），哪些作为"其他需要考虑的事项"，这些问题明确的判断在那时才能得出。

那些为地方政府工作的分析家经常会遇到地域权限的问题。例如，假设一个城市正在考虑是否修建会议中心。假定一份从社会视野（将权益给予这个国家的每一个人）出发的成本—收益分析认为该计划将产生超过其收益 100 万美元的成本。然而，也假定中央政府将通过政府间赞助项目为该计划支付 200 万美元的成本。由于这座城市的居民对中央政府征集的总税收的贡献微不足道，给该城市居民的这项赞助就可以作为抵消 200 万美元的成本的 200 万美元的收益。这样，从这座城市的立场出发，大会中心的出现将产生 100 万美元的净收益而不是 100 万美元的成本。由于国家经常对大型的建设给予巨额补贴，这也成了许多城市争办奥运会的一个原因。

外部性或溢出会导致总社会福利与地方政府福利的偏离。我们把它们分成两大范畴：财政的和经济的。财政的外部性，如本例中的政府间赞助，跨越地区管辖边界转移支付财富或租金。在一项从总社会福利视野考虑的成本—收益分析中，财政的外部性在社会不同人群之间的成本和收益相互抵消，因此不影响净收益的最终计算。例如，吸引一家厂商从一座城市转向另一座城市，典型地属于一座城市的成本抵消另一座城市的收益。

经济的外部性，正如第 5 章所讨论的，直接影响到辖区以外某些人生产和消费的能力。例如，如果一座上游的城市改进其污水处理厂，那么下游的城市将享受到更清洁的水，这样可能提高河流的娱乐价值，还可能降低生产饮用水的成本。尽管上游城市可能并没有在它的污水处理厂的成本—收益分析中考虑这些下游的收益，但从社会福利的观点看，它们应该被纳入成本—收益分析之中。

分析家应如何处理其客户辖区外部的成本和收益呢？我们认为分析家应从其客户以及社会的立场来评估成本和收益。从社会立场出发进行的成本—收益分析指明了在一个理想世界中应该做的事情。从地方辖区出发的成本—收益分析指明了为客户的选民的直接利益及委托人的政治利益服务所应当做的事情。作为一位分析家，如果你没有注意到重要的外部性，你在告知你的委托人适当的价值方面是失职的；如果你不能清楚地指出你的客户选区中发生的成本和收益，那么你就不能很好地履行代表你的委托人的利益的职责。

个人与偏好

辖区内的所有人都是核心吗？超越公民的概念，几乎每个人都会同意由合法居民引起的成本和收益应当被计算在内。那么由非法的外国人引起的那些成本和收益该如何计算呢？答案取决于成本和收益的性质。例如，如果它们来自直接的健康和安全变化，我们会更容易计算它们，由收入产生的变化则难计算一些。同样的道理可以应用于被判决严重有罪的公民。然而，显而易见这些关于权益的问题引发了伦理上的困境。的确，当这些问题以识别多目标而不是以成本—收益为中心的影响时，分析可以成为更适当的方法。

对偏好的表达有时也会引发谁是核心的问题。家庭和其他机构恰当地表达了孩子、精神病患者和因其他原因而能力受到限制的个人的偏好吗？市场和其他机构恰当地表达了未来的人们在诸如环境质量的宜人性上的偏好吗？换句话说，我们是否应当给予社会内某些特殊群体受到的影响以特殊的关注？同理，是否所有的偏好都是正当的？例如，盗窃者毫无疑问将降低他们的赃物的价值，因为这些价值也导致了执法的成本。[8] 和其他关于权益的问题一起，当这些问题成为中心时，我们要更仔细地重新考虑成本—收益分析作为评估方法的适用性。

对核心权益问题的小结

成本—收益分析的第一步是识别所有相关影响，并将它们按对不同群体带来的成本或收益分类。最好是在开始时把所有受影响的群体都包括进来，然后提出理由充分的论点，排除那些你认为没有受到影响的群体。当一位委托人的辖区是地方政府时，通常应该从国民社会和选区的立场评估成本和收益。如果核心权益问题将会是你分析的中心，那么你应当考虑从成本—收益分析框架转换到多目标分析。

16.3　将影响货币化

成本—收益分析的基本原则是卡尔多-希克斯标准：只有当赢家的所得能够完全抵消输家的损失，并且境况更好时，一项政策才能被采纳。[9] 换句话说，当效率是唯一的有关价值时，采纳一项政策的必要条件是存在一种潜在的帕累托改进。正如第 4 章所讨论的那样，增加社会剩余的政策是潜在的帕累托改进，并符合卡尔多-希克斯标准。进一步说，当考虑相互排斥的政策时，应当选择产生社会剩余最大值的那项政策，因为如果政策一经采纳，它将通过补偿支付，至少使每个人和他们在任何备选方案下的福利一样。

许多经济学家在处理从帕累托改进到潜在的帕累托改进的改变时好像认为这只是很小的一步。其实不是的。实际的帕累托改进在交易上是自愿的，在定义上，是指在没有使其他任何人境况变差的情况下使某些人境况变好。潜在的帕累托改进不能保证没有人境况变得更差——只是每个人境况在这种运动带来的适当的重新分配中能够变得更好。这样，虽然卡尔多-希克斯标准是精巧的，但它类似帕累托，因而它也是有争议的。其他人如理查德·普斯内（Richard Posner）有力地指出，基于卡尔多-希克斯标准的成本—收益分析包含消除了纯帕累托标准需要避免的功利主义的因素（"快乐的剩余高于社会所有居民的总的痛苦"）。[10]最基本地，卡尔多-希克斯标准下的集合含蓄地比较了依据货币矩阵的个人的效用。[11]但无论如何，如果政策选择中没有一个完全可接受的标准，它还是提供了一种好的检验手段，通过它可以判断政策的有效性。

实践中，有两个用来指导评估社会剩余的变化和运用卡尔多-希克斯标准的相关概念：机会成本和支付意愿。它们提供了量化成本和收益的方法。

评价投入：机会成本

公共政策通常需要能用于生产其他物品的资源（要素投入）。例如，公共工程项目诸如大坝、桥梁和高速公路需要劳动力、原材料、土地和设备；社会服务项目典型地需要专业的服务和办公空间；野地保护、娱乐区域以及公园至少需要土地。用来执行这些政策的资源不能被用来生产其他物品。这些被放弃物品的价值衡量了政策的成本。一般说来，一项政策的机会成本是其最佳备选方案所获得的资源的价值。

一种资源的市场性质决定我们如何着手衡量它的机会成本。有三种情况会出现：（1）这种资源的市场是有效率的（无市场失灵），并且项目的购买对其价格的影响可以忽略（不变的边际成本）；（2）这种资源的市场是有效率的，但项目的购买对其价格有显著影响（边际成本上升或下降）；（3）这种资源的市场是无效率的（市场失灵）。

有效市场与可忽略的价格影响

在一个有效的市场中，均衡价格等于物品的边际社会成本。购买每一额外单位必须支付的金额恰好等于那一单位的机会成本。因为边际成本是不变的（供给曲线是完全富有弹性的），我们能以初始价格继续购买额外单位。边际单位的机会成本只是我们购买它们花费的总量。

图16—1（a）说明在有效的要素市场上以不变的边际成本购买的机会成本。为一个公共项目购买 Q' 单位的要素，可以认为是要素需求线 D 向右水平移动的距离为 Q'（严格地说，D 是一条衍生的需求线，代表为满足消费者直接需求而在生产中使用的不同数量的要素边际价值）。因为供给表 S 是完全富有弹性的，且边际成本（MC）是不变的，价格保持在 P_0。该项目所用的要素总量是 P_0 乘以 Q'，它等于阴影长方形 $ab(Q_0+Q')Q_0$ 的面积，即该项目使用 Q' 单位要素的总社会成本。如果 Q' 单位不是用于该项目，那么价值为 P_0 乘以 Q' 的物品可以被用于经济中的其他生

产。这样，这项公共支出正好等于该项目使用 Q' 单位要素的机会成本。

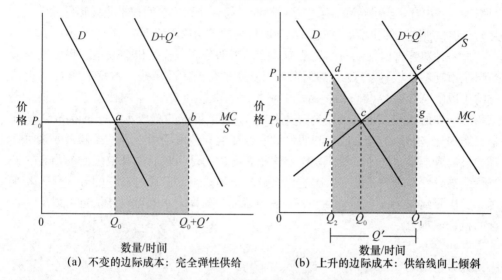

图 16—1　在有效要素市场上衡量机会成本

因为大多数要素既没有陡峭上升也没有陡直下降的边际曲线，当购买数量只是使要素总需求有一个小的增量时，将支出解释为机会成本通常是合理的。例如，想一下提议为一个校区进行补充阅读的计划。增加的教科书在一个国家市场上购买，毫无疑问这只是加在教科书总需求的一小部分，因此增加教科书在价格上的影响可以忽略。相比之下，在当地劳动市场上为这一课程雇用有资历的阅读课教师，他们要求的工资要高于那些已经被雇用的阅读课教师。

有明显价格影响的有效市场

图 16—1（b）说明当边际成本增加从而使供给线向上倾斜时要素购买所产生的影响。如图 16—1（a）所示，为该项目使用购买 Q' 单位的要素使需求线向右平移。因为供给线 S 向上倾斜，均衡价格从 P_0 上升到 P_1。该项目所需的 Q' 单位要素的总支出是 P_1 乘以 Q'，等于矩形 Q_2deQ_1 的面积。

与边际成本不变的案例不同，这种支出不是该项目使用 Q' 单位的要素的机会成本，当在要素市场因为一个项目购买引起价格的变化时，计算机会成本的过程中必须考虑市场内价格变化对社会剩余的影响。一般原则是机会成本等于支出减去（加上）发生在要素市场本身的社会剩余的任何增加（减少）。换句话说，当要素市场上的购买导致社会剩余变化时，支出不能准确地代表机会成本。

再次参照图 16—1（b），我们能识别价格从 P_0 上升到 P_1 导致的生产者和消费者剩余的变化。生产者剩余的增加由梯形 P_1ecP_0 的面积表示（价格以下供给线以上面积的增加）。同时消费者剩余的减少用梯形 P_1dcP_0 的面积表示（价格以上供给线以下面积的减少）。从获得的生产者剩余中减去消费者剩余的损失，剩下的就是在要素市场上社会剩余的净所得，等于三角形 cde 的面积在要素市场上从该项目所需的 Q' 单位的要素支出中减去这种社会剩余，得到的机会成本用几何图形 Q_2dceQ_1 所展示的阴影部分面积表示。注意，当供给和需求表是线性的时候，计算这个面积是比较容易的——它是为该项目所购买的要素数量 Q' 乘以新旧价格的平均数，即 $1/2\ (P_1+P_0)$。[12]

另一种解释可以帮助我们理解为什么阴影部分面积代表机会成本。想象政府最初限制市场供给从 Q_0 到 Q_2，然后命令行业中的厂商为政府按成本价生产 Q'，以这样的手段政府获得 Q' 单位的物品。由限制市场供给到 Q_2 产生的社会剩余的损失是三角形 cdh 的面积，是重负损失。为政府生产 Q' 单位的总成本是梯形 Q_2heQ_1 的面积。增加这些面积的机会成本和假设政府像任何其他市场参与者一样购买要素时计算的机会成本是一样的。然而，需要注意，有趣的是当政府像其他任何参与者一样进行购买时，要素的公共支出超过机会成本，但是当政府通过命令的方式获得要素时，支出降到低于机会成本的水平。换句话说，预算成本既可以高估也可以低估社会的机会成本。

无效的市场

在一个有效的市场中，价格等于边际成本。无论何时，当价格不等于边际成本时，配置的无效就会出现。正如在第 5、6、8 和第 9 章所看到的那样，环境的变化能导致无效：运转市场的缺失、市场失灵（公共物品、外部性、自然垄断和信息不对称）、市场有较少的买方，以及由政府干预造成的扭曲（诸如税收、补贴、最高限价和最低保护价）。这些扭曲中的任何一种都可能在要素市场上出现，使得机会成本的评估复杂化。

考虑一个建立更多的法院以受理更多犯罪案件的提议。预算成本将包括法官和法院工作人员的薪水、审判室和办公室的租金，或许还要增加教化设施的支出（因为审理容量的可得性越大也就允许更多的有力起诉）。预算可能还要包括对陪审员的支付金额，不过，这些支付一般只覆盖其交通费用。对陪审员的时间补偿一般与他们的工资率无关，而仅仅是一种名义上的补偿。这样看来，对陪审员的支付预算费用几乎一定低于陪审员所花时间的机会成本。机会成本更好的估计方法应当是交通费加上陪审时间乘以当地小时工资率的平均值或中值。往来费用估计依据陪审员到法院的通勤的资源成本；小时工资率乘以陪审员所花时间的小时数可以评估放弃劳动而损失的物品价值。

在出现市场失灵或政府干预的情况下，评估机会成本要求认真地计算社会剩余的变化。例如，我们来考察一个市场上劳动力的机会成本，在这个例子里最低工资法或工会通过讨价还价，要求将工资率保持在市场出清水平之上。在图 16—2 中，计划实施之前对劳动力的需求线是 D，劳动力的供给线是 S，两者在 W_E 处交叉，即没有保底工资 W_M 时的均衡工资。在有了这一保底工资后，劳动力的供给为 L_S 单位，但需求仅为 L_D 单位，以至于 L_S-L_D 单位是"失业的人数"。现在想象 L' 单位被该项目雇用，这使需求线向右移动 L'。只要 L' 小于未被雇用的劳动力数量，其价格将保持在最低价。该项目劳动力总支出是 W_M 乘以 L'，它等于矩形 abL_TL_D 的面积。但梯形 $abcd$ 的面积代表新近被雇用者享有的生产者剩余，因此应当从支出中减去从而得到一个机会成本，等于梯形 cdL_DL_T 内的阴影面积。同理，我们可以认为阴影面积是最近被雇用工人放弃闲暇时间（一种物品）的价值。

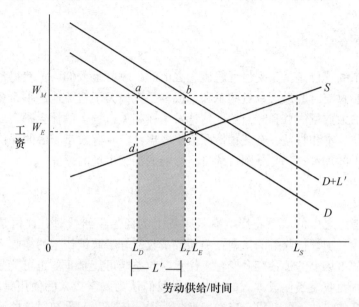

图 16—2　在带有保护价的要素市场上的机会成本

将 cdL_DL_T 看作劳动力的机会成本，这一解释依赖于该项目雇用的工人心目中的闲暇价值与所有未被雇用者差不多的假设（他们有最低保留工资，在这一最低工资点上他们将提供劳动）。注意这可能不是一个合理的假定，因为工资为 W_M 时在 L_D 和 L_S 之间所有提供的劳动力都将设法得到该项目创造的工作。因此，图 16—2 中阴影面积是最小的机会成本；如果被雇用的工人 L' 是保留工资接近 W_M 的失业工人，将会产生最大的机会成本。实际机会成本很可能是这两种极端情况的某种平均。无论在何种情况下，这个项目劳动力的机会成本都将低于它的预算成本。

其他市场扭曲对机会成本的影响也是可预测的：在供给被收税的要素市场上，支出会高估机会成本；在供给被补贴的要素市场上，支出会低估机会成本。在供给显示正外部性的要素市场上，支出会高估机会成本；在供给显示负外部性的要素市场上，支出会低估机会成本。在垄断的要素市场上，支出会高估机会成本。要确定这些情况下的机会成本，需要应用这一普遍原则：机会成本等于要素的支出减去（加上）发生在要素市场上的社会剩余所得（损失）。

关于机会成本的最后一点：相关的决定是今天或将来必须放弃什么，而不是什么已经被放弃。例如，假定你被要求重新评估已经开始建设的一座桥的决策。已经准备好的那些钢筋和混凝土的机会成本是什么？它不是购买这些东西的初始支出，而是它们的最佳备选用途的价值——很可能是以它们中间作为废料出售的最大数量来衡量的。可以想象，拆除它们的成本可能会超过它们任何备选用途的价值，所以对它们的废物利用不是合理的。确实，如果从环境或其他原因来讲，废料利用是有必要的，那么在计算继续建设的净收益时原材料的机会成本就是一个负值（实际是一种收益）。在已经被购买的资源实际上是零废料价值（例如，已经被用掉的劳动）的情况下，成本是沉入的，并且是与我们有关未来行动的决定不相关的。

评价结果：支付意愿

政策结果的评价是基于支付意愿概念之上的：收益是人们为了获得他们认为值得的结果而愿意支付的最大数量的总和；成本是人们为了避免他们不希望的结果而愿意支付的最大数量的总和。当然，估计发生在相关市场上的社会剩余变化使我们能够考虑这些成本和收益。有三种情况值得考虑：（1）有效市场中的评价；（2）被扭曲的市场中的评价；（3）受到持续价格影响的二级市场的评价。

有效市场

当一项考虑之中的政策将影响有效市场上的商品供给线时，评估是相对直接的。这里给出一项评估收益的指南：一项政策收益等于政策产生的净收入加上在政策产生影响的市场上的社会剩余变化。注意，收益既可能是正的也可能是负的。我们通常把那些负收益当作成本。的确，如果我们认为要素投入的使用是一种影响，那么收益计算的描述就包括机会成本。换句话说，依据我们最初对这些政策影响所进行的分类，我们可以把它们当中的任何一种当作成本或者负的收益来衡量。

有两种情况是很常见的：第一，政策可能直接影响消费者对某些商品数量的可获得性。例如，开放一个公共运作的日间保健中心使供给线向右移动——在每一价格水平上为消费者提供更多的幼儿日间托管。第二，政策可能会通过改变生产一种物品的某些要素的价格或可获得性，进而使供给曲线发生移动。例如，增加港口的深度使之能够容纳大而有效的船舶，从而削减大宗货物到港与离港的运输成本。

图 16—3 显示了因增加供给而引起的社会剩余变化。需求线 D 和供给线 S 的交点指出了实施计划之前的均衡价格 P_0。如果这个项目直接给市场增加了数量 Q，那么供给线就会像消费者看到的那样，从 S 移动到 $S+Q$，均衡价格则降到 P_1。如果消费者必定会购买来自该项目增加的单位，那么所获得的消费者剩余就等于梯形 P_0abP_1 的面积。由于供给者继续在原先的供给线上运行，他们蒙受的生产者剩余损失等于梯形 P_0acP_1 的面积，所以社会剩余的净变化等于三角形 abc 的面积，在图中用深色的阴影表示。另外，该项目还享受数量等于 P_1 乘以 Q 的收入，即矩形 Q_2cbQ_1 的面积。所以市场中项目收入和社会剩余变化的总量等于梯形 Q_2cabQ_1 的面积，它是来自该项目在市场上出售 Q 单位物品的总收益。

如果 Q 单位免费分配给被选出的消费者，由此产生的收益又是什么？如果 Q 单位给了那些在 P_1 价格上本来会购买同样多的或更大数量的消费者，那么其收益量正好等于项目产出被售出的情况。虽然没有项目收入发生，消费者仍享有大出矩形 Q_2cbQ_1 的面积的剩余，大出部分正好是如果项目产出售出发生的收入。

如果分配给消费者的 Q 单位比他们在 P_1 价格上本来会购买的数量要大，那么只有在这些接受者能够并且确实将多出的数量卖给那些本应买到它们的人，Q_2cabQ_1 的面

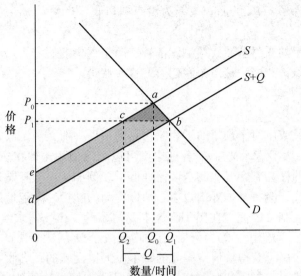

（a）项目直接供给：获得abc，加上项目税收Q_2cbQ_1
（b）成本降低使供给线移动：获得$abde$

图 16—3　在一个有效的市场上衡量收益

积才是项目的收益。如果接受者保存有任何这种过量的单位，那么Q_2cabQ_1的面积
会在两个方面高估项目的收益。第一，与Q单位被出售的情况相反，某些消费者对
其边际消费的评价将会小于P_1（如果他们的评价等于或高于P_1，他们本该愿意在
P_1水平上购买）。第二，他们增加的消费使需求线向右移动，使得项目供应Q单位
之后的市场价格不能降到P_1。即使接受者并不保有任何过量部分，项目收益也会
因交易成本而小于Q_2cabQ_1的面积。

　　例如，假定该项目在石油供给非正常时期向低收入消费者提供早先的储存汽油
（类似一种实物补贴），一些接受者将发现他们拥有的汽油比他们本来在P_1价格上
愿意购买的更多，因此他们将设法卖掉这些额外部分。如果可用的库存汽油是通过
法律许可的可转让票证方式提供的，这样做是相对容易的；如果接受者必须以实物
形式取走汽油，就会加大其转让的困难。如果这些汽油可以在消费者之间无成本地
交易，那么我们也可以将汽油在这样的市场上出售，再将其收入直接补给低收入消
费者，我们预期两者的结果是同样的。

　　接下来假定这样一个项目，像加深港口，会降低市场供给的成本。在这种情况
下，消费者和生产者都会看到供给线移动到$S+Q$，不是因为该项目直接为市场提
供Q单位的物品，而是因为减少厂商的边际成本允许他们在沿着$S+Q$的每一价格
上有利可图地提供Q个额外单位。与直接供给Q的情况一样，新的均衡价格是P_1，
消费者获得的剩余等于梯形P_0abP_1的面积。生产者获得的剩余等于三角形P_0ae的
面积（供给线S的生产者剩余）和三角形P_1bd的面积（供给线$S+Q$的生产者剩
余）之差。面积P_1ce是这两个三角形面积的公共部分，因此要被减去，剩下中心
商务区$cbde$的面积减去P_0acP_1的面积。在获得的消费者剩余上加上这一所得，这
可以解释成P_0acP_1的面积加上abc，剩下abc的面积加上$cbde$。这样，该项目产生

的社会剩余等于梯形 *abde* 的面积。因为没有项目收入产生，*abde* 的面积本身就是该项目的收益。

图 16—3 表示的支付意愿直接测度依赖于两个重要的假定：市场是有效的和其他市场的影响可以被忽略。接下来我们放宽这些假定。

扭曲的市场

如果市场失灵或政府干预扭曲了相关物品的市场，那么测定政策影响的成本和收益会更加困难。尽管衡量收益的普遍原则可以继续使用，但在扭曲的（无效的）市场上测定准确的社会剩余变化的复杂性增加了。例如，一项补贴贫困社区购买灭鼠设施的项目，或许会有某种外部效应：啮齿类动物越少，附近地区居民越容易使其鼠类数量得到控制。因而，在图 16—4 中我们显示了市场需求线 D_M，它低估了社会需求线 D_S，从而使市场均衡价格 P_0 和均衡数量 Q_0 从社会视野看显得太低。

贫困社区的居民可获得价值 v 美元的每单位灭鼠设施的社会收益是什么呢？当购物券变得可获得时，贫困社区的居民看到的是比市场供给线低 v 美元的供给线。从而，他们从 Q_0 到 Q_1，增加了对灭鼠设施的购买，他们看到了一个有效的市场价格，它等于新市场价格减去每单位的补贴（P_1-v）。目标社区的消费者享有一种剩余获得，等于梯形 $P_0 dc(P_1-v)$ 的面积。生产者现在看到了一种价格 P_1，接受的剩余等于 $P_1 ed P_0$；在周围街坊的人们享受到正的外部性，获得剩余等于图形 *abcd* 的面积，这一面积在市场和社会需求线之间，高于消费的增加。不计管理成本，项目必须支出乘以 Q_1，它等于矩形 $P_1 ec(P_1-v)$ 的面积。从市场中获得的社会剩余中减去项目成本，得到的项目收益等于梯形 *abed* 的面积。

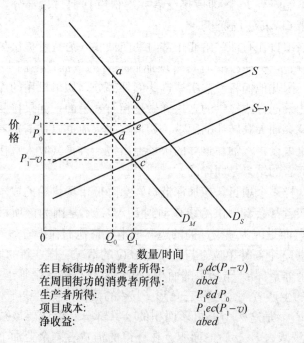

在目标街坊的消费者所得：　　　$P_0 dc(P_1-v)$
在周围街坊的消费者所得：　　　$abcd$
生产者所得：　　　　　　　　　$P_1 ed P_0$
项目成本：　　　　　　　　　　$P_1 ec(P_1-v)$
净收益：　　　　　　　　　　　$abed$

图 16—4　补贴一种正外部性物品的社会收益

二级市场的影响

许多物品有重要的互补品和替代品。也就是说，一种物品价格的变化显著地影响另一物品的需求。例如，在城市附近开辟一个可供钓鱼的湖，它降低了这个城市居民进入捕鱼场地的有效价格。他们不仅将捕到更多的鱼，而且还需要更多的鱼饵和其他的捕鱼设备。我们可以说进入捕鱼场地和捕鱼设备是互补的，因为其中一方价格的下降（上升）将导致另一种商品需求的增加（减少）。相反，捕鱼可能是当地市场高尔夫球的一种非常好的替代，因此当捕鱼的价格下降（上升）时高尔夫球的需求也下降（上升）。

什么时候我们应该忽略政策在市场上对互补和替代的二级影响呢？当以下两个条件成立时，我们可以忽略二级市场上的影响：（1）价格在二级市场上不变并且（2）二级市场未发生扭曲。当这些条件成立时，把成本或收益归于二级市场将导致重复计算的错误。如果我们没有理由相信捕鱼设备市场是扭曲的，并且捕鱼设备的供给线是平坦的，从而当捕鱼设备的需求向右移动时，捕鱼设备的价格并未发生变化，那么，对捕鱼设备的消费的增长与一个增加进入捕鱼场地的项目成本—收益分析是不相关的。

进一步考察捕鱼的例子可以使二级市场的处理原则更为清晰。图16—5（a）显示了"捕鱼天数"的市场。在把附近的湖水引来进行蓄水之前，一天捕鱼的有效价格（很大程度上是旅行的时间成本）是 P_{F0}，旅行成本是到一个相当远的湖的成本。一旦在附近的湖捕鱼成为可能，有效价格下降到 P_{F1}，同时当地居民捕鱼所花的天数将从 Q_{F0} 上升到 Q_{F1}。导致增加的社会剩余等于梯形 $P_{F0}abP_{F1}$ 的面积，也即获得的消费者剩余。我们用捕鱼的需求线 D_F 衡量这种消费者剩余的获得。

现在考虑捕鱼设备的市场。捕鱼天数的有效价格的下降使捕鱼设备的需求线从 D_{E0} 移动到 D_{E1}，如图16—5（b）所示。如果供给线是完全弹性的，如果地方市场只占地区或国家市场需求的很小一部分的时候很可能是这种情况，那么需求的这种移动将不提升捕鱼设备的价格。接下来，捕鱼设备需求的这种移动意味着消费者福利的任何改变吗？回答是否定的。在捕鱼市场上测量的整个变化使用的是捕鱼天数的需求线，如果其他物品包括捕鱼设备的价格保持不变，它给予消费者的是提升了捕鱼水平的价值。只要设备市场的价格不变，捕鱼市场社会剩余的变化就是来自蓄积湖水项目的完整收益。

请注意，在我们不能衡量初级市场中社会剩余的变化的情况下，我们可以设法用二级市场中需求的移动来推断。例如，想象没有信息能够帮助我们确定捕鱼天数的需求表，但是我们拥有帮助我们预测捕鱼设备的需求表将如何变化的信息。由于缺少直接的收益测量方法，我们可以取项目实施后（基于需求表 D_{E1}）捕鱼设备的社会剩余与项目实施之前（基于需求表 D_{E0}）设备的社会剩余之间的差异。然后我们会运用测量因素来纠正某些价值低估，其产生的原因正是由于不是所有来自捕鱼的消费者剩余都将在设备市场上被反映出来（某些渔民仍将使用旧的设备和自己收集的鱼饵捕鱼——他们的剩余不出现在设备市场上）。

现在考虑供给线在二级市场向上倾斜这种情况。例如，图16—5（c），捕鱼设

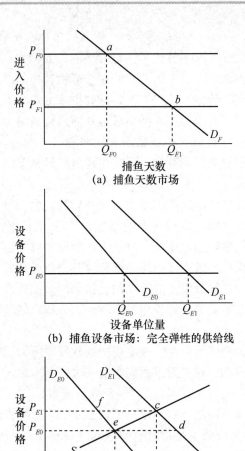

图 16—5　二级市场影响的评价

备的供给曲线用 S_E 表示（或许这种设备用的是一种特殊的只在当地市场生产的鱼饵），现在均衡市场价格从 P_{E0} 上升到 P_{E1}。这种价格在图 16—5（a）捕鱼需求表显示的消费者价值中没有得到考虑（注意，该捕鱼需求线假定设备价格保持不变）。[13]因此，价格上升的影响必须在设备市场上得到考虑。我们使用移动了的需求表 D_{E1} 衡量价格上升对社会剩余的影响来做到这一点，它反映了捕鱼天数市场上的价格变化。生产者获得的剩余等于梯形 $P_{E1}ceP_{E0}$ 的面积。消费者损失的剩余等于梯形 $P_{E1}cdP_{E0}$ 的面积。这样，净损失的社会剩余等于三角形 cde 的面积。我们必须从捕鱼市场获得的社会剩余中减去这种损失才能获得该项目的收益。

回到图 16—5（b），来看看二级市场上的市场扭曲如何使对影响的评价变得复杂。想象市场价格 P_{E0} 低估了边际社会成本 x 美分（想想铅坠这样的设备，它们中的某些最终会沉入湖底，并对野鸭和其他野生动物造成毒害，因而这 x 美分代表来自另一个铅坠出售对野生动物造成的预期损失）。在这种情况下，消费的扩张涉及等于 x 乘以（$Q_{E1}-Q_{E0}$）的社会剩余损失。这种损失应当从捕鱼市场上获得的剩余中减去，以获得项目的收益。一般说来，在扭曲的二级市场上发生的数量和价格变化与成本—收益分析是相关的。

尽管在这些情形中，二级市场的影响评价概念上是正确的，但在实践中把它们包括在你的成本—收益分析中时，你务必非常谨慎。我们的忠告是基于以下几点考虑的：

第一，二级市场上的价格变化很可能是非常小的。大多数物品之间既没有强的互补性也没有强的替代性，所以在初级市场上大的价格变化不足以必然地引起二级市场上显著的需求变动。进一步说，如果探讨的是地方政策，那么不大可能发生二级市场上的需求变动幅度大到足以影响国家市场上销售价格的情况。

第二，估计问题通常会阻止准确衡量二级市场上的福利变化。评估自身价格的影响（数量需求如何随物品价格变化而变化？）经常是很困难的；评估交叉价格的影响（当 Z 物品价格变化时物品 Y 的需求数量如何变化？）也是十分困难的。因此，我们很少非常有信心预测二级市场上的需求变化。

第三，那种拥护考虑在二级市场上要求收益的政策是一种诱惑，因为预测这些市场上的影响的困难性给了乐观诉求以空间。具有讽刺意味的是，除非这种二级市场是扭曲的，否则这样的诉求不可能被证明是正当的——如果社会是从广义的角度定义，则发生在非扭曲（有效的）二级市场的需求变动总是涉及社会剩余的损失。[14]只有在我们将某些群体的权益限制在小于社会总体的程度时，非扭曲二级市场才确实成为一种正的收益的来源。例如，如果你正站在一个县的地方立场上评估蓄湖项目，那么，你会将来自非本地居民在本县购买渔具的销售税收入作为一种收益增量。然而需要记住的是，从更宽的社会视野看，这些收入只代表从非居民向居民的转移支付，因此在社会的成本—收益分析中出现的是完全相抵消的成本和收益。

评估非市场物品的需求

公共项目经常生产不会在市场上进行交易的物品。[15]事实上，涉及公共物品的市场失灵为直接的公共供给提供了主要原理。因此，我们经常遇到这样的情况，即我们不能从市场数据直接推断需求表。有许多一般方法用来评估这种非市场物品需求。[16]这里我们简要说明三种这样的方法：享乐价格模型（hedonic price models）、意愿调查（survey assessments）和旅行成本法（activity surveys）。

享乐价格模型

非市场物品的水平有时也影响市场物品的价格。例如，住房价格不仅反映住宅的特性，也反映位置的因素，诸如公共校区的质量、公共安全的水平和通达性等。（记住这句老话："房地产中有三个重要因素——位置，位置，还是位置。"）现在，如果我们能够发现一些住宅，它们除了公共安全水平外其他条件都是一样的，那么，我们就可以把它们的任何价格差异解释为市场置放于不同安全水平上的价值。

在实践中，除了上述的例子，我们几乎从未足够幸运地发现每个方面都具有特殊利益特征的同一的组。不过，统计技术常被用来识别一些特殊属性对价格的独立贡献。这种评估的理论基础是享乐价格模型。[17]在本章的后面部分，我们讨论使用享乐价格模型评估风险—工资权衡（risk-wage trade-offs）中隐含的生活价值。其他应用包括使用城市间工资差异评估空气质量改善的收益[18]，使用住宅价值评估空气质量改善的收益[19]，使用住宅供给价格差异评估置放于健康风险的隐含价值[20]以及公里学校的隐含价值。[21]

缺少合适的数据严重限制了享乐价格模型的广泛的可应用性。除非描述影响价格的全部主要特性的数据都是可获得的，否则一种利益属性的独立贡献的可靠评估是难以进行的。即使在主要特性的数据都可以获得的情况下，要分开那些容易以同样的方式变化的特征的影响依然困难。虽然如此，即使它实践的适用性受到了限制，享乐价格模型还是提供了一种概念上富有吸引力的方法。

意愿调查（受条件限制的变化）

评估公共物品收益的一个直接方法是在因果评价调查中询问一组样本人员，他们愿意支付多少以获得这种物品，从而获得一个受条件限制变化的调查。[22]通过比较样本和总人口的人口统计特征，就可以得出某一特定公共物品水平的总的支付意愿。这种方法的一个主要好处就是它允许评估较大范围的公共物品收益，包括国防这种地区之间没有差异的国家级公共物品。它还可以用于人们从向他人提供的公共物品中获得的收益评估。[23]

显然，这种方法拥有众所周知的关于调查方法的一般性问题：回答对问题的具体措辞的敏感性；非随机的抽样设计和不回应可能导致的非代表性样本；回答者有限的注意力；回答者难以将假想的问题置于有意义的背景中考虑。同时还存在应答者策略行为的危险。同样地，在评估公共物品时也有一些特定的问题。第一，把这个被评估的物品解释给评估人其实就是一种实际的困难。如果评估人不知道被评估的对象，那么也就无法解释他们是否愿意支付。第二，当他们面对经济决策时，受调查人可能不愿意处理假设性选择。如果这种问题发生，那么他们可能会忽视预算约束并且做出满足其道德满足感的回应，或者被称为"温暖的自豪感"（warm glow）。[24]第三，受调查人可能会策略地回答。例如，我知道我将不会实际地支付我所声明的数量，于是我会夸大我喜爱的公共物品的真实支付意愿，从而增加这次调查赋予其高度评价的机会。尽管调查的概念存在问题，策略行为在实践中或许并不严重。[25]况且，通过要求应答者在相互竞争的公共物品间进行权衡，这种行为是可以被削弱的。

尽管关于如何区分真实的偏好与声称的偏好仍旧有许多争论，受条件限制变化的调查方式现在仍在广泛使用。一群出色的经济学家已经赞成在进行环境危害估计时可有限地使用此方法。[26]在一些联邦法院的案件中也开始使用此方法。[27]

活动调查：旅行成本法

意愿调查的某些问题能通过询问人们关于他们的实际行为的情况而避免。这种方法最常见的是应用于根据人们的使用模式来评价娱乐场所的价值。[28]例如，假设我们需要评估一个地区公园对于人们的价值，我们可以调查生活在离公园不同的地方的人们访问它的频率，然后我们可以从统计上将利用频率和旅行成本（利用公园的有效价格）以及受访人的人口统计学特征联系起来。这些关系使我们能估计公园参观者的需求线，以便我们能运用标准的消费者剩余分析。当然，估计需求表的精确性依赖于工资率在衡量旅行时间的机会成本时的可靠程度；对于那些认为旅行本身是合意的人来说它不是一个好的测度。

有关货币化的小结

社会剩余的变化是衡量政策的成本和收益的基础。机会成本的概念帮助我们评估政策来自私人使用的投入价值，支付意愿的概念帮助我们评估政策的产出。评估产出的关键是识别它们出现的初级市场。当这种产出不在有组织的市场中交易时，推断供给和需求表（回想"捕鱼天数市场"）常需要独创性。发生在非扭曲的二级市场中的影响，只有当它们涉及价格变化的时候，才被当作相关的成本和收益。

16.4　贴现时间与风险

政策经常影响到远期的将来。例如，今年加深港口将允许大型船只在十年中使用其码头，直至下一次疏浚。在确定港口项目是否合适时，我们应该将下一年产生的一美元收益等同于从现在起十年后的一美元吗？我们应该如何考虑仅五年而不是十年就需要再次清淤的可能性呢？现值（present value）概念提供了对比不同时期产生的成本和收益的基础。预期价值（expected value）概念提供了处理风险情况的常用方法。

现值的概念

我们中的大多数人不愿意今天借给某人 100 美元而一年后此人再进行偿还。通常我们认为今天 100 美元的价值大于承诺明年偿还的 100 美元，即使我们相信这种承诺将得到履行并且没有通货膨胀时也是如此。作为对一年后偿还 100 美元的承诺，也许我们今天最多愿意借出 90 美元。如果这样，我们说明年接受的 100 美元的现值是 90 美元。我们可以认为 90 美元是那笔未来的钱贴现到现在的价值。贴现（discounting）是使发生在不同时期的成本和收益变得可以比较的标准技术。

假设你是一个小国的经济部部长。图 16—6 中点 X_1 和 X_2 的连线表明现在（第一期）和将来（第二期）你的国家经济能够取得的不同的生产组合。通过使国内资源的使用达到其最大潜力，你的国家可以取得点 X_1 和 X_2 的连线上的任何生产组合（这些组合的所在线被经济学家称为该国经济的生产可能性边界）。如果全部的努力都用于当前生产，那么在第一期生产和消费 X_1，在第二期生产和消费就会降到零。类似地，如果全部努力都用于为第二期生产作准备，那么在第二期 X_2 将是可获得的，但在第一期就没有生产了。毫无疑问，你会发现这两个极端都是不受欢迎的。的确，让我们假定你在生产可能性边界上选择点，作为这两个时期使该国境况最好的生产和消费组合。图中标出的无差异曲线 I_1 给出所有其他假定的这两个时期的生产和消费组合，你发现它们同样满足组合（Q_1，Q_2）。你认为这条无差异曲线东北方向的任何点比线上的任何点要好。遗憾的是，（Q_1，Q_2）组合是你单独利用国内资源所能得到的最好组合。

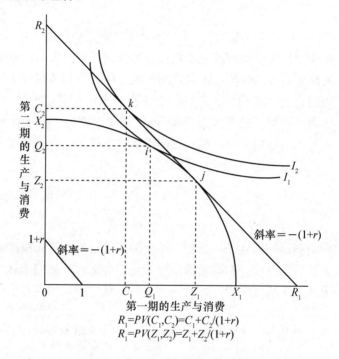

$$R_1 = PV(C_1, C_2) = C_1 + C_2/(1+r)$$
$$R_1 = PV(Z_1, Z_2) = Z_1 + Z_2/(1+r)$$

图 16—6　生产和消费的现值

现在假定你确认外国银行愿意以利率 r 借入或借出。也就是说，这些银行愿在承诺在第二期回报（$1+r$）美元的条件下在第一期借出或借入 1 美元。你意识到通过进入这一资本市场，你可以扩大你国的消费可能性。例如，如果你在图 16—6 的生产可能性边界上选择点 j，那么无论通过借入或借出，你将能够得到一种沿斜率为 $-(1+r)$并穿过点 j 的斜线上任何一点的消费组合。这条线为点 R_1 和 R_2 的连线，其中 R_2 等于（$1+r$）R_1。第一期每增加一个额外单位的消费会花费第二期（$1+r$）单位的消费；在第二期每增加一个额外单位的消费会花费第一期 $1/(1+r)$ 单位的消费。一旦这些跨期交易成为可能，贵国的消费可能性边界就从原先连接 X_1 和 X_2 的生产可能性边界扩展到连接 R_1 和 R_2 的贴现线。

最满意的消费可能性边界由选择贴现线与生产可能性边界相切的物品组合产生，这发生在点 j。最合意的消费机会如点 k 所示。它出现在点 j 上。最满意的消费机会以点 k 所示，这落在你的无差异曲线 I_2 上，I_2 是沿着消费可能性边界（R_1 和

R_2 的连线）能够到达最高效用的一点。这样你的最佳政策就是第一期在 Z_1 安排国内生产，在 C_1 安排国内消费，将余款（Z_1-C_1）借出，从而使你的国家在第二期能消费 C_2，它由国内生产 Z_2 和（C_2-Z_2）组成，后者等于（$1+r$）乘以（Z_1-C_1）的偿还贷款。

注意，对 R_1 而言，生产可能性边界上最合意的点给我们以最大的可能价值。但 R_1 能被解释为消费现值，它被定义为在现期（第一期）能够获得的最高消费水平。我们把消费现值写为 $PV(C_1,C_2)$，物品现值写为 $PV(Z_1,Z_2)$。每个现值都等于 R_1。

消费现值能够用以下代数形式表达：第一，注意 C_1 的现值恰好是 C_1。第二，注意参照 C_2 能够借入的用于当前消费的最大数量是 $C_2/(1+r)$。第三，把两者加在一起得出

$$PV(C_1,C_2)=C_1+C_2/(1+r)$$

类似地，我们能把生产的现值表示为

$$PV(Z_1,Z_2)=Z_1+Z_2/(1+r)$$

这一现值公式很容易扩展到两个时期以上的情况。例如，考虑三个时期的消费现值，$PV(C_1,C_2,C_3)$。如果我们正处于第二期，将来消费现值是 $A_2=C_2+C_3/(1+r)$，第二期的消费的最大数量可以从 C_2 和 C_3 获得。现在返回到第一期。消费现值等于 $C_1+A_2/(1+r)$，它可以被替换为

$$PV(C_1,C_2,C_3)=C_1+C_2/(1+r)+C_3/(1+r)^2$$

一般地，我们可以写出 N 期的现值

$$PV(C_1,C_2,\cdots,C_N)=C_1+C_2/(1+r)+\cdots+C_N/(1+r)^{N-1}$$

理解在成本—收益分析中现值使用的关键是认识到在图 16—6 中点 k 上在第一期增加的 1 单位消费和在第二期增加的（$1+r$）单位对你是无差异的［I_2 在 k 点的斜率给出你在两期消费的边际替代率（marginal rate of substitution），等于贴现线的斜率］。这样，在评估使你在两期消费发生小的变化的政策时，你应当把第一期 1 美元的变化等同于第二期 $1/(1+r)$ 美元的变化处理。这相当于采用了变化的现值。

在一个有完善资本市场的经济中，所有的消费者面对相同的利率，从而使他们在现在和将来消费之间拥有同样的边际替代率。因为每个人都愿意在相同的利率下交换现在和将来的消费，自然能把这种利率解释为交换不同时期发生的社会剩余的合理的社会贴现率，从而使这些社会剩余能够被累加，用于衡量社会福利的变化。在本章的后面部分我们将讨论把市场利率解释为社会贴现率的合理性。

在进行成本—收益分析时，我们运用贴现过程使成本和收益转变为现值。例如，如果发生在时期 t 的收益 B_t 和成本 C_t，超过了现期，那么它们对净收益现值的贡献等于（B_t-C_t）$/(1+d)^t$，这里 d 是社会贴现率（social discount rate）。净收益

现值等于发生在所有时期内的贴现的净收益的总和。

我们用一个简单的例子来说明贴现。考虑一座城市利用乡村设立固体垃圾填埋场。通过给垃圾车队增加大卡车，这座城市能够在购买后的第一年节约 10 万美元处理成本，并且在接下来每年的使用中都节约相同的数量。这些卡车现在需要 50万美元购买，四年后卖出可收回 20 万美元（这座城市预计在四年内开发一家资源回收工厂以缓解对垃圾填埋场处置的需求）。这座城市现在可以以 10％的利率进行借款。这座城市应该购买这些卡车吗？应该，如果净收益的现值是正的，就应该购买。

为了计算净收益的现值，我们必须决定是用真实的还是用名义的美元——只要我们在使用中保持一致，两者中的任何一种都将导致同样的答案。

真实的或不变的美元通过调整价格的通货膨胀（price inflation）控制购买力（purchasing power）的变化。当我们比较不同年份的收入时，我们典型地使用某个基准年的购买力作为标准。例如，1970 年美国人均名义收入是 3 945 美元，1980 年是 9 503 美元。如果你曾听到一个老人的回忆，你会知道 1970 年 1 美元买的东西比 1980 年的要多。消费者物价指数（Consumer Price Index，CPI）是最常用来衡量购买力变化的工具。它建立在购买一揽子标准市场货物的成本之上。任何年份的成本都被表示为当年购买的成本和某个基准年购买成本的比率。例如，使用 1972 年作为基准年，1970 年的真实人均收入是 4 256 美元，1980 年是5 303美元。因此，虽然名义人均收入 10 年上升了 141％，但真实人均收入仅上升了 24％。

在成本—收益分析中，我们是在注视未来。显然，我们无法确切地知道物价通货膨胀如何改变未来美元的购买力。但无论如何，如果我们采用这座城市当前的名义市场利率（nominal market interest rate）作为它的贴现率，那么我们就必须用通货膨胀后的美元来评估将来的成本和收益。原因是市场利率和预期通胀率不一致——贷款人不想被用通货膨胀后的美元偿还。因而一种适当的贴现方法是将名义贴现率用于将来的成本和收益，使之表示为名义美元。

表 16—1 最右端一栏显示了假定 4％的年通胀率的名义收益。作为第一年节约量的简单极端，假定在项目第二、三、四年每年节约 10 万美元，并且有 20 万美元基于当前价卡车的清算收益（liquidation benefit），我们可以将这些数字解释为是用不变美元表示的（我们隐含地假定工资率、汽油价格，以及影响收益计算的其他物品价格都与普通的价格水平以同样的速度增加）。从真实的到名义的美元的转换，我们只需要把每年的数据乘以 $(1+i)^M$，其中 i 是假定的通胀率，M 等于超过当前年份的发生成本和收益的年数。例如，如果通胀率保持稳定在 4％，那么在第四年真实节约的 10 万美元将会是第四年名义的 112 490 美元。使用该市场看到的 10％的市场利率作为名义贴现率（nominal discount rate），来自购买新卡车的净收益现值是 28 250 美元。因而，如果不能确认某种特定的备选设备能创造更高净收益现值，那么这座城市就应当购买这些卡车。

表 16—1　　　　　　　在新大坝卡车项目中投资净收益的现值

		以真实美元计算的年净收益	年净收益（假设年通胀率为 4％）
第一年	购买	−500 000	−500 000
	节省	100 000	100 000
第二年	节省	100 000	104 000
第三年	节省	100 000	108 160
第四年	节省	100 000	112 490
第五年	偿付	200 000	233 970
净收益的现值		真实贴现率（$d=0.0577$）， 28 250 美元	名义贴现率（$r=0.10$） 28 250 美元

注：$r=$名义贴现率，$d=$真实贴现率，$i=$预期通胀率，则 $(1+r) = (1+d)(1+i)$ 或者 $d=(r-i)/(1+i)$。如果 $r=0.10$ 且 $i=0.04$，那么 $d=0.0577$。

　　另一种贴现方法也可以得出同样的净收益现值：对未来用不变（真实的）美元表示的成本和收益使用真实贴现率（real discount rate）。用不变美元（constant dollars）（也就是忽略通货膨胀）预测成本和收益是自然的。困难出在确定适度的贴现率上。名义利率（nominal interest rate）在市场中可以直接看到，真实利率则不能。因此当我们决定让面对决策者的利率是合适的贴现率时，我们必须调整观察到的名义利率，使其成为真实利率。这需要我们估计预期通胀率（expected rate of inflation），就像我们在决定使用名义的成本和收益时必须做的那样。真实利率大约等于名义利率减去预期通胀率。

　　更精确地：

$$d=(r-i)/(1+i)$$

这里 d 是真实贴现率，r 是名义贴现率，i 是预期通胀率。[29]

　　对我们的城市来说，观察到的名义贴现率是 10％，预期通胀率是 4％，真实贴现率是 5.77％。将这一真实贴现率用于年真实成本和收益，在表 16—1 左面一栏得到的净收益年现值等于 28 250 美元。因此，用真实贴现率贴现真实成本和收益等于用名义贴现率贴现名义成本和收益。只要我们使用真实美元和真实贴现率或者使用名义美元和名义贴现率两者之一，我们都将得到相同的现值。

　　人们对一项政策的渴望经常关键地依赖于贴现率的选择。涉及建造设施、建立组织，或者投资于人力资本的政策，成本通常发生于收益之前：当成本先于收益时，使用的贴现率越低，净收益的现值越大。例如，在表 16—1 中给出的投资问题，如果使用的是 0 贴现率，现值会超过现在的三倍，如果使用的贴现率超过8.4％，现值则会变成负的。因为分析家们对适度的贴现率的精确值总面临某种不确定性，政策拥护者经常为争取比他们的反对者更低的贴现率而争辩。

　　在人们争论什么是适当的社会贴现率的情况下，显示净收益现值对假定的社会贴现率的敏感性是十分重要的。当考虑是否采纳某一具体方案时，这或许会有助于寻找一种盈亏平衡的比率，这是一种最低的贴现率，在这一点上，被考虑的政策能够提供正的净收益。[30]

确定社会贴现率

我们注意到，一般情况下贴现率越低，公共投资显得越有效率。所以，并没有什么好奇怪的，选择贴现率的适当方法已经并将继续成为理论和应用经济学家争论的热点。[31]遗憾的是，政策分析家们没有足够多的时间去奢侈地等待清晰的共识出现。

在一个拥有完美资本市场的世界，如图16—6所示，每个消费者都愿意以市场利率在现有边际消费和将来边际消费（marginal current and marginal future consumption）之间交换。同时，私人经济从现有边际消费转换为将来边际消费（投资的边际回报率）的比率也等于市场利率。因而，市场利率会作为适当的社会贴现率（social discount rate）出现。

当我们放宽我们的完美资本市场假定时，情况就变得非常复杂了。

第一，因为个人消费者生命有限，他们不会充分考虑未来世代消费的可能性。那些还没有出生的孩子不会在现在的消费市场上发出声音，尽管我们会认为他们也应该在成本—收益分析中有自己的权益。人们留给孩子们遗产和为保护唯一性资源进行支付的意愿给予了未来世代以间接的权益。进一步说，未来世代继承不断增长的知识存量，这至少将部分补偿当前的自然资源消费。然而，为了扩展未来世代在当前市场仍未得到代表的利益，使用比市场利率更低的贴现率是有道理的。

当评估诸如核废料储存之类的计划时，这种争论尤其重要，其结果会对将来产生深远的影响。即使是非常低的正贴现率，也会使发生在遥远的未来的成本和收益的现值变得可以忽略。与其去尝试调整贴现率以使这些远期成本和收益在成本—收益分析中占一定的权重，我们相信，倒不如将标准方法贴现的净收益作为多目标政策分析中的一个目标对待可能更合理一些。

第二，税收和其他扭曲导致私人投资回报率（rate of return on private investment）和消费者愿意在现在消费和将来消费之间交换的利率之间出现分歧。假定消费者愿意在当前边际消费而且将来边际消费之间交换的利率是6％，也就是他们的边际纯时间偏好率（marginal rate of pure time preference）。[32]如果他们面对一种25％的收入税（income tax），企业面对一种50％的所得税（profits tax），那么他们只有在项目至少能获得16％的收益时才会投资（所得税后企业给投资者8％的回报，支付收入税后投资者还保留6％）。

它们中的哪一个，如果确实有一个，应该被解释为社会贴现率呢？经济学家通常根据公共项目的机会成本回答这个问题。[33]如果这个公共项目完全在消耗当前消费的情况下筹措资金，那么纯时间偏好的边际率就是适度的贴现率。如果这个公共项目是以私人投资筹措资金，那么私人投资的收益率就是适度的。通过最初将私人投资的减少转换为它们会产生的收益流，并且所有筹资以损失的消费表达，资本的影子价格方法（shadow price of capital approach）对无论以消费还是私人投资的开支方式筹资，都可以用纯时间偏好的边际率贴现。[34]

　　然而，争论依然存在，因为经济学家对公共投资主要是从消费还是私人投资中抽取意见不一致。例如，阿诺德·哈伯格（Arnold Harberger）认为，因为边际公共支出（marginal public expenditures）典型地是通过借款筹资的，所以公共投资应完全取代私人投资。[35]接受这种"挤出"假说（crowding-out hypothesis），我们可以使用某些市场尺度，诸如 A 公司股票的收益率，作为初步的社会贴现率的近似值。[36]当然，我们会因预期通胀而把它调整为真实社会贴现率。

　　一种基于 A 公司股票收益率的贴现率一般会被认为是无风险的。需要针对未来可能的风险作进一步的调整吗？这个问题在经济学家的回答中也没有明确的一致意见。[37]一般而言，回答依赖于项目收益和国民收入水平之间的预期相关性。如果项目收益和国民收入正相关，无风险率（riskless rate）相应向上调整；如果收益与国家收入是负相关，就向下调整。然而，我们很少有足够的信息真的进行这样的调整。

　　在适当的社会贴现率并没有取得共识的情况下，我们能做什么呢？一个方法是报告一系列贴现率下的净收益。分析家们还应当解释为什么他们认为所用的系列是合理的。一个相关的方法是报告产生正的净收益的最大贴现率。如果委托人认为正确的贴现率比报告的贴现率要小，那么他们就能得到采纳该项目的建议。

　　另一个方法是对决策制定单位考虑的所有项目都使用相同的贴现率。采用这种方法，至少所有项目都是以相同标准评估的。美国管理与预算办公室 1972 年就采纳了这个方法，要求所有联邦委员会使用 10％的真实贴现率。[38]它的 1992 年指南把通常使用的真实贴现率降到 7％。[39]然而，国会免除了水项目的贴现率，因为许多政治上受欢迎的项目需要低的贴现率以显示正的净收益——甚至成本—收益本身也能被政府失灵推翻。当然，如果远离了正确的价值，在效率上造成的会是损失而不是收益。大多数经济学家会同意，甚至 1992 年公共预算与管理办公室标准也太高了。相反，国会预算局使用的 2％的真实贴现率可能低了一点。

　　最后，在某些情况下市场利率代表公共投资的机会成本，因此是适度的贴现率。例如，我们从一个地方政府的立场出发正在进行一项成本—收益分析，那么公共投资的机会成本就是地方政府能够借钱的利率。类似的论点对于从国际资本市场借款的小国同样适用。

预期价值概念

　　将来的成本和收益从来不可能绝对有把握地确知。然而，我们常常可以知道确定的未来条件或可能性会影响成本和收益。如果我们知道哪些可能性将会上升，那么我们就能作出准确得多的预测。例如，如果一个流域在下一个 20 年的某些时间至少会发生一次大洪水，那么我们会预测建造一座水坝的净收益现值是 2 500 万美元。另一方面，如果一次大洪水也不发生，那么我们会预测建造这座水坝的净收益现值是－500 万美元。当然，我们并不能有把握地知道这些可能性中的哪一个将实际发生。

在处理成本—收益分析中的可能性时，标准的方法是赋予不同的可能性概率值，从而能够计算期望净收益。用普通的术语说，通过说明可能性（contingency）和它们的发生概率（probabilities of occurrence），我们将决策问题从一种不确定性问题转换成风险问题。

一旦我们把一个问题转换成一种风险，我们就可以运用决策分析的标准技术。[40] 具体说来，我们遵循一种四步程序：第一，识别一组相互具有排他性的情境，而这种情境包含了多有的可能性。例如，"在连续的 20 年中一次或多次大的洪水"和"在连续的 20 年中没有大的洪水"是相互排斥的，并且涵盖了事件发生的全部可能性。第二，对于被评估的政策（水坝），评估在每种可能性下的净收益现值（发生一次或多次大的洪水是 2 500 万美元，一次大洪水也没有是 500 万美元）。第三，指定每种情境发生的概率，让这些概率的总和为 1。例如，如果在过去的一个世纪内该流域有两次大的洪水，那么我们可以估计大洪水的年发生概率是 0.02，因而在连续的 20 年一次或多次大洪水的概率是 0.33[41]；一次大的洪水也没发生的概率是 1 减去发生一次大的洪水的概率，或者等于 0.67。第四，将每一种情境发生的概率乘以每种可能性下的净收益现值，它的总和就是当前净收益的期望现值。例如，为找出该水坝当前净收益的期望价值，我们以这一计算估计为：

$$(0.33)(2\,500\,万美元) + (0.67)(-500\,万美元)$$

等于 490 万美元。

若受评估的政策的影响范围持续很多年，则应该计算每年的期望净收益并贴现得到期望净收益的现值。例如，如果我们评估一座水坝，我们几乎必然需要测度反映水坝的 20 年使用寿命中发生大洪水情况的净收益（除非我们认为避免一次大洪水损失的价值是以恰好等于贴现率的年率增长的，这时洪水的时间才是不相关的）。为了做到这一点，我们使用发生一次大的洪水的年概率（0.02，在最近的一个世纪内发生了两次洪水），因而我们能够计算出第 i 年净收益的期望值：$ENB_i = (0.02)\,NB_{Fi} + (0.98)\,NB_{NFi}$，这里 NB_{Fi} 等于如果第 i 年发生大洪水的净收益，NB_{NFi} 等于第 i 年没有大洪水的净收益。水坝期望净收益的现值是这些年的期望价值贴现到现在的总和。

在计算基于年度的期望净收益时，我们能够考虑到变化的概率。例如，如果我们认为该流域伴随人口增长所发生的毁林状况将逐渐使大洪水的概率增加至历史概率之上，根据水文模型以及某些专家的意见，我们能估计每年的概率，并把它们用于我们每年的计算中。显然，我们使用的概率推测成分越多，我们测试期望净收益的现值对概率变化的敏感性就越重要。

对我们中的大多数人来说，期望净收益的使用形成了一种直觉。它的使用在理论上也同样站得住脚吗？回到支付意愿的指导原则，概念上正确的收益测度是所有受该计划影响的人在他们知道什么会发生之前愿意为该项目支付的数量之和。因此，例如水坝的总收益应是每个农民愿意在他或她知道在随后的年份中是否会出现一场干旱或是正常下雨之前支付的总量。这些数量被称为期权价格（option price)。[42]尽管分析家们有时想要通过因果评价调查（contingent valuation surveys）引出个人的期权价格，但更常见的是他们依靠可能事件的结果的期望价值。因此，例如评估水坝的收益会是通过评估农民在干旱年份来自水坝的生产者剩余所得，和评估他们在非干旱年份的所得，然后运用干旱和非干旱年份的所得剩余的概率发现期望剩余。

期权价格可能比期望剩余大，也可能比它小——这个差异的技术术语称为期权价值（option value）。当存在着集体风险（collective risk）时，诸如影响一个山谷所有农场生产能力的降雨，期权价值在概念上是收益的正确测度；使用期望剩余或者会导致采用不能提高效率的计划，或者会抛弃本来能够提高效率的计划。在决定期权价值的方向上，已经取得了一些理论上的进展，但仅仅是在相当特殊的假设之下。[43]在个体风险（individual risk）的案例中，诸如交通事故的死亡，概念上正确的对收益的测度是比较大的期权价格和期望剩余（expected surplus）；使用期望剩余衡量收益是一种保守的方法，会导致本应该提高效率的计划被抛弃。

尽管期望剩余在不确定条件下并不是一种完美的收益测度，但在大多数情况中它仍是接近概念上的正确测度。根据市场数据评估成本和收益不可避免地要包括误差，与期望剩余的使用相联系的那些很可能的小误差不应该被固定化。换句话说，期望剩余的使用在成本—收益分析中大体上是合理的。

贴现率的小结

人们通常认为今天一美元的价值要高于明天承诺的一美元；他们通常宁可要确定的一美元，而不是一张预期价值一美元的彩票。因此，成本—收益分析要求我们对时间和风险进行贴现。在不同时期发生的成本和收益需要被贴现为它们的现值。我们可以使用真实贴现率和不变美元或者名义贴现率和名义美元得到现值。当我们能够以可能性及其概率表达有关成本和收益的不确定性时，就能够计算期望净收益。只有采用期望净收益为正的那些政策，通常在最终才有可能获得总收益的增加。

16.5　在备选政策中作出选择

截至目前，我们的讨论已经较为充分地考虑了在孤立的环境下评估单一政策的情况。如果在适当地对时间和风险贴现后，一个政策提供正的净收益，那么它符合卡尔多-希克斯标准而应被采纳（当然，效率是唯一相关的目标）。当我们面对可能会相互增强或干扰的多项政策时，一个更一般的原则是：选择净收益最大的政策组合。物理的约束、预算的约束和其他约束会限制产生这种组合的可行性。

物理的和预算的约束

政策有时是相互排斥的。例如，我们不能在排干一块沼泽创造可耕用农地的同时又将它作为野生动物栖息地加以保护。当所有可获得的政策互相排斥时，我们通过选择正的净收益最大的一个政策来使效率最大化。例如，考虑表 16—2 所列的计划。如果我们能选择任何政策组合，我们只需要选择所有那些净收益为正的——也就是，计划 A、B、C 和 D。然而，假定除 C 和 D 能被一起建立以外，这些计划都是相互排斥的。通过把 C 和 D 组合视为一个单独的计划，我们可以认为列出的所有计划都是互相排斥的。看下面列出的净收益一栏，我们发现计划 B 提供了最大的净收益，因此是我们要选择的一个计划。

分析家们有时根据其成本—收益比率对项目进行比较。注意计划 B，它提供了最大的净收益，但没有最大的成本—收益比。计划 A 的成本—收益比为 10，而计划 B 仅为 3。不过，我们选择计划 B 是因为与计划 A 相比它提供了更大的净收益。这种比较说明了有时成本—收益会搅乱选择过程。成本—收益比的另一个缺点是它依赖于我们怎样考虑成本和收益。例如，考虑表 16—2 中的计划 B。想象 1 000 万美元的成本是由 500 万美元的公共支出和 500 万美元的社会剩余损失组成。我们可以把这 500 万美元的社会剩余损失当作负的收益，因而那样一来成本就是 500 万美元，收益为 2 500 万美元。虽然此时净收益仍等于 2 000 万美元，但成本—收益比从 3 增加到了 5。因此，我们建议你避免一起使用成本—收益比。

表 16—2 以经济效率为基础，从计划中进行选择

	成本（百万美元）	收益（百万美元）	净收益（百万美元）	收益/成本
无计划	0	0	0	0
计划 A	1	10	9	10
计划 B	10	30	20	3
计划 C	4	8	4	2
计划 D	2	4	2	2
计划 C 和 D	7	21	14	3
计划 E	10	8	—2	0.8

无约束：选择计划 A、B、C、D（净收益＝43 百万美元）
所有计划项目都排斥：选择计划 B（净收益＝20 百万美元）
成本不能超过 10：选择计划 A、C、D（净收益＝23 百万美元）

现在考虑计划 C 和 D，它们是列在一起被考虑的。二者一起采纳的净收益超过单独采用的净收益的总和。可能出现这样的情况：如果计划 C 是建水库的大坝，水库能被用于娱乐，而计划 D 是增加一条通向水库的公路。当然，计划也能彼此干扰。例如，水坝可能会降低下游娱乐计划的收益。重要的是必须小心确定计划之间的关系，从而能够识别在总体上提供的最大净收益的计划组合。

回到表 16—2，将列出的成本作为公共支出，列出的收益作为所有其他影响

的货币化价值（monetized value）。现在假定虽然在物理意义上这些计划不是互相排斥的，但总公共支出（成本）不能超过 1 000 万美元。如果选择计划 B，正好满足预算约束，结果是产生 2 000 万美元的净收益。对比之下，如果选择计划 A、C 和 D，也满足预算约束，但会产生 2 300 万美元的净收益。没有其他的组合能提供更大的净收益。这样，在预算约束下，净收益最大化的选择是计划 A、C 和 D。

分配的约束

卡尔多-希克斯标准只要求政策具有成为帕累托改进的潜力，它并不要求人们因他们负担的成本而实际地得到补偿。作为一项接受潜在可能性而不要求实际的原理，帕累托改进对于具体政策而言就是，我们预期不同的人负担不同政策下的成本，从而从广阔的公共活动看，如果存在的话，也只有极少数人会实际地负担净成本。另一个基本原理是，即使有人因基于效率所作的政策选择而最终成为净损失者，他们可以通过收入和财富再分配计划得到补偿。

对于那些将较高的成本集中于小群体的政策，这些原理并不具有说服力。如果我们认为损失者将不能间接地得到补偿，那么我们会希望重新设计政策，或者均摊成本，或者向大的损失者提供直接补偿。我们能在运用卡尔多-希克斯标准时将损失的限度作为必须满足的约束条件。或者，我们能假设对不同群体发生的成本和收益设置不同权重——这可能会导致我们要修改第 14 章所讨论的成本—收益分析。使用分配的约束和权重显然要引进超出效率的价值。[44]我们应当小心地使这些价值变得清楚。确实，最好的办法应当是在一项多目标分析中把净收益作为效率测度。

当然，分配价值的引入要求为相关群体分解成本和收益。这要求根据不同收入阶层、地理地区、种族群体或任何其他与分配有关的类别分别进行成本—收益分析。当你开始分析时，关于分解的错误太多了。到一项研究的最后，或许不可能收集到需要的信息来进行分配的分析。另外，只有在你已经见到估计的净收益分配之后，一项分配的价值才可能对你或你的委托人显得重要。如果效率确实成为唯一有关的价值，则整合并不困难。

根据利益群体的净收益分解对预测政治的反对是很有价值的。[45]虽然总的净收益的评估能使我们回答常规的问题——该政策是有效的吗？而针对利益群体的净收益评估有助于我们回答实际问题——谁会反对而谁会支持这项政策？例如，李·S·弗里德曼（Lee S. Friedman）在他对纽约市就业支持计划的评估中，从多种视角评估了净收益。[46]除了社会视角，他还从纳税人的视角（这个项目政治上继续可行吗？）、福利部门（这个项目会继续有管理的可行性吗？）、典型的项目参加人（人们是否愿意继续参加这个项目？）等方面评估了净收益。用这种方法，分解的成本—收益分析成为在预测政治的和组织的可行性上的起点。

政策选择的小结

当效率是唯一的相关目标时，我们应当选择最大化净收益的可行的政策组合。当政策有互相依存的影响时我们要特别小心地运用净收益原则。我们还应该预期分配价值可能的引入，方法是在可行的方面分解对净收益的估计。最后，依据利益群体分解净收益使我们能够预料到政治的和组织的可行性。

现在我们回到本章开始时讨论的酒税分析的例子上。它说明了许多迄今引入的概念的运用。

16.6　一个例子：对酒征税以挽救生命

酒是一种被广泛使用，也被滥用的物质。虽然一些证据显示适度饮酒实际上能改善健康[47]，但医学文献报告过度饮酒会造成脑损伤、肝硬化、先天畸形、心脏病、肝癌以及其他不利于健康的问题。[48]这些与酒有关的状况在美国每年至少会引起超过 10 万人的死亡。[49]但是，酗酒最严重的后果是由酒后驾车造成的高速公路上的大量死亡。例如，在 1980 年美国大约 53 000 名高速公路死亡者中就有超过23 000 人是由酒后驾车的司机造成的。[50]年轻司机比成年司机有更高的事故发生率，当他们饮酒之后尤其危险。年龄在 22 岁之下的驾驶者饮酒 6 杯以上后在致命的撞车中死亡的可能性比他们清醒时高出 100 倍。[51]

并非所有酒类消费的不利后果都由饮酒者承担。一般说来，每 100 名死于汽车事故的饮酒司机要带走大约 77 名受害者。由饮酒司机导致的非致命事故使非饮酒者遭受伤害或财产损失。公共补贴的健康保险项目为酗酒导致的发病率承担了部分成本。这些外部影响说明酒的市场价格不完全反映它的边际社会成本。

认识到这些酒类消费的不利外部影响，并且意识到产生实质性公共税收的潜力，许多经济学家鼓吹应当提高联邦的酒类饮品税收。[52]他们注意到从不变价角度看，50 年代以来每单位啤酒和白酒的税额已大幅度下降。将消费税恢复到它们以前的真实水平，不仅能够增加财政收入，而且还会部分地将其外部性内部化到酒价之中。

评估任何特定税种增加的经济效率要求我们识别酒类消费的外部性，并且将之进行货币化表达。比较重要的影响之一是高速公路上人员的死亡。如果增加的税收提高了零售价从而减少酒的消费，由此会避免多少高速公路上人员的死亡呢？这些生命能被合理地货币化吗？我们在增加酒的消费税的成本—收益分析中关注这些问题。我们的分析很大程度上依赖于由查尔斯·菲尔普斯（Charles Phelps）作出的关于税收增加对高速公路年轻司机死亡影响的估计。[53]

对酒类征税影响的评估

我们考虑到提高对酒的税收可能会导致下列影响：在酒类市场上的社会剩余损失（这种税收的主要成本），年轻和年长司机导致的死亡的减少（收益），非致命的高速公路事故数量的减少（收益），以及健康和生产力损失的减少（收益）。我们讨论以对啤酒、葡萄酒和白酒零售价征 30％ 的税作特殊参照的年度影响。

酒类市场中社会剩余的损失

一般而言，一种消费税会同时减少消费者和生产者剩余。如果我们假定供给具有完全弹性，整个税收负担就会由消费者承担。图 16—7 以啤酒市场为例说明了这种情况。1988 年全美啤酒的零售价平均为每 12 盎司 0.63 美元。在这个价格上，美国每年消费 540 亿份。我们假定啤酒业会以大致同样的价格供应，也就是说，供给线是平的（完全富有弹性）。如果我们对每份啤酒增加 0.19 美元的税收（相当于零售价的 30％），消费者见到的零售价就会上升为每份 0.82 美元。

消费者的反应如何呢？回答这个问题，我们必须作出关于需求线的假设。遵照菲尔普斯使用的方法，我们假定需求是等弹性的。尤其是，我们假定需求线满足下列形式：

$$q = ap^{-b}$$

这里 q 是需求数量，p 是价格，a 和 b 是参数。这条需求线的弹性等于 $-b$，一个常数。根据一份经验性文献回顾，菲尔普斯假定啤酒的需求价格弹性（price elasticity of demand）等于 -0.5（价格每增加 1％导致需求量减少 0.5％）。[54]正如图 16—7 表明的那样，在这些假定下价格增加到 0.82 美元，每年的消费会减少到 474 亿份。图中阴影的面积等于 95.38 亿美元，这是啤酒市场上消费者剩余的损失（等于税收和重负损失的总和）。[55]矩形面积等于 89.51 亿美元，即被政府以税收形式获取时消费者剩余的损失部分。因而，在啤酒市场上社会剩余的净损失等于 5.86 亿美元，即消费者剩余的损失与政府税收损失之差。[56]这也就是我们在第 4 章讲到的重负损失。

我们依照同样的程序估计在葡萄酒和白酒市场的社会剩余损失。[57]对于葡萄酒市场，我们假定需求价格弹性等于 -0.75。假定现在的平均零售价是每 5 盎司份为 0.46 美元，当前消费大约是每年 160 亿份，我们发现加在当前零售价上 30％的税产生 19.96 亿美元的消费者剩余损失，18.14 亿美元的税收所得和 1.82 亿美元的重负损失。假定白酒市场上的弹性是 -1.0，加在平均零售价格每 1.5 盎司份 0.63 美元上 30％的税会使每年的消费从 320 亿份降低到 245 亿份，因而产生 52.05 亿美元的消费者剩余损失、45.78 亿美元的税收所得和 6.27 亿美元的重负损失。

加总全部啤酒、葡萄酒和白酒市场的影响，我们发现对零售价征收 30％的税降低 16.6％酒的消费，造成消费者剩余损失 167.39 亿美元，产生税收 15.343 亿美

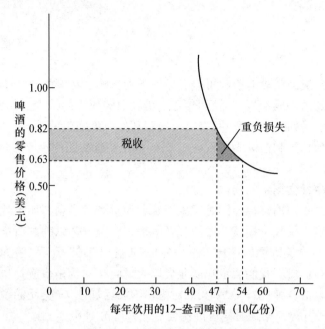

图 16—7　在啤酒市场征收 30% 的税的社会剩余损失

元，导致重负损失 13.96 亿美元。我们可以简单地把重负损失报告为该政策在酒类市场上的净成本，或者把总消费者剩余的损失视为成本，把总税收当作一种收益。尽管选择的方法不会改变我们对净收益的评估，但如果我们决定追求经济效率，将削减联邦赤字作为相关目标，后一种方法保有的信息会对以后有用处。

减少年轻司机导致的死亡

　　酒税与年轻司机导致的致命事故的联系遵循一条直觉上具有直接关联的链条：税收提高酒的零售价格；较高价格导致年轻司机饮酒减少；因为饮酒的减少，年轻司机较少卷入致命事故之中。米切尔·格鲁斯曼（Michael Grossman）、道格拉斯·科特（Douglas Coate）和乔治·M·阿拉克（Gregory M. Arluck）提供了年轻人饮酒的价格弹性的估计。[58]菲尔普斯将来自死于汽车事故的司机血液酒精水平的尸检数据与这一信息结合，评估了消费变化对事故风险的影响。

　　格鲁斯曼、科特和阿拉克分析了来自美国健康和营养调查的数据，评估了价格、合法饮酒年龄和其他变量对年龄在 16～21 岁之间的年轻人饮酒的频率和强度的影响。他们发现饮酒的频率和强度对价格高度敏感。的确，他们估计啤酒和白酒价格上增加 7％（的税）和提高最小法定饮酒年龄一年具有同样的影响（葡萄酒消费没呈现出依赖于价格的情况）。对于任何一组假定的酒类价格，据估算，他们饮酒水平为 i 的概率为 j。饮酒强度的水平以典型的饮酒日的饮酒量表示：6份以上，3～5 份，1～2 份。饮酒频率表明年轻人多长时间喝一次：每天一次，每周 2～3 次，每月 1～4 次，每年 4～11 次，甚至从不（在一年中饮酒少于 3 次）。

　　为了计算司机死亡的数量，我们需要在饮酒水平的条件下一个年轻驾驶者在一次汽车事故中的死亡概率 P（死亡｜饮酒水平 i）。也就是，给定他或她已有的饮酒水平 i，一名年轻司机死亡的概率是多少？几个州作了针对所有高速公路死亡者的尸检，来衡量血液—酒精水平。[59]来自这些州的数据容许对 P（饮酒水平 i｜死亡）进行估计，这是高速公路事故中死亡的年轻司机在 i 的饮酒水平上的概率。菲尔普斯认识到他能通过下列条件概率的性质找出关于饮酒水平带来的死亡的条件概率：

$$p(死亡｜饮酒水平 i)P(饮酒水平 i)=P(饮酒水平 i｜死亡)P(死亡)$$

这里 P（死亡）是一名年轻司机死于高速公路中的无条件概率。因为 P（死亡）能从总的统计中确定，于是就可能解出给定饮酒水平 i 的死亡概率：

$$P(死亡｜饮酒水平 i)=P(饮酒水平 i｜死亡)P(死亡)/P(饮酒水平 i)$$

这是一个简单的贝叶斯定理（Bayes' Theorem）陈述。[60]这些概率因酒税变化而变化，因为 P（饮酒水平 i）依赖于价格。

菲尔普斯接下来使用这些死亡的条件概率和饮酒频率的概率评估由格鲁斯曼、科特和阿拉克计算的因为啤酒税提高而减少的年轻司机死亡的数量。菲尔普斯关注啤酒有两个原因：第一，年轻人选择喝啤酒的人甚多；第二，格鲁斯曼、科特和阿拉克估计的啤酒价格弹性在统计上要比对葡萄酒和白酒的估计精确得多。只要实际加在葡萄酒、白酒上的税收和啤酒一样，菲尔普斯的方法就会得出挽救生命数量的保守估计。

菲尔普斯发现 30％的税每年会使 16～21 岁的司机死于高速公路的事故的人数减少 1 650 名。这些司机因为税收而降低饮酒的强度和频率从而免于死亡。由于平均每 100 名死亡司机与 77 名非司机死亡者有关联，这 1 650 名免于死亡的司机每年将产生额外的 1 270 名被解救者。这样，30％的税每年会减少由年轻司机导致的高速公路死亡的数量大约为 2 920 人。

年长司机导致的死亡的降低

遗憾的是，我们难以获得能与格鲁斯曼、科特和阿拉克的研究相比较的有关美国年长的饮酒者行为的量化研究。因此，我们必须使用一种反映以下两个因素的专门程序：第一，就平均水平判断，成年人对酒的需求弹性比年轻人小得多；第二，对于任何给定的饮酒强度，平均水平上成年人比年轻司机可能更少地卷入致命的事故中。因为这是成本—收益分析中常有的情况，我们必须尽可能利用可以获得的信息。

我们的起点是注意到 30％的税大约减少 40％的年轻司机与饮酒有关的死亡人数（大约 4 120 人的基础上减少 1 650 人）。忽略成年人对酒有更小的需求弹性，以及饮酒的成年司机危险性较小，我们可以简单地假定 30％的税将会以同样的比例降低饮酒年长司机的死亡数。超过 21 岁的司机中每年大约有 8 000 例与饮酒有关的死亡，于是我们简单估计为 3 200 人。显然，这种方法将导致对由于 30％的税收而避免超过 21 岁司机的死亡数量的过高估计。

为了考虑成年人的较低需求弹性，我们可以按成年人需求弹性与年轻人需求弹性的比率进行简单估计。使用格鲁斯曼、科特和阿拉克的结果，菲尔普斯计算出那些 16～21 岁的人对啤酒的需求弹性是－2.3。年长司机的需求弹性大致接近总的市场弹性（market elasticity），因为他们构成了市场的大多数。因此我们用来估计对酒类市场影响的市场弹性道理上讲是接近 21 岁以上饮酒者的弹性的（啤酒－0.5，葡萄酒－0.75，白酒－1.0）。年轻人的这些弹性的加权平均等于 0.3。将这一比率运用到每年挽救 3 240 名成年司机的简单估计上，会产生一个每年 972 人的调整量。

由于缺少相关数据，进一步降低在任何给定的饮酒水平上年长司机卷入致命事故的倾向的调整变得更为困难。我们知道虽然那些 21 岁和更年轻的人们占有照驾驶者的 13％，但他们在涉酒事故中占了 26％。[61] 由于缺乏更相关的数据，我们假定在任何给定的饮酒水平上，21 岁以上的司机遭遇致命事故的可能只有年轻司机的 50％。根据这一因素进行调整，则被挽救的成年司机估计数值下降为 486 人。使用 0.77 的受害者/司机比率，可得到另外的被挽救的 375 条生命。这样，我们估计因 21 岁以上司机行为的改变而挽救的生命总数每年为 861 人。

伤害和财产损失的降低

菲尔普斯估计，饮酒司机所引起的高速公路事故中伤害和财产损失的成本大约是每年 37.5 亿美元，其中的 1/3 是由 21 岁及以下司机引起的。[62] 为了评估与年轻司机行为改变有关的伤害和财产损失挽回数，我们假定非致命事故和致命事故以同样的比例下降。饮酒非致命事故的总成本乘以年轻司机由于 30％的税而减少的涉酒死亡百分比，产生的年挽救额为 5 亿美元。将同样的程序用于年长司机（0.06 的减少乘以 25 亿美元），每年产生的节约是 1.5 亿美元。因而我们评估出每年因 30％的税收中挽救的总伤害和财产损失为 6.5 亿美元。

健康和生产力获益

我们预计酒的消费量减少有利于提高健康。我们还预期酒的消费下降能增加生产力：较好的健康和清醒有利于降低旷工和工作事故。由于缺乏有用的信息，我们假定健康和生产力损失与酒类消费成正比。[63] 因此，因为我们预期 30％的税会减少酒类消费 16.6％，我们预期健康和生产力损失也下降 16.6％。

我们必须依据早先的研究估计与酒类消费相关的年健康和生产力成本。最有用的估计是针对 1975 年的。[64] 把这些估计转换成 1986 年美元，得出年健康成本等于 259.2 亿美元，年生产力成本等于 399.6 亿美元。因此，在我们的消费和成本成比例的假定下，我们估计年度来自税收的 30％的健康获益为 42.9 亿美元，年生产力获益为 66.1 亿美元。

货币化和对影响的解释

除了挽救的生命以外，我们已经用货币衡量了所有的影响。因此，我们可能会想到我们下一步的任务就是为被挽救的生命确定某种货币价值。遗憾的是，我们还必须面对这样的问题：是否我们已经量化了的所有的影响都属于我们净收益的计算范围？是否有些影响被双重计算了？

计算了谁的生命？

我们从四个方面估计了挽救的生命：年轻司机、年轻司机的受害者、年长司机和年长司机的受害者。我们可以考虑把饮酒司机的受害者作为司机酒类消费的一种外部性。受害者承受的成本在酒类市场上没有得到反映。相反，司机本身承担的成本可能会反映在他们对酒的需求上。我们预期某人如果对酒后驾车的风险有完全的信息，他在决定什么时候喝酒和喝多少时能考虑这些风险。假定其他条件相同的情况下，司机认为他们自身生命包含的价值越高，或酒后出现致命事故的概率越大，则在任何给定的价格下司机对酒的需求越小。如果驾驶者并不充分了解酒后驾车的风险，那么他们对酒的需求将不能充分反映他们饮酒驾驶死亡的风险。

回忆一下之前对二级市场上成本和收益衡量的讨论。我们可以认为酒市场是一种初级市场，而把"受害者和司机死亡市场"作为二级市场。在这个"死亡市场"上，人们对个人高速公路安全的需求是安全性"价格"的函数，安全性则可以被认为是避免事故的努力支出水平的货币当量（monetary equivalent）。现在，酒类消费的外部性导致他人死亡的市场是明显扭曲的。因此，我们应在成本—收益分析中计算"受害者市场"（victim market）的影响。只要司机完全认识到他们的酒类消费增加的风险，"司机市场"就不是被扭曲的。如果我们认为司机拥有完全信息，那么我们就不应该把他们的死亡率下降作为收益计算——这已经在酒类市场的计算中体现出来了。但是，如果我们认为他们没有完全考虑到增加的风险，那么"司机市场"由于信息不对称被扭曲，我们应当把免于死亡的全部或部分计入收益。

考虑年轻司机和年长司机在何种程度上掌握饮酒和驾驶的风险信息，我们把对收益的评估放在了三组不同的假设之下。第一，我们假设所有驾驶者都未掌握信息（大多数父母是这样认为的！）。在这一假设下，我们把所有得以避免的司机和受害者死亡算作收益。我们可以将这一假设下的收益评估视为真实收益的上限。第二，我们假定所有饮酒者拥有完全信息。在这种情况下，我们仅把得以避免的受害者死亡算作收益。这种情况提供了收益的下限。第三，我们对年轻司机和年长司机的信息完备程度作出"最佳猜测"。我们假设年轻司机仅掌握 10% 的信息，因而我们把避免了的年轻司机死亡的 90% 算作收益。[65] 我们还假设年长司机掌握了 90% 的信息，因而把避免了的年长司机死亡的 10% 算作收益。与其他假设场景一样，我们把避免了的全部受害者死亡算作收益。

货币化生命的价值

为了避免死亡我们应该付出多少美元的价值呢？这个问题可能会把你弄糊涂，你思考一个具体的人的生命的货币价值时尤其如此。我们中的许多人愿意花费任何代价挽救我们所爱的人的生命。但是当我们作出决定，以影响我们自身和那些我们所爱的人的风险时，我们所有人是隐含地将有限的价值赋予生命的。你一直系安全带吗？你让你所有的乘客都系他们的安全带吗？你的住房每一层都有烟雾探测器吗？你有一个有用的灭火器？当你骑自行车时总戴头盔吗？你总是在法律限定的范围内驾驶吗？如果你对这些问题中的任何一个回答是不，你就是在隐含地说你并没有赋予生命一个无穷大的价值——你已经决定为了避免较小的确定成本而接受较大的死亡风险。

关键的区别在于实际的和统计的生命。我们中的大多数人愿意花大笔的钱挽救具体的人的生命。例如，我们会不遗余力想方设法地去挽救被困井下的矿工。然而我们却不那么愿意采取行动降低事故的概率——作为一个社会我们并没有采取所有可能的防范措施以防止矿工被困在井下。的确，通过忽视不方便的安全规则，矿工自己有时有意识地接受较高的风险。换句话说，只要我们涉及的是可能性而不是确定性，人们似乎就愿意考虑美元和生命之间的交易。通过观察这些交易，我们可以把一条统计的生命作为一种美元的价值输入，这个问题在我们酒税的成本—收益分析中已经有所讨论与涉及。[66]

大量的研究设法通过人们要求多少额外工资作为对较有风险的工作补偿来衡量他们对生命的隐含的评价。[67]想象有两份具有同样特性的工作，但其中的一份包含了每年 1/1 000 的致命伤害的较大风险，如果我们观察到人们愿意以每年 2 000 美元的额外工资承担这项风险性工作，那么我们就能够推断他们赋予了自己的生命一种 2 000/(1/1 000) 美元或 200 万美元的隐含价值。我们推断的有效性依赖于工作的差别仅在于风险，并且工人完全理解这种风险。

在实践中，研究者使用计量经济学技术控制宽泛的岗位范围和工人的特性。在 W·科普·韦斯库西（W. Kip Viscusi）的工资—风险交易的主要研究评论中，他发现生命价值的估价范围大约在 60 万到 800 万美元以上（以 1986 年美元为准）。[68]我们采用接近这一区间最低点的 100 万美元，作为生命价值的一种保守估计。[69]

分配其他的影响

我们必须确定多少伤害、财产损失、健康和生产力影响要计入我们无信息需求、有信息需求和最佳猜测下的收益。我们的计算是按照我们用于确定那些得以避免的死亡同样的线索或观点来进行的。

在无信息需求（uninformed demand）的情况下，我们假定人们没有考虑饮酒的事故、健康和生产力成本，因而我们把最终挽回的所有东西都算作收益。这种方法与把无信息需求的案例作为来自该税收收益上限的处理是一致的。

在有信息需求（informed demand）的情况下，我们假设饮酒者完全预见到并且能够承担这些成本，因而我们不把它们的减少算作收益。例如，关于事故成本，我们假定饮酒者通过高额保险金或保证金补偿他们加之于其他人的财产损失和伤害。同样地，我们假定饮酒工人生产率较低，但他们以低工资的形式承担生产率损失的绝大部分成本。如果保险和工资率不能完全反映与饮酒有关的事故倾向、健康风险和生产力损失，我们的计算可能低估了收益——这与把有信息需求的情况处理为收益下限是一致的。

在最佳猜测的情况下，我们假设年轻饮酒者有大约 10%、年长饮酒者有大约 90%是信息完备的，他们知道与饮酒有关的健康、生产力和事故成本，在上述假设之下进行成本分配。因为健康和生产力损失大多数发生在年长饮酒者身上，我们把由此而节约的 10%（注：年轻饮酒者占饮酒人数的 10%）算作收益。关于事故，我们把所有非驾驶者得以避免的全部成本，年轻司机得以避免的成本的 90%和年长司机得以避免的 10%一起算作收益。尽管缺少更好的信息迫使我们采用这些专门的假设，它们仍然可能提供某种合理的中间收益评估。

评估净收益

完成影响的分配和估价，我们已经可以评估三种情况中每一种的净收益。只要我们预期成本和收益以同样的模式随时间而持续，我们就只需要看一个年份的净收益。如果我们认为成本和收益将随时间而不断变化，那么我们就应当评估将来许多年的净收益，然后把它们贴现。例如，严格执行酒后驾车条例可能会减少人们饮酒驾车的频率，因而随着时间的推移，由于该税收而得以挽救的生命的数量将会下降。当我们预期成本和收益随时间而变化时，我们应当使用一条长度等于预期政策有效影响期间的水平线。

30%税收的净收益

表 16—3 显示了对啤酒、葡萄酒和白酒零售价征税 30%的成本和收益。注意该税收似乎对三种情况的每一种都提供了正的净收益。但是，我们在解释时应该多加留意。

表 16—3　　　　　　　对酒类征收 30%税收时的成本与收益（10 亿美元）

	无信息需求	最佳猜测	有信息需求
得以挽救的生命（每个生命 100 万美元）			
年轻司机	1.65	1.49	0
年轻司机的受害人	1.27	1.27	1.27
年长司机	0.49	0.50	0
年长司机的受害人	0.37	0.37	0.37
总计	**3.78**	**3.18**	**1.64**
避免的伤害或财产损失			
年轻司机	0.50	0.47	0
年长司机	0.15	0.02	0
总计	**0.65**	**0.49**	**0**

续前表

	无信息需求	最佳猜测	有信息需求
避免的健康和生产力成本			
健康	4.29	0.43	0
生产力	6.61	0.66	0
总计	**10.90**	**1.09**	**0**
税收收入			
啤酒，葡萄酒，白酒　　15.34	15.34	15.34	
消费者剩余变化			
啤酒，葡萄酒，白酒　　−16.74	−16.74	−16.74	
净收益	**13.95**	**3.36**	**0.24**

　　首先，考虑有信息需求的情况的净收益。与成本和收益的规模相比，报告的2.4亿美元的净收益是相当小的。如果我们已经用小到2％的值来低估消费者剩余的损失，那么有信息需求的情况下的真实净收益将会是负的而不可能是正的。因为我们在计算这种情况的收益时已经偏向保守了，所以断定该税收至少得失相当应该是合理的。但无论如何，基本的一点是我们不应该对具体的评估给予高度的错误自信。

　　接下来考虑无信息需求的情况。这里我们提出了每年高达139.5亿美元的正净收益。检查收益种类，我们注意到几乎80％的净收益来自避免的健康和生产力成本类别之下。但是，这些收益下面的估计是被不加批评地利用的。缺少时间和原始数据迫使我们采用其他分析家们评估每年健康和生产力成本的表面价值。关于这些估计的准确性的不确定性，我们应当关注。我们可能成为所谓"马与兔子一同炖汤问题"的牺牲品。当我们将我们相当准确的避免死亡的估计（兔子）与较大但较不确定的健康和生产力节约的估计（有强烈味道的马）混在一起时，我们的净收益（汤）将由较不确定的评估支配（在我们的汤中，马的味道盖过了其他味道）。其一般意义是，较大的成本和收益的不确定性将在很大程度上决定我们净收益评估的不确定性。

　　幸运的是，这些问题对于最佳猜测的情况不是严重的。净收益等于33.6亿美元，即使与较大的消费者剩余损失相比，这也是一个比较可靠的数字。健康和生产力收益不足净收益的1/3，这降低了我们把马和兔子一起炖的危险。当然，我们在最佳猜测情况下的净收益估计是否接近真实净收益，依赖于我们已经讨论的各种假设的合理性。

其他税率的净收益

　　我们聚焦于30％的税率是出于说明的目的。30％的税率能提供最大的净收益吗？表16—4显示了三种情况下较低和较高税率的净收益。在有信息需求的情况下，净收益在20％的税率上达到峰值。因此，如果我们把这种情况视作一种适当情况（或者因为我们认为它是最可能的，又或者我们希望更保守一些），那么我们应当推荐 20％作为最有效的税率。

表 16—4   对酒征税的净收益（10 亿美元）

税率（税收收益）	无信息需求	最佳猜测	有信息需求
0.10（5.73）	6.24	2.09	0.63
0.20（10.80）	10.72	3.12	0.65
0.30（15.34）	13.95	3.36	0.24
0.40（19.46）	17.99	4.68	0.20
0.50（23.22）	21.60	5.79	0.03

在无信息需求和最佳猜测两种情况下，净收益随税率不断上升，直至 50％，即分析的最高税率。出于两种考虑，一种考虑是方法上的，另一种考虑是现实的，要求其解释需要谨慎。第一，我们从当前政策偏离越远，我们对影响的预测会越没有信心。例如，我们假设的等弹性需求对于小的价格变化或许是相当合理的，但在大的变化下不是如此。第二，当我们向禁止性税率（prohibitive taxes）移动时，我们可能会遇到完全不同的行为反映。可以回忆一下 20 世纪 20 年代美国人对禁酒令的反应方式：他们从其他国家走私酒到美国，组织犯罪团伙，腐化政府官员和使用暴力为非法市场供酒；他们在本地酿酒；他们发明了一种更集中因而更容易走私酒的方式。[70] 伴随着这些种类的行为，持续的高税率可能会诱发对其他娱乐性药物的大量消费，或许还会引发其他重要但未预料到的后果。我们没有考虑到这些可能的影响，所以对于只是基于我们的成本—收益分析而鼓吹非常高的税率，我们应该持谨慎态度。

重新考虑生命的价值：转换为成本有效性

如果我们不愿意对被挽救的生命分派货币价值，那么我们必须抛弃成本—收益分析，因为我们有了不具有相似量纲的目标：挽救生命和增长经济效率。如果我们只有这两个目标，我们就能用成本有效性分析（cost-effective analysis）代替。我们提出了一个基本的问题：每挽救一条生命必须放弃多少美元的经济效率？例如，考虑 30％税率的有信息需求的情况。以 14 亿美元的净成本，1 645 条生命能被挽救，每条被挽救的生命产生 85 万美元的成本。

我们应当根据每条被挽救的生命的成本比较 30％的税率与其他税率。在有信息需求的情况下，当税率增长超过 30％时，被挽救的生命数量上升，但每条被挽救生命的成本也上升。只有当我们对比挽救同样数量的生命的备选方案后，我们才能不含混地说，挽救每条生命的成本最低的那个才是最好的。无论如何，挽救每条生命的成本表明，在成本—收益分析中我们必须假定多高的生命价值才能够产生正的净收益。作为一个粗略的比较，一项 1986 年管理与预算办公室的健康和安全管理评论中报告，每条生命节约的成本范围大约是 10 万～7 200 万美元之间。[71]一项更近的对超过 500 项法规和其他已实施或建议性的政策措施的评论发现挽救每条生命的成本范围从负数（也就是，这些干预措施在挽救生命的同时还节约了资源）到每年挽救生命的成本超过 100 亿美元。[72]

为生命挽救定价经常出现在卫生政策的备选方案分析中。健康研究者不仅关注延长生命，而且还关注那些生命较长的人享受生命的质量。他们已经发展出许多评估人们不同健康状况价值的方法。合并健康状况和生命延伸的评估产生了质量调整的生命年份（QALYs），它常被用于备选的医疗和健康干预的成本有效性分析中。[73]

对酒精征税成本—收益分析的小结

我们对酒税的分析说明了成本—收益分析基本的技巧与艺术。衡量成本和收益的基本概念构成了这些技巧；从各个分散的来源抽取出零碎的证据并将之整合起来，预测货币化影响构成了这些艺术。我们的 30％税率提供正净收益的结论呈现出相当的活力，能适应有关收益测度的不同假设。因此，对于它一经采用后能增加经济效率的结论，我们是相当自信的。然而，我们依然无法非常确定是否对于 30％税率是很接近最优税率的。

16.7　结论

成本—收益分析提供了一种评估政策经济效率的框架。净收益的计算回答了这样的问题：政策能否产生足够的收益，使那些承担成本的人至少能够获得潜在的补偿，从而使某些人能够在没使任何人境况变得更坏的情况下境况变得更好吗？为了计算净收益，我们必须决定哪些影响是相关的，在怎样的条件下它们才能以相同量进行检测。机会成本和支付意愿这两个主要概念引导我们运用成本—收益分析的方法。其艺术在于从零碎的和不完整的数据中作出合理的推断。艺术还体现在不适当的数据或社会价值而不是效率使得有限的成本—收益分析方法变得不适用时，如何去实现它。

复习思考题

1. 考虑进行一项规制，要求在开车时禁止使用手机。列出这个规制政策的所有影响，并区分它们是成本还是收益。

2. 成本—收益分析提供了一个确定最具效率备选方案的方法。从理论与实践角度考虑它与分配目标的关系。

注释

1. The U. S. Flood Control Act of 1936 required that water resource projects be evaluated on the difference between estimated benefits and costs. The Bureau of the Budget set out its own criteria in 1952 in *Budget Cncular A-47*. For an overview, see Peter O. Steiner, "Public Expenditure Budgeting," in Alan S. Blinder et al., *The Economics of Public Finance* (Washington, DC: Brookings Institution, 1974), 241-357.

2. For a review of the history of these executive orders, see Robert W. Hahn and Cass R. Sunstein, "A New Executive Order for Improving Federal Regulation? Deeper and Wider Cost-Benefit Analysis," *University of Pennsylvania Law Review* 150 (5) 2002, 1489-552, esp. 1505-10.

3. On these difficulties, see Robert W. Hahn, Jason K. Burnett, Yee-Ho I. Chan, Elizabeth A. Mader, and Petrea R. Moyle, "Assessing the Regulatory Impact Analyses: The Failure of Agencies to Comply with Executive Order 12, 866," *Harvard Journal of Law & Public Policy* 23 (3) 2000, 859-85.

4. Richard Whisnant and Diane DeWitt Cherry, "Economic Analysis of Rules: Devolution, Evolution and Realism," *Wake Forest Law Review* 31 (3) 1996, 693-743.

5. See, for example, Anthony E. Boardman, David H. Greenberg, Aidan R. Vining, and David L. Weimer, *Cost-Benefit Analysis: Concepts and Practice*, 2nd ed. (Upper Saddle River, NJ: Prentice Hall, 2001).

6. Our treatment of this topic benefited greatly from Dale Whittington and Duncan MacRae, Jr., "The Issue of Standing in Cost-Benefit Analysis," *Journal of Policy Analysis and Management* 5 (4) 1986, 663-82. The term *standing* has its origins in the legal doctrine "standing to sue": plaintiffs have standing if they have a legally protectable and tangible interest at stake in the litigation. See *Black's Law Dictionary*, *5th ed.*, 1979, at p. 1260.

7. Some would argue that even future generations should be included in the definition of society. We will address the implications of this view in our discussion of discounting.

8. Some analysts count part of the reduction in monetary returns from crime as a cost. See, for example, David A. Long, Charles D. Mallar, and Craig V. D. Thornton, "Evaluating the Benefits and Costs of the Job Corps," *Journal of Policy Analysis and Management* 1 (1) 1981, 55-76.

9. Nicholas Kaldor, "Welfare Propositions of Economics and Interpersonal Comparisons of Utility," *Economic Journal* 49 (195) 1939, 549-52; and John R. Hicks, "The Valuation of the Social Income," *Economica* 7 (26) 1940, 105-24. The principle can also be stated as suggested by Hicks: adopt a policy only if it would not be in the self-interest of those who will lose to bribe those who will gain not to adopt it. Although these formulations are not conceptually identical (Kaldor's is based on compensating variation; Hicks's is based on equivalent variation), they usually lead to the same result when applied in practical situations. Consequently, they are usually discussed as a single criterion.

10. Richard Posner, *The Economics of Justice* (Cambridge, MA: Harvard University Press, 1983), 49. For a discussion of the same point from a very different perspective, see Steven Kelman, "Cost-Benefit Analysis: An Ethical Critique," *Regulation* January/February 1981, 33-40.

11. For a fuller discussion of this issue, see Walter Hettick, "Distribution in Benefit-Cost Analysis: A Review of the Theoretical Issues," *Public Finance Quarterly* 4 (2) 1976, 123-51.

12. Exactly one-half of the area of rectangle $degf$ is shaded (with a bit of geometry one can show that the area of triangle cdf plus the area of triangle ceg equals the area of triangle cde). Therefore, the total shaded area equals $1/2\ (P_1-P_0)\ Q'$ plus P_0Q', which equals $1/2\ (P_1+P_0)\ Q'$, the average price times the quantity purchased.

13. The change in price in the equipment market may induce a shift in the demand schedule for fishing. Taking account of the change in social surplus in the equipment market can be thought of as a way of correcting for the shift in the demand schedule. For more details, see Edward M. Gramlich, *Benefit-Cost Analysis of Government Programs*, 2nd ed. (Englewood Cliffs, NJ: Prentice Hall, 1990), 83−87; or Boardman et al., *Cost-Benefit Analysis*, pp. 107−109.

14. Panel (c) in Figure 16.5 illustrates the case of an outward shift in demand in a secondary market. We can use the same figure to illustrate the case of an inward shift in demand. Simply take D_{E1} as the original demand schedule and D_{E0} as the post-project demand schedule. Using the post-project demand schedule for measuring social surplus changes, we see that the price decline from P_{E1} to P_{E0} results in a producer surplus loss equal to the area of trapezoid $P_{E1}ceP_{E0}$ and a consumer surplus gain equal to the area of $P_{E1}feP_{E0}$ so that social surplus falls by the area of triangle fce.

15. For a summary see Anthony E. Boardman, David H. Greenberg, Aidan R. Vining, and David L. Weimer, " 'Plug-in' Shadow Price Estimates for Policy Analysis," *Annals of Regional Science* 31 (3) 1997, 299−324, Table 1, at p. 304.

16. See Boardman et al., *Cost-Benefit Analysis*, *Chapters* 11−14, for explanations of general approaches to benefit estimation.

17. See Zvi Griliches, ed., *Price Indexes and Quality Change* (Cambridge, MA: Harvard University Press, 1971); and Sherwin Rosen, "Hedonic Prices and Implicit Markets: Product Differentiation in Pure Competition," *Journal of Political Economy* 82 (1) 1974, 34−55.

18. Mark Bayless, "Measuring the Benefits of Air Quality Improvements: A Hedonic Salary Approach," *Journal of Environmental Economics and Management* 82 (1) 1982, 81−89.

19. V. Kerry Smith and Ju-Chin Huang, "Can Markets Value Air Quality? A Meta-Analysis of Hedonic Property Value Methods," *Journal of Political Economy* 103 (1) 1995, 209−27.

20. Paul Portney, "Housing Prices, Health Effects, and Valuing Reductions in Risk of Death," *Journal of Environmental Economics and Management* 8 (1) 1981, 72−78.

21. David L. Weimer and Michael J. Wolkoff, "School Performance and Housing Values: Using Non-Contiguous District and Incorporation Boundaries to Identify School Effects," *National Tax Journal* 54 (2) 2001, 231−53.

22. For overviews, see Ronald G. Cummings, Louis Anthony Cox, Jr., and A. Myrick Freeman Ⅲ, "General Methods for Benefits Assessment," in Judith D. Bentkover, Vincent T. Covello, and Jeryl Mumpower, eds., *Benefits Assessment The State of the Art* (Boston: D. Reidel, 1986), 161−91; Robert Cameron Mitchell and Richard T. Carson, *Using Surveys to Value Public Goods: The Contingent Valuation Method* (Washington, DC: Resources for the Future, 1989).

23. See Aidan R. Vining and David L. Weimer, "Passive Use Benefits: Existence, Option, and Quasi-Option Value," in Fred Thompson and Mark Green, eds., *Handbook of Public Finance* (New York: Marcel Dekker, 1998), 319−45.

24. Daniel Kahneman and Jack Knetsch, "Valuing Public Goods: The Purchase of Moral Satisfaction," *Journal of Environmental Economics and Management* 22 (1) 1992, 57−70.

25. See Boardman et al. , *Cost-Benefit Analysis*, pp. 377−79.

26. Kenneth Arrow, Robert Solow, Paul Portney, Edward Leamer, Roy Radner, and Howard Schuman, "Report of the NOAA Panel on Contingent Valuation," *Federal Register* 58 (10) 1993, 4601−14.

27. Raymond J. Kopp, Paul R. Portney, and V. Kerry. Smith, "The Economics of Natural Resource Damages after *Ohio v. U.S. Department of the Interior*," *Environmental Law Reporter* 20 (4) 1990, 10127−31.

28. See Marion Clawson and Jack L. Knetsch, *Economics of Outdoor Recreation* (Baltimore: Johns Hopkins University Press, 1966).

29. The real discount rate equals the nominal rate less the expected inflation rate when discounting is done continuously rather than by discrete period. (Think of the distinction between annual and continuous compounding of interest.) In discounting by discrete period, we can separate the nominal discount factor $(1+r)$ into the product of the real discount factor $(1+d)$ and the constant dollar correction $(1+i)$. From the expression $(1+r) = (1+d) (1+i)$, we can solve for $d = (r-i) / (1+i)$.

30. The discount rate at which the present value of net benefits equals zero is called the *internal rate of return*. Some analysts advocate the following decision rule: choose the project with the highest internal rate of return. Edward Gramlich gives reasons why this decision rule should *not* be used: First, it is possible that a project will have more than one internal rate of return, raising the question of which is the appropriate one for comparative purposes. Second, because the internal rate of return is not defined for projects that involve only current period costs and benefits, it does not always allow us to rank all alternative projects. Gramlich, *Benefit-Cost Analysis of Government Programs*, p. 93.

31. For an introduction to the discount rate issues, see Robert C. Lind, "A Primer on the Major Issues Relating to the Discount Rate for Evaluating National Energy Projects," in Robert C. Lind et al. , *Discounting for Time and Risk in Energy Policy* (Washington, DC: Resources for the Future, 1982), 21−94. Other articles in the same volume discuss particular conceptual issues. For assessments of current theory and practice, see *Journal of Environmental Economics and Management*, 18 (2) 1990, Pt. 2 of 2 parts; and Anthony E. Boardman and David H. Greenberg, "Discounting and the Social Discount Rate," in Thompson and Green, eds. , *Handbook of Public Finance*, pp. 269−318.

32. We take this example from Lind, *Discounting for Time and Risk in Energy Policy*, pp. 28−29.

33. Ibid. , pp. 32−33.

34. Randolph M. Lyon, "Federal Discount Policy, the Shadow Price of Capital, and Challenges for Reforms," *Journal of Environmental Economics and Management*, 18 (2), Pt. 2, 1990, S29−S50.

35. Arnold C. Harberger, "The Discount Rate in Public Investment Evaluation," in *Conference Proceedings of the Committee on the Economics of Water Resource Development*, Report No. 17 (Denver, CO: Western Agricultural Economics Research Council, 1969).

36. For a demonstration of how to move from market rates to the social discount rate under the Harberger hypothesis, see Steve H. Hanke and James Bradford Anwyll, "On the Discount Rate Controversy," *Public Policy* 28 (2) 1980, 171−83.

37. See Martin J. Bailey and . Michael C. Jensen, "Risk and the Discount Rate for Public Investment," in Michael C. Jensen, ed. , *Studies irt the Theory of Capital Markets* (New York: Praeger, 1972), 269−93.

38. U. S. Office of Management and Budget, "To the Heads of Executive Departments and Establishments, Subject: Discount Rates to Be Used in Evaluating Time-Distributed Costs and Benefits," Circular A-

94，March 27，1972.

39. U. S. Office of Management and Budget，"Guidelines and Discount Rates for Benefit-Cost Analysis of Federal Programs," Circular A-94 (Revised)，October 29，1992.

40. For introductions to decision analysis，see Robert D. Behn and James w. Vaupel，*Quick Analysis for Busy Decision Makers* (New York：Basic Books，1982)；and Howard Raiffa，*Decision Analysis* (Reading，MA：Addison-Wesley，1968).

41. The probability，of no flooding in any year equals $1-0.02 = 0.98$. Assuming that the probability of flooding in any year is independent of the probability in any other year，then the probability of at least one flood in the next twenty years is $1-0.98^{20} = 0.33$.

42. See Daniel A. Graham，"Cost-Benefit Analysis under Uncertainty," *American Economic Review* 71 (4)，715-25.

43. See，for example，Douglas M. Larson and Paul R. Flacco，"Measuring Option Prices from Market Behavior," *Journal of Environmental Economics and Management* 22 (2) 1992，178-98.

44. For a full discussion，see Boardman et al. ，*Cost-Benefit Analysis*，Chapter 18.

45. For a general discussion，see Harold S. Luft，"Benefit-Cost Analysis and Public Policy Implementation：From Normative to Positive Analysis," *Public Policy*. 24 (4) 1976，437-62.

46. See Lee S. Friedman，"An Interim Evaluation of the Supported Work Experiment," *Policy. Analysis* 3 (2) 1977，147-70.

47. A. L. Klatsky，G. D. Friedman，and A. B. Siegleaub，"Alcohol and Mortality：A Ten Year Kaiser-Permanente Experience," *Annals of Internal Medicine* 95 (2) 1981，139-45.

48. National Institute on Alcohol Abuse and Alcoholism，*Fourth Special Report to the U. S. Congress on Alcohol and Health* (Washington，DC：U. S. Department of Health and Human Services，January 1981)，42-79.

49. E. P. Nobel，*Alcohol and Health* (Washington，DC：Department of Health，Education and Welfare，1978)，9-10.

50. National Highway Traffic Safety Administration，*Alcohol Involvement in Traffic Accidents：Recent Estimates from the National Center for Statistics and Analysis* (Washington，DC：U. S. Department of Transportation，May 1982)，DOT-HS-806-269，Appendix C.

51. Charles E. Phelps，"Risk and Perceived Risk of Drunk Driving among Young Drivers," *Journal of Policy Analysis and Management* 6 (4) 1987，708-14.

52. George A. Hacker，"Taxing Booze for Health and Wealth," *Journal of Policy Analysis and Management* 6 (4) 1987，701-708.

53. Charles E. Phelps，"Death and Taxes：An Opportunity for Substitution," *Journal of Health Economics* 7 (1) 1988，1-24.

54. The empirical literature suggests a demand elasticity of between -0.3 and -0.4. Wishing to be conservative in his estimations of the costs of tax increases，Phelps selected -0.5 as his base case. (The higher the absolute value of the elasticity，the greater the consumer surplus loss in the beer market.) For a review of the empirical literature，see Stanley I. Ornstein，"Control of Alcohol through Price Increases," *Journal of Studies on Alcohol*，41，1980，807-18. Given an elasticity $(-b)$，the current price (p)，and the current quantity (q)，we can solve for the appropriate value of the constant (a) in the demand schedule，$q=ap^{-b}$.

55. Mathematically，this area equals the integral of the demand schedule between the initial price (P_0) and the new price (P_1). For our isoelastic demand schedule，the area equals (a/z) $(P_1{}^z-P_0{}^z)$，where z e-

quals $(1-b)$.

56. If we were to assume a price elasticity of demand for beer of -25 instead, we would find a social surplus loss of ＄0.306 billion. Assuming a demand elasticity of -75 we would find a social surplus loss of ＄0.842 billion. When doing cost-benefit analyses, it is standard practice to test the sensitivity of our conclusions to changes in our assumptions. In other words, repeat the analysis, keeping all as-sumptions the same except the one under consideration. Given the consensus in the empirical literature, a range as large as -25 to -75 almost certainly covers the true value.

57. We measure quantities in terms of drinks with approximately the same alcohol content: 12 ounces of beer, 5 ounces of wine, and 1.5 ounces of liquor.

58. "Price Sensitivity of Alcoholic Beverages in the United States," in H. D. Holder, ed., *Control Issues in Alcohol Abuse Prevention: Strategies for States and Communities* (Greenwich, CT: JAI Press, 1987), 169-98.

59. National Highway Traffic Safety Administration, Appendix B.

60. A stylized example may be helpful to readers who have not encountered Bayes' theorem before: Imagine that you are playing a game that involves guessing the proportion of red (R) and white (W) balls in an urn. Assume that you know that the urn contains either 8 W and 2 R balls (Type 1 urn) or 2 R and 8 W balls (Type 2 urn). Also assume that you believe that the prior probability of the urn being Type 1 is one-half-that is, before you sample the contents of the urn, you believe that P (Type 1) $=P$ (Type 2) $=0.5$. Now imagine that you draw one ball from the urn and observe that it is white. What probability should you assign to the urn being type 1, *given* that you have observed a white ball? In other words, what is P (Type $I \mid W$)? Bayes's theorem tells you that

$$P \text{ (Type 1} \mid W) = P \text{ (}W \mid \text{Type 1) } P \text{ (Type 1) } /P \text{ (}W)$$

But you know that

$$P \text{ (}W) = P \text{ (}W \mid \text{Type 1) } P \text{ (Type 1) } +P \text{ (}W \mid \text{Type 2) } P \text{ (Type 2)}$$
$$= (8/10) \ (0.5) + (2/10) \ (0.5) = 0.5$$

(In other words, because the urn types are equally likely before you sample, you can assume that you are drawing from their combined contents of 10 W and 10 R so that the probability of drawing a white ball is 0.5.) Thus, applying Bayes' theorem gives

$$P \text{ (type 1} \mid W) = (8/10) \ (0.5) \ / \ (0.5) = 0.8$$

Thus, if you draw a white ball, then you should believe that the probability of the urn being Type 1 is 8.

61. National Highway Traffic Safety Administration, Appendix B, Table 6.

62. Estimates of the percentage of accidents that involve alcohol-involved drivers can be found in National Highway Traffic Safety Administration, Appendix B. An earlier report provides estimates of the average cost of accidents, which can be inflated to 1986 dollars, the base year of the analysis. National Highway Traffic Safety Administration, 1975 *Societal Costs of Motor Vehicle Accidents* (Washington, DC: U. S. Department of Transportation, December 1976). Phelps combined these estimates to arrive at the annual cost of injury and property damage caused by alcohol-involved drivers.

63. Proportional reduction would be unlikely if most of the reduction in alcohol consumption was by light rather than heavy drinkers. Evidence suggests, however, that even heavy drinkers do alter their behavior in

the face of higher prices. See Hacker, "Taxing Booze for Health and Wealth."

64. R. E. Berry, Jr. , J. P. Boland, C. N. Smart, and J. R. Kanak, "The Economic Costs of Alcohol Abuse and Alcoholism, 1975," *Final Report to the National Institute on Alcohol Abuse and Alcoholism*, ADM 281-760016, August 1977.

65. Phelps reports that the college students he surveyed underestimated the increased risks of driving after heavy drinking by a factor of more than 10. Charles E. Phelps, "Risk and Perceived Risk of Drunk Driving among Young Drivers," *Journal of Policy Analysis and Management* 6 (4) 1987, 708-14.

66. The risk-premium approach is conceptually well grounded in the economic concept of willingness to pay. The other major approach, used by courts in deciding compensation in wrongful death cases, is to value life at the present value of forgone future earnings. While this approach provides abundant consulting opportunities for economists, it does not have as clear a conceptual basis in economic theory as the risk-premium approach and therefore should be avoided in cost-benefit analysis.

67. This approach was pioneered by Richard Thaler and Sherwin Rosen, "The Value of Saving a Life: Evidence from the Labor Market," in Nestor E. Terleckyj, ed. , *Household Production and Consumption* (New York: Columbia University Press, 1976), 265-98.

68. W. Kip Viscusi, "Alternative Approaches to Valuing the Health Impacts of Accidents: Liability Law and Prospective Evaluations," *Law and Contemporary Problems*, 46 (4) 1983, 49-68. For a more recent review, see W. Kip Viscusi, "The Value of Risks to Life and Health," *Journal of Economic Literature* 31 (4) 1993, 1912-46.

69. A review of the reviews of estimates of the value of life suggests a range of $2.25 million to $3.5 million in 1994 dollars. Anthony E. Boardman, David H. Greenberg, Aidan R. V ining, and David L. Weimer, "'Plug-in' Shadow Price Estimates for Policy Analysis," *Annals of Regional Science* 31 (3) 1997, 299-324, at p. 304.

70. For discussions of the costs of prohibition, see Irving Fisher, *Prohibition at Its Worst* (New York: Macmillan, 1926); and Malvern Hall Tillitt, *The Price of Prohibition* (New York: Harcourt, Brace, 1932).

71. John F. Morrall, III , "A Review of the Record," *Regulation*, *November/December* 1986, 25-34.

72. Tammy O. Tengs, Miriam E. Adams, Joseph S. Pliskin, Dana Gelb Safran, Joanna E. Siegel, Milton C. Weinstein, and John D. Graham, "Five-Hundred Life-Saving Interventions and Their Cost-Effectiveness," *Risk Analysis* 15 (3) 1993, 364-90.

73. For a review, see Marthe R. Gold, Joanna E. Siegel, Louise B. Russell, and Milton C. Weinstein, eds. , *Cost-Effectiveness in Health and Medicine* (New York: Oxford University Press, 1996).

第 5 篇

政策分析的案例研究

第 *17* 章

官僚设置之下的成本—收益分析：战略石油储备

仅仅使用成本—收益分析很少能解决重大的政策问题。尽管成本—收益分析的对象是整体的经济效益，加拿大、美国和大多数西方多元分权的政治体制民主政体给将要成为获胜和失败的利益集团发表意见的机会。然而，为了不使野心勃勃的分析家们沮丧，他们应该认识到，好的成本—收益分析能够通过为公共领域的政治领导提供信息，并通过支持那些与总的经济效益的利益保持一致的党派，为制定较好的政策作出贡献。因此，成本—收益分析既可作为一种政治资源，又是一个规范的指导。

在本章，我们将审视成本—收益分析在有关战略石油储备计划规模的决策中所起的作用，战略石油储备计划是 20 世纪 70 年代石油价格震荡后美国能源政策的基本组成成分。我们的目的在于：说明在那些未来收益存在内在不确定性的项目中如何应用成本—收益分析。本章还将说明在官僚体制下作定量分析的过程和这种分析在政治决策中的作用。我们希望那些有抱负的分析家们看待其技术的有用性时既能受到鼓励，又能保持清醒的头脑。

17.1 背景：能源安全与战略石油储备计划[1]

第二次世界大战后，美国成为一个原油净输入国。1959 年，美国制定了石油进口的强制性定额，限制对外国资源逐渐加强的依赖性，同时支持价格较高的国内石油生产。整个 20 世纪 60 年代中间，得克萨斯铁路委员会（Texas Railroad Commission）通过规定美国主要产油区得克萨斯州的石油产量，稳定了石油的国内价格。[2]因此，即使美国对外国石油的依赖性继续增强，也不会直接受到世界石油市场变化的冲击，因为得克萨斯铁路委员会可以调节国内生产，对进口水平的变化作出相应的补偿。

情况在 70 年代早期发生了变化。由于 60 年代期间许多国家宣称对其自然资源享有主权，国际石油公司预计到它们最终会丧失对石油储备的控制，因而转向支持当时高比率的石油生产，从而导致石油实际价格的下降。石油价格的下降和世界经济的增长共同导致了世界石油消费的稳步增长。在这些国家政府取得了对其国内石油生产的直接控制权时，它们通过石油输出国组织（OPEC）来运用市场权力，从而获得了一种有利的地位。

同时，有两大因素导致了美国在更大程度上对进口石油的依赖，以及更易受世界市场变化的冲击。作为 1971 年 8 月尼克松总统制定的基本工资（general wage）和价格控制制度（price controls）的一部分，国内井口价格（wellhead price）最高限定开始生效。尽管这一限价鼓励了新油田的开发，但总体效果是：国内石油生产增长减慢，进口水平增加。此时，得克萨斯铁路委员会允许油田以其最高效的速度生产，对能够用来快速增加国内生产的超额能力不再进行控制。

认识到世界市场上供给的石油有很大一部分来自政治上不稳定的中东地区之后，一部分数量很小但不断增加的分析家和国会政治领导人以及行政机构开始担心美国对混乱的世界市场的依赖性将越来越强，也更容易受到伤害。到 1973 年夏天，已有很多人建议美国应建立石油储备。例如，国家石油委员会——一个内政部的产业顾问团，提议到 1978 年把 90 天进口的石油储存在圆顶盐洞之中，以此保护美国免受石油供给中断的危害。[3]参议员亨利·杰克逊（Henry Jackson）在内陆和海岛事务委员会面前就该问题的立法举行了听证会。他介绍说要建立政府所有的石油储备库。[4]尽管管理机构提供的证词对建立石油储备计划表示了谨慎的支持，但他们认为还需更多时间来研究这些选择。

事件的发生却不允许人们有时间来进行研究。1973 年 10 月，埃及袭击了沿苏伊士运河（Suez Canal）的以色列阵地。在沙特阿拉伯的领导下，阿拉伯石油输出国组织开始使用"石油武器"支持埃及。当美国通过其荷兰基地恢复向以色列提供武器时，阿拉伯石油输出国组织决定对两国实行石油禁运。意义更为重大的是，阿拉伯石油输出国组织的成员减少了它们的石油总产量，以至于 1973 年第四季度和 1974 年第一季度全世界的石油供给减少了 5%。结果导致了石油价格的四倍增长。例如，中东的轻质原油现场价格（spot price of Mideast light crude）从 1973 年第三季度的每桶 2.70 美元涨到 1974 年第一季度的 13 美元。这种高速的价格上涨引发了一场严重的经济萧条，这种状况一直延续到 1978 年。能源安全的"政策窗口"（policy window）很清晰地显现出来。

战略石油储备计划的发起

针对阿拉伯石油禁运，尼克松总统宣布了《自立计划》（Project Independence）——一项努力在 10 年内实现能源自给自足的计划。一支整合性的任务队伍最终由新成立的联邦能源部（FEA）牵头，开始分析执行自立计划的途径。最后，任务组认识到降低美国受世界石油市场动荡影响的脆弱性，比起石油的自给自足来说，是更为可行的目标。[5]但是，大多数报告还是致力于建立国内供求的模型以预测进口水平。这在很大程度上沿用了原先的国家石油委员会的分析，自立计划的报告建议：从经济效益的角度考虑，储备 10 亿桶或更多的石油是合理的。

建立战略石油储备是少数自立计划报告的建议之一，并且这项计划也被信任它的福特总统写入了其 1975 年 1 月的立法建议中。在所有建议中，该建议受到议会最热烈的欢迎。1975 年 12 月，《能源政策和保护法案》（Energy Policy and Conservation Act）通过，并被签署为法律。该法案给了联邦能源部 1 年的时间向国会提交执行战略石油储备计划的计划，要求在 3 年内储备石油 1.5 亿桶，最终储够 10 亿桶。尽管在立法中规定战略石油储备要在 7 年内储够 90 天的进口石油（大约 5 亿桶），此项计划的具体设计和执行还是留给了联邦能源部的管理者们。

基本项目框架

战略石油储备计划于 1976 年 12 月提交国会，要求到 1978 年 12 月储备石油 1.5 亿桶，到 1980 年 12 月储备 3.25 亿桶，到 1982 年 12 月储够 5 亿桶。5 亿桶的选择是向管理与预算办公室妥协的结果。管理与预算办公室的分析家们认为储备量应再小一点。尽管联邦能源局的分析家们认为，从效率角度看，如果对未来石油供给中断的概率有一个理性的估计，更大些的储备是合理的，但他们不希望与管理与预算办公室重新就这个问题展开讨论。

战略石油储备计划确认圆顶盐洞和盐矿井是储备石油的最适宜的设备，而且要比其他主要选择如钢桶、水上油船、封闭井便宜得多。[6]计划的撰写者们希望能买到可储备 2 亿桶石油的圆顶盐洞作为储备容器，这要向制造此洞作为盐产品和盐矿开采的副产品的公司购买。额外的容器可以通过溶解盐矿来制造（用淡水融盐制造盐洞），产生的新洞穴用以注入石油。这些圆顶盐洞结构在海湾沿岸很容易发现，它们接近现有交通设施，储备的石油可以很容易地被取出分配。

战略石油储备计划基本可以被国会接受。主要的批评来自几位参议员，他们主张除了在海湾沿岸储备原油外，地方上还应储备石油产品。新的卡特政权下的联邦能源局官员答应进行进一步研究，使批评者们同意实施该计划。因此，在不以修正与补充的情况下，1977 年 4 月参众两院批准该计划生效。

执行问题

战略石油储备计划在开始时运行良好。项目开始执行一周之内，就获得了溶解盐矿的三个主要地点。几个月之内，其中一处盐洞已经注进了石油；该年年底，三处地点的盐洞都灌入了石油，并获得了一处方便开采的地点。但是，问题很快就出现了，这些问题挫伤了人们继续按计划日程和预算前进的努力。1979 年，伊朗革命造成了石油价格上涨，石油的购买被终止。这时，只储备了 9 200 万桶石油。由此引发了普遍的挫败感，加上一些特殊原因，战略石油储备计划只好缩小规模。

下面我们简单概括一下在战略石油储备计划刚开始时几个导致执行失败的原因。[7]

政策设计的内在问题

战略石油储备计划对能购买多少以及能够直接投入使用的现有储备容量（existing storage capacity）过度乐观。有几个盐洞的储量并不像想象的那么大。可获得的这些盐洞要求每储备一桶石油，就要相应地处理一桶盐水。深井在处理盐水的问题上被证明是不合适的，而最后被通向大海的计划中的管道铺设代替。现有容量的这种赤字要求更多地溶解以开采新的盐洞，从而加重了盐水处理问题——开发每一桶新容量，就要产生 7 桶盐水的副产品。

战略石油储备计划也没有预见到起草和监督大量合同的困难性——仅这五年中就有 85 个主要建筑合同——而它们在华盛顿特区的工作人员数量很少。任务是非常繁重的。最后的解决措施是合同功能的有限私人化（limited privatization），雇用一个主合同商，再由它和必要的建筑服务与材料签订合同。但是，最初出现的合同问题拖慢了整个执行进程，导致成本超支，转移了对建设管理架构的注意。

项目计划人员是否应预见到这些问题呢？毫无疑问，计划人员的技术经验有限，使得他们对发展储备能力的可获得性和可行性均作出了过于乐观的预测。但是，没有花时间搞实地调查，就不会清楚怎样才能作更好的估计。相反，如果准备好了详细的执行计划，他们也许会预计到对获取建筑服务没有先前经验而人员又少的一个组织来说管理这么多的合同会有多么困难。

不现实的预期

在卡特新政府早期，詹姆斯·R·史莱辛格（James R. Schlesinger）担任了总统的首席能源顾问（chief energy adviser），后来他成为新的能源部部长。他认为依赖中东的石油是美国国防形势的一个严重弱点。他也相信当时偏"软"的世界石油市场在 20 世纪 80 年代早期会变得"硬"起来，所以最好是积累石油储备，并且下手越早越好。因此，他说服总统，使总统相信战略石油储备计划应该加速发展，以提早两年实现，并且最后的储量应增加到 10 亿桶。

然而，这些决定并没有与战略石油储备办公室进行商讨。战略石油储备办公室认为速度不能太快，但史莱辛格坚持改变日程，决定到 1978 年年底达到储备石油 2.5 亿桶，到 1980 年年底达到储备 5 亿桶。因此，在战略石油储备办公室努力执行原计划时，它不得不挪出一些本来就稀缺的管理人员去制定计划，以满足更高的目标。5 月，作为原来战略石油储备计划的修正案，该项目上交到国会。

除了在执行的关键阶段动用了稀缺的管理资源外，这项加速决策还迫使战略石油储备办公室下很大赌注来迎接新的计划。例如，为了避免耽搁石油的运输，战略石油储备办公室购买了用来完成任务的设施。当设施还未完全就位时，又不得不对没被接收的石油运送支付滞留费。这种加速决策也导致了信用的损失，从而影响到了将来为获取所需资源的努力。因此，由于没有考虑到执行的可行性，加速决策实际上会使实施减速。把战略石油储量扩大到 10 亿桶的决定开启了一场官僚之间的战争。这将在本章的后面一些段落讨论。

缺少组织支持

战略石油储备办公室设在联邦能源局内部，它拥有有利的位置。办公室领导人是主任助理，可以直接向能源管理局主任报告。这使战略石油储备办公室能直接从行政首长那里获得快速的决策，并得到联邦能源局其他机构和单位的支持，从而保证了机构间合作的顺利开展。例如，当大量合同问题出现时，在行政首长的干预下建立了专门的采办委员会，来加速办理建筑合同的签署问题。所有这些随着 1977 年能源部的成立发生了变化。战略石油储备办公室的主任不再直接向能源部行政首长报告，而是向一位副部长的副助理报告，再由此人向部长助理报告，部长助理再向副部长报告，副部长再向部长报告，这样就不能获得快速的决策。而且，能源部内部每个职能办公室也为了获得新领导的关注而互相竞争。

这样就出现了严重的问题。其一，战略石油储备办公室不能轻易地动员能源部的领导同其他机构——如发行环境和水资源使用许可证的环境保护署和陆军工程部队——进行干预，其程序会减慢建设的进程。其二，当时能源部是由联邦能源局、联邦动力委员会和能源研究开发署等几个机构合并而成的，职员的数量超过了新机构的编制界限。由此，部门的新雇用行为全部停止，而这也正是战略石油储备办公室需要增加有经验的雇员以进行合同管理的时候。战略石油储备办公室主任不得不把工作人员的时间花在制定雇用新人员的特殊要求上。其三，所有采办责任都转移到了原能源研究开发署的采办办公室。他们制定了繁杂的程序，为庞大而复杂的研究和开发工程解决采办问题。本来联邦能源局能用几个星期或几个月解决的合同问题，现在要用 9 个月时间。事实上是，关键的 6 个月过去了，还没有为战略石油储备真正签署一个合同。

这些问题说明了在设计新项目上考虑组织机构的重要性。如果战略石油储备办公室作为一个独立的机构或可以成为一个直接向部长报告的单位，也许许多这样的问题都可能得以避免。随后管理与预算办公室就有关项目扩充资金的问题进行了争论，因此，能赢得大能源部官僚机构的支持也变得至关重要。

小结

战略石油储备计划既没有按原有计划安排实现，也没有按加速计划实现。到1978年年底，只储备了6 850万桶石油——远远少于旧计划要求的1.5亿桶和加速计划要求的2.5亿桶。直到1986年，才储备了5亿桶。这比原计划的要求延迟了4年，比新计划的要求迟6年。

直到1980年，这些导致计划拖延的执行问题才大体上得到了解决。但是，战略石油储备计划的目标合适吗？这个问题我们将在下面讨论。

17.2 对规模问题的分析方法

石油储备背后的逻辑是简单的：石油价格低时（在正常的市场中），就买进石油，而当价格升高时（在非正常的市场中），就卖出石油。这样的投机具有盈利的潜力，暗示了私人囤积（private stockpiling）的可能性。那为什么政府应卷入石油囤积中去呢？换句话说，什么样的市场失灵或政府失灵使公共石油囤积成为正当的呢？对这种公共石油囤积，主要有三个理念：两个建立在市场失灵的理论基础上，一个建立在政府失灵的理论基础上。[8]

首先，囤积涉及外部影响。公司不承担囤积决定的全部费用，也不享受其全部利益。当公司购买石油存量时，它们增加了整个世界对石油的需求，因而提高了石油的价格。而当囤积者必须支付更高的价格时，所有石油购买者也必须出高价购买。但是，高价的经济成本对囤积者的利润计算来说是外在的。因此，建立石油储备的社会成本要高于私人成本。当降低储备导致价格降低时，社会收益或许高于个人收益。而且，大量的囤积也还有可能带来政治利益，例如，可以阻遏有目的的石油供给中断，而这一点在个人囤积的利润中是不会表现出来的。一般来说，我们期望积极的外部性大于消极的外部性。原因是，储备积累在一般情况下是渐进的。轻微的价格上涨只会产生极其微小的经济后果；而动用储备则很可能发生在价格冲击的时候，此时，哪怕是很微小的价格下降也会带来非常明显的经济效益。[9]

其次，如果公司是风险规避的，那么它们会放弃使社会风险降低的囤积行为。对于单一的公司来说，指望发生重大价格动荡而进行囤积实质上就是在赌博——如果价格动荡发生，公司盈利；如果不发生，公司将遭受损失。因此，从公司的角度来看，囤积就是赌博——为得到概率很小但丰厚的回报，必须进行预先支付。但是，从社会的角度来看，囤积像是保险——为避免概率很小的重大损失，必须进行确定的支付。

最后，由于在最近几年政府实行了价格控制和指令性石油分配（mandatory petroleum allocations），公司也许会预测政府在未来的石油价格震荡期间会阻止它们以市场价格出售投机的石油储备。换句话说，过去的政府行为已经破坏了公司囤积石油的信心。可以这样认为，这已经创立了一种制度性的开放性进入资源——因为公司没有把握在最具价值的时候能够排他性地使用它们囤积的石油，它们会使投机的石油储备供给不足。因此，石油供给中断期间储备石油的私人供给会过少。

这些理论依据表明在石油囤积的过程中，需要公共权力发挥作用。但作用应该多大呢？假设应该由政府直接提供囤积，那么应该囤积多少石油呢？用多快的速度来建设石油储备？应该在什么情况下使用储备？成本—收益框架会帮助我们回答这些问题。

囤积计划的效应

如表 17—1 所示，我们把公共的石油储备计划的影响分成四类：支出、市场、政治和附加效应（collateral effects）。

支出效应

石油储备项目最明显的成本是为建设储备设施和购买石油所必须支付的费用。可以根据工程数据或过去类似的建设储备设施的费用估计出储备所用设施的建设费用。估计石油的成本需要预测未来的价格——包括购买本身。因为一般来说，购买不会在市场混乱时进行，这种预测可以在假设长期价格增长（下降）的基础上进行。

当政府出售储备石油时，就会产生收益。大量出售会降低石油价格——这是在世界石油市场供给发生混乱并引起价格动荡时，使用石油储备来进行应对。我们可以这样假定，在将来的某一天，以计划价格把储备设施和尚存石油卖掉时，这一计划便告终结。这笔收益只占整个项目预期价值的一小部分。

市场效应

图 17—1 左边表明在世界石油市场供给中断期间抛售石油储备的市场效应。在市场受到破坏前，世界石油价格为 P_0，在这个价格上，供给曲线 S_{WN} 和需求表 D_W 交叉。一次突然将供给从市场移走的中断使供给线移到 S_{WD}。这个移动导致价格上涨为 P_1（价格突然从 P_0 跳到了 P_1 就是石油价格冲击）。石油储备的抛售使供给曲线向右回移。抛售量 Δ 被中断后的供给线水平向右移动变为 $S_{WD}+\Delta$，产生出价格 P_2。这样，石油储备的抛售防止了中断后的价格一直保持在价格 P_1。对美国这样的石油净进口国来说，价格 P_1 和价格 P_2 之间的差异就是抛售的经济收益。

为储备而进行的石油购买使世界市场上的需求线向右移动。如果供给线也随着需求线平行移动相等的距离，那么购买石油就不会引起价格的上涨。对石油净进口国来说，这样的价格上涨会导致经济损失，这个损失可以用测量由石油供给破坏引起的经济损失同样的方法进行测量。

表 17—1	国有石油储备计划的效应
支出效应 　　支出：购买石油、建设储备设施 　　收入：出售石油	以收益—成本分析测量
市场效应 　　成本：购买时的价格效应 　　收益：抛售时的价格效应	
政治效应 　　对有目的的石油供给中断的防备 　　"呼吸空间"：对外政策 　　　　　　　　国内政策	未进行货币化
附加效应 　　储备中断：私营部门 　　　　　　　其他国家	根据国有储备的 有效量进行调整

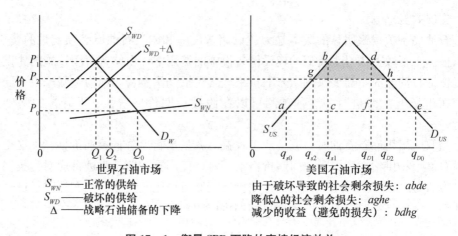

S_{WN}——正常的供给
S_{WD}——破坏的供给
Δ——战略石油储备的下降

由于破坏导致的社会剩余损失：$abde$
降低Δ的社会剩余损失：$aghe$
减少的收益（避免的损失）：$bdhg$

图 17—1　衡量 SPR 下降的直接经济效益

政治效应

石油的大量储备也许会阻止禁运和政治原因引起的石油供给减少。储备的石油越多，政治对手为了把特定水平的经济损失加在进口国身上的供给减少量也必须越多。只要出口国认识到它们自己通过减少供给也会遭受损失，大量储备石油就会从某种程度上阻止出于政治目的破坏供给的手段的使用。

大量储备石油也可以使美国执行国内外政策的选择范围得到扩展。因为抛售储备提供了从出口国地区中断供给的时间到感受到所引起的价格上涨的全部后果的时间之间的"呼吸空间"（breathing space），所以可以在一个政治上较为稳定的国内环境中发挥外交主动性。如果供给的破坏与军事干预同时发生，或导致军事干预，石油储备就会因减少美国及其盟国遭受的附属于石油生产设备的暂时损失，加强执行的灵活性。至于国内政策，石油储备的抛售也许会减少政治恐慌，这种政治恐慌能导致价格规制和指令性分配石油，就像 70 年代遭受供给破坏后，经济代价增加时的情况一样。[10]

附加效应

公共储备（public stockpiling）也许会遏制私人囤积。由政府控制的大量储备取代了由私人部分控制的石油囤积。石油公司希望政府在市场供给破坏期间抛售储备，降低价格，使它们自己储备的石油能够以此价格出售。尽管这种价格降低所带来的效应可能会缩减私人储备的石油量，但如果公司已经预见在供给中断足够严重并能引起政府动用储备石油时，会重新强加价格的控制，并对私人囤积石油实行强制性分配的话，那么这种边际的减少是很小的。确实，如果公司相信政府较大的石油储备会减少实行价格控制和强制分配的可能性的话，增加政府的储备实际上会鼓励私人囤积石油。总的说来，私人囤积石油的易位问题意义不大。

美国大量储备石油也许会抑制外国政府所做的储备努力。因为世界范围的石油消费者由于美国储备的抛售而得益，其他石油进口国也许还可以搭乘美国大量储备的“便车”。如果这种事情发生，加入美国储备的每桶石油对世界储备的净增加来说就不到一桶了。有一个因素可以抑制这种“搭便车”，那就是国际能源组织（International Energy Agency）。它的成员包括美国、加拿大、日本、德国和大多数其他西欧国家。它们都同意最少要储备一定量的石油以备在石油供给中断期间使用。[11] 即使没有这样的协议，其他国家也害怕美国不使用它们储备的石油，从而有可能在某种程度上抑制它们搭乘美国石油储备的“便车”。

在成本—收益分析中解释这些易位效应（displacement effects）的标准方法是假定国家储备的效果比它的物理量小一些。例如，如果分析家们相信公共储备每增加 5 桶，私人储备就减少 1 桶的话，那么 5 亿桶的储量只具有 4 亿桶的有效规模。

量化成本和收益

我们可以用经济学中的标准工具来量化储备计划的预算和市场效应。遗憾的是，政治效应和附属效应却不容易量化。也许，认为美国石油储备项目的易位效应很小是有理由的。尽管政治效应不能量化，但它们也许很重要——尤其是对必须作敏感政治决定的总统而言。例如，在中东战争中对以色列的恢复供给的决定，或决定动用军队援助沙特阿拉伯政府打击外国支持的暴动者或反对伊拉克入侵的决定。在我们的成本—收益分析中，我们不讨论政治收益，只简单陈述石油储备的净收益。正如在第 16 章中讨论的那样，成本—收益分析是一个较大的多目标分析的组成部分。

我们还必须考虑落脚点的问题。如前所述，获取和抛售都会影响世界市场的石油价格。一种方法是不仅测量美国发生的成本和收益，还测量以世界价格进口石油的同盟国的成本和收益。然而，美国政府的分析家的标准执行方法是只测量国内发生的成本和收益。换句话说，他们只把落脚点放在对美国居民的成本—收益分析上。

社会剩余的改变

我们回到图 17—1 来说明怎样测量抛售的收益和获取的成本。

右边的图显示出美国石油市场上价格从 P_0 上涨到 P_1 的效应。在供给中断前价格 P_0 上，q_{D0} 是国内石油消费量（美国需求线 D_{US} 上的 e 点），q_{S0} 是国内石油生产量（美国石油供给线 S_{US} 上的 e 点）。国内消费和国内生产之间的差额等于供给中断前的进口水平。当价格上涨到 P_1 时，国内消费降到了 q_{D1}，国内生产上升到 q_{S1}。导致的社会剩余损失为梯形 $abde$ 的面积；因为消费较少，三角形 def 的面积代表损失的消费剩余。三角形 abc 的面积代表增加国内生产的真正资源成本；长方形 $bdfc$ 的面积代表消费者为他们继续消费进口石油向外国供给商支付的额外数量。

供给中断后价格被抛售规模 Δ 拉回的价格只是 P_2。价格从 P_0 上升到 P_2 时社会剩余的损失等于梯形 $aghe$ 的面积，它小于没有抛售的社会剩余损失的面积，其差额等于梯形 $bdhg$ 的面积。因此，通过抛售避免的社会剩余损失等于 $bdhg$ 的面积（图中阴影部分）。运用我们在第 12 章提出的原则，抛售的收益等于实现的收入（Δ 乘以 P_2）加上初级市场上社会剩余的变化（$bdhg$ 的面积）。

使世界价格增加的石油获得也导致了美国国内石油市场的社会剩余损失。设想非常大的石油采购导致价格从 P_0 上升到 P_1。这与供给中断时造成的社会剩余损失一样。为计算采购成本，我们把购买石油的支出与国内市场上的社会剩余变化相加。要是石油采购不会引起价格上涨，那么购买的成本就等于预算的成本。

需要什么信息来计算这些直接的社会剩余变化呢？为了确定供求和需求线的位置，我们需要对石油储备计划期间的价格、世界消费量、国内消费量以及国内供给进行估计。如此长期限的估计特别要建立在历史趋势的基础上。为了测量供给中断对价格的影响，我们需要估计世界石油市场上的供求价格弹性；为了测量社会剩余损失，我们需要估计美国石油市场上的供求价格弹性。历史和跨国数据的经济分析为这些弹性提供了合理的范围。

调整成本

社会剩余分析假设经济从一种均衡转到另一种均衡是不需要成本的。虽然这是一种对温和价格变化的合理假设，但也许不适用于石油这样的产品的剧烈价格变动的情形，因为它是一种对经济重要部门的基本投入。较高的石油价格要求整个经济中的相对价格发生变化，以在新的均衡上实现有效配置。然而不是所有的价格都是完全弹性的。例如，名义工资具有向下的刚性，因此在发生重大价格动荡的时候，我们也许会看到大量非自愿失业（involuntary unemployment），而不是工资水平的突然下降。尽管通货膨胀最后也许会允许降低实际工资，以进行适当调整，但短期的影响会比社会剩余直接估计的更为无效。

同样地，剧烈的石油价格冲击会使财富大规模地由国内消费者转移给国内和国外的石油生产商，从而产生了整个经济的需求表的改变。有关需求的新构成的不确定性能够减慢为了产生一种与新的相对价格一致的资本存量所需的投资。投资的延缓和消费的减少也会导致经济萧条。在萧条期间，闲置资源的低效和目前投资减慢导致的未来生产的损失，在社会剩余的直接变化中并不会得到相关的反映。

从调整成本的角度看，建立在社会剩余直接变化基础上的成本—收益分析会不会有系统的偏差？调整成本与价格震荡的大小不成比例地增长，社会剩余价格的直接测量会导致低估抛售的收益，甚于低估囤积的成本。因此，一般来说，建立在石油市场直接社会剩余变化上的成本—收益分析，会低估石油储备的真正净收益。

宏观经济模拟

假定石油价格冲击引起整个经济的价格变化，整体经济的动态模型将提供一种有吸引力的工具来估算石油冲击价格的全部经济成本，由此可算出石油储备的成本和收益。大规模的宏观经济模型应用成百个互相联系的方程式，代表经济的多种成分以及它们之间的相互作用。政府和商界使用许多这类模型来预测国民生产总值（GNP）、通货膨胀、失业以及其他总体经济运行指标。例如，能源部就是依靠商业预测模型来对战略性储备计划进行评估的，该商业预测模型是由数据资源有限公司（DRI）和沃顿经济预测协会（Wharton Econometric Forecasting Associates）联合开发的。

为测量抛售的收益，分析家需要使用下列程序：第一，要说明一种中断场景——以三个月为时间段的石油价格线。第二，用指定的石油价格线模拟经济的反应，测量若干年的国民生产总值的当前价值。第三，说明一条新的石油价格线，反映假定的抛售，然后测量国民生产总值的现值。第四，把国民生产总值现值的差额作为抛售的收益。

第 7 章讨论过作为社会福利的一种测度，国民生产总值有许多局限性。除此之外，我们上述讨论的程序内部还存在着两个重要的实践问题，使该过程在分析上不再具有吸引力。[12]

第一，最常用的宏观经济模型在估计像石油供给这样的供方冲击的影响上显示其设计并不是很好。此类经济模型主要集中在总需求上，只隐含地考虑了供给流，因此，经常产生出其内部相互矛盾的结果，需要由特定程序进行修正，而且，模型中从计量经济学估计的关系也许不能涵盖超出历史数据范围的重大石油供给中断。

第二，模型的高度复杂性，在使用它们模拟像石油价格冲击这类特殊现象时，还要做许多的假设，这使得模拟者有机会对结果进行操纵。例如，假设对政府货币和财政政策稍作变动，就会对中断期成本的估计产生很大影响。因为需要大量特殊校正来实现内部的一致性，即使是训练有素的宏观经济学家也很难发现隐藏在复杂模型中的不合理假设。假如使用这些模型的成本很高的话（以人力和使用计算机的时间来说），检测所有主要假定的敏感性通常也是不可行的。所有这些特点都会诱使那些政策承担者的分析滥用。

处理不确定性

关于石油供给中断的时间、频率、持续时间和规模的不确定性，对任何希望做储备计划的成本—收益分析的人都是一种有趣的挑战。如果中断没有发生，或者在积累起足够的储备之前就发生了，那么储备计划几乎肯定会涉及净成本。但这一概率必须与在一次重大供给中断中的抛售带来大大超过建立石油储备的成本的巨大收益的概率相权衡。

这里，我们简短讨论一下用于处理战略石油储备计划成本—收益分析中的不确定性的两种主要方法[1]：场景/盈亏平衡分析（scenario/break-even analysis）和动态随机程序（dynamic stochastic programming）。

场景/盈亏平衡分析

战略石油储备计划早期的成本—收益分析都是建立在项目开发的场景说明和未来市场条件基础上的。每种分析都用同一项目方案比较两种场景：说明供给中断的场景和没有这种说明的基本情形场景。在测算出每种场景招致的成本和收益之后，分析家们计算供给中断场景有多大可能使该计划勉强通过零预期净收益的成本—收益标准。例如，这一场景也许会要求在随后的 5 年内每年向战略性石油储备增加 6 千万桶石油。供给中断场景然后也许会要求抛售 3 亿桶石油，以响应第 7 年发生的供给中断（即 6 个月内世界市场每天损失 6 百万桶）。基本情形场景也许会假定这些石油在另一个 10 年将被保留，然后被卖掉。如果在基本情形场景下购买和储备石油的成本的现值等于 C，中断期抛售的收益现值为更大的量 B，那么盈亏平衡的概率为 P_b，等于 C/B。[13]如果决策者相信发生类似于中断场景所述的石油供给中断的概率大于盈亏平衡的概率，那么他们就会断定建议项目中的预期净收益是正数。

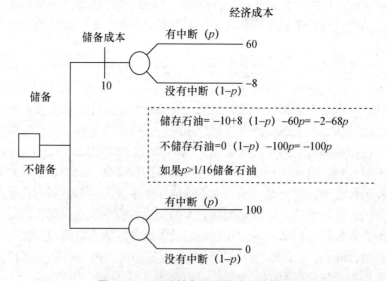

图 17—2　石油储备问题的简单决策树

场景/盈亏平衡法在许多重要方面过度简化了储备问题。该方案不考虑关于供

给中断发生时间、规模、持续时间的不确定性。它忽略了在整个项目生命周期内出现多于一种中断情况的概率。在考虑盈亏平衡的概率时，决策者们必须主观地考虑这些限制因素，以决定该将多大的概率赋予石油供给中断。此外，这种场景/盈亏平衡法对储备和抛售的最优时间的确定几乎没有提供什么见解。

简单决策分析

决策分析为表达简单风险组合的不确定性维度提供了一个框架。决策分析的基本工具是决策树。[14] 图 17—2 表现了一种非常简单的决策树，它与盈亏平衡分析一致。该树由两种类型的交叉点组成，它们由代表结果的线联系。树左边的正方形是决策节点（decision node），从这里我们通过作两种选择开始，一是采纳推荐的储备计划，另一种是不采纳这种计划。如果我们不采纳，就移到下一级的圆圈，代表机会结点（chance node），从机会结点可以通向概率为 p 的供给中断（经济成本为 100）和概率为 $(1—p)$ 的无中断（经济成本为 0）。相反，如果我们决定采纳推荐的储备计划，我们就必须为计划支付成本（经济成本为 10），移到上面的圆圈，一端通向概率 p 的石油供给中断（经济成本由于抛售降到 60），另一端通向概率为 $(1—p)$ 的无中断（由于使用储备的石油，经济成本为-8）。

为了计算平衡概率，我们把储备石油的期望值与不储备的期望值相比较。这些期望值显示在图 17—2 的虚线框中。通过对期望值表达式建立等式，并解出中断的概率 p，我们发现，如果在图 17—2 中中断的概率大于 1，那么石油储备提供的是正预期净收益。

现在想象我们让树在每一个机会树枝的末端长出决策结点。我们应该把由此导致的结构看作两个连续的时间段，可能在两个时间段都没有石油供给中断现象出现，但一次中断持续一个时期，或一次中断持续整整两个时期。随着我们加上更多的时间段，该树就考虑到了更多的中断模式。这样，通过建立多阶段的决策树（decision tree），我们就可以建立一个涉及不同长度和频率的中断场景的模型。

再想象一下，我们可以将机会节点扩展到包括不同水平的中断。现在该树允许场景的概率以及中断规模随时间而变化。我们可以更改决策结点，使之对储量的增加和减少有多项选择，从而考虑到储备计划进度表的弹性。

图 17—3 显示为解决石油储备问题的决策树的一小部分的特写。如图所示，我们进入时段 t，该时段市场正常，有 5 000 万桶石油已经存入了储备。然后我们就面临决定买多少石油或减少多少石油的问题。共有 11 种可能的决定被展示出来，它们的范围以 1 000 万桶递增，从抛售全部储量（-5 000 万桶）到再增加 5 000 万桶。例如，我们如果增加 2 000 万桶，就移到了储备为 7 000 万桶的机会节点上。现在五种市场环境的其中一种可能出现：不抬高价格时能买到一些石油的萧条市场；购买石油会抬高其价格的正常市场；小规模供给中断的市场；中等供给中断的市场；大规模供给中断的市场。在 $t+1$ 时间段的初期，市场条件和储备决定进入的状态。

储备问题的决策树，例如当储备问题有 15 个时间段、5 种市场状况以及存储量递增为1 000万桶时，就不可能由人工进行描画。幸运的是，一种叫做随机动态程序的一般性解决方法可在电脑协助下帮助我们实现我们想要的分析结果。

随机动态程序

如果我们用人工解决决策树问题，我们会从最后一个时间段开始，计算最后的机会结点带来的预期值，然后我们用这些预期值替代这些机会节点，把除了决定结点有最大预期值的机会节点外所有的树权剪掉。我们会贴现这些优势节点，返回起步阶段。采用贴现的期望值继续这个过程，并且剪掉优势的机会结点，我们最终返回到开始阶段的决策结点。作为这种剪枝过程的结果，我们能够在起始阶段选择具有最大期望净收益现值的决策。回顾一遍从开始到结束的剪枝过程，我们得到任何后续市场条件的最优战略。

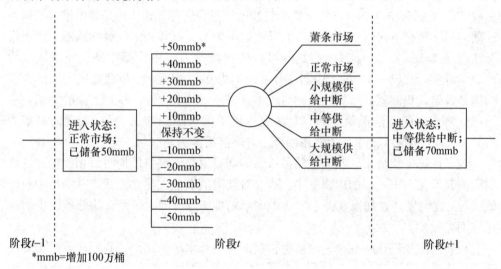

图17—3　石油储备问题扩展决策树的一个简单结点

随机动态程序使用类似的解决方法，识别市场条件下任何场景中抛售和购买的最优结果。每一阶段对可允许的储备量的约束可以合并于建议的储备能力发展模型之中。为了比较备选的进度表，储备模型能够解出分离的每一个进度表。提供期望净收益最大现值的进度表就是要选择的最有效的一个。

我们必须做出何种假设以使用随机动态程序呢？第一，对每一备选项目我们要求一份储备能力的可获得性的方案说明和提供它所需成本的现值。第二，假设世界和美国石油市场的价格、数量和弹性对每一阶段都是必要的，以便计算成本和收益。第三，必须选择一个社会贴现率。第四，在每一时期每一市场条件因前一阶段的市场条件而变化的概率，我们需要用它来计算期望值。例如，假设现阶段是一个正常的市场，下一阶段也会出现一个正常市场的概率是多少？

这些类别的前三个构成了我们通常作成本—收益分析需要的几种假设。因此，我们做成本—收益分析有比较通用的标准的方法。市场条件的概率假设相比之下则更为主观。例如，如果我们只允许两种可能的市场条件，那么我们很可能通过改变这两种假设的概率进行敏感性分析。然而，对于有5个市场条件的模型，有16种必须单独确定的概率模型。随机动态程序的最大缺点是分析家们难以选择这些概率，同时难以与顾客就这些概率的意义进行沟通交流。

最先把随机动态程序应用于石油储备问题的是托马斯·J·泰斯伯格（Thomas J. Teisberg），之后是麻省理工学院的许多经济学教授。[15]他和能源部的政策分析家们一起开发出的模型成为用于评估备选储备政策经济成本和收益的标准工具。在本章接下来的内容中，我们看看在这个模型里扮演角色的能源部和管理与预算办公室之间对适度战略石油储备的辩论。

17.3 分析在战略石油储备规模争议中的作用[16]

能源政治和储备法案把战略石油储备量定为 1.5 亿～10 亿桶之间，并坚持相信战略石油储备足以代替 90 天的石油进口量（当时约为 5 亿桶）。虽然由国防分析研究所完成的工作报告显示，规模更大的石油储备从经济上来说也是合理的，但作为一个协商结果选择的 10 亿桶这个数字还是大于管理部门在战略性石油储备计划中希望向国会建议的最大数目。[17]较低的 1.5 亿桶代表联邦能源部对可用于该项目的现有盐洞的储备量的估计。确定的 5 亿桶的标准，由福特总统作为管理与预算办公室和联邦能源部之间的妥协而作出的选择，这个数字与国家石油委员会的建议一致。预感到后来的斗争，管理与预算办公室主张战略石油储备的量应再小一些以减少此项目的成本，而联邦能源部争论说更大的储备量才可提供更大的安全。

1976 年 12 月联邦能源部向给国会提交了一份战略石油储备计划，其中包括一份支持 5 亿桶储备量的成本—效益分析。[18]该分析在对进口水平和石油供给中断的乐观推测下，得出结论认为 5 亿桶或者更大的储备量是成本有效的。然而，赞成 5 亿桶储量的人并不多。管理与预算办公室的分析家们想把储备量限制到 2 亿桶，但他们没有获得足够支持来推翻法定的 5 亿桶方案。绝大多数联邦能源部的分析家认为更大的储量从经济上来说是可行的，但他们决定不强行扩大储备，因为管理与预算办公室会对此表示强烈反对。

10 亿桶动议

国家能源计划发展署（Development of National Energy Plan）是由卡特总统的首席能源顾问詹姆斯·R·史莱辛格严密控制的，该部门要求把战略石油储备扩大到 10 亿桶。他的工作人员要求有关机构和部门透露有关政策选择信息，但未得到满足。于是人们选择了操作效率而不是"非常耗费时间的达成共识的过程"。[19]国家能源计划草案在能源部内部传递供评阅后不久，卡特总统就于 1977 年 4 月 29 日签署了最后的计划版本。结果，管理与预算办公室的有关雇员们没有来得及说服新领导去要求总统重新考虑国家能源计划中的 10 亿桶目标。用一句官僚俗语讲，史莱辛格在战略石油储备问题上成功地"摆平"了管理与预算办公室。

管理与预算办公室在 1977 年秋天为国家 1979 财年的预算提案作准备期间，找到了削减 10 亿桶动议的机会。作为新成立的能源部部长，史莱辛格要求筹资建设另外 5 亿桶的储备能力（三期储备达到 7.5 亿桶，四期到 10 亿桶）。当管理与预算办公室削减这部分资金时，史莱辛格转向了总统，请求卡特总统的帮助。在一次白宫会见管理与预算办公室主任时，史莱辛格把这个问题呈给了总统。管理与预算办公室的工作人员用活动挂图证明大于 5 亿桶的储备量是不行的。但是，卡特总统打断了他们，他认为战略石油储备规模已不是讨论的议题了。同时卡特总统仍坚持把最后的储备量定为 10 亿桶。真正的议题当时是 1979 财年计划中第三阶段和第四阶段的开支问题。作为妥协，总统答应只筹集第三期的计划基金。

这次会议可以被看作史莱辛格的一次完胜，他使总统再次确认 10 亿桶储备的目标（国会赞同扩大储量目标，在下一年的 6 月份批准了对战略石油储备工程计划的修正案）。相反，管理与预算办公室的工作人员们在总统面前却很尴尬，他们会卷入到未来关于战略石油储备的预算斗争之中。这件事可能影响他们对战略石油储备计划的态度。

在这些最初的回合中，史莱辛格手下的分析家们成功地发起了扩大战略储备量的动议。管理与预算办公室的反对暂时被打败了。考虑到国会和总统给予了广泛支持，扩大战略石油储备量又多次被证明可行，管理与预算办公室继续进行反对的行为应该怎样解释呢？

管理与预算办公室的分析员们有法律上的理由对更大的战略石油储备量的分析证明提出疑问。战略石油储备计划的分析中测算石油抛售的收益和处理不确定性的方法并不复杂。在应用的分析框架中，对未来条件的假定提出反对是有足够空间的。这些假定也是非常重要的，因为这些假定可以对未来战略石油储备收益做出估计。因此，在争论场上，管理与预算办公室的反对在分析的立场上是合理的。

制度因素也对管理与预算办公室的反对有利。管理与预算办公室负责整个预算，涉及在任何可能的地方限制开支。战略石油储备之所以有吸引力是基于以下理由：第一，它的收益是分散的，没有强大的选区反对预算缩减；它的总收益也许很大，但没有什么政治上的活跃团体会为了从中获得巨大的利益而采取政治行动。第二，战略石油储备就像是保险政策，其成本是确定的，但其全部收益只有在或许不会发生的事件中获得。因为战略石油储备的设施和石油购买的初始成本相对很大，直接负责预算的人也许愿意为缩减赔付而承担更高水平的风险。第三，成本必须今天就承担，但收益在将来某一时间才会产生。负责当年预算的人也许比其他决策者有更高的主观贴现率。因此，管理与预算办公室的制度使命，与战略石油储备分散的收益和高起点的成本结合，使扩张战略石油储备的想法成为对预算裁减者具有较强吸引力的目标。[20]

分析分歧冲突，第一回合：1978 年

在 1978 年 2 月，管理与预算办公室组织了一个跨机构任务队，对偶然事件计

划进行研究。该任务队包括能源部政策评估办公室的应变计划办人员、管理与预算办公室自然资源能源和科学专门研究部人员、经济顾问委员会人员等。能源部同意考虑实施这一扩大的储备计划的备选方案，这意味着对规模问题进行了重新的考量和分析。

到 4 月中旬，参与者们就测算石油供给中断的宏观经济成本所用的假设达成暂时一致。通过这些假设，能源部和经济委员会的分析家们使用沃顿和数据资源有限公司宏观经济模型来估算石油进口减少与国民生产总值的季度下降的关系。能源部的分析家们把这个关系用在战略石油储备第四个 2.5 亿桶（第四期）的成本—收益分析中。当管理与预算办公室分析家们发现能源部的分析支持了第四期的实施时，他们对所使用的假设进行攻击——包括他们以前同意过的。尽管能源部在假设上作了许多让步，第四期仍然显得是合理的。最终，管理与预算办公室发布了它们自己的分析，做出了与它们在第四期写给总统的备忘录中相反的结论。

史莱辛格部长准备在关于 1980 财年预算的会议上与管理与预算办公室就这个议题进行争论。史莱辛格从他的下属那里获悉，管理与预算办公室认为，严重的供给中断（波斯湾 6 个月出口大约下降 60%）的概率在 12 年中必须保持在每年为 12%～25% 之间，才能证明第四期计划的正当性。史莱辛格在获得经济顾问委员会的认同与支持之后，提交了能源部的论点，认为年度平均 1% 的概率已证明第四期计划的正当性。当管理与预算办公室表示同意时（这个数字指整个 20 年），史莱辛格好像开始运作平衡活动了。他没有威胁把这个议题报告给总统，而是同意不将第四期计划资金强加于 1980 财年，并建议把最后储量问题交给国家安全委员会。一位参加会谈的管理与预算办公室分析家相信，如果史莱辛格要求举行一次总统参加的会议，并在会议中向国防部部长和国务卿发问，要求陈述他们是否愿意假定每年发生重大石油供给中断的概率不到 1%，管理与预算办公室是会做出让步的。如果史莱辛格的分析家们没有让他的注意力集中在能源部和管理与预算办公室结论之间的明显分歧上的话，也许他会采纳这种方法。

第二回合：1979 年

1979 年 1 月，管理与预算办公室开始给能源部施加压力，要求它参加执行 1 亿桶目标的经济成本—收益的另一个联合研究。参与过前一次联合研究的能源部分析家们拒绝参加。他们相信，管理与预算办公室的分析家们对支持战略石油储备扩展的任何分析都不会满意。但由于联邦官僚政治中的制度关系，使能源部很难拒绝管理与预算办公室的要求。由于战略石油储备计划的影响超越了某个给定的预算问题，而管理与预算办公室必须处理大量预算问题，不合作的成本会扩散到涉及的具体问题上。能源部同意承诺用大约 20 个月的工作时间和大约 8 万美元来商讨这项计划。

第一项计划任务是在数据资源有限公司和沃顿宏观模型的基础之上完成对供给中断的宏观影响的仿真模拟。尽管最初对所用的假定都已达成协议，但管理与预算办公室和经济顾问委员会继续要求修改假设。能源部的分析家们是非常沮丧的，他们不得不执行这个决议，尤其是因为能源部的分析家们明显感觉到，管理与预算办公室的职员们不懈地坚持寻求使供给中断看起来代价不高，从而使战略石油储备计划的价值显得不大的方法。

1979 年 10 月，能源部完成了研究报告的第一份草稿。它假设只有在美国每年损失 10 亿桶石油供给的情况下，战略石油储备的第一个 5.5 亿桶才会抛售。它还假定在石油供给严重中断的时候，私营公司会抛售其 1.25 亿桶的储备。分析家根据一系列中断场景及其假设的发生概率估计了预期能从战略石油储备抛售获得的收益。报告最后得出结论说，从经济的角度来说，理想的储备是 21 亿桶或再多些。

参加研究计划的管理与预算办公室员工非常生气。本来管理与预算办公室不仅反对第四期工程而且反对第三期工程，理由是目前的容量尚未注满（考虑到首先需要很长时间来建设储备设施，管理与预算办公室似乎认为当时由伊朗生产下降引起的市场紧张形势会延续 5～6 年）。而且，前一年在第一期和第二期工程中遇到的成本超支和工程日期拖延，使得战略石油储备更使人感兴趣，也更易成为预算缩减者攻击的目标。

把精力集中在分析中最不确定（因此，也最易受到攻击）的技术和假设上，对报告草案提出四条主要反对意见：第一，对于中断场景假设概率的估算是主观的。能源部反驳说，尽管是主观的，但该概率是大多数专家讨论后的保守意见。第二，管理与预算办公室要求在更包容的货币财政假定基础上估计国民生产总值损失函数，由此将导致较低的真实国民生产总值的损失，但会产生更高的通货膨胀率。能源部回应说，货币财政政策的假定越极端，宏观经济模型的结果就越会引起怀疑。第三，管理与预算办公室反对把残余价值安排到战略储备石油上，能源部分析家认为在工程结束时剩余资产出售也应算为收益。第四，管理与预算办公室争论说战略石油储备的抛售无法对那些已经失去的进口石油实现桶对桶的替代——即使能源部分析家也不得不承认这一反对意见是正确的（注意在表 14—1 中，抛售的价格效应依赖世界市场上供求的价格弹性，严格来讲，战略石油储备的抛售不会桶桶对应地代替失去的进口石油）。

很明显，管理与预算办公室企图从预算中减少第三期工程的资金，能源部的分析家于是决定用一套管理与预算办公室无法进行攻击的假定再次进行分析。如果分析成功完成，这样的决议会减少以作更好的分析为借口进一步拖延的机会。这导致了新的研究的出现，它甚至包括武断地假设跨界减少 25% 的收益，来反映战略石油储备应用可能出现的无效性。如果相信中等程度（1 年中每天少于 200 万桶）的石油供给中断出现的概率每年大于 3.5% 的话，这项研究发现把战略石油储备扩大到 7.5 亿桶都是可行的。

这个努力毫无成果。不仅管理与预算办公室从 1980 财年补充预算和 1981 财年预算中减少了执行第三期工程的资金，而且能源部的领导也决定不把这项决定提交给总统。在此之前，史莱辛格是能源部领导成员中最强硬的战略石油储备工程的支持者，此时他已不再是能源部部长了。新部长查尔斯·W·邓肯（Charles

W. Duncan）和他的政策评估副部长威廉·李维斯（William Lewis）对这个问题不很熟悉。依然在位的领导强调长期的能源政策如能源保护甚于应变计划方案，也就是战略石油储备。因此，没有人反对管理与预算办公室缩减资金。事实上，能源部的副部长约翰·杜驰（John Deutch）同意1980年管理与预算办公室和能源部再次联合研究第三期计划的1982财年预算决策。

第三回合：1980 年

当计划办公室与管理与预算办公室在1979年的研究中进行争论时，石油办公室（也在政策与评估部长助理的领导下）正在寻找方法，以期调查获取和抛售石油的最佳时期和容量扩张的最佳时期。在认识到以前研究中所用的处理石油供给中断的不确定性方法的缺点之后，石油办的主任露西亚·帕格莱尔西（Lucian Pugliare-si）鼓励经济学家托马斯·泰斯伯格来研究这个问题。

泰斯伯格开发了储备问题的随机动态程序的表述公式。对每年的战略石油储备计划，他的模型决定服从于石油购买或者抛售，技术约束是把预期未来社会净剩余损失的贴现额最小化。通过假设未来时期从一种市场条件向另一种可能的市场条件移动的概率，将不确定性改变为风险性。用这种模型往前看，在某一点储备会大到不再适合增加的某一定量。这个最高水平就是计划最适合的储备量。

1979年12月，格兰·斯威特莱姆（Glen Sweetnam）、史蒂芬·米尼汗（Steven Minihan）、乔治·霍威驰（George Horwich）和石油办公室的其他成员，用泰斯伯格的模型完成了一项购买和抛售石油的重大研究。通过一系列的假定，发现这一最高储量平台在8亿～44亿桶之间变动。更重要的是，研究表明高额的净收益是与战略石油储备向这个最高平台的快速扩展相联系的。

新任的负责政策评估的助理部长详细审查了石油办公室的研究，认为该研究所用的方法比管理与预算办公室和能源部联合研究所用的方法更加可取。他在一份给副部长的备忘录中说，未来与管理与预算办公室的合作研究应建立在改进和扩展泰斯伯格模型的基础上，而不是建立在宏观经济模拟仿真上。

新的模型与方法的引进为战略石油储备量的争论增加了一种新鲜因素。一方面，新的技术被广泛认为比以往所用的解决战略石油储备问题的方法更为适合。然而，另一方面，泰斯伯格模型的引进同时也为管理与预算办公室以继续分析为借口的拖延策略创造了机会。

1980年春天，管理与预算办公室和经济顾问委员会的代表出于多种原因反对使用泰斯伯格模型。尽管有一些批评的言论认为能源部的分析家在无理取闹，但其他大多数问题都能通过模型的改进得以处理，而最严肃和基本的反对意见集中在模型中对概率的假定上。管理与预算办公室认为，从每个市场条件到另一种市场条件的假定模型"过于复杂且太理论化，以至于对于决策者们来说完全没有实际意义"[21]。能源部分析员们承认泰斯伯格模型看起来确实复杂，但从概念上来说是相当清楚的。他们进一步争论说该模型为处理不确定性问题提供了比原方案系统得多的一种方法。

7 月，负责能源部政策评估的助理部长、管理与预算办公室自然资源能源处的主任助理和经济顾问委员会的委员举行了会谈，他们最后达成妥协，同意使用泰斯伯格模型。负责政策评估的助理部长表示能源部在 1982 财年预算要求中也要用泰斯伯格模型进行分析。他表示，他的职员会按照管理与预算办公室的要求对模型进行进一步修改和运行，但不会试图去发现双方都接受的假设。他还调拨了 10 万美元（前任副部长答应 100 万美元以上用于研究）和 4 个人用 4 个月的时间帮助管理与预算办公室和经济顾问委员会用建议的宏观模型进行研究。

能源部分析家们按管理与预算办公室的要求提供了能源规划和其他建议，但他们不愿意卷入有关假设概率的争论中。很明显，由经济顾问委员会作出的管理与预算办公室被迫接受的假设只用了很短的时间产生了比 1979 年联合研究更为支持战略石油储备扩展的结果。管理与预算办公室和经济顾问委员会永远也不会完成这个建议的宏观经济仿真研究。

同时，能源部修改了泰斯伯格模型，清晰地把注意力集中在第三期问题上，其结果于 10 月份在管理与预算办公室战略石油储备预算意见听证会上提交。也许因为宏观经济分析结果不能达到他们预期的目的，管理与预算办公室最后对泰斯伯格模型分析表示了兴趣。认识到能源部没必要赞成管理与预算办公室所要求的假定后，分析最后完成了。

总结 1980 年的争论：1977 年把战略石油储备扩展到 10 亿桶的总量的决定基本上不是以经济分析为基础的。1978 年，管理与预算办公室迫使能源部用更为复杂的方法评估了扩大储量的经济收益。尽管分析结果支持了储备扩展，但管理与预算办公室裁减了第四期的计划基金，并使能源部同意在下一个预算回合中重新考虑储备量的问题。1979 年，管理与预算办公室的分析家们企图迫使能源部同意以前所用的导致不支持战略石油储备扩展结果的宏观经济模拟中的多种假设。即使所用的假设相当保守，结果也还是支持扩展。然而，管理与预算办公室把第三期的资金从 1980 财年推迟到 1982 财年。1980 年，管理与预算办公室又试图要求与能源部对宏观经济假设进行争论。当能源部躲开这个争论之后，管理与预算办公室不情愿地表达了对能源部打算用以支持 1982 财年预算要求的随机动态程序的兴趣。

表面的决定

到 1980 年 10 月中旬，情势已经变得非常清楚，管理与预算办公室对卡特政府1982 财年联邦政府预算对执行第三期计划的预算要求已经不再反对，可以说分析取得了最终的胜利了吗？也许。但是，在有关第三期计划的扩大了的争斗中，更有理的解释是分析只是次要因素。更可能的是，如果第三期资金没有包括在 1982 财年预算建议中的话，管理与预算办公室的职员期望拥有部长信任的政策评估部长助理会要求把这个问题提交给总统。与前几年不同的是，能源部领导很明显地相信他们的分析并愿意与管理与预算办公室继续讨论。此时，战略石油储备计划已开始重新建立起管理信誉，削弱了第三期工程不能执行的推断。最后，人们不禁想知道是否总统竞选是一个因素。结果，新当选的里根总统委任强烈支持石油储备计划的大卫·斯多克曼（David Stockman）担任管理与预算办公室的主任。管理与预算办公室的工作人员也许希望这种可能性，而且不愿让新政府认为他们应该对继续拖延战略石油储备计划负责。事实上，在里根政府刚上任的几个月，曾经在整个卡特执政期间领导过反对战略石油储备扩展的管理与预算办公室工作人员此时却指导能源部一起进行加快第三期工程的替代方法的研究。因此，变化着的政治因素连同分析一起，决定了对战略石油储备的适宜数量的争论。

但分析在几个方面起着重要作用。首先，在争论期间进行的成本—收益分析中，如果有一项没有证明战略石油储备在经济上是可行的，那么管理与预算办公室几乎一定能停止第三期工程的进行。其次，如果泰斯伯格模型不存在，石油办公室的工作人员也许不能说服新的助理部长支持战略石油储备的扩展。如果他没有把第三期的资金筹集问题提交总统的愿望（一般只有重要的议题才会被提交总统），管理与预算办公室也许会继续阻止第三期工程。最后，泰斯伯格模型把注意力引向了购买和抛售战略，其中一个结果是加快选择的考虑，另外一个结果是里根政府稍后发展的政策，要求尽早使用战略石油储备来反击石油价格冲击。

17.4　后记

战略石油储备计划目前的数量可以储存 70 亿桶石油，到 2003 年中期，这个计划实际上已经存储了 61 亿桶石油。目前，来自其他大陆的被开采出来的石油仍被源源不断地送来储备。这足够战略石油储备计划以一个逐渐递减的速度在几个月中，每天抛售 4 100 万桶。当石油中断发生时，在德国和日本国立石油公司的配合下，大约每天可以抛售 8 700 万桶石油。[22] 在 1991 年早期，为了平抑由于第一次海湾战争所引发的石油价格上涨，战略石油储备项目曾经抛售过 1.7 亿桶。

17.5　结论

我们对关于战略石油储备规模的争论的描述，对有雄心壮志的分析家来说是既让人鼓舞又令人清醒的，其令人鼓舞之处在于它表明参加政策讨论的人的确认为正规分析的结果是重要的——至少有时候是这样，而且因为它证明新的分析观点确实能有所不同；其使人清醒，是因为它表明分析是能被滥用的政治资源。

这种滥用的机会在对分析假定的合理性没有一致意见时尤其大。[23] 政策的决策人很少有时间、闲暇和专业知识来解决这些分析争论。因此，当分析家们对具体的假设和方法持有分歧意见时，分析不可能起决定性作用，也许甚至起不到提供信息的作用。从实践的观点来说，分析家们应当在假定上和方法上准备好对付政策反对面的攻击，他们应该预期这样的攻击可能会发生在模式的选择、数据的收集以及对中立专家的说服上。从道义上看，分析家们应该在决定是否攻击其他分析家的分析时，记住他们整体的分析价值。

复习思考题

1. 分析家们总是认为：当发生石油供应中断时，应当尽早使用战略石油储备。但是，总统在做这一决策时会犹豫，他担心石油的储备量可能不足以抵挡供应的中断。当供应中断发生时，你能设计出一种制度安排使得战略石油储备的使用量得以增加吗？

2. 假设你是 20 世纪 70 年代早期的一名能源安全分析者，你如何把为战略石油储备所进行的成本—收益分析扩展成一个多目标分析？

注释

1. For a more detailed discussion of the U. S. stockpiling program, see David L. Weimer, *The Strategic Petroleum Reserve: Planning, Implementation, and Analysis* (Westport, CT: Greenwood Press, 1982). Our account here draws heavily on this source.

2. For an overview of the contribution of the Texas Railroad Commission to price stability, see Arlon R. Tussing, "An OPEC Obituary," *Public Interest* 70 (Winter) 1983, 3-21.

3. National Petroleum Council, "Emergency Preparedness for Interruptions of Petroleum Imports into the United States," Proposed Interim Report, July 24, 1973.

4. U. S. Congress, Senate, "Strategic Petroleum Reserves," Hearings before the Committee on Interior and Insular Affairs, 93rd Congress, 1st Session, May 30 and July 26, 1973.

5. Federal Energy Administration, *Project Independence Report*, November 1974, p. 19.

6. Storage on the form of surge capacity from shut-in oil wells is the most expensive of the alternatives. For each barrel of surge capacity, about eight barrels of proven reserves must be shut in. To have the capacity to increase production by 1 billion barrels per year would require 8 billion barrels of proven reserves, or about 25 percent of total U. S. proven reserves. Furthermore, transportation facilities and production crews would have to be kept at the ready. Whereas new solution-mined caverns were expected to cost between $1.35 and $2.15 per barrel (actual costs turned out to be closer to $3.00 per barrel) and new steel tanks between $8 and $12 per barrel, in situ storage was estimated to cost between $45 and $100 per barrel. Strategic Petroleum Office, "Strategic Petroleum Reserve Plan," December 15, 1976, Table IV-1, at p. 75.

7. For a fuller discussion, see David L. Weimer, "Problems of Expected Implementation: The Strategic Petroleum Reserve," *Journal of Public Policy* 3 (2) 1983, 169-90.

8. George Horwich and David L. Weimer, *Oil Price Shocks*, *Market Response*, *and Contingency Planning* (Washington, DC: *American Enterprise for Public Policy Research*, 1984), 112-14.

9. The major exception occurs in situations in which firms attempt to build their stocks once disruptions have already begun. Such behavior may be consistent with the maximization of profits if firms anticipate higher prices in the future, but it contributes to the magnitude of the price shock that the economy suffers.

10. For a discussion of the impact of the U. S. regulations during the 1970s, see Horwich and Weimer, *Oil Price Shocks*, pp. 57-110.

11. See Rodney T. Smith, "International Energy Agency Cooperation: The Mismatch between IEA Policy Actions and Policy Goals," in George Horwich and David L. Weimer, eds., *Responding to International Oil Crises* (Washington, DC: American Enterprise Institute for Public Policy Research, 1988), 17-103.

12. Exactly offsetting shifts in domestic consumption and exports would not change GNP. Yet the social surplus of U. S. residents would go down-foreigners now consume goods that they previously consumed. The measure of changes in economic efficiency should be the sum of changes in GNP and changes in foreign claims on GNP. For a comparison of GNP and social surplus welfare measures, see Horwich and Weimer, *Oil Price Shocks*, pp. 8-14.

13. The break-even probability solves the following equation for zero net expected benefits:

$$0 = P_b (-C) + (1-P_b) (O-C)$$

where B is the present value of benefits if the interruption occurs and C the present value of costs. Of course, this simple formulation implies a world with only two contingencies: the supply interruption in the scenario occurs and the supply interruption in the scenario does not occur. It also assumes that the costs of developing the reserve are identical with and without the supply interruption, or B is adjusted to make the costs equal. For example, B would equal the drawdown benefits plus the present value of the avoided costs of future acquisitions and minus the present value of forgone scrap value.

14. For an application of decision analysis within the context of cost-benefit analysis, see Anthony E. Boardman, David H. Greenberg, Aidan R. Vining, and David L. Weimer, *Cost-Benefit Analysis: Concepts and Practice*, 2nd ed. (Upper Saddle River, NJ: Prentice Hall, 2001), 156-91.

15. For a description of his model, see Thomas J. Teisberg, "A Dynamic Programming Model of the U. S. Strategic Petroleum Reserve," *Bell Journal of Economics* 12 (2) 1981, 526-46.

16. This section is based on Hank C. Jenkins-Smith and David L. Weimer, "Analysis as Retrograde Action: The Case of Strategic Petroleum Reserves," *Public Administration Review* 45 (4) 1985, 485-94, which provides a full documentation of sources. Parts are reprinted with permission from *Public Administration Review*, 1985, by the American Society for Public Administration, 1120 G Street N. W. , Washington, D. C. All rights reserved.

17. Robert E. Kuenne, Gerald F. Higgins, Robert J. Michaels, and Mary Sommerfield, "A Policy to Protect the U. S. against Oil Embargoes," *Policy Analysis* 1 (4) 1975, 571-97.

18. The analysis employed an estimated relationship between oil import reductions and GNP. It is summarized in Randall Holcombe, "A Method of Estimating the GNP Loss from a Future Oil Embargo," *Policy Sciences* 8 (2) 1977, 217-34.

19. James L. Cochrane, "Carter Energy Policy and the Ninety-fifth Congress," in Craufurd B. Goodwin, ed. , *Energy Policy in Perspective* (Washington, DC: Brookings institution, 1981), 547-600, at p. 555.

20. OMB staffers play the role of *guardians*, who seek to counter the efforts of *spenders* to obtain larger budgets. On the implications of these roles for the conduct of cost-benefit analyses in bureaucracies, see Anthony E. Boardman, Aidan R. Vining, and W. G. Waters II, "Costs and Benefits through Bureaucratic Lenses: An Example of a Highway Project," *Journal of Policy Analysis and Management* 12 (3) 1993, 532-55.

21. Chuck Miller, "Questions/Issues Regarding DOE (Teisberg) B/C Model: Memorandum of CEA and OMB Comments to Lou Pugliaresi, DOE," Office of Management and Budget, May 27, 1980.

22. International Energy Agency, *Oil Supply Security: The Emergency Response Potential of IEA Countries in* 2000 (Paris: OECD/IEA, 2001).

23. Indeed, many complex simulation models have hidden assumptions that even experienced analysts have difficulty discovering. The situation is further clouded because there is relatively little effort expended in validating models-even those regularly used by government offices and consultants. See Constance F. Citro and Eric A. Hanushek, eds. , *Improving Information for Social Policy Decisions: The Uses of Microsimulation Modeling*, Vol. I (Washington, DC: National Academy Press, 1991).

第 18 章

什么时候统计数据有价值：
修正汽油的含铅标准

政策分析家必须处理多种类型的实证证据（empirical evidence）。时间、资源以及考虑中的政策的本质限制，常常迫使分析家们不得不依赖定性的、局部的数据。但是，有时分析家能找到使他们能够做出估计对社会、经济或政治形势进行有效干预和重要影响的数据。这些估计也许会使分析家们计算出其提议的政策有可能带来的社会净收益，或者甚至使他们应用正规的优化技术找到更好的选择。

定量数据（quantitative date）的有效使用要求分析家了解研究设计中的基本问题并能够熟练地运用统计推理技巧。甚至即使分析家没有得到进行原始分析所需的数据，他们也常常必须面对政策过程中的其他参与者所提出的定量数据，或者会碰到从文献中摘录的数据。如果他们缺乏进行评估所要求的关键技能，他们就会面临着一个危险——在对于决策者来说似乎更客观、更科学的定量证据面前失去其影响力。因此，训练有素的分析家，哪怕仅仅出于自我辩护的原因，而不考虑其他，也需要熟练掌握统计推断的基本概念。

研究设计和统计推断的基本知识不可能在政策分析介绍性的课程中得到充分阐述，同样，在这本书中，我们也不可能提供充足的阐述。但是，我们可以提供一个例子来展示用定量分析作工具的政策变化：1985 年美国环境保护局（U. S. Environmental Protection Agency）大幅度削减汽油中的允许含铅量的决定。新的含铅量标准的背后涉及许多组织机构中作定量分析时会遇到的因素：在有更多时间并能获得更多数据时，用更为详细、周密的分析代替原来"快却糟糕"的分析；反复分析，以排除提议政策的反对者们提出的备选解释（假设）；遇到影响分析策略的偶然突发事件。尽管我们的基本目的是讲述关于政策分析的实践，而且我们认为它们都是本质上有趣又有教育意义的故事，但我们希望沿着这条路为大家提供几堂定量分析的基本课。

18.1　背景：环境保护局的含铅量标准

《1970 年清洁空气修正案》（the Clean Air Amendments of 1970）赋予了环境保护局的行政官员一种权力，他们可以管理汽车排放出的对公共健康或公共福利有危险的汽车燃料成分或添加物。[1]然而，在行使这一权力之前，环境保护局的行政官员必须考虑"所有可获得的医学和科学证据"，并对排放而不是燃料的成分设立标准的备选方法。[2]

1971 年，环境保护局的官员宣布，他正考虑对汽油的铅添加剂（lead additives）进行可能的控制。[3]他给出的一个理由是从燃烧含铅汽油（当时的标准燃料）的发动机中排放的气体可能对人体健康存在负面影响。有证据表明铅对人体是有毒害的，铅能够通过周围的空气被人吸入体内，汽油发动机排放的铅占空气中的铅的很大部分。控制汽油中的铅含量的另一个原因是含铅燃料与被认为是有可能减少汽车排放的碳氢化合物的催化变换器（catalytic converter）不相容。第一个理由表明人们正在考虑减少汽油中的铅含量是否适宜；第二个理由则企图呼吁完全去除石油中的铅，而以装有催化变换器的车辆对其进行取代。

先不进一步讨论，有人会问：为什么政府要关心汽油中的铅含量呢？为什么联邦政府已经决定要求汽车上装催化变换器呢？下面的分析没有很清楚地涉及催化变换器的需求，但是，正如我们已经讨论过的那样，要确保公共行动有令人信服的理念，这一点总是很重要的。手头上的干预、催化变换器和有关铅含量的限制，处理的是市场失灵——最直接的是一种负外部性问题。此外，另一种有关铅的市场失灵也会起作用——消费者关于铅对人体健康的不良影响和车辆的维修费用的信息不对称，因为对健康和维修的负面影响在许多年内都不会表现出来（含铅汽油是事后发作的产品），由于信息不对称，市场对这种情况可能无能为力。这种明显的市场失灵表明应该考虑政府干预。

但是政府干预本身的代价是高昂的。可以想象，政府干预的成本可能会超过收益。在把成本和收益进行比较之前，需回答几个问题：汽油的铅添加物对人、环境、财产（包括催化变换器）有什么影响？这些影响是如何通过备选的公共干预发生作用的？这些干预的成本在货币化之后是多少？产生变化后带来的收益货币化之后又是多少？最后，选择什么样的备选方案（包括不干预的方案），使得收益超过成本的幅度最大？

环境保护局对这些问题进行了分析，寻求有限的几种铅管制备选方法。在提出限制铅含量的可能性问题一年之后，环境保护局行政官员在 1972 年提出了减少铅含量的正式法规。[4]在经过了一段时间的评议和举行了几次公开听证会之后，环境保护局准备发布最后的规定，要求炼油厂生产不含铅的汽油以供新汽车使用，这项政策从 1975 年开始并视其为示范年，在新汽车上装备催化变换器。[5]同时，环境保护局以公共健康为由，再次建议减少含铅量。

以健康为基础的标准引起了争议。炼油厂把铅当作一种汽油添加剂，因为它能增加辛烷而不影响气压或者在混合过程中保持平衡的其他燃料的特性。铅添加剂的制造商也加入炼油厂的行列，反对环境保护局建议中的那些规定。该规定的拥护者是大量的环保组织，包括自然资源保护委员会，它甚至成功地取得了一份法庭裁决，要求环境保护局在 1973 年 11 月 28 日颁发最后的法规。[6]

最后法规要求在 5 年的时间内，分期减少销售的所有汽油的平均含铅量。到 1979 年平均每加仑汽油铅含量降到 0.5 克。法规的实施先后受两种因素阻挠而减速进行。首先，议会对此规定提出了疑问[7]，随后，伊朗革命引起了整个 1979 年的石油价格动荡，人们开始担心买不到汽油。[8]因此，直到 1980 年 10 月 1 日，0.5 克铅含量的标准才开始生效。

到 1982 年，环境保护局的一些分析家担心，随着已有相对多的无铅汽油出售以满足数量逐渐增加的装有催化变换器的汽车的要求，即使炼油厂增加含铅汽油中的铅浓度，也能满足平均 0.5 克的标准。因此，2 月份，环境保护局发表了一份对 1973 年标准的一般性评论[9]并在 8 月份提出了一项新标准，限制含铅汽油的铅含量而不是规定所有汽油的平均含铅量。[10]1982 年 10 月发布了最后的规定，把新标准定为含铅汽油中含铅量为 1.10 克。[11]（这一新标准从总的铅排放量看，与旧标准大体相等——旧标准为 100％出售的全部汽油中 0.5 克每加仑的含铅量，新标准为所售含铅汽油中 45％的含铅量为 1.10 克每加仑。因为出售的含铅汽油量可望继续递减，铅排放量也相应会减少。）尽管新标准的实施在某种程度上被法庭拖延，新的规定还是废除了为减少 1973 年标准对小炼油厂商的影响而增加的特殊条款。新规定同时也允许炼油厂之间互相进行交易，减少总的含铅量。例如，如果某厂与另一家炼油厂交易，可以允许这家炼油厂生产含铅量为 1.20 克每加仑的汽油，而另一家炼油厂则生产同样数量的含铅量为 1.00 克每加仑的汽油，联合起来，它们两家平均含铅量仍然等于 1.10 克每加仑。

18.2　1985 年标准的来源

1983 年夏天，有几个因素促使人们对含铅标准进行重新考虑。环境保护局局长威廉·D·拉克尔肖斯（William D. Ruckelshaus）和副局长阿尔文·L·阿尔穆（Alvin L. Alm）担心，很多城市都无法达到 1987 年的臭氧标准。臭氧是烟雾的主要成分，是碳氢化合物和氮氧化物在空气中经化学反应产生的。保养良好的催化变换器能大大减少从汽车中排放出的这些物质。但是，催化变换器只是为无铅汽油所设计的，当其暴露于有铅的环境时就失去了效用。因为含铅汽油比无铅汽油便宜，且性能更好，许多消费者把含铅汽油用于装有催化变换器的汽车。环境保护局1982年的一项调查表明，13.5%的装有催化变换器的汽车依然使用含铅汽油。[12]可以采用两种方法减少汽油中可允许的含铅量。第一种方法是提高含铅汽油相对于无铅汽油的价格，减少人们出于经济利益滥用含铅汽油的动机。第二种方法是降低含铅量，以此减慢乱用含铅汽油导致的催化变换器退化。

另外还有一个因素使人们继续关心铅排放物对健康的影响。随着新科学证据的获得，铅排放物与血液中的铅含量的相关关系越来越强。同时越来越多的证据表明，可能人们会支持一种更为严格的含铅标准。

外部环境看起来也相当有利。许多环保组织很久以来就提倡完全禁止含铅汽油，毫无疑问，它们甚至支持更为严格的标准。提倡使用酒精燃料的人也支持严格标准，他们希望对铅的限制会使酒精作为一种辛烷增进燃料添加剂而更受欢迎。另外，美国哥伦比亚特区的上诉委员会，在一个挑战1982年某些条款的案例中，声明现有证据"证明环境保护局完全禁止石油中含铅是正当的"[13]。尽管不能保证更严格的标准在法律上的可接受程度，该声明还是鼓舞人心的。

环境保护局的领导层认为需要对血铅标准进行再一次的调查。领导这项计划的任务交给了副局长的特别助理罗伯特·沃考特（Robert Wolcott）。沃考特又转向求助于乔尔·施瓦茨（Joel Schwartz），施瓦茨是经济分析处的分析家，曾参与制定1982年规定。从以前分析中积累的知识出发，施瓦茨在两三天之后就完成了有关完全禁止铅添加剂的"快却糟糕"的成本—收益分析。

因为完全禁止含铅是1982年考虑过的选择之一，施瓦茨很容易地就做出了对成本的合理估计。评估健康和安全法规经常出现的情况是，估算完全禁止含铅的收益是很难的问题。施瓦茨调查了两种类型的收益：降低血液含铅量提高的儿童智商，以及避免的催化变换器损坏量。

施瓦茨用多种来源的估计确定了铅排放与儿童在今后一生收入的现值的关系。第一步，用1982年的估计数据分析铅排放与儿童血液中的含铅量的关系。第二步，他转向流行病学研究，报告血液含铅量与智商的关系。第三步，他找到了计量经济学的研究，估计智商对未来收入的现值的贡献。

将量化更有效地控制其他排放物所产生的效益作为第一条捷径，施瓦茨大致计算出现有标准下被污染的催化变换器产生的成本，它在完全禁止含铅后是不会被污染的。他用节约的变换器的个数乘以每个变换器的价格，作为测算收益的方法。假如变换器本身的收益—成本比大于1，那么这种测算收益的方法就是一种保守的方法。

这些"不曾明示出来的"计算显示，完全禁止铅添加剂之后，此行为的收益会是其成本的两倍。施瓦茨与他的部门领导G·马丁·威格纳（G. Martin Wagner）讨论了结果。威格纳则报告主任办公室，提议值得对禁铅作进一步分析。几个星期之后，施瓦茨和他的分析家同事简·列戈特（Jane Leggett）开始了一项长达两个月的研究，努力从"信封背面"转向初步报告。

18.3 碎片拼接

施瓦茨和列戈特面临的最紧急任务是找出测度禁铅收益的更好的指标。要完善避免变换器受污染带来的收益的关键在于更为复杂地核算美国车辆的未来使用寿命。而完善来自降低铅含量带来的收益的测度的关键在于对汽油内的铅和血液里的铅的关系作出更好的量化估计。其工作的一个重要部分是建立模型和统计分析。

随着旧车辆（其变换器有些被全部污染，有些被部分污染）的淘汰和装有新变换器的新车辆的增加，车辆的车龄结构不断地变化。禁铅对不同的老牌汽车可能产生不同的影响。例如，对变换器已经受到污染的汽车来说，禁不禁铅没有什么关系，但对于那些若不禁铅其变换器就会被污染并且还有相当长时间才能报废的车辆来说，禁铅就极其重要。

分析家们提出了一种模型，该模型可以随时间追踪同龄组车辆的存量。每一年都有一个同龄组车辆投入使用。每个后续年份，有一部分车辆因出现事故和机械故障而被淘汰。另外，一部分车辆的催化变换器会受到不合适的燃料的污染。通过追踪不同的同龄组车辆，根据当年和未来的含铅汽油铅含量减少的说明，就可能预计将来每年节约的变换器总数。然后，就能计算出未来每年得以避免的催化变换器的贬值损失（以及后来避免的健康成本和除铅之外的污染物质导致的财产损害成本）。接着，通过恰当的贴现，还可算出每年的收益，从而进一步计算考虑中的铅含量降低计划的现值。

在用这种车辆模型进行工作的过程中，有两项重要的考虑。一是有很多文献表明，铅增加了车辆的常规维修成本，因而出现了一种新的收益类型——来自得以避免的维修成本的收益，需要用车队模型加以估计。另一个要考虑的是：如果完全用不含铅的汽油作燃料，那么有些发动机也许会因阀门座受到摩擦而提前受损。尽管这种问题的发生是相当有限的（主要是1971年之前制造的汽车发动机、一些较新的卡车、摩托车和路外车辆），但它表明，分析家需要考虑完全禁铅后的替代品问题。

为了更好地量化汽油铅（gasoline lead）和血铅（blood lead）的关系，努力的重点应集中在分析从国家健康和营养检查第二次普查（NHANESⅡ）获得的数据上。国家健康和营养检查第二次普查是由国家健康统计中心设计的，提供了年龄从6个月到74岁人口的具有代表性的全国样本。该样本来自1976年到1980年间在64个代表性地点抽出的27 801人。在被要求提供血液样本的16 563人中，61％的样本信息被收集了。[14]调查组测定了血样的铅浓度，提供的数据可用于追踪这四年调查期中的平均血液水平，然后计算出该时间段出售的汽油中的铅含量与血液中的铅含量之间的相关关系。

研究人员已经发现了国家健康和营养检查第二次普查的数据中的血铅含量与汽油铅的正相关关系。[15]这种正相关关系在图18—1中表现得非常明显。该图是由疾病控制中心詹姆斯·博考（James Pirkle）准备的，目的是说明血液中的铅浓度和汽油铅的紧密联系。[16]但是，成本—收益分析所需的远远不止这种明显的关系。施瓦茨用了多元回归统计（在我们的叙述中稍后会详细讨论），来估算由于在消费的汽油中每天增加 100 公吨铅而增加的每分升血液中的铅平均微克数（$\mu g/dl$）。他还使用了能够估计有特殊体征的孩子的血铅达到毒性水平的概率的模型（后来疾病控制中心定为每分升血液中含 30 微克铅）。然后，这些概率就可以用来预测因实施完全禁铅而得以避免铅中毒的孩子的数目。

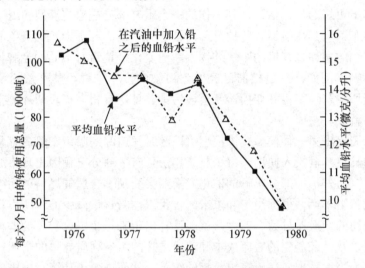

图 18—1　汽油生产所用的铅与国家健康和营养检查第二次普查的血铅水平

资料来源：Joel Schwartz，Hugh Pitcher，Ronnie Levin，Bart Ostro，and Albert Nichols，*Cost and Benefits of Reducing Lead in Gasoline*：*Final Regulatory Analysis*（Washington，DC：U. S. Environmental Protection Agency，Office of Policy Analysis，February 1985），E-5.

　　1983 年 11 月上旬，施瓦茨和列戈特把他们的分析合到一起，发现完全禁铅的收益和成本的比率要比施瓦茨原来的"信封背面"计算的比率更大。他们与分部领导一起，把他们的研究结果呈给副局长阿尔穆，阿尔穆认为这些结果是鼓舞人心的。他为准备一份呈给主任并作为新规定基础的精致报告开了绿灯。阿尔穆还让环境保护局外的专家对该精致研究报告的不同部分作了同行评议。同时，他敦促加快速度，从而减少禁令主要的反对者——炼油厂商和铅添加剂的制造商在环境保护局有机会对所有证据进行审查之前获得消息的机会。

　　分部负责人扩大了分析队伍的规模，其目的在于加快送往局长的最终报告的准备工作。与施瓦茨和列戈特一起工作的人员有罗尼·莱温（Ronnie Levin）、休·皮彻（Hugh Pitcher）（一位计量经济学家）和巴特·奥斯托（Bart Ostro）（一位分析减少臭氧带来的收益的专家）。在一个多月之后，这支队伍已经准备了一份送交同行评议的报告草案。

　　此项努力涉及分析方法的几个变化。由于存在阀头的问题，分析集中在大幅度削减每加仑含铅汽油的含铅克数（从每加仑含铅 1.1 克降到 0.1 克）和完全禁铅上。所得证据表明，如果每加仑汽油含铅 0.1 克就足以避免使用含铅汽油作燃料的少数发动机中阀门的过分磨损。同时，大量的努力放在了量化如果铅浓度降低其他车辆的主人可以避免支付的维修成本上。研究很快表明，消费者所得的维修收益足以抵消他们购买汽油所付的更高价格。最后，工作队认为建立在血铅（通过智商）与未来收入关系基础上的收益具有很大的争议性。于是，他们把注意力转向计算因血液含铅量高而遭受智商损失的孩子应受到的补偿教育的成本上。

在12月末，该报告的不同部分被送到环境保护局外的专家处进行同行评议。专家组成员包括自动化工程师、经济学家、生物统计学家、毒理学家、临床研究员、交通专家和心理学家。在1984年1月，工作组结合外部评议的意见，或者至少作为对他们评论的回答，进一步对他们的分析进行了修改优化。

最后，在2月初，工作组准备把结果呈给局长拉克尔肖斯。他同意他们的分析支持了每加仑汽油0.1克铅的新标准。他要求工作组完成最后报告（而无须提出建议规定），并把报告发行，以期获得公共评价。同时，拉克尔肖斯命令空气与辐射局长助理办公室起草一份建议的规则。

工作组的《最后报告草案》（Draft Final Report）最终于1984年3月26日刊印并向公众公布。[17]在随后的几个月里，该工作组继续优化它的分析。它也不得不花大量时间处理外部关系。12291号行政命令要求制定规章的机构把建议的年成本1亿美元以上的规定交给管理与预算办公室审查。在确保他们的这一严格标准的成本—收益分析被管理与预算办公室接受之前，工作组与管理与预算办公室的工作人员进行了几次会谈。

正如预料的一样，政治环境开始逐步形成。反对的声音主要来自炼油厂商和铅添加剂的制造商。然而，炼油厂商好像已屈从于从汽油中最终根除铅的大势。他们主要关心的是新规定的实施速度。有些炼油厂商尤其关心实行严格标准后的头几年，因为这几年他们用现有的资本设备结构来进行所要求的降铅会有困难。作为回应，工作组开始探索稍微放宽的实施时间表的成本和收益。

铅添加剂的制造商准备反对严格标准。5月份，施瓦茨出席了疾病控制中心（CDC）在佐治亚州的亚特兰大举行的会议。这是一次关于提议的修改儿童血铅中毒标准的会议，从每分升30微克改为每分升25微克。铅添加剂的制造商的代表也在那里。他们公开谈论了他们挑战严格标准的策略。他们计划论证的是，如果限制铅的话，炼油厂会把更多的苯——一种可疑的致癌物混入到汽油中以推进辛烷。会后施瓦茨调查了这种可能性。他发现，即使在汽油中加入更多的苯，苯的全部排放量也会由于催化变换器的污染减少而降低。催化交换器如果不被污染则能氧化苯。提议规则发布的那一天，施瓦茨把有关苯的议题写入备忘录中，从而可以从容应对制造商的主要攻击。

1984年8月2日，环境保护局出版了建议的规章。[18]要求许可的汽油铅水平在1986年下降至每加仑汽油铅含量为0.1克。该建议陈述了环境保护局关于新标准可以用现有炼油设备实现的假设，但表示为避免这项假设有误，涉及进一步削减的备选分期进度表也应该加以考虑。最后，建议提出，到1995年完全禁止含铅汽油的可能性。

18.4   汽油铅与血铅的关系的进一步辨析

计算严格铅标准带来的直接健康收益，要求量化估计汽油铅对血铅的作用。国家健康和营养检查第二次普查数据与关于汽油铅水平的信息，使研究组能够进行必要的估计。他们的努力对在政策分析中怎样有效使用统计推理提供了极好的案例。

多元分析的需求

随意浏览一下图18—1就会发现，汽油铅和血铅之间有着很强的正相关关系。为什么有必要进一步分析呢？原因之一是直接从图18—1中难以回答的核心经验问题：在前一个月全部汽油铅的使用每减少1 000吨，美国的平均血铅水平会下降多少？图18—1指出了汽油铅和血铅的正相关关系——血铅紧随汽油铅变化。但面对数据中同样的相互关系时，我们对核心问题会有很不同的回答。

图18—2表明，用同类数据说明的相互关系和影响量是不同的。如果用三角形来代表我们的数据，那么我们也许会把线一作为对血铅和汽油铅之间联系的最佳猜测。把汽油铅从每天500吨降到每天400吨的结果是，使血铅平均水平从每分升10.1微克降到每分升10.0微克，或者说，每天每100吨的汽油铅的下降导致每分升血液的含铅量下降0.1微克。用点来代表备选的样本数据，与三角形代表的数据

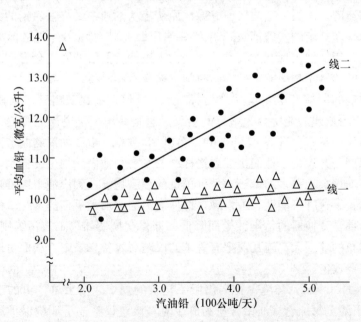

图18—2   具有同样的相关性与不同的回归线的数据样本

所说明的汽油铅和血铅的关系大体相同。线二的斜率与这些点最为匹配，即每天每
100 吨的汽油减少量是每分升 1.0 微克——是线一斜率的 10 倍。这也就是说，尽管
这两套数据表现出相同的相关性，但第二套数据表现的汽油铅对血铅的作用比第一
套数据说明的要大得多。

甚至在我们将这些数据展示为图 18—1 中的血铅与汽油铅的散点图，我们的分
析也远远是不完整的，因为这种表面关系（我们例子中所用的线一和线二的斜率）
也许是虚假的。血铅和汽油铅也许不直接互相联系，而是靠导致它们一起变化的某
个第三变量联系的。对这个问题的经典说明是有时在鹳窝密度和人类出生率之间发
现的那种相互关系。如果有一个人要绘制某地区出生率与鹳窝密度的图表，也许会
发现它们之间的正比关系，进而也许就推断出鹳类带来宝宝的神话。

当然，还有更为合理的解释。一个测度某地区在多大程度上是农村的变量可以
插入出生率和鹳窝密度之间，农村地区有许多农民想要很多孩子来帮助他们承担琐
事，并且有很多空地为鹳提供垒窝的地点；更城市化的地区出现了喜欢小型家庭的
人们和较少有利于垒窝的场所的趋向。观察包括农村和城市地区的一个样本可以产
生出生率和鹳窝之间的正相关关系。如果我们孤立地观察农村或是城市地区，而不
合在一起看，从而在统计上"控制"干扰变量，我们就可以预期出生率与鹳窝密度
的关系是可以忽略的。

作为对干扰变量的重要性的说明，考虑一项建立在 1972—1974 年生活在英格
兰威克汉姆地区的妇女的随机抽样基础上的研究。[19] 20 年后，样本中 24％的吸烟
妇女死亡了，而 31％的不吸烟者也死亡了，这就暗示了一个幼稚的推理：吸烟可以
降低死亡危险！一个明显的干扰变量是考虑 1972 年每个妇女的年龄：年龄与死亡
危险、抽烟倾向都有关系。当研究人员通过比较 6 个年龄组的妇女的死亡率来检验结
果时，4 个年龄组表明吸烟者有更高的死亡率，有 1 个年龄组表明吸烟者有较低的死
亡率，年龄最大的那组妇女群无论是否为吸烟者都死亡了。只观察 1972 年 18 岁至 44
岁的妇女，吸烟者中有 6.6％的人死亡，而非吸烟者中只有 3.8％的人死亡。很明显，
总样本中令人惊奇的结果来自加总不同年龄组的结果，而不是吸烟的寿命收益。

回到我们对铅的分析上，我们必须考虑一个或多个可以解释汽油铅和血铅的正
相关关系的干预变量，比如，有些证据表明吸烟者比非吸烟者有更高的血铅水平。
也许正是在收集国家健康和营养检查第二次普查的数据期间，样本中的吸烟者比例
降低了，从而平均血铅水平的下降应该归因于吸烟者的减少，而不是汽油铅的
下降。

为了确定吸烟是否干扰变量或影响变量，我们可以为吸烟者和非吸烟者构建像
图 18—2 那样的关系图；用这种方法，我们就能控制样本中吸烟者比例随时间的变
化响应血铅水平变化的可能。如果拟合每个样本中类似正斜率的直线，那么我们的
结论会是，吸烟行为不是汽油铅和血铅关系的干扰变量。

如果两条线恰好重合，那么我们就会推断吸烟不会导致血铅的增加。如果这两
条线平行而不是重合，那么它们纵轴上的截距之差就代表吸烟对血铅的平均影响。
如果这两条线不平行，我们也许会怀疑吸烟与接触汽油铅的交互作用，认为它们的

影响不是可叠加的。也就是说，吸烟者比非吸烟者或多或少更易受接触汽油铅的影响。

如果有无限的数据，我们总是能用这种方法控制可能的干扰变量。遗憾的是，在样本大小给定的情况下，如果我们努力形成一个数据子集——它保持除我们试图解释的独立变量和我们认为可能起说明作用的独立变量（如血铅水平）之外的所有变量不变（例如每个人都不吸烟），就会使我们的数据展开得太小。例如，职业接触、饮酒、地区和年龄仅是可能导致我们的数据中汽油铅和血铅关系的其他变量中的几个。如果我们从抽样中仅选出住在南方小城市中的轻度饮酒、不吸烟、职业不接触汽油铅的男性成年人，那么我们就只能找到非常少的数据，从而不能可靠地拟合图 18—2 中的曲线。即使有足够的数据，我们最终也会止步于从所有子集估计汽油铅和血铅的关系（子集的个数等于组成控制变量的类型个数的乘积），然后我们也许很难把这些子集的估计合并到整体估计上。

当然，如果所谈关系真的随我们的子集而变化，那么一般来讲，这对进行整个估计也没有什么意义。然而，正像稍后解释的那样，我们永远不能真正观察到真实的关系——从某种程度上讲，我们对该关系的推理总是不确定的。因此，我们不能确保将子样本合并在一起是否合理。因为我们的子样本越小，误差的方差会越大，我们越细分数据，越难以判断观察中出现的差异是否反映真正的差别。

基本的线性回归模型

线性回归模型（linear regression model）提供了一种可行的方法，从统计上控制几个自变量的影响。[20] 它的使用要求假定：不同自变量的影响是可叠加的，也就是说，不管其他变量值为多少，自变量中一个单位的变化对因变量的边际影响都是一样的。

这种假设不像起初看起来那样有限制性。我们可以创造新的变量，它是原来用以描述非线性自变量的函数。例如，如果我们认为吸烟者对环境铅的吸收有可能比非吸烟者快，我们也许会在线性回归模型中纳入一个新的变量，那就是每天所吸的烟的数量与汽油铅水平的乘积。这种新的变量刻画了吸烟与汽油铅的交互作用，就会产生一种与模型中的其他自变量可叠加的影响，包括吸烟变量和汽油铅变量。汽油铅对血铅的边际影响会由汽油铅变量的影响和表示与吸烟的交互作用的变量的影响构成，该变量因吸烟的具体水平而发生变化。

我们可以用数学公式表达线性回归模型：

$$y = \beta_0 + \beta_1 x_1 + \beta_2 x_2 + \cdots + \beta_k x_k + \varepsilon$$

其中 y 是因变量（dependent variable），x_1，x_2，$\cdots$，x_k 是自变量（independent variable），β_0，β_1，$\cdots$，β_k 是准备被估算的参数（系数），ε 是没有清楚包括在模型中的合并误差。如果我们令 x_1 增加一个单位，而其他自变量的值保持不变，则 y 的变化量为 β_1。同理，每个系数都可测量变量中一个单位变化对因变量的边际影响。

　　假设我们设定除 x_1 之外的所有自变量的值等于零，然后我们就可以在像图 18—2 的图上画出 y 相对于 x_1 的位置。方程式 $y = \beta_0 + \beta_1 x_1$ 将代表我们的观察样本中的拟合线。该线的斜率是其他变量保持不变的情况下，x_1 的一单位变化将导致 y 的变化量。然而，实际观察不会准确地落在这条线上。它们与这条线的垂直距离等于随机误差，模型中由 ε 代表，它具体体现在每一次对 y 的观测中。因为不知道真实的线，我们必须从数据中估计它。从观察值到这条估计线之间的垂直距离我们称为 e，即估计模型的预测误差（prediction errors）。如果 e 的值很小，从实际观察数据将很接近它的意义上讲，我们的估计线与数据拟合得很好。

　　我们应该怎样拟合这条线呢？最常用的方法是普通最小二乘法（ordinary least squares）。当我们只有一个自变量时，我们能够在像图 18—2 的二维坐标系上标出我们的数据，普通最小二乘法程序就会挑出这条线，就其而言，观测数据的垂直偏差的平方总量是最小的。为了把估计的参数与真正的没有观察到的参数值区分开来，我们用拉丁字母（b），而不是希腊字母（β）。例如，用 b_0 表示估计的 y 的截距 β_0，用 b_1 代表斜率的估计值 β_1。

　　当我们有一个以上的自变量时，普通最小二乘法决定预测误差的平方和最小的系数值（b_0，b_1，…，b_k）。[21] 只要我们的样本的观察数据超过了我们要估计的系数，而且我们的自变量中没有一个是其他自变量的线性结合，普通可获得的回归软件包就会使我们能用自己的电脑找到适合普通最小二乘法的系数。[22]

　　我们从普通最小二乘法中所得的系数的估计，一般会有许多很理想的特征。假如自变量与误差项 ε 完全不相关，那么我们的系数估计因子将是无偏差的。[23]（注意：一个估计因子就是我们用以从我们的数据中计算具体估计的公式。）要了解估计因子没有偏差的含义是什么，我们必须记住我们的具体估计依赖于我们数据样本中实际出现的误差。如果我们选择一个新的样本，我们会出现不同的误差和不同的系数估计因子。当估计是无偏的，我们预期不同样本的平均估计就会与真实系数值很接近。例如，如果汽油铅对血铅没有任何真正影响（汽油铅的真正系数为零），我们几乎可以肯定地估计其系数是正数或负数，而不是正好为零。然而，多次用普通最小二乘法重复计算大量样本，然后对汽油铅的系数估计进行均分，一般来讲，就会产生一个很接近零的结果。[24] 确实，随着样本数量的增加，我们可以得到如同我们想要的那样的接近零的平均值。

　　遗憾的是，我们通常只有一个样本来估计系数。我们怎样判断估计是否与零相差足够大，以使我们能得出结论说真正的参数值不是零呢？通过相当合理的假定：每一观察的误差项能够被当作从有恒定方差的正态分布中抽出的，这时普通最小二乘法估计量会遵循学生—t 分布。[25] 即，我们可以把系数的特定数值估计解释为从一个遵循学生—t 分配数值表的以系数的真实值为中心的随机变量中抽出来的（普通最小二乘法估计量是随机变量，建立在我们数据基础上的实际估计是该随机变量的实现）。

　　了解普通最小二乘法估计量的分布使我们能够解释系数估计的统计显著性。我们通过问下列问题决定统计显著性（statistical significance）：如果系数真实值为零，我们观察到一个如我们看到的那样大的系数（就绝对值而言）有多大的可能性？我们回答这个问题首先要假定系数的真实值为零［无效假设（null hypothesis）］，以使我们的估计因子以零为中心分布。然后通过把系数估计除以估计的标准误差（普通最小平方法运用过程的副产品），使之成为方差为 1 的标准化分布。由此得到的数字叫作 t 比率，然后能在标准的 t 分布表中与临界值相比较，该表可以在几乎所有统计学课本的附录中找到。例如，如果无效假设为真（绝对值），观察到的 t 比率的概率应该大于 5%，如果不到这一界限，我们可以决定拒绝系数真实值为零的无效假设（我们选择的这一概率设定了错误地拒绝无效假设的概率上限）。[26] 为了进行这一检验，我们观察到 t 分布表中对应于 5% 的临界值。[27] 如果我们估计的 t 比率的绝对值大于临界值，我们就拒绝无效假设，并且说我们的估计系数不是零，在统计上具有显著性。

幸运的是，大多数的回归软件使我们免去了去表中查找临界值的麻烦，而是直接计算在观察到的 t 比率的无效假设下与所估计的数值一样大的概率。为了做一个建立在系数基础上的典型检验，我们只需看看所报告的概率是否小于我们错误地抛弃掉我们愿意接受的无效假设的最大概率。如果它更小，我们就抛弃无效假设。

考虑一下表 18—1 中的回归结果（regression results）。这些结果基于在国家健康和营养检查第二次普查中对 6 534 个白人测量血铅所得的数据。分析家也估计了测量黑人或黑人、白人混合组的类似模型（他们对汽油铅的系数估计在不同样本之间的偏差从来没有超过 10%。为了节省空间，他们只详细报告了对白人进行调查的回归结果。他们之所以选择白人，是因为白人是最大的亚群体，并先发制人地排斥了将血铅和汽油铅的关系归因于不同时间样本种族成分的变化的断言）。

因变量是个人的血铅水平，以微克每分升来计量。自变量被列在"影响"下面一栏。我们主要关注的自变量是测定个人血铅前的那个月全国消费的汽油铅（每天几百公吨）。其他自变量包含在从统计上控制影响个人血铅水平的其他因素的努力中。除了每天吸烟的数量和饮食成分（维生素 C、核黄素等）外，其他统计控制变量都是指示变量或者伪变量。当条件满足时，这些变量的值为 1；条件不满足时，其值为零。例如，如果个体是男性，这个"男性"变量就等于 1，如果个体是女性，该变量就等于零。变量"维生素 C"、"磷"、"核黄素"和"维生素 A"作为对铅的饮食摄入的代理测度，每个变量以毫克测量其饮食摄入。其他变量力图刻画人口、收入、职业接触、饮酒习惯以及居住地点的影响。报告中的 R^2 表明，所有变量对血铅全部变化的解释度为 33%。[28]

估计的汽油铅系数是每天全国消费 100 公吨汽油时铅在血液中的含量为 2.14 微克/分升。以 0.192 的估计标准误差除以系数，得到大约为 11 的比率。如果该系数的真实值实际上为零，观察到这么大的或更大的比率的概率小于 1/10 000 次（表 18—1 中的"P 值"下面的 0.000 0）。我们于是会抛弃无效假设，支持汽油铅影响血铅的备选解释。换句话讲，汽油铅对血铅有统计上意义显著的影响。

表 18—1　　　　　　　　　　　　估计汽油铅对血铅影响的基本回归模型[a]

影响	系数	标准差	P 值
截距	6.15		
汽油	2.14	1.42	0.000 0
低收入	0.79	0.243	0.002 5
中等收入	0.32	0.184	0.089 7
儿童（小于 8 岁）	3.47	0.354	0.000 0
香烟数	0.08	0.012	0.000 0
由于职业原因被影响	1.74	0.251	0.000 0
维生素 C	−0.004	0.000	0.001 0
年轻人	−0.30	0.224	0.184 1
男性	0.50	0.436	0.253 8
十几岁的男性	1.67	0.510	0.002 6
成年男子	3.40	0.510	0.000 0
小城市	−0.91	0.292	0.003 9
农村地区	−1.29	0.316	0.000 3
磷	−0.001	0.000	0.000 9
饮酒	0.67	0.173	0.000 7
严重酗酒者	1.53	0.316	0.000 0
东北	−1.09	0.332	0.002 8
南部	−1.44	0.374	0.000 5
中西部	−1.35	0.500	0.011 5
受教育程度	−0.60	0.140	0.000 0
核黄素	0.188	0.071	0.018 6
维生素 A	0.018	0.008	0.035 5

因变量：国家健康和营养检查第二次普查中的白人的血液铅水平（微克/分升）

资料来源：Joel Schwartz et al.，*Costs and Benefits of Reducing Lead in Gasoline*：*Final Regulatory Impact Analysis*（Washington，DC：Environmental Protectio Agency，1985），Ⅲ-15. The orginal document reported incorrect standard errors；standard errors reported here were provided by Joel Schwartz.

在发现统计上具有显著性的影响之后，下一个问题是系数的大小是否实质上有意义。也就是说，被问及的变量有值得考虑的影响吗？[29] 回答这个问题的一个方法是把估计的系数与自变量中可能发生的变化相乘。例如，到国家健康和营养检查第二次普查结束时为止，每天全国汽油铅的消费量约为 250 公吨。一项严格的政策或许会降低汽油铅的消耗量，比如说降到每天 25 公吨。应用估计的汽油铅的系数，我们预期汽油铅消费量的这一下降能够使血铅的水平平均下降约 4.8 微克/分升

（每天 225 公吨的降低量乘以每天 100 公吨的估计系数 2.14 微克/分升）的水平。

为了弄清 4.8 微克/分升的减少实质上是否重要，我们可以观察 250 公吨和 25 公吨的代表性群体的血铅水平。例如，在 250 公吨水平上，一个不吸烟（吸烟数量为零）、适度饮酒（饮酒者等于 1，严重饮酒者等于零）、非职业性铅接触（职业接触为零）的女性成年人（儿童、青少年、男性、男性青少年、男性成年人都等于零），她住在东北部大城市（东北部等于 1，小城市、农村、南部和中西部都等于零），她的收入中等，有学士学位，饮食营养高（低收入等于零，中等收入、教育水平、维生素 C、磷、核黄素、维生素 A 都等于 1），这样的一个人，她的血铅含量预测为 10.6 微克/分升。如果汽油铅的水平降到每天 0.25 公吨，我们预期还是同一个人，她的血铅将仅有 5.8 微克/分升降了 45%。因此，汽油铅对血液铅的影响不仅在统计上具有显著性，实质上也意义重大。

研究组对估计汽油铅对儿童血铅的影响特别感兴趣。作为第一条捷径，他们改进了一个逻辑回归模型（logistic regression）[30]，用以预测年龄从 6 个月到 8 岁的孩子含血铅 30 微克/分升的概率。30 微克/分升是当时美国疾病控制中心所用的含铅致毒的数字。逻辑回归模型假定自变量与因变量之间有非线性关系，[31] 当因变量是两分情况（如果条件符合，y 等于 1；不符合，y 等于 0）时，这种回归比线性回归更适合。[32] 使用国家健康和营养检查第二次普查所获数据，研究组发现了汽油铅和儿童有致毒水平的血铅之间有强相关性。事实上，他们估计，根除汽油铅将减少样本中 8 岁以下儿童 80% 的铅中毒病例数。研究组用了逻辑回归和其他概率模型来估计汽油铅的减少怎样改变有不同血铅水平儿童的数目。这些估计对他们接下来评估汽油铅减少对儿童健康的影响是必不可少的。

对因果关系的重新考虑

回归模型中自变量有统计上意义重大的系数，它本身并没有建立因果关系（causal relationship）。也就是说，它并不保证自变量的变化将导致因变量的变化。即使自变量对因变量没有直接的影响，模型中没有包括的其他变量也许会使这两种变量有相互关系，以致产生数据样本中的明显关系（记住出生率和鹳窝密度的表面关系）。汽油铅和血铅的强相关应该解释为因果关系吗？

研究组深入思考了这个问题。尽管它的证明在法律上来说是没必要的，但他们相信，如果能对因果关系作出强有力的说明，建议的规则会更可能得到采纳。他们的方法是应用流行病学家常用的标准来决定因果关系的可能性；在健康领域之外，这种标准并非都是可直接应用的。然而，研究组应用此标准的方式证明在经验研究中这种询问是有价值的。因此，我们简短浏览一下他们考虑的这六个标准。

这种模型从生物学上说有道理吗？

研究组注意到，铅能通过肺和肠道被人体摄入。他们指出，汽油铅是环境铅的主要来源，在汽车排气时，主要是以可吸入颗粒的形式被排放的。这些颗粒能够直接通过肺被吸入人体。它们也可以污染能够通过肺和肠道吸入的灰尘。因此，研究组得出结论，汽油铅影响血铅从生物学上讲是有道理的。

生物学上的合理性是更一般标准上的流行病学陈述。从理论上说，该模型有道理吗？在通过数据查找实际关系前，你应该指定一个模型（你关于变量怎样关联的看法）。如果你发现，你的数据与你的模型一致，那么你就可以更加确信你所估计的关系不仅仅是巧合。[33]

有实验的证据来支持发现的结论吗？

研究组发现了几份专门设计用来测量汽油铅对血铅的作用的调查报告。其中一份是在意大利都灵进行的试验，研究员们监测了随汽油铅同位素成分变化的血铅同位素成分的变化。[34]他们发现都灵市居民的血铅至少 25％来自汽油铅。因此，这个试验不仅证明了汽油铅对血铅生物学作用的合理性，而且暗示了研究组估计的数量级的影响。

能够找到这样强有力而直接关联的实验支持在政策研究中是罕见的，这些政策研究大部分只涉及人们的行为反应。可控试验在社会科学中是很少的，这不仅因为这些试验代价高，难以实施，而且因为试验常常涉及把人分到"处理组"和"控制组"的复杂的伦理问题。无论如何，在过去的 30 年中，在美国还是进行了许多政策试验。[35]然而，不可能使每一个这样的试验直接应用到你的政策问题上。因此，你必须拓宽你的试验，到其他经验研究中去寻找证据。

用不同数据进行的研究能得出同样的结果吗？

研究组审阅了同样能找到汽油铅和血铅关系的几个研究。这些研究基于 20 世纪 70 年代期间美国疾病控制中心资助的社区范围内的铅搜寻项目所收集的数据。[36]另外一些研究基于 1979 年 4 月到 1981 年 4 月从波士顿的 11 000 个婴儿的脐带血中收集的数据。[37]这些研究都表明了汽油铅和血铅之间在统计上具有显著的关系，因而支持了研究组在国家健康和营养检查第二次普查数据基础上进行的分析。

原因先于结果吗？

研究组使用了关于血铅半衰期的信息，预测汽油铅和血铅之间的滞后回归关系的强度。如果汽油铅对血铅有作用的话，这种关系是可以预期的。铅在血液中的半衰期为 30 天。注意国家健康和营养检验第二次普查的血检是在一个月的中旬，他们预测前一个月排放的汽油铅（代表检验前 15 天和 45 天之间的平均铅排放），对血铅的影响比当月（平均暴露到 15 天）或前两个月（平均 45～75 天的接触）排放的汽油铅要强。他们通过当前月、滞后一个月、滞后两个月的汽油铅水平对血铅水平的回归检验了他们的预测。正像预料的那样，滞后一个月的汽油铅是三个当中最重要的。同样，与 30 天的半衰期相一致，滞后两个月的汽油铅系数大约是滞后一个月汽油铅系数的一半。因此，原因确实以料想的方式出现在结果之前。

稳定的剂量—反应关系存在吗？

研究组使用的回归模型假设汽油铅和血铅之间存在线性关系（linear relation-ship）。当汽油铅出现水平变化时这种关系保持稳定吗？为了回答这个问题，研究组利用了一个这样的事实：大体上，国家健康和营养检查第二次普查的后一半的汽油铅水平大约比前一半的汽油铅水平低50％。如果汽油铅和血铅的关系是稳定的和线性的，那么只使用这次调查的后一半的数据对回归模型进行重新估计，可以产生可与整个样本比较的汽油铅系数。他们发现这个系数确实就是这样。另外，直接考虑到非线性影响（nonlinear effects）的回归模型估算支持汽油铅和血铅之间线性关系的最初发现。

是否存在这样的可能性：没有被包括进来的因素也可以解释观察到的现象？

研究组考虑了有可能使汽油铅和血铅的明显关系发生混乱的几个因素：饮食铅的摄入、与含铅颜料接触、季节变化以及抽样模型。

基本回归模型考虑了营养和人口变量，作为对饮食中摄入的铅的代表性变量。然而，这些变量也许不会恰当地控制饮食铅可能降低的趋势，而这种趋势能导致汽油铅与血液的估计关系发生变化。然而在调查期间，由食品与药品管理局进行的市场研究表明，饮食铅的摄入没有降低的趋势，而且饮水摄入的铅在很大程度上是酸化作用的函数，在调查期间没有系统变化。有证据表明焊接的变化减少了这段时间罐头食品的铅含量。但是研究组能够排除把罐头食品中的铅成分作为一种扰乱因素，他们把焊接的铅成分作为自变量，重新估计回归模型，发现汽油铅的系数基本保持不变。

研究组认识到与含铅颜料的接触的变化是另一个潜在的扰乱因素。他们从三方面排除了这种可能性。

第一，对儿童来说，颜料铅（paint lead）是血铅的主要来源（儿童吃有颜料的含片），但对成年人来说不是这样。如果降低对含铅颜料的接触可以影响汽油铅与血铅的估计关系，我们会预期儿童血铅要比成年血铅减少更多。实际上，在调查期间，成人的平均减少量仅比儿童稍少一点（37％比42％）。

第二，颜料铅的摄入通常会导致血铅水平的大幅度增加。如果减少对油漆铅的接触可以降低血液铅水平，我们会认为可以观察到有高血铅水平的人的数量会减少。实际情况是，在调查期间，起初铅水平就低的人血铅水平也降低了。[38]

第三，减少接触颜料铅在城市会比在郊区更为重要，因为郊区一般有更新的建房材料，含铅漆剥落的频率较低。然而，分别对中心城市和郊区样本进行估计后，人们发现汽油铅的系数基本上是一样的。

美国人血铅水平在夏天平均比在冬天要高。为了排除季节变化干扰汽油铅与血铅的关系的可能，研究组引入可独立于季节影响的指示变量，对基本模型重新进行了估计。当在模型中保留了汽油铅时，季节变量的系数在统计上并不明显。因此，汽油铅的变化能够充分解释血铅水平的季节变化以及长期变化。

正像已经提到的那样，研究组根据不同的人口子样本估计了基本模型，发现任何两个汽油铅系数的估计的差别都不到10%。然而，他们也担心调查期间抽样地点的变化会扰乱汽油铅系数的估计。因此，他们用49个地点的指示变量对基本模型进行了重新估计，发现汽油铅系数仅变化了大约5%。进一步说，他们发现，即使引入可以产生不同地点的汽油铅系数的变量，代表全国范围的汽油铅系数在统计上和实质上都是显著的。总的说来，这些检测使研究组排除了严重抽样偏差的可能性。

证据的权重

研究组拿出了强有力的事例来证明汽油铅和血铅的重要因果关系。他们从广泛多样的来源抽出相关证据来补充他们的基本数据分析。他们对可能的扰乱因素给予了严肃关注，既考虑了内部检验（如子样本分析和对模型的重新说明），又考虑了他们是否能够被排除的外部证据。因此，政策的反对者几乎没有什么攻击其经验基础的入口。

18.5　规则的完成

在建议规则发布之后，分析组面临的主要任务是回答利益集团方面的质询。分析组成员参加了8月举行的公开听证会，花了1984年秋天的大部分时间来回答10月1日结束的公众摘要上的质询。在这个过程中，他们变得更为自信，建议的规则会产生他们所预测的大的净收益。同时，他们发现了新的收益类型——降低成年人的血压水平——可能会超过他们早期对收益的估计。

1983年，施瓦茨偶然发现了一篇研究文章，该文章报告了血铅和高度紧张的相互关系，[39]他开始与研究员们一起在美国疾病控制中心和密歇根大学开展工作，来研究血铅和血压水平的关系。到1984年夏天，他们对国家健康和营养检查第二次普查的数据进行的分析表明，这二者之间有很强的相关性。[40]因为高血压会导致高度紧张、心肌梗塞和中风，由血铅减少带来的潜在收益是巨大的。降低成年人的血铅水平能够带来收益。虽然最后发布的决议并没有纳入对预期收益的量化估计，研究组在支持文献中还是提供了他们的估计。

一个遗留的问题是执行进度表。通过运用原来由能源部开发的美国炼油部门的模型，不同铅标准的成本可以估计出来。该模型阐述了把原油转化为最后的石油产品的炼油能力的不同类型。该模型用最优化程序，通过在炼油单位中分配原油和中间石油产品来实现社会剩余（消费者剩余和生产者剩余之和）的最大化。这种分配与对可用单位的利用不加限制、完全竞争性市场中操作导致的分配一致。通过审视铅限制强化——如从1.1克/加仑降到0.1克/加仑，引起的社会剩余的降低，成本被估计了出来。铅添加剂的生产商对这些结果提出了挑战，理由是该模型假定不同炼油厂商在能力利用上比实际有更大的灵活性。

分析组与环境保护局其他办公室的成员举行了会议，来考虑可供选择的执行进度。尽管他们达成了一项试验性决定，把过渡标准定为 0.5 克/加仑，在 1985 年 7 月 1 日开始生效，而把最终标准定为 0.1 克/加仑，在 1986 年 1 月 1 日开始生效，有几位成员还是害怕有些炼油厂商不能在现有设备上遵照执行。如果他们的担心果真出现，新规定的经济成本就会比估计的要高，也许还会引起政治问题。

该项目的一位顾问——索伯特卡（Sobotka）公司的威廉·约翰逊（William Johnson）提出了一个解决方法。他推断，如果设备在炼油厂商之间的物理分配干扰了该模型假定的石油转换的灵活性，也许可以建立一个有含铅权利的二级市场，以方便交易，从而绕开特殊的瓶颈。如果把 1985 年 7 月 1 日到 1988 年 1 月 1 日的总的铅允许量作为一个约束条件，那么关键是创造一种能使炼油厂商把铅添加剂至少降到 0.5 克/加仑过渡标准的激励机制。他们如能不断降低铅含量，就可以抵消另外一些由于设备原因不容易达到基本标准的炼油厂生产的汽油中的过量铅。因为目前把铅减少到标准之下，可以使将来某时有权利生产超标准的汽油，这种贸易过程被称作"铅权力的银行"（banking of lead rights）。炼油厂商可以自由地以他们互利的价格买卖铅权利。因此，满足新标准的总成本就会被降低。

涉及有关铅规定的环境保护局各办公室的代表一致同意，这种铅存储是一种处理对执行进度担忧的好办法。因为在 8 月出版的建议规定中没有讨论过，铅权利存储不能作为最后规定的部分。然而，人们很快通过行动，在一份补充说明中建议实行铅权力银行，它在新标准决定后不久就可以使用。[41]

研究组剩下的任务是准备最终控制影响分析，此分析将被出版以支持最终规定，[42] 由此形成的文献开始于讨论燃料错用问题和与铅添加剂有关的健康问题以及最后规定的替代方案（公共教育、逐步加强地方强制来特别处理燃料错用问题、通过污染收费来一般化地处理铅的负外部性以及其他管制标准）。然后，文献详细说明了用来估算紧缩铅标准的成本的方法、汽油铅和血铅的关系、减少儿童和成人的铅接触带来的健康收益、减少铅以外的污染物的收益以及降低汽车维修成本和增进燃料节约的收益等。

最后规定的净收益的现值在有关燃料错用（把含铅汽油用在装有催化转换器的汽车上）的不同假定基础上获得。降低铅的许可水平会缩小含铅汽油与不含铅汽油之间的价格差，从而减少对燃料错用的经济激励。然而，还不可能有把握地预测实际会降低多少燃料错用。因此，合理的方法是考虑全概率范围的净收益。表 15—2 显示了这种敏感性分析的结果。注意，这里给出了包括和不包括成年人血压收益的净收益。尽管血压收益显得巨大，但它们是最后才应考虑到的收益测度，因此，其支持性证据也是最不足的。然而，即使假定该标准不会减少燃料错用，对成年人也没有健康收益，其收益现值也是成本现值的 2 倍以上。实际上，仅维修收益就会超过提高了的炼油成本。

表 18—2　　最终规定的成本与收益的现值，1985—1992 年（1983 年的百万美元）

	无错误的燃料	全部错误的燃料	部分错误的燃料
货币化了的收益			
儿童的健康	2 582	2 506	2 546
成年人的血压	27 936	26 743	27 462
常规污染物	1 525	0	1 114
维修	4 331	3 634	4 077
燃料节约	856	643	788
总货币化收益	37 231	33 526	35 987
总炼油收益	2 637	2 678	2 619
净收益	34 594	30 847	33 368
不包括血压的净收益	6 658	4 105	5 906

　　资料来源：Joel Schwartz et al. , *Costs and Benefits of Reducing Lead in Gasoline*（Washington，DC：Environmental Protection Agency，1985），Table Ⅷ-8，Ⅷ-26.

　　《最终控制影响分析》（the Final Regulatory Impact Analysis）于 1985 年 2 月出版发行。1985 年 3 月 7 日，最后规则在《联邦登记》（Federal Register）上发表。[43] 0.1 克/加仑的标准将在 1986 年 1 月 1 日生效，几乎是在支持性分析的工作开始三年之后。

18.6　结论

　　我们描述了统计分析为改变政策作出重要贡献的案例吗？又是又不是。你不应该希望这样一个技能、时间、数据、来源和利益的集合体会常常出现，并产生如此明确的经验性发现——管制性分析往往也不能产生如此效果。[44] 同时，你应该期望会遇到用环境保护局分析家使用的这类统计方法即使不能肯定地回答，至少也能加以探讨的经验问题。考虑几个近年来出现的典型例子，死刑能震慑住杀人者吗？[45] 提高最低法定饮酒年龄和每小时 55 英里的速度限制能降低交通死亡率吗？[46] 更小的班级能提高学生的成绩吗？[47] 增加最低工资实际上能产生出理论上预测的就业下降吗？[48] 尽管对这些经验问题的广为接受的回答在解决政策争论上不一定是决定性的，但它们至少把这些辩论从对预测的争吵转移到对价值的明晰思考上。把这些高度争议的问题放在一边，你会发现经验推理和批评地吸收他人的推理，常常以重要的方式为你的政策分析质量作出贡献。

复习思考题

　　1. 假设你要估计在美国香烟需求的弹性。一个方法是参考各州的香烟价格，因为香烟税是不同的。例如，你可能对每个州的人均香烟消费数量做一个针对该州香烟价格的回归。你会在你的模型中包括其他哪些变量？

2. 我们建议 EPA 研究组重新估计汽油铅和血铅之间的关系的模型，从而可以找出其他的理论，解释初始研究中所发现的强烈的正相关关系。如果他们的初始发现没有找到任何相关关系，但随着对模型的不断修正，最终发现了一个正相关关系，是否应建议他们这样做？

注释

1. The Clean Air Act Amendments of 1970, PL. 91-604, December 31, 1970.

2. Section 211 (c) (2) (A), 42 U.S.C. 1857f-6c (c) (2) (A).

3. 36 *Federal Register* 1468 (January 31, 1971).

4. 37 *Federal Register* 11786 (February 23, 1972).

5. 38 *Federal Register* 1254 (January 10, 1973).

6. 38 *Federal Register* 33734 (November 28, 1973).

7. *Ethyl Corporation v. Environmental Protection Agency*, 541 F. 2d 1 (1976).

8. 44 *Federal Register* 33116 (June 8, 1979).

9. 47 *Federal Register* 4812 (February 22, 1982).

10. 47 *Federal Register* 38070, 38072, 38078 (August 27, 1982).

11. 47 *Federal Register* 49331 (October 29, 1982).

12. U. S. Environmental Protection Agency, *Motor Vehicle Tampering Survey* 1982 (Washington, DC: National Enforcement Investigation Center, EPA, April 1983).

13. *Small Refiner Lead Phase-Down Task Force v. EPA*, 705 F. 2d 506 (D. C. Cir. 1983), p. 531.

14. There appeared to be no nonresponse bias in the sample. R. N. Forthofer, "Investigation of Nonresponse Bias in NHANES II," *American Journal of Epidemiology* 117 (4) 1983, 507-15.

15. J. L. Annest, J. L. Pirkle, D. Makuc, J. W. Neese, D. D. Bayse, and M. G. Kovar, "Chronological Trends in Blood Lead Levels between 1976 and 1980," *New England Journal of Medicine* 308 (23) 1983, 1373-77.

16. Joel Schwartz, Jane Leggett, Bart Ostro, Hugh Pitcher, and Ronnie Levin, *Costs and Benefits of Reducing Lead in Gasoline: Draft Final Proposal* (Washington, DC: Office of Policy Analysis, EPA, March 26, 1984), V-26.

17. Ibid.

18. 49 *Federal Register* 31031 (August 2, 1984).

19. David R. Appleton, Joyce M. French, and Mark P. J. Vanderpump, "Ignoring a Covariate: An Example of Simpson's Paradox," *American Statistician* 50 (4) 1996, 340-41.

20. For clear introductions, see Eric A. Hanushek and John E. Jackson, *Statistical Methods for the Social Sciences* (New York: Academic Press, 1977); and Christopher H. Achen, *Interpreting and Using Regression* (Beverly Hills, CA: Sage, 1982).

21. The prediction error is the observed value of the dependent variable minus the value we would predict for the dependent variables based on our parameter estimates and the values of our independent variables. For the ith observation the prediction error is given by

$$e_i = y_i - (b_0 + b_1 x_{1i} + \cdots + b_k x_{ki})$$

The prediction error is also referred to as the *residual of the observation*. OLS selects the parameter estimates to minimize the sum of the squares of the residuals.

22. When one independent variable can be written as a linear combination of the others, we have a case of *perfect multicollinearity*. A related and more common problem, which we can rarely do anything about, occurs when the independent variables in our sample are highly correlated. This condition, called *multicollinearity*, is not a problem with the specification of our model but with the data we have available to estimate it. If two variables are highly correlated, positively or negatively, then OLS has difficulty identifying their independent effects on the dependent variable. As a result, the estimates of the parameters associated with these variables will not be very precise. That is, they will have large variances, increasing the chances that we will fail to recognize, statistically speaking, their effects on the dependent variable. One way to deal with multicollinearity is to add new observations to our sample that lower the correlation. For example, if we had a high positive correlation between smoking and drinking in our sample, we should try to add observations on individuals who smoke but do not drink and who drink but do not smoke. Unfortunately, we often have no choice but to work with the data that are already available.

23. Strictly speaking, we must also assume that our independent variables are fixed in the sense that we could construct a new sample with exactly the same observations on the independent variables. Of course, even if the independent variables are fixed, we would observe different values of the dependent variable because of the random error term. In addition, we must assume that the expected value of the error term is zero for all observations.

24. Our average will not be close to zero if gasoline lead is correlated with a variable excluded from our model that does have an effect on blood lead. In this case, gasoline lead stands as a proxy for the excluded variable. Other things equal, the stronger the true effect of the excluded variable on blood lead and the higher the absolute value of the correlation between gasoline lead and the excluded variable, the greater will be the bias of the coefficient of gasoline lead. We might not worry that much about the bias if we knew that it would approach zero as we increase sample size. (If the variance of the estimator also approached zero as we increased sample size, we would say that the estimator is *consistent*.) Although OLS estimators are consistent for correctly specified models, correlation of an independent variable with an important excluded variable makes its estimator inconsistent.

25. The *Central Limit Theorem* tells us that the distribution of the sum of independent random variables approaches the Normal distribution as the number in the sum becomes large. The theorem applies for almost any starting distributions-the existence of a finite variance is sufficient. If we think of the error term as the sum of all the many factors excluded from our model, and further, we believe that they are not systematically related to each other or the included variables, then the Central Limit Theorem suggests that the distribution of the error terms will be at least approximately Normal.

26. Falsely rejecting the null hypothesis is referred to as *Type I error*. Failing to reject the null hypothesis when in fact the alternative hypothesis is true is referred to as *Type II error*. We usually set the probability of Type I error at some low level like 5 percent. Holding sample size constant, the lower we set the probability of Type I error, the greater the probability of Type II error.

27. The Student-t distribution is tabulated by degrees of freedom. In the basic OLS framework, the *degrees of freedom* is the total number of observations minus the number of coefficients being estimated. As degrees of freedom becomes larger, the Student-t distribution looks more like a standard Normal distribution. You should also note the difference between a one-tailed and two-tailed test. Because the standardized

Student-t is a symmetric distribution centered on zero, a 5 percent test usually involves setting critical values so that 2.5 percent of area lies under each of the tails (positive and negative). A one-tailed test, appropriate when we are only willing to reject the null hypothesis in favor of an alternative hypothesis in one direction (either positive or negative, but not both), puts the entire 5 percent in the tail in that direction.

28. R^2 is a measure of the *goodness of fit* of the model to the particular sample of data. It is the square of the correlation between the values of the dependent variable predicted by the model and the values actually observed. An R^2 of one would mean that the model perfectly predicted the independent variable for the sample; an R^2 of zero would mean that the model made no contribution to prediction.

29. The standard errors of the coefficient estimates decrease as sample size increases. Thus, very large samples may yield larget-ratios even when the estimated coefficient (and its true value) are small. We refer to the power of a statistical test as one minus the probability of failing to reject the null hypothesis in favor of the alternative hypothesis. Other things equal, larger sample sizes have greater power, increasing the chances that we will reject the null hypothesis in favor of alternatives very close to zero.

30. For an introduction to logistic regression, see Hanushek and Jackson, *Statistical Methods*, pp. 179-216.

31. The logistic regression model is written:

$$P(Y) = e^Z/(1+e^Z)$$

where $P(Y)$ is the probability that condition Y holds, e is the natural base, and $Z = b_0 + b_1 x_1 + b_2 x_2 + \cdots + b_k x_k$ is the weighted sum of the independent variables x_1, x_2,..., x_k. The coefficients b_0, b_1, ..., b_k are selected to maximize the probability of observing the data in the sample. Note that the marginal contribution of x_i to the value of the dependent variable is not simply b_i, as would be the case in a linear regression model. Rather, it is $b_i [1-P(Y)]P(Y)$, which has its greatest absolute value when $P(Y)=0.5$.

32. The logistic regression model, unlike the linear regression model, always predicts probabilities that lie between zero and one (as they should).

33. Imagine that you regress a variable on twenty other variables. Assume that none of the twenty independent variables has a true effect on the dependent variable. (The coefficients in the true model are all zero.) Nevertheless, if you use a statistical test that limits the probability of falsely rejecting the null hypothesis to 5 percent, then you would still have a 0.64 probability $[1-(95)^{20}]$ of rejecting at least one null hypothesis. In other words, if you look through enough data you are bound to find some statistically significant relationships, even when no true relationships exist. By forcing yourself to specify theoretical relationships before you look at the data, you will reduce the chances that you will be fooled by the idiosyncrasy of your particular data sample. For a brief review of these issues, see David L. Weimer, "Collective Delusion in the Social Science: Publishing Incentives for Empirical Abuse," *Policy Studies Review* 5 (4) 1986, 705-708.

34. S. Fachetti and F. Geiss, *Isotopic Lead Experiment Status Report*, Publication No. EUR8352ZEN (Luxembourg: Commission of the European Communities, 1982).

35. For a review of the major policy experiments conducted in the United States, see David Greenberg and Mark Shroder, *The Digest of Social Experiments*, 2nd ed. (Washington, DC: Urban Institute, 1997).

36. Irwin H. Billick et al., *Predictions of Pediatric Blood Lead Levels from Gasoline Consumption* (Washington, DC: U.S. Department of Housing and Urban Development, 1982).

37. M. Rabinowitz, H. L. Needleman, M. Burley, H. Finch, and J. Rees, "Lead in Umbilical

Blood, Indoor Air, Tap Water, and Gasoline in Boston," *Archives of Environmental Health* 39 (4) 1984, 297-301.

38. The study team also used data from the lead-screening program in Chicago to estimate the probability of toxicity as a function of gasoline lead for children exposed and not exposed to lead paint. They found that gasoline lead had statistically significant positive coefficients for both groups.

39. V. Batuman, E. Landy, J. K. Maesaka, and R. P. Wedeen, "Contribution of Lead to Hypertension with Renal Impairment," *New England Journal of Medicine* 309 (1) 1983, 17-21.

40. The results of their research were later published in J. C. Pirkle, J. Schwartz, J. R. Landes, and W. R. Harlan, "The Relationship between Blood Lead Levels and Blood Pressure and Its Cardiovascular Risk Implications," *American Journal of Epidemiology* 121 (2) 1985, 246-58.

41. 50 *Federal Register* 718 (January 4, 1985); and 50 *Federal Register* 13116 (April 2, 1985).

42. Joel Schwartz, Hugh Pitcher, Ronnie Levin, Bart Ostro, and Albert L. Nichols, *Costs and Benefits of Reducing Lead in Gasoline: Final Regulatory Impact Analysis*, Publication No. EPA-230-05-85-006 (Washington, DC: Office of Policy Analysis, EPA, February, 1985). By the time the final report was prepared, Jane Leggett left the project team. In the meantime, Albert Nichols, a Harvard University professor who was visiting the EPA as the acting director of the Economic Analysis division, began working closely with the team to produce the final document.

43. 50 *Federal Register* 9386 (March 7, 1985).

44. Robert W. Hahn, Jason K. Burnett, Yee-Ho I. Chan, Elizabeth A. Mader, and Petrea R. Moyle, "Assessing Regulatory Impact Analyses: The Failure of Agencies to Comply with Executive Order 12, 866," *Harvard Journal of Law & Public Policy* 23 (3), 2000, 859-85.

45. See Isaac Ehrlich, "The Deterrent Effect of Capital Punishment: A Question of Life and Death," *American Economic Review* 65 (3) 1975, 397-417; and Alfred Blumstein, Jacqueline Cohen, and Daniel Nagin, eds., *Deterrence and Incapacitation: Estimating the Effects of Criminal Sanctions on Crime Rates* (Washington, DC: National Academy of Science, 1978).

46. See Charles A. Lave, "Speeding, Coordination, and the 55 MPH Limit," *American Economic Review* 75 (5) 1985, 1159-64; and Peter Asch and David T. Levy, "Does the Minimum Drinking Age Affect Traffic Fatalities?" *Journal of Policy Analysis and Management* 6 (2) 1987, 180-92.

47. See Eric A. Hanushek, "Measuring Investment in Education," *Journal of Economic Perspectives* 10 (4) 1996, 9-30.

48. See David E. Card and Alan B. Krueger, *Myth and Measurement: The New Economics of the Minimum Wage* (Princeton, NJ: Princeton University Press, 1995); Richard V. Burkhauser, Kenneth A. Couch, and David C. Wittenburg, "Who Gets What' from Minimum Wage Hikes: A Re-Estimation of Card and Krueger's *Myth and Measurement: The New Economics of the Minimum Wage*," *Industrial and Labor Relations Review* 59 (3) 1996, 547-52; and Tom Valentine, "The Minimum Wage Debate: Politically Correct Economics?" *Economic and Labour Relations Review* 7 (2) 1996, 188-97.

第6篇

结论

第 19 章

做得更好与做好的事情

　　前几章讲述了我们所认为的做政策分析的主要因素。作为一个忠实的读者，你现在应该准备好来成功地进行自己的分析了。随着实践经验的获得，我们希望你会想要回顾某些章节，查阅或重新理解是很有用的。下面我们总结你应该怎样看待你作为政策分析家的身份的几点思考。

　　我们的第一个忠告是：要好好进行分析！把客户放在心上。政策分析家依靠向别人提出政策建议生活。通过记住你的客户能采取的行动的范围，尽可能提出有用的建议。但是，与医生一样，你的一个原则是"不能造成伤害"。这要求你有怀疑的态度和谦虚的精神。你应该对他人提供的信息保持怀疑，同时谦虚地看待自己的预测的准确度，并避免让你的客户犯代价高昂并令人尴尬的错误。作为一个职业的建议者，你应该准备让你的客户因你受人欢迎的思想而得到信任，而避免他因为你的不好的建议而受到他人的责备。除了因了解你做了一件好的工作而有职业满足感之外，你还会继续获得你的客户的信任，你的客户还会继续倾听你的意见。

　　但是，正如我们试图在第 3 章努力说清楚的一样，作为政策分析家，你的责任远远不仅在于让你的客户获得成功。你应该对你的作品的完整性负责，而且为一个更好的社会作贡献。那么我们的第二个忠告是：做好的分析。

　　做好的分析要求掌握某些依据，从而对备选方案进行比较。在最一般的水平上，推进个人尊严和自由是西方社会所公认的价值观。遗憾的是，这些价值观有时是矛盾的，它们经常对大多数分析家的日常工作中所面临的直接问题不具有指导作用。在实践中，分析家在寻求好的政策的时候要尽量少使用这些抽象的价值。

在这本书中，我们一直在强调，在备选政策的评估中经济效率是最重要的政策目标。除了其直觉的吸引力之外（如果我们能在不使他人状况变坏的情况下使某人的状况变好，那么为什么不这么做呢?），我们相信，在政治舞台上，经济效率常常只受到很少的注意，因为经济效率一般缺乏有组织的支持者。作为一个社会，我们可能很愿意牺牲大的效率来实现分配目标或其他目标，而且我们应该这样做。在政策评估中，把效率引进来作为目标是政策分析家为公共利益作贡献的一种方式（不仅限于技术意义上的使用!）。

除了把提高效率作为目标之外，你可以通过识别政治舞台上其他较少被注意到的价值，来对公共利益作出贡献。是否存在一个可以识别的并不断地受到公共政策影响的组织？你对未来和未来几代人的利益是否做过充分的准备？你是否正在创造一个危险的先例？作为一个分析家，你的社会责任是确保能适当提出类似问题。

提出政治上还没有体现的价值与提供有用的和假定政治上可行的建议是否一致？遗憾的是，回答通常是否定的。私利常常占主导地位。但在其他时候，人们（包括政治家）以公共精神对分析做出回应，为了更大的利益而把狭隘的任意兴趣和政治放在一边。[1] 另外，针对目前政治上不可行的想法，如果人们不断提出它们，并用充分的分析来支持它们，也许这些想法以后会变得可行。经济分析在美国电话、卡车运输业、飞机制造业最后解除规制的特定阶段的作用就是证明。[2] 有时做好的分析要求分析家们建议他们的客户放弃一些当前的名望或者成功，来换取某些重要价值。当你说服你的客户接受这样的建议时，你已经做得非常好了。

注释

1. For a provocative development of this point, see Steven Kelman, " 'Public Choice' and Public Spirit," *Public Interest* 87 1987, 80−94.

2. See Martha Derthick and Paul J. Quirk, *The Politics of Deregulation* (Washington, DC: Brookings Institution, 1985), 246−52.

人大版公共管理类翻译（影印）图书

公共行政与公共管理经典译丛

书名	著译者	定价
公共管理名著精华："公共行政与公共管理经典译丛"导读	吴爱明　刘晶　主编	49.80 元
公共管理导论（第五版）	[澳] 欧文·E. 休斯　著 张成福　等　译	78.00 元
政治学（第三版）	[英] 安德鲁·海伍德　著 张立鹏　译	78.00 元
公共政策分析导论（第四版）	[美] 威廉·N. 邓恩　著 谢明　等　译	49.00 元
公共政策制定（第五版）	[美] 詹姆斯·E. 安德森　著 谢明　等　译	46.00 元
公共行政学：管理、政治和法律的途径（第五版）	[美] 戴维·H. 罗森布鲁姆　等　著 张成福　等　译校	58.00 元
比较公共行政（第六版）	[美] 费勒尔·海迪　著 刘俊生　译校	49.80 元
公共部门人力资源管理：系统与战略（第六版）	[美] 唐纳德·E. 克林纳　等　著 孙柏瑛　等　译	58.00 元
公共部门人力资源管理（第二版）	[美] 埃文·M. 伯曼　等　著 萧鸣政　等　译	49.00 元
行政伦理学：实现行政责任的途径（第五版）	[美] 特里·L. 库珀　著 张秀琴　译　音正权　校	35.00 元
民治政府：美国政府与政治（第 23 版·中国版）	[美] 戴维·B 马格莱比　等　著 吴爱明　等　编译	58.00 元
比较政府与政治导论（第五版）	[英] 罗德·黑格　马丁·哈罗普　著 张小劲　等　译	48.00 元
公共组织理论（第五版）	[美] 罗伯特·B. 登哈特　著 扶松茂　丁力　译　竺乾威　校	58.00 元
公共组织行为学	[美] 罗伯特·B. 登哈特　等　著 赵丽江　译	49.80 元
组织领导学（第七版）	[美] 加里·尤克尔　著 丰俊功　译	78.00 元
公共关系：职业与实践（第四版）	[美] 奥蒂斯·巴斯金　等　著 孔祥军　等　译　郭惠民　审校	68.00 元
公用事业管理：面对 21 世纪的挑战	[美] 戴维·E. 麦克纳博　著 常健　等　译	39.00 元
公共预算中的政治：收入与支出，借贷与平衡（第四版）	[美] 爱伦·鲁宾　著 叶娟丽　马骏　等　译	39.00 元
公共行政学新论：行政过程的政治（第二版）	[美] 詹姆斯·W. 费斯勒　等　著 陈振明　等　译校	58.00 元
公共部门战略管理	[美] 保罗·C. 纳特　等　著 陈振明　等　译校	49.00 元
公共行政与公共事务（第十版·中文修订版）	[美] 尼古拉斯·亨利　著 孙迎春　译	68.00 元
案例教学指南	[美] 小劳伦斯·E. 林恩　著 郏少健　等　译　张成福　等　校	39.00 元
公共管理中的应用统计学（第五版）	[美] 肯尼思·J. 迈耶　等　著 李静萍　等　译	49.00 元
现代城市规划（第五版）	[美] 约翰·M. 利维　著 张景秋　等　译	39.00 元
非营利组织管理	[美] 詹姆斯·P. 盖拉特　著 邓国胜　等　译	38.00 元

书名	著译者	定价
公共财政管理：分析与应用（第九版）	［美］约翰·L. 米克塞尔 著 苟燕楠 马蔡琛 译	138.00 元
公共行政学：概念与案例（第七版）	［美］理查德·J. 斯蒂尔曼二世 编著 竺乾威 等 译	75.00 元
公共管理研究方法（第五版）	［美］伊丽莎白森·奥沙利文 等 著 王国勤 等 译	98.00 元
公共管理中的量化方法：技术与应用（第三版）	［美］苏珊·韦尔奇 等 著 郝大海 等 译	39.00 元
公共部门绩效评估	［美］西奥多·H. 波伊斯特 著 肖鸣政 等 译	45.00 元
公共管理的技巧（第九版）	［美］乔治·伯克利 等 著 丁煌 主译	59.00 元
领导学：理论与实践（第五版）	［美］彼得·G. 诺斯豪斯 著 吴爱明 陈爱明 陈晓明 译	48.00 元
领导学（亚洲版）	［新加坡］林志颂 等 著 顾朋兰 等 译 丁进锋 校译	59.80 元
领导学：个人发展与职场成功（第二版）	［美］克利夫·里科特斯 著 戴卫东 等 译 姜雪 校译	69.00 元
二十一世纪的公共行政：挑战与改革	［美］菲利普·J. 库珀 等 著 王巧玲 李文钊 译 毛寿龙 校	45.00 元
行政学（新版）	［日］西尾胜 著 毛桂荣 等 译	35.00 元
比较公共行政导论：官僚政治视角（第六版）	［美］B. 盖伊·彼得斯 著 聂露 李姿姿 译	49.80 元
理解公共政策（第十二版）	［美］托马斯·R. 戴伊 著 谢明 译	45.00 元
公共政策导论（第三版）	［美］小约瑟夫·斯图尔特 等 著 韩红 译	35.00 元
公共政策分析：理论与实践（第四版）	［美］戴维·L. 韦默 等 著 刘伟 译校	68.00 元
公共政策分析案例（第二版）	［美］乔治·M. 格斯 保罗·G. 法纳姆 著 王军霞 贾洪波 译 王军霞 校	59.00 元
公共危机与应急管理概论	［美］迈克尔·K. 林德尔 等 著 王宏伟 译	59.00 元
公共行政导论（第六版）	［美］杰伊·M. 沙夫里茨 等 著 刘俊生 等 译	65.00 元
城市管理学：美国视角（第六版·中文修订版）	［美］戴维·R. 摩根 等 著 杨宏山 陈建国 译 杨宏山 校	56.00 元
公共经济学：政府在国家经济中的作用	［美］林德尔·G. 霍尔库姆 著 顾建光 译	69.80 元
公共部门管理（第八版）	［美］格罗弗·斯塔林 著 常健 等 译 常健 校	75.00 元
公共行政学经典（第七版·中国版）	［美］杰伊·M. 沙夫里茨 艾伯特·C. 海德 主编 刘俊生 译校	148.00 元
理解治理：政策网络、治理、反思与问责	［英］R. A. W. 罗兹 著 丁煌 丁方达 译 丁煌 校	69.80 元
政治、经济与福利	［美］罗伯特·A. 达尔 查尔斯·E. 林德布洛姆 著 蓝志勇 等 译	98.00 元
新公共服务：服务，而不是掌舵（第三版）	［美］珍妮特·V. 登哈特 罗伯特·B. 登哈特 著 丁煌 译 方兴 丁煌 校	39.00 元

书名	著译者	定价
议程、备选方案与公共政策（第二版·中文修订版）	［美］约翰·W. 金登　著 丁煌　方兴　译　丁煌　校	49.00 元
政策分析八步法（第三版）	［美］尤金·巴达克　著 谢明　等　译　谢明　等　校	48.00 元
新公共行政	［美］H. 乔治·弗雷德里克森 丁煌　方兴　译　丁煌　校	48.00 元
公共行政的精神（中文修订版）	［美］H. 乔治·弗雷德里克森　著 张成福　等　译　张成福　校	48.00 元
官僚制内幕（中文修订版）	［美］安东尼·唐斯　著 郭小聪　等　译	49.80 元
民营化与公私部门的伙伴关系（中文修订版）	［美］E. S. 萨瓦斯　著 周志忍　等　译	59.00 元
行政伦理学手册（第二版）	［美］特里·L. 库珀　主编 熊节春　译　熊节春　熊碧霞　校	168.00 元
政府绩效管理：创建政府改革的持续动力机制	［美］唐纳德·P. 莫伊尼汗　著 尚虎平　杨娟　孟陶　译　孟陶　校	69.00 元
后现代公共行政：话语指向（中文修订版）	［美］查尔斯·J. 福克斯　等　著 楚艳红　等　译　吴琼　校	38.00 元
公共行政的合法性：一种话语分析（中文修订版）	［美］O. C. 麦克斯怀特　著 吴琼　译	45.00 元
公共行政的语言：官僚制、现代性和后现代性（中文修订版）	［美］戴维·约翰·法默尔　著 吴琼　译	56.00 元
领导学	［美］詹姆斯·麦格雷戈·伯恩斯　著 常健　孙海云　等　译　常健　校	69.00 元
官僚经验：后现代主义的挑战（第五版）	［美］拉尔夫·P. 赫梅尔　著 韩红　译	39.00 元
制度分析：理论与争议（第二版）	［韩］河连燮　著 李秀峰　柴宝勇　译	48.00 元
公共服务中的情绪劳动	［美］玛丽·E. 盖伊　等　著 周文霞　等　译	38.00 元
预算过程中的新政治（第五版）	［美］阿伦·威尔达夫斯基　等　著 苟燕楠　译	58.00 元
公共行政中的价值观与美德：比较研究视角	［荷］米歇尔·S. 德·弗里斯　等　主编 熊缨　耿小平　等　译	58.00 元
公共决策中的公民参与	［美］约翰·克莱顿·托马斯　著 孙柏瑛　等　译	28.00 元
再造政府	［美］戴维·奥斯本　等　著 谭功荣　等　译	45.00 元
构建虚拟政府：信息技术与制度创新	［美］简·E. 芳汀　著 邵国松　译	32.00 元
突破官僚制：政府管理的新愿景	［美］麦克尔·巴泽雷　著 孔宪遂　等　译	25.00 元
政府未来的治理模式（中文修订版）	［美］B. 盖伊·彼得斯　著 吴爱明　等　译　张成福　校	58.00 元
无缝隙政府：公共部门再造指南（中文修订版）	［美］拉塞尔·M. 林登　著 汪大海　等　译	48.00 元
公民治理：引领21世纪的美国社区（中文修订版）	［美］理查德·C. 博克斯　著 孙柏瑛　等　译	38.00 元
持续创新：打造自发创新的政府和非营利组织	［美］保罗·C. 莱特　著 张秀琴　译　音正权　校	28.00 元

书名	著译者	定价
政府改革手册：战略与工具	［美］戴维·奥斯本 等 著 谭功荣 等 译	59.00 元
公共部门的社会问责：理念探讨及模式分析	世界银行专家组 著 宋涛 译校	28.00 元
公私合作伙伴关系：基础设施供给和项目融资的全球革命	［英］达霖·格里姆赛 等 著 济邦咨询公司 译	29.80 元
非政府组织问责：政治、原则与创新	［美］丽莎·乔丹 等 主编 康晓光 等 译 冯利 校	32.00 元
市场与国家之间的发展政策：公民社会组织的可能性与界限	［德］康保锐 著 隋学礼 译校	49.80 元
建设更好的政府：建立监控与评估系统	［澳］凯思·麦基 著 丁煌 译 方兴 校	30.00 元
新有效公共管理者：在变革的政府中追求成功（第二版）	［美］史蒂文·科恩 等 著 王巧玲 等 译 张成福 校	28.00 元
驾御变革的浪潮：开发动荡时代的管理潜能	［加］加里斯·摩根 著 孙晓莉 译 刘霞 校	22.00 元
自上而下的政策制定	［美］托马斯·R. 戴伊 著 鞠方安 等 译	23.00 元
政府全面质量管理：实践指南	［美］史蒂文·科恩 等 著 孔宪遂 等 译	25.00 元
公共部门标杆管理：突破政府绩效的瓶颈	［美］帕特里夏·基利 等 著 张定淮 译校	28.00 元
创建高绩效政府组织：公共管理实用指南	［美］马克·G. 波波维奇 主编 孔宪遂 等 译 耿洪敏 校	23.00 元
职业优势：公共服务中的技能三角	［美］詹姆斯·S. 鲍曼 等 著 张秀琴 译 音正权 校	19.00 元
全球筹款手册：NGO 及社区组织资源动员指南（第二版）	［美］米歇尔·诺顿 著 张秀琴 等 译 音正权 校	39.80 元

公共政策经典译丛

书名	著译者	定价
公共政策评估	［美］弗兰克·费希尔 著 吴爱明 等 译	38.00 元
公共政策工具——对公共管理工具的评价	［美］B. 盖伊·彼得斯 等 编 顾建光 译	29.80 元
第四代评估	［美］埃贡·G. 古贝 等 著 秦霖 等 译 杨爱华 校	39.00 元
政策规划与评估方法	［加］梁鹤年 著 丁进锋 译	39.80 元

当代西方公共行政学思想经典译丛

书名	编译者	定价
公共行政学中的批判理论	戴黍 牛美丽 等 编译	29.00 元
公民参与	王巍 牛美丽 编译	45.00 元
公共行政学百年争论	颜昌武 马骏 编译	49.80 元
公共行政学中的伦理话语	罗蔚 周霞 编译	45.00 元

公共管理英文版著作

书名	作者	定价
公共管理导论（第四版）	［澳］Owen E. Hughes （欧文·E. 休斯）　著	45.00 元
理解公共政策（第十二版）	［美］Thomas R. Dye （托马斯·R. 戴伊）　著	34.00 元
公共行政学经典（第五版）	［美］Jay M. Shafritz （杰伊·M. 莎夫里茨）等　编	59.80 元
组织理论经典（第五版）	［美］Jay M. Shafritz （杰伊·M. 莎夫里茨）等　编	46.00 元
公共政策导论（第三版）	［美］Joseph Stewart, Jr. （小约瑟夫·斯图尔特）等　著	35.00 元
公共部门管理（第九版·中国学生版）	［美］Grover Starling （格罗弗·斯塔林）　著	59.80 元
政治学（第三版）	［英］Andrew Heywood （安德鲁·海伍德）　著	35.00 元
公共行政导论（第五版）	［美］Jay M. Shafritz （杰伊·M. 莎夫里茨）等　著	58.00 元
公共组织理论（第五版）	［美］Robert B. Denhardt （罗伯特·B. 登哈特）　著	32.00 元
公共政策分析导论（第四版）	［美］William N. Dunn （威廉·N. 邓恩）　著	45.00 元
公共部门人力资源管理：系统与战略（第六版）	［美］Donald E. Klingner （唐纳德·E. 克林纳）等　著	48.00 元
公共行政与公共事务（第十版）	［美］Nicholas Henry （尼古拉斯·亨利）　著	39.00 元
公共行政学：管理、政治和法律的途径（第七版）	［美］David H. Rosenbloom （戴维·H. 罗森布鲁姆）等　著	68.00 元
公共经济学：政府在国家经济中的作用	［美］Randall G. Holcombe （林德尔·G. 霍尔库姆）　著	62.00 元
领导学：理论与实践（第六版）	［美］Peter G. Northouse （彼得·G. 诺斯豪斯）　著	75.00 元

更多图书信息，请登录 www. crup. com. cn 查询，或联系中国人民大学出版社政治与公共管理出版分社获取

地址：北京市海淀区中关村大街甲 59 号文化大厦 1202 室　　邮编：100872
电话：010－82502724　　　　　　　　　　　　　　传真：010－62514775
E-mail：ggglcbfs@vip. 163. com　　　　　　　　　网站：http：//www. crup. com. cn

图书在版编目（CIP）数据

公共政策分析：理论与实践：第 4 版/（美）韦默，（加）瓦伊宁著；刘伟译校. —北京：中国人民
大学出版社，2012.12
公共行政与公共管理经典译丛. 经典教材系列
“十二五”国家重点图书出版规划项目
ISBN 978-7-300-16767-1

Ⅰ.①公… Ⅱ.①韦…②瓦…③刘… Ⅲ.①政策分析-教材 Ⅳ.①D0

中国版本图书馆 CIP 数据核字（2012）第 293221 号

公共行政与公共管理经典译丛
经典教材系列
“十二五”国家重点图书出版规划项目
公共政策分析：理论与实践（第四版）
［美］戴维·L·韦默（David L. Weimer）
　　　　　　　　　　　　　　　　　　　著
［加］艾丹·R·瓦伊宁（Aidan R. Vining）
刘　伟　译校
Gonggongzhengce Fenxi

出版发行	中国人民大学出版社			
社　　址	北京中关村大街 31 号	**邮政编码**	100080	
电　　话	010 - 62511242（总编室）	010 - 62511770（质管部）		
	010 - 82501766（邮购部）	010 - 62514148（门市部）		
	010 - 62515195（发行公司）	010 - 62515275（盗版举报）		
网　　址	http://www.crup.com.cn			
经　　销	新华书店			
印　　刷	北京宏伟双华印刷有限公司			
规　　格	185 mm×260 mm　16 开本	**版　　次**	2013 年 1 月第 1 版	
印　　张	30.25 插页 2	**印　　次**	2023 年 1 月第 5 次印刷	
字　　数	645 000	**定　　价**	88.00 元